A AUTORIDADE E A GLOBALIZAÇÃO DA INCLUSÃO E EXCLUSÃO

CONTRACORRENTE

Hans Lindahl

A AUTORIDADE E A GLOBALIZAÇÃO DA INCLUSÃO E EXCLUSÃO

Tradução de Ricardo Spindola Diniz

SÃO PAULO
2022

CONTRACORRENTE

Alameda Itu, 852 | 1º andar |
CEP 01421 002
www.loja-editoracontracorrente.com.br
contato@editoracontracorrente.com.br

Dados Internacionais de Catalogação na Publicação (CIP)
(Câmara Brasileira do Livro, SP, Brasil)

Lindahl, Hans
A autoridade e a globalização da inclusão e exclusão / Hans Lindahl ; tradução Ricardo Spindola Diniz. -- 1. ed. -- São Paulo : Editora Contracorrente, 2022.

Título original: Authority and the Globalisation of Inclusion and Exclusion
Bibliografia.
ISBN 978-65-5396-010-7

1. Direito 2. Direito e globalização 3. Jurisprudência I. Título.

22-108352 CDU-340.115

Índices para catálogo sistemático:

1. Direito : Metodologia 340.115
Aline Graziele Benitez - Bibliotecária - CRB-1/3129

@editoracontracorrente
Editora Contracorrente
@ContraEditora

Para Bert van Roermund,
em amizade e admiração.

A resistência prolongada e amarga de movimentos antiglobalização e alterglobalização mostra que a globalização do Direito resulta na globalização da inclusão e exclusão. A humanidade está dentro e fora do Direito Global em todas as suas possíveis manifestações. Mas como isso é possível? Como estruturar as ordens jurídicas de modo que – mesmo que atualmente se fale de um Direito para além das fronteiras estatais – ainda não se vislumbre nenhuma ordem jurídica global que inclua sem excluir? Seria possível formular uma política autoritativa das demarcações sem postular a possibilidade de uma ordem jurídica global totalmente inclusiva nem aceitar resignação e paralisia política diante da globalização da inclusão e exclusão? Essas questões prementes guiam este livro, abrindo um vasto campo de pesquisa que demanda a integração de perspectivas e insights sociológicos, dogmáticos e filosóficos.

HANS LINDAHL

SUMÁRIO

APRESENTAÇÃO DA EDIÇÃO BRASILEIRA

Nem todo texto é uma obra. Dentre outros atributos, um que se pode destacar como particularmente distintivo é a potência do texto de vir a ser traduzido. A tão verdadeira quanto desafiada impossibilidade da tradução, o fato de que entre línguas sempre resta, entre uma e outra, algo de idiomático e – para me emprestar metaforicamente e apresentar um dos neologismos que a tradução deste texto fez necessário introduzir – de *inordenável*,[1] sugere que há algo de transubstanciação em operação na tradução, na medida em que se marca o início da sobrevida de um texto. Embora um texto não viva, por assim dizer, em outra língua que não a sua linguagem, na medida em que há traços de outras línguas

1 A distinção entre *ordered*, *disordered* e *unordered*/*unordenable* é fundamental para o argumento desenvolvido nesse livro. Enquanto ordem e desordem correspondem àquelas condutas que são registradas, respectivamente, como legais e ilegais, aquilo que é *unordenable* é anterior, não em um sentido meramente cronológico, mas existencial, por restar fora dos limites da ordem jurídica em questão. A solução encontrada foi introduzir os neologismos inordenável / inordenado, inspirado na tradução para o espanhol de *Fault Lines of Globalization*. Ver LINDAHL, Hans. *Fallas de la globalización*: Orden jurídico y política de la a-juridicidad. Trad. de Jorge Camilo Restrepo Ramos. Bogotá: Siglo del Hombre Editores, 2018.

que se fazem sentir nessa mesma linguagem – como o outro nela e o outro-que-ela, para já introduzir duas expressões-chave do argumento de Hans Lindahl, em que "outro (em nós mesmos)" e "outro-que-nós" traduzem "other (in ourselves)" e "other than us" – , ao ser posto de outro modo, o texto persiste, sobrevive e, com alguma sorte, até enriquece enquanto obra.

Todavia, textos podem perseverar sem nunca serem traduzidos, enquanto outros textos podem ser traduzidos inúmeras vezes, e ainda assim não encontrarem um tradutor. Há algo de incontornável e irredutivelmente contingente na raiz da história da recepção de um texto. Retrospectiva, e mesmo retroativamente, esse evento pode aparecer senão como necessário. Por vezes, a história da edição, tradução e transmissão de um texto pode ela mesma ser apropriada como material autoritativamente interpretativo, em que o feito da passagem de uma língua para a outra é ornamentado por narrativas que o retratam como um evento de intervenção divina, intervenção essa que, eventualmente, acaba por até mesmo inverter a relação entre original e tradução. Caso se acolha uma certa interpretação de *O Mercador de Veneza*,[2] tem-se em seu último ato uma ilustração particularmente contundente do quão soberanamente violenta pode ser essa inversão, mesmo quando o que se está em jogo diz respeito a algumas poucas palavras que não pesam mais que um prepúcio ou uma libra de carne.[3]

A presente apresentação serve para introduzir todos os neologismos ou escolhas controversas que se fizeram necessários para verter esse texto ao português. Ela também se esforça por demarcar a obra para a comunidade de leitores brasileiros, e nesse

---

2 Ver DERRIDA, Jacques. "What Is a 'Relevant' Translation?" Trad. para o inglês de Lawrence Venuti. *Critical Inquiry*, vol. 27, nº 2, 2001, pp. 174-200.

3 Ver WATT, Gary. "The Law of Dramatic Properties in The Merchant of Venice". *In*: RAFFIELD, Paul; WATT, Gary (Coord.). *Shakespeare and the Law*. Oxford: Hart Publishing, 2008.

esforço de *lugarização*,[4] destacar aquelas veredas que me parecem particularmente profícuas para investigações futuras, animadas ou inspiradas pela obra de Hans Lindahl, sejam elas realizadas no Brasil ou pelo Brasil enquanto xenotopia irrompida em lugares outros. Na primeira seção eu discuto as conotações que circundam a passagem entre *land-grabbing* e grilagem de terra de todo operante na presente tradução. Na segunda, explorando aquilo que Lindahl descreve em outro momento como o *Faktum* da intencionalidade, e sua peculiar relação com a tradição fenomenológica, destaco a contingência e a modernidade do privilégio da representação como modo de intencionalidade, de um lado, e a noção de um passado irreconhecível, isto é, do estabelecimento de demarcações *qua* passado de um coletivo que implicam *irreconhecimento*.[5] Na terceira seção, evidencio a força da contribuição de Lindahl para a Teoria do Direito no que diz respeito à sua redefinição de termos especialmente caros a ela, quais sejam, validade, eficácia, e efetividade. Ao redefini-los a partir de uma teoria da ação coletiva, enfatizando o papel da autoridade e de sua circunspecção diante do confronto entre normatividade e faticidade, o modelo ACAI (Ação Coletiva Autoritativa e Institucionalmente mediada) do Direito oferece um aparato teórico bastante rico para as pesquisas jurídicas.

---

4 O argumento do livro inaugura-se marcando a diferença entre local (ou posição) [*local/position*] e lugar [*place*], engajando-se diretamente com as sociologias da globalização. Assim, traduzir *emplacement* como "localização" acabaria apagando esses esforços, razão pela qual aqui também se introduziu um neologismo para verter a palavra ao português: *lugarização*.

5 Um ponto consistentemente desenvolvido ao longo da obra é de que *to recognize* é sempre *to misrecognize*, *recognition* e *misrecognition* sendo os dois lados da mesma moeda. *Misrecognition* é, evidentemente, palavra de difícil tradução. Uma opção inicialmente considerada foi "desreconhecimento", no que se perderia, contudo, as nuances do confronto entre identidade e não identidade que tem lugar nas transformações da configuração padrão de um coletivo. Por essa razão, pelo fato de que após essas transformações um coletivo aparece como irreconhecível para parcela de seus participantes que se preferiu verter *misrecognition* por irreconhecimento, e *misrecognize* por irreconhecer.

1 A grilagem da terra

Pelo menos uma das escolhas desta tradução tem o ímpeto de condensar essa problemática. Para introduzi-la devidamente, é necessário se voltar para um detalhe que corta a obra transversalmente. Um exemplo acompanha – ou mesmo carrega – o livro do começo ao fim, a ponto de caracterizá-lo como um longo esforço de pensamento que vai e volta, orientado por essa experiência-guia. De fato, a tensão entre normatividade e institucionalidade que marca algumas de suas seções e capítulos adquire uma concretude própria precisamente ao se ver formulada com vistas a esse exemplo. Nas palavras do texto:

> Qual a natureza da resistência à inclusão suscitada pela KRRS e como a OMC deveria responder a essa resistência? Particularmente, a autoritatividade da resposta da OMC a esse desafio depende de sua orientação à Constituição de um mundo comum?[6]

Se me permite glosá-la, como se encontra no início do livro, a partir dos desenvolvimentos conceituais que aparecem só ao seu final, ao perguntar pela autoritatividade da resposta da OMC, pergunta-se em que condições se poderia organizar uma resposta das autoridades da OMC – na posição de nós* orador – como um liderar/comandar (pela) obediência perante a KRRS, na posição de nós* em jogo. Por quais arranjos institucionais, orientados por qual orientação normativa, poderia uma resposta da OMC angariar fidelidade da KRRS? Embora o livro ofereça uma resposta à segunda parte dessa pergunta, em minha opinião, sua primeira parte – a despeito da larga gama de técnicas e práticas jurídicas mobilizadas por ordens jurídicas globais emergentes que podem ser entendidas como se estivessem institucionalizando a resposta à dimensão normativa da questão, aqui traduzida como "autoasserção

6 P. 79 do manuscrito da tradução; p. 43 do original.

coletiva restrita" – permanece sem resposta. Enquanto leitores, talvez nos reste a resignação esperançosa que se expressa em uma outra fórmula do livro digna de ser mencionada: "Aqui, como sempre, a prática política será mais radical do que a Teoria do Direito".[7]

Como o leitor terá a oportunidade de acompanhar, o livro não só se debruça na natureza dessa resistência, mas também na natureza da constituição de um mundo. O termo-chave que junta e separa os dois movimentos é *nomos*, usado no livro acompanhado – e também em resistência – da explicação que Carl Schmitt consagrou à palavra. Coincidentemente, as incursões filológicas de Schmitt não são estranhas àquilo com que se abriu essa apresentação. As suas decisões de tradução são expressamente formuladas como parte de uma tática em uma disputa que se dá em torno de um certo legado, um passado dividido entre amigo e inimigo.[8] Tal qual Josué liderou o povo de Moisés em suas incursões contra as populações que habitavam a terra prometida em sua guerra de conquista à origem do que se lê como o *nomos* hebreu, Schmitt busca reconquistar daqueles que o invadiram o sentido original de *nomos*. De maneira significativa para as presentes circunstâncias, os traços dessa invasão se registram como a história de uma conspiração realizada por meio da tradução, em que *nomos* teria sido vertido por *lex*, e então por *Gesetz*.[9]

---

7 P. 475 do manuscrito da tradução; p. 420 do original.

8 Acerca da politização da filologia em Schmitt, ver STERGIOPOULOU, Katerina. "Taking Nomos: Carl Schmitt's Philology Unbound". *October*, nº 149, 2014, pp. 95-122.

9 Schmitt identifica em Philo de Alexandria o ato inaugural pelo qual se toma a palavra *nomos* e se a deturpa, equiparando *nomos* àquilo que os judeus compreenderiam pela Torá, assim a traduzindo por *lex*. Assim, seus esforços por resgatar uma compreensão original do *nomos* equivalem a retomar a palavra de sua invasão judaica. Acerca dessa dimensão antissemita da filologia em Schmitt, ver SOLON, Ari Marcelo. "Judaism - Jewish Law in Kelsen". *Cadernos de Pós-Graduação em Direito*, nº 14, 2012.

Assim, seguindo Schmitt, todo *nomos* se dá graças a um tomar. O tomar atinente à emergência das ordens jurídicas globais é, nas palavras do livro, "parte e parcela de um *land-grabbing* (em um sentido amplo) em uma escala planetária: um *earth-grabbing*".[10] Eu escolhi traduzir *grabbing* por grilagem. As arrobas de carne que se fazem pesar no choque entre duas palavras intraduzíveis poderiam dar motivo para muitas objeções. Entretanto, essa escolha se apresentou a mim como particularmente enriquecedora, além de generalizada na literatura especializada sobre governança fundiária, na medida em que ela não só acolhe o texto na língua que o recebe – ou o toma, caso se prefira –, mas também reinscreve na textualidade do livro, e, em cadeia, uma nuance muito importante que constitui, em minha interpretação, uma das contribuições mais originais e dignas de comentário e discussão sobre a obra de Hans Lindahl à Teoria da Constituição.

1.1 A grilagem e o Poder Constituinte

Fruto de uma reflexão de mais de vinte anos, atravessada por múltiplos artigos e outra monografia,[11] podendo mesmo ser relida, em sua incipiência, na tese de doutoramento em filosofia do autor,[12] Lindahl apreende de maneira surpreendente e convincente – embora se possa destacar ao menos uma contrainterpretação já proposta igualmente notável, e que se volta para a confrontação da gênese e, assim, sendo, da contingência daquilo que se apresenta consistentemente como incontornável e necessário[13] – a estrutura

---

10 LINDAHL, Hans. *Authority and the globalization of inclusion and exclusion*. Cambridge: Cambridge University Press, 2018, p. 170.

11 LINDAHL, Hans. *Fault Lines of Globalization*: Legal Order and the Politics of A-Legality. Oxford: Oxford University Press, 2013.

12 LINDAHL, Hans. *Welfare and Enlightenment*: an Enquiry into the Rational Foundations of the Welfare State. Leuven: Leuven University Press, 1995.

13 Ver VATTER, Miguel. "Spinoza and the Paradox of Constitutionalism". *Crisis & Critique*, vol. 8, nº 1, 2021, pp. 537-562.

da temporalização que está em operação na constitucionalização da política. Para traduzir e fazer referência a uma passagem crucial do livro, antecedendo e preparando *A autoridade e a globalização da inclusão e exclusão*:

> Relembre, para começar, que no curso ordinário dos eventos, passado, presente e futuro estão atados juntos de tal maneira que o passado determina o onde da ação em conjunto, agora e no futuro. A ação em conjunto sob o Direito no modo da compreensão tem a estrutura de uma antecipação reiterativa: sempre se sabe o que se precisa fazer ao se entrar em uma loja de conveniência para se comprar alguns víveres no caminho para uma festa – faz-se o que se fez e outros fizeram inúmeras vezes no passado. Em contraste, o exercício do Poder Constituinte interrompe a unidade espaço-temporal da ação em conjunto. Em vez de projetar o passado no futuro, o Poder Constituinte retrojeta o futuro no passado.[14]

Na mesma proporção, na medida em que essa linha de pensamento é desenvolvida no livro, todo tomar se mostra, a fim e a fundo, como sendo um retomar, uma retomada. Agora, eu argumento que é exatamente essa estrutura que rege, intencional e temporalmente, a prática da grilagem. Trata-se de argumento completamente ressonante com aquilo que se propõe no livro, embora, em razão das escolhas feitas para sua exposição, um desdobramento nesse sentido permaneça, na melhor das hipóteses, marginal. Mobilizando o aparato conceitual ora oferecido, a grilagem caracterizar-se-ia como, concomitantemente, um tipo de ato constitutivo de um ou mais pontos de agir coletivo de uma ou mais ordens jurídicas globais emergentes,[15] e uma prática e tecno-

---

14 LINDAHL, Hans. *Fault Lines of Globalization*: Legal Order and the Politics of A-Legality. Oxford: Oxford University Press, 2013, p. 211.

15 Deixa-se aqui em suspenso a questão quanto às conexões entre as cadeias produtivas que, enquanto ordens jurídicas globais emergentes, e através da fragmentação funcional, têm na grilagem instante constitutivo de reiteração da

logia que, ao compor cada respectivo pano de fundo, subtende a atuação desses coletivos. Debruçar-se sobre a temporalização ínsita à grilagem, à sua característica modernidade, esclarece como, nas palavras do livro,

> não pode haver qualquer Constituição que não esteja incrustrada em um espectro de práticas, capacidades e pressuposições que são assumidas mais ou menos como dadas e com referência ao que uma Constituição determina quem vem a representar um coletivo, sob quais condições a configuração-padrão da ação em conjunto pode ser imputada ao coletivo e qual é o ponto de ação coletiva.[16]

Essa afirmação pode ser erroneamente lida com ares de evidência. Em suas entrelinhas, faz-se sentir o amargor da efetividade constitucional brasileira,[17] a qual se vê refém de conceitos, esquemas e programas dogmático-disciplinares – e.g., "força normativa da Constituição", "efetividade constitucional", "giro linguístico-hermenêutico", dentre outros – que, a despeito de seu eventual potencial reflexivo alhures,[18] pouco contribuíram para

---

antecipação de um todo de implicações a culminar na consolidação da tomada de um lugar para a teia de lugares dessas ordens jurídicas. Adicionalmente, é importante frisar que Lindahl caracteriza expressamente cadeias globais de valor como um exemplo de ordem jurídica global emergente.

16 LINDAHL, Hans. *Authority and the globalization of inclusion and exclusion*. Cambridge: Cambridge University Press, 2018, p. 395.

17 Acerca dessa distinção, ver LEIBHOLZ, Gerhard. "Verfassungsrecht und Verfassungswirklichkeit". *In*: ______. *Die Repräsentation in der Demokratie*. Berlim: Walter de Gruyter, 1973.

18 Historicamente, o famoso texto de Konrad Hesse, bem como o conceito do qual empresta seu título, podem ser lidos como a condensação da política acadêmica mobilizada no seio do Direito do Estado no pós-guerra, em que críticas frontais e abertas à Lei Fundamental, como outrora possível, foram completamente banidas e censuradas. Nesse mesmo sentido, os apontamentos de Hesse não estão tão distantes daqueles de Leibholz acerca da importância de se levar em consideração a "efetividade constitucional", isto é, os "fatores reais de poder" como condição para que a Constituição tenha sua "força

amparar a circunspecção que, como afirma Lindahl, é o cerne do exercício da autoridade. Nessas circunstâncias, este livro é um importante exemplo de como investigar o Direito e fazer Teoria da Constituição inspirado pela fenomenologia.

Como aduzido anteriormente, uma das grandes contribuições de Lindahl para a teoria constitucional é a interpretação de que esse exercício se faz através da distensão do tempo. Em uma outra formulação, emprestada pelo autor de Bert van Roermund, exercer o Poder Constituinte é conjurar um passado a partir do qual nós podemos olhar adiante. Em 2021, bem como em 2022, está em jogo a relação entre 1964 e 1988, como se estava durante a assembleia constituinte. Em paralelo a datas e marcos temporais, tem-se também aquelas demarcações materiais, em que a posição do grileiro como "tipo" do Direito Público Consuetudinário também é objeto de conflito e decisão. Assim, a grilagem não é senão a projeção do futuro no passado, a construção de um passado a partir do qual nós* podemos olhar adiante.

1.2 Intencionalidade e temporalidade da grilagem

Pode-se afirmar que em Oliveira Viana se encontra uma condensação importante do significado intencional da grilagem. Essa

---

normativa". Para uma discussão histórica desse texto, ver os textos de Anna Katharina Mangold e Matthias Jestaedt em KRÜPER, Julian; PAYANDEH, Mehrdad; SAUER, Heiko (Coord.). *Konrad Hesses Normative Kraft der Verfassung*. Tübingen: Mohr Siebekc, 2019. Infelizmente, essas nuances foram generalizadamente perdidas quando da comodificação do conceito e sua posterior adoção no Brasil. Quanto à "comodificação" de conceitos jurídicos, ver: FRANKENBERG, Günter. "Constitutions as commodities: notes on a theory o transfer". *In*: ______. (Coord.). *Order from Transfer*: Comparative Constitutional Design and Legal Culture. Cheltenham: Edward Elgar, 2013. Uma exceção quanto ao padrão de uso da expressão em meio da literatura brasileira pode ser encontrada na obra de Marcelo Neves. Ver esp. NEVES, Marcelo. *Constituição e direito na modernidade periférica*: uma abordagem teórica e uma interpretação do caso brasileiro. São Paulo: Martins Fontes, 2018.

articulação se dá enquanto narrativa, sendo a ênfase da relação entre constituições e narrativas outro ponto de destaque do livro que se oferece à comunidade de leitores brasileira. "[O] exercício do Poder Constituinte é também, e essencialmente, uma conquista narrativa que imbui a Constituição em uma história mais ampla acerca da emergência do coletivo no mundo".[19] Para Viana, por sua vez, o grileiro seria um dos "batedores originais" que assalta a floresta, a qual ele também chama, curiosamente, de deserto, transformando-o em terra, isto é, propriedade. Não à toa, em outra oportunidade, o autor arrola o grileiro como um dos tipos constitutivos de "nosso direito público costumeiro".[20] Ao grileiro, afirma Viana, caberia resolver o "obstáculo jurídico" à conquista civilizadora da terra. Esse obstáculo adviria do fato de que "[h]oje, ao contrario de outr'ora, não ha terras sem dono: ou pertencem a particulares, como sobrevivencia das immensuraveis sesmarias primitivas, ou são 'terras devolutas' e pertencem, neste caso, ao Estado". É o grileiro "que vae dar ao colonizador progressivo, cheio de ambição e de capitaes, o direito de explorar esse thesouro infecundo. Para isto, crêa, pela chicana e pela falsidade, o indispensável título de propriedade".[21] Em seguida, Viana se vale de uma citação de Monteiro Lobato que vale ser reproduzida na íntegra:

> Opera as maiores falcatrúas; falsifica firmas, papeis, sellos, falsifica rios e montanhas; falsifica arvores e marcos; falsifica juizes e cartorios; falsifica o fiel da balança de Themis, falsifica o ceu, a terra e as aguas; falsifica Deus e o Diabo. Mas vence. Divididas as glebas em lotes, vendem-nas os grilleiros á legião de colonos que os seguem como urubús pelo cheiro

---

19 LINDAHL, Hans. *Authority and the globalization of inclusion and exclusion*. Cambridge: Cambridge University Press, 2018, p. 404.

20 OLIVEIRA VIANA, F.J. *Instituições Políticas Brasileiras*. Brasília: Editora do Senado Federal, 2019, pp. 179 e ss, esp. p. 181.

21 OLIVEIRA VIANA, F.J. *Evolução do povo brasileiro*. 3ª ed. São Paulo: Companha Editora Nacional, 1938, pp. 130/131.

> da carniça. Cinco, dez ilnnos depois, a flor do café branqueia a zona e a incorpora ao patrimonio da riqueza nacional.[22]

Lobato tinha em vista o sertão do Sudeste ao escrever essas linhas. Caso se substitua, contudo, a flor branca do café pelo mar amarelo de soja ou o verde dos tapetes de pasto, compreende-se como esses produtos, transmitidos e disponibilizados de múltiplas maneiras através e às margens da redemocratização, encaixam-se em uma narrativa que, rearticulada, tomou aparentemente de sobressalto o cenário político brasileiro, conquistando para si aquilo que à época Viana lamentava faltar aos grileiros, se comparados aos bandeirantes: "o que lhes falta[va] [era] apenas o estrondo, o movimento, a theatralidade das antigas bandeiras conquistadoras".[23] Embora lutas por reconhecimento sejam também lutas por representação, para parafrasear Lindahl,[24] a troca de cena de uma para a outra, organizando a primeira *como* a segunda, é tudo menos simples, marcada, como é, pelo tempo do *après-coup* de um futuro anterior. Aqueles outrora *irreconhecidos* e que não se reconheceram e não se reconheciam na representação até então posta da ordem constitucional conseguiram convocar o estrondo, o movimento e a teatralidade a partir de 2016 e, tendo sido bem-sucedidos, exerceram, enquanto atores ao mesmo tempo dentro e fora da ordem jurídica estatal, o Poder Constituinte. Com Lindahl se obtém um rico aparato teórico para compreender essa sobreposição de limiares: tanto o Poder Constituinte quanto a Constituição de "ordens jurídicas globais emergentes permanecem *dependentes* das constituições estatais".[25]

---

22 LOBATO, Monteiro. *A Onda Verde*. 2ª ed. São Paulo: Monteiro Lobato & Cia. Editores, 1922, p. 12.

23 OLIVEIRA VIANA, F.J. *Evolução do povo brasileiro*. 3ª ed. São Paulo: Companha Editora Nacional, 1938, p. 132.

24 LINDAHL, Hans. *Authority and the globalization of inclusion and exclusion*. Cambridge: Cambridge University Press, 2018, pp. 342/343.

25 LINDAHL, Hans. *Authority and the globalization of inclusion and exclusion*. Cambridge: Cambridge University Press, 2018, p. 414.

Como se sabe, grilagem se refere

> à prática de colocar títulos de propriedade forjados em uma gaveta ou caixa com grilos. Ao longo do tempo, os grilos mastigam as bordas dos títulos falsificados e defecam sobre os papéis, emprestando-lhes uma aparência antiquada.[26]

Da perspectiva dos atores e daqueles que os celebram, a grilagem rompe com um passado de atraso, rasgando-o e transpondo ao seu lugar um passado incorporado ao futuro da "riqueza nacional". Em uma alegada articulação bastante contundente do seu ponto de agir coletivo:

> Na região, o avanço da produção acontece sem o apoio do governo. Precisamos mostrar para o presidente que queremos trabalhar e o único jeito é derrubando. Para formar e limpar nossas pastagens é com fogo.[27]

Em linha com os achados etnográficos de Campbell, de quem se emprestou a precisa definição da prática, complementarmente ao fogo, a grilagem também serve ao aperfeiçoamento, à limpeza de transações cujo registro e documentação restam incoerentes diante do presente e do futuro da propriedade em seus aspectos produtivos, atinados com o ponto da ação coletiva. A grilagem é

> um dos meios principais para se fazer sentido do terreno estranho. Ela providencia as ferramentas simbólicas pelas

---

26 CAMPBELL, Jeremy M. *Conjuring property*: speculation and environmental futures in the Brazilian Amazon. Seattle: University of Washington Press, 2015, p. 62.

27 MACHADO, Leandro. "O que se sabe sobre o 'Dia do Fogo', momento-chave das queimadas na Amazônia". *BBC News Brasil*, 27 de agosto de 2019. Disponível em: https://www.bbc.com/portuguese/brasil-49453037. Acessado em: 08.06.2022.

> quais os colonizadores tornam a paisagem significativa – não apenas nos termos de reivindicações viáveis de propriedade, mas também de maneiras mais imediatas e práticas.

Ao se tornarem atores habilidosos, em harmonia com o ponto de agir coletivo, os colonizadores permitem que "suas percepções e hábitos sejam reconfigurados pelas exigências do conjurar da propriedade".[28]

Em contrapartida, da perspectiva de outros atores, daqueles que se veem em risco na configuração-padrão da ação coletiva das cadeias globais de valor da madeira, do gado e da soja, a grilagem é retratada, a depender do contraponto de ação coletiva e, assim, do coletivo ao qual se pertence, ora como a "dilapidação do patrimônio público",[29] ora "como um processo complexo que envolve apropriação indevida de terras rurais, públicas ou privadas, por meio de fraudes, valendo destacar a corrupção como elemento fundamental desse processo".[30] Do segundo ponto de vista, o de uma organização não governamental, engajada em um ponto de ação coletivo outro, voltado à realização de "um mundo em que governos, empresas e o cotidiano das pessoas estejam livres da corrupção".[31] A ambiguidade envolvendo o eventual compadrio entre grilagem e lei é resolvida pelo enquadramento da lei brasileira como ilegal aos olhos dos participantes do coletivo, isto é, como fruto de corrupção. Apreendendo-se o nós[*] em risco a partir de

---

28 CAMPBELL, Jeremy M. *Conjuring property*: speculation and environmental futures in the Brazilian Amazon. Seattle: University of Washington Press, 2015, pp. 79/80.

29 INSTITUTO DA PESQUISA AMBIENTAL DA AMAZÔNIA. *A grilagem de Terras Públicas na Amazônia brasileira*. Brasília: MMA, 2006.

30 TRANSPARÊNCIA INTERNACIONAL BRASIL. *Governança fundiária frágil, fraude e corrupção*: um terreno fértil para a grilagem de terras, 2021, p. 31.

31 TRANSPARÊNCIA INTERNACIONAL BRASIL. Disponível em: https://transparenciainternacional.org.br/quem-somos/sobre-a-ti/.

esquemas como o de "comunidades locais", reivindica-se a posição de nós* orador diante daqueles que são designados indistintamente como elites locais e burocráticas, ambas corruptas. Da primeira perspectiva, por sua vez, expressa a partir do Ministério do Meio Ambiente de quase 20 anos atrás, órgão que buscou, nesse contexto, "combater o desmatamento" e promover a "regularização fundiária" pautada na "função social da propriedade", aninhando-se com seu ponto próprio e contribuindo para a articulação do ponto de agir coletivo da ordem jurídica estatal brasileira, captura-se, de maneira bastante clara, o que está em disputa em cada caso: efetivamente, uma luta por representação entre caracterizar a grilagem como ilegal ou indevida (irregular).[32]

Pode-se interpretar esse desafio da seguinte maneira, mobilizando o aparato teórico do modelo ACAI do Direito em uma direção particularmente profícua, embora não tematizada ou explorada no livro para o contexto brasileiro. Perante o emaranhado de pretensões, ocupações e documentações, através das quais pequenos e grandes se confrontam,[33] as autoridades que então falavam em nome da ordem jurídica estatal se viam diante de um nós* em risco que, da sua perspectiva, não poderia ser senão anterior, diante de um passado outro (em nós mesmos) que se faz, contudo, indiretamente presente como outro-que-nós. Um termo-chave, talvez *a* inovação conceitual central do modelo ACAI do Direito, aparece ao alcance da mão: o passado outro (em nós mesmos) que se faz presente como outro-que-nós manifesta-se na forma da *alegalidade*.

Como não existe ordem jurídica sem um "fora", de onde advêm desafios e possibilidades de transformação de como se define

---

32 INSTITUTO DA PESQUISA AMBIENTAL DA AMAZÔNIA. *A grilagem de Terras Públicas na Amazônia brasileira*. Brasília: MMA, 2006.

33 Ver, em geral, CAMPBELL, Jeremy M. *Conjuring property*: speculation and environmental futures in the Brazilian Amazon. Seattle: University of Washington Press, 2015.

por enquanto o ponto de ação e sua configuração-padrão, ao lado e na tangente da distinção que governa e ordena seu interior, isto é, a distinção entre legal e ilegal, há o alegal. A alegalidade é a principal manifestação da estranheza e do político no Direito.[34] Comportamentos que emergem indiretamente através de atos legais ou ilegais e que desafiam uma ordem jurídica com seus *limites*, e mesmo pelas *linhas falsas*, compondo suas *demarcações*. Enquanto os limites correspondem à distinção entre o domínio de possibilidades práticas inauguradas para um coletivo e aquelas excluídas, as linhas falsas indicam que essa distinção, "entre as possibilidades que lhe são próprias e aquelas que excedem o compasso daquilo que seus membros podem fazer conjuntamente" nunca está completamente à disposição de um coletivo.[35]

Com efeito, tal qual sugerido pela tradução escolhida para *boundaries*, *demarcações* são, substancialmente, a constituição de marcos. Dentre os muitos materiais compondo as narrativas, essenciais para a articulação daquilo que nossa ação em conjunto é/deve ser, como Lindahl não cansa de enfatizar, a seleção de eventos, seja por sua monumentalidade e exemplariedade para sua celebração, seja para sua crítica,[36] sua transformação em marcos é uma parte constitutiva da existência de um coletivo. Demarcam-se possibilidades práticas a respeito de como lidar e significar o passado de um coletivo e inventam-se tradições, enquanto outras são excluídas e arquivadas.

---

34 LINDAHL, Hans. *Authority and the globalization of inclusion and exclusion*. Cambridge: Cambridge University Press, 2018.

35 LINDAHL, Hans. *Fault Lines of Globalization*: Legal Order and the Politics of A-Legality. Oxford: Oxford University Press, 2013, pp. 174 e 177.

36 Eu me baseio em Nietzsche e sua identificação da monumentalidade, ancestralidade e crítica consistindo nos usos da história para a vida. Ver NIETZSCHE, Friedrich. "Vom Nutzen und Nachteil der Historie für das Leben". *In*: ______. *Unzeitgemässe Betrachtungen*. Disponível em: http://www.nietzschesource.org/#eKGWB/HL. Acessado em: 08.06.2022.

Nesse sentido, parte do drama ao qual os coletivos se veem submetidos, e que encontra uma ilustração pungente na intencionalidade da grilagem, consiste no fato de que o passado também nunca está à sua completa disposição. Mesmo o passado é contingente. A maneira como o passado de uma ordem jurídica estatal é mobilizado pelo Poder Constituinte exercido por ordens jurídicas globais emergentes para se constituir enquanto transforma o ponto de agir coletivo das primeiras, evocando possibilidades passadas que representam aquilo que é outro-que-nós (em nós mesmos), revela uma conotação importante da *dependência* do Poder Constituinte das ordens jurídicas globais em relação às ordens jurídicas estatais. Revela também todo um espectro de conflitos entre ordens jurídicas, particularmente evocativo para investigações futuras inspiradas no modelo ACAI do Direito no campo da Teoria da Constituição e da história constitucional no Brasil.

2 As demarcações da modernidade

Em paralelo às nuances que separam e contribuem para a força da colisão entre *grabbing* e grilagem, há uma questão igualmente profícua para oferecer outro ponto de acesso ao leitor brasileiro. Essa questão discutivelmente não é enfrentada pelo livro, mas aparece às suas margens, mesmo às notas de rodapé, comumente acompanhadas de remissões a Hans Blumenberg e à noção de autopreservação [*Selbsterhaltung*]. Enciclopedicamente, ela ressoa com um mérito específico do livro, a justificar em minha perspectiva sua tradução para o português. A questão é a seguinte: por que a ação coletiva necessariamente se faz através da representação, articulando um passado a partir do qual nós podemos olhar adiante? Antes de me voltar à questão, contudo, algumas palavras quanto a essa justificativa, a título de sua circunscrição, parecem adequadas.

2.1 Martin Heidegger ou Hans Blumenberg? Uma abordagem inspirada fenomenologicamente

Como citado anteriormente, a Teoria do Direito desenvolvida por Lindahl é uma abordagem *inspirada* fenomenologicamente. Na monografia anterior, essa qualificação se faz em razão da recepção do pensamento de Heidegger "na hermenêutica filosófica em geral, e as teorias da interpretação jurídica em particular", e um desejo explícito de se afastar de tanto.[37] Em duas notas de rodapé de todo consonantes com essa passagem, o autor rapidamente elabora o porquê desse desejo: primeiro, notavelmente, "as poucas contribuições para uma fenomenologia do Direito dedicam pouca ou nenhuma atenção ao papel da intencionalidade no sentido do desvelamento de 'algo como algo' no Direito, a despeito da importância central disso para a fenomenologia";[38] segundo, "surpreendentemente, a operação da intencionalidade no coração da interpretação jurídica permanece além da alçada de algumas das mais influentes contribuições contemporâneas à teoria da interpretação jurídica".[39] Considerando a recepção específica da "filosofia hermenêutica e da hermenêutica filosófica" no Brasil – sendo que a própria hendíadis sugere um certo modo, dentre outros possíveis, de se ler essa tradição, modo esse de maneira alguma necessário – , as palavras que Lindahl dedica a distinguir sua abordagem daquela de Dworkin nesse contexto anterior parecem também dignas de reprodução:

> A teoria da interpretação jurídica de Dworkin é um bom exemplo disso. Verdade, ele funda a interpretação jurídica em práticas. Mas a interpretação jurídica começa, da

37 LINDAHL, Hans. *Fault Lines of Globalization*: Legal Order and the Politics of A-Legality. Oxford: Oxford University Press, 2013, p. 119.

38 LINDAHL, Hans. *Fault Lines of Globalization*: Legal Order and the Politics of A-Legality. Oxford: Oxford University Press, 2013, p. 119.

39 LINDAHL, Hans. *Fault Lines of Globalization*: Legal Order and the Politics of A-Legality. Oxford: Oxford University Press, 2013, p. 121, nota 14.

> perspectiva de Dworkin, quando o ponto de uma prática é colocado em questão: a interpretação jurídica é a interpretação de uma prática jurídica. Na leitura que eu abraço, a intencionalidade jurídica já está em operação em cada uma da miríade de atos constituindo uma prática jurídica, e anteriormente a situações que questionam seu ponto: a interpretação de uma prática jurídica pressupõe e se move sob o fundamento das práticas jurídicas *como* intencionalidade em conjunto. Raz, por sua parte, argumenta que uma questão interessante para a Teoria do Direito consiste em *por que* nós nos engajamos com a interpretação jurídica. Embora essa questão seja certamente pertinente no sentido restrito de interpretação abraçado por Raz, ela perde seu significado diferenciador completamente quando o que se está em jogo é iluminar a operação da intencionalidade que define a interpretação jurídica como interpretação, uma estrutura compartilhada com todos os domínios da intencionalidade. Nesse nível fundamental, a questão "por que interpretação (jurídica)?" não tem nenhuma resposta na forma de uma razão que poderia lançar nova luz acerca da natureza do Direito; a única maneira de respondê-la é apontar para aquilo que poderia ser chamado de *Faktum* da intencionalidade.[40]

Coincidentemente, a questão que me interessa, indicada na abertura desta seção, pode ser compreendida como uma glosa da indicação que fecha este parágrafo, acerca do *Faktum* da intencionalidade e da interpretação da modernidade na qual Lindahl ancora seu projeto e, ao assim fazê-lo, também a transforma. Há diversas maneiras de definir o que se compreende por intencionalidade a partir da linha de pensamento com a qual essa palavra quase se confunde completamente. Tanto a consciência quanto o ser-aí – sem se debruçar aqui sobre o que está em jogo ao escolher entre

40 LINDAHL, Hans. *Fault Lines of Globalization*: Legal Order and the Politics of A-Legality. Oxford: Oxford University Press, 2013, p. 121, nota 14.

um e outro – estão fora de si, derivados do fluxo temporal que é ao mesmo tempo seu, mas não somente, ou lançado no mundo, transcendendo-se rumo aos entes que se manifestam ou dos quais se ocupa. Uma fórmula para apreender como esses entes que se manifestam ou dos quais se ocupa – fórmula essa escolhida por Lindahl, como indicado acima, e razoavelmente conhecida do leitor brasileiro – advém de Heidegger, sendo *etwas als etwas*, algo *como* algo.[41] Na distinção entre percepção e ocupação e no questionamento sobre a qual dessas duas modulações se deveria atribuir um aspecto "primordial" para a compreensão, respectivamente, da consciência e do ser-aí, deixa-se entrever algo particularmente importante, isto é, de que se intenciona de diferentes maneiras, ou mais rigorosamente, em modos diversos.

Ao ler apenas este livro, o leitor poderá ter a impressão de que Lindahl rapidamente eleva a parte ao todo, identificando representação e intencionalidade. Algumas nuances do texto (tal qual a hendíadis "lutas por reconhecimento e lutas por representação", em que o "e" pode assumir particular importância para pesquisas ulteriores), além de uma resposta posterior do autor à leitura cuidadosa oferecida por Bert van Roermund no contexto do volume 27, número 2 da *Indiana Journal of Global Legal Studies*, dedicado à discussão de *A autoridade e a globalização da inclusão e exclusão*,[42] sugerem que, embora não haja essa identificação, há um fundo histórico impondo essa sinédoque, esse *pars pro toto*, em que a representação – como um modo específico de desvelamento caracterizado por um impulso de subjugar ou precluir outros modos de abertura da existência – , efetiva-se, se não como o único modo de desvelamento, como aquele que é o mais

---

41 HEIDEGGER, Martin. *Sein und Zeit*. Gesamtausgabe, B. 2. Vittorio Kolstermann: Frankfurt am Main, 1977.

42 ROERMUND, Bert van. "Representation and beyond". *Indiana Journal of Global Legal Studies*, vol. 27, nº 2, 2020, pp. 111-128; bem como a resposta de Lindahl no mesmo volume, *Author Meets Reader Response*, pp. 129 e ss.

adequado. Esse fundo histórico não é diretamente abordado no livro, embora o autor o tenha discutido com mais profundidade em sua tese doutoral. Em todas essas instâncias, como indicado anteriormente, com referência a Hans Blumenberg.

De certo, caracterizar a representação – enquanto *Vorstellung* – como um modo de intencionalidade que coloca [*stellt*] um inventário de entes perante [*vor*] o ser-aí, assegurados como um recurso a ser utilizado (formalização que capta desde a água armazenada pela hidrelétrica e usada como energia aos animais em um frigorífico que servirão como proteína, e mesmo a linguagem, reduzida a um dentre os recursos ou *media* disponíveis para se subtender a comunicação), não vem de Blumenberg, mas de Heidegger.[43] Em sua tese doutoral, Hans Lindahl analisou pormenorizadamente a abordagem da relação entre o medievo e a modernidade subjacente a essa interpretação do Heidegger tardio, condensada na frase "representar [*vorstellen*] é assegurar [*sicherstellen*]", desafiando-a e corrigindo-a na medida em que se acaba por "maximizar" a resposta da modernidade ao problema herdado do medievo e, especificamente, da escolástica, e "minimizar" a seriedade do problema enfrentado pela teologia, que recebeu da modernidade uma resposta inovadora: o problema da contingência do mundo.[44]

Embora no contexto de sua tese a investigação quanto ao limiar entre medievo e modernidade se restrinja ao tratamento filosófico da contingência antes e depois, apreendendo essa passagem à luz de Blumenberg como uma reocupação [*Umbesetzung*], Lindahl já então buscava traçar as consequências de tanto na racionalidade ínsita à administração pública da modernidade tardia,

43 Dentre outros, ver esp. HEIDEGGER, Martin. "Die Frage nach der Technik". *In*: ______. *Vorträge und Aufsätze, Gesamtausgabe*. B. 7. Frankfurt am Main: Vittorio Klostermann, 2000, pp. 5-36.

44 LINDAHL, Hans. *Welfare and Enlightenment*: an Enquiry into the Rational Foundations of the Welfare State. Leuven: Leuven University Press, pp. 162 e ss., esp. p. 182.

consequências que permanecem como pressuposto de uma noção central, planejamento. Compreende-se assim como o mesmo intento filosófico se voltou posteriormente para os domínios do Poder Constituinte[45] e das ordens jurídico-políticas como um todo. Ao mesmo tempo, é notável que isso se faça sem uma pesquisa de base referente a esses domínios, seja em termos de história intelectual, seja quanto às metamorfoses dos conhecimentos-práticas[46] que condicionam o porquê da transformação da dimensão material do sentido,[47] em virtude de uma nova consideração acerca de a contingência ter vingado na ascensão da representação como modo privilegiado da intencionalidade político-jurídica, de um lado, e na sua temporalização específica, em termos de uma reiteração antecipativa, de outro. Em outras palavras, em que pese o uso da distinção husserliana de gênese e estrutura, uma e outra delineando o emprego fenomenológico da noção de *Faktum* tanto em Husserl quanto em Lindahl, a pergunta "por que a ação coletiva necessariamente se dá através da representação, expressando um passado a partir do qual nós podemos olhar adiante?" não é bem

---

45 LINDAHL, Hans. "Possibility, Actuality, Rupture: Constituent Power and the Ontology of Change". *Constellations*, vol. 22, nº 2, 2015, pp. 163-174; LINDAHL, Hans. "Collective self-legislation as an actus impurus: a response to Heidegger's critique of European nihilism". *Continental philosophy review*, vol. 41, nº 3, 2008, pp. 323-343.

46 Embora Lindahl não a utilize, parece-me que essa noção se encaixa perfeitamente no modelo ACAI do Direito. Sobre a noção de conhecimentos-práticas, ver, dentre outros, CASTRO, Eduardo Viveiro de. "Who is Afraid of the Ontological Wolf? Some Comments on an Ongoing Anthropological Debate". *The Cambridge Journal of Anthropology*, vol. 33, nº 1, 2015, pp. 2-17. Para os ganhos que o uso dessa expressão pode trazer ao Direito, ver STEINHAUER, Fabian. "Kulturtechniken des Rechts. Anmerkungen zu einem Format der Rechtswissenschaft". *In*: FUNKE, Andreas; LACHMAYER, Konrad (Coord.). *Formate der Rechtswissenschaft*. Weilerswist: Velbrück Wissenschaft, 2016.

47 Ver LUHMANN, Niklas. "Sinn, Selbstreferenz und soziokulturelle Evolution". *In*: BURKART, Günter; RUNKEL, Gunter (Coord.). *Luhmann und die Kulturtheorie*. Frankfurt am Main: Suhrkamp, 2004.

articulada ou respondida. Ainda assim, o leitor se vê diante de uma interpretação extremamente sofisticada de sua operação.

2.2 Delineamento de uma resposta

Propor essa pergunta ao livro e à obra de Hans Lindahl como um todo, muito embora, admitidamente, este livro não se proponha a respondê-la, é abrir possibilidades de leitura e escrita que contribuam para sua sobrevida. Outrossim, é também o ler à luz daquilo que Hans Blumenberg indicou como sendo a tarefa, por excelência, de uma fenomenologia da história:

> (...) uma fenomenologia da história deve se voltar à apreender a formação da totalidade das autocompreensões e compreensões de mundo epocais em sua incessante colisão, balanço e sua derradeira e destrutiva irreconciabilidade através de eventos, resultados e produtos concretos. Isto é aquilo que se pode ter como uma "essência" na história, não a restauração do "espírito do mundo", mas a escavação do arsenal de formas, nas quais a história ela própria se consuma, e que deixa suas estruturas serem compreendidas independentemente da contingência de seus fatos, *mesmo se apenas através deles.*[48]

Por conseguinte, trata-se de uma outra abordagem da noção de *Faktum*, paralela à sua conotação mobilizada por Husserl nos textos sobre a crise das ciências europeias – a implicar uma certa teleologia da história –, mas que não deixa também de ter seus traços aí inscritos. Na primeira parte de *Beschreibung des Menschen*, ao se defrontar com o papel da história na fenomenologia de Husserl, Blumenberg propõe como o problema do relembrar

---

48 BLUMENBERG, Hans. "Das Laboratoriom, oder: Was wäre eine Phänomenologie der Geschichte?" *In*: _____. *Phänomenologische Schriften.* Frankfurt am Main: Suhrkamp, 2018, p. 13.

para a fenomenologia restaria como o problema da história *in nuce*, sendo, adicionalmente, o local para se buscar um conceito autêntico de história, em contraposição a uma história teleológica. A pergunta na qual ambos os problemas, o do relembrar e o da história, encontram-se como que em um quiasma é a seguinte:

> como pode a intencionalidade ser sustentada através dos distintos estados de um sujeito, muitos sujeitos, muitas gerações e épocas? O relembrar substância também uma consciência aguda da contingência: a necessidade transcendental do *eu penso, eu sou*, não corresponde a uma necessidade espaço-temporal, que eu *assim* sou aquilo que eu sou. Trata-se da inversão do conceito de contingência da tradição metafísica: o "o que" é acidental, apenas "o assim" é necessário. O tempo possibilita a experiência da não identidade na identidade como pressuposição de que uma identidade na não identidade possa ser compreendida antecipadamente, como se é para definir também a intersubjetividade.[49]

Em suma, e para os presentes propósitos, duas são as direções que podem ser exploradas a partir dessas duas colocações de Blumenberg para responder à pergunta com que se abriu esta seção. Também não escapará ao leitor a ressonância das duas passagens supracitadas com a abordagem e as considerações de Lindahl ao longo do livro.

A primeira delas implica assumir a contingência do modo da representação *qua* intencionalidade, compreendendo-a – e investigando-a – como um produto, e sua generalização como um resultado da modernidade. O que é necessário não é a representação enquanto "essência" da intencionalidade, mas que a intencionalidade *assim* o seja na modernidade. A partir dessa glosa quanto ao *Faktum* da intencionalidade, pode-se abordar a problemática do relembrar

---

49 BLUMENBERG, Hans. *Beschreibung des Menschen*. 2ª ed. Frankfurt am Main: Suhrkamp, 2020, p. 104.

e do passado na modernidade enquanto segunda direção para se circunscrever uma resposta possível à nossa pergunta. O fim ou o adoecimento da tradição implica o estranhamento do passado[50] e da perspectiva da ação coletiva, como indicado anteriormente, de que, tal qual sua identidade, nem mesmo o passado de um coletivo está completamente dado e à sua disposição.

Um coletivo pode se confrontar com seu passado e tê-lo como irreconhecível, na medida em que o passado carrega consigo uma não identidade e, assim, algo de inordenável. A experiência significativamente moderna de um passado irreconhecível funda a necessidade de representá-lo, representação essa que é nada mais que um exercício de autopreservação *qua* autoafirmação coletiva, o estabelecimento de demarcações em que se inclui e se exclui: esses eventos, em vez daqueles; estes heróis, em vez desses, e assim por diante.

3 A contribuição do modelo ACAI do Direito para a Teoria e pesquisa do Direito

Talvez aquilo que mais choque o leitor brasileiro habituado às divisões atinentes à recepção da fenomenologia e da hermenêutica pelo pensamento jurídico no Brasil seja o lugar de destaque assumido por algumas frases e fórmulas cruciais de Hans Kelsen para o desenvolvimento do modelo ACAI do Direito. Dentre todas as entradas e remissões à obra de Hans Kelsen, uma delas é de especial importância para se avaliar a força da contribuição de Lindahl para a Teoria do Direito e seu potencial para pesquisas jurídicas – especialmente aquelas que se compreendem e se

---

50 Ver, dentre outros, KOSELLECK, Reinhart. "História Magistra Vitae: the Dissolution of the Topos into the Perspective of a Modernized Historical Process". *In*: ______. *Future Past*: on the semantics of historical time. Trad. por Keith Tribe. Nova York: Columbia University Press, 2004. A noção de um adoecimento da tradição foi emprestada de Walter Benjamin. Ver SCHWEPPENHÄUSER, Hermann (Coord.). *Benjamin über Kafka*: Texte, Briefzeugnisse, Aufzeichnungen. Frankfurt am Main: Suhrkamp, 1981, p. 87.

classificam pelo desafio de se verem obrigadas a constituir arquivo a partir de técnicas investigativas que impliquem pesquisa de campo, como entrevistas ou observações, cujo objeto da pesquisa pode ser apreendido, isto é, parcela significativa das assim chamadas pesquisas empíricas. Por esse motivo, antes de me dedicar a apresentar uma consideração preliminar de como o modelo ACAI do Direito contempla a estrutura da ação coletiva e, a partir de tanto, como se caracteriza validade, eficácia e efetividade da perspectiva da ação coletiva, parece adequado abrir esta seção considerando a recorrência desse enunciado de Hans Kelsen em *A autoridade e a globalização da inclusão e exclusão.*

3.1 Eficácia, validade, efetividade e circunspecção

No capítulo 5, seção 34, item g) da *Teoria Pura do Direito*, intitulada "Validade e Eficácia", Kelsen se propõe a discutir aquilo que ele mesmo identifica como um dos problemas mais importantes e difíceis para uma teoria positivista do Direito, nomeadamente, a determinação correta das relações entre uma e outra. Após analisar duas soluções extremas e afastá-las, a primeira postulado uma completa independência da validade do Direito de sua eficácia, a segunda postulado sua completa identidade, Kelsen atesta que para a Teoria Pura do Direito

> a eficácia da ordem jurídica como um todo e a eficácia de uma norma jurídica individual – bem como o ato de postulação da norma – condição da validade, e certamente a eficácia é condição no sentido de que uma ordem jurídica como um todo e uma norma jurídica individual não podem ser mais estimadas como válidas se elas cessam em serem válidas. Adicionalmente, a eficácia de uma ordem jurídica é tão pouco fundamento da validade quanto o fato de sua postulação [*die Tatsache ihrer Setzung*]. Fundamento da validade, isto é, a resposta à pergunta, por que as normas dessa ordem jurídica devem ser seguidas e aplicadas, é a norma fundamental pressuposta, de acordo com a qual se deve corresponder

> uma Constituição factualmente posta, larga e amplamente eficaz, e assim sob essa Constituição factualmente posta, normas larga e amplamente eficazes. Postulação e eficácia são condição da norma fundamental; eficácia no sentido de que à postulação se precisa juntá-la para que a ordem jurídica como um todo, bem como uma norma jurídica individual, não perca sua validade. Uma condição não pode ser idêntica a seu condicionado. Assim um homem para viver precisa ter nascido; mas para permanecer vivendo, outras condições também precisam ser preenchidas, por exemplo, ele precisa obter alimento. Se essas condições não são preenchidas, ele perde sua vida. Mas a vida não é idêntica com o ter-nascido nem com a obtenção-de-alimento.[51]

A citação extensiva dessa passagem se justifica em razão do quanto, na minha perspectiva, o modelo ACAI do Direito se conecta a, destaca e desenrola parcela significativa da teia de conotações que pode, à primeira vista, restar despercebida no estilo primordialmente denotativo de Kelsen. Imediatamente após a distinção entre condição e fundamento ser apresentada, o texto caminha pouco a pouco rumo a uma certa metaforicidade que é mobilizada em momentos-chave do livro de Hans Lindahl.

Primeiro, Kelsen glosa o fundamento da validade, aquilo que Lindahl trata sob a rubrica da autoritatividade, como resposta a uma pergunta. O leitor verá o quanto essa metáfora é frutífera nas mãos de Lindahl. Sem conseguir fazer jus à complexidade de um dos cernes de sua proposta teórica, dois pontos podem ser destacados, que se relacionam com a metáfora com que Kelsen conclui a citação anterior: a assimetria e a finitude da questionabilidade e responsividade circunscrevendo a validade de uma ordem jurídica. De um lado, a questionabilidade do ponto de agir em conjunto sugere sua contingência incontornável: outras

---

51 KELSEN, Hans. *Reine Rechtslehre*. 2ª ed. Viena: Österreichische Staatsdruckerei, 1992, pp. 218/219.

configurações-padrão, bem como outros pontos seriam possíveis. Adicionalmente, a questão é sempre anterior à resposta, não em um sentido cronológico, mas no sentido existencial de que a questão sempre pega o coletivo despreparado. A isso Lindahl denomina *Assimetria 1*. Além disso, o campo de respostas possíveis para um coletivo é também finito, de modo que apenas são registradas como questões aquilo que, retroativamente, possa parecer respondível: *Assimetria 2*. Uma e outra ajudam, por sua vez, a apreender a riqueza que algumas interpretações heterodoxas da norma fundamental atribuem àquilo que comumente se assume como evidente, isto é, o fato de ela precisar ser inevitavelmente *pressuposta*.[52] Lindahl, por sua vez, dá sua contribuição àquilo que se pode compreender por essa pressuposição, além de enfatizar o caráter putativo das três dimensões de toda ordem jurídica, enquanto coletivo, sistema jurídico e ordem pragmática, criativamente evocando e se apropriando de um lema zapatista: comandar/liderar (pela) obediência. Efetivamente, poder-se-ia considerá-la, em razão da maneira pela qual Lindahl se vale dessa palavra de ordem, como equivalente à ambivalente *die Tatsache ihrer Setzung* destacada antes: o fato de a postulação de uma ordem jurídica já ser um fato jurídico, ao modo de uma reiteração antecipativa, um retrospecto do futuro no passado. O exercício da autoridade é, segundo Lindahl, marcado por uma disposição ou tonalidade fundamental por acatar um chamado à ação, em que se lidera ou se comanda, isto é, apreende-se a iniciativa de falar em nome de um coletivo, a posição de um nós* orador em resposta e em obediência ao nós* em questão que se representa.

Segundo, ao ornar o caráter da eficácia de uma ordem jurídica através do nascimento, manutenção e morte da vida humana, Kelsen empresta a essa condicionalidade um tom existencial e angustiante

52 Ver, dentre outros, WALT, Johan van der. "Direito, Utopia, Evento: Uma constelação das duas trajetórias". Trad. para o português de Ricardo Martins Spindola Diniz. *Direito & Praxis*, vol. 11, nº 4, 2020, pp. 2802-2848.

– mas também biopolítico, embora esse ponto não possa ser aqui desenvolvido – que encontra respaldo na ênfase de Lindahl acerca do caráter sempre contextual da pergunta e da resposta. Proporcionalmente, apreender a iniciativa de representar o ponto de ação de um coletivo, seja pela sua articulação, monitoramento ou sustentação, é um exercício contínuo de circunspecção, de um cuidadoso olhar ao redor. A alegalidade é, por excelência e como indicado anteriormente, a maneira de minar a eficácia de uma ordem jurídica. Assim, ao lado de considerações normativas, as autoridades precisam apreciar a *contundência* de uma questão, revelando que para além de articulação, monitoramento e sustentação de uma ordem válida, as autoridades estão sempre envolvidas também em assegurar as condições para que haja ordem. Entre validade e condição, tem-se a tensão da alegalidade, que revela uma dimensão prudencial ínsita à condução da ação em conjunto, como uma apreciação perspicaz necessariamente acompanha a articulação, o monitoramento e a sustentação do ponto de ação de um coletivo – na medida em que seja para esse ponto persistir no tempo, para que ele seja efetivo.

Embora simples e quase que pronta à mão – quando já formulada –, compreender a efetividade como o resultado da *adequabilidade*[53] de uma resposta autoritativa que consegue tanto se atentar para considerações normativas, aquilo que implica a *junção*[54] da ação em conjunto de um coletivo (o fundamento da validade), quanto apreciar as circunstâncias do contexto (as condições de eficácia) em que é formulada é solução que me parece bastante elegante e de grande potencial metodológico para conceitos que há muito desafiam a teoria e a pesquisa do Direito. Tanto se pode depreender das distinções analíticas que marcam a apreensão da

---

53 Adequabilidade foi a palavra escolhida para traduzir *fittingness*, no sentido de que uma resposta adequada se encaixa (*fit*) na ou se adequa à trama de uma luta por reconhecimento.

54 Junção, por sua vez, foi a solução encontrada para verter *jointness*, no sentido do elo, isto é, da comunalidade que sustenta a "*joint action*".

dimensão funcional da autoridade, às quais eu me volto, para fins de conclusão dessa apresentação, na seção seguinte.

3.2 Ação coletiva autoritativa e institucionalmente mediada

Lado a lado de sua tematização da autoritatividade da autoridade, isto é, da sua autoridade, Lindahl oferece um tratamento igualmente frutífero de sua função: como sugerido anteriormente, autoridade é, funcionalmente falando, articular, monitorar e sustentar a ação coletiva. Sete são as características que Lindahl discrimina, por sua vez, para se possibilitar a análise da ação coletiva. São elas: *obrigações direcionadas*, isto é, obrigações e direitos que advêm entre participantes da ação coletiva e por força de sua participação em tanto; o *ponto* de ação coletiva, a partir do qual se estabelece aquilo que é relevante e consequente e aquilo que é irrelevante e inconsequente para um coletivo; *aninhamento*, o que significa que o ponto de uma ordem jurídica pode ser composto por diferentes pontos nodais, articulados, monitorados e sustentados de acordo com contextos funcionalmente diferenciados, cada qual aninhado de maneira mais ou menos coerente ao ponto central. A insistência de Lindahl em preferir a noção de ponto àquela de propósito ou fim é particularmente importante ao enfatizar a *falta de transparência* constitutiva e produtiva do ponto da ação coletiva, sem a qual dificilmente qualquer aninhamento seria possível; *espaço, tempo, subjetividade e tipos de atos*, em que Lindahl incorpora e transforma, no sentido indicado na seção anterior, as esferas de validade de Hans Kelsen. Essas quatro dimensões estão condensadas no asterisco que se atribui ao nós* da ação coletiva; *inclusão e exclusão*; *transformabilidade*, em que cada ponto se torna uma configuração-padrão própria, cujo papel e escopo é incluir e excluir quem deve fazer o que, onde e quando, sendo essa configuração-padrão inevitavelmente transformável através da dinâmica de pergunta e resposta discutida anteriormente; e, finalmente, pano de fundo, indicando que toda a ação coletiva depende e está enraizada em práticas, capacidades e pressuposições que emprestam à sua normatividade uma normalidade essencial, pano de fundo esse que é composto, destacadamente, pelas mídias (escrita, imprensa, redes de computadores etc.), doutrina e cultura jurídicas.

Essa lista é fruto de um trabalho impressionante de seleção e condensação de muito da literatura jurídica dos últimos 50 anos. O leitor terá a oportunidade de se familiarizar com essas sete características, bem como apreender sua utilidade seja para análise documental dos registros que permitem ao observador a reconstrução da configuração-padrão e do pano de fundo de um coletivo, para construir perguntas e analisar respostas fruto de entrevistas com atores participantes de uma ação coletiva. Evidentemente, afinal, o autor mesmo reconhece em diversos momentos, os exemplos através dos quais a construção desse aparato conceitual se faz, bem como os tipos de fontes, mais especificamente, os tipos de documentos – regra geral, declarações do ponto de ação coletiva em sítios eletrônicos, delineamento da configuração-padrão em instrumentos jurídicos os mais diversos (estatutos, regulamentos, dentre outros), e, mais raramente, discursos proferidos em assembleias ou outros tipos de atos de um coletivo – analisados poderiam ser criticados por seu caráter restrito ou limitado. Em sua maioria, essas fontes dizem respeito à articulação da ação coletiva. Em algumas ocasiões, decisões judiciais, que tanto monitoram quanto sustentam a ação coletiva, são consideradas. Análises mais pormenorizadas de como, por exemplo, essas três atividades dependem de um pano de fundo, ou de como os diferentes pontos de ação se aninham a um mesmo ponto de ação geral, ainda estão por vir. Ao mesmo tempo, é difícil não se admirar com o escopo da análise, em que a multiplicidade de ordens jurídicas, globais ou outras, impressiona e testa de maneira bastante vigorosa o potencial do modelo. Entre um e outro, não há como não esperar ansiosamente pelos textos que poderão vir a ser escritos a partir deste texto que ora se traduz para o português.

RICARDO SPINDOLA DINIZ

AGRADECIMENTOS

Enquanto escrevia este livro, eu pude contar com um apoio intelectual e financeiro muito generoso, e gostaria de expressar meu apreço por todos aqueles que me ajudaram ao longo do caminho.

Minhas primeiras palavras de agradecimento vão para o Professor Hendrik Geyer, Diretor do Stellenbosch Institute for Advanced Study (STIAS). Os primeiros manuscritos dos capítulos I, II e VII deste livro foram escritos no STIAS em um período em que obtive duas bolsas de estudo e pude desfrutar de um centro de pesquisa incrivelmente estimulante. Trata-se do segundo livro que eu escrevo sob os auspícios das bolsas de pesquisa do STIAS, e mais uma vez eu me vejo extremamente grato por ter tido a oportunidade de trocar ideias e aprender com colegas de disciplinas variadas, que eu normalmente não encontraria em razão do caráter ainda bastante monodisciplinar da pesquisa universitária. Embora seu trabalho não seja mencionado daqui em diante, o trabalho pioneiro e crítico de André van der Walt sobre direito de propriedade tem sido uma fonte de inspiração constante para mim. Sua morte privou a África do Sul, seus amigos e colegas de um brilhante acadêmico dedicado à transformação de seu país.

Eu tive a sorte de receber comentários perspicazes a versões preliminares dos capítulos deste livro em várias conferências, *workshops* e convites para apresentar meu trabalho ao longo dos quase três anos que levei para escrever esta obra. Eu me refiro aos seguintes acadêmicos e eventos, em ordem cronológica (e alfabética pelos sobrenomes): Maurice Adams e Anne Meuwese, do Departamento de Direito Público, Teoria do Direito e História do Direito da Faculdade de Direito de Tilburg; Cristoph Kletzer, David Nelken e Lorenzo Zucca, do King's College London; Ronaldo Porto Macedo, da Fundação Getúlio Vargas em São Paulo; Sharon Cowan, Luis Duarte d'Oliveira, Cormac Mac Amhlaigh, Euan MacDonald, Claudio Michelon e Neil Walker, da Universidade de Edinburgo; Michael Giudice e François Tanguay-Renaud, durante uma aula magna sobre *Legal Philosophy between State and Transnationalism* patrocinada pela Faculdade de Direito Osgoode Hall, pelo Nathanson Centre on Transnational Human Rights, Crime, and Security e pelo Departamento de Filosofia da Universidade de York; Fleur Johns, Martin Krygier, Marc de Leeuw e Miguel Vatter, durante uma visita de pesquisa à Universidade de New South Wales, possibilitada pelo seu Distinguished Visitor Programme; Jorge Fabra Zambrano, na conferência *Philosophical Perspectives on Global Law*, organizada pela Faculdade de Direito da Universidade de Cartagena, Colômbia; Luigi Corrias, Lianne de Boer, Laura Henderson, Ester Herlin Karnell, Olaf Tans e Bertjan Wolthuis, no seminário do Centre for European Studies da Universidade Livre de Amsterdam; Tom Poole e Mike Wilkinson, da London School of Economics and Political Science; Alberto Andronico, Daniel Augenstein, Alessio lo Giudicie, Iván Mahecha, Claudia Quelle, Chiara Raucea, Jorge Restrepo e Jing Wu, no seminário Catania-Tilburg de Filosofia do Direito; Oliver Garner, Kristina Cufar, Hans Micklitz, Dennis Patterson, Yane Svetiev e Rodrigo Vallejo, em razão de uma série de seminários sobre *Stealth Legal Order* organizada pelo Departamento de Direito do European University Institute, Florença; Alfred Aman, Yvonne Cripps, Inge van der Cruysse e David Hamilton, durante um simpósio especial organizado pela Maurer School of Law da Universidade de Indiana, em ocasião do vigésimo quinto aniversário do Indiana Journal of Global Legal Studies; Diego Pineda and Julio Sampedro na Universidade Javeriana, Bogotá; Henk Botha, Louise Du Toit, Chielzona Eze, Sundhya Pahuya, Kaarlo Tuori, Jacques de Ville e Minka Woermann, do STIAS; Massimo Fichera e Panu Minkinnen, em razão da conferência *"The People": Democracy, Populism and the Popular Constituent Power*, organizada pela Political Constitutional Theory Network da Universidade de Helsinki; Thomas Bedorf e Lisa Guenther, em razão da conferência *Die Phänomenologie und das Politische*, organizada pela German Society for Phenomenological Research na Universidade Aberta de Hagen; Astrid von Busekist, Amélie Ferey, Maurits de Jongh e Annabelle Lever, em razão de um seminário na Sciences Po, Paris.

Vários acadêmicos e amigos ofereceram comentários detalhados acerca de um ou mais capítulos deste livro: Nehal Bhuta, Lukasz Dziedzic, Kyran Grattan, David Hernández, Agnieszka Janczuk-Gorywoda, Ernée Krijnen, Hanna Lukkari, Ferdinando Menga, Phillip Paiement, Nik Raijkovic, Bert van Roermund, Rodrigo Vallejo, Maren Wehrle e Wouter Werner. Seus comentários ajudaram bastante a elucidar e aperfeiçoar a linha argumentativa desta obra.

Agradeço a Morag Goodwin, chefe do Comitê Editorial da Cambridge University Press Global Law Series, que me deu um apoio inestimável durante o processo de escrita deste livro, bem como Finola O'Sullivan, da Cambridge University Press, por ter permitido o prolongamento do prazo final de submissão do manuscrito em várias ocasiões. Fico feliz que seu apoio não tenha sido em vão. A Faculdade de Direito de Tilburg e o Conselho Executivo da Universidade de Tilburg concederam um importante apoio financeiro para a criação deste livro; sem esse apoio, teria levado muito mais tempo para ser escrito. Um muito obrigado a Nanda Oudejans, por ter assumido uma parcela considerável das minhas aulas durante esse período.

Finalmente, eu gostaria de agradecer a Bert van Roermund, meu predecessor na cadeira de Filosofia do Direito da Universidade de Tilburg. Sua energia intelectual, perspicácia e rigor, bem como sua generosidade em compartilhar suas ideias comigo e com outros colegas, são exemplos do que é a essência da pesquisa em Filosofia do Direito. As múltiplas referências ao seu trabalho neste livro darão ao leitor uma noção do quanto eu aprendi com Bert. Esse livro é dedicado a ele.

Também fico feliz por poder utilizar neste livro material previamente publicado. Por permissão da Oxford University Press, as seções 4.5.5 e 6.1.3-6.1.4 doravante incluem partes retiradas da minha obra *Fault Lines of Globalization: Legal Order and the Politics of A-Legality* (Oxford: Oxford University Press, 2013), respectivamente as páginas 241-242 e 201-203. Por permissão da Cambridge University Press, a seção 3.2.1. doravante inclui porções extensas de "ISO Standards and Authoritative Collective Action: Conceptual and Normative Issues", escrito por mim e publicado em Panagiotis Delimatsis (ed.), *The Law, Economics and Politics of International Standardisation* (Cambridge: Cambridge University Press, 2015), páginas 42-57.

INTRODUÇÃO

Processos de globalização são vividos como a globalização da inclusão e da exclusão. Que esses processos sejam vividos e experimentados desse modo significa que eles não acontecem em outro lugar; eles ocorrem aqui, localmente, e transformam o local. Isso também se aplica a ordens jurídicas globais emergentes. Elas não são alheias àquilo que se conhece como Direito "Local"; Direito Global é Direito Local justamente por envolver um fechamento espacial que separa e reúne dentro e fora. A inclusão e a exclusão de direitos e obrigações caminham lado a lado da inclusão e da exclusão de espaços de ação sobre os quais as ordens jurídicas globais emergentes reivindicam autoridade. A prolongada e amarga resistência dos movimentos de alterglobalização e antiglobalização deixa cada vez mais claro: a humanidade está dentro e fora do Direito Global.

Como isso é possível? Como estruturar as ordens jurídicas de modo que – mesmo que atualmente se fale de um Direito para além das fronteiras estatais – ainda não se vislumbre nenhuma ordem jurídica global que não inclua sem excluir? Mais enfaticamente: seria este um estado de coisas necessário? Sim, ou assim eu argumento mais adiante. No entanto, pode-se evitar a defesa de um relativismo quanto a assuntos globais, um relativismo que entrincheira processos excludentes e condena as ordens jurídicas globais emergentes a serem instrumentos de uma inclusão imperial? Seria possível formular uma política autoritativa das demarcações sem postular a possibilidade de uma ordem jurídica global totalmente inclusiva nem aceitar resignação e paralisia política diante da globalização da inclusão e exclusão?

Essas são as questões prementes que guiam este livro. Elas abrem um vasto domínio de investigação que abordo sob perspectivas conceituais, empíricas e normativas. Conceitualmente, eu desvelo um modelo do Direito que mostra como e por que a inclusão e a exclusão são a operação-chave da ordenação jurídica – e da autoridade. Eu o denomino como "modelo ACAI do Direito": ação coletiva mediada autoritativa e institucionalmente. Mais importante, e à luz de um ceticismo doutrinal acerca do próprio conceito de Direito Global amplamente disseminado, o modelo ACAI do Direito explica o porquê de podermos falar propriamente de ordens jurídicas globais emergentes, enquanto rejeitamos a ideia de que seja possível uma ordem jurídica global includente sem exclusão. Uma ordem jurídica de direitos humanos juridicamente vinculantes e executáveis, se eventualmente posta, não seria uma exceção. Nenhuma ordem jurídica global é universal ou universalizável, posto que unificação e pluralização são as duas faces de um único e contínuo processo do estabelecimento de demarcações de ordens jurídicas, sejam elas globais ou não.

Empiricamente, este livro examina um emaranhado de ordens normativas, para estabelecer se elas podem ser compreendidas como formas de Direito Global emergente. Embora a análise inicie no capítulo primeiro com um dos candidatos mais óbvios, a Organização Mundial do Comércio (OMC), os capítulos seguintes envolvem a nova *lex mercatoria*, o Comitê de Supervisão Bancária da Basileia, o Quadro Internacional de Normas Contábeis (IASB), a Clean Clothes Campaign (CCC), a Organização Internacional de Padronização, o Codex Alimentarius, o regime internacional de direitos humanos, os bens comuns globais e, talvez para a surpresa do leitor, o eBay. Em cada caso, meu objetivo é reconstruir a estrutura profunda das ordens normativas correspondentes como variações do tema comum das ações coletivas mediadas autoritativa e institucionalmente. Em cada caso eu me preocupo em explorar como suas demarcações clamam por resistência – tanto em relação à inclusão quanto à exclusão – por meio de diversos agentes e movimentos, como os Zapatistas, a Vía Campesina, a Indian Karnataka State Farmer's Association, o Occupy Wall Street e o hacktivismo.

Normativamente, a questão central abordada neste livro é se o modelo ACAI de Direito dispõe de um conceito profícuo de autoridade, já que, como eu argumento, autoridades não podem senão estabelecer as demarcações das ordens jurídicas (globais) por inclusão e exclusão. Ao rejeitar tanto o universalismo quanto o relativismo, o livro delineia os contornos de um conceito alternativo de autoridade em um contexto global, o qual eu apelido de "autoasserção coletiva restrita". Sua essência é a radicalização do conceito de reconhecimento. Com as teorias de reconhecimento recíproco, eu argumento que a contestação das demarcações de ordens jurídicas globais emergentes e suas consequentes respostas são lutas políticas por reconhecimento. Contra teorias de reconhecimento recíproco, eu sustento que o reconhecimento jurídico de uma identidade/diferença ameaçada ou violada por uma ação em conjunto tem uma estrutura assimétrica que preclui compreender uma política autoritativa das demarcações como um processo a tornar ordens jurídicas ainda mais inclusivas, com uma ordem jurídica totalmente inclusiva enquanto ideia regulativa. Em vez disso, a autoasserção coletiva restrita envolve estabelecer as demarcações de coletivos, em resposta a sua contestação, de modo a reconhecer o outro (em nós mesmos) como um de nós *e* como outro-que-nós. Essa perspectiva filosófica um tanto abstrata acerca da autoridade clama por concretização. O último capítulo do livro encara esse desafio ao reconstruir diversas iniciativas institucionais para tratar as lutas por reconhecimento como modulações de autoasserção coletiva restrita, mesmo que essas iniciativas não esgotem a ética responsiva que envolve uma política autoritativa das demarcações.

Essas modulações institucionais incluem a doutrina da margem de apreciação nacional desenvolvida pelo Tribunal Europeu de Direitos Humanos, regimes de autonomia limitada, o princípio de reconhecimento recíproco do Direito Comercial Global, o princípio de complementariedade do Estatuto de Roma, o Direito Administrativo Global e a iniciativa de levar o constitucionalismo para além do Estado.

Para alcançar esses três objetivos, é necessário um conceito de ordem jurídica que seja geral, flexível e distintivo. Sua generalidade deve advir do destaque dos elementos básicos que identificam ordens jurídicas globais emergentes como Direito, logo, elementos compartilhados com outras ordens jurídicas putativas. Esse conceito deve ser flexível de tal modo que esteja apto a selecionar e abrigar o que diferencia o Direito *Global* emergente de outras ordens jurídicas. Assim fazê-lo demanda a reconsideração daquilo que nós desejamos chamar de ordem jurídica; nosso conceito de *Direito* também precisa distinguir entre Direito e outras ordens normativas.

Entretanto, desde o início esse empreendimento enfrenta três dificuldades interligadas. Como cada uma delas é importante para compreender e justificar o escopo e as ambições deste livro, um prolegômeno metodológico se faz indispensável antes que nós possamos começar.

A primeira dificuldade diz respeito à historicidade do desafio em articular um conceito de ordem jurídica. A dificuldade que eu tenho reflete em ambos os termos que compõem a expressão "ordem jurídica". De um lado, selecionar aquilo que é próprio às ordens *jurídicas* – em contraste com outras formas de normatividade – pressupõe a diferenciação da normatividade em meio aos domínios do Direito, da moralidade e da religião, entre outros. Uma investigação sobre as continuidades e descontinuidades entre Direito Estatal e ordens jurídicas globais emergentes só faz sentido quando contraposta ao pano de fundo histórico dessa mesma diferenciação da normatividade, que Niklas Luhmann e outros têm se esforçado por teorizar.[55] Por outro lado, eu suscito a questão acerca da *ordem* jurídica a partir da experiência da contingência característica da modernidade ocidental. Hans Blumenberg, o grande historiador das ideias alemão, argumenta de modo muito convincente que, ao final da Idade Média, o aguçamento teológico do problema da contingência – o problema de que *existe* um mundo e *o que* ele é enquanto mundo – sobrecarrega a interpretação da humanidade ocidental de si mesma e sua relação com o mundo, de modo que a solução escolástica de uma conservação "transitiva" da existência do mundo por um Deus onipotente e arbitrário não é mais plausível nem aceitável, dando lugar para uma conservação "intransitiva:" a autopreservação como um princípio de racionalidade. Como resultado dessa transformação epocal, a ordenação da sociedade vem a ser interpretada como *auto*ordenação.[56] O problema do *fundamento* das ordens jurídicas e de suas demarcações passa a ser decisivamente urgente sob à luz da contingência das ordens sociais: como pode uma ordem jurídica justificar que ela inclui isso enquanto exclui aquilo? O questionamento sobre a relação entre autoridade e a globalização da inclusão e exclusão que guia este livro pressupõe esse horizonte histórico, muito embora o livro vise a interrogar criticamente certos elementos desse horizonte e seu modo de conceitualização da ordem (jurídica). Essa contextualização histórica não pode estar à mercê de qualquer vigilância metodológica, não importa quão refinada seja; trata-se de uma condição de fundo incontornável para uma investigação sobre o conceito de ordem jurídica que se

---

55 LUHMANN, Niklas. *Law as a Social System*. Trad. para o inglês de Klaus A. Ziegert. Oxford: Oxford University Press, 2004, esp. pp. 230 e ss.

56 BLUMENBERG, Hans. *The legitimacy of the modern age*. Trad. para o inglês de Robert Wallace. Cambridge: MIT Press, 1985, pp. 137/138; BLUMENBERG, Hans. "Ordnungschwund und Selbsterhaltung: Über Weltverstehen und Weltverhalten im Werden der technische Epoche". *In*: KUHN, Helmut; WIEDMANN, Franz (Coord.). *Das Problem der Ordnung*. Verhandlungen des VI Deutschen Kongresses für Philosophie. Meisenheim: Anton Hain Verlag, 1962, pp. 37-57.

proponha a atender as *desiderata* já mencionadas, em particular o *desideratum* da generalidade. E é também um contexto topográfico, como Chakrabarty sabe muito bem, ao notar que mesmo "o pensamento crítico... está relacionado a um lugar".[57] Nenhuma investigação acerca do Direito Global pode ser global no sentido de estar em qualquer lugar e em qualquer tempo.

A historicidade e a lugaridade de uma investigação acerca do conceito de ordem jurídica (global) estão ligadas a um segundo problema: não há qualquer critério independente pelo qual se possa estabelecer se o modelo a ser ora delineado satisfaz as três *desiderata* indicadas anteriormente. Considere a generalidade: não há qualquer espectro predeterminado de ordens normativas que sejam consideradas ordens jurídicas previamente à sua conceitualização enquanto tal, de modo que a tarefa da Teoria do Direito seja apenas selecionar e reproduzir seus elementos constitutivos. Essa dificuldade atinge a segunda e a terceira *desiderata*: a distinção entre Direito e não Direito não é independente do processo de estabelecimento do escopo daquilo que conta como Direito; o mesmo vale para a identificação de diferenças significativas entre os tipos de ordens jurídicas. Acima de tudo, qualquer tentativa de estabelecer os elementos gerais compartilhados por todas as ordens jurídicas inevitavelmente coloca em jogo pressupostos normativos que nenhuma destreza metodológica pode neutralizar.[58] Assim, embora as *desiderata* da generalidade, capacidade de distinção e flexibilidade não sejam simplesmente espúrias ou ilusórias, elas

---

57 CHAKRABARTY, Dipesh. *Provincializing Europe*: postcolonial thought and historical difference. Princeton: Princeton University Press, 2000, p. xvi.

58 Um caso exemplificativo é o nominalismo, já que sua resposta a esse problema termina reintroduzindo pressupostos normativos implícitos na sua própria tentativa de suspendê-los, geralmente na forma de defesa liberal do pluralismo jurídico. Ver, por exemplo, a tentativa de Tamanaha de ir além de uma abordagem funcionalista do Direito ao abraçar o que eu pressuponho ser outrossim uma abordagem nominalista. TAMANAHA, Brian. *A general jurisprudence of law and society*. Oxford: Oxford University Press, 2001, p. 194.

não podem ser completamente desligadas de *uma política de conceitualização*.

Quentin Skinner faz uma observação parecida ao descartar a hipótese de que seria possível conceitualizar o Estado de um ponto de vista neutro: "Conforme a genealogia do Estado se desenrola, o que ela revela é o caráter contingente e contestável do conceito, a impossibilidade de mostrar que ele tem qualquer essência ou fronteiras naturais".[59] A asserção de Skinner pode ser compreendida como um eco mudo e urbano da tese incisiva de Carl Schmitt, que diz que "todos os conceitos, imagens e termos políticos têm um sentido polêmico. Eles estão focados em um conflito específico e vinculados a uma situação concreta".[60] Eu compartilho a convicção de ambos os autores quanto à inexistência de qualquer posição neutra a partir da qual seja possível conceitualizar o Direito. Contudo, o que é particularmente instrutivo nesta nota preliminar sobre método é a razão pela qual o empenho em conceitualizar ordem jurídica não prospera.

De fato, a inevitabilidade de uma política da conceitualização advém do fato de que os modelos do Direito têm uma estrutura representacional – ou, se preferir, interpretativa: eles revelam algo *como* algo. Alguns representam o Direito *como* um sistema de regras posto por um soberano, outros *como* desígnios da natureza, e assim por diante. Como toda consideração acerca do Direito, o modelo de ordem jurídica aqui esboçado abre um campo para envolvimento prático e investigação teórica ao revelar fenômenos sob uma certa luz. Não há qualquer alternativa a esse modo de obter acesso conceitual ao Direito; trata-se da insinuação necessária do *insight* de que nosso engajamento prático e teórico com a realidade é mediado ou indireto. Mas o preço a ser pago diante

59 SKINNER, Quentin. "A genealogy of the modern state". *Proceedings of the British Academy*, vol. 162, 2008, p. 326.

60 SCHMITT, Carl. *The concept of the political*. Trad. para o inglês de George Schwab. Chicago: University of Chicago Press, 2007, p. 30.

dessa relação mediada com o Direito é que a representação não pode abrir um campo para investigação sem fechar outros modos de acessá-lo. A representação revela algo como *isso*, em vez de *aquilo*, implicando não ser possível incluir sem excluir ao conceitualizar uma variedade de fenômenos como Direito.

Se eu falo de uma política da conceitualização em relação aos modelos de ordem jurídica, eu o faço porque a marginalização por eles trazida nunca é meramente conceitual; ela é também – e principalmente – de natureza prática, prescrevendo certos modos de lidar com comportamento que foi excluído do domínio do Direito. Trata-se de algo mostrado eloquentemente por William Twining quando – ao resistir ao nacionalismo metodológico que fundamentou o positivismo jurídico ao longo dos últimos séculos – ele delineia um conceito de Direito que torna visível uma infinidade de candidatas ao *status* de ordens jurídicas que têm sido sistematicamente excluídas da alçada da Teoria do Direito, contribuindo para sua domesticação através de políticas centradas no Estado. Contudo, Twining não resiste apenas à maneira restritiva do positivismo jurídico; sua Teoria Geral do Direito fundamenta-se em pressuposições normativas que regem aquilo que ele está pronto para denominar como Direito, que ressoa com uma certa política de conceitualização.

Não há qualquer razão para esperar que o modelo ACAI de Direito possa se desprender desse duplo movimento de inclusão e exclusão e sua concomitante política de conceitualização. Eu argumento, daqui em diante, que ordens jurídicas podem ser melhor representadas *como* um tipo de ação coletiva; mas o que é elidido e traído quando assim se constrói o Direito? Essa questão tem um aspecto político. Porque se – tal qual debatido por vários estudiosos – a emergência de ordens jurídicas globais faz parte da globalização do imperialismo, será que uma teoria da globalização jurídica inspirada predominantemente no pensamento filosófico "ocidental" acerca do Direito e da política pode se esquivar de fazer parte desse projeto imperial, muito embora procure examinar criticamente a globalização da inclusão e exclusão? Mais notadamente, na medida em que este livro argumenta que a atuação coletiva permanece crucial para a concepção do Direito (Global), emerge a questão sobre em que medida ele próprio não é uma manifestação de uma metafísica da subjetividade (coletiva) que muitos consideram estar no coração do imperialismo. Eu não consigo desviar dessa objeção neste ponto da discussão, e nem sequer sei se posso me desviar dela. De todo modo, uma solução para lidar com essa objeção está nas mãos daqueles que resistem à globalização da exclusão e inclusão, porque, talvez, suas lutas também resistam a modelos da ordem jurídica como o meu, bem como os tipos de inclusão e exclusão por eles suscitados. No capítulo 4 nós teremos a oportunidade de examinar algumas dessas formas de resistência, bem como seus substratos teóricos, incluindo os conceitos de multitude e de movimentos sociais, muito embora eu não possa examiná-las de modo que não estejam afetadas, de um jeito ou de outro, por minha conjectura de que ordens jurídicas devam ser representadas como um tipo de ação coletiva.

Mas seria equivocado assumir que a inevitabilidade da inclusão e exclusão própria à conceitualização do Direito deva nos levar a aceitar que o Direito não é nada mais ou nada do que suas interpretações. Essa perspectiva puramente construtivista é insustentável porque há uma *diferença*, tanto conceitual quanto normativa, entre o interpretado e a interpretação – entre algo e sua revelação *como* algo (outro), respectivamente –, diferença essa que não está à disposição do teórico do Direito ou de quem quer que se envolva na prática política. No que diz respeito ao Direito, essa diferença se manifesta, dentre outras coisas, nas dificuldades encontradas pelas teorias do Direito centradas no Estado em tornar compreensível certas transformações as quais, não obstante, parecem cada vez mais relevantes e importantes para a teoria e prática do Direito. O que se faz necessária é a revisão da malha conceitual da Teoria do Direito, de maneira que traga à luz aquilo que é relevante e importante ao divulgar algo como Direito, e em particular Direito Global. O que eu considero importante – aliás, de grande importância – é um modelo que ajude a explicar por que ordens jurídicas não podem incluir sem excluir, bem como elucidar as consequências daí advindas para uma política autoritativa das demarcações em um contexto global.

Essas ideias acerca da Teoria do Direito como um exercício na representação soam muito parecidas com a dinâmica política de inclusão e exclusão anunciada como objeto deste livro. Elas sugerem que a epistemologia subjacente à minha abordagem do Direito Global, de um lado, e a ontologia das ordens jurídicas endossada pelo modelo ACAI de Direito, de outro, são isomórficas. Em outras palavras, há uma similaridade estrutural entre o processo de conceitualização do Direito e o modo de ser das ordens jurídicas conforme conceitualizadas por esse modelo. O *trait d'union* entre os dois domínios é a representação. Se a representação, como um processo cognitivo, envolve revelar algo como algo, então também, como nós veremos de maneira mais detida, a representação é aquilo que conduz a ordenação jurídica como uma espécie de ação coletiva.

Essas considerações nos guiam para um terceiro problema, a subtender um princípio metodológico central a governar toda a estrutura deste livro. Se se rejeitam abordagens nominalistas e essencialistas do conceito de Direito, como eu faço, então o que se exige é uma abordagem que retroceda e avance entre a globalidade e o Direito do Direito Global, de modo que uma certa pré-compreensão daquilo considerado como Direito se abra para um campo de investigação do Direito *Global*, e, reciprocamente, manifestações emergentes do global levem a uma compreensão transformada do *Direito* do Direito Global. Ao permanecer firmemente dentro dessa relação circular – uma circularidade que não precisa ser viciosa – é possível testar a generalidade, bem como distinguir a capacidade e a flexibilidade do conceito de ordem jurídica a ser construído no curso deste livro, mesmo embora essa circularidade não possa levar a um resultado conclusivo. O que nós precisamos fazer é, para oferecer esse ponto de uma maneira menos hermeneuticamente carregada, começar pelo esboço de um conceito preliminar de Direito que possa então ser modulado de diferentes maneiras, ou talvez mesmo revisto de maneira mais ou menos drástica ao longo do livro, de modo a dar sentido a uma variedade de elementos advindos de ordens jurídicas globais putativas.

Aqui, então, está a maneira como estruturei o livro de modo a lidar com essas questões metodológicas. O primeiro capítulo abre uma reflexão preliminar acerca daquilo que pode significar globalidade do Direito. Ao indicar a distinção entre fronteiras e limites, essa reflexão inicial distingue dois sentidos quanto àquilo considerado externo a uma ordem jurídica: o estrangeiro e o estranho. Eu então avanço para o segundo polo da circularidade na primeira parte do capítulo II, desvelando um conceito de *direito* que possa explicar essa distinção: a ordem jurídica como ação coletiva mediada autoritativa e institucionalmente. Tendo delineado os contornos do modelo ACAI do Direito, eu retorno para o primeiro polo da circularidade, a globalidade do Direito Global, no restante do capítulo II e nos capítulos III e IV. Valendo-se do modelo ACAI do Direito, esses capítulos abordam a globalização da inclusão e exclusão jurídicas sob diferentes perspectivas: fragmentação, privatização, mercantilização e compressão do espaço e do tempo manifestas nas globalizações jurídicas; o problema da unidade, que permanece virulento em conceitos de governança, redes e regimes globais; a inclusão e a exclusão causadas por um conjunto heterogêneo de eflorescentes ordens jurídicas globais e pelas globalidades legais suscitadas por movimentos de alterglobalização. O foco largamente descritivo do capítulo I ao IV dá lugar a uma abordagem normativa nos capítulos V e VI: como lidar com a inclusão e a exclusão ao longo da ordenação jurídica? Essa questão nos traz de volta do primeiro para o segundo polo de nossa abordagem circular: das (alter)globalizações jurídicas ao conceito de *Direito* operante no Direito Global. Ao esclarecer a relação entre reconhecimento e autoridade, eu busco revelar o teor normativo do modelo ACAI de Direito. Mais precisamente, as perspectivas concorrentes introduzidas nos capítulos V e VI oferecem a oportunidade de reconstruir e avaliar duas maneiras de interpretar a autoritatividade da política das demarcações na qual os coletivos respondem a desafios sobre aquilo que eles incluem e excluem. Que fique claro, minha defesa de uma autoasserção coletiva restrita delineia um conceito geral da autoritatividade do Direito, abstraindo as especificidades dos processos de globalização. Assim, tendo começado nossa reflexão acerca do Direito Global no polo da globalidade, parece apropriado encerrar nossa investigação no capítulo VIII retornando a esse mesmo polo. Se a autoritatividade de uma ordem jurídica consiste em autoasserção coletiva restrita, o que isso nos diz acerca das precondições institucionais de uma política autoritativa das demarcações em um contexto *global*?

CAPÍTULO I

O DIREITO E A GLOBALIZAÇÃO DA INCLUSÃO E EXCLUSÃO

Como antecipado na Introdução, há uma forte e mútua dependência entre os conceitos de "global" e "Direito" na expressão "Direito Global". A maneira como alguém aborda os fenômenos reunidos sob o nome "globalização" contribui para determinar aquilo que se quer chamar de ordem jurídica; reciprocamente, o que alguém está disposto a chamar de Direito afeta os fenômenos interpretados como globais por essa mesma pessoa. Uma investigação acerca do Direito Global – ou, mais apropriadamente, acerca da globalização jurídica – clama por uma abordagem – um método, no sentido amplo do termo, como defendido pela hermenêutica – que seja sensível a essa dependência mútua, indo e voltando entre esses dois polos. O problema central é, obviamente, como adentrar no "círculo" hermenêutico, já que isso determinará o futuro curso da investigação. Esse problema é particularmente urgente, dado que há diversas investigações acerca da globalização jurídica que levam a conclusões bem diferentes, por operarem a partir de interpretações bem diversas acerca da globalidade e do Direito da Globalização Jurídica.

Não obstante o quão diferentes elas possam ser, a maioria, ou mesmo todas as discussões contemporâneas acerca de processos de globalização compartilham uma pressuposição comum: a literatura inevitavelmente assume que, em contraste com o Direito Estatal, ordens jurídicas globalizantes se organizam de tal modo que a distinção entre dentro e fora perde valor empírico e conceitual. Essa pressuposição constitui o ponto de partida da minha própria investigação, não porque eu a subscrevo, e sim porque eu almejo examiná-la criticamente. Uma inspeção das ordens jurídicas globais emergentes, entre as quais a Organização Mundial do Comércio (OMC) é o principal exemplo neste capítulo, sugere que o declínio das fronteiras estatais anda lado a lado com novas e drásticas formas de marginalização espacial.

Em vez de assumir que a distinção dentro/fora é intempestiva caso se queira compreender a emergência de ordens jurídicas globais, este capítulo distingue entre fronteiras e limites como duas maneiras diferentes em que essa distinção adquire forma espacial, argumentando que limites, e não fronteiras, são a chave para compreender por que a globalização jurídica pode se desdobrar como um processo de inclusão e exclusão. Eu sugiro que o fechamento espacial em um dentro delimitado vis-à-vis a um fora marginalizado pode ser um elemento constitutivo de todas as ordens jurídicas, sejam elas globais ou não. Isso me permite adentrar no círculo, como formulado anteriormente, de modo que, lançando uma nova perspectiva acerca da dependência mútua entre a globalidade e o Direito das ordens jurídicas globais emergentes, se faça espaço para uma discussão crítica sobre a globalização da inclusão e exclusão jurídicas. O questionamento fundamental brota da pressuposição de que, ao lidar com esse estado de coisas, deve-se assumir a possibilidade de trazer à tona uma ordem jurídica global que possa incluir sem excluir, mesmo se sua realização deva ser postergada indefinitivamente no tempo histórico: uma ordem jurídica global com um dentro, mas sem nenhum fora. Essa é a questão mais urgente, em razão das reivindicações feitas (e executadas) em relação a, e.g., regimes globais de direitos humanos, Direito do Comércio Global, constitucionalismo global e Direito Administrativo Global, campos do Direito que são explorados ao longo deste livro.

1.1 Entrando no círculo

Meu objetivo com essa primeira seção é introduzir o problema da espacialidade jurídica a partir da distinção entre dentro e fora. Conforme se segue, essa distinção precisa ser diferenciada: há duas maneiras – e não uma – de contrastar dentro e fora como distinção espacial propriamente falando. À primeira vista, trata-se de uma porta de entrada bastante incomum sobre o problema do espaço, já que acadêmicos e profissionais do Direito geralmente abordam o espaço do Direito em termos de jurisdição, e, particularmente, o território no qual uma autoridade pode propriamente exercer seu poder. No entanto, a compreensão jurisdicional do espaço jurídico, conforme desenvolvida em investigações jurídico-acadêmicas, encobre uma ambiguidade escondida nessa distinção, ao focar sua atenção dogmática exclusivamente nas fronteiras estatais, ou seja, na distinção entre o doméstico e o estrangeiro. Para esclarecer o porquê de haver um segundo sentido na distinção entre dentro e fora, que gira em torno de limites espaciais em vez de fronteiras, faz-se adequado começar esta seção com algumas observações em um esboço bem preliminar acerca do conceito de jurisdição.

Hans Kelsen nos oferece um bom ponto de partida para nossa investigação, ao lembrar que a interpretação espacial da jurisdição é apenas uma das especificações de seu conceito mais geral, que concerne ao tema da competência ou poder jurídico. Normas jurídicas qualificam certos atos como uma condição jurídica ou uma consequência, de modo que "um indivíduo está 'capacitado' a executar ou se eximir de executar aquele ato; apenas ele é 'competente' (no sentido mais amplo do termo)".[61] Em um sentido mais restrito, Kelsen observa, competência designa a capacidade jurídica de ocupar-se com certos atos, como um parlamento, que

61 KELSEN, Hans. *General theory of law and state*. Trad. para o inglês de Anders Wedberg, com introdução de A. Javier Treviño. Nova Brunswick: Transaction Publishers, 2005, p. 90.

é competente para fazer leis, ou um juiz, o qual é competente para tomar decisões. A dogmática jurídica tipicamente distingue entre a jurisdição para prescrever, julgar e executar. Kelsen então acrescenta que "o conceito de jurisdição conforme usado na terminologia jurídica inglesa é nada senão o conceito geral de competência em aplicação a um caso específico. Jurisdição propriamente chamada é a competência dos tribunais". Mas, conforme Kelsen aponta, autoridades administrativas também têm jurisdição no sentido mais amplo do termo; de fato, qualquer órgão do Estado – e, por extensão, o estado ao qual certos atos são imputados – "tem sua 'jurisdição', a capacidade de executar um ato, que a ordem jurídica determina como um ato apenas daquele e não de outro órgão".[62]

Espaço é uma das dimensões desse conceito geral de jurisdição. Em seu sentido estrito, jurisdição é um termo técnico jurídico que captura a articulação entre poder jurídico e espaço, i.e., empoderamento jurídico para determinar que comportamento deve advir em um certo espaço. Enquanto o Estado continua a ser o paradigma de ordem jurídica, a noção de territorialidade tem sido determinante para a noção de jurisdição espacial. Nas palavras de Kelsen, "[a] ssume-se que é essencial para um Estado a ocupação de um território certo e limitado. A existência do Estado, diz Willoughby, 'depende da reivindicação da parte do Estado a um território como seu'".[63] Ao observar que a unidade territorial de um Estado deve ser compreendida jurídica, e não geograficamente, Kelsen também aponta que seria um erro assumir que a jurisdição espacial de um Estado está circunscrita a seu território. O Direito Internacional autoriza estados, por exemplo, a conectar uma sanção a crimes cometidos no território de outro Estado – jurisdição penal extraterritorial.

---

62 KELSEN, Hans. *General theory of law and state*. Trad. para o inglês de Anders Wedberg. Nova York: Russel & Russel, 1961, p. 91.

63 KELSEN, Hans. *General theory of law and state*. Trad. para o inglês de Anders Wedberg. Nova York: Russel & Russel, 1961, p. 207 (citando W. W. Willoughby, *Fundamental Concepts of Public Law*, 64).

Apesar de ser a jurisdição territorial o padrão, ela não esgota de modo algum a jurisdição espacial dos estados. Jurisdição universal é, obviamente, o caso mais extremo em questão. Mas não se pode esquecer que o conceito e a significância prática da jurisdição extraterritorial permanecem profundamente dependentes da territorialidade; é nesse sentido que a observação de Willoughby deve ser glosada. E esse é um outro modo de dizer que a possibilidade de uma jurisdição *fora* do território estatal, conforme sugerido na noção de "extraterritorialidade", continua a depender do fechamento espacial que dá azo a um *dentro*: jurisdição territorial. Essa pressuposição também subtende a definição sociológica de Estado oferecida por Max Weber, sem dúvida a definição mais influente que temos: "uma comunidade humana que (eficazmente) reivindica o monopólio do uso legítimo da força física dentro de um dado território".[64] Em resumo, a distinção espacial entre dentro e fora, conforme traçado pelas fronteiras estatais, é a precondição para a jurisdição estatal, seja ela territorial ou extraterritorial. Essencialmente, a dogmática dá como certo que as fronteiras definem o sentido mais próprio do dentro e do fora, o qual vai equiparado à distinção entre o doméstico e o estrangeiro.

Assim entendida, acadêmicos rapidamente indicaram que dentro e fora são constitutivos para Estados, mas não podem ser constitutivos para todas as ordens jurídicas. Para começar – e não poderia ser mais óbvio – , a jurisdição exercida por alguns órgãos de Direito Internacional, como a Corte Internacional de Justiça, estende-se a todos os Estados (e mares) e é, nesse sentido, global:

---

64 WEBER, Max. "Politics as a vocation". *In*: GERTH, Hans; MILLS, Charles (Coord.). *From Max Weber*: essays in sociology. Oxon: Routledge, 1958, p. 78 (grifo nosso). Para uma reconstrução incisiva da malha teórica que governa nosso pensamento acerca da correlação entre Direito Internacional e estatalidade, ver BHUTA, Nehal. "State Theory, State Order, State System – Jus Gentium and the Constitution of Public Power". *In*: KADELBACH, Stefan; KLEINLEIN, Thomas; ROTH-ISIGKEIT, David (Coord.). *System, order, and international law*: the early history of international legal thought from Machiavelli to Hegel. Oxford: Oxford University Press, 2017, pp. 398-417.

essa jurisdição não é, de forma alguma, organizada nos termos de uma distinção entre territorialidade e extraterritorialidade e, nessa medida, entre um dentro e um fora. De fato, essa jurisdição também compreende o Direito do Espaço Sideral, incluindo o Tratado sobre os Princípios que Regem as Atividades dos Estados na Exploração e Uso do Espaço Exterior, incluindo a Lua e Outros Corpos Celestiais (1967), o qual, assim parece, sublinha a relevância limitada da distinção dentro/fora no que concerne à jurisdição espacial.[65] Pode-se contestar, contudo, na medida em que todos os domínios do Direito Internacional continuam a pressupor Estados e relações interestatais, que a distinção dentro/fora é uma precondição para a jurisdição espacial sob o Direito Internacional. Mas ainda que seja concedida essa objeção, nós estamos testemunhando a emergência de um número de ordens jurídicas que reivindicam, ou poderiam reivindicar, validade global, fugindo da simples dicotomia e correlação entre Estado e Direito Internacional. É para a teorização jurídica dessa transformação que nós devemos nos voltar agora.

De fato, o desacordo entre teorias que rivalizam entre si para descrever a globalização como um fenômeno jurídico e político revelam um acordo mais profundo quanto a sua descrição negativa, e, nesse diapasão, quanto a sua mínima caracterização positiva. Independentemente do que a globalização signifique e conquiste, um amplo espectro de teorias aceita que a globalização rompe a forte correlação entre Direito e Estado. Mais precisamente, há um amplo consenso quanto ao fato de que relações sociais contemporâneas não podem mais ser adequadamente descritas e explicadas como se ocorressem dentro de – e, em alguma medida, entre – Estados soberanos. Vários teóricos argumentam que a desconexão entre o Direito e o Estado revela que a territorialidade é um elemento meramente contingente do Direito; a globalização, em particular

---

65 Note-se, contudo, a distinção entre "*inner*" e "*outer space*", embora eu não discuta como esse uso da distinção possa estar relacionado com o dentro e fora no sentido da jurisdição territorial e extraterritorial dos Estados.

a globalização econômica, impulsiona os processos por meio dos quais o Direito se torna crescentemente *desterritorializado*, ou assim se diz. Em comum acordo, as ordens jurídicas globais emergentes expõem a contingência da distinção dentro/fora. Em termos mais claros, ao reivindicar, ou aspirar à reivindicação de uma validade mundial, ordens jurídicas globais constituiriam Direito que definitivamente rompe o laço com um espaço fechado que separa dentro e fora. Se formulado positivamente, o Direito Global seria Direito que é válido em todo lugar, em vez de algum lugar apenas. Nesse sentido específico, o Direito Global está em um *continuum* com o Direito Transnacional. Se se entende Direito Transnacional como uma ordem jurídica transfronteiriça que reivindica ser, ao menos em parte, autônoma quanto à validade seja do estado, seja do Direito Internacional, então ordens jurídicas globais emergentes são uma forma extrema de transnacionalismo.[66]

No entanto, evidentemente, desterritorialização não pode significar que sejam possíveis ordens jurídicas que não tenham uma inserção espacial de algum tipo, porque normas jurídicas, e a ordem jurídica à qual elas pertencem, necessariamente têm uma esfera espacial de validade, conforme apontado por Kelsen.[67] Daí a questão crucial: seria plausível uma inserção espacial sem ser através de uma lugarização que divide o espaço em dentro e

---

66 Ver TUORI, Kaarlo. "Transnational Law: On Legal Hybrids and Legal Perspectivism". *In*: TUORI Kaarlo; MADURO, Miguel; SANKARI, Suvi (Coord.). *Transnational law*: rethinking European law and legal thinking. Cambridge: Cambridge University Press, 2014, pp. 11-57. Para Walker, "o que qualifica o Direito como Direito Global, e o que todas as formas de Direito Global têm em comum, é o endosso prático de ou um comprometimento para com a garantia universal ou, de outro modo, global-em-geral de alguns direitos ou algumas dimensões do Direito". Ver WALKER, Neil. *Intimations of global law*. Cambridge: Cambridge University Press, 2014, pp. 15-24. Eu retorno a esse ponto para distinguir brevemente ordens jurídicas globais e Direito Global na seção 2.1.5.

67 KELSEN, Hans. *Introduction to the Problems of Legal Theory*. 1ª ed. de Reine Rechtslehre. Trad. para o inglês de Bonnie Litchewski Paulson e Stanley L. Paulson. Oxford: Clarendon Press, 2002, p. 12.

fora, mesmo que não necessariamente na forma de territorialidade estatal? O problema pode ser colocado de maneira mais precisa nos seguintes termos: assumindo-se que a globalização possa ter desterritorializado o Direito, significa também que a globalização *deslocalizou* o Direito, no sentido de suspender a distinção entre dentro e fora?

1.2 Globalização como localização

Gostaria de começar tendo em conta a sociologia da globalização bastante influente de Saskia Sassen. De maneira alguma se trata da única contribuição ao tema, e sua abordagem precisará ser complementada com outros achados de outras sociologias da globalização nos capítulos seguintes. Contudo, Sassen é especialmente interessante neste estágio preliminar de nosso argumento, porque ela desenvolve uma análise empiricamente rica e conceitualmente rigorosa da espacialidade de globalidades emergentes.

1.2.1 Território, autoridade, direitos

Sassen aborda a espacialidade dos processos de globalização através de uma lente teórico-sociológica que busca explicar a passagem a partir daquilo que ela denomina como combinações medievais a nacionais, e daí para combinações globais. De fato, sua principal preocupação metodológica consiste em "como estudar e teorizar as transformações fundamentais em e de sistemas complexos". Como "sistemas complexos não são feitos *ex nihilo*", uma questão-chave que confronta a sociologia da globalização é dar sentido às continuidades e descontinuidades que atravessam esses três limiares epocais.[68] Em sua leitura, a continuidade através

68 SASSEN, Saskia. *Territory, Authority, Rights*: from Medieval to Global Assemblages. Princeton: Princeton University Press, 2006, p. 6. Minha leitura da sociologia da globalização oferecida por Sassen é consideravelmente seletiva; eu não me engajo, por exemplo, com sua discussão detalhada da

dos limiares é providenciada por três "componentes trans-históricos" – território, autoridade e direitos (TAD) – que também revelam descontinuidades, ao "assum[ir] conteúdos, figuras, e interdependências específicas em cada formação histórica".[69] Embora esses três componentes estejam presentes em quase todas as sociedades, eles podem ser combinados de diferentes maneiras, explicando, desse modo, as transições epocais de uma maneira concreta. Sassen explica a recombinação histórica dos TADs em função da emergência de capacidades em uma lógica organizacional, então inseridas em uma nova lógica organizacional, na qual passam a realizar uma função bem diferente. Capacidades, em seu uso próprio do termo, referem-se a um campo de ação aberto que adquire um significado peculiar dentro do sistema no qual ele opera, embora isso seja multivalente, por poder adquirir um significado bem diferente quando apropriado por outro sistema. Por exemplo, ela mostra como a emergência do Estado de Direito como maneira de fortalecer a autoridade estatal em TADs nacionais mudou repentinamente com a emergência de TADs globais, tornando-se um veículo para a abertura de economias nacionais – especialmente aquelas de países "em desenvolvimento" – para mercados globais. Em suma,

> algumas das velhas capacidades foram fundamentais na constituição de uma nova ordem, mas isso não significa que suas valências são as mesmas; os sistemas relacionais

---

cidade global como um lugar privilegiado para práticas sociais típicas da desnacionalização. Trata-se também de uma leitura resumida, dado que eu não dedico sequer uma linha às transformações das capacidades nacionais que tornaram possível e instigaram a emergência de lugares e redes de lugares no processo de desnacionalização. Meu único interesse, no momento, reside em explorar seu argumento de que processos de globalização assumem a forma de uma nova localização da interação social.

69 SASSEN, Saskia. *Territory, Authority, Rights*: from Medieval to Global Assemblages. Princeton: Princeton University Press, 2006, p. 4.

> ou lógicas organizantes em meio às quais eles podem vir a funcionar podem ser radicalmente diferentes.[70]

Essa abordagem permite que Sassen reconstrua o sentido geral das transformações que levaram dos TADs nacionais para os TADs globais:

> No Estado Moderno, o TAD evolui para algo que agora nós podemos reconhecer como escalação centrípeta, em que uma escala, a nacional, agrega a grande parte do que há para agregar em termos de TAD... Enquanto no passado, a maioria dos territórios se via submetido a múltiplos sistemas de governo, o soberano nacional assume autoridade exclusiva sob um determinado território e, ao mesmo tempo, esse território é construído como contíguo com sua autoridade, garantindo em princípio uma dinâmica similar em outros Estados-nação. Isso, por sua vez, concede ao soberano a possibilidade de funcionar como um concessor exclusivo de direitos. Assim, claramente, a globalização pode ser vista como desestabilizante dessa particular combinação escalar... O que era empacotado e vivenciado como condição unitária – a combinação nacional do TAD – agora crescentemente se revela como um conjunto de elementos distintos, com capacidades variadas para se tornar desnacionalizado.[71]

O que interessa especificamente para os nossos próprios questionamentos é a consequente correção que sua metodologia introduz à descrição do global. A maioria dos estudos sociológicos da globalização, Sassen afirma, foca nas manifestações cosmopolitas das ordens normativas, tais quais a OMC, mercados financeiros globais, e os Tribunais Internacionais de Crimes de

---

70 SASSEN, Saskia. *Territory, Authority, Rights*: from Medieval to Global Assemblages. Princeton: Princeton University Press, 2006, p. 8.

71 SASSEN, Saskia. *Territory, Authority, Rights*: from Medieval to Global Assemblages. Princeton: Princeton University Press, 2006, p. 6.

Guerra. Sassen reconhece a importância dessas ordens, as quais são "em grande medida formações globais originais e evidentes" mesmo se sua promulgação continue sendo parcialmente nacional.[72] E, embora Sassen não diga isso explicitamente, o caráter propriamente cosmopolita dessas ordens normativas implica que elas, enquanto conservam a relação com o nacional, não são mais estruturadas em termos de uma distinção espacial entre o dentro e o fora. A autora aponta, contudo, que o foco exclusivo nas globalidades cosmopolitas continua a abraçar uma pressuposição residual do pensamento estado-centrista, isto é, "se um processo ou condição é localizado em uma instituição nacional, ou em um território nacional, ele deve ser nacional".[73] Esse pressuposto de que o global e o nacional são espacialidades mutuamente exclusivas negligencia uma segunda e igualmente importante forma de globalização, a qual Sassen apelida de desnacionalização. Assim como as globalidades cosmopolitas advindas do pós-nacionalismo, as globalidades não cosmopolitas também empregam uma forma de desterritorialização: ambas contestam a pressuposição de que o Estado-nação é o único contentor dos processos sociais. Mas, em oposição às globalidades cosmopolitas,

> embora localizadas em cenários nacionais – de fato, em cenários subnacionais –, processos [desnacionalizantes] são parte da globalização na medida em que eles envolvem redes transfronteiriças e entidades que conectam múltiplos processos e atores locais e "nacionais", ou a recorrência de

---

72 SASSEN, Saskia. *A sociology of globalization*. Nova York: W. W. Norton, 2007, p. 5.

73 SASSEN, Saskia. *A sociology of globalization*. Nova York: W. W. Norton, 2007, p. 3. Ver também SASSEN, Saskia. "The Global inside the National: a Research Agenda for Sociology". *Sociopedia.isa*, 2010. Disponível em: http://saskiasassen.com/PDFs/publications/the-global-inside-the-national.pdf. Acessado em: 13.12.2017.

> questões ou dinâmicas particulares em um número crescente de países e localidades.[74]

Em uma formulação particularmente concisa, Sassen se refere à desnacionalização como a "localização do global".[75] Exemplos incluem: "redes transfronteiriças de ativistas engajados em lutas específicas localizadas, com uma agenda global explícita", "aspectos particulares do trabalho dos Estados – por exemplo, a implementação de certas políticas monetárias e fiscais em um número crescente de países" e

> o fato de que cortes nacionais estão agora usando instrumentos internacionais – sejam eles de direitos humanos, padrões ambientais internacionais ou regulações da OMC – para abordar questões nas quais anteriormente essas mesmas cortes se valeriam de instrumentos nacionais.[76]

1.2.2 A localização do global

O ponto crítico de sua descrição da desnacionalização como localização do global consiste na contestação da pressuposição acerca da espacialidade dos processos sociais assumidos como certos por leituras cosmopolitas da globalização. Enquanto estes últimos assumem que a globalização deveria ser vista como um "lugar sobrepujante ou neutralizante", Sassen mostra convincentemente que a pesquisa sociológica tem muito a ganhar ao "desagregar o global em circuitos transfronteiriços particulares que conectem localidades específicas, assim levando parcialmente a noção vaga

---

74 SASSEN, Saskia. *A sociology of globalization*. Nova York: W. W. Norton, 2007, p. 7.

75 SASSEN, Saskia. *A sociology of globalization*. Nova York: W. W. Norton, 2007, p. 4.

76 SASSEN, Saskia. *A sociology of globalization*. Nova York: W. W. Norton, 2007, p. 6.

do global rumo à noção mais concreta de redes de lugares".[77] A noção de redes de lugares é esclarecedora porque revela o tipo de espacialidade advinda em processos de globalização. Em um artigo especialmente direcionado ao delineamento de uma agenda de pesquisa para uma sociologia dos lugares e espaços do global, Sassen demonstra como a dispersão das operações de empresas multinacionais, junto à centralização de suas funções de comando, é uma ilustração concreta e particularmente pujante de uma rede não cosmopolita.[78] Embora outras globalidades não cosmopolitas obviamente conectem lugares de maneiras distintas daquelas das multinacionais, a eclosão delas enquanto ordens normativas anda lado a lado com a implantação dessas redes.

Vamos fazer uma pausa para explorar detalhadamente as concepções de lugar e rede de lugares subjacentes ao argumento de Sassen de que a globalização não cosmopolita é uma forma de localização. Isso porque, embora essas duas noções estruturem a contribuição de Sassen para uma sociologia da espacialidade da globalização, elas não são propriamente objeto de uma investigação explícita, funcionando, ao contrário, como um ponto de partida dado mais ou menos como certo em suas descrições e análises sociológicas.

A insistência de Sassen quanto à significância do lugar para as globalidades não cosmopolitas é importante da nossa perspectiva porque lugar se relaciona com agência, e, assim sendo, com um espaço de *ação*. Esse é um ponto crucial, visto que muitos assumem

---

77 SASSEN, Saskia. *A sociology of globalization*. Nova York: W. W. Norton, 2007, pp. 4, 11 e 13. Como ela coloca em outro artigo, "[u]m foco no lugar certo nos permite desdobrar o conceito de globalização como função de múltiplos e especializados circuitos transfronteiriços nos quais diferentes tipos de lugares são localizados". Ver SASSEN, Saskia. "Bordering Capabilities *versus* Borders: Implications for National Borders". *Michigan Journal of International Law*, vol. 30, nº 3, 2009, p. 584.

78 SASSEN, Saskia. "Places and spaces of the global: an expanded analytic terrain". *In*: HELD, David; McGREW, Anthony (Coord.). *Globalization theory*: approaches and controversies. Cambridge: Polity Press, 2007, pp. 79-105.

como certo que a noção de territorialidade depende da concepção moderna de espaço. A esse respeito, Stuart Elden nota que

> a noção de espaço emergente com a revolução científica é definida pela *extensão*. O território pode ser compreendido como a contraparte política dessa noção de um espaço calculante, e pode, assim sendo, ser pensado como a *extensão do poder do estado*.[79]

Kelsen leva essa interpretação do espaço rumo às mais radicais consequências, em sua caracterização da territorialidade estatal:

> O território de um Estado é geralmente concebido como parte definida da superfície terrestre. Essa ideia é incorreta. O território do Estado, enquanto esfera territorial de validade da ordem jurídica nacional, não é plano, mas um espaço em três dimensões. A validade, bem como a eficácia da ordem jurídica nacional, estende-se não apenas quanto a largura e comprimento, mas também em densidade e altura. Dado que a terra é um globo, a forma geométrica desse espaço – o espaço do Estado – é aproximadamente um cone invertido.[80]

A noção de espaço indubitavelmente teve grande importância para o desenvolvimento da cartografia moderna, a qual, por sua

---

79 ELDEN, Stuart. *The Birth of Territory*. Chicago: Chicago University Press, 2013, p. 322. De acordo com Sassen, "[p]arte considerável das ciências sociais tem operado sob o pressuposto do Estado-nação como um recipiente, representando uma espaço-temporalidade unificada". Ver SASSEN, Saskia. "Spatialities and Temporalities of the Global: Elements for a Theorization". *Public Culture*, vol. 12, nº 1, 2000, p. 260. Em geral, contudo, o relato histórico de Elden ignora a estrutura reflexiva do território estatal em particular, e da espacialidade jurídica em geral. Ver minha resenha de seu livro em LINDAHL, Hans. "Review of Stuart Elden, The Birth of Territory". *Political Theory*, vol. 44, nº 1, 2016, pp. 144-146.

80 KELSEN, Hans. *General theory of law and state*. Trad. para o inglês de Anders Wedberg. Nova York: Russel & Russel, 1961, p. 217.

vez, contribuiu decisivamente para a demarcação das fronteiras de territórios estatais. Além disso, ela continua a desempenhar um papel decisivo na modelagem de nossa compreensão da espacialidade jurídica, na medida em que a noção de escalas do Direito (e.g. subnacional, nacional, regional, global) pressupõe a objetificação científica que tem raízes na geometria. Contudo, embora o espaço como extensão certamente não desempenhe um papel insignificante na emergência das ordens jurídicas modernas, ele não determina o conceito de lugar que é inato às ordens jurídicas, sejam elas estatais ou de outra natureza; o que está em jogo é o conceito de lugar próprio a um espaço de ação.

1.2.3 Redes (globais) de lugares e espaços de ação

Pensar acerca da espacialidade jurídica se tornou um elemento tão enraizado do pensamento jurídico a ponto de parecer adequado virarmos as costas para o Direito, buscando uma descrição da espacialidade da ação em outro lugar.[81] Para apreendermos o cerne daquilo que é específico ao espaço da ação, deixe-me introduzir a distinção entre uma posição e um lugar.[82] Essa distinção nos permite contrastar a especificidade de nossa experiência cotidiana

---

81 Para uma "história" do papel da cartografia e sua concomitante concepção abstrata de espaço, que facilitou a emergência da territorialidade estatal, ver FORD, Richard T. "Law's Territory (a history of Jurisdiction)". *Michigan Law Review*, vol. 97, 1999, pp. 843-930. Eu coloco a palavra "história" entre aspas porque o subtítulo do artigo de Ford poderia facilmente ser "Uma Genealogia da Jurisdição" em um sentido foucaltiano, a saber, uma investigação acerca da emergência de um discurso/prática que mostra como e por que isso abre certas subjetividades e autocompreensões, enquanto fecha outras.

82 Eu me apoio aqui em HEIDEGGER, Martin. *Being and time*. Trad. para o inglês de John Macquarrie and Edward Robinson. Oxford: Blackwell, [1927] 1995, p. 136. Para uma distinção paralela entre "site" e "place", ver CASEY, Edward. *Getting back into place*: for a renewed understanding of the place world. Indianápolis: Indiana University Press, 1993. Uma boa introdução para a versão de Heidegger quanto ao espaço de ação se encontra em DREYFUS, Hubert L. *Being-in-the-world*: a commentary on Heidegger's Being and time. parte 1. Cambridge: MIT Press, 1991, pp. 128-140.

de espaço – que é organizada em lugares e rede de lugares – e o espaço tridimensional da geometria – que é organizado em posições e, que, a rigor, não pode ser vivenciado enquanto tal. Na nossa lida cotidiana, como, por exemplo, quando usamos panelas e frigideiras, fogão, refrigerador, bem como outras coisas conforme cozinhamos, nós não nos damos conta de que essas coisas estão posicionadas em um espaço tridimensional, no qual cada posição pode ser identificada como um conjunto único de coordenadas. Embora certamente tenham posições que possam ser mensuradas, tudo na cozinha tem seu lugar próprio, o lugar ao qual pertencem se nós nos dispomos a cozinhar. Assim, lugares são o *onde* das coisas, mas não na forma de uma posição aleatória ou uma posição determinada por leis naturais. Por sua vez, designar a que lugar algo, alguém ou um ato pertence depende da atividade com a qual nos engajamos em, e.g. cozinhar. Não é nenhuma coincidência, portanto, que os lugares se manifestem a partir de uma perspectiva dos agentes, em *primeira pessoa*, conforme evidenciado pelos indexadores "ali" e "acolá", uma perspectiva que deve ser assumida por quem quer que descreva os lugares. Com efeito, os indexadores espaciais "lá", "acolá" e "cá" andam juntos com os indexadores pessoais "nós" e "eu" – e vice-versa.

Importante ressaltar que lugares não se manifestam sozinhos; eles surgem para o cozinheiro como uma distribuição interconectada – uma unidade – de lugares: o arranjo de panelas, frigideiras, forno, refrigerador e outras ferramentas e ingredientes necessários para cozinhar, cada qual tendo seu próprio lugar em relação aos demais, é uma cozinha. Quais lugares pertencem conjuntamente, e como eles se relacionam entre si, de modo a formar uma unidade de lugares, depende da natureza da atividade em questão. A unidade formada por uma interconexão diferenciada de lugares é, se assim se quiser, uma unidade pragmática, que Heidegger chama de "região". Uma cozinha é uma unidade espacial, no sentido prático da expressão.

Retornando ao problema do fechamento espacial, note que a determinação de lugares que pertencem conjuntamente é uma outra maneira de dizer que esses lugares estão *incluídos* na unidade espacial; semelhantemente, a inclusão, na atividade, de certos lugares dentro de certas relações entre si também implica a *exclusão* de outros lugares, os quais não pertencem àquela unidade. Em outras palavras, um espaço pragmático é uma interconexão *relativamente fechada* de lugares. Por fim, enquanto o processo de cozinhar ocorre sem qualquer obstáculo, eu não estou plenamente consciente de onde cada equipamento está localizado, nem da relação específica entre lugares e coisas que definem a cozinha como cozinha; eu simplesmente tiro os ingredientes da geladeira, pego uma panela, coloco-a no fogão e assim por diante. "Geralmente a região de um lugar não está acessível explicitamente até que não encontremos algo em *seu* lugar".[83]

Sem dúvida, essa descrição de uma espacialidade vivida é bastante parcial, na medida em que seu foco está tão somente na relação entre seres humanos e a manipulação de ferramentas, em sentido amplo. Além disso, tal descrição obviamente não se ocupa em descrever como o comportamento humano se relaciona com lugares e espaço jurídicos, muito embora já exista uma espécie de protonormatividade ao referir-se a coisas e atos como "pertencentes" a um lugar. Assim sendo, nós ainda temos um caminho considerável a percorrer antes de uma fenomenologia do espaço vivido, e particularmente, uma fenomenologia do espaço da ação, poder oferecer uma elucidação completa das noções de lugar e rede de lugares pressuposta na descrição de Sassen de globalidades não cosmopolitas. Mas seria equivocado sofismar acerca do caráter rude ou doméstico do exemplo brevemente descrito, julgando-o irrelevante para o tipo de espacialidade e espacialização envolvida em processos sociais globais. De fato, a análise do espaço da ação exposta anteriormente oferece um *insight* preliminar, mas fundamental, sobre porque desterritorialização não implica deslocalização,

---

83 HEIDEGGER, Martin. *Being and time*. Trad. para o inglês de John Macquarrie and Edward Robinson. Oxford: Blackwell, [1927] 1995, p. 138.

ou, em termos positivos, porque *globalizações devem ser um modo específico de localização da ação*. Com efeito, uma ordem social global apenas adquire os contornos e a consistência específicos para que seja identificada como tal, que a tornam passível de descrição, na medida em que ela se manifesta para seus participantes – e para os sociólogos que descreveriam seus comportamentos – como uma unidade de lugares, conquanto emergentes, tênues e variáveis em sua configuração. Sucintamente, se o Direito (Global) é definido como uma espécie de ordem social, então, o Direito (Global) precisa ser uma ordem espacial – ou, mais precisamente, uma ordem espacializante – que diferencia e interconecta lugares em algo que se assemelhe a uma unidade: uma rede de lugares.

1.3 Dois modos da distinção dentro/fora

Vamos recapitular. Sociólogos da globalização frequentemente argumentam que o Direito se desterritorializa cada vez mais e que a desterritorialização do Direito desvela o fechamento espacial como um elemento meramente contingente do Direito. A emergência das ordens jurídicas globais, assim nos é dito, não exige um fechamento a separar um dentro de um fora; ao contrário, a globalização jurídica é reconhecida justamente por suplantar a distinção dentro/fora. Embora seja motivo de júbilo para os defensores da globalização e de lamento entre os seus detratores, em ambos os casos essa história é o *basso continuo* do pensamento do Direito em um contexto global. Eu me empenhei em abrir caminho para desacreditar essa história, buscando uma estratégia de desvio. Admitindo que a globalização traz consigo uma certa desterritorialização do Direito, meu questionamento inicial era se tal desterritorialização corresponde a uma deslocalização das ordens jurídicas globalizantes. Essa estratégia me permitiu abordar a tese da desterritorialização de acordo com os termos da socióloga, ou seja, explorando um relato empiricamente embasado de como a globalização ocorre. Como Sassen revela de maneira convincente, globalizações de fato ocorrem – literalmente. Mas à primeira vista, esse *insight* não aborda a pressuposição fundamental da reflexão acerca das ordens jurídicas globais emergentes, ou seja, que não faz mais sentido conceitualizá-las quanto a uma distinção entre dentro e fora. Essa pressuposição precisa ser examinada criticamente. Meu questionamento é o seguinte: se globalizações são necessariamente uma localização, seria mesmo possível localizar ou lugarizar globalizações jurídicas de outra maneira senão através de um fechamento espacial emergente, por meio do qual um coletivo surge justamente durante seu processo de delimitação como um dentro vis-à-vis um fora?

1.3.1 A OMC e a resistência a um mercado global

A chave para uma resposta reside na ambiguidade subjacente à distinção entre dentro e fora. Quando a tese da desterritorialização nos diz que faltam ganhos conceituais ou empíricos para essa distinção, em razão dos processos de globalização, simplesmente se indica que a espacialidade dessas ordens não pode ser apreendida nos termos de uma distinção entre espaços domésticos e estrangeiros. Esse é um outro modo de declarar que a territorialidade, no sentido da territorialidade estatal, é um elemento contingente das ordens jurídicas. Eu retomo a essa pressuposição logo a seguir. Observe, por ora, que há uma segundo noção de fechamento espacial que a tese da desterritorialização ignora: a localização de um coletivo – sua lugarização – ocorre, ainda que fragilmente, através de um fechamento espacial a separar um dentro – que um coletivo reivindica como seu *próprio* espaço – de um fora, que se manifesta como lugares *estranhos*.[84] Relembre o comentário de Willoughby, citado por Kelsen no início deste capítulo, a respeito de como

84 Note que “estranho” e “estranheza” não são essencialmente categorias culturais: essas palavras expressam um modo básico de experiência, isto é, a experiência daquilo que é ininteligível, que se destaca diante de um pano de fundo do que é familiar e inteligível. Assim, trata-se daquilo que se contrasta com a perspectiva em primeira pessoa daquilo que se considera meu/nosso “próprio”.

a existência de um Estado "depende da reivindicação por parte do Estado a um território como *seu*". (grifo nosso). O contraste deve deixar claro que aquilo que está em questão consiste em um sentido reflexivo de propriedade, e não um sentido jurídico, seja como *dominium* ou *imperium*, ambos são derivações em relação ao primeiro, e o pressupõem. Quando falo em sentido "reflexivo" de propriedade eu me refiro à autorreferência que um indivíduo ou um coletivo utiliza ao se referir a si mesmo enquanto sujeito de intenções, crenças e desejos, dentre outros. Esse sentido reflexivo de propriedade se expressa no uso de indexadores tais quais "meu" e "nosso", os quais, por sua vez, são cognatos ao uso dos indexadores "eu" e "nós".

Pondere acerca da OMC, um dos exemplos de globalidade cosmopolita utilizados por Sassen. O leitor poderia contestar que a OMC tem sido objeto de muita atenção, e que seria revigorante abordar uma instância diferente de ordem jurídica global emergente. No entanto, essa é justamente a razão para se querer discutir a OMC: ela nos permite concentrar diretamente na distinção entre o próprio e o estranho sem termos que nos dedicar a preparativos para lidar com um exemplo mais obscuro de globalização jurídica. O leitor, contudo, pode ficar seguro de que outros exemplos serão abordados no devido momento.

Como um Estado, a OMC se configura como unidade espacial, mesmo que seja de um modo bem diferente, ou seja, como um mercado global. "A Organização Mundial do Comércio (OMC) lida com as regras globais do comércio entre as nações. Sua principal função é assegurar que o comércio flua da maneira mais suave, previsível e livre possível".[85] Mas a unidade espacial da OMC é diferente da territorialidade estatal, muito embora a pressuponha. De fato, a OMC se organiza como unidade de espaços jurídicos

---

85 WORLD TRADE ORGANIZATION. Disponível em: www.wto.org/. Acessado em: 16.03.2022.

– um mercado global – de maneira que suplanta a distinção entre doméstico/estrangeiro associada a Estados, ordens regionais, como a União Europeia, ou mesmo o Direito Internacional clássico.[86] Contudo, isso não significa que a OMC tenha avançado para além da distinção dentro/fora no segundo sentido destacado anteriormente. De fato, ativistas continuamente a desafiam como sendo altamente excludente em suas operações, dado que o estabelecimento de um mercado global marginaliza outros tipos de lugares como se não tivessem importância, embora se trate de lugares que ativistas considerem importantes, que esboçam formas de comportamento que contestam os critérios normativos por meio dos quais a OMC se organiza enquanto mercado global.

Um caso particularmente propício é o da Karnataka State Farmers' Association (KRRS) da Índia, que tem se engajado em ações diretas contra as medidas de liberalização do comércio sob a égide da OMC. Ao se mobilizar para ocupar e destruir plantações de organismos geneticamente modificados (OGMs) de propriedade da Monsanto, em um esforço para revalorizar os modos de vida campesinos indianos, a ação direta da KRRS adumbra um lugar que está *fora* da OMC (e da Índia), mas não no sentido de um lugar estrangeiro.[87] Em vez disso, sua ação direta evoca um lugar *estranho*, um lugar que, da perspectiva da KRRS, resiste contra sua integração

---

86 Delimatsis descreve a OMC como um "regime semiautônomo a promulgar seus próprios procedimentos administrativos, legislativos e judiciais, e que, assim sendo, exemplifica um certo nível de autossuficiência. Ao mesmo tempo, em vista de suas atividades cotidianas, estrutura institucional, modos de tomada de decisão e resolução de disputas entre membros, a OMC é bastante similar a outras organizações internacionais". DELIMATSIS, Panagiotis. *Global Trade Law and the World Trade Organization*. Disponível em: https://papers.ssrn.com/sol3/papers.cfm?abstract_id=2605734. Acessado em: 15.03.2022. Ver também DELIMATSIS, Panagiotis. "The Fragmentation of International Trade Law". *Journal of World Trade*, vol. 45, nº 1, 2011, pp. 87-116.

87 KHADSE, Ashlesha; BHATTACHARYA, Niloshree. *India*: a Conversation with Farmers of the KRRS. Disponível em: www.viacampesina.org/downloads/pdf/openbooks/EN-05.pdf. Acessado em: 15.03.2022.

normativa dentro da diferenciação e da interconexão de lugares que a OMC reconhece como lugar próprio: um mercado global.

> A KRRS é um movimento gandhiano. Isso significa que o objetivo final de seu trabalho é a realização da "República do Vilarejo", uma forma de organização social, política e econômica baseada na democracia direta, na autonomia e na autossuficiência econômica e política, na participação de todos os membros da comunidade na tomada de decisões acerca de seus assuntos comuns e que lhes afetem, e na criação de mecanismos de representação a garantir que assuntos que afetem várias comunidades sejam decididos através de processos de consulta envolvendo todas as comunidades afetadas pelas decisões.[88]

Isso sugere que, no processo de constituir a si mesma como um coletivo, a OMC precisa se organizar como um dentro, configurando um mercado global como seu próprio espaço através da exclusão de outros tipos de lugares considerados nugatórios para realizar seu propósito: fomentar o livre-comércio global entre seus membros. Esses lugares marginalizados evocam formas de comportamento que contestam, de maneira mais ou menos radical, a unidade advinda da distinção e da interconexão de lugares pela OMC e como ela distingue e interconecta lugares dentro da unidade de um mercado global.[89]

Por outro lado, a configuração do espaço pela OMC como mercado global irrompe naquilo que a KRRS vê como seu próprio

---

88 KARNATAKA STATE FARMERS' ASSOCIATION (KRRS). Disponível em: http://home.iae.nl/users/lightnet/world/indianfarmer.htm. Acessado em: 15.03.2022. Ver também REITAN, Ruth. *Global Activism*. Milton Park: Routledge, 2007, pp. 156-159.

89 Ver LINDAHL, Hans. "Reply to Critics". *Ethics & Politics*, vol. XVI, nº 2, 2014. Disponível em: https://www.openstarts.units.it/bitstream/10077/10787/1/LINDAHL.pdf. Acessado em: 15.03.2022.

espaço, seu modo próprio de distribuição de lugares dentro de uma unidade de espaço que considera sua. E assim o faz colocando em pauta aquilo que ela julga importante para sua comunidade, isto é, Repúblicas do Vilarejo cuja missão é assegurar soberania alimentar para seus membros com base em técnicas de agricultura tradicional. Resistir à comodificação da produção e distribuição de sementes é vindicar um espaço como seu, indo contra sua redefinição de um modo que seja alheio – estranho – àquilo que a KRRS entende ser a base de sua comunidade como um lugar comum.

Uma remissão rápida à noção de heterotopia proposta por Foucault ajuda a esclarecer aquilo que eu tenho em mente com essa análise. Enquanto utopias, segundo Foucault, são lugares sem nenhuma ancoragem espacial real, visto que representam a sociedade em sua forma perfeita, uma heterotopia é

> um tipo de utopia efetivamente estabelecida na qual os lugares reais, todos os outros lugares reais que podem ser encontrados dentro de uma cultura, são simultaneamente representados, contestados e invertidos. Lugares desse tipo estão fora de todos os lugares, muito embora seja possível indicar sua localização na realidade.[90]

Além das "heterotopias da crise", nas quais a passagem de um estágio da vida a outro têm um lugar designado, como um hotel de lua de mel, Foucault foca particularmente nas "heterotopias desviantes", i.e., de comportamentos desviantes, como hospitais psiquiátricos, hospitais, prisões e asilos, por exemplo. Para retornar ao nosso exemplo, a ocupação e a destruição das plantações de OGMs pela KRRS atesta o aparecimento de uma *xenotopia* – um lugar estranho – e não apenas de uma mera heterotopia. A diferença não é nominal. Enquanto prisões, para Foucault, são

---

90 Ver FOUCAULT, Michel. "Of Other Spaces, Heterotopias". *Architecture, Mouvement, Continuité*, nº 5, 1984, pp 46-49.

formas jurídicas exemplares de heterotopia, eu diria que prisões não são, por si próprias, xenotopias. Elas se relacionam com o desviante sob a forma de ilegalidade, que é uma forma privativa de legalidade, ou seja, é mais familiar do que estranho. Assim, prisões, em grande medida, fazem parte dos tipos de lugares para os quais ordens jurídicas abrem espaço, dado que o Direito já antecipa a possibilidade de comportamento ilegal, concedendo a ele um lugar dentro da unidade de lugares que constitui uma ordem jurídica.

1.3.2 Fronteiras e limites

Seria temerário, senão tolice, tirar conclusões gerais desse único exemplo, que ainda por cima pressupõe Estados e certos elementos do Direito Internacional. Assim, é necessário considerar outras ordens jurídicas globais putativas nos próximos capítulos. Mas a OMC possui um valor *heurístico* para explorações ulteriores (e nada mais que isso!), porque ela ilustra uma linha de investigação que permanece além do alcance de todas as sociologias da globalização e de todas as teorias do Direito das quais eu tenho ciência. De fato, enquanto a distinção clássica "Westphaliana" entre doméstico e estrangeiro possa ser contingente, questiona-se se a distinção entre espaços próprios e estranhos poderia ser, de um modo ou de outro, uma característica crucial de *todas* as ordens jurídicas. Embora seja de fato disparatado conceber que as globalizações jurídicas efetuem um fechamento que distingue espaços domésticos e estrangeiros, pode bem ser que uma ordem jurídica global emergente precise se fechar, diferenciando e interconectando uma série de lugares em uma unidade de lugares, por mais tênue e emergente que seja, a qual o grupo reivindique como seu espaço, vis-à-vis um fora estranho.

De que modo se pode falar de um *fechamento espacial* em respeito às ordens jurídicas globais emergentes? Não estaria eu me baseando tão somente em uma metáfora, na medida em que o fechamento espacial de um coletivo jurídico ocorre, literalmente, quando se põem fronteiras, separando o espaço em domínios domésticos e estrangeiros? Como, por exemplo, poder-se-ia falar de um fechamento espacial concernindo a OMC, dado que ela reivindica validade global?

Para compreender por que até mesmo uma ordem jurídica global necessitaria de um fechamento espacial, eu gostaria de introduzir a distinção crucial entre fronteiras e limites. Fronteiras são demarcações espaciais que juntam e separam o doméstico e o estrangeiro. Limites, por contraste, são demarcações espaciais que juntam e separam o próprio e o estranho. Enquanto apenas as fronteiras dividem o espaço em doméstico e estrangeiro, *todas* as demarcações espaciais de ordens jurídicas podem constituir limites entre o próprio o estranho. Por exemplo, ao adentrar as propriedades de corporações multinacionais para destruir OGMs, a KRRS não cruza a fronteira do estrangeiro rumo ao doméstico, no entanto, revela-se um marco espacial como limite: ela irrompe no lugar que a OMC chama de seu, vindo de um fora estranho. A distinção entre fronteiras e limites revela que *se o estranho não precisa ser estrangeiro, então também o estrangeiro não precisa ser estranho.*[91]

O que está em jogo aqui é uma interpretação mais basilar da distinção entre inclusão e exclusão espacial daquela disponível às sociologias jurídicas da globalização. Nós já nos deparamos com essa interpretação quando da discussão sobre a inclusão e exclusão que dá ensejo à cozinha como um espaço de ação. A OMC também é um espaço de ação, embora muito diferente do nosso exemplo banal da seção 1.3. *Qua* espaço de ação, a OMC emerge como ordem jurídica ao dar azo a um mercado global, equivalente à diferenciação e à interconexão de diversos lugares (seus Estados-membros) em uma unidade espacial. Fundamentalmente, apenas

---

91 LINDAHL, Hans. *Fault Lines of Globalization*: Legal Order and the Politics of A-Legality. Oxford: Oxford University Press, 2013, pp. 39-43; LINDAHL, Hans. "A-Legality: Postnationalism and the Question of Legal Boundaries". *Modern Law Review*, vol. 73, nº 1, 2010, pp. 30-56.

aqueles tipos de lugares que são importantes para a promoção do comércio global tornam-se parte da unidade espacial da OMC; em outras palavras, apenas lugares que são importantes para a manutenção daquilo que a OMC é são incluídos em seu campo. Territórios estatais apenas são incluídos na OMC com o propósito de regular o comércio internacional; no que diz respeito a todo o restante, os territórios dos estados-membros permanecem inordenados pela OMC. Em outras palavras, a emergência da OMC se dá através da dupla operação de distinguir e interconectar lugares jurídicos, de modo que os lugares identificados e interconectados entre si como parte e parcela de um mercado global são determinados com base no objetivo da OMC: promover o "livre"-comércio global. Além disso, a OMC reivindica que o mercado global é o *espaço comum* dos participantes do comércio global, a unidade espacial por eles compartilhada como *sua própria* unidade no curso da participação no comércio global, sendo obrigação deles sua preservação como espaço comum. Esses participantes, na perspectiva da OMC, incluem todos os fazendeiros indianos. Em suma, a OMC inclui a KRRS no mercado global.[92]

Na essência, contudo, a OMC inclui a KRSS excluindo-a: para promover o "livre"-comércio global, a OMC se baseia em critérios bastante específicos de liberdade e comércio, que marginalizam outros modos de compreender a natureza e o propósito da troca. O termo "marginalização" deve ser apreendido literalmente aqui: a inclusão na OMC exclui outros tipos de lugares e distribuições interconectadas de lugares nos quais a troca poderia se dar. O que

92 O "Manifesto da Rede de Resistência Alternativa" lançado em Buenos Aires em 1999 ilustra particularmente bem esse ponto, muito embora sem se referir particularmente à OMC ou à KRRS: "Em nossas sociedades os 'excluídos' não existem; nós somos todos incluídos de maneiras diferentes, de modos que são mais ou menos horríveis e humilhantes, mas incluídos, todavia". DIFUSAMENTE'S BLOG. "Manifesto de la red de resistencia alternativa". *Difusamente's Blog*. Disponível em: https://difusamente.wordpress.com/2010/11/04/manifiesto-de-la-red-de-resistencia-alternativa/. Acessado em: 08.06.2022.

parece irrelevante da perspectiva da OMC é importantíssimo para a KRRS: ela compreende a natureza da terra e sua relação com a troca de um modo que contesta a comunalidade reivindicada para o mercado global:

> No contexto indiano, sementes têm sido um "recurso comunitário" compartilhado abertamente, uma prática cuidadosamente gerada, conservada e evoluída ao longo de milhares de anos pelos fazendeiros... A produção de sementes na maioria dos casos não era uma atividade separada do cultivo, diferentemente de hoje, quando a produção de sementes é considerada uma atividade especializada e voltada ao lucro, com a semente sendo vista como mercadoria.[93]

Sua inclusão no mercado global é sua exclusão das terras agrícolas que os fazendeiros indianos veem como próprias deles e que buscam reivindicar ao destruir os campos de OGMs de empresas multinacionais. Sua ação direta é a invocação de outra configuração espacial da comunalidade da vida coletiva, e outra configuração dos direitos e obrigações a vigorar na vida coletiva, em choque frontal com a comunalidade reivindicada pelo mercado global da OMC. Assim, não há uma oposição simples entre inclusão e exclusão: a KRRS está dentro *e* fora da OMC – e da Índia.

Em sua importante contribuição à teoria do pluralismo jurídico global, Paul Schiff Berman conclui sua análise daquilo que ele designa por "territorialidade soberanista", afirmando que "nós precisamos olhar para outro lugar em busca de uma concepção mais ampla e fluida do Direito para além das fronteiras".[94] Claro,

---

93 INDIAN COORDINATION COMMITTEE OF FARMERS MOVEMENT. "Handbook on Some Political Issues surrounding Food and Agriculture in India". 2013, p. 70. Disponível em: http://lvcsouthasia.blogspot.nl/p/blog-page.html. Acessado em: 15.03.2022.

94 BERMAN, Paul Schiff. "Global Legal Pluralism". *Southern California Law Review*, vol. 80, 2007, p. 127.

nem todas as ordens jurídicas são fechadas espacialmente, se assim se compreende um território com fronteiras; mas há excelentes razões para acreditar que há um amplo espectro de ordens jurídicas globais emergentes e putativas limitadas no espaço, e nesse sentido relativamente fechadas. O questionamento crucial é: será que *todas* as ordens jurídicas globais emergentes que se possam imaginar são limitadas no espaço? Se assim o é, então esse segundo sentido de fechamento seria fundamental, porque ele seria constitutivo de todas as ordens jurídicas, enquanto o primeiro não é. Em todo caso, aqui se encontra um primeiro e crucial *insight* para nossa investigação: é a noção de limite que se deveria vislumbrar quando conceitualiza o fechamento espacial e inclusão e exclusão espaciais, e não a noção de fronteiras.

1.3.3 Quatro conjecturas

Diversas conjecturas seguem-se a essa abordagem preliminar do fechamento espacial de ordens jurídicas, sejam elas globais ou não. Neste capítulo introdutório, eu não posso fazer mais do que delinear essas conjecturas, cada qual demandando uma ilustração mais completa, testagem e justificativa em estágios ulteriores deste livro.

A primeira conjectura consiste no fato de que, contrariamente ao que muitas abordagens da globalização presumem, não há muito sentido em separar formas literais e metafóricas de inclusão e exclusão jurídica. O estabelecimento pela OMC de um mercado global, e a contestação da KRRS, sugerem que os direitos e as obrigações jurídicas são sempre mais ou menos direitos e obrigações *lugarizados*, na medida em que eles pressupõem a referência a uma unidade *limitada* (em vez de uma unidade com fronteiras) que um coletivo chama de espaço próprio. Embora ainda se deva providenciar a justificativa conceitual dessa tese, abordar o fechamento espacial em termos de limites, em vez de fronteiras, sugere que ordens jurídicas em processo de globalização, não menos que as ordens jurídicas nacionais ou ordens jurídicas de qualquer outro tipo, não conseguem atribuir direitos e obrigações sem também os localizar. É nesse sentido, portanto, que a globalização sempre localizaria direitos e obrigações jurídicas.[95]

Em segundo lugar, a mínima caracterização positiva da globalização endossada por aquilo que eu chamei de "tese da desterritorialização" supõe que, enquanto Estados são válidos em algum lugar, ordens jurídicas globais são válidas em todo lugar. O leitor lembrará, nesse contexto, que Sassen introduz a distinção entre globalidades cosmopolitas e não cosmopolitas. A primeira, a qual inclui a OMC, rompe sua ligação com o lugar; a segunda permanece atada ao lugar, na forma de uma rede de lugares. As ideias anteriormente expostas desafiam essa distinção, sugerindo que o *insight* de Sassen acerca da estrutura das globalidades não cosmopolitas é um elemento constitutivo de todas as ordens jurídicas globais emergentes: mesmo as globalidades cosmopolitas de Sassen requerem um fechamento espacial. Verdade, algumas ordens jurídicas globalizantes reivindicam uma validade sem fronteiras que não seja, ou não seja somente, uma derivação da validade do Direito Internacional. Mas o exemplo da OMC sugere que, embora sem fronteiras, essas ordens jurídicas são espacialmente limitadas, logo, relativamente fechadas. Formulando de maneira aparentemente paradoxal, uma ordem jurídica emergente só pode reivindicar validade global se ela estiver em algum lugar, em vez de em todo lugar. Eu conjecturo que o Direito *Global* precisa estar localizado se se trata de Direito *Global*. Dessa perspectiva, toda ordem jurídica, global ou não, se vê vulnerável aos desafios advindos

---

95 Revisitando os comentários preliminares na seção 1.1., note que isso também se aplica ao Direito do Espaço Sideral, na medida em que esse é – e crescentemente virá a ser – um espaço de ação. Assim como o Direito do "espaço não sideral", se assim quiser chamá-lo, também o Direito do Espaço Sideral se organiza em termos da distinção entre dentro e fora no sentido notado anteriormente. Lidar com esse exemplo, todavia, é algo que está fora do escopo deste livro.

de *outro lugar* – de uma xenotopia. Aqui está a razão pela qual eu consistentemente me referi a globalizações jurídicas e a ordens jurídicas globais emergentes no plural, em vez de no singular.

Uma terceira conjectura diz respeito à tese da desterritorialização: "[O] que a globalização fez foi afrouxar a conexão entre território e comunidade".[96] Da mesma maneira que eu concordo completamente com o *insight* de que a territorialização do Direito é um fenômeno relativamente novo e tecnologicamente mediado, eu não tenho quaisquer dúvidas em admitir que processos de globalização trazem consigo uma certa desterritorialização do Direito, se por território se designa a articulação específica da distinção dentro/fora implantada por Estados. Mas se, mais fundamentalmente, territorialidade equivale à localização de uma ordem jurídica através de um fechamento que inclui a interconexão diferenciada de lugares em um espaço que um coletivo chama de seu, ao mesmo tempo em que se exclui outras configurações espaciais possíveis, então parece ser o caso de que as globalizações jurídicas não desterritorializam o Direito. Em outras palavras, a tese de que a globalização é uma localização exige uma abordagem da *re*territorialização forjada pelas globalizações jurídicas, na qual a partícula "re" diz respeito a uma permutação nova de como os limites da territorialidade são traçados, em vez de um retorno à territorialidade estatal. Lutas acerca da globalização são também lutas acerca de território, no sentido amplo do termo. Nessa perspectiva, noções como "normas não territoriais" ou "comunidades não territoriais" são autocontraditórias.[97] É no sentido fundamental do termo que eu gostaria de endossar a tese de Sassen de que a territorialidade é

---

96 ADDIS, Adeno. "Community and Jurisdictional Authority". *In*: HANDL, Günther; ZEKOLL, Joachim; ZUMBANSEN, Peer (Coord.). *Beyond territoriality*: transnational legal authority in an age of globalization. Leiden: Martinus Nijhoff Publishers, 2012, p. 22.

97 BERMAN, Paul Schiff. "Global Legal Pluralism". *Southern California Law Review*, vol. 80, 2007, pp. 97 e 148.

um "componente trans-histórico" de formações sociais e, enquanto tal, um elemento constitutivo de um TAD global.

Em quarto lugar, desafiando diretamente a tese da desterritorialização no que concerne à territorialidade estatal, faz-se necessário considerar se os tipos de localização disponíveis às ordens jurídicas globais emergentes continuam a depender da localização de ordens jurídicas estatais. Uma análise cuidadosa pode mostrar que a territorialidade estatal é uma condição necessária para a reterritorialização do Direito como territórios emergentes não estatais organizados de acordo com a distinção entre o próprio e o estranho. Isso ajudaria a explicar por que globalizações jurídicas não implicam a senescência do Estado, pelo contrário: pode demandar efetivamente sua participação ativa, conforme Sassen tem insistido em várias ocasiões.[98] No entanto, embora as demarcações de cada ordem jurídica estejam abertas para desafios que exponham essas demarcações como o limite entre o próprio e o estranho, pode ser que demarcações estatais (e não apenas fronteiras estatais) gozem de uma certa prioridade, dado que desafios a demarcações não estatais também envolvem um desafio, direto ou indireto, a demarcações estatais. Tudo isso requer considerações cuidadosas em um momento ulterior da discussão.

1.3.4 Grilando a terra

Por essas razões, seria imprudente seguir aqueles que desconsideram de pronto a interpretação de Carl Schmitt do *nomos* por sua defesa anacrônica, senão mesmo reacionária e autoritária, do Direito Estatal. Ela é tudo isso; mas ela é também muito mais que isso. Em seus escritos tardios, mais proeminentemente em *O Nomos da Terra*, Schmitt argumentou que o Direito está enraizado no lugar. Epigramaticamente, o Direito é "a unidade de ordem

---

98 SASSEN, Saskia. *Territory, Authority, Rights*: from Medieval to Global Assemblages. Princeton: Princeton University Press, 2006, p. 4.

e localização".[99] Essa interpretação da ordem jurídica se volta polemicamente contra aquilo que Schmitt designa como a interpretação "normativista" do conceito de ordem jurídica defendido por Hans Kelsen, seu principal oponente intelectual, para quem o Direito em geral, e o Direito Estatal em particular, é uma unidade de ordens jurídicas. Essa interpretação normativista da ordem jurídica tem seu correlato, como o leitor lembrará, na interpretação kelseniana da territorialidade estatal como uma extensão, ou seja, conforme a figura geométrica de um cone invertido. Schmitt enxergava essa abordagem do Direito como altamente reducionista e abstrata. Embora ele não use esses termos, pode-se entender que Schmitt reivindica uma perspectiva em primeira pessoa do espaço então colocada em parênteses pelo normativismo de Kelsen. Para recuperar a concretude da ordem jurídica Schmitt retorna ao uso ancilar do termo grego *nomos*, um uso esquecido quando *nomos* passou a significar "convenção", e quando "convenção" passou a ser contrastada com "natureza" (*physis*). Rompendo com a leitura normativista da ordem jurídica, e com sua tentativa de definir o Direito seja como convenção (Direito Positivo) ou como natureza (Direito Natural), Schmitt sustenta, em *O Nomos da Terra* e em uma série de artigos adjuvantes, a existência de uma conexão interna entre Direito e lugar.

De maneira alguma Schmitt se encontra sozinho em seu esforço. Também Hannah Arendt, embora de uma perspectiva política e filosófica muito diferente, lembra seus leitores da relação elementar entre Direito e lugar que animava o pensamento grego acerca do Direito, e que desaparece de cena quando *nomos* passa a significar "convenção". "Nós estamos acostumados", ela nota,

---

99 "...das Recht als Einheit von Ordnung und Ortung". SCHMITT, Carl. *Der Nomos der Erde im Völkerrecht des Jus Publicum Europæum*. 4ª ed. Berlim: Duncker & Humblot, 1997, pp. 13 e ss. A compreensão de Schmitt acerca do *nomos* é bem diferente daquela de Robert Cover, que o descreve como um "universo normativo", em seu célebre artigo "Nomos and Narrative". *Harvard Law Review*, vol. 67, nº 4, 1983, pp. 4-68.

> a compreender a legislação (*Gesetz*) e o Direito, em linha com os Dez Mandamentos, como ordens e proibições, o único significado o qual é demandar obediência, com a qual facilmente permitimos que o caráter espacial original seja esquecido. Toda legislação cria, em primeiro lugar, um espaço que é o mundo no qual nós nos movemos com liberdade. O que reside fora desse espaço permanece desordenado e, propriamente falando, sem um mundo.[100]

Nós fazemos bem em manter aberta a possibilidade de ordens jurídicas globalizantes serem ou aspirarem a se tornar territoriais no sentido de um *nomos*, o que não implica a necessidade de aceitar a hipóstase do espaço jurídico e da identidade coletiva endossada por Schmitt ao postular uma conexão interna entre Direito e localização. Em resumo, a questão que eu gostaria de recuperar para o pensamento jurídico, e que tende a se perder em investigações sociológicas contemporâneas em seu foco entusiástico das ordens jurídicas sem fronteiras, é se e como pode haver uma relação constitutiva – mesmo se transformada – entre *poder* e *lugar* em um contexto global. Esse é, em minha perspectiva, o *enjeux* conceitual e normativo de uma teoria da autoridade jurídica em um contexto global, e não algo que deveria ser ridicularizado e descartado como uma defesa de retaguarda de um nacionalismo metodológico. Eu retorno a essa relação nas considerações finais deste capítulo.

1.4 Globo e mundo: uma distinção categórica

Existe ainda uma quinta conjectura acerca da distinção fundamental entre o dentro e o fora que merece uma consideração

---

100 ARENDT, Hannah. *Was ist Politik*? Fragmente aus dem Nachlass. edição de Ursula Ludz. Munique: Piper, 2003, p. 122. Para um estudo acerca do nomos em Arendt e Schmitt, ver LINDAHL, Hans. "Give and take: Arendt and the nomos of political community". *Philosophy and Social Criticism*, vol. 32, nº 7, 2006, pp. 881-901.

à parte. Ela concerne às noções de globo e mundo. A página da OMC dedicada a explicar o que é a organização começa da seguinte maneira: "A Organização Mundial do Comércio (OMC) é a única organização internacional global lidando com regras de comércio entre nações".[101] Note que "global" e "mundial" funcionam de maneira intercambiável nessa autodescrição. A OMC poderia muito bem ser apelidada de Organização Global do Comércio, caso no qual a página traria o seguinte texto: "A Organização Global do Comércio (OGC) é a única organização internacional mundial lidando com as regras de comércio entre nações". Não há nada errado com isso, linguisticamente falando; nós comumente vemos e usamos esses termos como sinônimos: Direito Global e Direito Mundial significam a mesma coisa, muito embora, em inglês, a primeira expressão tenha obtido maior circulação, enquanto a segunda não. Martin Shapiro, por exemplo, nota que "[p]or globalização do Direito, nós podemos nos referir ao modo como o mundo todo vive sob um conjunto singular de regras".[102] E, ao apresentar sua proposta para a emergência de um "Direito Mundial", Harold Berman equipara sem qualquer dificuldade globo, mundo e terra ao asseverar ser um fato que "o mundo entrou em uma nova era de interdependência global, que todos os habitantes do planeta Terra compartilham um destino comum".[103] Independentemente do que nós queiramos tirar dessas sinonímias, o problema começa quando globo e mundo são usados de modo a sugerir que certas ordens jurídicas estão em todo lugar, em vez de em algum lugar, uma ilusão que o desafio da KRRS à OMC rapidamente desfaz. O que isso nos diz acerca das noções de globo e mundo?

---

101 WORLD TRADE ORGANIZATION. Disponível em: www.wto.org/. Acessado em: 16.03.2022.

102 SHAPIRO, Martin. "The Globalization of Law". *Indiana Journal of Global Legal Studies*, vol. 1, 1993, p. 37.

103 BERMAN, Harold J. "World Law". *Fordham International Law Journal*, vol. 18, 1995, p. 1621.

1.4.1 O globo como uma coisa muito grande

Ao se atentar cuidadosamente a como investigações sociológicas se referem à globalidade, vê-se que elas constroem a espacialidade como uma superfície, isto é, toda a face da terra. Certamente, como o trabalho de Sassen revela, trata-se de uma superfície organizada em função de lugares. Mas porque é dado como certo que a distinção entre dentro e fora é equivalente à distinção entre o doméstico e o estrangeiro, o que permanece, quando se suspende as fronteiras dos Estados, é a superfície esférica do globo. O espaço se transforma, assim, em *extensão*. Consequentemente, a interpretação do espaço que tem valência acerca do Direito, em um pensamento centrado no Estado, continua a reinar triunfantemente em meio às teorias e sociologias contemporâneas da globalização jurídica: se um território estatal é considerado espacial no modo de uma extensão confinada, ordens jurídicas globais são vistas como espaciais no modo de uma extensão não confinada. O mundo, nessa leitura, é o recipiente ou receptáculo de todas as ordens jurídicas, independentemente se elas compreendem toda sua superfície ou apenas partes dela. E na medida em que o mundo é um objeto esférico – um globo –, a espacialidade das ordens jurídicas é interpretada em função de o mundo ser uma *res extensa*, uma coisa estendida. O fato de globo e mundo serem intercambiáveis no pensamento contemporâneo reside na pressuposição de que o mundo é uma coisa estendida, mesmo uma coisa muito grande: "extensão em comprimento, largura e densidade constitui a natureza de uma substância corporal".[104]

A redução do espaço à extensão propicia – e é reforçada por – referências ao mapeamento e à escala do Direito, referências que são elementos pervasivos da malha conceitual da sociologia

---

104 DESCARTES, René. *The Philosophical Writings of Descartes*. Trad. para o inglês de John Cottingham, Robert Stoothoff e Dugald Murdoch. vol. I. Cambridge: Cambridge University Press, 1985, p. 210.

da globalização. Há, evidentemente, uma relação entre mapas e espaços de ação: um mapa serve como um veículo para a orientação no espaço dos atores. Mas, na essência, ele apenas realiza essa função ao abstrair e suspender a perspectiva em primeira pessoa pela qual os atores se orientam no espaço.[105] Como John Perry apontou, em uma série de ensaios bem fundamentada, dedicada ao problema da indexicalidade, uma proposição acerca de uma pessoa situada em uma posição dentro de um mapa não pode ser transformada – por uma descrição mais detalhada da pessoa e da posição – em uma proposição na primeira pessoa que inclua os indexicais "eu" e "aqui". Para ilustrar seu ponto, ele descreve a experiência de andarilhos perdidos na selva, para quem o mapa é um pedaço de papel com linhas e símbolos cartográficos. Mas então, tendo encarado o pedaço de papel inexpressivamente, um dos andarilhos aponta para uma posição sob o mapa e grita, "nós estamos *aqui*!" Subitamente, o mapa deixa de ser uma confusão de símbolos e, após os andarilhos terem se orientado de acordo com as direções da bússola, passa a ser uma regra de ação: "nós precisamos ir *ali*".[106] Obviamente, não há nada de errado em usar o vocabulário de mapas e escalas ao se referir às espacialidades jurídicas; o problema começa quando esse vocabulário preclui uma descrição do modo concreto de se representar o espaço jurídico, seja ele global ou não. Quando isso acontece, as sociologias da globalização objetificam o espaço, tornando-o controlável e

105 Michel de Certeau oferece uma descrição fascinante dos itinerários (*parcours*) que dá instruções detalhadas aos viajantes de como ir de um espaço para o outro – e.g., siga o rio ao longo do desfiladeiro até você alcançar o grande pedregulho na dobra do rio, então siga o caminho até a colina – e sua substituição gradual por mapas modernos com o nascimento do discurso científico moderno do século XV ao XVII. DE CERTEAU, Michel. *The practice of everyday life*. Trad. para o inglês de Steven Rendall. Berkeley: University of California Press, 1984, pp. 115 e ss.

106 PERRY, John. *The problem of the essential indexical and other essays*. Stanford: CSLI Publications, 2000, pp. 27-44. Evidentemente, eu apresento seu argumento sofisticado de uma maneira drasticamente simplificada e não técnica, mas que é suficiente para meus propósitos.

transparente ao observador.[107] Essa perspectiva panorâmica do espaço jurídico exclui a perspectiva em primeira pessoa dos atores, para quem o espaço escapa ao seu controle e visão geral porque, conforme revelado pela resistência da KRRS à OMC, não pode haver espaço de ação sem que se abram e se fechem – incluindo e excluindo – possibilidades práticas.

Isso nos leva de volta à questão acerca da estrutura do mundo pressuposta pelas sociologias da globalização. Embora seus ricos achados sejam de uma ajuda vital nos próximos capítulos, eu acredito que se possa afirmar que elas permanecem reféns de um cartesianismo residual em suas abordagens do Direito, à medida que a interpretação do espaço como extensão continua a embasar suas abordagens dos processos de globalização. Ao unir a distinção dentro/fora com a distinção entre o doméstico e o estrangeiro, elas são levadas a compreender o mundo como uma coisa estendida, abdicando do acesso à espacialidade primordial do Direito, e, como resultado, à mundanidade do mundo.

1.4.2 Mundos como horizontes de experiência

O mundo não é uma coisa. Quando sociologias da globalização assumem que "globo" e "mundo" são termos sinônimos, elas incorrem em um equívoco categórico. Uma das principais conquistas da filosofia fenomenológica é ter mostrado que o mundo não é uma coisa muito grande, nem mesmo a totalidade de todas as coisas. O mundo é um nexo de relações significativas co- e pré-constituído de todas as coisas, eventos e atos que o povoam. Coisas, eventos e atos estão presentes, i.e., surgem como isso ou como aquilo (e.g. uma franquia ou um tribunal), diante de um pano de fundo de uma unidade de relações, que apenas se mostra indiretamente nessas e

---

107 Trata-se daquilo que Merleau-Ponty chamava por um *pensée de survol* – uma perspectiva de sobrevoo. Ver MERLEAU-PONTY, Maurice. *L'oeil et l'esprit*. Paris: Gallimard, 1985, p. 50.

através dessas coisas, eventos e atos. Na ausência desse mundo co- e pré-constituído não seria possível para os sociólogos desvelar uma coisa como o "mundo global", porque um mundo, em seu sentido primordial, não é um mundo global. Hiperbolicamente, o mundo pode apenas parecer, para a astrônoma, localizado no universo porque o universo está "no" mundo da astrônoma. Na essência, um mundo é relativo ao sujeito: ele é co- e pré-constituído para nós. Quando um curso de ação ordinário é interrompido, como quando a ação direta da KRRS desafiou o modo como a OMC organiza o comércio global, um mundo aparece como um nexo *limitado* de relações significativas: como o horizonte de nossa experiência intersubjetiva. Por outro lado, um mundo como horizonte co- e pré-constituído da nossa experiência reaviva na experiência de um limite e da nossa experiência igualmente limitada.[108]

Isso é o que resume a base da distinção dentro/fora. Lembremo-nos da distinção entre fronteiras e limites. Enquanto fronteiras juntam e separam o doméstico do estrangeiro, limites juntam e separam o próprio e o estranho. O conceito de um limite, como eu o descrevi, está ligado àquilo que Edmund Husserl se refere como o caráter "horizontal" do mundo, seu modo de ser a partir de um nexo relativo ao sujeito de relações significativas co- e pré-constituídas com as coisas, atos e eventos que o povoam.[109] Esse caráter "horizontal" de um mundo surge, dentre outros, na experiência do limite de um espaço jurídico. Por exemplo, a ação direta da KRRS, através da qual ela destruiu OGMs com vistas a revalorizar os modos de vida dos fazendeiros indianos, revelou um

---

108 A capa do livro *One World*, de Peter Singer, ilustrada com o planeta Terra visto do espaço sideral, evoca o *pensée de survol* no qual o mundo estaria dado direta e completamente à observação e disponível ao controle prático. Ver SINGER, Peter. *One World*: the Ethics of Globalization. New Haven: Yale University Press, 2004.

109 HUSSERL, Edmund. *The crisis of European sciences and transcendental phenomenology*. Trad. para o inglês de David Carr. Evanston: Northwestern University Press, 1970, p. 143.

marco que demarca a propriedade de uma corporação multinacional como um espaço limitado de atuação participativa na OMC. Ao adentrar uma propriedade para destruir OGMs, a ação da KRRS chama a atenção para a destruição interconectada de lugares que os participantes da OMC chamam de seu próprio espaço: um mercado global. A ação da KRRS revela que a OMC se abre para um mundo. Por outro lado, ao se engajar em uma ação direta, a KRRS resiste à destruição, por parte da OMC, do mundo que a KRRS quer habitar. A ação direta da KRRS deixa claro que mundos diferentes – mundos parcialmente diferentes – intersectam-se nos campos cultivados com OGMs; as globalizações jurídicas atestam um entrelaçamento de mundos, em que entrelaçamento significa tanto interferência quanto interconexão.[110]

1.5 Unificação e pluralização

Chegou o momento de introduzir o que está além da questão central suscitada pelas globalizações jurídicas: a unidade e a pluralidade de ordens jurídicas. De fato, de diferentes perspectivas teóricas, com diferentes ênfases, uma ampla gama de acadêmicos advoga por uma interpretação pluralística dos processos de globalização.[111] As ideias desenvolvidas neste capítulo sugerem, contudo, que é útil considerar o problema da unidade e da pluralidade a partir de outra perspectiva.

---

110 A impermeabilidade da pesquisa jurídica à distinção entre fronteiras e limites é, em minha opinião, uma instância concreta daquilo que, parafraseando Heidegger, pode-se chamar de "esquecimento" do mundo operante em (reflexões acadêmicas acerca de) processos de globalização.

111 Para uma contribuição recente, que aborda especificamente o pluralismo jurídico em um contexto global, ver BERMAN, Paul Schiff. "Global Legal Pluralism". *Southern California Law Review*, vol. 80, 2007, pp. 1155-1237.

1.5.1 Revisitando o pluralismo jurídico

Note, para começarmos, que não é suficiente simplesmente opor unidade e pluralidade: uma ordem jurídica envolve uma reivindicação por unidade, incluindo unidade espacial na forma de uma distribuição interconectada de lugares, mesmo se a unidade não seja mais que putativa, mais ou menos frágil e emergente. Esse chamado urgente à unidade é intrínseco à própria ideia de uma ordem jurídica, sem a qual não seria possível dizer, com Twining, que o pluralismo jurídico implica que "muitas ordens normativas coexistem no mesmo espaço-tempo".[112] De fato, identificar uma multitude de ordens jurídicas como se povoassem um "espaço-tempo singular" requer a capacidade de individualizar cada uma dessas ordens. No entanto, essa individualização requer que essas ordens jurídicas sejam organizadas cada qual como um tipo de unidade espaço-temporal distinto, mesmo naqueles casos em que cada uma dessas ordens seja válida exatamente na mesma superfície geográfica e durante o mesmo período no calendário que as outras.

Levando essas ideias um passo adiante, o pluralismo não diz respeito apenas – e de todo modo, não diz respeito essencialmente – à pluralidade de ordens jurídicas coexistindo "no mesmo espaço-tempo". Essa formulação clama pela demarcação de um espaço geográfico, e.g., um continente, e um certo período temporal, e.g., 1º de janeiro de 2000 a 31 de dezembro de 2000, mostrando que o comportamento naquele espaço-tempo foi regulado por uma multitude de ordens jurídicas: Direito Indígena, Direito Estatal, Direito Internacional, Direito da OMC, o que quer que seja. Essa abordagem é reducionista quanto ao espaço e tempo do Direito. De um lado, espaço vira extensão; essa abordagem transforma o espaço de lugares no espaço de posições. De outro, o tempo se torna um fluxo ininterrupto de partículas temporais infinitamente

112 TWINING, William. *General jurisprudence*: understanding law from a global perspective. Cambridge: Cambridge University Press, 2009, p. 69.

divisíveis; essa abordagem transforma o tempo da ação – organizado em termos de um arco temporal abrangendo o passado, o presente e o futuro de um agente, seja ele individual ou coletivo – em uma sequência anônima de um antes e um depois. Em resumo, essa abordagem objetifica o espaço e o tempo do Direito.

Eu desenvolvo esse ponto em mais detalhes no capítulo II. Por ora, parece ser suficiente notar que uma perspectiva panorâmica do Direito é evidentemente possível; de fato, ela se tornou lugar-comum para aqueles imersos nas conquistas da tecnociência moderna, particularmente o uso de mapas. Isso se tornou um elemento tão difundido do nosso pensamento acerca da ordem jurídica que temos grande dificuldade em reconhecer que o espaço-tempo apropriado às ordens jurídicas é, antes e acima de tudo, o tempo e espaço da *ação*, não a articulação de um espaço geográfico e de um tempo de calendário. Essa abordagem objetificante perde de vista um ponto crucial sobre a unidade e pluralidade no Direito, ou seja, que ordens jurídicas individuais são elas próprias espaços-tempo diferentes – e por vezes conflitantes –, e não simplesmente porque nós podemos categorizá-los como espaços-tempo local, nacional ou global. Na medida em que ordens jurídicas individuais regulam a ação de diferentes maneiras, designando lugares e tempos apropriados para se fazer certas coisas, elas ordenam o espaço e o tempo da ação de maneiras diferentes e frequentemente conflitantes.

Como? Se focarmos no espaço por ora, postergando a discussão sobre tempo para o capítulo II, então uma ordem jurídica regula a ação, como a OMC demonstra, através de um fechamento espacial que inclui aqueles tipos de lugares que são importantes para o propósito daquela ordem respectiva – e.g. com vistas à promoção do "livre"-comércio global – ao mesmo tempo em que se exclui, por conseguinte, todas as outras possíveis configurações de espaços jurídicos como se não tivessem importância. Cada uma dessas demarcações espaciais de uma ordem jurídica (global) se manifesta como um limite em meio aos desafios diante da reivindicação de comunalidade em nome daquela mesma ordem, como quando a KRRS desafiou a unidade espacial da OMC como mercado global ao destruir os campos com OGMs, com o intuito de vindicar a configuração espacial (e o ritmo temporal) própria aos modos de vida dos fazendeiros indianos.

Eu sugiro que *esse* tipo de desafio ilustra uma manifestação fundamental da unidade e da pluralidade jurídicas em jogo nas globalidades jurídicas emergentes. Sucintamente, a pluralidade jurídica, no sentido forte do termo, anuncia-se como a experiência dos limites de uma ordem jurídica, uma experiência própria às perspectivas em primeira pessoa dos atores em uma ordem jurídica e daqueles que a contestam. Experimentar os limites de uma ordem jurídica não significa simplesmente estar ciente do fato de que "outros" modos de ordenar o comportamento, como quando eu estou ciente *in abstracto* de que há "lá fora" uma amplitude de ordens jurídicas, mas sim ser confrontado, *aqui*, com um outro modo de ordenar o espaço que desafia a comunalidade daquilo que eu assumo como "nosso" espaço. Nesse mesmo sentido, a pluralidade jurídica se manifesta na forma de uma xenotopia, um lugar que resiste à acomodação em uma distribuição interconectada de lugares que um coletivo chama de seu "próprio" espaço. A distinção entre fronteiras e limites, e entre globo e mundo, insiste nesse significado fundamental da pluralidade jurídica, um significado que permanece velado enquanto permanece servo à pressuposição cartesiana de que o espaço do Direito é um espaço geográfico e de que o tempo do Direito é o tempo do calendário.

1.5.2 A globalização da inclusão e exclusão

Essas considerações precisam ser levadas ainda mais adiante. De fato, o que está em questão com a globalização não é apenas a unidade e a pluralidade de ordens jurídicas, mas, de fato, os processos de unificação e pluralização jurídicas que vem a lume através da inclusão e exclusão. Revisitando nosso exemplo, a OMC emerge ao incluir, i.e., diferenciar e interconectar todos esses tipos de lugares que são importantes para o "livre"-comércio global, e ao excluir, i.e., deixando sem ordenação jurídica todos aqueles lugares e configurações de lugares que sejam, por conseguinte, irrelevantes. Isso equivale a afirmar que globalizações são processos contínuos de unificação e pluralização. De um lado, legalidades globalizantes emergem pela unificação do que antes eram espaços separados em um espaço singular, e.g., um mercado global. De outro, elas emergem pela pluralização, marginalizando outras ordens jurídicas existentes ou possíveis que se tornam visíveis quando xenotopias contestam a unidade – comunalidade – reivindicada por uma ordem jurídica global emergente. Em seu sentido fundamental, a pluralização jurídica dialoga com a experiência através da qual aquilo que parecia ser uma ordem jurídica, perfeita em sua continuidade espacial (e temporal), irrompe em diferentes ordens, de modo que uma ordem desponte como *estranha* para os agentes participantes em face da ordem que eles chamam de *própria*. A unidade que os participantes assumiam como certa dá lugar a uma pluralidade de ordens, o que é um outro modo de dizer que a experiência do limite de uma ordem jurídica é a experiência da pluralização jurídica.

Ordens jurídicas globalizantes restam sempre vulneráveis a essa experiência primordial de pluralização. Em essência, não significa necessariamente que desafios a uma ordem jurídica global emergente sejam desafios que buscam retornar o Direito a um *status quo* anterior à emergência da ordem jurídica global. A KRRS, por exemplo, vê a destruição de OGMs como parte e parcela de uma transformação global:

> Eles veem o movimento como parte de um processo bastante longo de construção de uma nova sociedade, a qual precisa ser dirigida por pessoas em um nível local, mas que precisa alcançar um nível global, e que não pode ocorrer sem o envolvimento ativo e direto da sociedade como um todo.[113]

113 KARNATAKA STATE FARMERS' ASSOCIATION (KRRS). Disponível em: http://home.iae.nl/users/lightnet/world/indianfarmer.htm. Acessado em:

Significativamente, a KRRS é parte da Vía Campesina (Movimento Internacional dos Camponeses), que se considera

> o movimento internacional a reunir milhares de camponeses, pequenos e médios fazendeiros, sem terra, fazendeiras, povos indígenas, migrantes e trabalhadores agrícolas ao redor do mundo. O movimento defende a agricultura sustentável em pequena escala, de modo a promover justiça social e dignidade. O movimento se opõe fortemente à agricultura realizada por corporações e às empresas transnacionais que estão destruindo o povo e a natureza.[114]

A globalização de certas ordens jurídicas, como a OMC, anda lado a lado com a globalização da resistência (radical, e frequentemente desesperada) a essas ordens. Nesse processo de resistência da liberalização do comércio sob a égide da OMC, a KRRS mobiliza o apoio de outros grupos participativos da Vía Campesina no que é efetivamente um movimento de *alterglobalização*. E assim, a globalização jurídica como unificação do espaço anda lado a lado com a globalização jurídica como pluralização e fragmentação dos espaços: globalização no plural, em vez de globalização no singular.

A análise aqui oferecida sobre a OMC também seria válida, por exemplo, para as emergentes *lex sportiva*, *lex digitalis*, *lex mercatoria* globais e uma variedade de outras organizações de padronização global. Na verdade, ela também seria válida para o próprio Direito Internacional clássico, como deixa bastante claro a resistência de povos indígenas ao Direito "Internacional" de autodeterminação (i.e., autodeterminação dentro e como parte de Estados nacionais. Eu conjecturo que todas essas ordens jurídicas

---

15.03.2022.

114 VÍA CAMPESINA. Disponível em: http://viacampesina.org/. Acessado em: 16.03.2022.

envolvem uma unidade espacial *limitada* no sentido de uma interconexão particular de lugares que excluem outros modos possíveis de organizá-los. Será nossa tarefa nos próximos capítulos estabelecer se e como a noção de um espaço limitado continua a definir tanto a auto-organização de cada uma dessas ordens jurídicas globais emergentes quanto a resistência concomitante.

Todas as ideias anteriormente expostas convergem na seguinte tese: a emergência de ordens jurídicas globais diz respeito, antes e acima de tudo, *à globalização da inclusão e exclusão*. Essa tese é a questão central acerca da qual eu me ocupo empírica, conceitual e normativamente através deste livro. Ela ressoa com as reflexões de Schmitt acerca do conceito de *nomos*. Schmitt argumenta que a emergência do *jus publicum europaeum* e as permutações a que ele deu azo atestam um *nomos* da terra no qual a localização global do Direito se transforma na expressão última da dominação. Importante destacar que Schmitt observa que a emergência de uma ordem jurídica é literalmente uma *tomada* de lugar; trata-se de uma "tomada de terra" em suas palavras (*Landnahme*). Ordens jurídicas emergentes são localizadas através de atos que confiscam ou apresam um lugar. O fenômeno da grilagem é apenas uma de suas várias figuras contemporâneas, bem como o ímpeto por se apropriar do Ártico. A emergência das ordens jurídicas globais corresponderia, em nosso contexto contemporâneo, a um *nomos* da terra emergente, em que a localização global do Direito seria parte e parcela de uma *grilagem da terra*, embora em termos bem diferentes daqueles que Schmitt tinha em mente?

Eu volto a discutir a abordagem de Schmitt acerca do *nomos* da terra com algum detalhe no capítulo IV. Por ora, é significativo que Sassen, que não é exatamente uma defensora do pensamento schmittiano acerca da política e do Direito, argumente que

> nós nos vemos confrontados com um problema formidável em nossa economia política global: a emergência de novas lógicas de expulsão. As duas últimas décadas foram palco

> de um aumento intenso no número de pessoas, empreendimentos e locais expulsos do cerne das ordens sociais e econômicas do nosso tempo.[115]

Exemplos incluem a expulsão de trabalhadores de baixa renda e desempregados de programas de bem-estar social e saúde; o despejo de milhões de pequenos fazendeiros de suas terras em países pobres, como resultado da grilagem massiva de terras por corporações e governos abastados; "terra morta" e "água morta" emergindo como resultado da expulsão de elementos biosféricos de seu espaço vital. Para Sassen, a vantagem da noção de expulsão é que ela vai "além da ideia mais familiar de uma desigualdade crescente como modo de capturar as patologias do capitalismo global hodierno".[116] A lógica da expulsão a qual ela descreve meticulosamente em seu livro mais recente marcaria a culminação da globalização da inclusão e exclusão evocada por um *nomos* capitalista da terra. Nos termos do nosso próprio exemplo, não é difícil imaginar como o merchandising de OGMs, e de modo geral, a comodificação global da produção e distribuição de sementes sob os auspícios da OMC, pode levar a um empobrecimento progressivo e, em última instância, à expulsão dos fazendeiros indianos (bem como outrem) de suas terras.

Em meio a essas circunstâncias, uma investigação acerca da globalidade das ordens jurídicas globais emergentes não precisa apenas compreender o *nomos* pelo qual o capitalismo global inclui, mas também, e principalmente, os *a-nomoi* da terra suscitados por aquilo que o capitalismo global exclui, isto é, os desafios à globalização do capitalismo. A partícula "a" em *a-nomoi* não é uma mera privação, no sentido de um "não *nomos*", indicando, de

---

115 SASSEN, Saskia. *Expulsions*: brutality and complexity in the global economy. Cambridge: Belknap Press, 2014, p. 1.

116 SASSEN, Saskia. *Expulsions*: brutality and complexity in the global economy. Cambridge: Belknap Press, 2014, p. 1.

fato, outros *nomoi*, outras configurações da localização jurídica de um grupo. Isso, assim me parece, é no mínimo parte daquilo que precisa ser tratado por uma análise concreta das globalizações jurídicas enquanto processos de unificação e pluralização. Eu estou em boa companhia ao estabelecer esse caminho. Sassen conclui *Expulsions* notando que: "[O]s espaços dos expulsos gritam por reconhecimento conceitual... Eles são, potencialmente, os novos espaços para a criação – criação de economias locais, novas histórias, e novos modos de filiação".[117] Santos, da sua parte, propõe operar um deslocamento "da ortotopia para a heterotopia, do centro para a margem", com vistas a "vivenciar as fronteiras da socialidade como uma forma de socialidade".[118] Finalmente, uma investigação acerca dos *a-nomoi* da terra retoma o convite de Foucault para se engajar em um "pensamento do fora" (*une pensée du dehors*), um convite que eu gostaria de aceitar por meio de uma investigação que pensa através daquilo que significa estar dentro e fora do Direito Global.[119]

1.5.3 Dois sentidos do Direito Global

Por fim, mas não menos importante, será nossa tarefa considerar a natureza *normativa* das reivindicações acerca da unidade (espacial) advindas com as ordens jurídicas globalizantes, e das contrarreivindicações por aqueles que as contestam. Com efeito, as experiências dos limites, no qual um mundo se anuncia aos participantes de uma ordem jurídica e àqueles que a desafiariam, são o *locus* existencial de uma investigação acerca da significância normativa das globalizações jurídicas. Seria uma abstração

---

117 SASSEN, Saskia. *Expulsions*: brutality and complexity in the global economy. Cambridge: Belknap Press, 2014, p. 222.

118 SANTOS, Boaventura de Sousa. *Toward a new legal common sense*. 2ª ed. Londres: Butterworths, 2002, p. 481.

119 FOUCAULT, Michel. "La pensée du dehors". *Critique*, nº 229, 1996, pp. 523-546.

sugerir que a KRRS contesta certos padrões estabelecidos para a promoção do comércio global, como se o movimento contestasse normas dentro do escopo do Acordo sobre Medidas Sanitárias e Fitossanitárias (SPS) da OMC.[120] Embora sua ação direta possa ser de fato interpretada dessa maneira, a KRRS resiste, mais fundamentalmente, à destruição do *mundo* pela OMC.

Qual é a natureza do desafio da KRRS – e mais amplamente, do desafio da Vía Campesina – a como a OMC inclui e exclui? Seria o sentido normativo de sua ação direta um apelo a um *mundo comum*, a um mundo singular que eles já compartilham e que poderiam vir a compartilhar com os participantes da OMC, no qual todos estariam em seu lugar? Por outro lado, como a OMC deveria responder ao desafio da KRRS? Poderia e deveria a OMC reconfigurar o mercado global em um modo que se abrisse espaço para o lugar que a KRRS chama de seu? Qual a natureza da resistência à inclusão suscitada pela KRRS e como a OMC deveria responder a essa resistência? Particularmente, a autoritatividade da resposta da OMC a esse desafio depende de sua orientação à Constituição de um mundo comum? Globalização como universalização: seria esse o núcleo normativo da autoridade jurídica em um contexto global que não pode ser abdicado, mesmo se a lógica da inclusão e exclusão globais se desdobrando perante nossos olhos refuta a realização desse postulado? Note a implicação desse questionamento no que concerne ao pluralismo jurídico: em que medida uma defesa normativa da pluralidade das ordens jurídicas é possível a não ser que essas ordens sejam vistas como particularizações de uma *única* ordem jurídica, completamente abrangente, não obstante a quão "rarefeita" ela possa ser em termos de conteúdo e escopo? Pode-se compreender as reivindicações (concorrentes) à autoridade em uma pluralidade de ordens jurídicas a não ser que elas se vejam, e possam ser vistas por outrem, como parte de um todo maior,

120 OMC. *Acordo sobre Medidas Sanitárias e Fitossanitárias*. Disponível em: www.wto.org/english/docs_e/legal_e/15sps_01_e.htm. Acessado em: 16.03.2022.

isto é, como a encarnação parcial, ou mesmo imperfeita, de uma aspiração a um monismo jurídico?

É precisamente nessa conjuntura que a questão acerca da dimensão espacial de ordens jurídicas globalizantes se torna drástica e urgente, tanto conceitual quanto normativamente. Nós já selecionamos um *primeiro* conceito de Direito Global ao longo deste capítulo, ou seja, uma ordem jurídica que reivindica validade através de toda a face da terra, enquanto sendo ao menos parcialmente autônoma diante dos Direitos Estatal e Internacional. Essas ordens jurídicas, embora sem fronteiras, não são ilimitadas: elas estão em algum lugar, em vez de em todo lugar. Haveria então um segundo e mais forte sentido de Direito Global, de modo que o conflito acerca e entre as ordens jurídicas (globais) pressuponha ou possa levar a uma ordem jurídica *completamente inclusiva*, não obstante o quão "rarefeita" seja em conteúdo? Será que todo e qualquer conflito advindo de – e entre – globalizações jurídicas (no plural) pressupõe uma unidade jurídica mais profunda, que todas as partes buscam articular e reafirmar ao lidarem com o conflito? Em outras palavras, seria o Direito Global não apenas uma nova arena de conflito político, mas também uma nova – e, de fato, definitiva – arena para a resolução de conflitos políticos? Os processos de globalização, conquanto torcidos, e talvez porque torcidos, demandariam a postulação da possibilidade de um *Direito para além dos limites*?

Isso não é nada mais que o problema da *universalidade jurídica*. Em última instância, a questão acerca das globalizações jurídicas é a questão acerca da universalização do Direito. Candidatos ao Direito Global no sentido de um Direito Universal seriam Direito em nome de uma reivindicação *erga omnes*, assim, Direito vinculante para todos também vincula todo e qualquer lugar, em vez de algum lugar em particular: Direito *erga loci*. Seus apoiadores mais entusiastas reivindicam que regimes de direitos humanos são fortes candidatos a tanto.[121] Ou, ao contrário, seriam contestáveis todas as reivindicações à universalidade feitas em nome do Direito, de tal maneira que a distinção entre lugares próprios e estranhos viria a ser um elemento constitutivo de todas as legalidades globalizantes, e do mesmo modo que qualquer outro tipo de ordem jurídica?

Essas reflexões nos levam de volta ao ponto de partida deste capítulo, ou seja, a distinção dentro/fora que está em jogo no conceito de globalização. A emergência de um mundo que suplante a distinção entre o próprio e o estranho marcaria, em sentido estrito, a *deslocalização* do Direito: uma ordem jurídica que está em todo lugar, em vez de em algum lugar. Igualmente, isso marcaria uma *desterritorialização* do Direito, no sentido fundamental de territorialidade sugerida no final da seção 1.3.3. De acordo com essa reconstrução e defesa universalistas da globalização jurídica emergente, a autoridade jurídica, em um sentido forte, seria autoridade que, independentemente das posições de Schmitt, foi bem-sucedida em romper sua ligação com o lugar: *Ordnung ohne Ortung*. Para os universalistas, um conceito normativamente viável de autoridade jurídica implica que, diante do conflito, o objeto do fazer do Direito deve incluir aquilo que foi injustificadamente excluído, de modo que as partes em conflito possam vir a compartilhar um mesmo mundo, mesmo se a realização desse mundo singular deva ser postergada indefinidamente no tempo histórico. Assim, ainda que sejamos testemunhas de uma pluralidade de ordens jurídicas, universalistas sustentam que deve ser possível, normativamente,

---

121 Então, por exemplo, em sua contribuição para a teoria das globalizações jurídicas, Mireille Delmas-Marty se empresta da distinção de Chevallier acerca do "Direito da Globalização", i.e., o Direito relevante (sobretudo) à globalização econômica, e a "globalização do Direito", ou seja, a globalização do Direito fundada nos direitos humanos conforme estabelecidos na Declaração Universal dos Direitos Humanos, incluindo os direitos sociais, econômicos, e culturais. Ver CHEVALLIER, Jacques. "Mondialisation du droit ou droit de la mondialisation". *In*: MORAND, Charles-Albert (Coord.). *Le droit saisi par la mondialisation*. Bruxelas: Editions Bruylant, 2001, pp. 37-61; DELMAS-MARTY, Mireille. *Le relative et l'universel*. Paris: Seuil, 2004, p. 41.

ver cada uma dessas ordens jurídicas como a particularização de uma única ordem jurídica, completamente abrangente. Processos de globalização, para terem sentido normativo, precisariam desenrolar uma dialética do universal e do particular. Falando em termos espaciais, a realização progressiva dessa única ordem jurídica marcaria a concretização da utopia como *pantopia*, isto é, uma ordem jurídica válida em todo lugar. Essa ordem jurídica universal teria demarcações espaciais, mas nenhum limite.

Mas a questão incômoda permanece: essa interpretação universalista da normatividade das ordens jurídicas globais emergentes faz justiça à estranheza do estranho? Pode a pluralidade política ser reduzida em última instância a uma única ordem jurídica, a um dentro sem fora, conquanto "rarefeita" em conteúdo? De fato, seria isso que se chama de "rarefeito" simplesmente uma gama de pressupostos que parecem tão inquestionáveis para aqueles que a compartilham ao ponto de não se conseguir imaginar que outros possam não a compartilhar e até mesmo contestá-las como sendo completamente "densas"?

Essa é a maneira como este livro se propõe a adentrar a relação circular entre globalidade e o Direito do Direito Global. Para tal feito, o capítulo I focou primariamente na globalidade do Direito Global. Argumentou-se que a questão central advinda pela globalidade diz respeito à distinção dentro/fora: embora as ordens jurídicas que estão emergindo diante dos nossos olhos não tenham fronteiras, ordens jurídicas globais putativas como a OMC são espacialmente limitadas. Ao abordar a globalização nesses termos se abrem dois amplos conjuntos de questões a requerer nossa atenção ulterior. Primeiro, nós precisamos participar e analisar como as ordens jurídicas globais incluem e excluem, bem como examinar a resistência à globalização da inclusão e exclusão por movimentos contraglobalização. Essa abordagem se vale de análises tanto empíricas quanto conceituais. Esse conjunto de questões é o tópico dos capítulos II a IV. Assim se prepara o caminho para um segundo conjunto, propriamente normativo de questões, a serem endereçadas nos capítulos V, VI e VII. De fato, a globalização da inclusão e da exclusão suscita a questão acerca da natureza da autoridade jurídica e, mais incisivamente, se a referência a uma ordem jurídica completamente inclusiva, seja ela existente ou a ser realizada, é uma pressuposição necessária da autoridade jurídica em um sentido normativamente forte dentro de um cenário global.

Se, como eu sugeri logo no início deste capítulo, há uma dependência mútua entre a globalidade e o Direito do Direito Global, convém a nós desenvolver um conceito do Direito do Direito Global que possa, no mínimo, começar a dar conta desses dois conjuntos de questões. Com esse objetivo em mente, nós podemos nos voltar para o segundo capítulo.

CAPÍTULO II

AÇÃO COLETIVA E ORDENS JURÍDICAS GLOBAIS EMERGENTES

As próximas páginas operam uma mudança da abordagem largamente descritiva utilizada no capítulo I para uma investigação mais austera, e sobretudo conceitual. De fato, o objetivo do presente capítulo é delinear um conceito de Direito que nos ajude a identificar as continuidades e descontinuidades centrais entre o Direito Estatal e as ordens jurídicas globais emergentes. A primeira seção do capítulo desvela esse conceito de Direito, o qual eu chamo de "ação coletiva mediada autoritativa e institucionalmente" (daqui em diante, ACAI). O restante do capítulo dá corpo e testa o potencial explanatório do modelo ACAI do Direito em diversas direções. Primeiramente, revisita-se o capítulo I de modo a estabelecer porque esse modelo substancia os principais achados daquele capítulo, particularmente a distinção entre bordas e limites, e, logo, a distinção entre duas formas espaciais da distinção dentro/fora. Segundo, enriquece-se a perspectiva quanto à globalidade do Direito Global: o modelo ACAI do Direito revela que uma descrição completa das continuidades e descontinuidades entre o Direito Estatal e as ordens jurídicas globais emergentes precisa incluir as dimensões temporal, subjetiva e material da ordem jurídica, em adição à dimensão espacial. Terceiro, o modelo ACAI do Direito é avaliado no que diz respeito a vários elementos característicos de processos de globalização: a fragmentação, a privatização e a mercantilização das ordens normativas, conjuntamente à "compressão" do espaço e do tempo. Por fim, o capítulo foca em três categorias-chave do pensamento contemporâneo acerca das ordens normativas em um contexto global: governança, redes e regimes. Eu argumento que de maneiras diferentes, porém relacionadas, cada um desses conceitos pressupõe, sem realmente articular, o problema da *unidade* de ordens jurídicas globais emergentes, um problema que é central para o ACAI.

O problema da unidade é crucial para o conceito de ordem jurídica. Contra a perspectiva na qual a articulação de um conceito de ordem jurídica (global) é, na melhor das hipóteses, apenas de interesse teorético, e, na pior, estéril ou fútil, eu proponho que focar no conceito de Direito sob a perspectiva da unidade putativa das ordens jurídicas tem sobretudo um interesse prático: compreender, primeiramente, como as globalizações jurídicas contribuem para a globalização da inclusão e exclusão. Em segundo lugar, sondar se uma ordem jurídica global emergente é possível, ou talvez mesmo atual, de modo que inclua sem excluir. Em última instância, como notado no capítulo I, o objetivo deste livro é elucidar um conceito de autoridade em um contexto global. Meu palpite é que o problema da globalização da inclusão e exclusão – daí os termos através dos quais nós deveríamos estar preparados para pensar sobre a unidade putativa das ordens jurídicas – revela de maneira acentuada os elementos fundamentais da autoridade.

2.1 Ação coletiva mediada autoritativa e institucionalmente

Como antecipado, eu me refiro a essa concepção de Direito através de uma expressão um pouco difícil de manejar: *ação coletiva mediada autoritativa e institucionalmente.* Ordens jurídicas, na intepretação ora privilegiada, são uma espécie de ação coletiva. Minha estratégia é oferecer um esqueleto desse modelo do Direito no presente capítulo, dando corpo de maneira mais completa nos capítulos seguintes, através da introdução de elementos adicionais ou a qualificação de elementos prévios com base em novos elementos ou materiais que clamam por explanação ou integração ao modelo. Por ora, eu desvelo o esqueleto do modelo ACAI de Direito em três etapas: a primeira introduz o conceito de ação coletiva; a segunda o suplementa com uma noção funcional de autoridade; a terceira completa essa consideração preliminar do conceito de Direito, argumentando que a institucionalização da mediação autoritativa da ação coletiva é um elemento constitutivo das ordens jurídicas. Para repetir, o modelo ora oferecido de ordem jurídica permanece abstrato e incompleto, a exigir um desenvolvimento posterior – empírico, conceitual e normativo – nos próximos capítulos.

2.1.1 Nós-cada-um e nós juntos

Para começar, eu gostaria de retornar ao espaço de ação delineado na seção 1.2. O leitor se lembrará que eu busquei oferecer uma explanação e generalização preliminar do *insight* importante de Sassen quanto ao fato de que a desnacionalização equivale à "localização do global", de modo que ordens normativas emergentes transfronteiriças dão ensejo a uma "rede de lugares". Nós precisamos delinear um conceito de Direito que possa explicar, para começo de conversa, esse elemento crucial das globalidades jurídicas emergentes, enquanto também dão conta da espacialidade fronteiriça do Direito Estatal. Em particular, esse conceito de Direito deveria no mínimo ser capaz de acomodar a distinção cardinal entre as fronteiras e os limites das ordens jurídicas, tal qual ela apareceu em nossa análise da OMC e sua contestação pela KRRS.

O exemplo da seção 1.2.3 de alguém cozinhando em uma cozinha, conquanto distante esse exemplo possa parecer do domínio do Direito, rendeu uma pista importante para um modelo de ordem jurídica que explique por que globalizações jurídicas envolvem a emergência de uma unidade de lugares jurídicos, não obstante o quão tênue e frágil. De fato, eu mostrei que os diferentes lugares a formarem uma cozinha obtêm sentido e unidade a partir da perspectiva singular em primeira pessoa de um "eu", de um lado, e, de outro, do ponto daquilo que a pessoa está fazendo: cozinhando uma refeição. Essas duas dimensões justificam a referência à distribuição interconectada de lugares que constitui um espaço de ação como uma unidade pragmática, i.e., uma unidade a partir de uma perspectiva centrada no ator. Mas na medida em que esse exemplo permaneceu limitado à perspectiva de um indivíduo, nossa análise não endereçou a questão central suscitada pela OMC e sua contestação pela KRRS, ou seja, como ordens jurídicas estruturam o espaço na forma de espaços *coletivos* de ação. O que eu farei agora é expandir o escopo dessa descrição inicial do espaço de ação, indo da ação individual para a ação coletiva, e então identificando aquilo que, em uma formulação preliminar, eu considero ser a forma específica de ação coletiva própria ao Direito.

Um primeiro passo nessa tarefa nos leva da perspectiva singular em primeira pessoa de um "eu" para a perspectiva na primeira pessoa do plural, de um "nós". Mas é importante ressaltar que é necessário afastar a ambiguidade do pronome "nós", de modo a se conseguir alcançar, no mínimo, um sentido preliminar de ordem jurídica e de ordens jurídicas que estabelecem redes de lugares. Para ver por que, considere um cenário no qual várias pessoas estão ocupadas preparando seu jantar em uma cozinha grande, por exemplo, múltiplos estudantes na cozinha de uma república. Agora compare esse cenário a um segundo cenário no qual um grupo de estudantes está preparando uma refeição para todos os seus colegas de república. Suponha que em ambas as situações alguém viesse a perguntar "O que vocês estão fazendo?" Em ambos os casos, a resposta pode ser "Nós estamos cozinhando". Mas o uso da palavra "nós" é bem diferente nos dois cenários. No primeiro, "nós" funciona como um termo *agregativo*: cada um dos indivíduos está cozinhando, independentemente do que os outros estejam fazendo. Margaret Gilbert corretamente caracteriza esse uso do termo "nós" como "nós-cada-um". No segundo cenário, "nós" funciona como um termo *integrativo*: diversos indivíduos unidos como um grupo de amigos empenhados em cozinhar: "nós juntos".[122] Quando atuam juntos, os membros de um grupo assumem uma perspectiva na primeira pessoa do plural: nós* empreendemos, acreditamos, agimos etc. como unidade, muito embora não se possa ter qualquer intenção, crença ou ação em grupo se ausente um conjunto de intenções, crenças e ações interconectadas por seus agentes participantes, e se ausente um conhecimento comum entre os agentes participantes de que eles estão agindo juntos e o que eles estão fazendo juntos.

Para ver a diferença entre esses dois cenários, imagine que, no primeiro caso, uma das estudantes a cozinhar não notou que o molho começou a ferver; ninguém chamou sua atenção para esse fato, e ela apenas notou o que aconteceu quando já era tarde demais. Sem dúvida ela ficaria incomodada de ter que recomeçar tudo de novo. Mas ela não tem nenhum direito de repreender seus colegas por não lhe terem avisado; eles não tinham qualquer *obrigação* de fazê-lo. Ela – e apenas ela – pode ser culpada pelo que aconteceu. No segundo cenário, a estudante que queimou o molho certamente teria o direito de reclamar com seus colegas por não lhe terem avisado. Afinal de contas, preparar uma refeição era algo que eles estavam fazendo *conjuntamente*; qual seria o ponto de cozinhar juntos se eles não estivessem preparados para se ajudar ao longo do processo? Veja aqui a estrutura elementar dos direitos e repreensões entre membros que se conectam à ação

---

122 GILBERT, Margaret. *On Social Facts*. 2ª ed. Princeton: Princeton University Press, 1992, p. 168. Importante notar ao leitor: de agora em diante eu uso um asterisco junto a "nós" (nós*) quando usar o pronome no sentido técnico da perspectiva na primeira pessoa do plural.

coletiva, i.e., a ação de grupos sociais – "sujeitos plurais", para usar a expressão preferida de Gilbert.[123]

2.1.2 Ação coletiva

Essa é, evidentemente, uma descrição bastante crua da ação coletiva. Mas ela é suficiente, ao menos por enquanto, para destacar várias características que merecem nossa atenção, características essas que ordens jurídicas compartilham com outros tipos de ação coletiva:

[1] *Obrigações direcionadas*: obrigações e sanções jurídicas são espécies de obrigação e repreensão que emergem entre agentes participantes no curso de uma ação coletiva.

Gilbert se refere a essas obrigações como "direcionadas", ou, seguindo o vocabulário de H. L. A. Hart, obrigações "relacionais".[124] Ao caracterizar as obrigações advindas da ação coletiva como direcionadas ou relacionais, Gilbert quer dizer que elas advêm *entre* agentes participantes de sujeitos plurais e por força de sua participação. O mesmo vale para o direito de repreender aqueles que descumprem obrigações derivadas da ação coletiva: agentes participantes estão autorizados a reclamar quando outros agentes participantes não cumprem com sua parte na realização da ação coletiva. A ação coletiva dá azo a expectativas mútuas acerca do comportamento

---

123 GILBERT, Margaret. *A theory of political obligation*. Oxford: Oxford University Press, 2006, pp. 189 e ss. Ver também GILBERT, Margaret. *Joint commitment*: how we make the social world. Oxford: Oxford University Press, 2014.

124 GILBERT, Margaret. *Joint commitment*: how we make the social world. Oxford: Oxford University Press, 2014, pp. 153-161. Gilbert expressamente se baseia na noção de obrigações relacionais de H. L. A. Hart, em seu famoso ensaio: HART, H. L. A. "Are there any natural rights?" *Philosophical Review*, vol. 64, nº 2, 195, pp. 175-191. Eu abstraio do debate de Bratman com Gilbert se existem formas de atuação compartilhada que não envolvam obrigações e direitos mútuos; é suficiente para os meus propósitos que o Direito seja uma das formas de atuação coletiva envolvendo essas obrigações e direitos.

daqueles envolvidos em uma ação conjunta, de modo que os agentes participantes esperam, ou considera-se que esperem, uns dos outros que eles devem e vão cumprir sua parte no desenrolar do ato em conjunto. Essas expectativas mútuas ou recíprocas autorizam esses agentes participantes a repreender aqueles que desapontem suas expectativas. Afinal de contas, seu empreendimento é *comum*, ou assim reivindica quem repreende outro agente participante.

[2] *Ponto*: a natureza e o escopo do comportamento juridicamente relevante, bem como os direitos e as obrigações que os agentes participantes acumulam, estão internamente relacionados com o ponto do agir em conjunto: a base do que nosso ato em conjunto é/deve ser, aquilo que funciona como o centro de um grupo.

Por exemplo, o website da OMC define a organização como orientada a garantir que "o comércio [global] flua da maneira mais suave, previsível e livre possível". Enquanto o ponto de ação em grupo pode tomar a forma de um propósito, ele não está limitado a isso. William Twining se expressa muito bem ao observar que

> "[p]onto" é preferível a propósito, porque se permite a ideia de práticas sociais emergindo, desenvolvendo-se, vindo a entrincheirar-se ou mudando em resposta a processos complexos de interação que não podem ser considerados em termos de um propósito deliberado, consenso ou escolha consciente.[125]

Ele acrescenta que a noção de ponto se refere "a qualquer motivo, valor ou razão que possa ser dada para explicar ou justificar a prática do ponto de vista do ator".[126] A recusa em reduzir o ponto ao propósito é importante para nossa investigação porque, embora estados tenham um ponto, eles normalmente não têm um

125 TWINING, William. *General jurisprudence*: understanding law from a global perspective. Cambridge: Cambridge University Press, 2009, p. 111.

126 TWINING, William. *General jurisprudence*: understanding law from a global perspective. Cambridge: Cambridge University Press, 2009, p. 110.

propósito específico, como é tipicamente o caso de outros coletivos, como a equipe da cozinha da república ou ordens jurídicas globais emergentes, e.g., a OMC. Mais a esse respeito no capítulo III.

[3] *Aninhamento*: a ação coletiva pode se aninhar em formas de uma ordem superior – logo, mais complexas – de ação coletiva.

Por exemplo, a atividade dos estudantes ao cozinhar na república pode fazer parte dos preparativos para uma festa para a qual todos os estudantes tenham sido convidados, na qual comer juntos é apenas um dos eventos que foram organizados. Se o episódio de cozinhar ocorreu em um restaurante, então essa operação pode estar aninhada em uma forma mais complexa de ação coletiva, e.g., uma rede que é proprietária de uma cadeia de restaurantes, e que está registrada em um determinado estado. Como resultado, o ponto de ação em conjunto pode ir de uma gama muito limitada de atividades, como aquelas necessárias para se cozinhar uma refeição conjuntamente, a um espectro bastante complexo e variado de atos inclusos no escopo da ação coletiva de um estado.[127]

[4] *Espaço, tempo, subjetividade, tipos de atos*: a ação em conjunto implanta ordens em quatro dimensões: espacial, temporal, subjetiva e material.

Dependendo do que nós* estamos fazendo juntos, a ação coletiva seleciona e interconecta lugares (e.g., os lugares que compõem uma cozinha), tempos (e.g., a sequência adequada de ações para cozinhar uma refeição), sujeitos (e.g., os diferentes tipos de pessoas necessárias para cozinhar uma refeição) e tipos de atos (e.g., as diferentes atividades envolvidas em cozinhar). Note que a ação coletiva não coordena simplesmente lugares, tempos, subjetividades e tipos de atos pré-existentes; ao selecioná-los, a ação coletiva os traz à existência

127 Ver SHAPIRO, Scott J. *Legality*. Cambridge: Harvard University Press, 2010, pp. 121/122, e BRATMAN, Michael. *Intention, plans, and practical reason*. Cambridge: Harvard University Press, 1987, caps. 8 e 9.

enquanto elementos de uma ordem jurídica no próprio processo de sua reunião em uma ordem singular. Falando juridicamente, essas quatro dimensões da ação coletiva correspondem àquilo que a doutrina chama de "esferas de validade" espacial, temporal, subjetiva e material das normas e ordens jurídicas. Como outras formas de ação coletiva, o Direito regula – ordena – o comportamento ao posicionar demarcações espaciais, temporais, subjetivos e materiais a estabelecer *quem deve fazer o que, onde e quando.*[128] No que concerne às ordens jurídicas em particular, a distinção principal entre legalidade/ilegalidade e as quatro demarcações do comportamento mencionados acima são correlativas entre si. Ordens jurídicas determinam aquilo que é legal e aquilo que é ilegal através do estabelecimento de quem deve fazer o que, onde e quando. Inversamente, ao estabelecer quem deve fazer o que, onde e quando, ordens jurídicas determinam o que conta como comportamento legal e ilegal.

[5] *Inclusão e exclusão*: o ponto de ação em conjunto determina o que é importante para a ação em conjunto e o que não é, logo, que tipos de lugares, tempos, subjetividades e tipos de atos estão incluídos aí, de modo que outras possíveis combinações dessas quatro dimensões do comportamento são marginalizadas como se fossem irrelevantes.

A ação coletiva em geral, e o Direito como uma forma particular de ação coletiva, não podem *incluir* certos espaços, tempos, sujeitos e tipos de atos sem também *excluir* outros espaços, tempos etc. A ação coletiva abre um espectro de poderes e possibilidades práticas – possibilidades quanto ao quem, o que, onde e quando da atuação participante – embora também fechem outras possibilidades práticas. Em outras palavras, a ação coletiva não pode

128 KELSEN, Hans. *Introduction to the Problems of Legal Theory*. 1ª ed. de Reine Rechtslehre. Trad. para o inglês de Bonnie Litchewski Paulson e Stanley L. Paulson. Oxford: Clarendon Press, 2002, p. 12. Ver também LINDAHL, Hans. *Fault Lines of Globalization*: Legal Order and the Politics of A-Legality. Oxford: Oxford University Press, 2013, pp. 13-42.

empoderar os agentes participantes sem também *desempoderá--los*. Isso é o que a ação direta da KRRS ilustra quanto à OMC. E assim se dá também o exemplo ingênuo de cozinhar juntos, o qual, como uma ação coletiva, não pode habilitar um repertório de ações, lugares e assim por diante sem também desabilitar tudo que é desimportante relativo a ele. Em resumo, o que é excluído vem a ser parte do domínio daquilo que permanece *inordenado* pela ação coletiva, e não simplesmente aquilo que é desordenado.

[6] *Transformabilidade*: a ação coletiva é transformável: as regras estabelecendo quem deve fazer o que, onde e quando são a *configuração-padrão* do ponto de ação em conjunto.

Pense em regras que podem emergir entre membros do time de culinária – X toma conta das compras, Y de cortar os ingredientes, Z de fritá-los –, podendo ser mudadas quando as circunstâncias assim demandarem: X tomará conta da fritura no lugar de Z, quem precisa atender uma ligação de telefone. O caráter contextual da ação coletiva é crucial a esse respeito: novas configurações-padrão pode emergir, sejam elas concebidas ou espontaneamente, em resposta às mudanças no contexto da ação coletiva. Como resultado, não menos que o Direito posto, mas também o Direito Consuetudinário, junto com suas transformações ao longo do tempo, é parte e parcela de uma configuração-padrão de um ponto de ação coletiva. Em geral, é possível mais para um coletivo do que as possibilidades práticas por ele atualizadas em sua configuração-padrão. Por essa razão eu falo de uma configuração-padrão, isto é, de uma configuração que pode ser transformada e que, quando transformada, atualiza outras possibilidades que não foram extraídas pela ação em conjunto. Em resumo, a ação coletiva não é uma ordem no sentido de uma ordem realizada – *ordo ordinatus*; fala-se aqui de ordem na forma do gerúndio “ordenando”, do ordenar em seu fazer, de um processo – uma *ordo ordinans*.

[7] *Pano de fundo*: Toda ação coletiva está condicionada a um pano de fundo de práticas cotidianas, capacidades e pressupostos

por meio das quais seus participantes são socializados, mas que não são propriamente tematizadas ao longo da ação em conjunto.

Não existe ação em conjunto autocontida e independente. Agir conjuntamente pressupõe um espectro variável de práticas, habilidades e pressupostos que são compartilhados por agentes participantes na forma de um saber-como, logo, não são conhecimento comum na forma de um saber-que nós* estamos agindo conjuntamente e que isso é que nós* estamos fazendo juntos. Tecnologias são parte integral desse saber-como enquanto base, como é, mais habitualmente, a noção do enraizamento "social" da ação coletiva. Então, cotidianamente, precisa-se saber como usar os utensílios de cozinha, como um forno, um mixer ou mesmo uma colher, para fazer parte do time de culinária, além de saber o quanto servir se o evento em questão é um jantar, e não um trote. As diferentes modalidades de abordagens do "Direito e..." (e.g., Direito e sociedade, Direito e tecnologia, Direito e economia) apelam para essa característica da ação coletiva ao buscarem analisar as ordens jurídicas em seu contexto mais amplo. Essa característica da ação coletiva explica também por que nenhuma ordem jurídica, por mais que seja "especializada" em seu vocabulário, pode renunciar à retórica e sua capacidade de imbuir a ação coletiva (espacialmente) pela invocação de "lugares-comuns". Igualmente, as possibilidades disponíveis às ordens jurídicas são inseparáveis das possibilidades abertas pelas mídia – e.g., escrita, imprensa, internet – através das quais a ação coletiva é canalizada.[129] É importante ressaltar que o saber-como pode se tornar objeto de reflexão, e consequentemente um saber-que, tal qual quando tecnologias e mídia são reguladas por coletivos com os quais elas contribuem, ou quando pressupostos de interação econômica são questionados e transformados através de uma nova configuração-padrão da ação em conjunto.

---

129 VESTING, Thomas. *Legal theory and the media of law*. Cheltenham: Edward Elgar, 2018.

Mais especificamente, a doutrina jurídica e, mais amplamente, a cultura jurídica pertencem ao pano de fundo dos coletivos jurídicos que vieram a se diferenciar relativamente no que diz respeito a outros domínios de ação coletiva, nos quais o padrão reflexivo ao mudar do modo saber-como para saber-que, e vice-versa, é onipresente. O que Taylor tem a dizer acerca da teoria social também se aplica, *mutatis mutandis*, à doutrina jurídica. De fato, enquanto "as práticas que fazem uma sociedade requerem certas autodescrições [pré-teoréticas] da parte dos participantes", a teoria social não apenas explica o que essas práticas são/devem ser, mas também são capazes de transformá-las, dado que a teoria social não é independente do objeto que ela busca explicar.[130] Não obstante, o pano de fundo, incluindo a doutrina jurídica e a cultura jurídica na qual está enraizada, nunca poderia se tornar completamente transparente para os participantes da ação coletiva ao modo de um saber-que. Em última instância, a ação coletiva só é inteligível dentro de um *mundo* (ou, mais precisamente, de um mundo circum-ambiente, logo um mundo limitado: um *Umwelt*), que só pode ser explicado parcialmente.[131]

2.1.3 Ação coletiva mediada autoritativamente

Embora não esgote de nenhum modo as dimensões da ação coletiva, cada uma dessas características conecta o Direito e outras formas de ação coletiva. Como eu busquei mostrar, essas características são compartilhadas pelo episódio culinário na república estudantil e pela OMC: independentemente de suas diferenças,

---

130 TAYLOR, Charles. "Social theory as practice". *In*: ______. *Philosophical papers*. vol. 2. Cambridge: Cambridge University Press, 1985, pp. 91-115, pp. 93; 101.

131 Ver o capítulo 5, "The Background", em SEARLE, John. *Intentionality*. Cambridge: Cambridge University Press, 1983; para o conceito de pano de fundo em Heidegger, ver DREYFUS, Hubert L. *Being-in-the-world*: a commentary on Heidegger's Being and time. parte 1. Cambridge: MIT Press, 1991.

participar em um evento culinário e no comércio internacional são instâncias da ação em conjunto conforme descrita. Mas o que distingue a OMC do time culinário? Em termos mais gerais: o que é distintivo das ordens jurídicas enquanto uma espécie de ação coletiva?

Significativamente, aquilo que nós* devemos fazer juntos – o ponto da ação em conjunto – pode estar aberto a discussão e conflito. Por exemplo, os membros do time de culinária podem ter visões bem divergentes quanto àquilo que eles gostariam de cozinhar juntos, quem deveria fazer o que etc. Em contraste com outros grupos sociais, os quais podem se engajar ou não em ações em conjunto mediadas autoritativamente, coletivos jurídicos têm autoridade que, agindo em nome de um grupo, *regulam* a atuação participante, por meio de uma configuração-padrão de ação em conjunto, com vistas a realizar seu (transformável) ponto de ação coletiva.

Embora o termo "regulam" tenha um espectro de significados bastante amplo, ele veio a ser associado com a criação administrativa, usualmente tecnocrática de regras, dentro de uma estrutura de "governança regulatória". O sentido aqui empregado é bem mais amplo, incluindo, mas não limitado a esse sentido mais estrito.

Por "regulam" eu quero dizer que uma das condições necessárias para a existência de um coletivo jurídico concerne a um modo específico de lidar com questões acerca da ação em conjunto e seu ponto de agir em conjunto. Um coletivo jurídico exige aqueles questionamentos acerca do ponto de ação conjunta; acerca de direitos, obrigações, pretensões e responsabilidades advindas em função daquele ponto; acerca da consistência da atuação participante quanto ao ponto de ação em conjunto; e, finalmente, acerca das consequências que se seguem à inconsistência em questão, questões que não podem ser deixadas para que os membros de um coletivo decidam por si próprios. Em um coletivo jurídico, essas e outras questões relacionadas, que são uma fonte de conflito, são resolvidas por autoridades que agem em nome de um todo, de modo que dissidentes e réprobos se vejam vinculados por essa decisão. Prevenir e resolver conflitos é a essência do Direito.

Em resumo, regulação (em um sentido muito amplo do tempo sugerido por esse rol de atividades) envolve *articulação*, *monitoramento* e *sustentação* da ação coletiva.[132] Ao longo da regulação das ações de um grupo, as autoridades jurídicas articulam regras gerais e/ou particulares que são a configuração-padrão do ponto de agir em conjunto. A articulação, como eu a compreendo, significa não apenas "derivar" uma regra de um ponto de ação em conjunto, mas também atribuir conteúdo a um ponto de ação em conjunto, determiná-lo. Ao assim fazer, autoridades incluem e excluem, estabelecendo aquilo que é importante para ação em conjunto e aquilo que não é. Além disso, a articulação inclui a recepção de regras de outras ordens jurídicas, um fenômeno apelidado de "difusão", "migração", "transferência", ou mesmo "transplante" de regras.[133]

O conceito de regras, como eu o uso, é amplo em seu alcance. Ele obviamente inclui legislação, atos administrativos e decisões judiciais, assim como tratados internacionais. Princípios de Direito também estão dentro de seu escopo. Esses são os exemplos-padrão de regras de uma perspectiva centrada no estado da ordem

---

132 A distinção tricotômica entre jurisdição para prescrever, adjudicar e executar está enraizada, mas de maneira alguma exaure, esse conceito de regulação. Porque, em geral, autoridade sobre a ação coletiva envolve articular, monitorar e sustentar a ação em conjunto, então também, particularmente, a doutrina jurídica distingue essas três formas de jurisdição. Evidentemente, é aqui que todas as variedades de criação do Direito e aplicação do Direito têm seu lugar.

133 Ver e.g., TWINING, William. *General jurisprudence*: understanding law from a global perspective. Cambridge: Cambridge University Press, 2009, pp. 269-292; CHOUDHRY, Sujit (Coord.). *The migration of constitutional ideas*. Cambridge: Cambridge University Press, 2006. Twining, Frankenberg e outros têm apontado para os perigos imperialistas subjacentes à teoria e à prática dos transplantes jurídicos. Seja esse o caso ou não, o conceito de ordem jurídica deve levar essa possibilidade em consideração. Ver também FRANKENBERG, Günter. "Constitutional Transfer: the IKEA Theory Revisited". *International Journal of Constitutional Law*, vol. 8, nº 3, 2010, pp. 563-579.

jurídica. Mas eu também assumo que o conceito inclui, digamos, regulamentos de governança, contratos-modelo tal qual implantados em certos setores da *lex mercatoria*; os padrões traçados por organizações internacionais de contabilidade, organizações técnicas como a ISO e similares; diretrizes de melhores práticas; códigos de conduta e assim por diante. Note que essa definição de regra corta transversalmente a distinção entre "*hard*" e "*soft law*" e, mais recentemente, entre modos "sólidos" e "líquidos" de autoridade.[134] Indicadores, definidos como "uma coleção designada de dados ordenados e classificados que se propõe a representar a performance passada ou projetada de diferentes unidades" colocam uma questão interessante e bastante atual acerca do escopo de uma regra.[135] Na medida em que indicadores são padrões que concernem a "como a governança deve ser conduzida de modo a alcançar a melhor aproximação possível de uma boa sociedade ou uma boa política pública", eles podem ser interpretados como parte e parcela da configuração-padrão do ponto de agir em conjunto e, assim, como regras, no mesmo sentido amplo que eu atribuo a essa noção na estrutura do modelo ACAI do Direito.[136] Curiosamente, indicadores também são mecanismos para monitorar a

---

134 KRISCH, Nico. "Authority, solid and liquid, in postnational Governance". *In*: COTTERRELL, Roger; DEL MAR, Maksymilian (Coord.). *Authority in transnational legal theory*: theorising across disciplines. Glos: Edward Elgar, 2016, pp. 25-48.

135 DAVIS Kevin E.; KINGSBURY, Benedict; MERRY, Sally Engle. "Introduction: Global Governance by Indicators". *In*: DAVIS Kevin E.; FISHER, Angelina; KINGSBURY, Benedict; MERRY, Sally Engle (Coord.). *Governance by indicators*: global power through quantification and rankings. Oxford: Oxford University Press, 2012, p. 6. Ver também ROTTENBURG, Richard; MERRY, Sally Engle. "A world of indicators: the making of governmental knowledge through quantification". *In*: ROTTENBURG, Richard; MERRY, Sally Engle; PARK, Sung-Joon; MUGLER, Johanna (Coord.). *The world of indicators*: the making of governmental knowledge through quantification. Cambridge: Cambridge University Press, 2015, pp. 1-33.

136 DAVIS Kevin E.; KINGSBURY, Benedict; MERRY, Sally Engle. "Introduction: Global Governance by Indicators". *In*: DAVIS Kevin E.; FISHER, Angelina; KINGSBURY, Benedict; MERRY, Sally Engle (Coord.). *Governance by*

ação em conjunto, algo que os leva a ter um caráter híbrido e, mais radicalmente, coloca em questão a rígida e rápida distinção entre articulação e monitoramento da ação em conjunto.

Seja como for, e nos voltando para a segunda atividade, autoridades também monitoram, ao longo do percurso, em que medida o comportamento efetivo se adequa ao ponto de agir em conjunto, e se é necessário recalibrar o ponto de ação em grupo em um contexto cambiante.

A regulação da ação em conjunto também tipicamente envolve autoridades que sustentam essa ação, o que significa que essas autoridades não apenas repreendem delinquentes por descumprirem suas obrigações sob a ação coletiva, mas também que adotam medidas de modo a garantir que agentes participantes atuem de acordo com a ação em conjunto e seu ponto de ação. Eu utilizo "sustentação" de maneira ampla, incluindo – mas não estando limitada a – coerção física. Ela engloba, em minha leitura, um amplo leque de mecanismos que autoridades podem usar contra aqueles que violam obrigações direcionadas ou relacionais, visando colocá-los em linha com a ação coletiva e seu ponto de ação. Por exemplo, a publicação e a ampla disseminação de um relatório por uma organização privada que estabeleça padrões sobre a falta de *compliance* de uma companhia multinacional com padrões globais aplicáveis a suas atividades contaria, para essa leitura, como um tipo de coação, especialmente quando o relatório pode afetar adversamente a reputação da companhia e seus resultados comerciais. Afinal de contas, por que a ameaça de uma multa é tão diferente das consequências adversas para o resultado final de um negócio que esteja à mercê da perda de reputação? Apreendidos conjuntamente, esses três aspectos da regulação da ação em

---

indicators: global power through quantification and rankings. Oxford: Oxford University Press, 2012, p. 9.

conjunto contribuem para a formação de identidades relativamente robustas de grupos jurídicos ao longo do tempo.

2.1.4 A institucionalização da ação coletiva mediada autoritativamente

O caráter autoritativamente mediado da ação coletiva só nos leva, contudo, até parte do caminho rumo à identificação daquilo que é distintivo das ordens jurídicas quando comparadas com outras formas de ação coletiva. Afinal de contas, nosso time de culinária da república estudantil poderia muito bem apontar alguém entre os seus como chefe (no duplo sentido da palavra) para comandar o show. O chefe regularia a ação coletiva: emitir instruções gerais e individuais – articulação; atentar-se para que todos os participantes do time de culinária estejam fazendo sua parte – monitoramento; expulsar um estudante que se recuse a seguir suas instruções – sustentação. Muitas outras formas de ação coletiva são receptivas também à nomeação de um "líder" ou autoridade que se engaje com essas três facetas da regulação. Nesse sentido, ao menos duas outras características adicionais precisam ser incluídas se nós quisermos apreender o que é distintivo das ordens jurídicas. Ambas requerem uma revisão considerável das teorias que têm como foco a ação em conjunto, teorias essas que focam sobretudo em ações em grupo dentro de cenários pequenos e não institucionalizados, como caminhar ou pintar uma casa conjuntamente – ações de "socialidade modesta", conforme Michael Bratman as denomina.[137] Ambas as características giram em torno do caráter institucional da ordem jurídica, o que significa que coletivos jurídicos podem estabelecer relações impessoais, mesmo anônimas, entre os participantes da ação coletiva.

---

137 BRATMAN, Michael. *Shared agency*: a planning theory of acting together. Oxford: Oxford University Press, 2014, p. 8.

A primeira característica concerne ao tipo de compromisso requerido para que se tenha ação *coletiva*. De fato, várias teorias assumem que coletividade requer responsividade mútua em intenções e ação, de modo que cada um dos participantes esteja afinado com a intenção e o comportamento dos demais, ajustando seu comportamento ao longo do caminho e quando necessário para alcançar o resultado pretendido pela ação em conjunto. Como Scott Shapiro corretamente aponta, essa forma de cometimento mútuo se encontra ausente naquilo que ele chama de "atuação massivamente compartilhada", na qual ao menos alguns participantes serão alienados, marginais, ou virtualmente invisíveis.[138] Os participantes podem se envolver com esse tipo de atuação sem estarem comprometidos com seu sucesso, tanto porque não compartilham dos objetivos do grupo quanto porque não pretendem (ou não possam pretender) que todos os membros se engajem na ação em conjunto, até porque eles podem não conhecer todos os membros.[139] Em nosso evento de culinária na república, é plausível que todos os estudantes que ali vivem participem, porque cada

---

138 SHAPIRO, Scott J. "Massively Shared Agency". *In*: VARGAS, Manuel; YAFFE, Gideon (Coord.). *Rational and social agency*: the philosophy of Michael Bratman. Oxford: Oxford University Press, 2014, pp. 257-292.

139 Quanto a essa última restrição, Benedict Anderson similarmente propõe que nações são comunidades políticas imaginadas "porque até mesmo os membros da menor das nações nunca conhecerão a maior parte de seus comembros, nem se encontrão, nem mesmo ouvirão falar a respeito deles, e, no entanto, nas mentes de cada um, vive-se a imagem de sua comunhão", um fenômeno que ele também chama de "comunidade na anonimidade". A questão é, contudo, se "imaginação", conforme concebida por Anderson, funcionará como a característica distintiva de um certo tipo de comunidade política – a nação. Após introduzir a noção, Anderson adiciona que "[d] e fato, todas as comunidades maiores que vilarejos primitivos de contato face a face (e talvez mesmo esses) são imaginados". A interpolação entre parênteses é importante: o contato face a face em "vilarejos primitivos" é sempre também uma relação mediada; mediada por um ponto de ação em conjunto narrativamente ancorado, na ausência do qual diversos indivíduos não seriam vistos uns pelos outros como membros de uma comunidade. Ver ANDERSON, Benedict. *Imagined Communities*. Edição revisada. Londres: Verso, 2006, pp. 5 e 36.

um deles quer que todos cozinhem conjuntamente e que cada qual ajuste suas ações àquelas dos outros, caso algo aconteça ao longo do caminho, de modo a garantir (dentro de limites razoáveis) que eles sejam bem-sucedidos ao preparar o jantar. No caso da cadeia de restaurantes de propriedade de uma grande rede, não é de maneira alguma evidente que todos os empregados compartilhem os objetivos da corporação (e.g., lucro para os acionistas com base em refeições talvez nem tão decentes), nem estarão preparados a ajustar seu comportamento para garantir que esse objetivo seja alcançado. Shapiro responde a essa dificuldade afrouxando os requisitos daquilo considerado como atuação compartilhada ou coletiva. Em sua perspectiva, a condição para a atuação massivamente compartilhada consiste em que a *maioria* dos participantes ajam de acordo com o plano que foi estabelecido para eles, visando à realização dos objetivos da ação em conjunto – independentemente de endossarem ativamente esses objetivos ou não – e que eles resolvam seus conflitos acerca da ação em conjunto de uma maneira aberta e pacífica. Em condições modernas de atuação massivamente compartilhada, Shapiro observa, o Direito estrutura a interação na forma de "planos pré-configurados", por meio dos quais os participantes devem apenas seguir sua parte no plano em vez de serem fortemente responsivos às intenções e ações uns dos outros, como requerido pela interpretação mais exigente de Bratman quanto à ação em conjunto.[140] Esse relato da ação coletiva tem a vantagem de explicar por que a atuação massivamente compartilhada tem um caráter institucional: "a tarefa do desenho institucional... é criar uma prática que seja tão densa em planos e mecanismos criadores de malhas regulatórias que participantes alienados passem a agir da mesma maneira que aqueles não alienados".[141]

---

140 SHAPIRO, Scott J. "Massively Shared Agency". *In*: VARGAS, Manuel; YAFFE, Gideon (Coord.). *Rational and social agency*: the philosophy of Michael Bratman. Oxford: Oxford University Press, 2014, p. 280.

141 SHAPIRO, Scott J. "Massively Shared Agency". *In*: VARGAS, Manuel; YAFFE, Gideon (Coord.). *Rational and social agency*: the philosophy of

Eu concordo com Shapiro que é necessário flexibilizar os requisitos da ação em conjunto. Mas eu flexibilizaria as condições rigorosas da socialidade modesta de uma maneira diferente, afirmando que uma condição necessária para a ação coletiva no Direito é que a maioria dos participantes aja de acordo com a *configuração-padrão* da ação em conjunto (no lugar de um *plano*), desde que eles estejam preparados a resolver conflitos acerca da ação em conjunto, através de mecanismos institucionalizados de resolução de conflitos. Eu substituí a noção de plano por aquela de configuração-padrão, porque a primeira é desnecessariamente redutiva, dado que exclui formas não propositais de pontos das configurações-padrão da ação em grupo. Esse sentido mais amplo de ponto e sua configuração-padrão inclui, por exemplo, Direito Consuetudinário, algo que a noção de plano tem dificuldades em acomodar.

A segunda característica concerne àquilo que Shapiro trata como "relações impessoais de autoridade" e a emergência de postos oficiais (*offices*), os quais, em sua explicação, consistem em "posições de poder relativamente estáveis e persistentes em relação às quais a alternância da ocupação não é apenas possível como esperada".[142] Poder-se-ia imaginar que o time de culinária seleciona um dos estudantes da república para dar instruções, resolver discordâncias sobre como proceder e assim por diante. Mas essa nomeação seria única, e seria feita tendo em consideração aquela pessoa em particular. A OMC, em contraste, precisa confiar em oficiais, e.g., representantes dos estados-membros e da Secretaria Geral, que ocupam posições temporariamente e que podem ser sucedidos por outros funcionários quando for apropriado. A institucionalização da normatividade tem, conforme Shapiro a compreende, duas vantagens cruciais que, caso ausentes, tornariam

---

Michael Bratman. Oxford: Oxford University Press, 2014, p. 282.

142 SHAPIRO, Scott J. "Massively Shared Agency". *In*: VARGAS, Manuel; YAFFE, Gideon (Coord.). *Rational and social agency*: the philosophy of Michael Bratman. Oxford: Oxford University Press, 2014, p. 284.

impossível a atuação massivamente compartilhada. Primeiro, as regras estabelecidas pelas autoridades, e as relações normativas por elas geradas, podem permanecer válidas para além do mandato do indivíduo ou indivíduos que exercem poder normativo. Segundo, o vigor e o conteúdo normativo das regras estabelecidas pelas autoridades podem se desvincular de suas intenções.

Eu concordo com Shapiro que essas duas características institucionais da autoridade são condições necessárias para a existência de uma ordem jurídica. Em essência, elas sugerem que não é suficiente afastar a ambiguidade do "nós" em "nós-cada-um" e "nós juntos"; a *essência do estar-junto* também precisa ser esclarecida de modo a contrastar aquelas formas intensas, no sentido da "socialidade modesta" de Bratman, de formas fracas, tal qual a atuação massivamente compartilhada. Em um sentido diferente daquele contemplado por Bratman, ordens jurídicas demonstram uma socialidade modesta. Não seria esse também o caso – e talvez especialmente – das ordens jurídicas globais emergentes?

Eu estou bastante ciente de que o modelo ACAI do Direito é tanto abstrato quanto incompleto. Abstrato, porque ele demanda mais especificação, se se pretende que ele nos diga, por exemplo, o que é próprio ao Direito Estatal, e como o Direito Estatal pode diferir das ordens jurídicas globais emergentes. Incompleto, porque diversas questões permanecem pendentes. Por exemplo, eu introduzi um conceito funcional de autoridade, focando naquilo que a autoridade jurídica é através da explicação daquilo que autoridades jurídicas fazem; regular no sentido tricotômico de articular, monitorar e sustentar a ação coletiva. Eu ainda tenho que explorar a dimensão normativa da autoridade que possa derivar do modelo ACAI de Direito. Para dar mais um exemplo: eu não disse nada, até agora, sobre a criação da ACAI, limitando-me a esboçar sua estrutura geral. Para corrigir a abstração e incompletude do modelo, será necessário introduzir muito mais substância ao testar sua capacidade em identificar e explicar os elementos distintivos das ordens jurídicas globais emergentes.

Por agora, contudo, e para repetir minha pretensão, essas ideias preliminares podem ser suficientes para conceder, no mínimo, uma plausibilidade inicial para a hipótese de trabalho, a requerer testes e desenvolvimentos futuros ao longo desse livro: ordens jurídicas podem ser mais bem descritas como um tipo de ação coletiva mediada autoritativa e institucionalmente. O modelo ACAI de Direito é amplo, mas nem por isso ilimitado ou rarefeito. Particularmente, ele consegue acomodar aquilo que Santos chama de "interlegalidade", ou seja, o fato de que "a vida cotidiana [dos indivíduos e grupos sociais] cruza ou é interpenetrada por ordens e culturas jurídicas diferentes e comumente contrastantes".[143] Em essência, à luz do tópico central deste livro, a quinta característica do modelo oferece uma explicação *prima facie* de por que ordens jurídicas não podem incluir sem excluir, daí por que a emergência das ordens jurídicas globais corresponderia à globalização da inclusão e exclusão.

2.1.5 Três dimensões das ordens jurídicas

Para esclarecer as diferentes facetas do ACAI, e para evitar confusões terminológicas, talvez seja útil distinguir três dimensões ou facetas de uma ordem jurídica: um coletivo jurídico, um sistema jurídico e uma ordem pragmática. Em meu uso dessas expressões, (1) um *coletivo jurídico* representa o ACAI sob a perspectiva da primeira pessoa do plural de um grupo. Essa expressão captura a ideia de que uma ordem jurídica envolve uma unidade putativa na forma de uma multitude de agentes participantes, dos quais se espera que se refiram a si próprios como uma unidade em ação. Importante destacar, indivíduos e/ou grupos podem ser agentes participantes em um coletivo jurídico. (2) Um *sistema jurídico* se refere a ACAI em termos de uma configuração-padrão do ponto

---

143 SANTOS, Boaventura de Sousa. *Toward a new legal common sense*. 2ª ed. Londres: Butterworths, 2002, p. 97.

da ação em conjunto de um coletivo. Aqui, a ordem jurídica é abordada como uma unidade putativa de regras (em um sentido bem amplo que inclui qualquer um dos instrumentos de regulação indicados anteriormente, como contratos-modelo, leis, decisões judiciais, padrões técnicos, princípios e políticas públicas). Frequentemente, a doutrina jurídica e a Teoria do Direito se referem a essa característica como "Direito", contrastando-a com a ordem jurídica, tal qual quando se contrasta o Direito Global e as ordens jurídicas globais. Por fim, (3) uma ordem pragmática, em minha acepção do termo, denota ACAI como uma unidade putativa *qua* distribuição interrelacionada de lugares, tempos, sujeitos e conteúdos de atos, sendo estes aproximadamente correlativos ao sistema jurídico. Enquanto o conceito de um sistema jurídico enxerga essas dimensões da ordem como "esferas de validade" das regras jurídicas, o conceito de ordem pragmática assume a perspectiva daqueles cujo comportamento é ordenado pelo Direito através do estabelecimento de certos tipos de relações de dever-ser entre lugares, sujeitos, tempos e conteúdos de atos. Também se integra esses quatro tipos de relações como as dimensões de uma ordem singular de comportamento, de modo que certos atos por certos agentes sejam permitidos ou não em certos tempos e em certos lugares. Vale ressaltar que isso não precisa implicar que as demarcações de uma ordem pragmática estejam nitidamente delineadas em cada caso: é suficiente que as demarcações possam ser determinadas em casos individuais, quando a necessidade para tanto advém. As demarcações fixas jurisdicionais dos Estados são apenas uma dentre as várias maneiras pelas quais a unidade putativa de ordens pragmáticas pode ser organizada.

Para repetir meu principal argumento, entre (1) e (3) há tantas maneiras de se abordar uma ordem jurídica; cada qual apresenta uma das dimensões ou facetas da unidade putativa do ACAI. Eu recorro a esse tríptico no capítulo III, ao analisar as diferentes maneiras em que o problema da unidade é central para uma investigação acerca das ordens jurídicas globais emergentes. Além disso, [3], o aninhamento da ação coletiva, permite a desagregação dessas três dimensões em diferentes níveis ou camadas de uma unidade putativa. Como resultado, a articulação, o monitoramento e a sustentação da ação em conjunto podem ser aninhados, bem como sua contestação.[144] Finalmente, eu retomo no capítulo III a explicação de minha insistência em me referir à unidade como uma unidade *putativa*.

Enquanto eu considero uma das virtudes do modelo ACAI do Direito ele oferecer um modo de distinguir esses diferentes aspectos da ordem jurídica, também há a vantagem de integrá-los em uma abordagem da ordem jurídica que supera a unilateralidade de um espectro de teorias do Direito. Por exemplo, certas teorias positivistas do Direito, como a Teoria Pura do Direito de Hans Kelsen, tendem a ver o Direito como uma unidade de numerosas normas; interpretações pragmáticas do Direito, por sua parte, tendem a focar na noção de uma prática jurídica; e estudos sociojurídicos mais recentes favorecem investigações acerca da estrutura espaço-temporal das ordens jurídicas, embora de um modo que acabe se afastando dos pressupostos de uma perspectiva de um sujeito plural em primeira pessoa. O modelo ACAI do Direito integra cada uma dessas dimensões em uma abordagem compreensiva da ordem jurídica (o que não significa dizer que ele seja sincrético). Além disso, como os capítulos V e VI mostram, o modelo abre espaço para abordar uma interpretação normativa rigorosa da autoridade, permitindo entrar em um diálogo frutífero com teorias normativas do Direito.

---

144 Eu sou grato à resenha compenetrante de Kaarlo Tuori de meu livro *Fault Lines of Globalization*, na qual ele corretamente critica a atenção insuficiente que o livro dedica às regras jurídicas como um elemento distinto das ordens jurídicas e, correlativamente, às autoridades de segunda ordem às quais se confia a criação e aplicação do Direito. Ele também está correto em notar que a alegalidade não precisa implicar um desafio à ordem jurídica como um todo, algo que minha formulação anterior sugeria. Eu busquei reformular o modelo ACAI do Direito de modo a acomodar ambas as críticas. Ver TUORI, Kaarlo. "Crossing the limits but stuck behind the fault lines?" *Transnational Legal Theory*, vol. 7, nº 1, 2016, pp. 133-153.

2.2 Revisitando a globalidade do Direito Global

A posição metodológica central deste livro é de que há uma relação circular entre a globalidade e o Direito do Direito Global. O modo como se interpretam fenômenos globais se choca com o modo como se aborda o conceito de Direito; a maneira como se aborda o conceito de Direito se choca com a maneira como se interpretam fenômenos globais. Isso clama, como constatei, por um método que seja sensitivo a essa dependência mútua, movendo-se entre os dois polos do Direito Global. Tendo movido da globalidade rumo ao Direito do Direito Global, nosso método dita que nós precisamos mais uma vez nos mover na direção oposta, para considerar como o conceito de Direito desvelado na seção 2.1 colide com a globalidade do Direito Global. Pode-se falar de uma relação propriamente circular entre os dois termos da expressão porque ao introduzir o modelo ACAI do Direito tanto se substancia quanto se altera nossa compreensão da globalidade do Direito Global, assim demandando uma abordagem mais complexa do que aquela privilegiada no capítulo I.

2.2.1 Fundamentando *insights* iniciais acerca do Direito Global

O modelo ACAI do Direito dá fundamento, para começar, a uma das características centrais dos processos de globalização, ou seja, a emergência de uma pluralidade de ordens jurídicas globais. Relembre a formulação de Twining acerca do pluralismo jurídico, a qual ele conecta a uma "sobreposição" de ordens jurídicas: uma pluralidade de ordens jurídicas pode ser válida em um "espaço-tempo singular", de tal maneira que não há qualquer relação hierárquica entre elas, porque cada uma dessas ordens jurídicas é mais ou menos autônoma em relação às demais. Uma ordem jurídica indígena, uma ordem jurídica estatal e a *lex mercatoria* podem, por exemplo, sobrepor-se em um dado espaço e tempo. Essa abordagem da sobreposição, contudo, permanece incompleta.

É importante ver que duas formas diferentes de espacialidade estão em operação no pluralismo jurídico. De um lado, há um espaço físico compartilhado pelas respectivas ordens jurídicas, quando como se diz que múltiplas ordens jurídicas coexistem em uma área geográfica delineada em um mapa. Esse é o sentido de espaço que Twining tem em mente. De outro lado, existem diferentes espaços da ação coletiva, conforme implicado na noção de uma distribuição interconectada de espaços. As duas dimensões do espaço condicionam a possibilidade de ordens jurídicas sobrepujantes. A menos que essas ordens compartilhem um espaço físico como seu "substrato" comum, não haveria qualquer sobreposição; nem se poderia ter qualquer sobreposição a não ser que essas ordens formem espaços distintos através da distinção e interconexão de lugares de diferentes maneiras no curso de ações orientadas a realizar os pontos das respectivas ordens. As demarcações jurídicas articulam essas duas formas de espaço. Isso explica, de um lado, porque o entrecruzar de demarcações constitui um evento tanto normativo quanto físico e, de outro, porque demarcações podem mudar, permitindo e negando a passagem de pessoas e coisas, muito embora seu posicionamento físico não mude um milímetro. O comentário ácido de Bauman acerca das condições do capitalismo global ilustra essa característica das demarcações jurídicas: "hoje em dia o capital viaja com pouca bagagem – apenas bagagem de bordo, o que inclui não mais que uma maleta, um telefone celular e um computador portátil". Em contraste, o trabalho "permanece imobilizado como era no passado – mas o lugar que antes julgava fixo perdeu de uma vez por todas sua solidez passada".[145]

---

145 BAUMAN, Zygmunt. *Liquid Modernity*. Cambridge: Polity Press, 2000, p. 58. Em uma outra passagem: "Se para o primeiro mundo, o mundo dos ricos e dos afluentes, o espaço perdeu sua qualidade de constrangimento, e é facilmente atravessado em suas versões tanto reais quanto virtuais, para o segundo mundo, o mundo dos pobres, aqueles 'estruturalmente redundantes,' o espaço real está sendo rapidamente fechado". BAUMAN, Zygmunt. "On glocalization: or globalization for some, localization for some others". *Thesis Eleven*, nº 54, 1998, p. 45.

Em resumo, um espaço jurídico nunca é apenas o suporte material de um ou mais sistemas jurídicos, pelo contrário, é uma articulação concreta das dimensões normativa e física de uma perspectiva plural em primeira pessoa de um nós*. Nessa leitura, a pretensão de uma regulação exclusiva de todos os aspectos do comportamento dentro de um dado território, que tem sido a marca característica e tradicional do Direito Estatal, é apenas uma variação contingente da espacialidade jurídica: da territorialidade, no sentido amplo do termo defendido por Sassen. Isso se aplica tanto a comunidades nômades quanto sedentárias. E também se aplica ao mosaico de comunidades típico da Idade Média europeia, bem como ao Estado moderno. Além disso, isso também explica por que os mares e o espaço sideral são parte da territorialidade nesse sentido amplo. Condicionados contingentemente por certos desenvolvimentos tecnológicos, os mares e o espaço sideral podem ser integrados na unidade pragmática de um coletivo, seja ele um Estado ou uma comunidade de Estados; eles se tornam parte de um espaço de ação de uma perspectiva na primeira pessoa do plural.[146] Por fim, o modelo ACAI de Direito oferece uma justificativa conceitual forte ao achado bem documentado de que o monismo que o Direito Estatal advoga para si próprio, historicamente falando, é uma exceção: o pluralismo jurídico é a regra. Note que o historicamente excepcional é a reivindicação dos estados ao domínio exclusivo sobre todo comportamento dentro de um território; na realidade, essa reivindicação sempre foi desafiada por ordens jurídicas localizadas "dentro" do território estatal. Ordens jurídicas indígenas são um exemplo de resistência obstinada à inclusão dentro das pretensões monistas do Direito Estatal.[147]

---

146 Em contrapartida, desenvolvimentos tecnológicos são de importância crucial para abrir espaços como espaços de ação, logo, como espaços que são suscetíveis à territorialização, no sentido da regulação jurídica. Eu retorno a discutir o papel constitutivo da tecnologia para as ordens jurídicas no capítulo III. Os mares e o espaço sideral são brevemente referidos no capítulo IV, quando eu discuto os bens comuns globais.

147 Ver TULLY, James. *Strange Multiplicities*: Constitutionalism in an Age of Diversity. Cambridge: Cambridge University Press, 1995, para uma poderosa

Essas ideias levam ainda a um terceiro ponto. O modelo ACAI do Direito dá fundamento à conjectura de que enquanto fronteiras (estatais) e sua distinção concomitante entre lugares domésticos e estrangeiros são um elemento contingente das ordens jurídicas, limites, e logo a distinção entre lugares próprios e estranhos, são um elemento estrutural de um espectro de ordens jurídicas que reivindicam ou podem vir a reivindicar validade global. De fato, nada no conceito de ACAI demanda que a unidade espacial precise ser marcada na forma da territorialidade estatal, porque a ACAI organiza um espaço jurídico como uma unidade pragmática, podendo alcançar toda a superfície da terra. Retornando para nosso exemplo inicial, um Estado-membro da OMC (um agente participante na ação coletiva) pode abaixar o valor de uma tarifa de importação em resposta a uma decisão de um órgão de apelação (autoridade jurídica), segundo o qual a tarifa é uma violação das regras (configuração-padrão) a garantir que o comércio global "flua da maneira mais suave, previsível e livre possível" (ponto).[148] Agora, como a própria OMC não tem fronteiras, ela não pode se organizar como um mercado global a não ser que se inclua uma configuração de lugares considerados importantes para realizar seu ponto, enquanto se excluam todas as outras configurações possíveis de lugares. O que é excluído como desimportante para o comércio global passa a ser o domínio daquilo que é espacialmente indeterminado para a OMC, o domínio de "outras" possíveis ordens jurídicas, e.g., Estados-membros, na medida em que seus territórios não são importantes para o comércio global. Tudo isso se segue àquilo que foi dito na seção 2.1 acerca das características da ACAI.

Mas o modelo ACAI de Direito tem mais a oferecer do que isso. Como visto anteriormente, a ação direta da KRRS exemplifica

análise e defesa do pluralismo jurídico à luz da colonização a qual os povos indígenas foram submetidos.

148 WORLD TRADE ORGANIZATION. Disponível em: www.wto.org/. Acessado em: 16.03.2022.

o que acontece quando um espaço "outro" se torna um espaço "estranho" por intermédio de comportamentos que, desafiando as demarcações espaciais que dão forma àquilo que conta como importante para a realização de um mercado global, revelam essas demarcações como um limite. A OMC é limitada, mesmo não tendo fronteiras, porque ela exibe a estrutura básica da ACAI: se uma reivindicação pelo *nosso* espaço demanda uma inclusão que estabeleça que lugares e interconexão de lugares sejam considerados relevantes para *nós*, então também se demanda a exclusão daquilo que nós* vemos como irrelevantes, assim dando lugar não apenas a outros lugares, mas também a lugares estranhos: a xenotopias. Em resumo, a comunalidade implicada na noção de ação *coletiva* no ACAI é uma comunalidade espacialmente *limitada*.

2.2.2 Ordem pragmática

Isso é tudo que eu gostaria de dizer, por ora, acerca de como o modelo ACAI do Direito fundamenta a abordagem da globalidade do Direito Global esboçada no capítulo I. Considere agora como se demanda uma complementação do foco na espacialidade até aqui favorecido. O ponto decisivo, conforme o leitor terá notado, consiste em que ordens jurídicas estão organizadas como ordens de quatro dimensões: espacial, temporal, subjetiva e material. Na medida em que se foca, como Kelsen e outrem, na conceitualização do Direito como um sistema jurídico, i.e., como uma unidade de regras, essas quatro dimensões são as "esferas de validade" das regras. Mas da perspectiva em primeira pessoa de um agente, seja ele um indivíduo ou um coletivo, espaço, tempo, subjetividade e tipos de ação surgem como dimensões de uma ordem na qual alguém se orienta e age. Que as regras jurídicas sejam "razões para a ação", como teóricos do Direito gostam de observar, significa que elas providenciam os marcadores para a orientação prática dos agentes; *elas estabelecem quem deve fazer o que, onde e quando*. Ordens jurídicas fazem mais que simplesmente diferenciar e interconectar uma gama de lugares-dever-ser de acordo com o ponto da ACAI; elas também diferenciam e interconectam dimensões temporais, subjetivas e materiais do comportamento em uma ordem *singular*, de modo que certos atos por certas pessoas sejam permitidos ou proibidos em certos tempos e em certos lugares. O Direito diferencia e interconecta quatro dimensões de comportamento – subjetividade, conteúdos de atos, tempo e espaço – e ele diferencia e interconecta cada uma dessas dimensões, dividindo-as em uma variedade interrelacionada de espaços, tempos, sujeitos e tipos de atos.[149]

Retornando ao capítulo I, quando a KRRS entrou nas propriedades da Monsanto visando a destruição de OGMs, ela fez mais do que simplesmente desafiar a unidade espacial da OMC (e da Índia); ela também tornou conspícua a temporalidade do comércio relacionado a um mercado global, a qual ela resiste evocando o ritmo temporal de suas técnicas de plantio. Igualmente, a KRRS tornou conspícuos os tipos de subjetividades e os modos de ação disponibilizados pela OMC, apelando para sua compreensão daquilo que significa ser um produtor rural que trabalha com a terra.

Deixe-me tornar essas ideias mais concretas no que diz respeito ao tempo. Relembre a distinção, introduzida na seção 1.2, entre uma posição e um lugar: o primeiro termo se refere a um "onde" no sentido das coordenadas no espaço tridimensional da geometria; o segundo, ao "onde" no qual coisas, pessoas e atos têm seu lugar próprio designado nos termos de uma perspectiva em primeira pessoa, e.g., a frigideira no armário e o cozinheiro em frente ao fogão. Embora seja evidentemente possível retratar uma cozinha como um espaço geométrico tridimensional, esse retrato abstrai da unidade espacial em um sentido pragmático. Agora, da mesma maneira que a doutrina jurídica tende a pensar o espaço como extensão, ela também está inclinada a interpretar a temporalidade jurídica nos termos do tempo que existe em calendários, como quando uma lei

149 LINDAHL, Hans. *Fault lines of globalization*: legal order and the politics of a-legality. Oxford: Oxford University Press, 2013, pp. 16/17.

estipula uma data para sua vigência e, talvez, derrogação. Kelsen providencia um bom exemplo dessa abordagem reducionista da espacialidade na seção 1.1, ao se referir à territorialidade estatal nos termos de um "cone invertido"; sua abordagem é também um bom exemplo de abordagem reducionista à temporalidade jurídica. Kelsen nota que o tempo, além do espaço, é um elemento do Estado, muito embora a doutrina só foque no último.

> Tal qual o território é um elemento do Estado... também o tempo, o período de existência, é um elemento apenas no sentido de que ele é a esfera temporal de validade correspondente. Ambas as esferas são limitadas. Tanto o Estado não é espacialmente infinito quanto não é temporalmente eterno... O ponto no tempo em que um Estado começa a existir, isto é, o momento em que uma ordem jurídica nacional começa a ser válida, bem como o momento em que uma ordem jurídica deixa de ser válida, estão determinados pelo Direito Internacional Positivo.[150]

Os pontos no tempo de "nascimento" e "morte" de um Estado, como Kelsen também os formula, são pontos temporais em um calendário. Mas, falando estritamente, a temporalidade do nascimento e da morte, seja de um indivíduo ou de um coletivo, não é a temporalidade tal qual encontrada no tempo de um calendário. Nascimento e morte se relacionam com um tempo *vivido*, com o tempo *de* um indivíduo ou coletivo, organizado em termos de um arco temporal abrangendo um passado, um presente e um futuro. O que John Perry notou a respeito dos indexicais espaciais, como "aqui", "lá" e "acolá" (ver seção 1.5), também se aplica aos indexicais temporais, tais quais "agora", "amanhã" e "ontem": uma proposição acerca da data e do tempo nos quais um encontro terá lugar com a presença de alguém não pode envolver, através de

150 KELSEN, Hans. *General theory of law and state*. Trad. para o inglês de Anders Wedberg. Nova York: Russel & Russel, 1961, pp. 218/219.

uma descrição mais detalhada das características individualizantes da pessoa e dos detalhes encontrados no calendário acerca do encontro, um enunciado em primeira pessoa que inclui os indexicais "eu" e "agora".[151] Por exemplo: "Maria tem um compromisso com a diretora na sexta à tarde"; conquanto se busque especificar esse enunciado em terceira pessoa, indicando a que Maria se refere (e.g., Maria Velásquez, nascida nesse lugar, nessa data) e o tempo preciso do compromisso (a segunda sexta-feira de julho, 2016, às 3h da tarde), não será o mesmo que o enunciado em primeira pessoa por alguém que, olhando em seu relógio, sobressalta-se e fala "tenho compromisso com a diretora agora; preciso ir".

Essa distinção tão fundamental precisa ser feita entre os dois modos de temporalidade em operação no Direito, da mesma maneira que uma distinção foi feita entre os dois modos de espaço. Há o "quando" do calendário e seu tempo, o qual se organiza na forma de uma sequência de um antes e um depois, de modo que aquilo que diferencia segundos, minutos, horas etc., é apenas a sua posição em um fluxo concomitante de partículas temporais. O tempo do calendário torna possível designar um começo e um final à esfera temporal de validade de uma norma jurídica, ou mesmo de um sistema jurídico como um todo. E há o "quando" da temporalidade em primeira pessoa dos agentes, na qual existe uma ordem própria para fazer as coisas se, por exemplo, alguém quer cozinhar um prato: comprar, cortar, misturar, agitar, fritar etc. Se o tempo de uma ação individual está organizado como passado, presente e futuro, então também está o tempo de um sujeito plural. Alguém pergunta a um dos estudantes da república "O que todos vocês estão fazendo?" Ele responde, talvez um tanto meticulosamente: "Nós apenas terminamos de preparar os ingredientes, agora estamos aquecendo o óleo na frigideira, para que possamos fritar os vegetais mais tarde". O modelo ACAI do Direito sugere que as ordens jurídicas configuram

151 PERRY, John. *The problem of the essential indexical and other essays*. Stanford: CSLI Publications, 2000, pp. 27-44.

o tempo, como o espaço, em termos de uma unidade pragmática, logo, uma ordem jurídica se engaja com "temporalização" tal qual o faz com "espacialização".[152]

Embora eu tenha focado no tempo e no espaço, não seria difícil estabelecer que a emergência de um time de culinária e da OMC também diferencia e integra um espectro de subjetividades e conteúdos de atos à luz de seus respectivos pontos de ação em conjunto, de modo que, além da "espacialização" e "temporalização", as ordens jurídicas engajam com "subjetivização" e "materialização", se assim quiserem. Em suma, embora diferenças significativas existam entre esses tipos de grupos sociais pequenos e não institucionalizados e os coletivos jurídicos, entre o time de culinária da república e a OMC, ambos ordenam comportamento através do estabelecimento de quem deve fazer o que, onde e quando, por meio de uma perspectiva em primeira pessoa de um nós* em ação conjunta.

Esse processo quádruplo de espacialização, temporalização, subjetivização e materialização tem uma estrutura narrativa. Em outras palavras, a representação da unidade ao longo da ação coletiva sempre tem a forma de uma história, mesmo quando a representação tem lugar na forma da criação do Direito. De fato, nenhuma ordem jurídica pode se sustentar apenas como um processo de criação e aplicação de regras: toda ordem jurídica requer uma narrativa acerca da sua emergência e acerca de seu ponto, um fio narrativo que cria/recria a perspectiva na primeira pessoa do plural de um nós* e que permite ao tempo apresentar-se aos participantes como *nosso* tempo; ao espaço como *nosso* espaço; às subjetividades como

152 Para uma discussão dessas diferentes formas de tempo e espaço, ver RICOEUR, Paul. *Time and narrative*. Trad. para o inglês de Kathleen Blamey and David Pellauer. vol. 3. Chicago: Chicago University Press, 1990, pp. 104 e ss; RICOEUR, Paul. *Memory, history, forgetting*. Trad. para o inglês de Kathleen Blamely e David Pellauer. Chicago: Chicago University Press, 2004, pp. 147-169.

nossas subjetividades; aos atos como *nossos* atos.[153] Nessa linha, a referência de Kelsen a "nascimento" e "morte" de um Estado não apenas diz respeito ao tempo vivido, mas a um tempo em relação ao qual o arco temporal do passado, presente e futuro aparece como tal através de uma história acerca das origens e vicissitudes de um coletivo. Se se pressionassem os membros do time de culinária da república por uma explicação ou justificativa acerca do que eles estão fazendo, eles ofereceriam uma história, não obstante a quão concisa, que explicasse aquilo que eles estão fazendo; a OMC oferece os rudimentos de uma história nesses termos em uma seção de seu site intitulada – significativamente (no duplo sentido da palavra) – "Compreendendo a OMC: quem nós somos":

> A OMC nasceu de negociações, e tudo que a OMC faz é resultado de negociações... Onde países enfrentaram barreiras comerciais e quiseram que elas fossem reduzidas, as negociações ajudaram a abrir mercados para o comércio. Mas a OMC não diz respeito apenas à abertura de mercados, e em algumas circunstâncias suas regras apoiam a manutenção de barreiras comerciais – por exemplo, para proteger consumidores ou prevenir a disseminação de doenças.[154]

---

153 Isso requereria uma ampliação do escopo dos *insights* de Ricoeur acerca da narratividade, conforme proposto em sua trilogia, *Time and Narrative*. Embora essa trilogia foque especialmente nas relações entre tempo e narrativa, desenvolvendo-as de maneira mais completa, o modelo IACA requer a demonstração de como a narratividade é crucial para a emergência das quatro dimensões daquilo que eu tenho chamado de ordem pragmática. Pela mesma razão, um desafio à ação coletiva precisa implantar uma contranarrativa: uma narrativa acerca de um outro lugar e um outro tempo. Para uma consideração impressionante da dupla hierarquia da interpretação e evento jurídicos, ver VAN ROERMUND, Bert. *Law, narrative and reality*: an essay in intercepting politics. Dordrecht: Kluwer Academic Publishers, 1997.

154 WORLD TRADE ORGANIZATION. "Understanding the WTO: Who We Are". Disponível em: http://www.wto.org/english/thewto_e/whatis_e/who_we_are_e.htm. Acessado em: 16.03.2022. O observador da OMC saberá que essa protonarrativa mudou ao longo do tempo, em resposta a contestações massivas à OMC, como parte e parcela de sua tentativa de

Em suma, a narratividade é comum às formas jurídicas e não jurídicas da ação coletiva. Trata-se de um meio privilegiado para o processo através do qual indivíduos vêm a se enxergar como membros de um coletivo. E não é um meio menos privilegiado para um processo de diferenciação, isso é, para a emergência da diferença, coletiva ou individual, no processo de se contar uma história acerca de nós mesmos "como" sendo acerca disso ou daquilo. Voltando e modificando a tese de Benedict Anderson, a narratividade explica por que *todos* os grupos são comunidades *imaginadas*, mesmo um grupo de duas pessoas: imaginar uma comunidade é contar uma história que cria/recria um coletivo ao responder à questão: "A que diz/deve dizer respeito nossa ação em conjunto?" Finalmente, a narrativa que explica e justifica a emergência de um grupo tem a função crucial de embutir esse grupo em um plexus mais amplo de relações e sentidos sociais – um *mundo*. Narrativas ancoram coletividades emergentes em um mundo, o qual é tanto pressuposto quanto coestabelecido pela narrativa, com a promessa de que quem atualizar a perspectiva na primeira pessoa do plural, conforme prescrito pela narrativa, também será capaz de se orientar em um mundo. Em resumo, a narratividade é parte e parcela da ontologia dos grupos sociais – de seu modo de ser.

Essa abordagem às ordens jurídicas coloca seu conceito sob uma luz diferente daquela preferida por Kelsen e outros teóricos do Direito, que argumentam que o problema da unidade de um espectro de regras jurídicas – Direito como um *sistema* – é central para a Teoria do Direito. Embora isso esteja correto até certo ponto, essa abordagem se mostra cega para o fato de que a sistematicidade, independentemente de como seja conceitualizada, não exaure o problema da unidade putativa, que é também, vale ressaltar, a questão acerca de como a ordem jurídica pode se manifestar como a perspectiva na primeira pessoa do plural de um nós* e como uma unidade

---

explicar e justificar o que é a OMC em uma maneira que busque desviar ou neutralizar essas contestações.

pragmática no que diz respeito ao tempo, espaço, subjetividade e tipos de atos. Pela mesma razão, ela se concentra exclusivamente na criação e aplicação do Direito, em detrimento da narrativa na qual a criação do Direito se vê embutida e sem a qual a criação do Direito não poderia ser inteligível para seus destinatários.

Esse ponto não é irrisório porque, quando se voltam às globalidades jurídicas, estudos doutrinais tendem a se concentrar em questões acerca dos atores globais e quais tipos de instrumentos regulatórios são usados; pense no volume extraordinário de atenção dedicada às distinções entre direito "*hard*" e "*soft*" e "governo" e "governança" na literatura contemporânea. Evidentemente, existem excelentes razões para se refletir acerca dessas distinções, e nós assim o fazemos também, neste capítulo e adiante. Mas o modelo ACAI do Direito nos coloca em sobreaviso contra a redução do caráter distintivo das ordens jurídicas globais emergentes aos seus novos atores e instrumentos regulatórios. Ao mesmo tempo em que acomoda a questão acerca da unidade sistêmica das regras jurídicas, o modelo ACAI do Direito também demanda que se entenda a ordem jurídica como uma ordem pragmática, a partir da perspectiva na primeira pessoa do plural de um nós* narrativamente incrustado: como uma unidade putativa quadrimensional que aparece como tal para os participantes em um coletivo jurídico (e para outros).

Esse *insight* implica que o conceito de pluralismo jurídico precisa ser revisado. Um primeiro passo seria notar que cada ordem jurídica é um espaço-tempo distinto, logo, que há espaços-tempo na mesma proporção de ordens jurídicas. Eu fico feliz em unir forças, aqui, com a sociologia (jurídica) e os estudos sociojurídicos, os quais reconhecem a insuficiência de abordagens dos processos de globalização que focam exclusivamente no espaço. Santos, por exemplo, refere-se a "espaços-tempo" jurídicos.[155] Assim também

---

155 SANTOS, Boaventura de Sousa. *Toward a new legal common sense*. 2ª ed. Londres: Butterworths, 2002, p. 418.

Sassen, que se ocupou de descrever as "espacialidades e temporalidades" dos processos de globalização.[156] Uma terceira contribuição central à sociologia da globalização, aquela de Manuel Castells, descreve a conexão interna entre espaço e tempo no global em termos de um "espaço de fluxos" e um "tempo intemporal".[157] E existem os estudos clássicos de David Harvey e Paul Virilio acerca da aceleração do tempo e da compressão do espaço.[158] Finalmente, em uma intervenção recente no campo dos estudos sociojurídicos, Mariana Valverde introduziu a noção de "cronotópicos" como um modo de teorizar a relação entre o tempo e o espaço do Direito.[159] Eu me proponho a analisar algumas dessas contribuições na próxima seção. Mas, embora eu endosse essa perspectiva mais complexa, o modelo ACAI argumenta que nós precisamos avançar mais ainda: o que está em questão não é simplesmente uma pluralidade de espaços-tempo, e sim uma pluralidade de ordens pragmáticas, cada qual articulando tempo, espaço, subjetividades e tipos de atos de uma maneira distinta. Uma dada ordem jurídica não pode implementar uma articulação específica do tempo e do espaço a não ser que ambos estejam ligados a uma configuração específica do sujeito e de unidades de tipos de atos. Inversamente, uma ordem jurídica não é tão somente uma interação padronizada entre certos tipos de sujeitos "no" espaço e no tempo; espaço e tempo são dimensões integrais de uma ordem jurídica. Isso nos ajuda a revisitar aquilo que foi dito acerca do *nomos* no capítulo I. Schmitt chama o direito por *nomos* de modo a enfatizar seu caráter lugarizado: uma "unidade

---

156 SASSEN, Saskia. "Spatialities and Temporalities of the Global: Elements for a Theorization". *Public Culture*, vol. 12, nº 1, 2000.

157 CASTELLS, Manuel. *The rise of the network society*. 2ª ed. Oxford: Wiley-Blackwell, 2010, pp. 407-499.

158 HARVEY, David. *The Condition of Postmodernity*. Oxford: Basil Blackwell, 1989, pp. 201-307; VIRILIO, Paul. *Speed and politics*: an essay on dromology. Trad. para o inglês de Mark Pollizzotti. Nova York: Semiotext(e), 1977.

159 VALVERDE, Mariana. *Chronotopes of law*: jurisdiction, scale and governance. Milton Park: Routledge, 2015.

de ordem e lugarização", em suas palavras. O modelo ACAI do Direito implica que a contribuição de Schmitt precisa ser também desenvolvida. O Direito como *nomos* é a forma de uma unidade putativa que é espacial, temporal, subjetiva e material.

2.2.3 A globalização das ordens pragmáticas

Note, em consonância com esses pensamentos iniciais acerca do pluralismo jurídico, que o modelo ACAI do Direito ilumina o conceito e estrutura da jurisdição, o qual foi brevemente discutido no começo do capítulo I. Kelsen, conforme observado, explica o conceito de jurisdição em termos de competência, i.e., como a "capacidade" jurídica para fazer (ou se omitir de fazer) alguma coisa. Essa capacidade ou empoderamento deriva seu significado da estrutura da ACAI, a qual abre um espectro de possibilidades a indivíduos ou grupos para agir de certas maneiras e em certos tempos e lugares, ou seja, maneiras que são ínsitas à realização do ponto de ação em conjunto. Embora a jurisdição tenha sido discutida apenas quanto aos termos de sua dimensão espacial, está claro que ordens jurídicas organizam a jurisdição ao estabelecer quem deve fazer o que, onde e quando. Por exemplo, a análise lógica da jurisdição de cortes, distinguindo entre jurisdição pessoal (*ratione personae*), jurisdição material (*ratione materiae*), jurisdição territorial (*ratione loci*) e jurisdição temporal (*ratione temporis*) é uma das maneiras pelas quais essa estruturação quádrupla da jurisdição adquire forma jurídica. Em poucas palavras, jurisdição é um termo técnico que advogados usam para nomear o domínio quádruplo de possibilidades práticas ("capacidades", no vocabulário de Kelsen) tornadas disponíveis aos participantes da ação em conjunto na perspectiva da primeira pessoa do plural de um coletivo jurídico. O conceito de jurisdição, assim interpretado, combina bem com o conceito de pluralismo jurídico.

Em essência, jurisdição não pode empoderar sem também desempoderar. As capacidades que ela marginaliza não são simplesmente domínio de comportamento ilegal (o qual uma ordem jurídica torna possível e mesmo acomoda em uma certa medida) mas, ao contrário, são possibilidades práticas excluídas como irrelevantes em função do ponto de um dado coletivo jurídico. Isso nos leva diretamente ao processo da pluralização jurídica, isto é, a pluralização que emerge quando aquilo que pareceria ser uma ordem jurídica é confrontado com a experiência de um limite espacial – uma xenotopia – dando azo assim à pluralização na forma de um contraste entre lugares próprios e estranhos. O modelo ACAI do Direito enriquece essa consideração preliminar acerca da pluralização, porque implica que uma dada ordem jurídica não pode criar jurisdição, abrindo um domínio de possibilidades práticas para a ação coletiva, sem também fechar outras configurações do espaço, tempo, sujeitos e modos de ação. Como resultado, a emergência de uma ordem jurídica global, a qual corresponderia à *unificação* do espaço, tempo, subjetividade e tipos de atos em uma ordem jurídica singular, anda lado a lado com a *pluralização* dessas quatro dimensões da ordem jurídica. Consequentemente, embora a seção 1.3.2 tenha abordado a distinção entre fronteiras e limites espaciais, ordens jurídicas não são apenas limitadas no espaço; elas são limitadas em cada uma dessas quatro dimensões, constitutivas das ordens jurídicas como ordens pragmáticas.

Igualmente, eu notei que a ação direta da KRRS está, espacialmente falando, dentro e fora da OMC: ela tem lugar no espaço em que a OMC chama de seu, e, no entanto, também reside fora desse espaço, na forma de um lugar que resiste sua lugarização em um mercado global espacialmente limitado. Esse *insight* pode ser estendido agora às outras três dimensões da ordem jurídica. De fato, sua ação direta é registrada dentro da temporalidade do mercado global implantada pela OMC, ou seja, como um rompimento da sequência de atos requeridos para participar do mercado global, e evoca uma temporalidade do plantio sazonal resistente à sua inclusão no mercado global. De igual maneira, os produtores agrícolas engajados na ação direta são registrados pela OMC como participantes do mercado global, e, no entanto, também incorporam uma forma de subjetividade que recusa ser acomodada em um espectro de posições subjetivas tornadas disponíveis pela OMC. Finalmente, a ação direta é registrada pela OMC como um ato importante para o mercado global, embora na forma de um ato ilegal, enquanto também permanece fora do domínio de comportamento tornado possível pela OMC, na medida em que implica uma compreensão daquilo que significa plantar e cultivar sementes de um modo a resistir à sua comodificação. Em resumo, pode-se falar da ação direta da KRRS como estando dentro e fora da OMC no que diz respeito às quatro dimensões das ordens pragmáticas.

A ação direta da KRRS sugere ainda que aquilo que a doutrina jurídica chama de "conflito de direitos" é uma abordagem reducionista do problema do conflito. O conhecido relatório do Grupo de Estudo da Comissão de Direito Internacional, "Fragmentação do Direito Internacional", oferece uma boa ilustração daquilo que tenho em mente. Em sua segunda conclusão, o relatório declara:

> O Direito Internacional é um sistema jurídico. Suas regras e princípios (i.e., suas normas) agem em relação a e devem ser interpretadas em contraste a um pano de fundo de outras regras e princípios. Como sistema jurídico, o Direito Internacional não é uma coleção aleatória de normas. Têm-se relações significantes entre elas... Ao aplicar o Direito Internacional, é frequentemente necessário determinar a relação precisa entre duas ou mais regras e princípios que são ambos válidos e aplicáveis no que diz respeito a uma situação.[160]

160 Relatório da Comissão de Direito Internacional, Fragmentação do Direito Internacional: Dificuldades advindas da diversificação e expansão do Direito Internacional, A/CN.4/L.702. INTERNATIONAL LAW COMMISSION. "Fragmentation of International Law: Difficulties Arising from the Diversification and Expansion of International Law". 18 jul. 2006, p. 7. Disponível em: www.un.org/ga/search/view_doc.asp?symbol=A/CN.4/L.702. Acessado em: 15.03.2022.

Essas relações são de interpretação ou de conflito; a segunda diz respeito a situações nas quais "duas normas que são ambas válidas e aplicáveis apontam para decisões incompatíveis, de modo que uma decisão precise ser feita entre elas".[161] Revisitando a distinção introduzida ao final da seção 2.1, embora o conflito possa ser apresentado como um conflito entre normas jurídicas, nós não podemos nos esquecer de que ele nunca é apenas – e, em qualquer caso, nunca essencialmente – um conflito entre normas dentro de um *sistema jurídico*, nem entre sistemas jurídicos. Como a interferência da KRRS com a realização do ponto da OMC deixa claro, conflito é conflito entre *ordens pragmáticas* (emergentes), isso é, conflito entre diferentes modos de ordenar quem deve fazer o que, onde e quando.

Para concluir, o modelo ACAI do Direito transforma uma investigação acerca da globalidade do Direito Global ao sugerir que, apesar de essa investigação se iniciar como uma questão acerca da espacialidade, ela também é sobretudo uma investigação acerca das três outras dimensões das ordens jurídicas globalizantes. Em outras palavras, a questão acerca da estrutura das ordens jurídicas globais emergentes não é apenas sobre e como elas organizam uma unidade espacial de interação jurídica em modos que ela possa ser diferente e talvez mesmo irredutível ao Direito Estatal. Trata-se também de uma questão acerca das globalidades jurídicas emergentes enquanto unidades putativas distintivas temporal, subjetiva e materialmente. Ter-se-iam padrões que estruturam espaços, tempos, subjetividades e tipos de atos das globalizações jurídicas em modo que as colocam a parte do Direito Estatal? Esses padrões poderiam esclarecer aquilo que é específico à globalização da inclusão e exclusão jurídicas?

---

161 INTERNATIONAL LAW COMMISSION. "Fragmentation of International Law: Difficulties Arising from the Diversification and Expansion of International Law". 18 jul. 2006, p. 8. Disponível em: www.un.org/ga/search/view_doc.asp?symbol=A/CN.4/L.702. Acessado em: 15.03.2022.

2.3 O modelo ACAI do Direito e alguns elementos definitivos das ordens jurídicas globais emergentes

Um primeiro passo rumo à resposta dessas perguntas consiste em examinar as múltiplas características que um espectro de sociólogos atribui a processos de globalização: fragmentação, privatização, mercantilização e a "compressão" do espaço e do tempo. De maneiras complexas, esses elementos envolvem a relação entre Direito e política, Direito e economia, Direito e tecnologia e, mais amplamente, Direito e sociedade. Isso atesta para o fato de que o Direito Global, como todo e qualquer Direito, não existe e nem pode existir isolado da sociedade em geral, nem dos domínios da política/moralidade, da economia e da tecnologia em particular. Esse ponto já foi sinalizado, quando a seção 2.1.2 introduziu [7] as práticas e o saber-como condicionar como pano de fundo a ação coletiva. Mas eu não discuto esses quatro elementos no espírito de nenhuma das disciplinas "Direito e...". Meu objetivo nessa seção é bem mais modesto, ou seja, mostrar como o modelo ACAI do Direito pode acomodar essas características, assim preparando a fundação para compreender as transformações da ordem jurídica que elas acarretam.

2.3.1 Fragmentação

A primeira e mais visível transformação suscitada por processos de globalização é sem dúvida a fragmentação do Direito, e não apenas do Direito Internacional, como o relatório da ILC parece supor.[162] O que está em questão aqui é um processo daquilo que Sassen chama de "descombinação" da combinação estatal do território, autoridade e direitos, isto é, "a proliferação de

---

162 INTERNATIONAL LAW COMMISSION. "Fragmentation of International Law: Difficulties Arising from the Diversification and Expansion of International Law". 18 de julho de 2006, p. 8. Disponível em: www.un.org/ga/search/view_doc.asp?symbol=A/CN.4/L.702. Acessado em: 15.03.2022.

enquadramentos temporais e espaciais e a proliferação de ordens normativas onde antes a lógica dominante se voltava à produção de enquadramentos unitários espaciais, temporais e normativos".[163] Vale ressaltar que Sassen aponta que essa desagregação é frequentemente buscada pelos próprios Estados, em vez de acontecer sob sua ignorância.[164] Embora compartilhe seu diagnóstico quanto à desagregação de ordens normativas, o modelo ACAI do Direito mostra que uma pluralização das ordens jurídicas não é distinta da pluralização de enquadramentos temporais e espaciais: ordens normativas são enquadramentos temporais e espaciais, mesmo se nem todos os enquadramentos temporais e espaciais sejam enquadramentos jurídicos. Em todo caso, o que é decisivo para o processo de fragmentação jurídica é "a multiplicação de sistemas parciais, cada qual com um conjunto pequeno de regras nitidamente distintas, correspondendo a um tipo de sistema simples".[165] Além disso, é importante ressaltar, em linha com o que foi observado anteriormente, que a fragmentação do Direito acarretada pelos processos de globalização não significa que o Estado chegou em algum momento a efetivamente monopolizar a normatividade dentro de seu território: embora os estados tenham reivindicado exclusividade para si próprios, essas reivindicações têm sido continuamente contestadas – por vezes com sucesso – por outras ordens jurídicas.

Eu sugiro que o modelo ACAI do Direito dá conta de ambas as continuidades e descontinuidades entre o Direito Estatal e as ordens jurídicas globais emergentes ao longo desse vetor. Tanto a continuidade quanto a descontinuidade estão ligadas ao ponto da ACAI. No que concerne à continuidade, tanto os Estados quanto as ordens

---

163 SASSEN, Saskia. *Territory, Authority, Rights*: from Medieval to Global Assemblages. Princeton: Princeton University Press, 2006, p. 421.

164 SASSEN, Saskia. *Territory, Authority, Rights*: from Medieval to Global Assemblages. Princeton: Princeton University Press, 2006, p. 231.

165 SASSEN, Saskia. *Territory, Authority, Rights*: from Medieval to Global Assemblages. Princeton: Princeton University Press, 2006, p. 422.

jurídicas globais emergentes têm um ponto. Considere, primeiro, o Estado. Como qualquer outro coletivo, Estados são confrontados a cada oportunidade com a questão: o que é/deve ser nossa ação em conjunto? E isso corresponde à seguinte questão: o que é/deve ser o ponto de nossa ação em conjunto? Mas há uma diferença decisiva em comparação a outros coletivos jurídicos: *todos* os domínios de interação coletiva se encontram, ao menos potencialmente, dentro do escopo da regulação estatal. De um lado, isso implica que ordens jurídicas estatais são formas altamente complexas de ação coletiva, na medida em que elas envolvem várias camadas de aninhamento da ação coletiva. De outro, o ponto da ação coletiva estatal não se expressa em termos de um *propósito singular* a determinar antecipadamente que tipos de interação se encontram dentro do escopo da ação coletiva. Ao contrário, o ponto da ação estatal é tipicamente expressado nos termos de um espectro de valores, princípios, dentre outros, os quais a configuração-padrão da ação coletiva conclama realizar. Isso não significa, contudo, que qualquer Estado efetivamente regula ou mesmo poderia regular toda a extensão de comportamento social, nem mesmo um Estado totalitário. Além disso, direitos humanos reduzem significativamente o escopo daquilo que se encontra dentro da ação coletiva juridicamente regulada de um Estado democrático. Mas essa função protetora dos direitos humanos (o que não significa de forma alguma que seja essa sua única função) deriva do *insight* de que Estados poderiam, em princípio, mesmo não sendo real, regular aquelas esferas de vida social que os direitos humanos declaram como fora dos limites da regulação estatal.[166]

Ordens jurídicas globais emergentes, por sua vez, implantam um movimento duplo no qual a fragmentação do Direito é correlativa à transformação de sua orientação a questões específicas.[167]

---

166 Ver KELSEN, Hans. *General theory of law and state*. Trad. para o inglês de Anders Wedberg. Nova York: Russel & Russel, 1961, pp. 242/243.

167 Por exemplo, o artigo 2.1. dos estatutos da ISO estabelece o seguinte: "O objeto dessa organização será promover o desenvolvimento da padronização e

Essa dupla transformação significa, nos termos do modelo ACAI do Direito, que formas de ação coletiva levantam o ponto do que seja mais ou menos um propósito estritamente especificado (orientado por determinadas questões ou problemas), separando progressivamente domínios de comportamento em distintas ordens globais, domínios de comportamento que antes vinham sendo regulados por ordens estatais (fragmentação). Teubner resume essa transformação ao notar que ordens jurídicas globais “definem o alcance externo de suas jurisdições através de linhas referentes a questões específicas, em vez de linhas territoriais, reivindicando validade global para si próprias”.[168] Se a territorialidade estatal teve seu correlato na pressuposição de que todos os domínios da vida social poderiam estar, em princípio, dentro do âmbito da ação coletiva estatal, o ponto de ação coletiva no contexto das ordens jurídicas globais emergentes se volta para “questões específicas”, assim gerando a unidade espacial apropriada ao ponto desse tipo de ação coletiva.

Há uma segunda, não menos decisiva, forma de fragmentação jurídica que leva de ordens jurídicas estatais a ordens jurídicas globais, ou seja, a fragmentação da regulação, como esboçada na seção 2.2.3. Em um Estado, articúlação, monitoramento e sustentação de um ponto de ação coletiva se concentram em um coletivo *singular*. Diferentes autoridades do mesmo Estado se engajam e coordenam as diferentes facetas da regulação da ação coletiva; essa concentração é a pressuposição da assim chamada separação de

---

atividades correlatas no mundo com vistas a facilitar a troca internacional de bens e serviços, e o desenvolvimento de cooperação nas esferas de atividade intelectual, científica, tecnológica e econômica”. Ver INTERNATIONAL ORGANIZATION FOR STANDARDIZATION. “ISO Statutes”. Disponível em: www.iso.org/iso/statutes.pdf. Acessado em: 15.03.2022.

168 TEUBNER, Gunther. “Societal Constitutionalism: Alternatives to State-Centered Constitutional Theory”. *In*: TEUBNER, Gunther; JOERGES, Christian; SAND, Inger-Johanne (Coord.). *Transnational governance and constitutionalism*. Portland: Hartford Publishing, 2004, p. 41.

poderes em um Estado. Nas palavras de Kelsen, um Estado desse tipo é um sistema jurídico que

> estabelece certos órgãos – suas respectivas funcionais refletindo uma divisão do trabalho – para a criação e aplicação de normas, formando um sistema jurídico. Quando o sistema jurídico alcança um certo grau de centralização, ele é caracterizado como um Estado.[169]

Uma variedade de ordens jurídicas globais emergentes atesta, por contraste, a fragmentação dessas facetas, dentre as quais uma ou outra é tomada emprestada por outro coletivo. Nesse sentido, as globalizações acarretam uma separação bem mais radical – ou talvez se deva dizer "interrelação" – de poderes, na qual a relação com outros coletivos é construída, institucionalmente, de acordo com a autorrelação regulatória de um dado grupo. Nos termos de Neil Walker, um conjunto de novas ordens jurídicas implanta

> um elemento inerentemente "relacional" em [suas] autocompreensões e autodefinições... um sentido de que [seus] propósitos normativos, bem como suas efetividades dependem do cultivo de uma rede de relações com outras entidades.[170]

A nova *lex mercatoria*, por exemplo, depende dos Estados para a execução de decisões arbitrais. O que importa para nós, nesse momento, é que o modelo ACAI do Direito consegue acomodar tanto as formas unificadas quanto aquelas fragmentadas

---

169 KELSEN, Hans. *Introduction to the Problems of Legal Theory*. 1ª ed. de Reine Rechtslehre. Trad. para o inglês de Bonnie Litchewski Paulson e Stanley L. Paulson. Oxford: Clarendon Press, 2002, p. 99.

170 WALKER, Neil. "Beyond Boundary Disputes and Basic Grids: Mapping the Global Disorder of Normative Orders". *International Journal of Constitutional Law*, vol. 6, 2008, p. 381.

de regulação do ponto de ação em conjunto; ele não está preso a nenhuma delas. Mais a esse respeito nos capítulos III, V e VII.

2.3.2 Privatização

Mais uma vez eu fico contente em tomar como ponto de partida o diagnóstico de Sassen acerca das transformações que levam de uma combinação estatal do TAD às combinações globais. Em suas palavras,

> as características marcantes da nova – em grande parte, mas não exclusivamente – ordem institucional privada em formação são sua capacidade de privatizar o que até então era público e de desnacionalizar o que outrora eram autoridades e agendas de política pública nacionais.[171]

Essa transformação, em sua leitura, implica, de um lado, uma nova forma de ordem normativa, diferente da *raison d'état*, enquanto normatividade-mestre do Direito Estatal, e, de outro, a representação de elementos-chave dessas ordens normativas como parte e parcela do domínio *público*. Como resultado, certas "instituições estatais reorientam suas operações particulares de políticas públicas ou agendas estatais mais amplas rumo aos requisitos da economia global, enquanto elas continuam a ser codificadas como nacionais".[172]

Da sua parte, Gunther Teubner conecta a privatização do Direito à diferenciação funcional dos sistemas sociais em um contexto global. Se a regulação jurídica da sociedade foi mediada pelo poder político durante o período no qual o Estado podia

---

171 Ver SASSEN, Saskia. *Territory, Authority, Rights*: from Medieval to Global Assemblages. Princeton: Princeton University Press, 2006, pp. 222/223.

172 SASSEN, Saskia. *Territory, Authority, Rights*: from Medieval to Global Assemblages. Princeton: Princeton University Press, 2006, p. 223.

plausivelmente reivindicar domínio jurídico exclusivo sobre todas as dimensões da vida social, a globalização marca a emancipação do Direito da política estatal através do estabelecimento de ordens jurídicas privadas autônomas quanto ao domínio público da política estatal.[173] A nova *lex mercatoria* e o Direito Cibernético são, em sua perspectiva, exemplos espetaculares da privatização do Direito Global. "Direito sem um Estado", para citar o título de seu artigo bem conhecido, é tanto Direito sem demarcações, i.e., Direito sem um dentro e um fora, e Direito sem política, ao menos no sentido da política institucional do Estado. Além disso, há uma correlação interna nessa transformação: a ausência de demarcações estatais marca a ausência da política estatal e vice-versa.

Por ora, pode continuar em aberto se a interpretação teórico-sistêmica de Teubner da privatização faz justiça ao conceito de política, seja ela estatal ou não; *quod non*. Note, sobretudo, que o uso feito tanto por Sassen quanto por Teubner da distinção público/privado permanece centrada no Estado de cabo a rabo; a malha conceitual que tem conduzido o pensamento acerca do Direito continua a conduzir como sociólogos da globalização circunscrevem as transformações que direcionam para além do Estado. Eu retomo esse problema adiante. No momento, eu gostaria de chamar a atenção do leitor para as continuidades e descontinuidades entre o Direito Estatal e as ordens jurídicas globais emergentes que o modelo ACAI do Direito esclarece de pelo menos duas maneiras. Primeiro, o modelo acomoda tanto atores privados quanto públicos como reguladores, no sentido amplo de regulação indicado na seção 2.1.3. De fato, o conceito funcional de autoridade esboçado anteriormente acomoda com facilidade sejam autoridades públicas, sejam privadas, bem como as combinações das duas – os assim chamados reguladores híbridos. O *Forest Stewardship Council*

---

173 Ver, mais recentemente, TEUBNER, Gunther. *Constitutional fragments*: societal constitutionalism and globalization. Oxford: Oxford University Press, 2012.

(FSC), por exemplo, compreende-se como uma organização com a atuação participante de reguladores e empresas reguladas, cujo objetivo é "a promoção da administração ambientalmente razoável, socialmente benéfica e economicamente próspera das florestas do mundo".[174] Para tanto, o FSC estabelece padrões de administração florestal (articulação) que são obrigatórios para aquelas empresas de papel e madeira que busquem obter a certificação do FSC, suas atividades sendo verificadas por órgãos de certificação independentes, credenciados pelo FSC. Se uma empresa fracassa em alcançar os padrões aos quais se submeteu, ela abdica do seu direito de usar as marcas registradas do FSC (e.g. seu selo de verificação distintivo e o design do logo de árvore), o que pode ter implicações negativas significativas para a venda de seu papel ou produtos de madeira, logo, sua rentabilidade (sustentação). A FSC institucionaliza sua mediação autoritativa da ação coletiva através de estatutos que incluem uma assembleia geral e um conselho de diretores.[175]

Evidentemente, essa é uma interpretação puramente funcional da privatização, que não se volta às preocupações, compartilhadas por muitos, acerca da privatização do Direito em um contexto global. De acordo com essa perspectiva, a emergência de ordens jurídicas privadas efetivamente transforma o bem público em bem privado, logo, aquilo que é bom para todos naquilo que é bom para apenas parte da sociedade, normalmente os detentores de capital. Claire Cutler, por exemplo, incansavelmente expôs em que dimensão a privatização do Direito Global, como sintetizado pela nova *lex mercatoria*, envolve a captura do bem público por agentes e interesses particulares. Em suas palavras,

---

174 FOREST STEWARDSHIP COUNCIL. Disponível em: https://us.fsc.org/mission-and-vision.187.Htm. Acessado em: 08.06.2022.

175 Para um estudo cuidadoso dos padrões florestais, padrões referentes a óleo de palmeira e a Aliança ISEAL, ver PAIEMENT, Phillip. *Transnational sustainability laws*. Cambridge: Cambridge University Press, 2017.

> [n]ós estamos experimentando o desenvolvimento e a aplicação de novas formas jurídicas e novas fontes de Direito que contribuem acentuadamente para arranjos de governança pluralista e privatizada, e que são desenhados especificamente para corresponder às demandas do capital sob condições do capitalismo tardio.[176]

Sassen ecoa essa preocupação ao notar que agentes privados se envolvem na produção de normas orientadas a estabelecer ordens jurídicas para governar o comércio, capital, serviços e informação globais, de modo a "encobri[r] o fato de que frequentemente são as funções de utilidade de atores privados na economia política global que estão delineando políticas públicas".[177] Embora defenda a diferenciação funcional da economia global e de sua emancipação da política estatal, Teubner também apontou sua vulnerabilidade à captura – "corrupção", em termos teórico-sistêmicos – por interesses particulares.[178]

Essa é uma preocupação que vai ao cerne deste livro, a globalização da inclusão e exclusão. Enquanto tal, ela merece uma discussão cuidadosa nos capítulos vindouros. Por ora, é suficiente dizer que o modelo ACAI do Direito já prefigurou esse problema. Como notado na seção 2.1.2, falar de unidade implica reivindicar a *comunalidade* – ou seja, do caráter público, pelo menos em um sentido mínimo – do ponto de ação coletiva, conforme articulado por sua configuração-padrão. Mas quem consegue articular o ponto de ação em conjunto, e quem é parte interessada quanto a nova *lex mercatoria* ou, a esse respeito, qualquer outra das ordens

---

176 CUTLER, A. Claire. *Private power and global authority*: transnational merchant law in the global political economy. Cambridge: Cambridge University Press, 2003, pp. 208-214.

177 SASSEN, Saskia. *Territory, Authority, Rights*: from Medieval to Global Assemblages. Princeton: Princeton University Press, 2006, pp. 184 e ss.

178 TEUBNER, Gunther. *Constitutional fragments*: societal constitutionalism and globalization. Oxford: Oxford University Press, 2012.

jurídicas globais emergentes? Obviamente, não são questões que são ou possam ser respondidas diretamente pelo modelo ACAI do Direito. Mas o que eu quero dizer é que o modelo oferece uma interpretação da ordem jurídica que torna inteligível o porquê de essas questões serem vistas acima de tudo como questões acerca do Direito Estatal e, ainda mais urgentemente, acerca das ordens jurídicas globais emergentes. De modo geral, o modelo ACAI do Direito oferece uma perspectiva alternativa do caráter público das ordens jurídicas que não está presa a uma malha conceitual centrada no Estado, malha essa empregada por diversas sociologias contemporâneas da globalização. Mais a esse respeito no capítulo III.

2.3.3 Mercantilização

Em um sentido bem amplo, a mercantilização que ocorre ao longo de processos de globalização concerne à mudança da regulação para a precificação como o fator-chave de ordenação de um grande leque de domínios de ação societal. Assim sendo, a mercantilização nos leva para além da esfera do Direito propriamente dito, rumo à esfera da ordenação econômica da sociedade. Esse câmbio se traduz, juridicamente falando, na desregulamentação de mercados, geralmente em nome da eficiência. Enquanto tal, essa tendência está fora do escopo daquilo que me interessa aqui, ou seja, precisar como a mercantilização pode transformar a estrutura das ordens jurídicas em um contexto global, e se o modelo ACAI do Direito consegue levar essas transformações em consideração como variações dentro de um conceito geral de ordem jurídica.

Esse câmbio é de interesse para nossa investigação de pelo menos duas maneiras. A primeira concerne à mercantilização daquilo que tradicionalmente tem sido objeto de funções e serviços públicos. Em certa medida, isso levou à desregulamentação de mercados nacionais, à luz dos custos associados à regulação estatal de mercados, particularmente no que diz respeito aos custos derivados de decisões "políticas" acerca de sua operação. Mas, dado que não há mercado "livre" sem regulação, a mercantilização de funções e serviços públicos levou acima de tudo a uma *re*rregulamentação que assegura as condições jurídicas demandadas por uma economia de mercado global. Isso resultou em um esforço coordenado para trazer à tona a harmonização global de domínios centrais necessários para o funcionamento de uma economia de mercado, ou seja, "a proteção da propriedade e a execução de direitos contratuais, aprimorados pelo Direito corporativo e falimentar, regulações bancárias e de seguros, proteção da propriedade intelectual e leis sobre concorrência".[179]

Assim construída, a mercantilização das funções e dos serviços públicos leva de volta à fragmentação e privatização do Direito em um contexto global. De um lado, a harmonização de diferentes domínios do Direito Privado da perspectiva de uma economia de mercado global ocorre através de uma base setorial e é, assim sendo, uma manifestação da fragmentação do Direito discutida anteriormente. Enquanto tal, o modelo ACAI do Direito consegue facilmente apreender essa transformação, dado que ela gira em torno do *ponto* de ação coletiva. De outro lado, apesar de todas as reivindicações de neutralidade por parte do mercado, não é necessária muita imaginação jurídica para compreender por que a globalização desses domínios centrais do Direito Privado envolve a globalização da inclusão e exclusão. O que está em questão aqui é a política de quem irá assumir a iniciativa acerca da configuração-padrão do ponto de uma comunidade global, ou melhor, quem irá representar a unidade putativa da comunidade global e quem ditará as regras a serem articuladas, monitoradas e sustentadas. Obviamente, o que está em questão aqui não é *quem* pertence àquele coletivo, mas o *que* passa a contar como comunalidade da

---

179 RITTICH, Kerry. "Who's Afraid of the Critique of Adjudication? Tracing the Discourse of Law in Development". *Cardozo Law Review*, vol. 22, 2000/2001, pp. 929-945. Ver também SASSEN, Saskia. *Territory, Authority, Rights*: from Medieval to Global Assemblages. Princeton: Princeton University Press, 2006, pp. 197-213.

ação coletiva tal qual incorporada em sua configuração-padrão. Aqui, mais uma vez, o modelo ACAI do Direito não "explica" em termos de causalidade a harmonização do Direito Privado concomitante à emergência de uma economia de mercado global; mas essa não é sua tarefa. O que o modelo faz é oferecer uma malha conceitual para compreender por que essa transformação levanta questões fundamentais acerca da política da inclusão e exclusão jurídicas advindas com a mercantilização em um contexto global.

Há uma segunda maneira através da qual a mercantilização assinala uma transformação na estrutura das ordens jurídicas, que retoma uma das formas de fragmentação discutidas anteriormente, isto é, a fragmentação das dimensões regulatórias de articulação, monitoramento e sustentação da ação coletiva. Com efeito, a mercantilização adentra esse contexto através da terceira dessas dimensões. Callies e Zumbansen oferecem uma classificação útil de sanções não estatais na qual eles distinguem entre mecanismos de reputação, mecanismos de exclusão e o uso da força privada ou coerção.[180] Embora o modelo ACAI do Direito acomode cada um desses mecanismos, o mecanismo de reputação, conforme usado no mercado, é particularmente relevante para nossa discussão atual como um dos mecanismos da sustentação *jurídica* da ação coletiva. A perda do Direito de usar as marcas registradas da FSC por companhias de papel e madeira que não conseguem corresponder aos padrões adequados ilustra como a mercantilização transforma as estruturas da sustentação jurídica, em contraste a um pano de fundo de continuidade providenciado pelo modelo ACAI do Direito.

2.3.4 A "compressão" do espaço e do tempo

Há um amplo e disseminado consenso quanto ao fato de que desenvolvimentos tecnológicos, em particular nos campos

---

180 CALLIES, Gralf-Peter; ZUMBANSEN, Peer. *Rough consensus and running code*. Oxford: Hart, 2012, p. 120.

da tecnologia da informação, são motores-chave de processos de globalização, e que esses desenvolvimentos transformam profundamente a experiência do espaço e do tempo em um contexto global. Nessa linha, muitos estudiosos caracterizam essa transformação nos termos de uma "compressão" do espaço e do tempo. Aqui, mais uma vez, uma exploração completa desse tópico fascinante excede o escopo deste livro. Tendo apontado que tecnologias são parte e parcela das [7] práticas de pano de fundo a condicionar a ação coletiva, eu me contento com algumas observações gerais acerca de como o modelo ACAI do Direito acomoda essa experiência espaço-temporal alterada.

Voltando-nos ao espaço, tem-se notado frequentemente que a globalização interconecta lugares fisicamente distantes uns dos outros, enquanto lugares fisicamente contíguos a essa rede de lugares tem pouco ou nenhum significado para a ordem emergente. Por exemplo, Sassen nota que novas tecnologias acarretam em um deslocamento, de modo que indivíduos e organizações se conectam com outros indivíduos e organizações "localizados a grandes distâncias, assim desestabilizando a noção de contexto, a qual é frequentemente associada com aquela de local e com a noção de que proximidade física é um dos atributos do local".[181] Seu exemplo paradigmático é a emergência de uma rede de cidades globais, que se desassociam não apenas do interior dos países nos quais estão situadas mas também das áreas empobrecidas dessas mesmas cidades, ligando conjuntamente as zonas das cidades globais a concentrar os setores de serviços e negócios envolvidos na economia global.[182] Castells, por sua vez, fala de uma nova lógica espacial, um espaço de fluxos, o qual ele define como "a

181 SASSEN, Saskia. *A sociology of globalization*. Nova York: W. W. Norton, 2007, p. 21. Ver também HARVEY, David. *The Condition of Postmodernity*. Oxford: Basil Blackwell, 1989, pp. 260 e ss.

182 SASSEN, Saskia. *The Global City*: New York, London, Tokyo. Princeton: Princeton University Press, 2001.

organização material de práticas sociais que compartilham o tempo e operam através de fluxos". Consequentemente, fluxos são "sequências propositais, repetitivas, programáveis de troca e interação entre posições fisicamente desarticuladas mantidas por atores sociais nas estruturas econômicas, políticas e simbólicas da sociedade".[183] Castells opõe essa nova lógica espacial à antiga lógica de um espaço de lugares, na qual "um lugar é um local cuja forma, função, e sentido são autocontidos dentro de demarcações de contiguidade física".[184]

Embora a compressão do espaço que dá azo a redes globais de lugares dependa de um nível significativo de conquistas tecnológicas, trata-se, acima de tudo, de uma implicação de um processo de *aproximação*, por assim dizer: trazer para perto aquilo que está longe ao incluí-lo em um mundo de envolvimento prático com coisas e outrem.[185] Essa dinâmica não é menos efetiva na emergência de redes de lugares jurídicos globais do que na emergência de redes de cidades globais. De fato, a aproximação tecnológica de lugares fisicamente distantes uns dos outros em uma ordem jurídica global pressupõe e é apenas uma das modalidades da aproximação através da qual um coletivo reúne conjuntamente e traz para perto de si os lugares importantes no que diz respeito ao ponto de ação em conjunto, enquanto também empurrando para um fora vazio lugares que são correspondentemente inúteis, independentemente de sua proximidade física. Contra Castells, nada no conceito de lugar, nem mesmo antes da emergência da sociedade da informação, demanda-lhe

---

183 CASTELLS, Manuel. *The rise of the network society*. 2ª ed. Oxford: Wiley-Blackwell, 2010, p. 442.

184 CASTELLS, Manuel. *The rise of the network society*. 2ª ed. Oxford: Wiley-Blackwell, 2010, p. 453.

185 "Aproximar (*Entfernen*) corresponde a fazer a distância desaparecer – isto é, fazer o afastamento de algo desaparecer, trazendo-o para perto". HEIDEGGER, Martin. *Being and time*. Trad. para o inglês de John Macquarrie and Edward Robinson. Oxford: Blackwell, [1927] 1995, p. § 23 (tradução modificada).

ser fisicamente contíguo a outro lugar. Por alguma razão, quando Castells define o espaço de fluxos em termos de "troca e interação entre *posições* fisicamente desarticuladas" (grifo nosso), seria mais preciso falar de *lugares* fisicamente desarticulados. Evidentemente, fazê-lo desse modo exporia sua distinção entre espaços de fluxos e espaços de lugares como ilusória. Certamente, a globalização introduz novos tipos de conexões entre lugares; mas, na medida em que a globalização lugariza novos espaços de ação, eles não podem senão ser parte e parcela de um espaço de lugares. O espaço de fluxos de Castells, independentemente do que isso signifique, é uma espécie do espaço de lugares.[186]

Consequentemente, o reverso da aproximação de lugares (através da globalização das ordens jurídicas) é o seu *distanciamento*; apreendidos conjuntamente, aproximação e distanciamento constituem a realização da espacialização jurídica implantada pela ACAI, sendo a globalização dos espaços jurídicos apenas uma de suas manifestações. E essa é uma outra maneira de dizer que ordens jurídicas (globais emergentes) não podem incluir uma rede de lugares sem excluir outros lugares e redes de lugares possíveis. Distanciamento, nesse sentido primordial, é a condição espacial da possibilidade da estranheza; o estranho é, falando em termos espaciais, aquilo que se manifesta como *distante em sua proximidade*: a destruição pela KRRS dos campos de OGMs da Monsanto acontece em um mercado global *e* em outro lugar.[187]

---

186 Uma outra questão, que eu não posso responder neste livro, refere-se ao seguinte: em que medida o uso que Castells faz da metáfora do "fluxo" encobre as demarcações muito reais que transmitem e contêm informação, bem como movimento social, logo, não menos que processos reais de inclusão e exclusão globais, para os quais uma variedade de ordens jurídicas contribui. A insistência de Sassen, em contraste, na importância do lugar em uma sociologia da globalização torna seu trabalho mais recente, centrado na noção de expulsões, agudamente sensível ao problema da inclusão e exclusão.

187 Em seu famoso ensaio "O estranho", Georg Simmel, o grande sociólogo alemão, caracterizou o estranho como a pessoa que chega em uma comunidade e que, em contraste ao andarilho, ali permanece embora continue distante.

Conforme observado anteriormente, sociólogos propõem uma correlação entre o espaço e o tempo dos processos de globalização. Isso não deveria nos surpreender, em consonância com o modelo ACAI de Direito, o qual indica que ordens jurídicas, sejam elas globais ou não, estruturam-se como ordens pragmáticas que, de uma perspectiva do ator, manifestam-se como unidades putativas de espaço, tempo, subjetividade e tipos de atos. David Harvey, em seu estudo clássico sobre a condição pós-moderna, argumenta que o tempo, não menos que o espaço, vê-se comprimido no capitalismo tardio. Resistindo à naturalização tanto do espaço quando do tempo, ele sustenta que nós somos testemunhas da "aniquilação do espaço pelo tempo" ao longo da acumulação de capital.

> Eu uso a palavra "compressão" dado que se pode propor um argumento convincente de que a história do capitalismo se caracteriza por uma aceleração do ritmo da vida, enquanto se superam barreiras espaciais ao ponto do mundo por vezes parecer ter colapsado para dentro de nós.[188]

Baseando-se em Harvey, Castells nota que enquanto o relógio continua a dominar as sociedades contemporâneas, a sociedade de redes global testemunha a emergência de um "tempo intemporal", facilitado pelas novas tecnologias de informação, de modo que "pela primeira vez na história emergiu um mercado de capitais global unificado, *trabalhando em tempo real*".[189] A compressão do espaço, em sua perspectiva, tem seu correlato na simultaneidade

---

SIMMEL, Georg. "The Stranger". *In*: _____. *On individuality and social forms*. Chicago: University of Chicago Press, 1971, pp. 143-150.

188 HARVEY, David. *The Condition of Postmodernity*. Oxford: Basil Blackwell, 1989, p. 240. Ver também VIRILIO, Paul. *Speed and politics*: an essay on dromology. Trad. para o inglês de Mark Pollizzotti. Nova York: Semiotext(e), 1977.

189 CASTELLS, Manuel. *The rise of the network society*. 2ª ed. Oxford: Wiley-Blackwell, 2010, p. 465.

do tempo através do espaço: "a dispersão e concentração espaciais simultâneas via tecnologias da informação".[190]

Como indicado no início desta seção, o modelo ACAI do Direito não "explica" as características específicas da experiência temporal própria aos processos de globalização, em particular a aceleração do tempo tornada possível pela junção entre capitalismo global e novas tecnologias de informação. Mas essa não é sua tarefa. Mais modestamente, porém ainda assim importante ressaltar, o modelo é receptivo para essa forma específica de temporalidade que está em jogo na noção de uma "compressão" do tempo. O que está em questão não é apenas a "simultaneidade" do tempo do relógio, mas, pelo contrário, a simultaneidade na forma de um *agora*, isto é, de um tempo organizado na forma de um arco a ligar conjuntamente passado, presente e futuro. A aproximação do que é fisicamente distante, no curso da ação coletiva, anda lado a lado com um presente compartilhado na forma daquilo que nós* estamos fazendo agora conjuntamente à luz de um passado compartilhado e com vistas a um futuro, muito embora agentes participantes estejam localizados em lugares fisicamente remotos uns dos outros, portanto, também e talvez com tempos de relógio díspares. A questão seguinte é, evidentemente, como os processos de globalização articulam a relação entre passado, presente e futuro no curso da ação coletiva; mas isso, como já observado, é uma questão que o modelo ACAI do Direito não busca responder; sua tarefa é providenciar um modelo que nos permita propor essa questão, bem como abordá-la ao olharmos para as especificidades das ordens jurídicas globalizantes, algo que eu busco fazer no capítulo III.

---

190 CASTELLS, Manuel. *The rise of the network society*. 2ª ed. Oxford: Wiley-Blackwell, 2010, p. 428.

2.4 Três modulações do conceito de ordem jurídica

Até o momento eu busquei mostrar que o modelo ACAI do Direito é consistente e pode acomodar características muito gerais próprias dos processos de globalização, tais quais a fragmentação, privatização e mercantilização das ordens normativas, bem como a "compressão" do espaço e do tempo. Eu gostaria de concluir este capítulo indicando como esse modelo pode orientar investigações futuras acerca de exemplos específicos das ordens jurídicas globais emergentes. De fato, pesquisas acadêmicas sobre globalização têm desenvolvido análises e classificações acerca da proliferação extraordinária das origens jurídicas globais emergentes putativas, cujas estruturas não são capturadas nem pelo Estado, nem pelo Direito Internacional. Poder-se-ia olhar, por exemplo, para organizações internacionais como a OMC; arranjos híbridos de governança público-privado como a Organização Internacional do Trabalho; redes transgovernamentais, como a do Comitê para Supervisão Bancária da Basileia, a Rede de Combate a Crimes Financeiros ou a Organização Internacional de Valores Mobiliários; e regimes regulatórios globais completamente privados, como aqueles estabelecidos pela Clean Clothes Campaign (CCC), o Forest Stewardship Council, *lex digitalis* e a nova *lex mercatoria*. Tem-se sugerido que esse vasto domínio de governança global aponta para a emergência de um Direito Administrativo Global, para me emprestar do título de um artigo influente,[191] e de regimes globais de direitos humanos.

Mesmo essa avaliação drasticamente resumida do vasto campo de investigação que temos diante de nós sugere que se deveria resistir ao ímpeto de analisar um espectro menor ou maior de exemplos.

---

191 KINGSBURY, Benedict; KRISCH, Nico; STEWART, Richard B. "The emergence of global administrative law". *Law and Contemporary Problems*, vol. 68, 2005, pp. 15-61.

É certamente necessário se engajar com um espectro de instâncias de ordens jurídicas globais emergentes putativas; essa é a tarefa do capítulo III. Mas primeiro é necessário identificar a questão a servir de guia, abrindo essas altamente distintas ordens jurídicas a uma análise sistemática. Porque não é minha intenção oferecer mais uma nova contribuição à sociologia das globalizações jurídicas, nem à literatura sobre Relações Internacionais ou Direito Internacional. O emaranhado de análises gerado por essas disciplinas interessa aqui apenas na medida em que contribui para elucidar o conceito de ordem jurídica na passagem daquilo que Sassen denomina TAD nacional para o TAD global. Se o Estado captura "todos os principais componentes da vida social, econômica, política e subjetiva" dentro de uma ordem singular, a fragmentação do território, autoridade e direitos forjada por processos de globalização corresponde a uma desagregação daquela "normatividade mestre em múltiplas e parciais ordens normativas".[192] Evidentemente, o conceito de ordem normativa em geral, e o de ordem jurídica particular, subjacente à análise de Sassen da passagem do TAD nacional ao TAD global, permanece mais ou menos implícito, e dado como evidente em sua sociologia da globalização.

Para começarmos a lidar com esse problema, eu inicio com três termos ubíquos, lentes conceituais através das quais acadêmicos buscaram apreender as transformações forjadas pelos processos de globalização: *governança*, *rede* e *regime*. Talvez não seja exagerado dizer que esses três termos sejam a linha comum a atravessar a maioria das, senão todas, investigações contemporâneas acerca dos processos de globalização. O leitor terá notado que eu já me vali desses termos ao introduzir exemplos desse campo de investigação que precisa ser examinado. Eu não pretendo empregar esses termos de maneira acrítica, usando-os aos modos prescritos pelos estudiosos dos processos de globalização. Pelo contrário,

---

192 SASSEN, Saskia. *Territory, Authority, Rights*: from Medieval to Global Assemblages. Princeton: Princeton University Press, 2006, p. 10.

eu quero manter uma certa distância no que diz respeito a como a literatura usa esses termos. Porque meu objetivo é revelar como cada um deles evoca, implícita ou explicitamente, a questão acerca da *unidade* putativa, uma questão que vai ao coração do conceito de ordem jurídica. De maneiras um pouco diferentes, mas relacionadas de todo modo, parece-me que os conceitos de governança, rede e regime indicam, sem efetivamente esclarecer, o problema da unidade das ordens normativas em geral, e das ordens jurídicas em particular. Eu gostaria de adicionar que esta seção realiza uma análise *conceitual*; se os fenômenos concretos que esses conceitos supostamente expressam efetivamente envolvem reivindicações de unidade, ainda que, talvez, diferentemente daquelas das ordens jurídicas estatais, é uma questão que precisa ser postergada até o capítulo III, quando nós nos voltamos a considerar um grande número de ordens jurídicas globais emergentes.

Minha insistência em abordar a questão acerca da unidade putativa latente nesses três conceitos é motivada por dois interesses. Primeiro, esse problema nos oferece uma boa perspectiva para considerar se a passagem do TAD estatal ao TAD global implica mudanças estruturais à ordem jurídica, tal qual modelada pelo ACAI. Segundo, a questão acerca da unidade putativa nos leva diretamente a uma conjuntura-chave do capítulo I e da seção 2.3: a emergência de ordens jurídicas globais significa, primeiro e antes de tudo, a globalização de processos de unificação e pluralização, logo, a globalização da inclusão e exclusão. Ao abordar governança, rede e regime de maneira a se conceder um lugar privilegiado à questão acerca da unidade putativa das ordens jurídicas globais emergentes, abre-se espaço para se elucidar como essas ordens podem servir de veículos para novas formas da inclusão e exclusão globais. Deixe-me enfatizar, mais uma vez, que, ao buscar compreender como as unidades putativas das ordens jurídicas globalizantes podem se configurar, eu não tenho qualquer interesse em defender *à outrance* o "monismo" do Direito Estatal veementemente contestado pelos defensores do pluralismo jurídico. Minha preocupação consiste, pelo contrário, no fato de que, ao desqualificar como estatocêntrico o esforço em enxergar as ordens jurídicas como reivindicações emergentes à unidade putativa, pluralistas jurídicos se privam de ferramentas conceituais que os poderiam ajudar a compreender como e por que as globalizações jurídicas podem ser globalizações da inclusão e exclusão. Levando essas considerações um passo adiante, a questão acerca da unidade putativa prepara o terreno para se abordar a principal e fundamental questão advinda com a noção de Direito Global, ou seja, se é possível ou mesmo já é o caso de existir uma ordem jurídica que tenha um dentro sem qualquer fora, portanto, que possa articular uma unidade que inclua sem excluir.

2.4.1 Governança

Aqui seguem alguns comentários bem gerais acerca da distinção entre governo e governança, bem mais resumidos do que qualquer uma das numerosas e volumosas contribuições dedicadas a esse tópico.[193] Em geral, se governança diz respeito a governar ou dominar – nesse sentido amplo acerca da regulação do comportamento –, seu escopo inclui (mas não está de maneira alguma limitado a) o governo, que representa a regulação do comportamento

---

193 Uma seleção de contribuições de destaque ao tópico da governança global incluiria: KRATOCHWIL, Friedrich. "Global governance and the emergence of a world society". *In*: KARAGIANNIS, Nathalie; WAGNER, Peter (Coord.). *Varieties of world-making*: beyond globalization. Liverpool: Liverpool University Press, 2007, pp. 266-283; MURPHY, Craig N. "Global governance: poorly done and poorly understood". *International Affairs*, vol. 76, nº 4, 2000, pp. 789-803; ROSENAU, James N. "Governance in a New Global Order". *In*: HEWSON, Martin; SINCLAIR, Timothy (Coord.). *Approaches to global governance theory*. Albany: State University of New York Press, 1999, pp. 70-86; SENDING, Ole Jacob; NEUMAN, Iver. "Governance to Governmentality: NGOs, States and Power". *International Studies Quarterly*, vol. 50, nº 3, 2006, pp. 651-672. Eu gostaria de agradecer a Nikolas Rajkovic por chamar minha atenção acerca dessas publicações.

através dos canais tradicionais da autoridade estatal. Mais precisamente, a governança tem sido descrita como

> um processo de coordenação de atores, de grupos sociais, em que nem todos são [entidades] estatais ou mesmo públicas, de modo a alcançar seus próprios objetivos, os quais são discutidos e definidos coletivamente em ambientes fragmentados e incertos.[194]

Diversos aspectos dessa definição apontam para a direção do problema da unidade putativa, mesmo embora tal definição não o aborde explicitamente dessa maneira. Antes de mais nada, há a referência significativa a objetivos como "seus próprios objetivos" (*buts propres*). De fato, o adjetivo evoca um coletivo que possui objetivos, que seus membros chamam de seus porque também foram objeto de discussão e definição coletivas.

Observe, além disso, o conceito de regulação, o qual é intimamente associado àquilo que estudiosos chamam de "governança regulatória". Como notado na seção 2.2, o termo "regulação" adquiriu uma conotação administrativa e tecnocrática. Por exemplo, Levi-Faur define regulação como a "legalização burocrática *ex ante* de regras prescritivas e o monitoramento e a execução dessas regras por atores sociais, comerciais e políticos em relação a outros atores sociais, comerciais e políticos".[195] Não há necessidade, contudo, de restringir regulação a formas administrativas e sobretudo tecnocráticas de governança. Existem também formas de regulação que

---

194 COMMAILLE, Jacques; JOBERT, Bruno. *Les métamorphoses de la régulation politique*. Paris: Librairie générale de droit et de jurisprudence, 1998, p. 29, citado em OST, François; KERCHOVE, Michel Van de. *De la pyramide au réseau?* Pour une théorie dialectique du droit. Bruxelas: Publications des Facultés de Saint Louis, 2002, p. 29.

195 LEVI-FAUR, David. "Regulation and Regulatory Governance". *In*: ______. (Coord.). *Handbook on the Politics of Regulation*. Cheltenham: Edward Elgar, 2011, p. 6.

vão além do escopo de um conceito de regulação próprio à ordem jurídica. Nesse contexto, Julia Black convenientemente identifica três definições de regulação circulando na literatura. De acordo com a terceira e mais ampla dessas definições, regulação inclui "todos os mecanismos de controle social ou influência afetando o comportamento a partir de qualquer fonte que seja, seja intencional ou não".[196] Trata-se certamente de uma definição muito ampla para nos ajudar a compreender o que é específico ao Direito.

> A segunda definição se atém ao governo como o "regulador" mas amplia as técnicas que podem ser descritas como "regulação", de modo a incluir qualquer forma de intervenção estatal direta na economia.[197]

Essa definição é ao mesmo tempo muito ampla e muito restrita: muito ampla em razão de abranger todas as formas de intervenção estatal; muito restrita porque ela se refere apenas ao governo como regulador e à economia como objeto da regulação.[198] Colin Scott destaca aquilo que é essencial à regulação na primeira definição de Black quando propõe que regulação abrange

> qualquer processo ou conjunto de processos pelos quais normas são estabelecidas, o comportamento daqueles sujeitos a essas normas é monitorado ou registrado pelo regime, e em relação aos quais existem mecanismos para manter

---

196 BLACK, Julia. "Decentring regulation: understanding the role of regulation and self-regulation in a 'post-regulatory' World". *Current Legal Problems*, vol. 54, 2001, p. 129.

197 BLACK, Julia. "Decentring regulation: understanding the role of regulation and self-regulation in a 'post-regulatory' World". *Current Legal Problems*, vol. 54, 2001, p. 129.

198 BLACK, Julia. "Decentring regulation: understanding the role of regulation and self-regulation in a 'post-regulatory' World". *Current Legal Problems*, vol. 54, 2001, p. 129.

> o comportamento dos atores regulados dentro de limites aceitáveis pelo regime.[199]

Assim definido, o âmbito da regulação é coextensivo ao conceito de regulação considerado na introdução do modelo ACAI do Direito: articulação, monitoramento e sustentação do ponto de ação em conjunto. Note que essa definição não dá como certo que o governo é o único ou mesmo o principal regulador, assim abrindo espaço para reguladores públicos, híbridos ou puramente privados. Certamente, Scott se refere a regimes, em vez de se referir a atuação coletiva, uma questão retomada em breve. Mas a definição de Scott se encaixa engenhosamente com a noção de governança, de acordo com a qual a ação de uma multitude de agentes é coordenada a fim de se realizarem os "objetivos próprios" do coletivo. De fato, é à luz do ponto de ação coletiva que faz sentido ver a regulação abranger as três dimensões notadas por Scott: estabelecendo, monitorando e executando normas. Mas isso simplesmente significa que regulação, no sentido da governança regulatória, diz respeito à unificação ou à integração do comportamento de atores sob uma perspectiva na primeira pessoa do plural de um nós*. "Pós-regulação", isto é, a condução indireta do comportamento através de, e.g., regras procedimentais em vez de regras substantivas, e "metarregulação", isto é, a regulação de processos regulatórios, não constituem exceções à estrutura da ação coletiva.

Não é surpreendente, então – em contraste com aquilo que se assume como a forma autocrática e centralizada de domínio próprio ao governo –, que uma das formas de governança regulatória que mais tem atraído a atenção dos estudiosos seja a *auto*rregulação, frequentemente na forma da autorregulação privada. Aqui, mais uma vez, a unidade putativa entra na cena: a noção de um ente coletivo que governa a si próprio implica que uma multitude de

---

199 SCOTT, Colin. "Analyzing Regulatory Space: Fragmented Resources and Institutional Design". *Public Law*, 2001, p. 283.

atores pode se enxergar como grupo ou unidade que age em razão do estabelecimento e cumprimento de regras em seu interesse mútuo. Se, como Pettit coloca, o uso da palavra "auto" é reservado a agentes que podem se referir a si próprios "sob o aspecto de indexicais em primeira pessoa como 'eu', 'meu' e 'minha'", então também a autorregulação coletiva, como forma de governança, implica a forma de unidade na qual diversos atores se referem a si mesmos como nós* que, através da nossa ação em conjunto, busca realizar nossos "próprios objetivos".[200]

Essas reflexões acerca da relação entre governança e unidade putativa são confirmadas caso se olhe para os quatro elementos que, de acordo com Dingwerth e Pattberg, identificam o conceito de governança global como uma lente teórica através da qual se pode abordar um conjunto de fenômenos sociais contemporâneos. Primeiro, a noção introduz atores não estatais como organizações não governamentais (ONGs), corporações transnacionais (CTNs) e atores científicos que são parte e parcela de um estudo da dominação: "a governança global implica uma perspectiva multiator acerca da política mundial".[201] Isso equivale a expandir a gama de atores que intervêm na governança regulatória, conquanto deixando intacta o pressuposto de que a regulação é um processo *integrativo*, i.e., um processo orientado a unificar comportamento sob um ponto compartilhado de ação coletiva. Segundo, o termo sustenta uma perspectiva que vê a política mundial como um "sistema multinível" que interconecta amontoados de processos políticos em níveis locais, nacionais, regionais e globais. Um sistema multinível, conforme Twining argumenta, implica ordens sobrepostas em vez de uma ordem estruturada hierarquicamente. Mas como seria possível identificar essas ordens como sobrepostas se cada uma delas não

---

200 PETTIT, Philip. *A theory of freedom*: from the psychology to the politics of agency. Cambridge: Polity Press, 2001, p. 116.

201 DINGWERTH, Klaus; PATTBERG, Philipp. "Global Governance as a Perspective on World Politics". *Global Governance*, vol. 12, nº 2, 2006, p. 191.

reivindicasse uma unidade que as torna mais ou menos distintas e autônomas umas das outras? Terceiro, a governança global é um substituto para uma abordagem teorética que reconheça a existência de uma pluralidade de formas de governança que não estão hierarquicamente relacionadas umas às outras. Em particular, qualquer coisa que se assemelhe a uma autoridade central se encontra ausente nos níveis de políticas internacional e transnacional, o que leva a processos mais ou menos informais de coordenação entre atores públicos e privados. Aqui, mais uma vez, processos mais ou menos informais implicam uma reivindicação e uma demanda por uma unidade coletiva, muito embora não seja necessariamente o tipo de unidade putativa própria ao governo estatal. Por fim, a teoria da governança global reconhece e estuda "a emergência de novas esferas de autoridade em uma política mundial, independentemente de Estados-nação soberanos".[202] Se, como observado na seção 2.2, a autoridade é exercida por meio de articulação, monitoramento e sustentação de pontos de ação coletiva, então nada no conceito de autoridade demanda sua restrição a Estados.

2.4.2 Rede

Vamos agora perlustrar a segunda categoria-chave mencionada anteriormente, *rede*, seguindo a tendência de muitos estudiosos de analisar a governança global em três princípios ordenadores distintos: hierarquia, rede e mercado. Cada um desses princípios é um modo de ordenação – e, nesse sentido, de dominação – de comportamentos e relações sociais. O artigo pioneiro de Walter Powell sobre governança por redes resume os elementos centrais dessa tipologia tricotômica. Na medida em que "preços somente determinam a produção e a troca", mercados são "uma forma de organização não coercitiva, tendo efeitos de coordenação, mas não

---

202 DINGWERTH, Klaus; PATTBERG, Philipp. "Global Governance as a Perspective on World Politics". *Global Governance*, vol. 12, nº 2, 2006, p. 193.

de integração".[203] Por contraste, tanto hierarquias quanto redes têm funções integradoras. Ambas integram comportamento social por meio da regulação, no sentido amplo indicado quando eu esbocei o modelo ACAI do Direito: articulando, monitorando e sustentando a ação em conjunto. Mas há uma diferença importante entre as duas. A hierarquia, a qual Powell explora no contexto das organizações empresariais (mas que também é típica da regulação estatal), envolve um sistema autoritativo de ordem que "divide tarefas e posições". Redes, por sua vez, não podem depender da alocação autoritativa de posições e papeis. Extrapolando-se convenientemente, o que Powell tem a dizer acerca das redes como forma de ordenação econômica também vale para redes regulatórias em geral:

> em modos de alocação de recursos em redes, transações não ocorrem por trocas discretas nem pela simples vontade administrativa, mas através de redes de indivíduos engajados em ações recíprocas, preferenciais e de apoio mútuo.[204]

Focando especialmente no Direito, Ost e Van de Kerchove sustentam que hierarquia e rede, governo (estatal) e governança (global), apontam para dois paradigmas diferentes da ordem jurídica, muito embora o segundo nunca exclua completamente o primeiro. Em termos positivos, uma rede consiste em uma "teia" ou uma "estrutura" composta de "elementos" ou "pontos", frequentemente qualificados como "entrelaçamentos" ou "arestas", relacionadas entre si por "links" ou "laços" que asseguram sua "interconexão"

---

203 POWELL, Walter W. "Neither market nor hierarchy: network forms of organization". *Research in Organizational Behavior*, vol. 12, 1990, p. 302.

204 POWELL, Walter W. "Neither market nor hierarchy: network forms of organization". *Research in Organizational Behavior*, vol. 12, 1990, p. 303. Ost e Van der Kerchove oferecem uma caracterização positiva e uma negativa das redes.

ou "interação", e as variações dos quais respondem a certas "regras operacionais".[205] Negativamente, e em contraste com

> a estrutura de um sistema, e certamente de uma estrutura piramidal... ou hierárquica, em uma rede "nenhum ponto é privilegiado no que diz respeito aos demais, nenhum está singularmente subordinado a qualquer um dos outros".[206]

Isso é o que a referência à horizontalidade de redes de governança supostamente traz à tona, em contraste com as relações verticais da autoridade implicadas pela hierarquia em geral, e pelo governo estatal em particular. Não é surpreendente que esse elemento das redes jurídicas tenha sido recepcionado com bastante entusiasmo nos primeiros estágios da pesquisa sobre redes, mesmo se em retrospectiva tenha-se moderado consideravelmente o júbilo inicial diante das desvantagens que se agregam à governança em redes.[207]

Agora, o que torna as redes particularmente interessantes para nosso esforço é que elas contêm a promessa, ao que parece, de abertura em contraposição ao fechamento das formas hierárquicas de governança, quintessenciais ao governo estatal. Com efeito, tem-se argumentado que "em contraste à noção de um sistema, aquela de rede não parece implicar qualquer 'fechamento', dado

---

205 OST, François; KERCHOVE, Michel Van de. *De la pyramide au réseau?* Pour une théorie dialectique du droit. Bruxelas: Publications des Facultés de Saint Louis, 2002, p. 24.

206 OST, François; KERCHOVE, Michel Van de. *De la pyramide au réseau?* Pour une théorie dialectique du droit. Bruxelas: Publications des Facultés de Saint Louis, 2002, p. 24.

207 Gunther Teubner, dificilmente um inimigo incivilizado das redes, aponta para o risco das assimetrias de confiança, poder e informação e das externalidades das redes como algumas de suas desvantagens em seu excelente livro: TEUBNER, Gunther. *Netzwerk als Vertragsverbund*: Virtuelle Unternehmen, Franchising, Just-in-time in sozialwissenschaftlicher und juristischer Sicht. Baden-Baden: Nomos, 2004, pp. 41-57.

que redes são 'estruturas abertas capazes de extensão infinita'".[208] Parece, portanto, fazer pouco ou nenhum sentido abordar a regulação em redes nos termos de uma unidade putativa; ou se existe um tipo de unidade envolvida na regulação por redes, ela seria uma unidade recalcitrante ao fechamento; uma unidade que inclui sem excluir. Mas essa objeção não tem como prosperar. Porque, mesmo se redes regulatórias sejam estruturas *abertas*, ainda assim são, não obstante, *estruturas*, o que sugere uma forma de fechamento anterior governando sua abertura. Isso é confirmado pela ressalva crucial que Ost e Van de Kerchove adicionam à passagem citada anteriormente. Imediatamente após notar que redes são estruturas abertas capazes de se estender infinitamente, os autores adicionam que elas podem "integrar novos entrelaçamentos na medida em que eles sejam capazes de se comunicar dentro da rede; em outras palavras, na medida em que [eles] compartilhem os mesmos códigos de comunicação".[209] A ressalva acerca da necessidade de um código comum não introduz efetivamente um princípio de fechamento comunicativo tanto quanto de abertura comunicativa que seja constitutiva para a possibilidade de redes, assim evocando uma forma de unidade jurídica que permaneça implícita e dada como certa? Na medida em que redes assumem a forma de redes *regulatórias*, parece estar em questão a unidade na primeira pessoa do plural tanto pressuposta quanto propiciada por articulação, monitoramento e sustentação do ponto de ação coletiva.

De fato, o modelo ACAI do Direito sugere que tanto hierarquias quanto redes envolvem unidades putativas na forma de uma perspectiva plural em primeira pessoa da ação coletiva. Em ambas, a integração social advém da emergência de uma perspectiva de

---

208 OST, François; KERCHOVE, Michel Van de. *De la pyramide au réseau?* Pour une théorie dialectique du droit. Bruxelas: Publications des Facultés de Saint Louis, 2002, p. 25 (itálicos adicionados).

209 OST, François; KERCHOVE, Michel Van de. *De la pyramide au réseau?* Pour une théorie dialectique du droit. Bruxelas: Publications des Facultés de Saint Louis, 2002, p. 25.

grupo distinta do mero conjunto de perspectivas dos atores individuais. Como no caso de coletivos estruturados hierarquicamente, também os atores participantes de redes de governança referem a si mesmos como membros de um grupo que age como unidade. Para entender por que, considere uma descrição bastante direta de uma governança em rede:

> [i] uma articulação relativamente estável e horizontal de atores *interdependentes*, mas operacionalmente *autônomos*, [ii] que interagem através de *negociações* envolvendo barganha, deliberação e intensas disputas por poder [iii] que tem lugar em uma *malha relativamente institucionalizada* de regras, normas, conhecimento e imaginários sociais articulados contingentemente, [iv] que é *autorregulatória* dentro dos limites estabelecidos por agências externas [v] e que contribui para a produção de um *propósito público* no sentido amplo de visões, ideias, planos e regulações.[210]

Essa descrição das redes de governança envolve aspectos-chave do conceito de ação coletiva, conforme esboçado na seção 2.2. Para começar, eu não tenho nenhum problema em abrir mão da pressuposição, conforme formulado no item [iv], de que redes regulatórias precisam envolver limites estabelecidos por agências externas; eu fico feliz em flexibilizar o ponto [iv] de modo a incluir redes regulatórias puramente privadas. Note, ademais, que a característica [iii] especifica a dimensão institucional das ordens jurídicas tal qual o modelo ACAI do Direito. Caso se concentre, então, nas características [i], [ii] e [v], elas mostram que redes de governança são compostas por uma multitude de atores participantes (os "entrelaçamentos" da

---

210 SØRENSEN, Eva; TORFING, Jacob. "The Democratic Anchorage of Governance Networks". *Scandinavian Political Studies*, vol. 28, nº 3, 2005, p. 197. Ver também RHODES, R. A. W. *Understanding Governance*: policy networks, governance, reflexivity and accountability. Buckingham: Open University Press, 1997, p. 53.

rede) que estabelecem conjuntamente regras (em um sentido bem amplo do termo "regras") com o intuito de realizar o ponto de ação coletiva. É perfeitamente apropriado dizer, assim sendo, que os "entrelaçamentos" de uma rede de governança assumem a perspectiva na primeira pessoa do plural de um nós* - um nós* enredado, se assim se quiser. Revisitando a ressalva importante de Ost e Van de Kerchove quanto à abertura das redes, a integração de "novos nódulos" (atores) à rede regulatória pressupõe o compartilhamento de um mesmo "código de comunicação" (ponto de ação em conjunto). Nenhuma abertura de rede sem seu concomitante fechamento, nenhuma inclusão em uma rede regulatória sem a consequente exclusão de participação.

2.4.3 Regime

Para concluir nossa observação, considere a noção de regime, em particular, a de regime global, sendo a terceira categoria-chave através da qual acadêmicos buscaram conceitualizar as transformações que leva do TAD estatal ao TAD global. A noção evoca a ideia de uma ordem normativa, embora de uma maneira difusa, sugerindo algo diferente do tipo de ordem jurídica associada com o Direito Estatal, enquanto deixa convenientemente no escuro aquilo que lhe é específico. Apesar – ou talvez por causa – de seu caráter difuso, essa noção tem gozado de uma recepção extraordinária, como atestado por alguns dos diferentes campos aos quais ela tem sido aplicada: regimes internacionais, em particular regimes especiais e (em algumas versões) autocontidos; regimes regulatórios; regimes globais; regimes privados. A noção também tem sido um *locus* privilegiado da acrimoniosa e prolongada guerra de trincheiras entre Direito Internacional e Teoria das Relações Internacionais. Enquanto juristas do Direito Internacional consistentemente argumentam que regimes especiais se encontram incrustado no Direito Internacional, teóricos das Relações Internacionais apelam para a noção de modo a introduzir normatividade em suas análises sem precisarem assumir a perspectiva interna dos juristas do Direito

Internacional.[211] Além disso, se primeiramente a teorização se concentrou no conceito de regime enquanto tal, o debate se dirigiu a questões como o conflito e a constitucionalização de regimes.[212]

Eu não estou interessado em dissertar acerca desse abrangente debate, nem em reviver a teoria dos regimes a fim de providenciar mais uma nova definição ou classificação de regimes que resolvam o debate de uma vez por todas. Da mesma maneira, eu suspendo pelo momento aquelas preocupações profundas acerca da forma de poder tecnocrática e gerencial – hegemônica até – ligada a regimes regulatórios globais, postergando uma discussão mais completa desses pontos até o momento em que possamos desenvolver um conceito normativo de autoridade em um contexto global.[213] O que me interessa, por ora, é identificar e discutir os pressupostos mais ou menos inarticulados dessas diferentes definições e debates.

Considere, para esse propósito, um punhado de definições do termo. Stephen Krasner oferece o *locus classicus* da perspectiva das Relações Internacionais acerca do que seriam regimes, ou seja,

---

211 CRAWFORD, James; NEVILL, Penelope. "Relations between International Courts and Tribunals: the 'Regime Problem'". *In*: YOUNG, Margaret A. (Coord.). *Regime interaction in international law*. Cambridge: Cambridge University Press, 2012, p. 258; SIMMA, Bruno; PULKOWSKI, Dirk. "Of planets and the universe: Self-contained regimes in international law". *European Journal of International Law*, vol. 17, nº 3, 2006, pp. 483-529.

212 Para visões antípodas acerca do conflito de regimes, ver PULKOWSKI, Dirk. *The law and politics of international regime conflict*. Oxford: Oxford University Press, 2014; FISCHER-LESCANO, Andreas; TEUBNER, Gunther. "Regime Collisions: The Vain Search for Legal Unity in the Fragmentation of Global Law". *Michigan Journal of International Law*, vol. 25, 2004, pp. 999-1046. Quanto à constitucionalização dos regimes, ver TEUBNER, Gunther. *Constitutional fragments*: societal constitutionalism and globalization. Oxford: Oxford University Press, 2012.

213 Ver e.g. KOSKENNIEMI, Martti. "Miserable comforters: international relations as new natural law". *European Journal of International Relations*, vol. 15, 2009, pp. 395-422; KOSKENNIEMI, Martti. "Hegemonic Regimes". *In*: YOUNG, Margaret A. (Coord.). *Regime interaction in international law*. Cambridge: Cambridge University Press, 2012, pp. 305-324.

os “princípios, normas, regras, e processos de tomada de decisão em torno dos quais as expectativas dos atores convergem em uma dada área-problema”.[214] O relatório do Grupo de Estudo do ILC sobre a Fragmentação do Direito Internacional oferece, dentre outras, uma definição expansiva do conceito de um regime especial:

> Às vezes campos inteiros de especialização funcional... são descritos como autocontidos (seja essa palavra usada ou não) no sentido de que regras especiais e técnicas de interpretação e administração são consideradas aplicáveis.

Nesse espírito

> campos como o do Direito dos Direitos Humanos, Direito da OMC, Direito Europeu/Direito da UE, Direito Humanitário, Direito Espacial, dentre outros, são frequentemente identificados como “especiais” no sentido de que se assume que regras do Direito Internacional Geral são modificadas ou mesmo excluídas por sua administração.[215]

Margaret Young faz uma definição híbrida de regimes que combina aspectos de Direito Internacional, Direito Transnacional e Relações Internacionais:

> regimes são conjuntos de normas, procedimentos de tomada de decisão e organizações que coalescem em torno de áreas de problemas funcionais e dominados por modos particulares de comportamento, pressuposições e preconceitos.[216]

---

214 KRASNER, Stephen D. “Structural causes and regime consequences: regimes as intervening variables”. *International Organization*, vol. 36, nº 2, 1982, p. 185.

215 Relatório da Comissão de Direito Internacional, Fragmentação do Direito Internacional, parágrafo 129.

216 YOUNG, Margaret. “Introduction: The Productive Friction between Regimes”. *In*: ______. (Coord.). *Regime interaction in international law*.

Colin Scott define regimes como "o espectro de políticas, instituições e atores que moldam os resultados em um certo domínio político".[217] Qualquer que sejam as diferenças entre essas definições, todas elas tentam dar um nome a ordens normativas que reivindicam no mínimo um certo grau de autonomia para si próprias diante do Estado e do Direito Internacional, e que supostamente divergem significativamente da estrutura estatal enquanto ordens jurídicas. Por fim, Fischer-Lescano e Teubner veem um regime como "uma união de regras estabelecendo direitos, deveres e poderes, e regras particulares referentes à administração dessas regras, incluindo regras particulares para reagir a violações".[218]

Uma consideração cuidadosa dessas definições deixa claro que, direta ou indiretamente, cada uma delas evoca o problema da *unidade* dos regimes. Algumas dessas definições indicam de modo bastante explícito esse problema, como no caso de Krasner, ao se referir à "convergência" de expectativas; com Young, quando ela se refere a regimes como "conjuntos" de normas dentre outras; com Scott, ao notar que regimes envolvem uma "gama" de políticas, instituições etc.; com Fischer-Lescano e Teubner, ao apontar a "união" de regras e procedimentos a elas relacionados. Outras definições indiretamente evocam o problema da unidade, na noção de um regime "especial". Note, além disso, que o problema da unidade não está menos presente quando estudiosos se referem a regimes como "arranjos", ou "arranjos normativos", no lugar de regimes.[219]

Cambridge: Cambridge University Press, 2012, p. 11.

217 SCOTT, Colin. "Regulating in Global Regimes". *In*: LEVI-FAUR, David (Coord.). *Handbook on the politics of regulation*. Cheltenham: Edward Elgar, 2011, p. 563.

218 FISCHER-LESCANO, Andreas; TEUBNER, Gunther. "Regime Collisions: The Vain Search for Legal Unity in the Fragmentation of Global Law". *Michigan Journal of International Law*, vol. 25, 2004, p. 1013.

219 "Regimes internacionais [são] arranjos institucionalizados diante de áreas-problema diferentes, detentores de suas próprias normas e procedimentos".

Basta de governança, redes e regimes. O teor de meu argumento deve estar claro: cada uma dessas noções pressupõe, sem esclarecer, a unidade putativa das ordens normativas como aquilo que constantemente conduz através do limiar epocal do TAD estatal ao TAD global. Isso não significa que o tipo de unidade putativa relevante para o Direito Estatal é idêntico àquele das ordens jurídicas globais emergentes. Mas existem boas razões para acreditar ser prematuro desmerecer uma investigação acerca das reivindicações por unidade avançadas em nome das origens jurídicas globais emergentes, como se fosse uma tentativa desesperada e de retaguarda em perseverar, independentemente das circunstâncias, um pensamento estatocêntrico acerca do Direito. Aqui, como em muitos outros campos, a alegada ousadia desse movimento para descartar um conceito-chave como se fosse anacrônico acaba reforçando a malha conceitual que se afirma ter abandonado. Governança, redes e regimes, os conceitos que supostamente nos levam para além do pensamento centrado no Estado acerca do Direito (porque eles, alegadamente, afastam a necessidade de demarcações jurídicas, sejam espaciais ou de outro tipo) sugerem que uma investigação das ordens jurídicas globais emergentes deve se permitir ser guiada pela questão da unidade putativa. Pois ao se rastrear como as ordens jurídicas globais emergentes se configuram enquanto unidades putativas, por mais diferentemente que sejam dos Estados, abre-se caminho para se compreender como essas ordens contribuem para a globalização da inclusão e exclusão. E isso, por sua vez, permite que nós confrontemos uma consideração robusta da autoritatividade de uma política autoritativa das demarcações. Mas isso antecipa a minha narrativa.

PULKOWSKI, Dirk. *The law and politics of international regime conflict*. Oxford: Oxford University Press, 2014, p. ix.

CAPÍTULO III

TRÊS VARIAÇÕES ACERCA DO TEMA DA UNIFICAÇÃO E PLURALIZAÇÃO JURÍDICA

O capítulo I ofereceu uma consideração preliminar do Direito Global enquanto *global*. Subsequentemente, o capítulo II esboçou um protótipo do Direito Global enquanto *Direito*, validando provisionalmente sua capacidade em nos ajudar a compreender certas características dos processos de globalização jurídica. Em consonância com o princípio metodológico geral deste livro, o qual nos moveu entre os dois termos da expressão, nós devemos ater agora a uma análise mais detalhada e compreensiva da globalidade do Direito Global. A chave para esse passo seguinte é a unidade putativa das ordens jurídicas. De fato, a seção final do capítulo II sugeriu que o problema da unidade não é menos constitutivo das ordens jurídicas em um contexto global do que no Direito centrado no Estado.

Se nós nos permitirmos ser guiados por esse problema, então o modelo ACAI do Direito identifica três modos diferentes, mas estruturalmente interconectados, de explorar como as ordens jurídicas globais emergentes se organizam como unidade putativa, em que "putativa" significa, em uma primeira abordagem, uma unidade que é tanto reivindicada quanto contestável. Com efeito, o modelo ACAI do Direito sugere que há três modos interrelacionados nos quais a emergência de ordens jurídicas globais equivale a um processo de unificação – e pluralização – jurídica. O que está em questão são as dimensões da ordem jurídica, conforme esboçadas na seção 2.1.5. A primeira faceta do tríptico diz respeito àquilo que eu chamo de *coletividade jurídica*: o Direito continua, em um contexto global, a demandar referência à perspectiva na primeira pessoa do plural, na qual se considera que os membros agem em unidade? A segunda consiste nos *sistemas jurídicos*: continuam valendo as condições que tornaram possível que Kelsen, Hart e seus epígonos postulassem que uma ordem jurídica é uma unidade de regras jurídicas (em um sentido amplo) conforme as transformações que levam do governo estatal ao governo global? Ainda em um terceiro sentido, no qual o problema da unidade está em jogo na globalização jurídica, refiro-me ao Direito como *ordem pragmática*. Focando primariamente nas demarcações espaciais, eu levanto duas questões. De um lado, faz sentido descrever ordens jurídicas globalizantes como se traçassem demarcações espaciais de modo a distinguir e unir lugares em uma unidade espacial? De outro, se limites pressupõem que participantes identifiquem como suas ordens jurídicas e suas demarcações, então, com a emergência de uma perspectiva na primeira pessoa do plural mais ou menos robusta, em que medida seriam as ordens jurídicas globais emergentes *limitadas* no espaço?

Esse conjunto de questões é uma moldura conveniente para introduzir e testar um rol de ordens jurídicas globalizantes, bem como para fundamentar de maneira mais complexa o modelo ACAI do Direito. De certo, os exemplos discutidos neste capítulo não esgotam de maneira alguma o campo. Mas eles dão crédito à tese geral deste livro, de que o Direito Global é Direito Local e que ele exclui na medida em que inclui.

3.1 Coletivo jurídico

A questão acerca da unidade putativa das ordens jurídicas globais emergentes concerne, para começar, à perspectiva na primeira pessoa do plural de um nós* em ação em conjunto. Como notado na seção 2.1.1, a ação coletiva não é simplesmente o conjunto de atos realizados por agentes individuais – "nós-cada-um"; os participantes de um grupo são considerados como se agissem em unidade, de tal modo que se reivindica que cada intervenção (em uma série delas) é uma intervenção dos participantes, ou seja, que existe um grupo como um todo que age através desses participantes, independentemente de serem indivíduos ou grupos compostos, correspondentemente, por indivíduos e/ou (sub)grupos – nós* juntos. Haveria alguma mutação nessa forma de unidade putativa com a passagem do governo estatal à governança global? Indo direto ao ponto: seria a perspectiva na primeira pessoa do plural da atuação coletiva *sequer* uma característica importante das ordens jurídicas globais emergentes?

Uma consideração cuidadosa dessa questão sugere que não é suficiente remover a ambiguidade do pronome "nós" nas duas formas propostas por Gilbert, "nós-cada-um" e "nós juntos". Em um artigo importante, Bert van Roermund propõe um argumento convincente acerca da necessidade de se distinguir múltiplas e interrelacionadas posições da primeira pessoa do plural de um nós* em operação na atuação coletiva.[220] E isso equivale a remover a ambiguidade ligada a uma referência excessiva à unidade coletiva no singular. Na sequência, eu me baseio livremente na análise de Van Roermund, emprestando-me do que me parece necessário para meus próprios propósitos. Eu distingo a atuação coletiva em três posições distintas referentes a um nós*: nós* orador, nós*

220 VAN ROERMUND, Bert. "First-Person Plural Legislature: Political Reflexivity and Representation". *Philosophical Explorations*, vol. 6, nº 3, 2003, pp. 235-252. Van Roermund distingue entre quatro posições de um "nós": "nós oradores", "nós que tencionamos", "nós que agimos" e "nós em jogo".

em jogo e nós* autor. A primeira dessas posições se refere àqueles indivíduos que falam/agem em nome de um coletivo. Ela inclui aqueles que praticam atividades regulatórias, no sentido amplo do termo destacado na seção 2.1.3. Ela também inclui, em minha leitura, a literatura jurídica que se engaja em atividades doutrinais à luz da regulação. Por último, mas não menos importante, ela também compreende aqueles envolvidos com representações narrativas da coletividade. De diferentes maneiras, esses "oradores" estão envolvidos com a *representação* de um coletivo. A segunda posição se refere ao grupo em virtude do qual a regulação de um coletivo vem a ser estabelecida. A terceira, por fim, concerne a um grupo *qua* autor da regulação. Essa distinção tricotômica me permite considerar continuidades e descontinuidades significativas entre perspectivas na primeira pessoa do plural disponíveis para os Estados e para ordens jurídicas globais emergentes. Então, por exemplo, não é necessariamente o caso de que um grupo que tenha interesse em uma dada regulação se veja como seu autor.

Vale ressalta que, ao me referir às continuidades e descontinuidades entre esses dos tipos de ordem jurídica, eu me refiro, em relação aos Estados, a um conceito ideal-típico no sentido weberiano, i.e., um conceito formado de elementos e características efetivamente encontrados nos fenômenos, mas que não tem a intenção de mapear uma a uma cada espécime particular de um Estado. Essa ressalva metodológica é importante, porque não há um desenvolvimento linear que leve do TAD nacional ao TAD global: se ordens jurídicas emergentes permanecem parasitárias ao Direito Estatal, então os processos de globalização também transformam significantemente aquilo que tem sido a unidade tradicional do Direito Estatal, em vez de necessariamente anunciar sua declinação.

3.1.1 Nós* oradores

Busquemos visualizar a posição "nós* oradores". Em meio a uma verdadeira confusão de redes de governança, eu me limito a discutir separadamente três delas, que não consistem apenas em uma característica disseminada da governança global, mas que também são consideradas por diversos acadêmicos como profundamente diferentes do domínio hierárquico próprio ao Direito Estatal.

O primeiro exemplo, o Comitê de Supervisão Bancária da Basileia (CSBB), ilustra aquilo que Keohane e Nye chamam de formas "transgovernamentais" de cooperação, ou seja, "conjuntos de interações diretas entre subunidades de diferentes governos que não são controladas ou guiadas de perto por políticos ministeriais ou por líderes executivos de seus respectivos governos", a que Slaughter se refere como "redes governamentais".[221] O conjunto de membros, atividades e estrutura operacional do CSBB está disposto em um estatuto bastante detalhado. Seus membros incluem organizações com autoridade direta para supervisão bancária e bancos centrais. De acordo com seu estatuto, o CSBB atua como

> o principal organismo global de fixação de padrões para a regulação prudente de bancos, [providenciando] um fórum para a cooperação sobre matérias de supervisão bancária. Suas atribuições estão voltadas a fortalecer a regulação, supervisão e práticas dos bancos ao redor do mundo, com o propósito de aprimorar a estabilidade financeira.[222]

---

221 KEOHANE, Robert O.; NYE, Joseph S. "Transgovernmental relations and international organizations". *World Politics*, vol. 27, nº 1, 1971, pp. 39-62; SLAUGHTER, Anne-Marie. *A new world order*. Princeton: Princeton University Press, 2004.

222 COMITÊ DE SUPERVISÃO BANCÁRIA DA BASILEIA. "Estatuto do Comitê de Supervisão Bancária da Basileia". Disponível em: www.bis.org/bcbs/charter.htm. Acessado em: 15.03.2022.

Para tal efeito, o CSBB emite padrões, diretrizes gerais e boas práticas; embora seus padrões não sejam juridicamente vinculantes por si próprios, o CSBB espera "implementação total" por seus membros e pelos bancos internacionalmente ativos. A implementação é assegurada através dos procedimentos legislativos correspondentes em cada jurisdição local. O Grupo de Governadores e Chefes de Supervisão (GGCS) dos estados respectivos exerce uma função fiscalizadora, garantindo que o CSBB opere de acordo com suas atribuições. Embora o GGCS receba sua atribuição de fiscalização dos Estados, o órgão opera com um grande grau de independência das autoridades estatais mandatárias. Significativamente, o artigo 5, seção (a) do estatuto nota que "os membros do CSBB se comprometem a: (a) trabalhar conjuntamente para realizar as atribuições do CSBB...". A invocação do Comitê de Basileia como um nós* enredado é explícita, por exemplo, nos discursos de seus presidentes. Em um discurso recente acerca dos esforços regulatórios correntes e vindouros do Comitê, o então presidente se referiu, dentre outras coisas, ao "nosso esforço regulatório", observando que "nós estamos conduzindo uma revisão 'estratégica' da malha regulatória do capital" dos bancos.[223]

Meu segundo exemplo advém do campo das redes de governança privada, embora na forma da fiscalização estatal: o Conselho de Normas Internacionais de Contabilidade (em inglês, International Accounting Standards Board – IASB). O IASB opera sob a égide da Fundação de Normas Internacionais para Relatórios Financeiros (em inglês, International Financial Reporting Standards Foundation – IFRSF), cuja Constituição foi promulgada em 2000 (e atualizada pela última vez em 2016) e estabelece, dentre outras

---

223 Considerações proferidas pelo Sr. Stefan Ingves, Presidente do Comitê de Supervisão Bancária da Basileia e Governador do Sveriges Riksbank, em ocasião da 8ª Conferência do Grupo Consultivo Regional para a Europa, Berlim, 5 de maio de 2015. Disponível em: www.bis.org/speeches/sp150518.htm. Acessado em: 15.03.2022.

coisas, o conjunto de membros, atividades e estrutura do IASB.[224] A finalidade do IASB, como parte da IFRSF, é "desenvolver um conjunto único de padrões de contabilidade de alta qualidade, compreensíveis, executáveis e globalmente aceitos – padrões IFRS – e promover e facilitar a adoção desses padrões".[225] Como no caso do CSBB, também a autodescrição do IASB invoca uma perspectiva na primeira pessoa do plural de um nós* enredado:

> A Fundação IFRS® é uma organização internacional sem fins lucrativos responsável por desenvolver um conjunto único de padrões de contabilidade de alta qualidade, compreensíveis, executáveis e globalmente aceitos, conhecidos como Padrões IFRS. Nossa missão é desenvolver padrões que tragam transparência, contabilidade e eficiência aos mercados financeiros ao redor do mundo. Nosso trabalho serve ao interesse público promovendo a confiança, crescimento e estabilidade financeira de longo prazo na economia global.[226]

E ainda um terceiro exemplo: a Clean Clothes Campaign (CCC). A CCC, que se autorregula, não é fiscalizada por qualquer tipo de agência pública e ilustra, nesse sentido, uma rede privada de governança completamente privada. A CCC se descreve

> como uma aliança de organizações em 16 países europeus. [Nossos] membros incluem sindicatos e ONGs que abrangem

---

224 INTERNATIONAL FINANCIAL REPORTING STANDARDS FOUNDATION (IFRSF). "Constituição da IFRSF". Disponível em: www.ifrs.org/-/media/feature/about-us/legal-and-governance/constitution-docs/ifrs-foundation-constitution.pdf/la=en&hash=6152EE0474D3331AC616CDA581DDE9FF3E2A3450. Acessado em: 15.03.2022.

225 INTERNATIONAL FINANCIAL REPORTING STANDARDS FOUNDATION (IFRSF). "Declaração de missão, IFRSF". Disponível em: www.ifrs.org/about-us/who-we-are/#about-us. Acessado em: 15.03.2022.

226 Sítio eletrônico do IASB. Disponível em: www.ifrs.org/About-us/Pages/IFRS-Foundation-and-IASB.aspx. Acessado em: 15.03.2022.

> um espectro amplo de perspectivas e interesses, tais quais direitos das mulheres, proteção de consumidores e redução da pobreza.[227]

Para tal, ela tem como base uma malha densa de mais de 200 organizações e sindicatos em países produtores de vestuário, que contribuem para a identificação de problemas e objetivos locais e para alcançar as metas gerais da rede. O objetivo da CCC, conforme formulado em seu Relatório Anual de 2012, é

> melhorar as condições de trabalho e apoiar o empoderamento de trabalhadores na indústria têxtil global. O objetivo principal é acabar com a opressão, exploração e abuso de trabalhadores (em sua maioria mulheres) nesse setor.[228]

Para realizar esse objetivo, a CCC emitiu o Código de Práticas Laborais para Confecções em 1998, baseado nos princípios centrais da Organização Internacional do Trabalho, o qual ela espera ver

> adotado e implementado por empresas, associações industriais e organizações patronais. O código, que é uma declaração concisa de padrões mínimos quanto a práticas laborais, pressupõe o compromisso das empresas que o adotem em assumir ações positivas para sua efetividade.[229]

---

227 CLEAN CLOTHES CAMPAIGN (CCC). Disponível em: www.cleanclothes.org/about. Acessado em: 15.03.2022.

228 CLEAN CLOTHES CAMPAIGN (CCC). "Relatório Anual 2012". Disponível em: www.cleanclothes.org/about/annual-reports/2012-annual-report/view?searchterm=decisio. Acessado em: 15.03.2022.

229 CLEAN CLOTHES CAMPAIGN (CCC). "Code of Labour Practices for the Apparel Industry Including Sportswear". Disponível em: https://cleanclothes.org/resources/publications/clean-clothes-campaign-model-code-of-conduct. Acessado em: 15.03.2022.

Em particular, espera-se de empresas que adotem o código que garantam sua implementação por contratados, subcontratados, fornecedores e licenciados. O código estabelece mecanismos de monitoramento, credenciamento e certificação a empresas que o adotaram. Organizacionalmente, a CCC se orgulha de ter uma estrutura não hierárquica, na qual todos os seus funcionários estão envolvidos na tomada coletiva de decisões. Em consonância com os estatutos e regulamentos da CCC, há um comitê que, dentre outras atribuições, supervisiona a situação financeira e as atividades dos secretários internacional e holandês. Em resumo, embora a CCC se descreva como "uma organização em rede eu consisto em uma coalizão de redes europeias e uma forte rede internacional de parceiros",[230] seus participantes se veem como um coletivo, como um grupo agente cujos membros agem conjuntamente para realizar seu ponto de ação:

> Nós educamos e mobilizamos consumidores, pressionamos empresas e governos e oferecemos suporte direto de solidariedade a trabalhadores enquanto eles lutam por seus direitos e demandam melhores condições de trabalho.[231]

Esses três exemplos indicam, pelo menos, um mínimo de verossimilhança entre governos estatais e redes globais de governança. Em suma, ambos envolvem a unidade putativa na forma daquilo que se considera a perspectiva na primeira pessoal do plural de um agente coletivo engajado em ação regulatória (no sentido amplo de regulação exposto na seção 2.1.3). Em ambos, a integração social advém da emergência de uma perspectiva de grupo distinta, não redutível ao mero conjunto das perspectivas individuais dos atores.

---

230 CLEAN CLOTHES CAMPAIGN (CCC). "Relatório Anual 2012". Disponível em: www.cleanclothes.org/about/annual-reports/2012-annual-report/view?searchterm=decisio. Acessado em: 15.03.2022.

231 CLEAN CLOTHES CAMPAIGN (CCC). Disponível em: www.cleanclothes.org/about. Acessado em: 15.03.2022.

Como no caso dos governos estatais, também na governança em rede os atores que participam da regulação agem, ou ao menos julgam que agem, conjuntamente, i.e., como membros de uma unidade. Note que em cada um dos três exemplos anteriores a referência a um nós* concerne, em primeira instância, à rede de participantes que articulam conjuntamente a configuração-padrão do ponto de agir em conjunto. Embora possa se ter amargas e prolongadas negociações que levem ao estabelecimento de regras, existe aqui, apesar de tudo, uma forma intensa de unidade coletiva: acredita-se que o grupo como um todo estabelece regras gerais, mesmo no caso do envolvimento de uma decisão majoritária (qualificada). Nessa medida, a governança global em redes se assemelha ao governo estatal, e.g., na forma da ação coletiva dos membros de um corpo legislativo.

3.1.2 Nós* em jogo

Seria um erro, contudo, supor que nesses e em outros exemplos o único referente de um nós*, como unidade putativa, seja o grupo daqueles que criam as regras. Aqui também existe uma verossimilhança entre o governo estatal e a governança global: como com um corpo legislativo dentro de um Estado, também o CSBB, o IASB e a CCC reivindicam, *qua* redes de governança, agir em nome de uma comunidade mais ampla. Ao se referirem a si mesmos como um nós* que estabelece regras, tanto um corpo legislativo estatal quanto uma rede de governança global dizem agir como porta-voz de um nós* em nome de quem emite as regras – o nós* em jogo na legislação, nos termos de Van Roermund.

Como discutido para cada uma dessas três redes de governança globais, assumir a posição do "nós* orador" implica em expor um ponto de ação em conjunto por parte de um coletivo, e, por conseguinte, aquilo que está em jogo para um coletivo mais amplo. Mas ao contrário de um corpo legislativo em um Estado, em cada um desses três casos o nós* do nós* enredado se refere, explícita ou implicitamente, à comunidade *global* daqueles que supostamente têm interesse no domínio de comportamento regulado pela rede de governança. Por exemplo, o artigo 5 do estatuto do CSBB declara que seus membros "se comprometem a (...) (g) promover os interesses da estabilidade financeira global e não somente interesses nacionais, enquanto participando dos trabalhos e tomadas de decisão do CSBB". Por sua vez, a seção 24 da Constituição da Fundação IFRS declara que "membros do IASB devem se comprometer formalmente a atuar em nome do interesse público em todas as circunstâncias", em que "interesse público" equivale a todos aqueles que têm interesse na "confiança, crescimento, e estabilidade financeira de longo prazo na economia global". E, finalmente, a CCC compreende sua missão como o "aprimoramento das condições de trabalho e apoio ao empoderamento de trabalhadores nas indústrias têxtil e de roupas esportivas globais". Em essência, essa comunidade global não está limitada a trabalhadores nas indústrias têxtil e de roupas esportivas; ela também inclui as empresas que os empregam. Ao se comprometerem com o código laboral, essas empresas assinalam que também têm um interesse em relações industriais não abusivas. Nessa medida, a CCC reivindica estabelecer regras que são de interesse de uma comunidade global assumida como um *todo*.

Seria isso suficiente, contudo, para se falar de uma perspectiva na primeira pessoa do plural de um coletivo global? Em outras palavras, seria a interconexão entre essas duas posições – nós* como orador e nós* como um todo de partes interessadas – suficiente para a emergência de atuação *coletiva*?

Sim, caso se incorpore aquilo que Shapiro chama de "atuação massivamente compartilhada" em uma abordagem sob a perspectiva da primeira pessoa do plural em um contexto global. Lembre-se da ideia de base, conforme lançada na seção 2.1.4: em contraste com grupos de agentes pequenos, como um dueto ou um time estudantil de culinária, ordens jurídicas modernas são frequentemente compostas por um número muito grande de indivíduos, a maioria dos quais não se conhece, nem estão cientes de quem é ou poderia ser um participante. Ademais, em grupos grandes, muitos participantes podem ou são alienados da atuação em conjunto: eles não estão comprometidos com seu sucesso e não se envolverão em formas intensas de responsividade mútua, orientadas a garantir seu sucesso, que são características daquilo que Bratman chama de socialidade modesta. Sob essas condições, cabe a autoridades comprometidas a articulação da configuração-padrão do ponto de ação coletiva de um modo que, de modo geral, mesmo participantes alienados possam contribuir para a realização de seu ponto.

> Que atividades possam frequentemente ser estruturadas de modo que participantes intencionalmente realizem objetivos que não sejam os *seus* objetivos explica a difusão da atuação massivamente compartilhada no mundo ao nosso redor.[232]

Por exemplo, olhando para o CSBB, bancos internacionalmente ativos (e seus correspondentes Estados) têm articulado considerável resistência perante padrões orientados a fortalecer as taxas de adequação de fundos próprios, entretanto, eles se submetem de um modo geral aos padrões estabelecidos pelo CSBB. Retornando à nossa questão, há uma perspectiva na primeira pessoa do plural de atuação coletiva contanto que a maioria dos participantes esteja preparada a fazer sua parte na configuração-padrão de ação em conjunto articulada, monitorada e sustentada pelas autoridades comprometidas com seu sucesso. Isso se aplica para Estados, e também para coletivos globais; ambos são manifestações de atuação massivamente compartilhada. Em particular, voltando para os três exemplos de redes de governança globais citados anteriormente, o que existe é um grupo de participantes comprometidos que regula o

232 SHAPIRO, Scott J. "Massively Shared Agency". *In*: VARGAS, Manuel; YAFFE, Gideon (Coord.). *Rational and social agency*: the philosophy of Michael Bratman. Oxford: Oxford University Press, 2014, p. 282.

ponto de ação em conjunto por participantes em um grupo global, no interesse dos quais a rede de governança diz atuar.

Uma consequência importante se segue a isso. Na medida em que as redes de governança mencionadas anteriormente dizem agir em nome de um coletivo global *qua* unidade de interesse, logo, não como um mero conjunto de interesses de alguns atores, cada uma dessas redes reivindica uma certa *autonomia* para si e para o coletivo global que ela regula, mesmo se, como no caso do CSBB e do IASB, a fiscalização pública seja canalizada sobretudo pelos Estados.[233]

Esse ponto nos leva de volta ao começo do capítulo I, no qual eu busquei caracterizar preliminarmente o Direito Global. Como eu o descrevi, o Direito Global envolve uma reivindicação a – ou a pretensão de reivindicar – validade global e uma certa autonomia no que diz respeito ao Direito Estatal (e Internacional). Pode-se agora esclarecer em que sentido mínimo ordens jurídicas globais são autônomas. De fato, a perspectiva na primeira pessoa do plural de um coletivo global tem duas faces correlativas: de um lado, a reivindicação de uma rede de governança por autonomia regulatória diante dos Estados; de outro, a pressuposição de um nós* global, com um interesse divergente daquele dos coletivos estatais, o qual a rede diz representar. Se, de modo geral, os destinatários da regulação por uma rede de governança global agem de acordo com suas regras, pode-se afirmar que um *si* coletivo – a principal

---

233 Tem-se notado que o CSBB, a Organização internacional de Valores Mobiliários (IOSCO) e a Associação Internacional de Supervisão de Seguros (IAIS) "são atrativas para reguladores nacionais não apenas porque elas se provam úteis na solução de problemas internacionais regulatórios, mas também porque elas servem como um meio para aumentar a autonomia doméstica dos reguladores. [Organizações internacionais de regulação financeira] então representam um meio cada vez mais importante de regulação internacional operando livre de restrições pela fiscalização local". ZARING, David. "International law by other means: the twilight existence of international financial regulatory organizations". *Texas International Law Journal*, vol. 33, nº 2, 1998, p. 312.

marca da unidade coletiva – emergiu e, com ele, a autonomia em termos de uma *autoadministração coletiva*. Note que esse sentido mínimo de autonomia é genérico: ele se aplica para todos os coletivos jurídicos, não apenas para coletivos globais. Em particular, também se aplica a Estados, que são independentes na medida em que um grupo autorizado de autoridades articula, monitora e sustenta um ponto de ação em conjunto em nome do coletivo cujos interesses eles representam, de modo relativamente bem-sucedido em sua ação regulatória.

A glosa da autonomia coletiva realizada acima é fundamental às ordens jurídicas: trata-se da raiz comum às formas de coletividade teocrática, autocrática, e democrática, dentre outras. Em cada uma dessas três formas políticas existe a reivindicação de se estar representando um grupo que tem algo em "jogo" em uma regulação estabelecida pelos "oradores". Certamente, essas duas posições de nós* discutidas até agora – nós* como orador e nós* como um grupo que está em jogo na regulação – deixam em aberto a questão acerca de se e como agentes que se consideram pertencentes a um nós* em jogo na ACAI sejam compreendidos como tais, isto é, passam a se *identificar* com a ordem jurídica como própria deles. Todavia, eu lidarei com esse problema em um momento posterior. Por ora, é importante notar que essas – e apenas essas – duas posições de nós* são constitutivas de uma unidade coletiva putativa. É essa abordagem central da autonomia que constitui *inter alia* a *autodeterminação* de um coletivo sob o Direito Internacional, ou seja, o direito dos povos de decidir acerca de seu destino na ordem internacional. Em essência, o conceito de autodeterminação sob o Direito Internacional não implica uma autonomia *democrática*.[234] Assume-se muito facilmente, especialmente o liberalismo político,

---

234 Ver THÜRER, Daniel; BURRI, Thomas. "Self-Determination". *In*: WOLFRUM, Rüdiger (Coord.). *Max Planck Encyclopedia of International Law*. Disponível em: http://opil.ouplaw.com/view/10.1093/law:epil/9780199231690/law-9780199231690-e873. Acessado em: 16.03.2022.

uma equivalência entre autodeterminação coletiva e democracia. Essa equivalência é o mesmo que transformar o nós* em jogo em nós* autor.

3.1.3 Nós* autor

Essa última consideração acerca da autonomia como autoadministração coletiva nos alerta para uma outra questão que é central para grande parte do debate contemporâneo sobre governança global: o nós* que se expressa e o nós* que está em jogo na regulação não esgotam o espectro de possibilidades de posições nós* envolvidas na perspectiva da primeira pessoa do plural de um nós* envolvido em ação regulativa. No que diz respeito à democracia, há também um nós* que Van Roermund, seguindo Hobbes, chama de *autor* ou o sujeito da regulação. Em outras palavras, o que está em questão é quem autoriza o nós* orador a estabelecer a configuração-padrão do ponto de ação em conjunto, portanto, a estabelecer quem e o que conta como (parte) do nós* em jogo na regulação.

Em um Estado democrático, a fonte é o povo, o qual é considerado autor das regras que o governam. A formulação canônica do povo como autor de suas regras é, evidentemente, "*we the people do hereby ordain...*", como preâmbulo para constituições. Esse é o coletivo que estabelece regras, muito embora atue através de seus porta-vozes, e.g., uma Assembleia Constitucional. Note que, *qua* autor da regulação democrática, considera-se que o povo age como uma unidade, e não meramente como um conjunto de cidadãos. Essa é uma implicação da ideia de que nós* juntos – i.e. como um todo – estabelecemos legislação (através de nossos representantes). A referência a maiorias e minorias em processos de tomada de decisão, sejam eles eleitorais ou legislativos, pressupõe um *todo* do qual maiorias e minorias são consideradas partes. Da mesma forma, na medida em que indivíduos se identificam como cidadãos que participam no processo de legislar conjuntamente, eles também podem atribuir a legislação a si próprios, compreendendo-a estabelecida por seu *próprio* coletivo, mesmo se aqueles indivíduos defendam uma posição minoritária sobre o que a ação em conjunto é/deve ser.

Agora, a posição autoral de um nós* é problemática em relação às reivindicações por autonomia coletiva disponíveis às perspectivas na primeira pessoa do plural em redes de governança globais. Não é suficiente, em um sentido forte e democrático de autonomia, que uma rede de governança estabeleça regras em nome de um nós* global enquanto as regras *em virtude de que* desse grupo são formuladas. Coletividade democrática também requer, em linhas gerais, que os membros desse grupo possam se ver como co*autores* (de fato, sua configuração-padrão) do que é ou deveria ser sua ação em grupo. Isso requer, por sua vez, que os membros possam perceber que validam a rede de governança global para agir em interesse deles através de articulação, monitoramento e sustentação do ponto de sua ação em conjunto.

Redes de governança global tipicamente buscam justificar suas reivindicações por autorização ao se envolverem em procedimentos *notice-and-comment*, em uma ou mais etapas do processo de tomada de decisão.[235] Mas, como se tem repetidamente proposto, os achados desses processos de consulta geralmente não vinculam as redes de governança. Além disso, embora os participantes em redes de governança globais possam ter sido designados por autoridades estatais com mandatos democráticos diretos ou indiretos, eles não são indicados pelos membros do coletivo global, em nome dos interesses de quem eles reivindicam estabelecer regras. Isso é evidente em casos tais quais o do CSBB, o qual apenas cria regras aplicáveis aos estados participantes, mas que efetivamente cria regras vinculando todos os estados, se eles desejam pertencer à comunidade financeira global. Em resumo,

235 Por exemplo, o IASB frequentemente publica um "esboço de exposição" e um "documento de discussão para comentário do público" ao preparar seus Relatórios de Padrões Financeiros Internacionais.

denúncias acerca da falta de responsabilização e transparência em redes de governança globais são, no fundo, reclamações acerca da ausência de canais institucionais robustos através dos quais se podem fazer e contestar as reivindicações de uma rede de agir em nome de um nós* global, tanto como unidade autoral quanto como unidade interessada. Emprestando-me do vocabulário de Claude Lefort, redes de governança globais carecem frequentemente de um cenário institucionalizado, um *mise-en-scène*, através da qual as posições autorial e interessada de um nós* possam se tornar visíveis aos participantes da ação coletiva e outros como o *locus* da unidade e desunidade coletivas.[236]

Ausente essa armação institucional, as redes de governança tendem a amplificar e intensificar a alienação como uma característica da atuação massivamente compartilhada em um contexto global. Esse problema é exacerbado em razão do caráter altamente técnico das medidas regulatórias estabelecidas por um amplo leque de redes de governança globais, das quais os padrões emitidos pelo CSBB e pelo IASB são exemplares, de modo que o problema não seja apenas que os participantes da ação em conjunto não atribuam os objetivos da regulação a si próprios, de acordo com *seus* objetivos, nos termos de Shapiro, mas também que eles sequer compreendem quais são os *objetivos* aos quais a governança global serve. Ausentes as condições institucionais e substantivas de modo que indivíduos possam se identificar com o ponto de ação em conjunto e sua configuração-padrão, a unidade coletiva putativa de um nós*global em ação em conjunto disponível para as redes de governança globais tende a assumir a forma paradoxal de uma *atuação massivamente alienada*.

Claramente, esse fenômeno não está limitado à governança em rede global, conforme evidenciado pela resistência da KRRS

---

236 LEFORT, Claude. *Democracy and Political Theory*. Trad. para o inglês de David Macey. Oxford: Polity Press, 1988, pp. 218/219.

à OMC. O capítulo IV considera um espectro de movimentos de alterglobalização que, como a KRRS, resistem à sua inclusão em ordens jurídicas globais emergentes. Todos esses exemplos ilustram um ponto mais geral: o que está em jogo na posição de um nós* autoral da atuação coletiva é um senso de *propriedade*, logo, de *autoidentificação* de indivíduos e grupos "em jogo" na regulação como membros de uma ordem jurídica respectiva. Por sua vez, um senso de propriedade e autoidentificação indica o problema do autorreconhecimento desses indivíduos e grupos como membros de um coletivo que age como uma unidade. É seguro dizer que uma ampla gama de ordens jurídicas globais emergentes não tem gerado as condições através das quais aqueles que são considerados "em jogo" na regulação global podem reconhecer a ordem jurídica em questão como sua própria. Ordens jurídicas globais emergentes são vivenciadas por muitos, senão pela maioria de seus destinatários como uma forma de atuação alienada. Resistência a essas ordens por movimentos alter e antiglobalização toma a forma de uma demanda por reconhecimento coletivo da identidade/diferença que é ameaçada ou violada por processos de globalização.

3.1.4 A representação da unidade coletiva

O reconhecimento coletivo é explorado detidamente dos capítulos V ao VII. Por ora, essas considerações preliminares acerca das três posições de ação coletiva de um nós* indicam um problema fundamental que foi reservado no momento da introdução do modelo ACAI do Direito na seção 2.2. O leitor se lembrará que eu discuti sete elementos característicos da ação coletiva em geral: [1] obrigações direcionadas; [2] ponto; [3] aninhamento; [4] espaço, tempo, subjetividade, e tipos de atos; [5] inclusão e exclusão; [6] transformabilidade; [7] pano de fundo. Esses sete elementos eram o que eu precisava para explicar as análises preliminares da OMC no capítulo I e certos aspectos importantes das globalizações jurídicas no capítulo II. O leitor também se lembrará que eu propus fundamentar essa versão preliminar da noção de ordem jurídica ao longo do caminho, introduzindo características adicionais na base de novos elementos e materiais que pedem por análise e explanação. A discussão das três posições de um nós* – nós* como orador, nós* como um todo das partes interessadas, nós* como autor – demanda que o modelo ACAI do Direito seja suplantado por uma oitava e criticamente importante característica: a estrutura representacional da atuação coletiva. Eu elucido essa característica da seguinte maneira:

[8] *Representação*: A unidade de um coletivo é uma unidade representada.

Embora coletivos sejam diversos da soma de todos os agentes participantes, coletivos não existem independentemente deles; eles planejam, creem e agem através dos seus participantes. Múltiplas implicações se seguem a tanto: atos coletivos são *imputados* ou *adscritos* a coletivos como seus próprios atos, sejam por participantes ou partes terceiras. Em outras palavras, que um coletivo planeje, creia ou aja significa que se considera que o coletivo planeje, creia e aja. A imputação de atos a um coletivo anda lado a lado com a sua representação. Um coletivo, i.e., a unidade implicada em um nós* juntos, é sempre uma *unidade representada*, uma unidade que é dada apenas indiretamente (*como* isso ou *como* aquilo), independentemente se esse coletivo tem dois, dois bilhões ou mais participantes. Nos termos de Van Fraassen, que retoma o trabalho pioneiro de Nelson Goodman, *Languages of Art*, a representação é indissoluvelmente representação *de* (alguma coisa) e representação *como* (isso ou aquilo).[237]

Isso acarreta uma implicação muito importante para a representação como fenômeno institucional. Com efeito, a bem

---

237 O fenomenólogo reconhecerá imediatamente a proximidade dessa abordagem da representação com a noção de Husserl de intencionalidade e a conceitualização de Heidegger da compreensão e da interpretação. Ver FRAASSEN, Bas C. van. *Scientific representation*: paradoxes of perspective. Oxford: Clarendon Press, 2008, esp. o capítulo 1.

conhecida distinção entre democracia direta e indireta, entre democracia participativa e representativa, é ilusória: *a participação é uma forma de representação* no duplo sentido: a representação de um coletivo e sua representação como essa ou aquela unidade. As assim chamadas democracias "*from below*" e "*from above*" são ambas formas de democracia representativa. Falando institucionalmente, parlamentos são apenas um dos modos possíveis de se organizar a representação, mas de maneira alguma o único modo. Faz sentido opor formas "fracas" e "fortes" de democracia, mas não pelo alinhamento da primeira com a democracia representativa e da segunda com a democracia participativa.[238] Também poderia fazer sentido contrastar formas de democracia nas quais partidos políticos ocupam o palco principal àquelas em que conselhos de trabalhadores são a chave para o autogoverno econômico coletivo. Porém, é um equívoco caracterizar o conflito entre ambos asseverando que "a questão em jogo [é] representação *versus* ação e participação".[239] E embora se possa querer multiplicar e diversificar os espaços institucionais para a democracia deliberativa, é um equívoco contrastar a suposta imediaticidade do princípio da soberania popular – para o qual "decisões justificadas e vinculantes acerca do Direito e da política" devem ser resultado de deliberações "face a face" pela "totalidade de cidadãos" – com o caráter indireto do "princípio parlamentar de estabelecer representantes para deliberarem e tomarem decisões".[240] A representação tem

---

238 BARBER, Benjamin. *Strong Democracy*: Participatory Politics for a New Age. Berkeley: University of California Press, 1984, pp. 139-162. Ver também GUINIER, Lani. "Beyond Electocracy: Rethinking the Political Representative as Powerful Stranger". *Modern Law Review*, vol. 71, nº 1, 2008, pp. 1-35.

239 ARENDT, Hannah. *On Revolution*. Londres: Penguin, 1963, p. 273.

240 HABERMAS, Jürgen. *Between facts and norms*: contributions to a discourse theory of law and democracy. Tradução para o inglês de William Rehg. Cambridge: MIT Press, 1996, p. 170. Não se pode ter uma "totalidade de cidadãos" (Gesamtheit von Staatsbürgern) que podem deliberar entre si sem um fechamento anterior na forma de um ato representacional que inclui e

lugar em todas essas situações nas quais o que se deve considerar como configuração-padrão da ação em conjunto está em jogo.

Coletivos advêm de atos de representação que, por definição, não foram e não podem ter sido autorizados previamente pelo coletivo que se representa; enquanto tais, atos de representação são sempre *prematuros* e dependentes de seguimento por aqueles a que os atos são endereçados.[241] Como resultado, atos representativos são sempre contestáveis, logo derrotáveis. A contestabilidade das reivindicações por unidade implica que um coletivo nunca é uma unidade completa, logo, nunca completamente idêntico a si mesmo. No processo de inclusão daqueles que se verão como um si coletivo, excluindo o resto como outro-de-si, a representação traz o outro-de-si para o meio da ipseidade coletiva: "não em nosso nome".

Ademais, "re-presentação" significa não apenas presentação indireta (por meio de uma configuração-padrão de um ponto de ação em conjunto) por uma unidade coletiva que está forçosamente ausente, mas também a presentação de uma unidade coletiva ausente *outra vez*, em que "outra vez" significa tanto "de novo" quanto

---

exclui. Não é possível, portanto, algo como "interações diretas e simples" entre cidadãos (HABERMAS, Jürgen. *Between facts and norms*: contributions to a discourse theory of law and democracy. Trad. para o inglês de William Rehg. Cambridge: MIT Press, 1996, p. 170).

241 Esse *insight* é o cerne de uma crítica bem-estabelecida de todas as variações da teoria do contrato social, até e incluindo a teoria discursiva do Direito de Jürgen Habermas. Bernhard Waldenfels oferece aquela que é talvez a formulação mais incisiva dessa crítica: "Um 'nós' [não pode] dizer 'nós'... Um grupo político apenas encontra sua voz através de porta-vozes, quem falam em seu nome e o representam *como um todo*". WALDENFELS, Bernhard. *Verfremdung der Moderne*: Phänomenologische Grenzgänge. Essen: Wallstein Verlag, 2001, p. 140. Esse *insight* é válido, incidentalmente, para todos os coletivos, mesmo aqueles compostos por duas pessoas. Para uma análise particularmente convicente, ver VAN ROERMUND, Bert. *Law, narrative and reality*: an essay in intercepting politics. Dordrecht: Kluwer Academic Publishers, 1997, pp. 145 e ss.

"de outro modo".[242] Como resultado, a ação coletiva é uma forma de ordenação social na qual a autoidentificação anda lado a lado com a autodiferenciação coletiva. De um lado, quem estabelece regras reivindica reafirmar a identidade de um coletivo, de modo que os endereçados dessas regras possam se reconhecer como um grupo e o que eles são/devem ser enquanto grupo. De outro, e no próprio processo de reconhecer e reafirmar a identidade coletiva, o estabelecimento de regras em um contexto cambiante dá um conteúdo diferente à questão acerca do que nós* somos/devemos ser como coletivo. Mais precisamente, não há qualquer identidade senão como processo de *identificação*, nenhuma diferença senão como processo de *diferenciação*. Esses processos de identificação e diferenciação, logo, de unificação e pluralização, têm lugar em cada ato participante da ação coletiva, e não apenas nos atos fundacionais de um coletivo.[243] Como resultado, a integração de diversos indivíduos em um coletivo anda lado a lado com sua desintegração: nós* juntos nunca se separa completamente de "nós-cada-um".[244]

Por esse conjunto de razões, a unidade coletiva é uma unidade *putativa*. Paradoxalmente, a atuação de uma coletividade pode ser formulada da maneira mais precisa na forma passiva,

---

242 Em um pequeno e brilhante ensaio, Jorge Luis Borges ilustra como a diferença se infiltra na identidade no curso da repetição. Borges propõe que um escritor francês ficcional, Pierre Menard, escreva um texto no século XX que é, palavra por palavra, o mesmo que o Dom Quixote de Cervantes, mostrando como, não importa o quanto ele tente, Menard está escrevendo um livro completamente diferente do que Cervantes. Ver BORGES, Jorge Luis. *Pierre Menard, Author of the Quixote*. Trad. para o inglês de James E. Irby. Disponível em: www.coldbacon.com/writing/borges-quixote.html. Acessado em: 15.03.2022.

243 Essas ideias combinam bem com a "teoria da recepção" dos estudos literários, a qual chama atenção para como leitores simplesmente não "aceitam" passivamente um texto, mas o interpretam ativamente – e frequentemente a ele se opõem – a partir de seu pano de fundo e experiências. Ver, entre outros, JAUSS, Hans-Robert. *Toward an aesthetic of reception*. Trad. para o inglês de Timothy Bahti. Minneapolis: University of Minnesota Press, 1982.

244 Eu gostaria de agradecer a Ferdinando Menga por essa formulação.

em vez da forma ativa favorecida pela gramática: não "o coletivo estabeleceu regras", mas sim "regras que se considera como tendo sido estabelecidas pelo coletivo (como uma unidade)". Embora, no restante deste livro, eu frequentemente recorra à forma ativa de verbos ao me referir à *ação* coletiva, o leitor deve ter em mente que essa é apenas uma abreviação para a forma passiva do verbo: afirmar que um coletivo age implica dizer que um ato é adscrito a um coletivo (pelos participantes, sejam eles autoridades ou não, e por partes terceiras). Como consequência, referir-se à perspectiva na primeira pessoa do plural de um nós* não é assumir que todos os participantes na ação coletiva se identificam com a perspectiva em primeira pessoa ou com a configuração-padrão então posta pelas autoridades. Muitos, talvez mesmo a maioria, podem ser ou vir a ser alienados dessa perspectiva, seja apenas suportando-a por enquanto, seja se mobilizando para ativamente resistir a ela, de um jeito ou de outro. A ordem jurídica, nessa leitura, é aquela forma de ação coletiva que lida com os efeitos desintegrativos da representação pela institucionalização de autoridades que articulam, monitoram e executam a integração na perspectiva da primeira pessoa do plural tornada disponível pela própria representação.

Essas implicações da estrutura representacional da ação coletiva podem ser resumidas em três teses fundamentais:

[T1] *Unidade putativa*: a unidade de um grupo social é sempre apenas uma unidade putativa.

[T2] *Unificação*: não há nenhuma unidade coletiva, estritamente falando: há apenas um processo de unificação.

[T3] *Pluralização*: o processo representacional da unificação coletiva é também e necessariamente um processo de pluralização.

Essas três teses são objeto de uma atenção substancial através do livro. É suficiente notar, por ora, que nada na questão acerca da unidade putativa dos coletivos a condena *a priori* à proposição de hipóstases. Pelo contrário: esses comentários acerca da estrutura representacional da atuação coletiva sugerem que, institucionalmente falando, o problema é outro. Sob quais condições a propriedade em conjunto da ação e sua contestação é possível quando os destinatários da regulação não podem contar com os espaços institucionais, eleitorais ou não, da representação coletiva disponíveis aos estados (democráticos)?

A importância desse problema dificilmente pode ser sobrevalorizada. A representação de um coletivo envolve a reivindicação dúplice de *que* existe um coletivo (sua existência) e *o que* é/deve ser esse coletivo. E esse é um outro modo de dizer que quem assume a posição de um nós* orador representando um coletivo, indicando o que sua ação em conjunto é/deve ser, envolve-se em um ato de inclusão e exclusão, ambos identificando o coletivo como orientado à realização *desse* ponto de ação em conjunto (ao invés *daquele*) e selecionando aquilo que é importante a fim de realizar o ponto de ação em conjunto, de modo que aquilo que esteja além do escopo desse ponto seja considerado sem importância.

Em todo caso, essas considerações evidenciam que não é possível conter o conceito de autoridade dentro do contorno de uma abordagem estritamente funcional (articulação, monitoramento e sustentação do ponto de ação em conjunto), como eu fiz até aqui. Embora nós tenhamos feito bem em começar com essas três dimensões funcionais da autoridade, o problema da unidade coletiva, não menos nas redes de governança globais do que nos estados, tem também, com a mesma importância, um caráter normativo. Esse é, em resumo, o problema acerca de reivindicações por comunalidade e reciprocidade em face da contestação, uma questão discutida logo mais.

3.2 Sistema jurídico

A discussão precedente focou no primeiro dos modos pelos quais ordens jurídicas reivindicam por unidade: a perspectiva de grupo de diversos participantes, sejam eles indivíduos ou subgrupos, que, a despeito de suas diferenças, são considerados atuantes como uma unidade. Eu agora me volto à segunda dimensão da unidade putativa contemplada pelo modelo ACAI do Direito, ou seja, uma ordem jurídica como unidade de várias regras: um sistema jurídico, na linha da nomenclatura proposta na seção 2.1.5. É tentador apelar para as teorias existentes que abordam essa questão. Mas nós estaremos mais bem servidos em aproximar a sistematicidade das regras nos termos do modelo ACAI do Direito, apenas nos referindo àquelas teorias que destacam aquilo que é distintivo acerca da sistematicidade das regras na malha conceitual do ACAI.

3.2.1 Coerência entre o ponto e a configuração-padrão

Caso se siga a linha de pensamento acima, então, inicialmente, a sistematicidade putativa de uma ordem jurídica gira em torno da relação entre o ponto de ação em conjunto e sua configuração-padrão. Relembre a característica [2] do modelo ACAI do Direito: a ação coletiva tem um ponto. Ponto é a cinosura pela qual entende-se que uma gama de indivíduos participa de um coletivo, apesar de o coletivo planejar, crer e agir através de seus membros. Além disso, a ação coletiva permite seu [3] aninhamento. Ela pode ser discriminada em unidades constitutivas da ação coletiva, cada qual com seu próprio ponto, de modo que a realização do segundo seja necessária para a realização do primeiro. Retornando ao nosso grupo de estudantes da república, cozinhar uma refeição conjuntamente implica em uma concatenação de atos (coletivos). Por exemplo, alguns estudantes descascam e outros cortam juntos; um terceiro estudante combina os ingredientes cortados e descascados; e um quarto frita os ingredientes misturados. Finalmente, e essa é a característica [6] do modelo ACAI do Direito, o ponto de ação em conjunto é articulado por meio de uma configuração-padrão transformável, i.e., as regras que expressam como ação coletiva deve ser organizada. Nessa linha, a chef pode ter dado instruções acerca de como ela quer que os ingredientes sejam descascados e cortados; como eles devem ser misturados; por quanto tempo eles devem ser fritos etc.

A não ser que as coisas mudem ao longo do caminho, esse é o conjunto de instruções que a chef considera adequado para realizar o trabalho ora em mãos: preparar um certo prato. Caso se combine [3] e [6], então a configuração-padrão da ação coletiva precisa ela também ser aninhada. Então, por exemplo, misturar os ingredientes propriamente depende de seguir as regras para misturá-los e fritá-los. A complexidade da ação coletiva aninhada tem seu correlato na "nivelação" das regras que compõem sua configuração-padrão.

Assim, o modelo ACAI do Direito carrega uma certa similaridade para com a famosa descrição de Kelsen do sistema jurídico como uma *Stufenbau*, uma estrutura "hierárquica" de normas.[245] Mas o leitor notará minha cautela ao me referir a uma "certa similaridade". A noção de uma configuração-padrão nivelada da ação coletiva abre espaço para uma abordagem da unidade putativa sob uma multitude de regras que diverge de maneiras significativas da abordagem kelseniana da sistematicidade. Para Kelsen, a sistematicidade do Direito reside no fato de que qualquer norma jurídica deve derivar-se de uma norma de um nível superior, e.g., uma decisão judicial de uma lei, uma lei da Constituição, e assim por diante, retrocedendo, em última instância, à norma fundamental. O modelo ACAI do Direito interpreta a sistematicidade putativa de uma ordem jurídica nos termos do que eu chamo de *coerência entre o ponto e a configuração-padrão*. Essa formulação é mais apropriada do que coerência entre meios e fins porque, como observado na seção 2.1.2, o ponto de ação coletiva inclui, mas não é exaurido por fins e objetivos. Ponto é aquilo a que a ação coletiva diz respeito; embora o requisito de coerência implique que a configuração-padrão deva conduzir à realização do ponto da ação em conjunto, isso pode – mas não precisa – assumir a forma de coerência entre meios e fins.

---

245 KELSEN, Hans. *Introduction to the Problems of Legal Theory*. 1ª ed. de Reine Rechtslehre. Trad. para o inglês de Bonnie Litchewski Paulson e Stanley L. Paulson. Oxford: Clarendon Press, 2002, p. 63.

Essa ressalva tem uma importância considerável para nossa análise. De fato, embora as assim chamadas ordens jurídicas funcionais sejam organizadas em termos de uma coerência de meios e fins, não necessariamente outros tipos de ordens jurídicas assim o são, das quais o Estado é discutivelmente exemplar. De fato, a coerência entre meios e fins se choca com aquilo que a seção 2.3.1 descreveu como o movimento duplo por meio do qual a fragmentação do Direito anda lado a lado com sua orientação a questões específicas. Redes de governança globais, a ISO e o Codex Alimentarius são bons exemplos dessa tendência, bem como a *lex digitalis*, a *lex sportiva* e a *lex mercatoria*, para não mencionar a OMC. Em contraste com essas ordens, a ausência de um fim ou objetivo específico a ser realizado por um Estado explica por que ele pode reivindicar jurisdição substantiva e universal para si próprio, bem como por que o aninhamento da ação coletiva em ordens estatais não é estruturado em termos de uma cadeia ininterrupta de meios e fins, na qual o fim da ação coletiva aninhada é um meio para o fim de uma ação coletiva em aninhamento, e assim sucessivamente até o fim mais elevado. Embora a coerência da ação coletiva aninhada em uma ordem estatal possa certamente ser funcional no sentido ora mencionado, os fins dessa ação coletiva parcial são coerentes com a ação coletiva estatal na medida em que eles conduzem à realização daquilo que se considera o que seja o Estado, o que não é um fim ou objetivo específico ou especificável.[246]

---

246 A distinção bem conhecida de Dworkin entre princípios e políticas é um dos modos através dos quais as ordens jurídicas moldam a interpretação mais ampla da coerência sistemática. Uma política, para Dworkin, é "o tipo de padrão que estabelece um objetivo a ser alcançado, geralmente um aprimoramento em algum elemento econômico, político ou social da comunidade"; um princípio, em contraste, é "um padrão que é observado, não porque ele avançará ou assegurará uma situação econômica, política ou social considerada desejável, mas porque ele é um requisito de justiça ou equidade ou alguma outra dimensão da moralidade". Tipicamente, ordens jurídicas funcionais são orientadas por políticas, enquanto ordens jurídicas estatais são orientadas por princípios, ou, em qualquer caso, dependem intensamente de princípios ao estabelecer sua configuração padrão do ponto de ação coletiva.

A seguir, eu me concentro na coerência entre meios e fins, na medida em que estou interessado em estabelecer como o modelo ACAI do Direito pode esclarecer a coerência sistemática de ordens jurídicas funcionais em um cenário global. Apesar de não ser difícil mostrar como essa abordagem é pertinente para o espectro de redes de governança globais explorados na seção 3.1, é aconselhável ampliar o raio de exemplos abrangidos pelo modelo ACAI do Direito. Assim, deixe-me testar essas considerações preliminares em referência à Organização Internacional de Padronização (ISO), explorando como suas atividades definidoras de padrões podem ilustrar uma ordem jurídica, *qua* sistema, como a unidade putativa de uma configuração-padrão nivelada de um ponto de ação em conjunto.[247] Vale ressaltar que eu apresento a definição de padrões pela ISO de um modo que esclarece a complexidade da coerência de meios e fins: *ambos* os meios e fins da ação coletiva estão sempre em questão ao se assegurar a coerência sistemática.

A ISO é uma organização independente não governamental composta por órgãos nacionais de padronização. Os padrões estabelecidos pela ISO articulam seu ponto, que o artigo 2.1 de seu estatuto formula da seguinte maneira:

Ver DWORKIN, Ronald. "The Model of Rules". *University of Chicago Law Review*, vol. 35, nº 1, 1967, p. 23. Eu gostaria de agradecer a Kaarlo Tuori por ter chamado minha atenção para essa distinção como um modo de iluminar os diferentes pretextos do ponto de ação coletiva. Ver TUORI, Kaarlo. "Crossing the limits but stuck behind the fault lines?" *Transnational Legal Theory*, vol. 7, nº 1, 2016, p. 141.

247 Faço referência ao meu artigo: LINDAHL, Hans. "ISO standards and authoritative collective action: conceptual and normative issues". *In*: DELIMATSIS, Panagiotis (Coord.). *The law, economics and politics of international standardisation*. Cambridge: Cambridge University Press, 2015, pp. 42-57. Ver também DELIMATSIS, Panagiotis. "Global Standard-Setting 2.0: how the WTO Puts a Spotlight on ISO and Impacts the Transnational Standard-Setting Process". *Duke Journal of Comparative and International Law*, vol. 28, nº 2, 2018, pp. 101-154.

> O objetivo da organização deve ser a promoção do desenvolvimento da padronização e atividades relacionadas no mundo com o intuito de facilitar a troca internacional de bens e serviços e o desenvolvimento da cooperação nas esferas das atividades intelectuais, científicas, tecnológicas e econômicas.[248]

Note, inicialmente, que os padrões são o resultado de um conjunto de atos interligados por múltiplos agentes participantes (dentre outros, um comitê técnico, um grupo de especialistas e os membros da ISO), todos orientados a produzir um padrão ao longo de um procedimento intrincado e frequentemente recursivo. Os atos interligados pelos agentes participantes permitem aos participantes, caso se alcance consenso ao final do procedimento, dizer "nós* desenvolvemos um padrão". Veja-se aqui o exemplo de um grupo regulatório assumindo a posição de um nós* orador.

É importante ressaltar que os atos individuais dos atores participantes, ao longo do desenvolvimento de padrões internacionais, é parte e parcela da ação em conjunto na medida em que eles compartilham um ponto, ou seja, estabelecem uma regra geral que "providencie requerimentos, especificações, diretrizes guia ou características que possam ser usadas consistentemente para garantir que materiais, produtos, processos e serviços sejam adequados aos seus propósitos".[249] Note que a definição de um padrão proposta pela ISO implica que seu desenvolvimento depende do *propósito* dos materiais, produtos, processos e serviços. Claramente, contudo, o propósito ao qual serve o padrão não é fixado de antemão, como se a tarefa da padronização fosse

248 Ver INTERNATIONAL ORGANIZATION FOR STANDARDIZATION. "ISO Statutes". Disponível em: www.iso.org/iso/statutes.pdf. Acessado em: 15.03.2022.

249 INTERNATIONAL ORGANIZATION FOR STANDARDIZATION. "Standards". Disponível em: www.iso.org/iso/homes/standards.htm. Acessado em: 15.03.2022.

meramente estabelecer as condições que devem ser alcançadas com vistas a garantir que o produto se "adeque" ao seu propósito. Padrões também estabelecem, explícita ou implicitamente, quais propósitos são "adequados" ao produto, serviço, material ou processo. Desenvolver um padrão é *eo ipse* estabelecer tanto um fim quanto o meio adequado a alcançá-lo.

Embora essa estrutura híbrida da padronização como o ato de definição de meios e fins também se aplique a padrões nacionais, o ponto dos padrões desenvolvidos pela ISO é, como posto no artigo 2.1 de seu estatuto, "a facilita[ção da] troca internacional de bens e serviços e [o] desenvolv[imento] [da] cooperação nas esferas de atividade intelectual, científica, tecnológica e econômica". Essa formulação envolve uma mudança da perspectiva da primeira pessoa do plural na qual a padronização tem lugar: não se trata mais da perspectiva de um estado, mas sim de uma comunidade global em respeito à qual os meios e fins dos padrões devem ser estabelecidos. Ao longo do estabelecimento de seus padrões internacionais, a ISO diz agir em nome de um coletivo global que tem interesse em sua definição de padrões: o nós* em jogo na regulação. No entanto, no próprio processo de reivindicar um alcance global para seus padrões, a referência da ISO à "*troca* de bens e serviços" enquadra a discussão acerca dos fins e meios dos padrões nos termos do *comércio*. Ela também enquadra, ainda que implicitamente, a discussão acerca de quem, em uma primeira instância pelo menos, é parte interessada no desenvolvimento desses padrões, ou seja, aqueles que se dedicam a trocas, *comerciantes* em particular. De fato, a ISO vai adiante, afirmando, ao se referir aos "benefícios" de seus padrões, que eles

> garantem que produtos sejam seguros, confiáveis e de boa qualidade. Eles são ferramentas estratégicas para os negócios, que reduzem custos ao minimizar o desperdício e o erro, e ao aumentar a produtividade. Eles ajudam empresas a acessarem

> novos mercados, nivelam o campo para países em desenvolvimento, e facilitam o comércio global livre e justo.[250]

Essa passagem involuntariamente revela as ambiguidades que confrontam a padronização internacional. Em resposta à crítica de que a ISO concede um lugar privilegiado às empresas como principais partes interessadas na produção de padrões, o pronunciamento da ISO/IEC acerca da participação de consumidores reconhece que "é essencial que representantes dos consumidores participem nos processos de desenvolvimento de padrões para produtos e serviços", especialmente produtos e serviços a serem usados por consumidores.[251] E adiciona que órgãos nacionais

> devem providenciar aos representantes dos consumidores orientação e treinamento acerca dos procedimentos de padronização e informativos sobre questões técnicas, de modo a tornar sua contribuição tanto efetiva quanto baseada no conhecimento das possibilidades reais.[252]

É certamente o caso que a representação bem-informada é de grande importância para efetivar a contribuição dos consumidores. Mas essa abordagem à padronização liderada por especialistas tende a tresmalhar o domínio daquilo que conta como "possibilidades reais" em respeito aos propósitos servidos pelos padrões, na

---

250 INTERNATIONAL ORGANIZATION FOR STANDARDIZATION. "Standards". Disponível em: www.iso.org/iso/homes/standards.htm. Acessado em: 15.03.2022.

251 INTERNATIONAL ORGANIZATION FOR STANDARDIZATION. "ISO/IEC Statement on Consumer Participation in Standardization Work". p. 1. Disponível em: www.iso.org/iso/copolcoparticipation_2001.pdf. Acessado em: 15.03.2022.

252 INTERNATIONAL ORGANIZATION FOR STANDARDIZATION. "ISO/IEC Statement on Consumer Participation in Standardization Work". p. 3. Disponível em: www.iso.org/iso/copolcoparticipation_2001.pdf. Acessado em: 15.03.2022.

medida em que se supõe que esses propósitos são dados de antemão e, enquanto tais, estão fora de discussão. Isso, por sua vez, é de importância considerável no que diz respeito à seleção de representantes dos consumidores: existe o risco não menos real de que apenas os representantes de consumidores e os grupos que estejam preparados a participar de processos de padronização de maneiras que sejam "efetivas" e sensíveis às "possibilidades reais", como determinadas pelos especialistas, obterão financiamento e suporte dos órgãos nacionais. Mesmo se o diagnóstico da falta de expertise técnica entre os grupos de consumidores estiver correto, enquadrar sua participação nos termos de uma expertise técnica aprimorada, em vez de nos termos de uma relação entre meios e fins como um todo, tende a entrincheirar uma abordagem centrada nos meios, e a minorar a significância política da padronização, isto é, o *ponto* servido por ela.[253] Mais precisamente, o enquadramento técnico é ele próprio político de cabo a rabo: da mesma maneira que existe aquilo que Duncan Kennedy chama de "política da tecnicalidade contratual" no Direito Privado, então também aqui, em referência a ISO e outros órgãos de padronização, há o que se poderia chamar de uma "política da tecnicalidade da padronização".[254]

Em geral, a análise da definição de padrões pela ISO revela que o ponto das ordens globais jurídicas emergentes é frequentemente um propósito bem delineado, e, consequentemente, a regulação tende a focar mais nos meios adequados à realização de um fim que é assumido como mais ou menos fixo e dado de antemão, sem

---

253 Para uma análise bem documentada da dimensão política da definição de padrões por reguladores globais, em particular o IASB, a ISO e a Comissão Eletrotécnica Internacional (IEC), da perspectiva da "complementariedade institucional", ver BÜTHE, Tim; MATTLI, Walter. *The new global rulers*: the privatization of regulation in the world economy. Princeton: Princeton University Press, 2011.

254 KENNEDY, David. KENNEDY, Duncan. "The Political Stakes in 'Merely Technical' Issues of Contract Law". *European Review of Private Law*, vol. 19, 2001, pp. 7-28.

evocar problemas referentes a como balancear princípios conflitantes, da maneira que o Direito Estatal evoca. Não é uma coincidência, portanto, que a expertise documentada no domínio regulatório seja geralmente decisiva para se participar da governança global, e que um debate acerca dos impactos mais amplos da regulação na sociedade global se veja bem além do alcance da articulação do ponto da ação coletiva por grupos regulatórios.[255] Contra essa interpretação redutiva da racionalidade da ação coletiva, as reflexões precedentes mostram que o desenvolvimento de padrões confronta a ISO com uma questão prática – de fato, *política* – fundamental: o que é/deve ser nossa ação coletiva?

Certamente, seria reducionista simplesmente qualificar a padronização como um processo político orientado ao estabelecimento de fins a serem servidos por produtos, serviços e outros; a padronização tem uma dimensão irredutivelmente *técnica*, isso é, uma dimensão que envolve os meios adequados a alcançar um fim. Meu argumento não é contra considerações técnicas na padronização. Ao contrário, meu argumento é de que seria menos reducionista filtrar a dimensão *política* da padronização. Mais precisamente, o que está em questão é o ponto buscado por uma coletividade e que a define *como* um coletivo. Nessa medida, eu endosso o diagnóstico inicial de Habermas de que "o núcleo ideológico da consciência [tecnológica] é a eliminação da distinção entre o prático e o técnico".[256]

---

255 Por exemplo, o artigo 25 da Constituição da IFRSF estipula que "[a]s principais qualificações para se filiar ao IASB devem ser a competência profissional e a experiência prática. Os administradores deverão selecionar membros do IASB, consistentemente com os critérios estabelecidos para membros do IASB no anexo da Constituição, de modo que seus membros compreendam um grupo de pessoas representando, dentro desse grupo, a melhor combinação disponível de expertise técnica e diversidade de negócios internacionais e experiência de mercado para contribuir ao desenvolvimento de padrões internacionais de relatório financeiro de alta qualidade".

256 HABERMAS, Jürgen. *Toward a rational society*: student protest, science, and politics. Trad. para o inglês de Jeremy J. Shapiro. Londres: Heinemann, 1971, p. 113.

Essas considerações e preocupações se aplicam tanto à OMC quanto à ISO. De fato, o sucesso extraordinário da ISO enquanto principal emissário de padrões internacionais está ligado ao artigo 2.4 do Acordo sobre Barreiras Técnicas ao Comércio (TBT) da OMC:

> Onde as regulações técnicas são requisitadas e padrões internacionais relevantes existem, ou sua finalização é iminente, os membros deverão usar esses padrões, ou suas partes relevantes, como uma base para suas regulações técnicas, exceto quando esses padrões internacionais ou suas partes relevantes sejam um meio inefetivo ou inapropriado à realização dos objetivos legítimos perseguidos, por exemplo, em razão de fatores climáticos ou geográficos fundamentais, ou problemas tecnológicos fundamentais.

Correspondentemente, os padrões estabelecidos pelo ISO e outras agências internacionais definidoras de padrões se tornaram uma parte da configuração-padrão nivelada do ponto de ação coletiva da OMC, e têm adquirido um caráter presumivelmente vinculante para seus Estados-membros.[257] Aqui, mais uma vez, surge a questão: quais abordagens aos meios e fins devem permanece invisíveis, ou silenciadas, quando a OMC dá como certo que considerar e balancear os interesses de companhias e consumidores, e de países desenvolvidos e em desenvolvimento, é aquilo que está mais em jogo na promulgação de padrões que levem a um

257 A análise dessa seção inteira se aplica aos padrões internacionais de segurança alimentar do Codex Alimentarius. A OMC concede um caráter presumivelmente vinculante a esses padrões, como aos padrões da ISO, em seus Acordos sobre a Aplicação de Medidas Sanitárias e Fitossanitárias e Barreiras Técnicas ao Comércio. Ver: CODEX ALIMENTARIUS. Disponível em: www.codexalimentarius.org/codex-home/en/. Acessado em: 15.03.2022. Para uma análise das questões de governança trazidas a lume pelo Codex, ver LIVERMORE, Michael A. "Authority and Legitimacy in Global Governance: Deliberation, Institutional Differentiation, and the Codex Alimentarius". *New York University Law Review*, vol. 81, nº 2, 2006, pp. 766-801.

comércio global "livre" e "competitivo"? Essa questão parece ser especialmente apropriada à luz de estudos que expõem o caráter tendencioso do Direito da OMC em relação aos produtores, e o impacto de sua lógica fundamental sobre os direitos humanos.[258]

Conquanto esquemática, essa análise dos padrões internacionais é suficiente para esclarecer a sistematicidade das ordens jurídicas: seu estabelecimento demanda uma relação coerente entre o ponto e a configuração-padrão nivelada da ação coletiva, ainda que de tal maneira que a harmonização entre uma e outra dependa do contexto. Embora eu tenha focado na relação entre a configuração-padrão e o ponto de agir em conjunto como um todo, também a coerência se aplica às relações entre os níveis de regras da configuração-padrão da ação coletiva. Não menos importante, tal qual a unidade da perspectiva na primeira pessoa do plural, a unidade de uma multitude regras também é putativa: a relação entre o ponto de ação em conjunto e sua configuração-padrão nivelada, bem como entre os níveis de regras compondo o segundo, é notavelmente contestável. Isso implica que, estritamente, não há qualquer unidade de uma multitude de regras. Estabelecer a configuração-padrão do ponto da ação em conjunto é unificar as regras em um sistema, um processo que caminha lado a lado com a pluralização de regras, compreendendo-se a emergência de outras leituras daquilo que conta como o ponto e a configuração-padrão da ação coletiva.

Essa exploração da ISO (e da OMC), ainda que parcial, sugere que a coerência é um elemento-chave daquilo que constitui uma multitude de regras como uma unidade putativa – como um *sistema jurídico*. Nesse sentido, a análise da coerência que eu tenho desenvolvido pode ser generalizada para além das especificidades

---

258 Ver dentre outros, LEADER, Sheldon. "Trade and Human Rights II". *In*: MACRORY, Patrick; APPLETON, Arthur Edmond; PLUMMER, Michael C. (Coord.). *The World Trade Organization*: legal, economic and political analysis. vol. II. Dordrecht: Springer, 2005, pp. 663-696.

da ISO e de outras formas de governança global, razão pela qual, conforme notado no começo dessa subseção, eu prefiro falar em coerência entre ponto e configuração-padrão. Em essência, a coerência de uma ação coletiva aninhada e seu correlato – a configuração-padrão nivelada do ponto de agir coletivo – se choca com a racionalidade que pode ser predicada à ação coletiva. Com efeito, há uma dimensão instrumental da racionalidade da ação coletiva: ação coletiva aninhada é um meio para a realização de uma ação coletiva mais elevada, onde meu uso de "meio" envolve sua condutividade à realização do ponto da ação coletiva de uma ordem superior. Nesse sentido específico, o modelo ACAI do Direito endossa a tese do positivismo jurídico de que leis são, como Shapiro coloca, "meios universais": "[t]al qual não existem fins específicos a que intenções supostamente devam servir, não há objetivos ou valores substantivos que leis supostamente devam alcançar ou realizar".[259]

Embora haja uma *dimensão* instrumental irrefutável à coerência entre ponto e configuração-padrão, e com isso, à sistematicidade das ordens jurídicas, isso não implica entregar o modelo ACAI do Direito a um modelo de racionalidade instrumental. Duas características adicionais e gerais da ação coletiva explicam o porquê.

Há, de um lado, a falta de transparência parcial da ação em conjunto, o ponto que nunca pode ser completamente articulado: agentes participantes nunca têm ou podem ter uma compreensão completa daquilo que estão fazendo ou devem fazer conjuntamente. Então, com frequência, pode ser que o time de culinária da república não tenha previsto que cozinhar juntos também

---

259 SHAPIRO, Scott J. *Legality*. Cambridge: Harvard University Press, 2010, p. 173. Na mesma toada, Kelsen declara que "[o]) Direito é caracterizado não como um fim, mas como um meio específico... um aparato coercivo o valor do qual depende... dos fins que transcendem o Direito *qua* means". KELSEN, Hans. *Introduction to the Problems of Legal Theory*. 1ª ed. de Reine Rechtslehre. Trad. para o inglês de Bonnie Litchewski Paulson e Stanley L. Paulson. Oxford: Clarendon Press, 2002, p. 31.

poderia envolver a limpeza de uma poça de azeite quando uma das panelas caiu no chão. No que diz respeito à ISO, tem ficado claro, de forma retrospectiva, que os padrões devem se "adequar" à promoção do comércio global e assim abordar *inter alia* questões de justiça social e do meio ambiente. Da mesma maneira, em relação à OMC, tem-se tornado retrospectivamente claro, à luz do artigo 2.4 do Acordo TBT, que é necessário estabelecer critérios procedimentais para a promulgação de padrões internacionais por definidores de padrões privados como a ISO, se esses padrões funcionarem autoritativamente como a "base" para padrões nacionais técnicos.[260] Como resultado, o ponto da ação coletiva, tal qual articulado através de sua configuração-padrão, é provisório e aberto a revisões relativamente abrangentes de maneiras que os participantes frequentemente não poderiam antecipar, em resposta a contextos novos da ação coletiva.

E há, de outro lado, a racionalidade híbrida de ação coletiva. A falta de transparência parcial da ação coletiva elimina a possibilidade de que a racionalidade própria à ação coletiva seja apenas instrumental: ela também é sempre orientada rumo ao ponto da ação coletiva.[261] Modificar a configuração-padrão do ponto de ação em conjunto é também, em menor ou maior medida, articular seu ponto de uma nova maneira, sempre. Se o estudante que derrubou a panela com azeite deve ser aquele que limpa a sujeira ou não, ou se outro dos estudantes – alguém que esteja menos ocupado com tarefas culinárias – deva fazê-lo não é apenas uma questão sobre os meios; é também uma questão sobre o que é cozinhar em conjunto. Da mesma maneira, uma decisão da ISO acerca da

---

260 EU - Trade Description of Sardines, Report of the Appellate Body, DS 231/AB/R, 26 de setembro de 2002; WORLD TRADE ORGANIZATION. "United States – Measures Concerning the Importation, Marketing and Sale of Tuna and Tuna Products". 20 nov. 2015. Disponível em: www.wto.org/english/tratop_e/dispu_e/381abrw_a_e.pdf. Acessado em: 16.03.2022.

261 Eu difiro aqui de SHAPIRO, Scott J. *Legality*. Cambridge: Harvard University Press, 2010, p. 173.

"adequação" dos padrões e da OMC acerca de que meios são requisitados para se realizar o livre-comércio é, também, em menor ou maior medida, uma decisão sobre como se deve considerar o comércio como realização de um bem global. Como resultado, a questão prática que confronta coletivos a respeito do que fazer é uma questão *contextual* acerca dos meios e fins que pedem uma resposta *contextual* que identifique e amarre juntos meios e fins. Os padrões ilustram a estrutura geral do raciocínio prático, que é sempre uma forma recursiva de raciocínio contextual, no qual a configuração prática da ação em conjunto é avaliada nos termos de um ponto, ao mesmo tempo em que o ponto de ação e sua configuração-padrão são calibrados nos termos do seu contexto. Consequentemente, essa questão prática tem tanto dimensões cognitivas quanto normativas, as quais só podem ser separadas através de um ato de abstração: "sobre o que é nossa ação em conjunto?" é também "a que nossa ação em conjunto diz respeito?" e vice-versa. Por essa razão, como o leitor terá notado, eu consistentemente formulei a questão acerca do ponto da seguinte maneira: o que é/deve ser nossa ação em conjunto?

Eu concluo essa análise da coerência entre meios e fins – como dimensão da sistematicidade das ordens jurídicas – com duas observações. A primeira concerne à autoridade. Se foi impossível manter o conceito da autoridade dentro da caracterização funcional na discussão sobre as três posições de um nós na perspectiva da primeira pessoa do plural de um coletivo, então também o é agora, diante da exploração da unidade putativa de uma multitude de regras. A racionalidade híbrida da definição de padrões – na verdade, da articulação do ponto de ação em conjunto – implica que a autoridade necessariamente mistura dimensões cognitivas e normativas.[262] De um lado, uma abordagem puramente normativa acerca da autoridade é incapaz de explicar o papel positivo da

262 Deve permanecer aqui uma questão aberta: o contraste inicial de Habermas entre tecnologia e prática, e seu contraste posterior entre ação "estratégica"

expertise em assegurar a autoritatividade da governança global, o que não significa dizer que a expertise esgota a dimensão cognitiva da autoridade. Em particular, leituras estritamente normativas são propensas a repudiar a expertise como parte e parcela de uma concepção instrumental da autoridade.[263] De outro, uma abordagem estritamente cognitiva da autoridade deixa escapar a reivindicação por *comunalidade* intrínseca ao processo de articulação, monitoramento e sustentação do ponto de ação coletiva: nós* *juntos*.

Então, apesar de começar com um conceito funcional de autoridade, o modelo ACAI do Direito vai adiante, unindo a racionalidade híbrida da regulação à perspectiva na primeira pessoa do plural de um nós* na ação em conjunto. A articulação contextual de uma configuração-padrão e do ponto da ação coletiva é a articulação do que nós* somos considerados ao ver aquilo que é – ou diz respeito – nossa ação em conjunto. De novo: uma investigação sobre a autoridade como articulação coerente e contextualmente ancorada do ponto e da configuração-padrão da ação em conjunto é uma investigação sobre como, de um lado, o nós* orador articula o ponto de ação em conjunto como ponto compartilhado pelo nós* em jogo, e como, de outro, os destinatários de uma multitude de

---

e "comunicativa", é sensível ao caráter híbrido da autoridade emergente dessas considerações?

263 Significativamente, movimentos de alterglobalização também são confrontados com esse problema. Como Pleyers nota, "[a]tivistas de alterglobalização têm considerado o 'domínio dos especialistas internacionais' antidemocrático, e têm denunciado a delegação da escolha em áreas de economia política e comércio para especialistas trabalhando em instituições internacionais – mas, ao mesmo tempo, eles se veem forçados a depender desses especialistas". Desafiando o monopólio de expertise tecnológica, jurídica e econômica por aquelas instituições a que eles resistem é crítico para o sucesso dos movimentos de alterglobalização. Ademais, como Pleyers mostra, encontrar um balanço entre participação e expertise na definição dos fins da ação coletiva não é algo menos precário nos movimentos de alterglobalização do que nos processos de globalização a que eles resistem. Ver PLEYERS, Geoffrey. *Alter-Globalization*: Becoming Actors in the Global Age. Cambridge: Polity Press, 2010, pp. 123-126.

regras podem se identificar com essas regras ou reconhecê-las como a articulação daquilo que forma *seu* coletivo. Existe, consequentemente, uma conexão interna entre a unidade putativa de uma perspectiva da primeira pessoa do plural e a unidade putativa de uma multitude de regras, razão pela qual eu apresentei essas duas dimensões ou facetas da ordem jurídica no singular.

Essas considerações sobre a autoridade vertem para o meu segundo comentário, a respeito de inclusão e exclusão. Conforme ficou claro, o desenvolvimento de um padrão (internacional) é inevitavelmente um ato de inclusão e exclusão: a não ser que se tenha pelo menos uma determinação mínima de quais propósitos devem ser servidos pelos produtos, materiais, serviços e processos, a padronização não tem sentido, literalmente, sem qualquer ponto; mas incluir os propósitos a que produtos e outros devem servir envolve excluir outros possíveis propósitos que eles poderiam realizar. Embora [6] a transformabilidade da ACAI permita a redefinição dos termos de inclusão e exclusão coletivas, a coerência entre o ponto e a configuração-padrão implicam que a sistematicidade – a unidade putativa de uma multitude de regras jurídicas – só pode se basear em uma ordem jurídica se ela não apenas inclui, mas também exclui. O debate sobre assegurar uma relação coerente entre o ponto e sua configuração-padrão nivelada é obrigatoriamente um debate contextual que busca excluir, não menos que incluir. A coerência sistemática de uma ordem jurídica é necessariamente uma coerência delimitada; mas o caráter delimitado da coerência entre ponto e configuração-padrão também assegura que ela seja apenas uma coerência putativa.[264]

---

264 Seria possível reconstruir essas ideias, embora com algumas diferenças significativas, nos termos da famosa discussão de Gustav Radbruch dos três elementos da ideia de Direito – justiça, finalidade e segurança jurídica – e as antinomias advindas entre esses elementos. Essa reconstrução se encontra, contudo, além do escopo deste livro. Ver RADBRUCH, Gustav. *Rechtsphilosophie*. Heidelberg: C. F. Müller Verlag, 1999, pp. 73-77.

3.2.2 Coerência funcional

A reivindicação de coerência entre o ponto e a configuração--padrão é uma característica-chave da reivindicação por unidade putativa formulada por ordens jurídicas *qua* unidade de regras; essa é, se assim quiser, a dimensão substantiva da sistematicidade jurídica. Mas essa característica não limita seu escopo. Existe também uma segunda característica-chave, derivada daquilo que supostamente concerne à posição de um nós* orador. Cada um dos exemplos anteriores deste capítulo dá como certo que um grupo que diz representar um coletivo mais amplo de partes interessadas promulga regras como a configuração-padrão do ponto de ação desse coletivo mais amplo. Esse foi o caso do CSBB, do IASB, da CCC, da ISO, da OMC e (embora abordado de modo tangencial) do Codex Alimentarius. Mas a promulgação de regras é apenas parte do domínio mais amplo da regulação, o qual compreende articulação, monitoramento e sustentação da ação em conjunto. A posição de um nós* orador, conforme interpretada através das lentes do modelo ACAI do Direito, compreende todas as três dimensões da regulação. Então, a unidade putativa da posição de um nós* orador tem seu correlato na regulação coerente, o que significa que, de modo geral, as três funções regulatórias estão harmonizadas entre si de modo propício à ação em conjunto pelo nós* em jogo na regulação. Assim, a coerência entre ponto e configuração-padrão caminha lado a lado com aquilo que eu chamo de *coerência funcional*. Uma ordem jurídica é funcionalmente coerente na medida em que os oficiais confiados com a articulação, o monitoramento e a sustentação da ação em conjunto são mutuamente receptivos entre si de modo a preservar a coerência entre o ponto e a configuração-padrão de um coletivo através do tempo.[265]

---

265 Essa característica da unidade regulatória ressoa com a interpretação de Shapiro da unidade do Direito, segundo a qual "[a] *unidade* de um conjunto de normas jurídicas é assim derivada d[e] [serem elas] produtos da atividade de *um grupo* compartilhando um plano e trabalhando em conjunto

O qualificador "na medida em que" é importante porque, como Culver e Giudice argumentaram perspicazmente em sua crítica sobre o que chamam de abordagens "transcendentais" da validade sistêmica, "o grau efetivo de unidade dos oficiais e de seu sistema jurídico depende da prática e de aceitação efetivas, não de presunções".[266]

Considere, primeiramente, a coerência funcional do Direito Estatal, ou mais exatamente, do Direito Estatal em sua formulação ideal-típica oportuna àquilo que Sassen chama de TAD nacional. Os oficiais confiados com o exercício das funções regulatórias são considerados parte de uma única ordem jurídica. Verdade, a divisão tripartite entre os ramos legislativo, administrativo e judiciário do poder não corresponde a uma escala individualizada para a divisão funcional tripartite da regulação. Não obstante, a divisão dos poderes pressupõe uma unidade mais elementar do poder estatal, ou seja, que articulação, monitoramento e sustentação da ação em conjunto são manifestações diferentes da regulação exercida por oficiais pertencentes a *um* coletivo estatal. Resumidamente, a diferenciação tríplice das funções regulatórias é fundamental para a arquitetura institucional do ACAI, não para a divisão dos poderes. Estados autocráticos e teocráticos, por exemplo, organizam essas funções de maneiras bem diferentes da divisão

---

ao planejar uma comunidade". SHAPIRO, Scott J. *Legality*. Cambridge: Harvard University Press, 2010, p. 208.

266 CULVER, Keith; GIUDICE, Michael. "Claims to authority, legal systems, and dynamic social phenomena". *In*: COTTERRELL, Roger; DEL MAR, Maksymilian (Coord.). *Authority in Transnational Legal Theory*: Theorising across Disciplines. Cheltenham: Edward Elgar Publishing, 2016, p. 66. Baseando-se no (e qualificando) trabalho de Matthew Adler, eles defendem, adiante, uma "perspectiva relativa a grupos" que ilumine as práticas efetivas e aceitação requisitadas para a existência de uma ordem jurídica. CULVER, Keith; GIUDICE, Michael. "Claims to authority, legal systems, and dynamic social phenomena". *In*: COTTERRELL, Roger; DEL MAR, Maksymilian (Coord.). *Authority in Transnational Legal Theory*: Theorising across Disciplines. Cheltenham: Edward Elgar Publishing, 2016, p. 67 (grifo nosso).

tripartite de poderes dos estados democráticos; mas em cada caso, oficiais devem agir conjuntamente; eles devem harmonizar as três dimensões da regulação entre si de modo a preservar a coerência entre ponto e configuração-padrão do coletivo estatal. Por essa razão, a estrutura ideal-típica do Direito Estatal no TAR nacional encarna *diferenciação* funcional, mas não, propriamente falando, fragmentação funcional.

Como antecipado na seção 2.3.1, uma variedade de ordens jurídicas globais emergentes transforma esse modelo ideal-típico do Direito Estatal, de modo que essas três funções regulatórias estejam espalhadas através de diferentes coletivos. Consequentemente, o TAD global muda a natureza da questão acerca da coerência funcional: ela se transforma em uma questão sobre a coerência em função da *fragmentação* funcional. O que Stewart se refere por "administração distribuída" é parte, mas de maneira alguma esgota, desse processo de fragmentação.[267] Embora essa mudança seja decisiva para compreender a estrutura regulatória das ordens jurídicas globalizantes, ela também modifica a regulação estatal no contexto do TAD global, na medida em que a globalização propicia a fragmentação funcional de um amplo leque de campos do Direito Estatal.

Postergando uma discussão sobre as implicações da fragmentação funcional do Direito Estatal até a seção 3.3.3, vamos considerar, por enquanto, a fragmentação funcional das ordens jurídicas globais emergentes. Por exemplo, embora o CSBB articule padrões (e diretrizes e melhores práticas) para bancos internacionalmente ativos, monitorando seu cumprimento, cabe a cada um dos

---

267 "Reguladores globais dependem de instituições e entidades distintas para implementar suas normas, decisões e políticas. Esses órgãos formam uma *administração distribuída* de regimes regulatórios globais". Ver STEWART, Richard B. "Remedying Disregard in Global Regulatory Governance: Accountability, Participation and Responsiveness". *The American Journal of International Law*, vol. 108, nº 2, 2014, p. 217.

Estados-membros a transformação desses padrões em legislação e a sua sustentação perante os bancos listados em suas jurisdições. Também a CCC depende da fragmentação dessas três funções. Embora a CCC tenha promulgado o Código de Práticas Laborais para Confecções (articulação), uma organização independente monitora o cumprimento do código pelas empresas. Por sua vez, quando uma empresa se compromete com o código, ela é responsável por monitorá-lo vis-à-vis seus contratados, subcontratados, fornecedores e licenciados, e para tal propósito, ela pode mobilizar a força da jurisdição estatal nos participantes da cadeia de produção que estejam violando suas obrigações contratuais sob o código (sustentação). A CCC, por sua vez, pode sustentar a ação pelas companhias participantes ao responsabilizá-las, através da emissão de relatórios públicos e pela suspensão ou cancelamento de sua certificação, com os correspondentes danos de reputação e perda de lucro através de mecanismos do mercado. Isso sugere que os consumidores são uma parte fundamental da sustentação do código. Voltando-nos para um terceiro exemplo, a ISO articula padrões que contam como configuração-padrão de produtos considerados adequados para um mercado global "livre" e "competitivo". Ela também monitora esses padrões por meio de procedimentos de revisão orientados a acompanhar sua adequabilidade continuada à realização dos fins para os quais foram desenhados. A ISO compartilha essa função de monitoramento com a OMC, que agora implementou critérios procedimentais a serem adotados pela ISO, o Codex Alimentarius e outros órgãos similares ao emitirem padrões aplicados e sustentados pela OMC através de seus mecanismos de resolução de conflitos.

Em suma, o modelo ACAI do Direito acomoda múltiplas maneiras de articulação, monitoramento e sustentação da ação em conjunto por ordens jurídicas globais emergentes. A questão que agora emerge é a seguinte: como essa fragmentação funcional interfere em sua coerência funcional?

Embora essa questão pudesse ser abordada pela análise de qualquer um ou muitos dos exemplos já discutidos nas seções anteriores – o CSBB, o IASB, a CCC, a ISO, a OMC, o Codex Alimentarius –, consideremos um exemplo mais desafiador de fragmentação funcional, ou seja, a nova *lex mercatoria*. Eu me desvio do debate acre acerca de seu *status*, focando, em vez disso, na "premissa básica", como Berger a coloca, de que "a comunidade internacional de comerciantes cria seu próprio Direito através de processos decentralizados e 'autônomos' de criação do Direito".[268] Meu objetivo não é me aliar antecipadamente aos paladinos da nova *lex mercatoria*. Meu ponto é, pelo contrário, que apenas *essa* leitura da nova *lex mercatoria* é interessante para uma investigação acerca das ordens jurídicas globais emergentes. De fato, Berger sustenta com razão que assimilar a nova *lex mercatoria* a um conjunto de regras e princípios ou à totalidade de usos e costumes no comércio mundial é perfeitamente compatível com a nacionalização da *lex mercatoria*, de modo que os judiciários nacionais apliquem essas regras, usos e costumes a partir de várias perspectivas nacionais em primeira pessoa. Se a nova *lex mercatoria* é de algum interesse para nossa investigação, assim o é no forte senso que Berger distingue, remetendo-se às contribuições pioneiras de Goldman, nos seguintes termos:

> um sistema jurídico independente supranacional e "terceiro" entre o Direito Doméstico e o Direito Internacional [Público], um sistema jurídico que é criado e desenvolvido por forças de criação do Direito da comunidade internacional de negócios.[269]

---

268 Ver BERGER, Klaus Peter. *The creeping codification of the new lex mercatoria*. 2ª ed. Alphen aan den Rijn: Kluwer Law International, 2010, p. 58. A primeira parte do livro de Berger oferece um estudo aprofundado do debate doutrinal; ver também STEIN, Ursula. *Lex Mercatoria*: Realität und Theorie. Frankfurt: Vittorio Klostermann, 1995, pp. 179-247.

269 BERGER, Klaus Peter. *The creeping codification of the new lex mercatoria*. 2ª ed. Alphen aan den Rijn: Kluwer Law International, 2010, p. 64. Ver GOLDMAN, Berthold. "Frontières du droit et lex mercatória". *Archives de philosophie du droit*, vol. 9, 1964, pp. 177-192.

De fato, não é exagerado dizer que os participantes na criação da nova *lex mercatoria* se enxergam engajados em sua *unificação global*. O ponto negativo é que unificação significa desnacionalização de contratos comerciais transfronteiriços. Já o ponto positivo implica na criação de um corpo singular e compreensivo de regras que aspiram à validade global e que, em contraste ao Direito Comercial centrado no Estado, almeja corresponder às necessidades da comunidade comercial global. Nas palavras de Schmitthoff, um dos fundadores do movimento por unificação, "nós [estamos criando as condições para] o primeiro Direito comum do mundo".[270]

Dois tipos de reguladores desempenham um papel distintivo na nova *lex mercatoria*: as "agências formuladoras", como Berger as nomeia, e os árbitros comerciais internacionais. As primeiras incluem organizações como o Instituto Internacional para a Unificação do Direito Privado (Unidroit),[271] a Comissão das Nações Unidas para o Direito Comercial Internacional (Uncitral)[272] e a Câmera de Comércio Internacional (ICC).[273] Essas e outras organizações estão engajadas em um processo contínuo de esboço e formulação de regras gerais orientadas à unificação do comércio mundial. Então, por exemplo, a Unidroit recentemente trouxe adiante os Princípios de Contratos Internacionais de 2010, cujo objetivo é

> estabelecer um conjunto balanceado de regras designadas para serem usadas em todo o mundo, independentemente das

---

270 SCHMITTHOFF, Clive M. "International Business Law: A New Law Merchant". *In*: MACDONALD, R. ST. J. *Current Law and Social Problems, II*. Toronto: University of Toronto Press, 1961, pp. 152/153.

271 UNIDROIT. Disponível em: www.unidroit.org/. Acessado em: 16.03.2022.

272 UNITED NATIONS COMMISSION ON INTERNATIONAL TRADE LAW (UNCITRAL). Disponível em: www.uncitral.org/uncitral/en/index.html. Acessado em: 15.03.2022.

273 INTERNATIONAL CHAMBER OF COMMERCE (ICC). Disponível em: www.iccwbo.org/. Acessado em: 15.03.2022.

> tradições jurídicas ou das condições econômicas e políticas dos países nos quais elas serão aplicadas.[274]

Além das regras que em princípio são aplicáveis a todo o comércio mundial, há agências formuladoras para setores específicos do comércio mundial, como o Comité Maritime International (CMI), o qual emite regras setoriais orientadas a unificar o Direito Marítimo,[275] e a Federação Internacional de Engenheiros Consultores (FIDIC), que publica, dentre outros, modelos contratuais de padrão internacional que são consistentes com seu ponto, isto é, "[permitir] o desenvolvimento de um mundo sustentável como a voz global reconhecida pela indústria de engenharia de consultoria".[276]

Árbitros comerciais internacionais são o segundo tipo distintivo de reguladores da nova *lex mercatoria*. Entre os facilitadores mais importantes estão a ICC, a Associação Americana de Arbitragem e a Corte de Arbitragem Internacional de Londres. Ao longo das últimas décadas, a arbitragem internacional se consolidou como o principal mecanismo de resolução de disputas do comércio global. Para decidir acerca dos conflitos contratuais a eles submetidos, os tribunais arbitrais aplicam a nova *lex mercatoria* quando as partes do contrato a incorporaram em uma cláusula de escolha da lei aplicável; quando o Direito Doméstico a permite ao legislar acerca da arbitragem comercial internacional; e mesmo em alguns casos nos quais as partes não incluíram uma cláusula de escolha da lei aplicável em seu contrato. É agora amplamente aceito que, em reconhecimento ao princípio da autonomia das partes, sentenças

---

274 INTERNATIONAL INSTITUTE FOR THE UNIFICATION OF PRIVATE LAW (UNIDROIT). "Principles 2010", p. xxiii. Disponível em: www.unidroit.org/english/principles/contracts/principles2010/integralversionprinciples2010-e.pdf. Acessado em: 16.03.2022.

275 COMITÉ MARITIME INTERNATIONAL. Disponível em: http://comitemaritime.org/. Acessado em: 15.03.2022.

276 INTERNATIONAL FEDERATION OF CONSULTING ENGINEERS. Disponível em: http://fidic.org/. Acessado em: 15.03.2022.

arbitrais que aplicam a nova *lex mercatoria* não podem ser ignoradas pelas cortes domésticas somente por essa razão, quando as partes a invocaram em uma cláusula de escolha da lei aplicável. Seria um erro, contudo, assumir que enquanto as agências formuladoras criam as regras gerais da nova *lex mercatoria*, tribunais arbitrais apenas aplicam essas regras; ao decidir casos, os tribunais arbitrais também contribuem para a criação e desenvolvimento de regras gerais da *lex mercatoria*, especialmente em função da crescente publicação das sentenças arbitrais, a que eu retorno logo mais. Além disso, embora não sejam emitidas por um órgão judicial nacional ou internacional, sentenças arbitrais são executáveis sob a égide de regimes domésticos e internacionais, em particular a Convenção sobre o Reconhecimento e Execução de Sentenças Arbitrais Estrangeiras, celebrada em Nova York em 1958.

Essa é, certamente, a mais superficial das referências a um domínio jurídico vasto e complexo. Mas isso é o que eu preciso para abordar a questão acerca da coerência funcional e, de modo geral, acerca do *status* da *lex mercatoria* como uma ordem jurídica global emergente no contexto do modelo ACAI do Direito.

Olhe, primeiramente, para as posições nós* orador e nós* em jogo. As agências formuladoras se veem como um grupo que promulga regras em nome da comunidade de negócios internacional como um todo ou de um de seus setores. Então, por exemplo, em sua Introdução à versão de 1994 dos Princípios, o Conselho Geral da Unidroit se compreende como o porta-voz das "comunidades jurídica e de negócio internacionais", a quem "oferece" "regras gerais para contratos comerciais internacionais". O ponto dos princípios, e de fato da Unidroit como um coletivo que produz regras, é "providenciar um sistema de regras especialmente ajustado às necessidades das transações comerciais internacionais".[277] No que

277 INTERNATIONAL INSTITUTE FOR THE UNIFICATION OF PRIVATE LAW (UNIDROIT). "Principles 2010". p. xxiii. Disponível em: www.

se refere a um exemplo do coletivo setorial, a página da internet do CMI declara, em acordo com o artigo 1 de sua Constituição, que

> somos uma organização internacional não governamental e sem fins lucrativos estabelecida na Antuérpia em 1897, cujo objetivo é contribuir por todos os meios e atividades apropriados com a unificação do Direito Marítimo em todos os seus aspectos.

Embora tribunais arbitrais emitam sentenças arbitrais entre as partes contratantes, no processo de aplicar e criar a *lex mercatoria*, eles efetivamente agem como porta-vozes de uma comunidade mais ampla que se julga em risco nas decisões acerca de casos individuais: a comunidade daqueles engajados em comércio transfronteiriços em qualquer lugar do mundo. Uma passagem de um julgamento pela Corte Italiana de Cassação revela engenhosamente a relação entre arbitragem e a comunidade de negócios internacional, e em geral entre as posições de um nós* orador e um nós* em jogo, apesar de a qualificar como uma relação "informal". Tendo explicitamente reconhecido a existência de uma *lex mercatoria* que é vinculante para a comunidade de negócios transnacional, a Corte emendou que

> O Direito Mercantil se dá quando uma convicção comum da existência de valores vinculantes comuns toma forma e quando povos, tendo tal convicção comum, coordenam seus comportamentos na base de regras comuns (formando desse modo uma *societas* mercantil). Nessa *societas* – que não precisa ser uma organização estável – o Direito é aplicado informalmente; mesmo quando ele é aplicado por uma organização, como órgãos arbitrais, o Direito Mercantil, embora venha a ser mais consistente, não muda sua natureza.[278]

---

unidroit.org/english/principles/contracts/principles2010/integralversionprinciples2010-e.pdf Acessado em: 16.03.2022.

278 Julgamento de 8 de fevereiro de 1982, Cass. 1982, Foro It. I, 2285, traduzido e citado por GALGANO, Francesco. "The New Lex Mercatoria". *Annual*

Considere, agora, as três funções regulatórias. O que chama a atenção é a intensa fragmentação funcional da *lex mercatoria*. Para começar, ambas as agências formuladoras (geral e setorial) e os tribunais arbitrais articulam e monitoram a configuração-padrão da ação em conjunto pela comunidade de negócios global. A Introdução aos Princípios da Unidroit de 2004 e 2010 indica explicitamente, por exemplo, que essas reformulações dos Princípios de 1994 são o resultado da atividade de "monitoramento" da organização. No curso da aplicação e criação de regras gerais ao ajuizar acerca de contratos individuais, tribunais arbitrais também contribuem para a articulação e o monitoramento da configuração-padrão da ação em conjunto pela comunidade de negócios. Finalmente, existe um espectro de mecanismos disponíveis para sustentar a ação em conjunto pelo nós* em jogo. O mais óbvio desses mecanismos é a execução de sentenças arbitrais por cortes domésticas; outros mecanismos incluem "listas de bloqueados" e a retirada de Direitos ou filiação em associações de comércio.

São essas funções implementadas *coerentemente*? Pode-se falar da coerência funcional em referência à *lex mercatoria* e, nesse sentido, à unidade putativa de uma multitude de regras?

A questão é decisiva por três razões relacionadas. A primeira é a ausência de um sistema organizado de jurisdição arbitral: além da existência de um amplo leque de tribunais arbitrais permanentes que não estão institucionalmente coordenados entre si, muitos, provavelmente a maioria, dos tribunais arbitrais se reúnem *ad hoc* para decidir casos individuais, entregando sentenças arbitrais que, em sua maioria, permanecem confidenciais. A segunda é que, em princípio, sentenças arbitrais não estão sujeitas a recurso, logo, em um contraste acentuado para com o Direito Estatal, nenhuma corte superior salvaguarda a aplicação uniforme das regras da

---

Survey of International & Comparative Law, vol. 2, 1995, p. 109, nota de rodapé 18.

nova *lex mercatoria*. Ademais, nenhuma autoridade superior assegura a consistência entre as agências formuladoras em suas funções de articulação e monitoramento, nem entre essas e a execução (e rejeição) de sentenças arbitrais por cortes nacionais. A terceira concerne à tensão entre a articulação e o monitoramento da nova *lex mercatoria*, de um lado, e sua sustentação pelas ordens jurídicas estatais de outro, diante de considerações de política pública.[279] Em resumo, não existe nenhum mecanismo institucional que pudesse garantir a coerência da *lex mercatoria* diante de sua intensa fragmentação funcional.

No entanto, reguladores têm encontrado uma alternativa às salvaguardas verticais para a *lex mercatoria*. De fato, embora muitas – provavelmente a maior parte – das sentenças arbitrais permaneçam confidenciais, a iniciativa de publicar sentenças decretadas por tribunais arbitrais permanentes como aquelas emitidas na malha da Corte Internacional de Arbitragem da ICC torna possível que essas sentenças funcionem como precedentes para novas decisões, logo, para uma forma horizontal de interação bem similar ao *stare decisis* do Direito Comum Anglo-Saxão. Conforme Berger coloca,

> a crescente referência mútua por tribunais arbitrais internacionais, a análise e aceitação, modificação ou rejeição críticas de ideias, instituições ou valores jurídicos... está gradualmente

279 "O objetivo do regime arbitral moderno e progressivo é minimizar a interferência judicial no processo arbitral. Mas um sistema jurídico municipal é o meio pelo qual qualquer ordem política implementa suas regras no contexto de disputas privadas. Se essas disputas são retiradas do sistema jurídico e as cortes são impelidas a não interferir no processo ou em seus resultados a não ser em casos de desvios fundamentais de um processo justo, como pode a ordem política assegurar a aderência à aplicação do Direito Público e Privado?" DONOVAN, Donald Francis. "International Commercial Arbitration and Public Policy". *New York University Journal of International Law and Politics*, vol. 27, 1995, p. 649.

> levando à coordenação desses princípios, regras, e noções jurídicas que formam a base da (nova *lex mercatória*).[280]

E, vale ressaltar, evidências empíricas consideráveis sugerem que cortes domésticas apenas excepcionalmente invocam considerações de política pública nacional para rejeitar tribunais arbitrais internacionais, não menos importante enquanto resultado da legislação nacional orientada a assegurar uma relação colaborativa, em vez de competitiva, entre a arbitragem comercial internacional e os judiciários nacionais. Mas dada a extensão que uma parcela muito substancial de sentenças arbitrais permanece confidencial, talvez seja mais seguro ser cuidadoso, concluindo que nós somos testemunhas para o que talvez esteja se tornando uma regulação consideravelmente coerente entre as três funções de articulação, monitoramento e sustentação do comércio pela comunidade de negócios global, apesar da intensa fragmentação institucional dessas funções. Veja aqui uma instância adicional de duas teses apresentadas anteriormente neste capítulo: falando estritamente, não há qualquer unidade de regras jurídicas, nenhum sistema jurídico na forma de um *ordo ordinatus*. O que nós temos é um processo contínuo para tornar coerente as três funções regulatórias: assegurar a coerência funcional é parte e parcela da nova *lex mercatoria* como uma *ordo ordinans*.[281]

---

280 BERGER, Klaus Peter. *The creeping codification of the new lex mercatoria*. 2ª ed. Alphen aan den Rijn: Kluwer Law International, 2010, p. 98. Ver também TEUBNER, Gunther. "Global Bukowina: legal pluralism in the world society". *In*: ______. (Coord.). *Global law without a state*. Dartmouth: Aldershot, 1997, p. 20; STONE, Sweet Alec. "The New Lex Mercatoria and Transnational Governance". *Journal of European Public Policy*, vol. 13, nº 5, 2006, pp. 627-646; MICHAELS, Ralf. "The True Lex Mercatoria: Law beyond the State". *Indiana Journal of Global Legal Studies*, vol. 14, nº 2, 2007, pp. 447-468.

281 Nas palavras de Schill, "compreender a arbitragem como um sistema significa então compreender a importância e o poder dos árbitros. Eles são o centro que pode forjar a arbitragem internacional em um sistema ou dissolvê-lo em uma fragmentação infinita. Similares a cortes no contexto

Tudo isso sugere que a *lex mercatoria* pode bem ter se tornado uma ordem jurídica global emergente, de acordo com o modelo ACAI do Direito, mesmo se diversos casos decididos sob sua égide permaneçam modestos: para alguns casos, já se começou a reivindicar validade global e uma certa autonomia regulatória para si própria diante dos Direitos Nacional e Internacional. No que concerne à validade global, a despeito das referências doutrinais e jurisprudenciais ao comércio e a contratos comerciais "internacionais" e "transnacionais", o que está realmente em jogo, como notado anteriormente, é uma comunidade de negócios *global*, uma comunidade considerada por seus porta-vozes como tendo interesses e necessidades irredutíveis àquelas das comunidades de negócios que operam dentro dos cíngulos de coletivos estatais. Esse é, de fato, o ponto central da unificação da troca comercial transfronteiriça.

Isso repercute no conceito de autonomia regulatória. Eu proponho que a *lex mercatoria*, no que diz respeito às sentenças arbitrais que são publicadas e que aplicam as regras das agências formuladoras, pode ter chegado em um limiar do autogoverno coletivo no fundamental – embora estreito – sentido proposto pelo modelo ACAI do Direito: um grupo de autoridades comprometido que é relativamente bem-sucedido em articular, monitorar e sustentar o ponto de agir em conjunto por um coletivo em nome do qual o grupo diz agir na ação regulatória. Mas eu adoto o alerta acerca de um "conceito transcendente" de ordem jurídica alheio à prática social e à aceitação efetivas manifesto por Culver e Giudice: "Onde existem práticas institucionais ou oficiais dos tipos

---

doméstico, árbitros enquanto um grupo são a instituição chave para a emergência, persistência, transformação e, logo, existência, da arbitragem internacional como um sistema". SCHILL, Stephan W. "International Arbitrators as System-Builders". *Proceedings of the American Society of International Law*, vol. 106, 2012, p. 295. Ver também COLLINS, Hugh. "Flipping Wreck: Lex Mercatoria on the Shoals of Ius Cogens". *In*: GRUNDMANN, Stefan; MÖSLEIN, Florian; RIESENHUBER, Karl (Coord.). *Contract governance*: dimensions in law and interdisciplinary research. Oxford: Oxford University Press, 2015, pp. 383-406.

relevantes, pode-se dizer que existe também um sistema jurídico que reivindica autoridade".[282] Em todo caso, independentemente do fato de se esse limiar ter sido alcançado ou não, logo, se se está preparado para caracterizar a *lex mercatoria* como uma ordem jurídica, eu proponho que o modelo ACAI do Direito prova seu valor ao ajudar a elucidar o que está envolvido na emergência de uma ordem jurídica global.

Mais uma vez, duas considerações finais, a primeira sobre autoridade, a segunda sobre inclusão e exclusão. O que torna a *lex mercatoria* particularmente desafiadora como ordem jurídica global emergente é, de acordo com muitos estudiosos, seu caráter inteiramente "privado". O correlato à crítica de um *contrat sans loi* pode ser formulado da seguinte maneira: *legislateurs sans autorisation*. Embora usualmente manifesta sob a perspectiva das preocupações acerca da responsabilidade das agências formuladoras e dos tribunais arbitrais diante daqueles que podem ser afetados pela nova *lex mercatoria*, essa crítica vai mais fundo, colocando em jogo o problema da representação em relação àqueles que as agências formuladoras e tribunais arbitrais dizem representar. Por definição, agências formuladoras e tribunais não podem ter sido autorizados antecipadamente pela comunidade de negócios global para articular e monitorar a ação em conjunto de seu interesse. Como notado anteriormente, ao introduzir o elemento [8] representação, reivindicações por um nós* orador de representar um nós* em jogo são sempre prematuras e dependentes da aceitação dos destinatários dessas reivindicações representativas. Para seu crédito, Berger, um defensor feroz da autonomia da nova *lex mercatoria*, está bem ciente desse problema:

---

282 CULVER, Keith; GIUDICE, Michael. "Claims to authority, legal systems, and dynamic social phenomena". *In*: COTTERRELL, Roger; DEL MAR, Maksymilian (Coord.). *Authority in Transnational Legal Theory*: Theorising across Disciplines. Cheltenham: Edward Elgar Publishing, 2016, p. 72.

> Instrumentos redigidos e adotados por essas [agências formulatórias] não assumem automaticamente a qualidade de "Direito" dentro do contexto [da nova *lex mercatoria*]. Pelo contrário, o Direito é criado através das práticas contratuais da comunidade internacional de comerciantes e pela casuística da arbitragem internacional. Isso significa que as regras e princípios contidos no texto desses instrumentos devem se submeter a um teste da prática internacional comercial e da arbitragem internacional para se tornar reconhecida como parte da [nova *lex mercatoria*].[283]

Ausente uma autorização *ex ante* para regular em prol de um nós* em jogo na *lex mercatoria*, a comunidade de negócios global autoriza as agências formuladoras e suas regras *ex post* se partes em contratos comerciais internacionais incluem regularmente o novo Direito Mercantil em suas cláusulas de escolha da lei aplicável e recorrem à arbitragem internacional no caso de disputas. Nessa medida, o modelo ACAI do Direito fundamenta a proposição de Berger de que "a comunidade internacional de comerciantes cria seu *próprio* Direito através de processos de criação do Direito decentralizados e 'autônomos'" (grifo nosso).

O ponto de Berger é tanto normativo quanto conceitual. Sua proposição implicitamente apela para a pressuposição bem conhecida de que a autorregulação privada é a mais democrática dentre as formas de regulação porque, em contraste com a regulação "de cima para baixo" do Direito Estatal, sua abordagem "de baixo para cima" assegura que os endereçados da regulação também promulguem sua coletividade: nós* autor.

Mas é realmente tão simples? A advertência incisiva de Kelsen acerca da natureza ideológica da distinção entre Direito Público e Privado não perde nada da sua relevância quando a autorregulação

283 BERGER, Klaus Peter. *The creeping codification of the new lex mercatoria*. 2ª ed. Alphen aan den Rijn: Kluwer Law International, 2010, p. 92.

"privada" passa a ser global. Contra a neutralização e despolitização do Direito Privado e da autorregulação privada na malha operacional do Direito Estatal, Kelsen relembra seus leitores de que direitos subjetivos não são menos direitos políticos que os direitos civis e políticos convencionalmente compreendidos, adicionando que

> Distingu[ir] em princípio entre uma esfera privada não política do Direito e uma esfera pública política é obscurecer o fato de que o Direito "Privado" criado no contrato não é menos uma área de poder político do que o Direito Público criado pela legislação e administração. O que nós chamamos de Direito Privado... é simplesmente uma forma particular de Direito, correspondendo ao sistema econômico capitalista de produção e distribuição; sua função, então, é a função eminentemente política do exercício do poder.[284]

O que é ameaçado ou mesmo perdido com a noção de autorregulação privada é a referência controversa à comunalidade ou à publicidade velada no "auto" de autorregulação. Assim como no "auto" do autogoverno da criação estatal do Direito, o "auto" da autorregulação privada se refere à relação reflexiva na qual se considera que uma gama de atores vê e se refere a si mesma como um grupo de membros os quais promulgam conjuntamente regras em seu interesse mútuo. Assim sendo, uma reivindicação contestante da comunalidade, da publicidade, é inerente às noções de ipseidade coletiva e de autoridade.

---

284 KELSEN, Hans. *Introduction to the Problems of Legal Theory*. 1ª ed. de Reine Rechtslehre. Trad. para o inglês de Bonnie Litchewski Paulson e Stanley L. Paulson. Oxford: Clarendon Press, 2002, pp. 95/96. As considerações seguintes acerca do público e do privado se baseiam no meu artigo: LINDAHL, Hans. "One Pillar: Legal Authority and a Social License to Operate in a Global Context". *Indiana Journal of Global Legal Studies*, vol. 23, nº 1, 2016, pp. 201-224. Disponível em: https://www.repository.law.indiana.edu/ijgls/vol23/iss1/9/?utm_source=www.repository.law.indiana.edu%2Fijgls%2Fvol23%2Fiss1%2F9&utm_medium=PDF&utm_campaign=PDFCoverPages.

A nova *lex mercatoria* ilustra a contestabilidade da reivindicação à comunalidade intrínseca da autoridade. Na medida em que o ponto da nova *lex mercatoria* é facilitar o comércio e a mobilidade global de capital, sua qualificação como uma forma de autorregulação privada

> obscurece sua natureza política e funções distributivas ao determinar a alocação de riscos das transações comerciais internacionais, ao regular os termos da competição comercial e acesso a mercados, e ao executar acordos.[285]

Em contraste, aquilo que torna a autorregulação privada autoritativa perante o Direito Estatal é que as regras promulgadas pela comunidade comercial podem ser vistas, ainda que provisional e defensivamente, como uma concretização do bem comum de um coletivo mais amplo do qual elas são uma parte. Assim, normas comerciais promulgadas por atores privados podem ser vistas como as *próprias* regras de um coletivo estatal, como normas que ele autorizou, e os atos de criação do Direito dos comerciantes como atos autorizados de criação do Direito. Nesse viés, o autogoverno privado na malha operacional do Direito Estatal pressupõe a institucionalização do *insight* de que *a distinção entre público e privado é ela própria pública*. Como resultado, a decisão de glosar relações econômicas como relações privadas é uma decisão política acerca do que conta para o bem público, logo nada mais que a configuração-padrão da ação coletiva que pode ser revisada e mesmo revertida. À sua própria maneira, o modelo ACAI do Direito endossa a crítica de Pashukanis da separação entre relações econômicas e políticas abraçadas por uma doutrina jurídica

---

285 CUTLER, A. Claire. *Private power and global authority*: transnational merchant law in the global political economy. Cambridge: Cambridge University Press, 2003, p. 35.

subserviente ao capitalismo.[286] O *insight* de que a distinção entre público e privado é ela própria pública acaba sendo escondido quando, para reiterar a formulação de Schmitthoff, se assume como certo que a unificação do Direito Comercial Internacional significa promulgar "o primeiro Direito comum do mundo".

Essas considerações acerca da autoridade levam ao problema da inclusão e exclusão. Essencial a esse problema é a unificação do Direito Comercial. Ao ser contrastado com a nacionalização do Direito Comercial e a arbitrariedade e as ineficiências que isso traz adiante no que concerne ao comércio transfronteiriço, a emergência de uma única, desnacionalizada ordem do Direito Comercial Global pode parecer aos comerciantes como emancipatória, como a "universalização" de um domínio jurídico que os liberta dos efeitos exclusionários de estados com fronteiras. Em sua aspiração de dar azo a uma ordem jurídica global, o processo de unificação a dirigir a nova *Lex Mercatoria* é profundamente *inclusivo* quanto a seu objetivo. Trata-se de um augúrio privilegiado, em sua inclusividade, do pleito de Berman, citado na seção 1.3.2, por uma "concepção mais ampla e fluida do Direito para além das fronteiras".[287] Então, deve-se conceder sem ressalvas a Goldman, Schmitthoff e todos os seus outros defensores que a estrela-guia da *lex mercatoria* é assegurar a inclusividade das relações comerciais ao redor do mundo: unificação como inclusão.

Pode-se questionar, contudo, se a unificação "insidiosa" do Direito Comercial Global é apenas um processo de inclusão desfazendo os efeitos exclusionários das fronteiras estatais. Poderia ser a inclusividade da nova *lex mercatoria* um veículo para novas

---

286 Ver PASHUKANIS, Evgeny. *Law and Marxism*: a general theory. Trad. para o inglês de Barbara Einhorn. Londres: Pluto Press, 1989; BERMAN, Paul Schiff. "Global Legal Pluralism". *Southern California Law Review*, vol. 80, 2007, p. 127.

287 BERMAN, Paul Schiff. "Global Legal Pluralism". *Southern California Law Review*, vol. 80, 2007, p. 127.

formas de exclusão? O regime internacional de investimento é um caso particularmente saliente quanto a esse ponto, como evidenciado por Cutler e outros. Cito outra das várias preocupações acerca da reivindicação por comunalidade, uma que foi menos documentada. Após ter apontado para o fato de que a maioria dos árbitros comerciais internacionais são de países da Europa Ocidental e da América do Norte, locais que também calham de ser a sede da maioria dos tribunais arbitrais permanentes, Samson Sempasa nota que

> juristas africanos rejeitam a premissa conceitual de uma *lex mercatoria* porque suas perspectivas nunca foram acomodadas no desenvolvimento da *communis opinio doctorum* sob a qual se diz que uma *lex mercatoria* está predicada.[288]

E com uma referência polidamente formulada à linha tênue que leva do colonialismo ao comércio dos estados africanos com companhias multinacionais hoje, ele relembra seus leitores que

> [o]s princípios comuns que se dizem constituir a *lex mercatoria* foram eles próprios em grande medida desenvolvidos em um momento no qual as relações comerciais com os africanos eram empreendidas majoritariamente em benefício dos europeus no contexto de uma estrutura de poder colonial. O africano não podia tomar parte nessas relações. Juristas africanos não compartilham necessariamente esses princípios em todos os seus pontos. Correspondentemente, eles consideram iníquo árbitros escolhidos ou selecionados para presidir disputas de companhias multinacionais elegerem a *lex mercatoria* como se providenciasse as regras aplicáveis

288 SEMPASA, Samson L. "Obstacles to international commercial arbitration in African Countries". *International and Comparative Law Quarterly*, vol. 41, nº 2, 1992, p. 410.

> em face de um caso que eles acreditam claramente requerer a aplicação das leis do Estado africano.[289]

A unificação como inclusão anda lado a lado da unificação como exclusão. A *lex mercatoria* supera os efeitos exclusionários das fronteiras estatais excluindo aquilo que ela inclui. Embora aspire tornar-se um Direito para além das fronteiras (Berman), a nova *lex mercatoria* permanece um Direito com limites. O preço a ser pago pela proposição de Berger de que "a comunidade internacional de comerciantes cria seu próprio Direito" é a emergência de uma contestação forte – por vezes radical – da *lex mercatoria* através de formas de socialidade que recusam sua assimilação na ordem jurídica globalizante que os comerciantes chamam de sua.[290] Em suma, e retornando à terceira das teses expostas anteriormente neste capítulo, a nova *lex mercatoria* é uma das arenas privilegiadas do processo de duas faces no qual a unificação global vai lado a lado da pluralização global.

3.3 Ordem pragmática

Tendo examinado a ordem jurídica como um ator grupal e um sistema jurídico, a terceira faceta do tríptico, a ordem pragmática, pode ser agora explorada. Essa terceira faceta aparece quando, em vez de olhar para uma ordem jurídica apenas como uma unidade putativa de regras, também se engaja com o Direito na perspectiva de seus mediadores, para quem as regras jurídicas são sinalizadoras de como se orientar no espaço, tempo, subjetividade e tipos de atos.

---

289 SEMPASA, Samson L. "Obstacles to international commercial arbitration in African Countries". *International and Comparative Law Quarterly*, vol. 41, nº 2, 1992, p. 410.

290 Para um exemplo de contestação radical da *lex constructionis*, um dos setores da nova *lex mercatória*, pelos U'wa, um povo indígena da Colômbia, ver LINDAHL, Hans. *Fault lines of globalization*: legal order and the politics of a-legality. Oxford: Oxford University Press, 2013, pp. 58-65.

Essa é a menos evidente das três facetas da ordem jurídica, tal qual concebida pelo modelo ACAI do Direito, logo, é acertado nos ocupar dela em uma medida mais extensa do que com as outras duas. Relembre as características [2] e [4] da ação coletiva, tal qual postas na seção 2.1.2: a ação coletiva tem um ponto na base do qual ela estabelece, *qua* forma de ordenação social, quem deve fazer o que, onde e quando. A doutrina jurídica deriva essa característica geral da ação coletiva ao se aproximar dessas quatro dimensões nos termos da jurisdição, ou seja, jurisdição *ratione personae*, *ratione materiae*, *ratione loci* e *temporis*. Essa interpretação doutrinal da jurisdição é, contudo, tipicamente restrita àqueles que produzem regras, em particular ao judiciário. Kelsen generaliza essa interpretação, argumentando que espaço, tempo, subjetividade e conteúdos de atos se referem às "esferas de validade" das normas jurídicas. Normas jurídicas, tanto gerais quanto individuais, estabelecem quem, o que, onde e quando de *todo* o comportamento juridicamente pertinente, e não apenas do judiciário.

O significado completo da perspectiva de Kelsen das esferas da validade das normas jurídicas se torna claro quando incorporado a uma perspectiva da primeira pessoa do plural de participantes na ação em conjunto, logo, a uma perspectiva orientada ao agente. Isso é justamente o que o exemplo monótono do time de culinária buscou mostrar. Se uma ordem, para me emprestar da formulação kantiana, é a unidade de um múltiplo, então o problema da ordem jurídica não é apenas acerca da unidade de uma multitude de regras, como Kelsen e muitos outros assumem como certo. É também, e não menos importantemente, uma questão acerca de como a ordem jurídica pode se manifestar para os agentes como uma unidade putativa, em respeito a cada uma das quatro dimensões do comportamento regulada pelo Direito. Nessa leitura, uma ordem jurídica estabelece certos tipos de relações normativas entre lugares, entre sujeitos, entre tempos e entre tipos de atos. Ela também funde esses quatro tipos de relação em dimensões de uma ordem singular de comportamento, de modo que certos atos por certas pessoas sejam autorizados ou desautorizados em certos tempos e em certos lugares da perspectiva de um agente grupal. Isso é o que o modelo ACAI do Direito chama de ordem *pragmática*, e que as análises dos capítulos I e II da OMC e sua contestação pela KRRS buscaram ilustrar.[291] Logo, a questão acerca da unidade putativa de um sistema jurídico – sob quais condições pode uma multitude de regras aparecer como unidade? – precisa ser suplementada pela questão sobre a unidade das dimensões de comportamento reguladas por esse sistema – sob quais condições uma ordem jurídica se manifesta como uma unidade espacial, temporal, subjetiva e material para aqueles cujos os comportamentos ela regula?

Deixe-me apresentar uma série de qualificações acerca dessa interpretação do Direito como ordem pragmática, de modo a me desviar de possíveis incompreensões. Primeiramente, essa perspectiva de uma ordem pragmática transpõe os dois termos da oposição entre coletivos "sedentários" e "nômades". Eu mostrei em outra oportunidade como comunidades nômades e corporações multinacionais se constituem como ordens pragmáticas, e, no entanto, ordens pragmáticas que não são fixadas territorialmente da maneira que ocorre com um Estado.[292] Não seria difícil, levando essas ideias adiante, revelar como as "jurisdições móveis" da FIFA durante a Copa do Mundo se encontram dentro do conceito de ordem pragmática defendido pelo modelo ACAI do Direito. Esse conceito também atravessa a distinção, em segundo lugar, entre demarcações "acentuadas" e "difusas". Tanto Twining quanto Cotterrell têm argumentado que a Teoria do Direito precisa avançar para além da pressuposição de que ordens jurídicas são caracterizadas por demarcações jurisdicionais "acentuadas", acomodando uma

291 LINDAHL, Hans. *Fault lines of globalization*: legal order and the politics of a-legality. Oxford: Oxford University Press, 2013, pp. 13-43, para uma apresentação mais detalhada dessas ideias.

292 LINDAHL, Hans. *Fault lines of globalization*: legal order and the politics of a-legality. Oxford: Oxford University Press, 2013, pp. 44-49; 56-58.

variedade de ordens jurídicas emergentes não estatais.[293] Claro. Mas isso não significa mais do que dizer que diferentes tipos de ação coletiva requerem diferentes modos de se traçar demarcações (espaciais), os quais têm todo tipo e nível de precisão requeridos por seu ponto. Embora fronteiras estatais possam ser precisas (ou imprecisas) de acordo com critérios cartográficos, esses critérios podem ser irremediavelmente inadequados para determinar as demarcações espaciais de um outro tipo de coletivo jurídico, e.g., um povo nômade. Terceiro, não precisa ser o caso que a unidade putativa quádrupla de uma ordem pragmática necessite ter sido demarcada antecipadamente e com toda a clareza possível para seus agentes; embora ao menos alguma orientação espacial, temporal, subjetiva e objetiva seja requerida para a emergência de uma ordem pragmática, é suficiente que quem tenha que fazer o que, onde e quando possa ser determinado quando a necessidade apareça. Isso é, evidentemente, uma implicação do *insight* de que [6] ordens jurídicas são uma *ordo ordinans*, não uma *ordo ordinatus*.

Mas o modelo ACAI do Direito insiste que articulação, monitoramento e sustentação da ação coletiva como uma unidade pragmática putativa é parte e parcela da ordem jurídica.[294]

---

293 TWINING, William. *General jurisprudence*: understanding law from a global perspective. Cambridge: Cambridge University Press, 2009, p. 20; COTTERRELL, Roger. "Transnational legal authority: a socio-legal perspective". *In*: COTTERRELL, Roger; DEL MAR, Maksymilian (Coord.). *Authority in transnational legal theory*: theorising across disciplines. Cheltenham: Edward Elgar Publishing, 2016, p. 273. Ver também COTTERRELL, Roger. "Transnational Communities and the Concept of Law". *Ratio Juris*, vol. 21, nº 1, 2008, pp. 1-18.

294 Apesar de eu não argumentar esse ponto neste livro, eu proponho respeitosamente que no momento em que se reivindica, com Cotterrell, que redes comunitárias "buscam e precisam de regulação coletiva para expressar e sustentar os laços de comunidade que lhes concedem alguma estabilidade", as três dimensões da unidade putativa da ordem jurídica se veem implementadas: coletividade, sistema jurídico e ordem pragmática. No que concerne à terceira dessas três dimensões, assumir que ordens pragmáticas precisam adotar a forma de jurisdições "fixas", "claramente delineadas", é reforçar o

Essa tese forte é ilustrada na seção 3.3, quando se reconstroem as topografias do CSBB, da CCC, da *lex constructionis* e do eBay. Almejando um conceito de autoridade que lide diretamente com a globalização da inclusão e exclusão, logo, que acolha o sentido de pluralismo defendido neste livro, o modelo ACAI do Direito não faz nenhuma concessão, de qualquer tipo que seja, a teorias do pluralismo jurídico que gostariam de nos convencer de que uma ordem jurídica é possível na ausência de uma reivindicação autoritativa à perspectiva na primeira pessoa do plural e, correlativamente, à unidade putativa de um sistema jurídico e a uma ordem pragmática putativa.

Note como a noção de ordem pragmática nos leva a uma volta completa, à primeira das suas três facetas. Com efeito, a análise do modelo ACAI do Direito inaugurou com um relato acerca da perspectiva na primeira pessoa do plural, distinguindo três posições de um nós*; submetendo a escrutínio a sistematicidade da ordem jurídica, ela foi dividida em duas formas de coerência; agora se propõe a examinar o Direito como ordem pragmática putativa, que se apresenta como tal da perspectiva na primeira pessoa do plural de um nós*. As três facetas da ordem jurídica podem ser ligadas da seguinte maneira: assumir a perspectiva de um coletivo jurídico é se orientar no espaço, tempo, subjetividade e conteúdos de atos de um modo prescrito pelas regras que articulam o ponto de ação em conjunto. Essa sentença singular é, de fato, uma formulação muito resumida do modelo ACAI do Direito, suportando *inter alia* a descrição da OMC e de sua contestação pela KRRS nos capítulos I e II.

---

próprio pensamento centrado no Estado acerca do Direito a que Cotterrell se opõe. Ver COTTERRELL, Roger. "Transnational legal authority: a socio-legal perspective". *In*: COTTERRELL, Roger; DEL MAR, Maksymilian (Coord.). *Authority in transnational legal theory*: theorising across disciplines. Cheltenham: Edward Elgar Publishing, 2016, pp. 273/274.

Assim, esse modelo do Direito abre uma abordagem às ordens jurídicas em geral, e às ordens jurídicas globais emergentes em particular, a qual tem permanecido largamente inacessível a outros esforços teóricos. Os tipos de questões associadas à noção de ordem pragmática são em geral assumidos como se estivessem além do alcance de uma investigação acerca da estrutura da ordem jurídica enquanto tal. Em particular, o modelo ACAI do Direito reconhece que a contraparte pragmática da "esfera espacial da validade" de um sistema jurídico e das regras que o compõem é uma topografia jurídica, pela qual um coletivo estrutura um espaço como uma unidade putativa dos lugares – e.g. como um mercado global, no caso da OMC. Tipicamente, essas questões são rapidamente remetidas aos sociólogos do Direito ou aos teóricos sociojurídicos. Contra essa leitura redutiva da orientação de uma teoria da ordem jurídica, ver o Direito como uma ordem pragmática nos permite debater a distinção entre as fronteiras e os limites das ordens jurídicas, uma distinção que vai até o cerne daquilo que eu considero ser a questão conceitual e normativa central acerca da globalidade da ordem global: seria possível ou mesmo já existente uma ordem jurídica global emergente que tem um dentro, mas não um fora?

Nós ainda temos um longo caminho a percorrer antes dessa questão poder ser abordada diretamente. Em preparação para tanto, duas questões interrelacionadas requerem nossa atenção, ambas as quais estão orientadas a testar em que medida globalizações jurídicas são ordens pragmáticas. A primeira concerne às *demarcações*: as ordens jurídicas globais emergentes estariam estruturadas de tal maneira que necessariamente possuíssem demarcações espaciais, temporais, subjetivos e materiais? A segunda diz respeito aos *limites*: as ordens jurídicas globais emergentes implementariam uma perspectiva da primeira pessoa do plural suficientemente robusta de modo que suas demarcações possam manifestar-se, quando contestadas, como limites daquilo que é considerado "sua *própria*" ordem jurídica? Esses são dois aspectos do problema da unidade putativa das ordens pragmáticas: demarcações separam e conectam elementos em um todo; limites falam desse todo da perspectiva de um si coletivo que se encontra em contraste com o outro-de-si.

Em ambos os casos, uma análise de aspecto amplo e exaustiva de exemplos da globalização jurídica excede o escopo daquilo que pode ser alcançado nesta seção; é suficiente selecionar alguns exemplos de ordens jurídicas globais emergentes, dentre os quais pelo menos um – o Direito Cibernético – parece colocar um desafio importante à inferência do modelo ACAI do Direito de que ordens jurídicas requerem demarcações jurídicas, logo, limites. Além disso, eu restrinjo a análise às demarcações espaciais, logo, às topografias das ordens jurídicas globais emergentes.

3.3.1 Três topografias jurídicas globais emergentes

Enquanto ordens jurídicas que não possuem fronteiras são certamente concebíveis, a seção 1.3.3 depreende que ordens jurídicas requerem demarcações espaciais que estabelecem onde certos comportamentos devem ocorrer – literalmente. Além disso, na medida em que demarcações espaciais unem e diferenciam, a espacialidade das ordens jurídicas implica uma unidade de (no mínimo dois) lugares. Essa conjectura precisa ser testada agora: as demarcações que distinguem e juntam lugares em uma unidade espacial seriam uma característica necessária das ordens jurídicas globais emergentes?

Começo com uma determinação negativa da unidade espacial que as ordens jurídicas globais emergentes compartilham com as ordens jurídicas estatais (na formação ideal-típica do TAD nacional). Com efeito, o território de um Estado pode compreender áreas geograficamente descontínuas. Kelsen nota que

> às vezes, a um mesmo território estatal pertencem partes de espaço que não são fisicamente contíguas... Ao território de um Estado pertencem suas colônias... e também os assim

> chamados "enclaves", que são completamente circundados pelo território de outro Estado.[295]

Ceuta e Melilla, os enclaves da Espanha no território marroquino, são bons exemplos. O que, então, se não geografia, determina a unidade putativa de um espaço jurídico? Kelsen responde que se áreas geograficamente descontínuas "não obstante formam um todo unitário, um único território estatal, isso é apenas assim porque elas são a esfera territorial de validade de uma única ordem jurídica".[296] Nos termos do modelo ACAI do Direito, essa característica importante pode ser explicada da seguinte maneira: a unidade espacial das ordens jurídicas estatais é pragmática em vez de geográfica porque, em consonância com o conceito de ação coletiva, para fazer algo em conjunto um grupo de indivíduos precisa diferenciar e interconectar lugares em uma unidade, independentemente de onde esses lugares estão localizados, geograficamente falando. Em outras palavras, que demarcações espaciais separem e juntem lugares não implica que esses lugares precisem ser limítrofes fisicamente.

O modelo ACAI do Direito antecipa que essa ordenação pragmática do espaço através da ação coletiva vale tanto para as ordens jurídicas globais emergentes quanto para o Direito Estatal. Considere, primeiro, o Comitê para a Supervisão Bancária da Basileia. Relembre que seu ponto, conforme estabelecido no Estatuto do CSBB, é "fortalecer a regulação, supervisão e práticas dos bancos ao redor do mundo, com o propósito de aprimorar a estabilidade financeira". O

---

295 KELSEN, Hans. *General theory of law and state*. Trad. para o inglês de Anders Wedberg. Nova York: Russel & Russel, 1961, p. 208.

296 KELSEN, Hans. *Allgemeine Staatslehre*. Reimpressão. Vienna: Österreichische Staatsdruckerei, 1993, p. 138. Ver também LINDAHL, Hans. "Inside and outside the EU's 'Area of Freedom, Security and Justice': Reflexive Identity and the Unity of Legal Space". *Archiv für Rechts- und Sozialphilosophie*, vol. 90, nº 4, 2004, pp. 478-493, para uma discussão prolongada da teoria da territorialidade de Hans Kelsen.

CSBB promulga padrões que são subsequentemente transpostos pelos Estados-membros em legislação nacional que é diretamente vinculante para bancos internacionalmente ativos listados nesses Estados. Em Basileia III, um lote recente de padrões emitidos em resposta à crise financeira de 2007, o CSBB busca "fortalecer o capital global e as regras de liquidez com o objetivo de promover um setor bancário mais resiliente".[297] Para tal efeito, o CSBB emitiu regras para aumentar a qualidade, a consistência e a transparência da base de capital dos bancos, aprimorar sua cobertura de risco, reforçar sua base de liquidez e assim por diante. Basileia III e seus predecessores, Basileia I e Basileia II, deixam claro que o CSBB busca harmonizar as regras que regem esses e outros aspectos cognatos de bancos internacionalmente ativos. Em resposta à "interconexão [global] das instituições financeiras", a harmonização das regras bancárias interconecta territórios de países-membros na unidade espacial de uma ordem jurídica global, de modo que as fronteiras dos Estados-membros funcionem como demarcações espaciais que separam e unem esses territórios em um todo, não obstante todos os países-membros sejam geograficamente contíguos entre si. O que está em questão é a unificação pragmática do espaço, ou seja, a junção de lugares até então fragmentados em um único espaço de ação, na ausência do qual bancos não podem interagir entre si e com seus clientes de maneiras que assegurem "o crescimento econômico [global] sustentável".[298] Essa unificação abre uma possibilidade adicional: traçar novas demarcações espaciais dentro da unidade espacial unificada dessa ordem jurídica global emergentes, estabelecendo um "onde" de comportamento irredutível aos territórios dos países-membros, muito embora esse espaço unificado pressuponha tais territórios.

---

297 COMITÊ DE SUPERVISÃO BANCÁRIA DA BASILEIA. "Basel III: A Global Regulatory Framework for More Resilient Banks and Banking Systems". Disponível em: www.bis.org/publ/bcbs189.pdf. Acessado em: 15.03.2022.

298 COMITÊ DE SUPERVISÃO BANCÁRIA DA BASILEIA. "Basel III: A Global Regulatory Framework for More Resilient Banks and Banking Systems". p. 9. Disponível em: www.bis.org/publ/bcbs189.pdf. Acessado em: 15.03.2022.

Não é difícil ver como essa reconstrução da topografia jurídica do CSBB extremamente breve poderia ser estendida à ISO, ao Codex Alimentarius e a um espectro de outras redes regulatórias globais. Em cada caso, ordens jurídicas globais emergentes dependem da territorialidade estatal, ao mesmo tempo em que dão azo a uma nova unidade espacial que unifica os territórios dos Estados participantes da perspectiva de um ponto de ação em conjunto orientado por problemas. Igualmente, cada uma dessas redes regulatórias globais se encaixa no modelo ACAI do Direito.

Então, pode ser útil, ao se buscar um contraexemplo, considerar a CCC e seu Código de Práticas Laborais para Confecções incluindo Roupas Esportivas. A CCC, como notado anteriormente, é uma rede regulatória privada sem qualquer fiscalização pública, cujo objetivo é encerrar a "opressão, exploração e abuso de trabalhadores" no setor de confecção, enquanto também providencia aos "consumidores informação precisa acerca das condições de trabalho sob as quais as vestimentas e roupas esportivas compradas foram produzidas".[299] Lembre-se da ideia central do código: empresas aderem voluntariamente ao código, mas também se comprometem a garantir que todos os participantes em sua cadeia de fornecimento, independentemente de onde se localizem ao redor do mundo, respeitem os padrões mínimos da OIT postos no Código: "O código se aplica a todas as empresas, contratados, subcontratados, fornecedores e licenciados [comprometidos] ao redor do mundo". Essas cadeias de fornecimento são o que eu gostaria de chamar de *cadeias de lugares*: empresas comprometidas e seus contratados, subcontratados, fornecedores e licenciados associados ao redor do mundo são unificados em interconexões diferenciadas de locais de trabalho, incluindo casas no caso de trabalhadores domiciliários,

---

299 CLEAN CLOTHES CAMPAIGN (CCC). "Code of Labour Practices for the Apparel Industry Including Sportswear". Disponível em: https://cleanclothes.org/resources/publications/clean-clothes-campaign-model-code-of-conduct. Acessado em: 15.03.2022.

que estabelecem *onde* o comportamento deve ter lugar.[300] Nada como a contiguidade física entre os participantes na cadeia de fornecimento é demandado, já que sua unidade espacial é pragmática em vez de geográfica. Como o CSBB, a unidade espacial forjada pela atividade regulatória da CCC depende da territorialidade estatal: as demarcações espaciais que delimitam diferentes locais de trabalho na cadeia de fornecimento são demarcações desenhadas com base no Direito de propriedade estatal. No entanto, como no caso do CSBB, a unificação dos locais de trabalho em uma unidade espacial abre a possibilidade de se desenharem novas demarcações espaciais em meio a essa unidade espacial emergente, de modo que não se limite às demarcações da territorialidade estatal. Por exemplo, participantes na cadeia de fornecimento precisam cooperar na implementação e no monitoramento do código ao "[permiti[r] o acesso necessário de monitores independentes" a todos os locais de trabalho e ao abrir espaço, literalmente, para que os monitores credenciados "entrevistem trabalhadores de maneira confidencial".[301] Em resumo, embora divergindo significativamente da topografia dos Estados e de outras ordens jurídicas globais emergentes, a topografia da cadeia de fornecimento regulada pela CCC e seu código toma parte na estrutura básica da espacialidade jurídica como conceitualizada pelo modelo ACAI do Direito.

Considere, em terceiro lugar, a *lex constructionis*, uma forma setorial da nova *lex mercatoria*.[302] Embora projetos de construção

---

300 Notavelmente, o código não inclui locais de *varejo* na cadeia de lugares, embora ele devesse fazê-lo, presumivelmente porque a CCC assume como certo que "opressão, exploração e abuso de trabalhadores" não teriam lugar no Norte Global, onde os produtos são vendidos (e onde o código foi promulgado). Eu sou grato a Phillip Paiement por levantar esse ponto.

301 CLEAN CLOTHES CAMPAIGN (CCC). "Code of Labour Practices for the Apparel Industry Including Sportswear". Disponível em: https://cleanclothes.org/resources/publications/clean-clothes-campaign-model-code-of-conduct. Acessado em: 15.03.2022.

302 Ver MOLINEAUX, Charles. "Moving towards a Construction Lex Mercatoria – A Lex Constructionis". *Journal of International Arbitration*,

tenham sido tradicionalmente regulados pelo Direito do seu local de execução, construções têm se tornado crescentemente internacionais, com uma ênfase intensa em projetos de infraestrutura – aeroportos, pontes, barreiras hidroelétricas, aquedutos, plantas de tratamento de esgoto – nos países em desenvolvimento. Em resposta, a *lex mercatoria* para projetos de construção internacional emergiu, conforme formulada primeiramente em um contrato modelo da Féderation Internationle des Ingénieurs-Conseils (FIDIC), também chamado de "Livro Vermelho". Consideravelmente, o Banco Mundial estipulou o uso do Livro Vermelho em suas Diretrizes Gerais para Aquisições, que são parte integral do contrato de empréstimo do banco com seus mutuários, tornando-o efetivamente um padrão global para esses projetos de construção. Em regra, conflitos advindos da *lex constructionis* são submetidos a arbitragem internacional. Topograficamente falando, esse contrato regula direitos e obrigações das partes pertinentes ao "Sítio", que a versão de 2010 do "Livro Vermelho" define como

> os lugares nos quais os trabalhos permanentes são executados, incluindo áreas de armazenamento e trabalho, e às quais a planta e os materiais devem ser entregues, e quaisquer outros lugares a serem especificados no Contrato como parte do Sítio.

O Livro Vermelho conecta lugares que compõe o Sítio a uma variedade de outros lugares, incluindo os seus "arredores", esperando-se do contratante que os tenha inspecionado e examinado, bem como a sede do tribunal arbitral. O Livro Vermelho também se refere ao "País", interpretado como "o país no qual o Sítio (ou a maior parte dele) está localizado, onde os trabalhos permanentes serão executados".[303]

---

vol. 14, nº 1, 1997, pp. 55-66, para uma introdução geral à *lex constructionis*.

303 FÉDÉRATION INTERNATIONLE DES INGÉNIEURS-CONSEILS (FIDIC). *Conditions of Contract for Construction for Building and Engineering Works*

Em resumo, o Livro Vermelho da FIDIC diferencia e integra um espectro de lugares em uma unidade espacial, mas uma unidade espacial padronizada cuja normatividade depende de um modelo contratual para o qual se reivindica validade global. Então, enquanto um dado país pode ter um ou mais sítios de construção, o que transforma esses sítios de construção nos lugares jurídicos que eles são é um contrato transnacional, em vez de simplesmente o Direito do país. Nesse sentido, a *lex constructionis* depende do Direito Estatal, ao mesmo tempo em que gera uma unidade espacial putativa irredutível à unidade espacial do Estado no qual o respectivo contrato está sendo executado. Como antecipado pelo modelo ACAI do Direito, a unidade espacial da *lex constructionis* é pragmática em vez de geográfica, porque ela pode envolver a interconexão de lugares que estão fisicamente distantes uns dos outros.

3.3.2 Onde está o Direito Cibernético?

Cada um desses exemplos dá crédito àquilo depreendido logo no início deste livro: ordens jurídicas, globais ou não, precisam ter demarcações espaciais, muito embora a globalização dê azo a topografias jurídicas significativamente diferentes da territorialidade fronteiriça dos Estados sob o TAD nacional. Da mesma forma, eles confirmam a conjectura de que, embora a territorialidade fronteiriça dos Estados seja historicamente contingente, todas as ordens jurídicas, globais ou não, organizam-se como unidade espacial limitada, logo, como uma territorialidade limitada. Mas será que essa conjectura também se sustenta diante daquilo que se refere vagamente como "Direito Cibernético"? Não poderia ser o Direito Cibernético a manifestação inaugural de um Direito que não está apenas além das fronteiras, mas também além das fronteiras espaciais?

Antes de começar, duas considerações preliminares para indicar como eu abordarei essa questão. Para começar, é necessário

---

Designed by the Employer. 1ª ed. 1999, pp. 4/5.

remover a ambiguidade do termo, discernindo dois sentidos de Direito Cibernético: código e normas, *lex informatica* e *lex digitalis*. Joel Reidenberg argumentou em um artigo precursor que:

> [P]ara ambientes em rede e para a Sociedade da Informação, o Direito e a regulação governamental não são as únicas fontes de criação de regras. Capacidades tecnológicas e escolhas no design do sistema impõem regras aos participantes. A criação e a implementação de políticas de informação estão incrustradas no design e padrões das redes, bem como nas configurações dos sistemas... [O] conjunto de regras para fluxos de informação impostos pela tecnologia e pelas redes de comunicação formam a "Lex Informativa" que reguladores precisam compreender, reconhecer conscientemente, e encorajar.[304]

Lawrence Lessig popularizou esse *insight* com o termo "código". Enquanto a regulação jurídica estabelece o que participantes podem fazer, logo demandando sua sustentação *ex post*, o código determina *ex ante* quais possibilidades de comunicação e ação estão disponíveis aos participantes da internet, de modo que eles não tenham escolha senão usar a internet dessa maneira. Eu foco daqui em diante em normas em vez do código, na *lex digitalis* em vez da *lex informatica*.[305]

Segundo, eu tenho pouco ou nada a dizer acerca das formas da *lex digitalis* nas quais Estados têm imposto com sucesso suas jurisdições sobre a internet. Como é bem sabido, as inovações tecnológicas deram lugar a comunicações *online* que levaram

---

304 REIDENBERG, Joel. "Lex Informatica: the formulation of information policy rules through technology". *Texas Law Review*, vol. 76, nº 3, 1998, pp. 553-593; 554/555.

305 LESSIG, Lawrence. *Code*: Version 2.0. Nova York: Basic Books, 2006. Não é surpreendente que a preocupação persistente de Lessig seja politizar o código e trazê-lo sob o guarda-chuva da regulação jurídica.

muitos a trombetear que a internet não poderia ser regulada por Estados, porque ela se tornou completamente deslocalizada.[306] No entanto, a própria tecnologia que alegadamente seria o nêmesis dos "desgastados gigantes de carne e aço" se viu arrolada, permitindo aos estados que abandonassem valores locais.[307] Lessig explica habilmente a natureza do processo. O movimento para trazer um ciberespaço não regulado sob o guarda-chuva da regulação jurídica envolve mudanças tecnológicas que tornam possível estabelecer, em suas palavras, "quem fez o que, onde". Arquiteturas de identidade e autenticação estabelecem o *quem* do comportamento; arquiteturas para determinar o conteúdo de pacotes de informação na internet capturam *o quê* do comportamento; aparelhos de zoneamento que rastreiam os últimos endereços de protocolos de internet (IP) permitem a localização do comportamento, identificando *onde* ele ocorre.[308] E apesar de Lessig não mencionar a quarta dimensão de uma ordem, não há dificuldade em identificar o *quando* do comportamento. Em resumo, os desenvolvimentos tecnológicos que tornaram a internet alegadamente impossível de ser regulada foram explorados para regulá-la, analisando a comunicação *online* através das quatro dimensões de uma ordem jurídica: quem deve fazer o que, quando e onde. Essas formas de *lex digitalis* estão firmemente ancoradas na territorialidade estatal, incluindo todas as variações de aplicação extraterritorial ora implicadas; elas atestam formas de Direito Cibernético enquanto Direito espacialmente demarcado. A meu ver, elas não apresentam nenhum desafio importante à tese

---

306 Ver dentre outros JOHNSON, David R.; POST, David. "Law and borders, the rise of law in cyberspace". *Stanford Law Review*, vol. 48, nº 5, 1995, pp. 1367-1402; POST, David G. "Governing Cyberspace". *Wayne Law Review*, vol. 43, 1996.

307 BARLOW, John Perry. *A declaration of the independence of cyberspace*. Disponível em: www.eff.org/cyberspace-independence. Acessado em: 15.03.2022.

308 Ver LESSIG, Lawrence. *Code*: Version 2.0. Nova York: Basic Books, 2006, pp. 38-60; LESSIG, Lawrence. "The Zones of Cyberspace". *Stanford Law Review*, vol. 48, 1996, pp. 1403-1411.

de que o Direito Cibernético requer demarcações espaciais e, como consequência, unidade espacial (nesse caso a unidade espacial do Direito Estatal, o que pode incluir a aplicação extraterritorial de suas regras).

Em vez disso, eu examino atentamente uma segunda forma de Direito Cibernético, em que diversos acadêmicos contestam radicalmente a tese de que há uma conexão necessária entre ordem jurídica e lugar: as ordens jurídicas comerciais privadas na internet. Thomas Schultz argumenta, a esse respeito, que

> comunidades não nacionais engendram seus próprios sistemas jurídicos, construindo esferas de normatividade praticamente autocontroladas, adotando suas próprias regras, aplicando-as em seus próprios fóruns de resolução de disputas e assegurando a implementação de seus próprios mecanismos de execução.[309]

Um exemplo seria eBay; outro, a Corporação da Internet para Atribuição de Nomes e Números (ICANN).[310] Schultz e outros enxergam essas ordens jurídicas como relativamente autônomas. porque elas envolvem um coletivo que promulga e revisa uma série de regras que dominam certos tipos de comportamento, como a venda de produtos ou o registro e venda de nomes de domínio. Ao mesmo tempo, elas também estabelecem mecanismos de resolução de disputas (ODR) *online* que aplicam essas regras de maneira mais ou menos independente das regras nacionais aplicáveis, e que apelam para mecanismos alternativos de execução, como sistemas

---

309 SCHULTZ, Thomas. "Carving up the Internet: Jurisdiction, Legal Orders, and the Private/Public International Law Interface". *European Journal of International Law*, vol. 19, nº 4, 2008, p. 831.

310 CALLIES, Gralf-Peter; ZUMBANSEN, Peer. *Rough consensus and running code*. Oxford: Hart, 2012, pp. 154 e ss; FISCHER-LESCANO, Andreas; VIELLECHNER, Lars. "Globaler Rechtspluralismus". *Aus Politik und Zeitgeschichte*, nº 34/35, 2010, p. 34.

de gerenciamento de reputação, exclusão de mercados, marcadores de confiança, mecanismos de asseguração das transações e outros tantos. Tudo isso combina bem com o modelo ACAI do Direito, se não fosse por uma diferença decisiva, ou assim parece ser o caso: "proximidade geográfica" dá lugar a "comunidades deslocalizadas baseadas em comunicações eletrônicas", de modo que

> o que vincula os membros dessas comunidades conjuntamente não é mais o caráter local da sua presença, mas "laços seletivos" que eles escolhem estabelecer, tipicamente afinidades, interesses e objetivos compartilhados.[311]

Essa caracterização é particularmente interessante para nossa investigação, porque ordens jurídicas comerciais privadas na Internet parecem providenciar a confirmação mais forte possível da tese de que processos de globalização permitem a passagem de formas territoriais para formas pessoais de autoridade e jurisdição. Do mesmo modo que o TAD medieval, mesmo em um contexto radicalmente transformado, o TAD global parece desprender a relação entre governantes e governados da sua lugarização territorial, de modo que autoridade e jurisdição se tornem mais uma vez de caráter pessoal.

Uma resposta inicial a essa reivindicação forte foi dada na seção 2.3.4, ao discutirmos a compressão do espaço e do tempo como características-chave dos processos de globalização: *contra* Castells, demonstrou-se que o conceito de lugar não requer proximidade geográfica. A aproximação tecnológica de lugares (e agentes) fisicamente distantes uns dos outros em uma ordem jurídica globalizante pressupõe – e é – apenas uma das modalidades de aproximação através da qual um coletivo reúne conjuntamente e

311 SCHULTZ, Thomas. "Carving up the Internet: Jurisdiction, Legal Orders, and the Private/Public International Law Interface". *European Journal of International Law*, vol. 19, nº 4, 2008, pp. 799-839, p. 832.

aproxima os lugares (e agentes) que são importantes para o ponto de ação em conjunto, enquanto também empurram para um vazio lado de fora lugares (e agentes) que se julgam irrelevantes, independentemente da sua proximidade física. Assim, o modelo ACAI do Direito sugere que não se pode ter quaisquer "laços seletivos" entre os membros das comunidades cibernéticas, como Schultz coloca, na ausência de uma seleção espacial através da demarcação que localiza ordens jurídicas.

Mas essa resposta pode estar deixando algo importante escapar. Com efeito, eu atribuo um significado especial a exemplos como o eBay e a ICANN, porque eles nos permitem abordar o que seria, de outro modo, uma leitura redutiva da tecnologia que flui de minha objeção a Castells de que lugar e unidade de lugares não precisam implicar vizinhança física. Embora esse argumento se aproxime da tecnologia como um "meio" para trazer para perto aquilo que está remoto, a tecnologia é muito mais que isso: ela abre novas possibilidades conceituais e práticas, tanto individuais quanto coletivas, gerando desse modo novos modos de evadir o julgo do Direito sob o comportamento e da estruturação do espaço de ordens jurídicas.[312] Em outras palavras, transformações tecnológicas são mais do que uma das muitas "circunstâncias" das globalizações jurídicas, um dos fatores externos que levam à emergência de ordens jurídicas globais, e que, no entanto, deixam sua estrutura espacial inalterada no que diz respeito ao Estado e ao Direito Internacional. Tecnologias de informação são, discutivelmente, uma dimensão integral do Direito em razão de sua capacidade de transformar sua estrutura como uma ordem pragmática. É essa dimensão positiva,

312 Para uma discussão perspicaz sobre as dificuldades que o Direito Internacional encontra em obter algum controle sobre as investigações criminais transfronteiriças diante dos desenvolvimentos tecnológicos relacionados à nuvem, ver KOOPS, Bert-Jaap; GOODWIN, Morag. *Cyberspace, the cloud, and cross-border criminal investigation*: the limits and possibilities of international law. dez. 2014. Disponível em: http://papers.ssrn.com/sol3/papers.cfm?abstract_id=2698263. Acessado em: 15.03.2022.

propriamente constitutiva da tecnologia que eu gostaria de explorar, embora brevemente: as tecnologias da informação afastariam a necessidade de demarcações espaciais, logo, de unidade espacial? As demarcações espaciais teriam se tornado alheias a comunidades cibernéticas como o eBay e a ICANN, dado que elas inauguram uma forma de globalização jurídica que dispensa a unidade espacial ínsita à versão centrada no ator de uma ordem jurídica?

Eu foco no eBay, o modelo de "B2C *e-commerce*", i.e., transações conduzidas através da internet entre empresas e consumidores, apesar de que se poderia fazer facilmente uma análise comparável sobre a ICANN.[313] Em todo caso, em geral se refere a formas de comércio tal qual o eBay como mercados "virtuais" ou "*online*". O eBay se promove como um

> mercado que permite aos usuários ofertar, vender e comprar praticamente qualquer coisa em uma variedade de formatos de preço e locais. O contrato efetivo de venda é diretamente entre o vendedor e o comprador. O eBay não é um leiloeiro tradicional.[314]
>
> Os termos de uso incluem condições bastante elaboradas (dentre outras, um espectro de transações proibidas) tanto para vendedores quanto compradores, alguns dos quais se referem à legislação nacional, mas muitos dos quais são específicos do eBay. Membros que se registram com um endereço de e-mail e um número de telefone passam a ser parte da "comunidade eBay", e depois podem se envolver em transações *online* dependentes de mecanismos seguros de

---

313 Para uma discussão sobre a ICANN, ver *inter alia* HELFER, Laurence R.; DONWOODIE, Graeme B. "Designing non-national systems: the case of the uniform domain name dispute resolution policy". *William and Mary Law Review*, vol. 43, nº 1, 2001, pp. 141-274.

314 EBAY USER AGREEMENT. Disponível em: http://pages.ebay.com/help/policies/user-agreement.html?rmvSB=true. Acessado em: 15.03.2022.

> pagamento, incluindo cartões de crédito e PayPal, e esquemas de transporte confiáveis para a entrega dos produtos.[315]

O argumento proposto pelos defensores da natureza deslocalizada do eBay e outras formas similares de B2C *e-commerce* é, em poucas palavras, que apesar de transações ocorrerem entre indivíduos que devem ser identificados e localizados no mundo "físico", seus locais e a transferência física de valores e produtos de um lugar para o outro necessária para se completar a operação são imateriais para o mundo "virtual" da comunidade *online* do eBay. A jurisdição prescritiva, adjudicativa e executória do eBay não depende, de qualquer maneira, de demarcações espaciais, nem, *a fortiori,* da unidade de uma multitude de lugares. "Essas comunidades [virtuais] não são mais baseadas na proximidade, mas centradas no sujeito. As demarcações não são mais dependentes do território, mas de atividades específicas".[316]

Pode-se dizer que essa tese é demasiadamente forte. De fato, a política de uso do eBay estipula que transações que usem a plataforma *online* precisam estar em conformidade com a legislação nacional; no caso de transações internacionais (que compreendem apenas uma fração do agregado de volume de negócios do eBay), "[v]endedores e compradores são responsáveis por cumprir todas as leis e regulações aplicáveis à venda, compra e transporte internacionais dos itens".[317] Os defensores da natureza deslocalizada

---

315 Para uma discussão interessante sobre o PayPal como um sistema de pagamentos *online*, ver JANCZUK-GORYWODA, Agnieszka. "Online Platforms as Providers of Transnational Payment Law". *European Review of Private Law*, vol. 24, nº 2, 2016, pp. 223-252.

316 SCHULTZ, Thomas. "Private Legal Systems: What Cyperspace Might Teach Legal Theorists". *Yale Journal of Law &Technology*, vol. 10, 2007, p. 191.

317 Ver o termo de uso do eBay e ZEKOLL, Joachim. "Jurisdiction in Cyberspace". *In*: ZEKOLL, Joachim; HANDL, Günther; ZUMBANSEN, Peer (Coord.). *Beyond territoriality*: transnational legal authority in an age of globalization. Leiden: Martinus Nijhoff Publishers, 2012, pp. 341-369.

do eBay rapidamente replicam que embora judiciários nacionais tenham atuado para anular transações no eBay quando as condições estipuladas em seus termos de uso violavam a legislação nacional, a vasta maioria dos conflitos advindos das transações que usam o mercado virtual é resolvida pelos mecanismos ODR do eBay. Logo, vendedores e compradores ao redor do mundo efetivamente escolhem preterir suas legislações locais em favor da ordem jurídica deslocalizada da comunidade virtual do eBay. Na medida em que o eBay e a ICANN ganharam um elevado grau de autonomia efetiva no que diz respeito ao Direito Estatal, as noções de *demarcações* espaciais e *unidade* espacial perderiam sua tração empírica e conceitual. Aparentemente, o eBay e a ICANN se opõem ao modelo ACAI do Direito: ambos são ilustrações de ordens jurídicas que não estão nem em todo lugar, nem em algum lugar, mas sim em nenhum lugar. QED – ou pelo menos assim parece.

No entanto, esse argumento é apenas cogente caso se compre o pressuposto de que a tecnologia eletrônica introduz uma distinção categórica entre um mundo "físico" e um mundo "virtual", uma distinção apelidada como "dicotomia digital". "O ponto de partida desse modo de pensar é de que transações ou conexões online são ontologicamente diferentes das interações no 'mundo real'".[318] Essa pressuposição acerca da dicotomia digital se vê replicada na dicotomia entre ordens jurídicas locais e deslocalizadas. Mas essa pressuposição é falsa: existe apenas *um* mundo, não dois. A ubiquidade da pressuposição se baseia em uma compreensão distorcida da relação entre tecnologia e mundo. Porque a tecnologia não gera um mundo "virtual" diferente e paralelo que de alguma maneira precisa ser conectado a um mundo "físico", como a legendária glândula pituitária que Descartes inventou para ligar corpo e mente. A distinção entre um mundo "virtual" e um

---

318 WERBACH, Kevin D. "The Song Remains the Same: What Cyberlaw Might Teach the Next Internet Economy". *Florida Law Review*, vol. 69, nº 3, 2017, p. 945.

mundo "real" é, de fato, uma permutação recente da distinção corpo/mente que tem assolado o pensamento e a autocompreensão ocidentais desde Descartes. Ao contrário, a tecnologia transforma o mundo *singular* no qual nós vivemos ao abrir novas possibilidades práticas e conceituais para agentes se engajarem com outros e com as coisas. Esse mundo é, desde o seu começo, tecnologicamente mediado. A mediação digital é apenas uma em meio a uma miríade de maneiras pelas quais a tecnologia, desde tempos imemoriais, nos concede acesso ao mundo (o que não significa dizer que todas as relações mediadas com o mundo são tecnológicas). Como Don Ihde formula, "encarnar sua práxis *através* da tecnologia é em última instância uma relação *existencial* com o mundo. É algo que humanos sempre... fizeram".[319] A distinção entre comportamentos *offline* e *online* não é equivalente à distinção entre o mundo real de "pedra e cal" e o mundo virtual e efêmero da internet. Ser *offline* e ser *online* são simplesmente duas modalidades do nosso ser no – ou melhor, *rumo ao* – mundo. Werbach acerta quando providencia que se elimine a palavra "físico" de seu *insight*: "a internet muda o modo pelos quais os serviços são realizados, mesmo que esses serviços ocorrem inteiramente no mundo físico".[320] Em

---

319 IHDE, Don. *Technology and the lifeworld*: from garden to earth. Bloomington: Indiana University Press, 1990, p. 72. Ver VESTING, Thomas. *Die Medien des Rechts*: Computernetzwerke. Göttingen: Velbrück, 2015, para um estudo rico e fenomenologicamente inspirado das redes de computadores como uma mídia que, bem mais que meramente reproduzir possibilidades jurídicas existentes, possibilita a emergência de um Direito Global fragmentado.

320 IHDE, Don. *Technology and the lifeworld*: from garden to earth. Bloomington: Indiana University Press, 1990, p. 59. Esse *insight* poderia ser o ponto de partida para uma nova perspectiva quanto ao debate acerca da metáfora de que o "ciberespaço é um lugar". Esse debate gira em torno das implicações conceituais e normativas do fato de que processos de comunicação na e concernindo a internet dependem da linguagem de agentes que se engajam com outros e com coisas em um espaço de ação. Ver HUNTER, Dan. "Cyberspace as place and the tragedy of the digital anticommons". *California Law Review*, vol. 91, nº 2, 2003, pp. 439-519; LEMLEY, Mark A. "Place and Cyberspace". *California Law Review*, vol. 91, nº 2, 2003, pp. 521-542. Bethlebem tem trazido à tona uma proposta interessante de

uma maneira não inteiramente diferente da famosa descrição de Merleau-Ponty de como uma bengala, uma das tecnologias mais despretensiosas, estende o alcance e as possibilidades práticas disponíveis à existência corporificada de uma deficiente visual, então também a internet estende nossa orientação corporal rumo ao mundo, permitindo-nos trazer *aqui* algo que estava em algum lugar fora da nossa visão.[321]

Suponha que todas as ordens jurídicas nacionais no mundo desistiram de impor constrangimentos à política de uso do eBay, de modo que o eBay elimina quaisquer dependências que possa ter tido em relação à territorialidade estatal a respeito de suas condições de venda e compra. Como resultado, conflitos em potencial entre o Direito Nacional e o Direito do eBay foram definitivamente neutralizados, permitindo ao eBay levar a cabo sua reivindicação de ser uma ordem jurídica global. Eu posso e devo me amparar tão somente nos termos de uso do eBay para quaisquer transações de internet com as quais eu possa querer interagir, em qualquer lugar no mundo (apesar de que mesmo nesse cenário hipotético, o Direito do eBay continua a depender do Direito Estatal e de suas demarcações; e.g., no que diz respeito a endereços pessoais, pagamentos via cartão de crédito e transporte de produtos). Coincidentemente, eu ouvi falar de um livro raro, disponível no eBay.

---

como o Direito Internacional pode lidar com situações nas quais é impossível identificar onde um pacote de informação está localizado no ciberespaço, ou seja, através da "jurisdição pressuposta", de modo que "para certas formas de conduta, considerar-se-ia que a jurisdição estaria ligada a x ou y ou z, ou alguma configuração envolvendo todas ela". Isso equivale às medidas paliativas para assinalar uma localização a eventos de modo a torná-los juridicamente reguláveis. Ver BETHLEHEM, Daniel. "The End of Geography: The Changing Nature of the International System and the Challenge to International Law". *European Journal of International Law*, vol. 25, 2014, p. 22; WERBACH, Kevin D. "The Song Remains the Same: What Cyberlaw Might Teach the Next Internet Economy". *Florida Law Review*, vol. 69, nº 3, 2017, p. 946.

321 MERLEAU-PONTY, Maurice. *Phenomenology of Perception*. Trad. para o inglês de Colin Smith. Nova York: Humanities Press, 1962, p. 40.

Eu ligo meu notebook e digito o endereço, ebay.com. Não sendo um membro da comunidade eBay, eu me registro, indicando meu e-mail, endereço, primeiro e último nomes e meu número de telefone. Uma vez registrado, eu tenho acesso às listas de ofertas e acho o livro, incluindo o nome do vendedor e as localizações do livro e do vendedor – ambos em algum lugar do outro lado do mundo (de onde eu estou localizado). O vendedor e eu chegamos a um acordo quanto ao preço, no que eu pago com meu cartão de crédito e recebo a confirmação, um pouco depois, acerca do envio iminente do livro.

Essa transação estaria além das demarcações jurídicas e além da unidade espacial como uma interconexão distribuída de lugares jurídicos? Não. Há no mínimo dois *lugares jurídicos*, no que toca ao Direito do eBay: o lugar do vendedor e o lugar do comprador. Eles têm demarcações espaciais que são tão "exatas" quanto demandado pela natureza da transação, incluindo o pagamento e o transporte, e.g., endereço de domicílio. E esses dois lugares jurídicos, embora distintos, estão ligados conjuntamente em uma (breve) unidade espacial, graças à ação em conjunto sob o termo de uso do eBay. Ou suponha que o livro seja um presente para um amigo: então três lugares jurídicos são conjugados em uma unidade espacial: lugar do comprador, lugar do vendedor e lugar de entrega. Pode ser o caso que eu compre o livro para meu amigo em um outro lugar que não meu endereço domiciliar, e que isso tenha uma consequência, sob o Direito do eBay, quanto à validade da transação. Nesse caso, a ação coletiva sob o Direito do eBay uniria quatro lugares jurídicos, em vez de dois ou três. Aqui, mais uma vez, como com o CSBB, a CCC e a *lex constructionis*, há demarcações jurídicas; de novo, uma unidade espacial pragmática – em vez de geográfica.

Certamente, a internet abre novas maneiras de se desenharem demarcações espaciais e interconectar lugares na unidade espacial de uma ordem jurídica enquanto também fecham outras. Faz parte de uma característica geral da estrutura mediativa da tecnologia, ou seja, que "[p]ara cada transformação reveladora há uma transformação simultaneamente encobridora do mundo, que é dada através da transformação tecnológica".[322] De forma geral, a internet coloca em questão a pressuposição de que existe uma correlação direta e transparente entre normas jurídicas e realidade. De fato, a tecnologia medeia a relação entre normas jurídicas, *qua* "esquemas de interpretação" (Kelsen), e a realidade por elas desvelada em uma maneira que transforma essa correlação. O papel da tecnologia no Direito não é neutro, conforme Mireille Hildebrandt argumenta: "(a tecnologia) funciona como um mediador que... é capaz de transformar seus criadores, seus destinatários, seus usuários e a fábrica humano-máquina que os mantêm juntos".[323]

Tudo isso deveria ser assumido e é de grande importância para compreender como as tecnologias se inscrevem e ao mesmo tempo tornam possível a emergência de ordens jurídicas globais. Mas o Direito do eBay não pode ser Direito a não ser que ele ordene o espaço pelo desenho de demarcações unindo e separando. E essa é uma outra maneira de dizer que o eBay precisa estar em algum lugar, em vez de nenhum lugar, se se é para ser uma ordem jurídica, global ou não. Revisitando Schultz, não há quaisquer "laços seletivos [pessoais]" (e.g., laços entre compradores e vendedores) se ausente a seleção de lugares. Esse *insight* é congenial à

---

322 IHDE, Don. *Technology and the lifeworld*: from garden to earth. Bloomington: Indiana University Press, 1990, p. 49 (grifo removido).

323 HILDEBRANDT, Mireille. *Smart Technologies and the End(s) of Law*. Cheltenham: Edward Elgar, 2015, p. 161. Fleur Johns explora, nessa linha, as transformações da territorialidade no Direito Internacional operadas por coleções de *big data*, descrevendo e conceitualizando o que ela chama de "datafiçação" do território e "territorialização" de data. A análise de Johns é, ao menos em minha perspectiva, consistente com a distinção entre a territorialidade fronteiriça dos Estados e a territorialidade limitada das ordens jurídicas globais emergentes. Ver JOHNS, Fleur. "Data, detection and the redistribution of the sensible in international law". *American Journal of International Law*, vol. 111, nº 1, 2017, pp. 57-103 e JOHNS, Fleur. "Data Territories: changing architectures of association in international law". *Netherlands Yearbook of International Law*, vol. 47, 2016, pp. 107-129.

fenomenologia, que insiste na significância constitutiva da encarnação para a experiência humana, em que experiência denota uma relação mediada com a realidade, seja teórica ou prática. Enquanto o Direito (Global) pretende regular agentes encarnados, agentes que não estão apenas *no* espaço, mas precisam se relacionar praticamente *com* o espaço, i.e., com o espaço como espaço de ação, o Direito (Global) precisa continuar em voga.

Igualmente, o eBay revela que não é possível ter autoridade e jurisdição pessoais que não sejam também territoriais, no sentido amplo do termo que eu tenho defendido neste livro. Há uma correlação interna entre jurisdição pessoal e espacial porque o Direito não pode regular o comportamento senão através do estabelecimento de quem deve fazer o que, onde e quando. O Direito Cibernético é uma variação do fenomenologicamente inspirado modelo ACAI do Direito, e não uma exceção a ele. Ele oferece uma justificativa forte, no que diz respeito às ordens jurídicas, para a tese de Sassen de que "o global se materializa por necessidade em lugares específicos".[324]

Para concluir, permita-me fazer duas considerações, a primeira sobre autoridade, a segunda sobre inclusão e exclusão. Cada uma das análises anteriores de ordens jurídicas globais emergentes mostrou que o problema da autoridade não poderia ser contido dentro do cíngulo de uma abordagem puramente funcional que foque em articulação, monitoramento e sustentação de uma ação coletiva. O mesmo ocorre agora com o eBay e seu termo de uso. A questão central é, mais uma vez, articulação, monitoramento e sustentação da comunalidade pressuposta no nós* *juntos*. De um lado, como o termo de uso do eBay reconhece explicitamente, transações que se valham daquela plataforma de negociação precisam aderir ao

324 SASSEN, Saskia. "The global city: introducing a concept". *Brown Journal of World Affairs*, vol. 11, nº 2, 2005, p. 32 (grifo nosso). Do mesmo modo, esse *insight* justifica por que, como ela coloca, a globalização dá azo a uma "rede de lugares", isto é, à unidade pragmática de uma multitude de lugares.

Direito Nacional aplicável, o qual reivindica ser uma expressão autoritativa daquilo que os membros de um coletivo estatal têm em comum quanto às condições para um contrato ou venda serem válidos. De outro lado, e mesmo se os usuários do eBay apelarem para seus mecanismos ODR para resolver conflitos, evitando, deste modo, o Direito Nacional, é significativo que o eBay regularmente atualiza seu termo de uso baseado em consultas com usuários selecionados, o que corresponde ao comprometimento em conceder representação ao nós* em jogo na articulação e no monitoramento daquilo que é comum à ação coletiva sob o Direito do eBay, mesmo apesar dessa representação ficar aquém da representação autorial em um sentido democrático.

Nesse sentido, a questão mais fundamental é se e como o eBay poderia criar condições para um sentido democrático e forte de autonomia, dado que ele não tem acesso aos tipos de espaços democráticos disponíveis ao Direito Estatal territorialmente limitado. O procedimento "*rough consensus and running code*" desenvolvido pela Força Tarefa de Engenharia da Internet para a Adoção de Padrões de Internet (IETF) ofereceria uma alternativa viável à tomada de decisão autoritativa como nós a conhecemos em Estados democráticos?[325] Embora pertinente ao eBay, essa questão

---

325 A IETF descreve sua missão como "faz[er] a Internet funcionar melhor ao produzir documentos técnicos relevantes de alta qualidade que influenciam o modo pelo qual se desenha, se usa e se administra a internet", em particular a criação de padrões de Internet. Padrões são adotados em um procedimento pelo qual um grupo de trabalho abre solicitações por comentários para especificações por ele desenhadas. Qualquer um que tiver competência técnica referente ao padrão a ser adotado pode oferecer comentários em um processo iterativo que termina em um "*rough consensus*", "o que significa que uma maioria bem grande daqueles que se importam devem concordar. O método exato de se determinar o *rough consensus* varia de grupo de trabalho para grupo de trabalho... Cabe ao presidente decidir quando o grupo de trabalho alcançou o *rough consensus*". Por sua vez, "*running code*" se refere a um programa que obteve ampla circulação na prática. Ver INTERNET ENGINEERING TASK FORCE FOR THE ADOPTION OF INTERNET STANDARDS. Disponível em: www.ietf.org/. Acessado em: 15.03.2022.

ilustra um problema geral cuja abrangência inclui um amplo leque de ordens jurídicas globais emergentes. Isso é discutido quando capítulos posteriores delineiam uma interpretação normatividade robusta da autoridade.

Então, há o problema da inclusão e exclusão. Para começar, cortes nacionais – mais belicosamente, talvez, as cortes alemãs – têm posto que o termo de uso do eBay considera certos valores importantes às transações que ele regula, em detrimento e à exclusão de outros valores – nacionalmente preferidos.[326] A comunalidade dos interesses que o eBay reivindica para suas políticas de uso é uma comunalidade *limitada*, conforme se esperaria a partir do modelo ACAI do Direito. Será objetado, contudo, que esse é um sentido "metafórico" de inclusão e exclusão, e não um sentido "literal", portanto. A objeção falha: inclusão e exclusão de transações no eBay também são, necessariamente, uma inclusão e exclusão espaciais. Veja aqui uma confirmação da primeira das conjecturas expostas

---

Callies e Zumbansen têm explorado a possibilidade de generalizar esse procedimento de tomada de decisão no seu livro *Rough Consensus and Running Code*.

326 Outras controvérsias envolvendo o eBay não alcançaram necessariamente os tribunais, e apontam, no entanto, para a mesma direção. Então, por exemplo, um uma controvérsia reminiscente do famoso caso francês Yahoo! sobre parafernálias nazistas, o eBay retirou a oferta de um jogo de tabuleiro *Dad's army* ofertado em Droitwich, Worcestershire, argumentando que ele continha suásticas as quais, enquanto apetrechos nazistas, violavam a política de material ofensivo do eBay. Após atrair atenção negativa da imprensa de tabloides britânica, o eBay permitiu ao vendedor reofertar o jogo, desde que removesse as suásticas da caixa. De qualquer modo, o eBay estava monitorando e executando a configuração-padrão da ação em conjunto sob sua política de uso de uma maneira que envolvia a inclusão e exclusão – de interesses *e* lugares. Ver PALMER, Richard. "Dad's Army Board Game Banned for 'Being Racist'". *Express*, 29 de janeiro de 2010. Disponível em: https://www.express.co.uk/news/uk/154777/Dad-s-Army-board-game-banned-for-being-racist. Acessado em: 15.03.2022. Para essa e um punhado de outras controvérsias, incluindo hacktivismo, ver a entrada da WIKIPEDIA. "Criticism of eBay". Disponível em: https://en.wikipedia.org/wiki/Criticism_of_eBay#cite_note-58. Acessado em: 16.03.2022.

na seção 1.3.3: estipular as condições que precisam ser cumpridas para comprar e vender produtos pela internet é indicar *onde* um comprador pode comprar e um vendedor vender, ou seja, os lugares onde essas condições são cumpridas, mesmo se o "onde" não está definido antecipadamente e podendo ser, em princípio, qualquer lugar do mundo. Não há qualquer "acesso" ao eBay que não seja também um acesso espacial no sentido da ação em conjunto que interconecta lugares ao trazer para perto aquilo que está longe: produtos e pagamento. O eBay tem sua topografia jurídica própria, mesmo se uma topografia muito diferente daquela do CSBB, da CCC e da *lex constructionis*.

Essas considerações têm repercussões na internet em geral. O fechamento progressivo do acesso ao ciberespaço após o inebriamento dos anos iniciais, nos quais o ciberespaço parecia ser um domínio acessível a todos e em qualquer lugar suscitou uma oposição enfurecida, mais notoriamente, hacktivismo e seus ataques de negação de serviço (DDoS). O eBay, ou mais precisamente o PayPal, à época a plataforma de pagamento do eBay, foi o bode expiatório desses ataques. Quando, na sequência das publicações de documentos sensíveis do governo americano pelo Wikileaks, o PayPal congelou a conta do Wikileaks, alegando que este último estava violando seus termos de serviço, a página do PayPal foi alvo de ataques de negação-de-serviço direto (DdoS) por um grupo que se intitulava "Operation Payback". O grupo vindicava seus ataques DdoS afirmando que

> [n]esses tempos modernos, o acesso à internet está rapidamente se transformando em um direito humano fundamental... Tal qual qualquer outro direito humano fundamental, nós acreditamos ser errado violá-lo.[327]

---

327 TENCER, Daniel. "Hackers take down website of bank that froze Wikileaks Funds". *Raw Story*, 06 dez. 2010. Disponível em: www.rawstory.com/2010/12/hackers-website-bank-froze-wikileaks-funds/. Acessado em: 16.03.2022.

O empecilho é, evidentemente, que aquilo que conta como a violação de um direito humano fundamental não é independente do *escopo* desses direitos, cuja abrangência é objeto de regulação e limitação. Apesar de não se referir a esse incidente específico, Lovink descreve o alvo do ciberativismo da seguinte maneira: "potenciar a liberdade da internet tanto contra a dominação corporativa quanto o controle estatal".[328] Em resposta às questões sobre o que deve ser protegido pela liberdade de expressão, um coletivo da internet em nível mundial precisaria promulgar regras que trazem certas possibilidades práticas à tona ao empurrar outras possibilidades para escanteio, i.e., que incluem e excluem ao definir quem deve fazer o que, onde e quando. Resistir à apropriação corporativa e estatal da internet não é equivalente a liberá-la do fechamento (espacial), e sim fechá-la de outro modo. O que nós aprendemos a partir de outras ordens jurídicas globais emergentes vale também para o Direito Cibernético em todas as suas permutações: a unificação do Direito anda lado a lado com sua pluralização.[329]

3.3.3 Os limites das ordens jurídicas globais emergentes

As seções 3.3.1 e 3.3.2 delineiam quatro topografias de ordens jurídicas globais emergentes, evidenciando como cada uma dessas ordens, embora de maneiras diferentes, organiza-se como unidade putativa de uma multiplicidade de lugares jurídicos. Essas seções mostram que as globalizações jurídicas só podem rumar para além das fronteiras através do posicionamento de novas demarcações

---

328 LOVINK, Geert. *Dark Fiber*: Tracking Critical Internet Culture. Cambridge: MIT Press, 2002, p. 43.

329 Eu ilustro como a tentativa de matar Kurt Westergaard, o cartunista dinamarquês que ridicularizou o profeta Mohammed, expõe o fechamento espacial da abertura alegadamente global de uma interpretação ciberlibertária da liberdade de expressão em LINDAHL, Hans. *Fault lines of globalization*: legal order and the politics of a-legality. Oxford: Oxford University Press, 2013, pp. 68/69.

espaciais, assim se organizando como unidades putativas de lugares. E apesar de eu não ter discutido outras dimensões das ordens pragmáticas, não seria difícil revelar como cada uma das unidades putativas espaciais discutidas anteriormente é apenas uma das dimensões nas quais espaço, tempo, subjetividades e tipos de atos aparecem como ordem pragmática. Porém, mesmo se se admite que as ordens jurídicas globais emergentes precisam desenhar demarcações espaciais caso consideradas ordens jurídicas, as ordens jurídicas globais emergentes envolveriam uma perspectiva na primeira pessoa do plural robusta de um agente coletivo, de modo que suas demarcações possam se apresentar, quando desafiadas, como os limites daquilo que é considerado ser nossa *própria* ordem jurídica? Mais diretamente: as ordens jurídicas globais emergentes podem ser propriamente descritas como ordens *pragmáticas*? Se a primeira questão lida com a unidade espacial em termos da demarcação que junta e separa lugares em um todo, essa segunda questão foca na unidade espacial nos termos do limite daquilo que junta e separa uma ordem pragmática e suas xenotopias.

Essa segunda questão nos faz retornar ao nosso ponto de partida concernindo a unidade putativa das ordens jurídicas: a atuação coletiva. Relembre a ideia central delineada na seção 3.1: não é suficiente distinguir o nós* em um "nós-cada-um" e "nós juntos"; emprestando-me de Van Roermund, eu busquei remover a ambiguidade do "nós juntos" – a formulação paradigmática de Gilbert da perspectiva na primeira pessoa do plural – distinguindo três posições de um nós* – nós* orador, nós* em jogo e nós* autor – implementadas pela ação coletiva. A partir dessa distinção, eu argumentei que a correlação entre a primeira e a segunda posições de nós*, e *apenas* essa correlação, é constitutiva para o ACAI. Dado que se tenha um grupo comprometido que diz regular a ação coletiva em nome de uma comunidade mais ampla que se considera em risco nessa ação, e dado também que essa reivindicação representativa possa contar, largamente, com a aceitação de seus mediadores, a perspectiva na primeira pessoa do plural de um coletivo jurídico fez emergir, logo, uma reivindicação ao autogoverno coletivo – à autonomia. Esse sentido minimalista de autogoverno coletivo é consistente com aquilo que Shapiro chama de "atuação massivamente compartilhada". Em contraste com formas fortes de ação coletiva em que todos os participantes estão preparados para se ajudar mutuamente em busca da realização do ponto de ação em conjunto, a atuação massivamente compartilhada institucionaliza autoridades definindo uma configuração-padrão detalhada da ação em conjunto, antecipando a possibilidade de participantes alienados que não compartilham os objetivos da atuação coletiva.

Então, mesmo se ordens jurídicas globais emergentes dão azo à alienação – mesmo à "atuação massivamente alienada", como eu a chamo –, elas são ordens pragmáticas na medida que autoridades não apenas definem as demarcações quádruplas da ação coletiva, mas reivindicam fazê-lo com sucesso da perspectiva da primeira pessoa do plural daqueles que se consideram em risco na ação em conjunto: esse é o *nosso (próprio)* modo de determinar quem deve fazer o que, onde e quando. Ao incluir aquilo que é considerado importante à ação em conjunto, e excluindo todo o resto como sem importância, a ACAI envolve uma forma reflexiva de propriedade na qual o que conta como "nosso próprio" diferencia-se e está acima daquilo que é outro-de-si. No que concerne ao espaço, o caráter pragmático de uma ordem jurídica gira em torno da existência de demarcações que separam e juntam lugares-dever em um sentido reflexivo de espacialidade: autoridades sustentam que esse é o *nosso* espaço, o que significa um espaço *comum*, um espaço que nós, o coletivo em jogo, compartilha no curso do agir em conjunto, e que é tarefa das autoridades articular, monitorar e sustentar.

Nessa medida, então, há continuidade e descontinuidade entre o Direito Estatal e as ordens jurídicas globais emergentes. As últimas certamente não possuem a territorialidade fronteiriça dos Estados, mas compartilham com eles o sentido mais amplo de "territorialidade" a que eu me referi na terceira das conjecturas delineadas na seção 1.3.3, e que está ilustrada pelas topografias jurídicas do CSBB, da CCC, da *lex constructionis* e do eBay, dentre outras. Ao se lugarizarem, as ordens jurídicas globais emergentes reterritorializam o Direito durante o mesmo processo de desterritorializá-lo: elas selecionam e conectam de novas maneiras uma gama de lugares em um espaço comum. Esse *insight*, que é derivado do modelo ACAI do Direito, confirma a tese de Sassen de que a territorialidade é uma característica "trans-histórica" das formações sociais.

Agora, é essa reivindicação por comunalidade (espacial) que a representação da atuação coletiva inevitavelmente torna vulnerável a formas de contestação nas quais as demarcações (espaciais) aparecem como limites da ação coletiva. A experiência de um limite é a experiência de um fora da ação coletiva, um fora que forma um espectro de possibilidades práticas marginalizadas daquilo que é considerado comum a nós, e que, no entanto, reivindicam que elas sejam realizadas como expressão da comunalidade. A experiência dos limites da ação coletiva é um desafio à diferenciação preferencial entre aquilo que é considerado próprio de nós e aquilo que está além de nós; é a experiência do contraste entre o familiar e o estranho, em que a estranheza concerne a uma forma de alienação recalcitrante à acomodação pela atuação massivamente compartilhada ou mesmo pela atuação massivamente alienada. A manifestação espacial dessa forma forte do estranho é uma xenotopia.

Um exemplo particularmente carregado de como as xenotopias irrompem nas ordens jurídicas globais emergentes é, da minha perspectiva, o ataque DdoS ao site do PayPal pela "Operation Payback". O grupo desafia a comunalidade da unidade espacial reivindicada pela comunidade do eBay, revelando-a limitada porque exclui certas possibilidades práticas que um grupo considera importantes para a comunidade cibernética como um todo. Seu ataque DDoS veio de uma rede de lugares-hackers que não têm lugar na distribuição de lugares tornada disponível pelo Direito do eBay, desafiando as demarcações espaciais que o constituem como espaço comum ao suspenderem, por um tempo, a possibilidade de desenhar a distinção entre lugares-comprador e lugares-vendedor nessa ordem jurídica global emergente.

Mas o ataque DDoS foi um desafio *normativo* ao eBay, um ato que evoca uma outra compreensão daquilo que torna o ciberespaço um espaço *comum*? Ou foi simplesmente malicioso ou mesmo criminoso? Seu ataque alcança o eBay como uma xenotopia, ou ele está simplesmente deslocado, por que ilícito? Nesse contexto, Peter Ludlow, um filósofo da linguagem, descreve uma "guerra lexical" quanto ao termo "hacktivismo". Se, "[n]o sentido mais simples e amplo, um hackerativista é alguém que usa a tecnologia de hacking para realizar mudança social", Ludlow argumenta,

> [o] conflito agora é entre aqueles que querem mudar o significado da palavra para denotar atividades imorais e sinistras e aqueles que querem defender a compreensão mais ampla e inclusiva do hackerativista.[330]

A guerra lexical acerca do hacktivismo é sintomática de uma questão mais geral que vai ao coração de uma investigação acerca da autoridade e sua relação com a inclusão e exclusão. Porque não há posição independente, nenhuma perspectiva panorâmica que permita estabelecer se um ato é simplesmente (i)legal ou se ele suscita um desafio normativo a que as autoridades deveriam prestar atenção e mudar as demarcações da comunalidade pressuposta por um nós* juntos. No curso da articulação, monitoramento e sustentação das *demarcações* espacial, temporal, subjetiva e material das ordens jurídicas, global ou não, as autoridades indiretamente posicionam os *limites* da comunalidade. Em outras palavras, ao definirem demarcações, as autoridades estabelecem limites daquilo

330 LUDLOW, Peter. "What Is a Hacktivist?" *New York Times*, 13 jan. 2013. Disponível em: http://opinionator.blogs.nytimes.com/2013/01/13/what-is-a-hacktivist/. Acessado em: 15.03.2022.

que conta como importante para um coletivo e, enquanto tal, digno de qualificação como comportamento lícito ou ilícito.

O leitor terá notado que eu concluí cada uma das seções anteriores com considerações acerca da autoridade e da inclusão/exclusão, e que faço isso mais uma vez nesta seção. Isso não é uma coincidência; como deveria ter ficado claro agora, há uma conexão interna entre essas duas questões. A questão prática confrontando os coletivos – sobre o que nossa ação em conjunto é/deve dizer respeito? – é uma questão acerca dos limites da comunalidade, logo, acerca da inclusão e exclusão. E isso não é nada senão a questão acerca do conceito de autoridade apropriado à ACAI. Se a autoridade articula, monitora e sustenta as demarcações espaciais, temporais, subjetivas e materiais que constituem a configuração-padrão da ação em conjunto, então o que está derradeiramente em questão nessa interpretação funcional da autoridade é como posicionar o limite entre o si coletivo e o outro-de-si em resposta ao comportamento cuja significância normativa e factual não é simplesmente aquilo que as autoridades fazem dele nem é completamente independente de tanto.

Mas as páginas antecedentes também sugerem que o problema da autoridade e da inclusão/exclusão em um contexto globalizante é mais complexo do que à primeira vista. Porque esses dois problemas são agora inseparáveis da questão que concerne à relação entre o Direito Estatal e as ordens jurídicas globais emergentes. De fato, não há qualquer desenvolvimento simples e linear levando do Direito Estatal às ordens jurídicas globais emergentes, como se as últimas tivessem revogado o primeiro. O leitor terá notado que nenhuma das ordens jurídicas globais emergentes exploradas até aqui são completamente "isolada", como se poderia dizer: cada uma delas depende em menor ou maior medida de demarcações desenhadas pelo Direito Estatal. Mesmo a mais "etérea" dessas ordens – o eBay – precisa do Direito Estatal para definir o que conta, em cada transação, como lugares do comprador e do vendedor. Enquanto tal, a ordem pragmática das ordens jurídicas globais emergentes permanece parasita da ordem pragmática dos Estados. Isso implica que a resistência às ordens jurídicas globais emergentes é também, e sobretudo, resistência às demarcações do Direito Estatal, como quando a KRRS destruiu as plantações de OGMs na Índia.

Essa relação de dependência entre ordens pragmáticas tem seu correlato na dependência entre perspectivas na primeira pessoa do plural. Como notado anteriormente, ordens jurídicas globais emergentes são ordens pragmáticas na medida em que as autoridades reivindicam com sucesso posicionar demarcações da perspectiva na primeira pessoa do plural daqueles que são considerados em risco na ação em conjunto. Mas qual é a origem desse "sucesso", especialmente em vista do fato de as ordens jurídicas globais emergentes tipicamente darem azo à atuação massivamente *alienada*?

Parte da resposta certamente depende do fato de que a fiabilidade nas demarcações estatais caminha lado a lado com a possibilidade da execução estatal das demarcações das ordens jurídicas globais emergentes. Mas, mais fundamentalmente, fidelidade a um espectro de ordens jurídicas globalizantes requer fidelidade ao Direito Estatal da qual as primeiras dependem. Como notado por Sassen, a globalização não envolve simplesmente a redução da autoridade do Estados;

> ela também requer a produção de novos tipos de trabalho pelos Estados – especialmente regulações, itens legislativos, decisões judiciais e ordens executivas, todas correspondendo à produção de uma série completa de novas "legalidades".[331]

Nos termos do modelo ACAI do Direito, o sucesso de um nós[*] oradores em produzir perspectivas na primeira pessoa do plural de

331 SASSEN, Saskia. *Territory, Authority, Rights*: From Medieval to Global Assemblages. Princeton: Princeton University Press, 2006, p. 231.

um nós* global em jogo permanece mais ou menos parasitário, em um leque de casos, da identificação continuada dos destinatários da regulação global com o Direito Estatal, em vez de se identificarem com uma perspectiva global na primeira pessoa. O eBay é um exemplo excelente desse fenômeno. Dado o caráter transiente das transações dos usuários, mesmo se eles utilizam regularmente o eBay, pode-se esperar pouca ou nenhuma identificação dos usuários com uma comunidade global do eBay. No entanto, como resultado da fragmentação funcional da autoridade através das ordens jurídicas, os Estados crescentemente relegam às ordens jurídicas globais emergentes a articulação de suas demarcações de maneiras que muitos, talvez mesmo a maioria, dos cidadãos não possa mais reconhecê-las como demarcações do *seu* Estado. A alienação massiva suscitada pela globalização da inclusão e exclusão atinge os Estados tanto quanto, talvez ainda mais, ela atinge as novas ordens jurídicas que a globalização originou. A globalização da sociedade frequentemente é celebrada como se tivesse dado origem a múltiplas identidades em contraste com a identidade singular ligada à cidadania em um Estado; essas celebrações se esquecem de mencionar a emergência de múltiplas alienações suscitadas por processos de globalização.

Aqui, mais uma vez, a questão da autoridade toma a cena: em quais condições podem indivíduos identificar uma ordem jurídica como sua? Essa questão é especialmente pertinente porque no processo de emprestar sua autoridade à atuação compartilhada alienada, o Estado se vê submetido a uma pressão crescente: as demarcações do Direito Estatal são pressionadas a servirem uma comunalidade global putativa que introduz novas e massivas formas de inclusão e exclusão. Para passar a mensagem deste ponto de maneira inequívoca, parece apropriado citar o diagnóstico sombrio de Stewart sobre o estado de coisas atual da governança regulatória global:

> Uma miríade de corpos regulatórios globais especializados e fragmentados empunha cada vez mais poder e influência. Ao tomarem decisões, essas autoridades orientadas por missões

> tendem sistematicamente, devido a fatores estruturais profundamente arraigados, a dar cada vez mais consideração aos interesses e preocupações de alguns atores, especialmente estados poderosos e atores econômicos bem-organizados, e menos consideração aos frequentemente periféricos interesses e preocupações daqueles grupos organizados de maneira mais frágil e menos poderosos e de indivíduos vulneráveis. O padrão generalizado da regulação global reflete um preconceito similar. ... Como resultado desses dois tipos de desconsideração, os atores dominantes na governança regulatória global gozam de benefícios desproporcionais por parte da cooperação internacional, enquanto grupos mais fracos e indivíduos sofrem privação e graves danos.[332]

Nós retornaremos a abordar essa questão de maneira muito mais completa nos capítulos V, VI e VII. Com efeito, eu assumo que aquilo que Stewart chama de "desconsideração" equivale ao irreconhecimento de indivíduos e grupos associado àquilo que eu chamei de atuação massivamente alienada em um contexto global. Esse irreconhecimento abastece a resistência por movimentos alter e antiglobalização, o que toma a forma de demandas por reconhecimento de identidades/diferenças ameaçadas pelas ordens jurídicas globais emergentes. Em todo caso, e por ora, essas questões iluminam uma característica fundamental do TAD global, contradizendo qualquer relato linear de continuidades e descontinuidades epocais quanto à autoridade e à inclusão/exclusão. Se, de um lado, as ordens jurídicas globais emergentes permanecem parasitas do Direito Estatal, as globalizações jurídicas transformam profundamente o Direito Estatal, de outro. Mais diretamente: se a emergência das ordens jurídicas globais continua a depender de estruturas de autoridade próprias aos Estados, a globalização da autoridade está corroendo essas mesmas estruturas, logo, corroendo a fidelidade

332 STEWART, Richard B. "Remedying Disregard in Global Regulatory Governance: Accountability, Participation and Responsiveness". *The American Journal of International Law*, vol. 108, nº 2, 2014, p. 211.

aos Estados que possibilitou as globalizações jurídicas em primeiro lugar. Aqui, penso eu, reside a raiz de muitas das manifestações contemporâneas do que tem se denominado "populismo".

Olhe para o *parcours* deste capítulo. A trajetória que guia através de cada uma das três dimensões da unidade jurídica putativa – atuação coletiva, sistema jurídico, ordem pragmática – nos levou da dimensão de superfície da caracterização funcional da autoridade àquilo que eu considero ser sua dimensão profunda: definir o limite do que deve ser considerado nosso próprio em resposta ao desafio do estranho que resta dentro e fora de uma ordem jurídica. Por essa razão, a questão sobre se uma ordem jurídica global que pudesse unificar sem pluralizar é realizável, que poderia se tornar um dentro sem um fora, é uma questão acerca da natureza da autoridade em um contexto global – ou vice-versa.

CAPÍTULO IV

ALTERGLOBALIZAÇÃO E O *NOMOS* DA TERRA

O segundo "Encontro pela Humanidade e contra o Neoliberalismo", que sucedeu um encontro inicial organizado pelos Zapatistas na selva de Lacandón em Chiapas, aconteceu na Espanha, em 1997, com o lema "Por um Mundo que contenha Todos os Mundos".[333] Essa formulação intensifica a contrassenha dos Zapatistas, conforme cunhada pelo Subcomandante Marcos: "Há um lugar para muitos mundos no mundo que nós queremos".[334] Falando prática e teoricamente, a primeira dessas formulações é a mais demandante, porque ela sugere que a aposta dos movimentos de alterglobalização é ir para além da globalização entre inclusão e exclusão rumo a um mundo que teria um dentro, mas nenhum fora. É essa aspiração por um mundo totalmente inclusivo que eu agora gostaria de investigar. Se os capítulos de I a III se ocuparam de dar conta e de ilustrar a estrutura e os limites de um espectro de ordens jurídicas globais

333 Ver NOTES FROM NOWHERE (Coord.). *We Are Everywhere*: The Irresistible Rise of Global Anticapitalism. Londres: Verso, 2003, p. 74.

334 SOUS-COMMANDANT MARCOS; LE BOT, Yvon. *Le rêve zapatiste*. Paris: Seuil, 1997, p. 109.

emergentes, o presente capítulo assume a perspectiva da resistência à globalização jurídica. Em geral, "contraglobalizações" compreende movimentos antiglobalização e alterglobalização. Enquanto os primeiros se enxergam protegendo o local *contra* o global, o último busca reconfigurar o local *e* o global, primariamente – mas não apenas – em resposta à globalização do capitalismo. Este capítulo dialoga essencialmente com alterglobalizações, para estabelecer se elas oferecem esperança em formas de globalização jurídica que pudessem evitar a globalização da inclusão e exclusão jurídicas. Assim, as próximas páginas privilegiam um enfoque bem restrito àquilo que é, de outro modo, um vasto domínio de investigação. Embora eu me baseie em diversos testemunhos do ativismo global e nas conceitualizações da alterglobalização por teóricos comprometidos, minha leitura desses materiais é guiada tão somente pela tentativa de compreender como a alterglobalização poderia lançar luz sobre o problema da inclusão e exclusão jurídicas em um contexto global.

Este capítulo aborda tal questão geral de três perspectivas. A primeira é *genética*: qual é a natureza da emergência tanto das ordens jurídicas globais quanto da alterglobalização? Em particular, a alterglobalização esboça formas de emergência que não requerem um fechamento no sentido de limites? Essa abordagem genética se concentra na noção de *nomos* de Carl Schmitt, a qual eu introduzi brevemente na seção 1.3.4. Eu retorno no capítulo VI para criticar a interpretação schmittiana de *nomos*, mostrando que ela oferece uma glosa reducionista da emergência das ordens jurídicas globais. Mas por enquanto eu uso sua versão para desmascarar o que está parcialmente em jogo na emergência da alterglobalização jurídica como caracterizada, dentre outros, por John Holloway, um teórico político cujo trabalho tem inspirado muitos ativistas alterglobalização. A segunda é estrutural: ter-se-iam formas de ação coletiva que poderiam providenciar a base para uma ordem jurídica que inclui sem excluir? Essa abordagem olha para a noção de uma "multidão", conjuntamente às noções de "rede" e "movimento" a ela associadas.

Focando sobretudo na contribuição de Michael Hardt e Antonio Negri para uma teoria da multidão, eu pergunto se essas variações sobre o tema da ação coletiva sugerem uma forma de Direito que poderia superar a distinção dentro/fora. A terceira é *substantiva*. Eu vejo dois domínios particularmente promissores de investigação, ou seja, os domínios dos bens comuns globais e dos direitos humanos. De um lado, movimentos alterglobalização têm reagido vigorosamente contra o confinamento capitalista dos bens comuns. Ao examinar as contribuições quanto aos bens comuns globais de Boaventura de Sousa Santos, Garret Hardin, Elinor Ostrom e George Monbiot, eu pergunto se bens comuns globais poderiam existir sem regulação. Se não, podem eles ser objeto de regulação dada a ausência de um fechamento, mesmo se não necessariamente um enclausuramento capitalista? De outro lado, movimentos alterglobalização têm buscado evitar a globalização capitalista conclamando a promulgação de um regime global de direitos humanos. Esse regime teria, se promulgado, um dentro, mas nenhum fora (no sentido de um limite?). Essa parte final do capítulo reflete acerca das contribuições de Thomas Buergenthal, Makau wa Mutua, Raimon Panikkar, David Kinley e Jürgen Habermas.

Eu mostro que as alterglobalizações jurídicas, como as ordens jurídicas globais emergentes exploradas no capítulo III, não podem senão emergir através de atos representacionais que incluem e excluem. Essa conclusão não prenuncia, contudo, uma defesa de um conceito profundamente relativista de autoridade, nem um que justifique a inclusão e exclusão forjada pela globalização do capitalismo. Pelo contrário, expor a lógica representacional da inclusão e exclusão operante na emergência das ordens jurídicas, globais ou não, abre caminho para introduzir aquilo que eu chamo de "reconhecimento assimétrico", o qual eu considero estar no cerne de um conceito robusto de autoridade em um contexto global. Os capítulos VI e VII afirmam que o reconhecimento assimétrico é superior diante das teorias de reconhecimento recíproco lidando com as origens irredutivelmente contingentes de qualquer ordem jurídica global imaginável. Em particular, eu argumento que a teoria do reconhecimento assimétrico oferece uma abordagem mais adequada a uma política das demarcações que seja sensível à tensão irredutível entre pluralidade e unidade no coração de uma teoria da autoridade em um contexto global. Mas isso é me antecipar à minha história.

4.1 Emergência como (re)apreensão

Os capítulos anteriores têm se referido continuamente às ordens jurídicas globais emergentes, embora foquem, em um movimento pendular, na globalidade e no Direito do Direito Global. Esse é um momento propício para considerar mais atentamente o que pode significar a noção de *emergência*. Qual é a natureza do começo das ordens jurídicas, e de que maneira pode isso nos ajudar a compreender por que a emergência das ordens jurídicas globais traz à tona as contraglobalizações?

4.1.1 Tomando e retomando

O autodenominado "Opening Salvo" do livro *We Are Everywhere: The Irresistible Rise of Global Anticapitalism*, guarda, eu acredito, uma pista inicial e significativa para responder a essa questão. Ao introduzir as contribuições do livro, *Notes from Nowhere*, seu coletivo editorial chama a atenção do leitor para a linha do tempo histórica do livro:

> Nós decidimos começar com os zapatistas dado que nós vemos sua insurreição em 1° de janeiro (1994) como um prenúncio de uma nova era de movimentos de resistência, e o círculo assim se fecha, terminando com sua retomada de San Cristóbal de las Casas em 1° de janeiro de 2003.[335]

---

335 NOTES FROM NOWHERE (Coord.). *We Are Everywhere*: The Irresistible Rise of Global Anticapitalism. Londres: Verso, 2003, pp. 14/15.

Ao retomarem San Cristóbal, os zapatistas reivindicam o que foi tomado deles e de muitos outros pela globalização do capitalismo. Como descrito da perspectiva e das experiências daqueles que a resistem, a emergência da globalização capitalista é basicamente (e nesse sentido, fundamentalmente) um *tomar* daquilo que não foi dado livremente: uma apropriação que desapropria. Em resposta a essa tomada, a emergência do anticapitalismo global é, basicamente, uma retomada, uma reapropriação ou reapoderação daquilo que é propriamente nosso, o que envolve a retomada do lugar como se se rompesse e saísse do lugar no qual aqueles que resistem foram incluídos. De fato, a reapropriação zapatista do lugar começou antes. Essas foram as palavras de abertura do Subcomandante Marcos no "Primeiro Encontro Intercontinental para a Humanidade e contra o Neoliberalismo", realizado na selva de Lacandón no final de julho de 1996: "Bem-vindos à realidade zapatista. Bem-vindos a esse território de luta pela humanidade. Bem-vindos a esse território em rebelião contra o neoliberalismo".[336]

Que os zapatistas retomem o lugar em sua resistência à globalização do capitalismo não é nenhum evento casual. Aqui vão outros exemplos, alguns dos quais foram selecionados do livro *We Are Everywhere*. O Occupy Wall Street assumiu o controle do Zuccotti Park em Nova York, prontamente o rebatizando como Liberty Square, um movimento que foi interpretado como "reivindicando o espaço público".[337] A KRRS ocupou os campos de OGMs da propriedade da Monsanto, destruindo-os em um movimento de reivindicação de suas terras e modo de vida diante da comodificação do cultivo e comércio de sementes acolhida pela OMC. Invocando o artigo 184 da Constituição brasileira que concerne

---

336 NOTES FROM NOWHERE (Coord.). *We Are Everywhere*: The Irresistible Rise of Global Anticapitalism. Londres: Verso, 2003, p. 34.

337 BOYKOFF, Jules. "Occupy Wall Street: Reclaiming Public Space, Reclaiming Dignity". *Oregon Live*. Disponível em: https://www.oregonlive.com/opinion/2011/10/occupy_wall_street_reclaiming.html. Acessado em: 13.06.2022.

à função social da propriedade, o Movimento dos Trabalhadores Rurais Sem Terra (MST) ocupa sistematicamente latifúndios no Brasil, reivindicando um lugar que seja propriamente seu em resposta à sua marginalização da sociedade. O MST coordena suas atividades com outros grupos, como a KRRS que pertence à Vía Campesina, cujo slogan é "Globalize a luta, globalize a esperança".[338] O movimento Reclaim the Streets (RTS) originado em Londres contra a construção da estrada de ligação M11; em julho de 1996, ele tomou a rodoviária M41 para dar uma grande festa de rua, incluindo três toneladas de areia para uma praia na qual as crianças poderiam brincar. Vale ressaltar que a ocupação das ruas funciona como uma ocupação *pars pro toto* da "agitação e propaganda" do RTS:

> Não seriam as ruas melhores sem carros? Não se tudo que os substituíssem fossem corredores de consumo pedestre ou 'vilas' de compras protegidas com segurança dos elementos... A luta por um espaço livre de carros não pode se separar da luta contra o capitalismo global.[339]

Em resposta à construção da barragem Pak Mun financiada pelo Banco Mundial na Tailândia, os habitantes que foram expulsos da área buscaram reivindicar suas casas e subsistência sob os auspícios do movimento Assembly of the Poor (AOP), encenando ocupações da barragem e instituindo "Long-lasting Mun River Village Nº 1" em sua vizinhança. O AOP se juntou às redes Peoples' Global Action, Vía Campesina e International Rivers, cujo resultado é a coordenação pelo AOP de sua resistência à barragem Pak Mun com, dentre outras, as lutas contra a construção das barragens nos vales Narmada, na Índia, pelo Narmada Bachao

---

338 VÍA CAMPESINA. Disponível em: http://viacampesina.org/. Acessado em: 16.03.2022.

339 NOTES FROM NOWHERE (Coord.). *We Are Everywhere*: The Irresistible Rise of Global Anticapitalism. Londres: Verso, 2003, p. 50.

Andolan (o movimento para salvar os vales Narmada).[340] Residentes de Cochabamba, na Bolívia, ocuparam a praça principal da cidade e bloquearam as rodovias que levam à cidade em múltiplas ocasiões, em resposta à privatização do serviço de fornecimento de água da cidade em benefício da Aguas del Tunari, uma subsidiária da Bechtel, após um empréstimo do Banco Mundial. O mote da ocupação era "El agua es nuestra, carajo!" – "A água é nossa, caralho!" A resistência à privatização do serviço do fornecimento de água de Cochabamba foi depois transportada para as ruas de Washington, em demonstrações contra o Banco Mundial.[341]

Os exemplos poderiam se multiplicar, mas eles serão suficientes, por enquanto. Todos eles sugerem que a resistência à globalização do capitalismo busca reivindicar lugares, intimando que um nós* que está *em outro lugar* – uma xenotopia – em vez de em todo lugar. Em cada caso, "os participantes buscam reivindicar território de maneira a construir relações sociais que não estão subjugadas à comodificação".[342] Esses exemplos também sugerem que a resistência à globalização frequentemente tem seu ponto focal de ação voltado contra o modo como os *Estados* operacionalizam

340 MELGRAM, Pel. "Claims to Globalization: Thailand's Assembly of the Poor and Multilevel Resistance to Capitalist Development". *Resistance Studies Magazine*, nº 2, 2008, pp. 5-22. Bem como a página eletrônica do International Rivers Movement: www.internationalrivers.org/campaigns/pak-mun-dam-0 e a página eletrônica do Lokashakti acerca do movimento Narmada: LOKASHAKTI. Disponível em: http://lokashakti.org/encyclopedia/groups/143-narmadabachao-andolan. Acessado em: 13.12.2017.

341 NOTES FROM NOWHERE (Coord.). *We Are Everywhere*: The Irresistible Rise of Global Anticapitalism. Londres: Verso, 2003, p. 266. Para uma discussão estendida das "Guerras por Água" da Bolívia e sua relação ao "Consenso de Washington" pelo correspondente da Time e da ABC News, ver FRIEDMAN-RUDOVSKY, Jean. "Return to Cochabamba: Eight Years Later, the Bolivian Water War Continues". *Earth Island Journal*: News of the World Environment, 2008. Disponível em: www.earthisland.org/journal/index.php/eij/article/return_to_cochabamba/. Acessado em: 15.03.2022.

342 SITRIN, Marina; AZZELLINI, Dario. *They can't represent us! Reinventing democracy from Greece to Occupy*. Londres: Verso, 2014, p. 37.

processos de globalização. Isso não deveria nos surpreender. O espectro de ordens jurídicas globais emergentes discutidos no capítulo III mostra que, em cada caso, elas continuam dependendo das demarcações estatais, incluindo as demarcações de unidades subnacionais, como os conselhos municipais, mesmo enquanto se os usa para configurar novos lugares e novas unidades de lugares.

Nessa linha, Luis Eslava mostra como Bogotá é exemplo do processo de governança a partir do qual cidades no Terceiro Mundo se transformam no *locus* privilegiado para estratégias de desenvolvimento decentralizado implementadas pela governança global. Eslava nota que

> [a]pesar de terem ficado mais porosos em termos dos fluxos financeiros e culturais, os conceitos de território e demarcações permanecem no coração da ordem global e, de fato, têm sido reanimados como um resultado da atenção atual sobre o local.[343]

De igual modo, contudo, esse e outros exemplos notados anteriormente sugerem que a retomada do lugar nunca é apenas recuperar um lugar para o Estado, logo, retornar a um *status* quo *ex ante*. O Estado se transformou em um agente-chave dos processos de globalização, não há nenhum retorno a um lugar original no qual indivíduos foram marginalizados: oposição à globalização do capitalismo dá azo a configurações transfronteiriças de xenotopias. Em uma análise perspicaz da resistência por bairros ilegais na periferia de Bogotá, Eslava revela como "a localização do internacional gera caminhos para a reapropriação estratégica da parte dos moradores periféricos da ideia de tornar jurisdições locais – e seus bairros – o centro do mundo". A declaração sobre uma parede de um projeto de infraestrutura de

343 ESLAVA, Luis. *Local space, global life*: the everyday operation of international law and development. Cambridge: Cambridge University Press, 2015, p. 262.

reabitação em Bogotá, *Aquí estamos y aquí nos quedamos* ("Aqui estamos e aqui ficamos"), reconfigura a localização de um bairro periférico de uma maneira que evidencia "o comprometimento d[a] comunidade em reivindicar um lugar no mundo para si mesma".[344] Levando esse *insight* um passo adiante, a resistência aos processos de globalização é muitas vezes – até mesmo habitualmente – *indireta*: àquilo a que se visa é como Estados reconfiguram seus territórios no processo de tanto incentivar quanto se adaptar à globalização.

Em resumo, a retomada do lugar corresponde à emergência de novas estruturas de localidade. Ashwin Desai, um intelectual público sul-africano, apresenta esse ponto em uma entrevista acerca das lutas e estratégias de resistência dos "pobres" nas *townships* da África do Sul contra o governo pós-apartheid da ANC. Em contraste às "marchas em Seattle e Gênova [que se] direcionam contra o nível financeiro mais macro e os sistemas", ele nota que a resistência na África do Sul é um

> tipo de luta mais gutural e barricado de apenas tentar defender aquilo que você tem. Mas ao fazer isso você está conectando quase tudo... Não é como se você estivesse construindo algo novo em uma comunidade isolada. O povo tem uma ressonância com o que acontece em outros lugares, mas os alvos de sua raiva são locais.[345]

---

344 ESLAVA, Luis. *Local space, global life*: the everyday operation of international law and development. Cambridge: Cambridge University Press, 2015, pp. 285-287. Note o indexical "aqui", o qual é usado de maneira a indicar um lugar tanto dentro quanto fora do território colombiano e, mais amplamente, dentro e fora da globalidade concebida pela governança global contemporânea. Evans faz um ponto conexo, argumento que as lutas locais se globalizam como um modo de fortalecer o local. Ver EVANS, Peter. "Fighting Marginalization with Transnational Networks: Counter-Hegemonic Globalization". *Contemporary Sociology*, vol. 29, nº 1, 2000, pp. 230-241. Também deve ser notado, contudo, que tanto Eslava quanto Evans contrastam o global e o local, em vez de compreender o global como uma forma do local.

345 NOTES FROM NOWHERE (Coord.). *We Are Everywhere*: The Irresistible Rise of Global Anticapitalism. Londres: Verso, 2003, p. 492.

A noção de emergência funcionaria como uma retomada do lugar para a resistência a formas de ordens jurídicas globais que dependem da internet e que têm uma relação relativamente tênue com a territorialidade estatal? Como discutido na seção 3.3.3, "Operation Payback", o grupo hackerativista que dirigiu o ataque DDoS contra o PayPal, à época a plataforma de pagamentos do eBay, buscou resgatar a internet do seu fechamento por um espectro do que o grupo considerava interesses privados: "O acesso à internet está rapidamente se transformando em um direito humano fundamental... Tal qual qualquer outro direito humano, nós acreditamos ser errado violá-lo". O ataque DDoS dos hackerativistas efetivamente retomou os lugares dos compradores e vendedores ao negar-lhes a possibilidade de se engajar no comércio via eBay, independentemente de onde eles estivessem localizados no mundo. Enquanto durou o ataque, o eBay não podia localizar as transações e cessou sua operação como ordem jurídica.

4.1.2 Tomando, dividindo, cultivando

Aqui, então, está a pista fornecida pelas *Notes from Nowhere*: "emergência" tem dois significados básicos: uma tomada e uma retomada do lugar. O livro que *Notes of Nowhere* editou foi publicado em 2003. Exatamente cinquenta anos antes, em 1953, Carl Schmitt publicou um ensaio intitulado "Nehmen/Teilen/Weiden", o qual poderia ser traduzido como "Tomando/Dividindo/Cultivando".[346] O que interessa Schmitt nesse ensaio é teorizar a emergência e a estrutura básica das ordens sociais. A

---

346 SCHMITT, Carl. "Appropriation/Distribution/Production: Toward a Proper Formulation of Basic Questions of Any Social and Economic Order (1953)". *Telos*, nº 95, 1993, pp. 52-62. A versão inglesa traduz o verbo alemão *teilen* como "distribute", o que, por sua vez, em alemão, seria *verteilen*. Apesar de eu seguir a tradução em geral, uma tradução mais fiel seria "dividir" ou "divisão". A ambiguidade do verbo francês *partager*, que significa tanto dividir quanto compartilhar, talvez melhor capture o que Schmitt tem em mente com *teilen*.

palavra alemã para o verbo "tomar" é *nehmen*, a qual Schmitt liga aos termos gregos *nemein* e *nomos*. Caracterizar o Direito como um *nomos* significa dizer que o Direito é a unidade da ordem e da lugarização (*Einheit von Ordnung und Ortung*) e o resultado de um tomar: o tomar de um lugar. Embora formas contemporâneas do capitalismo global se encontrem fora do âmbito de suas análises, Schmitt certamente teria endossado caracterizar a emergência delas como tomada, e aquela da resistência à globalização como retomada. A globalização capitalista é para Schmitt e para o coletivo *Notes from Nowhere* um *nomos* da terra: uma tomada por meio da lugarização de uma ordem planetária que inclui e exclui. A emergência de ordens jurídicas globais é parte e parcela da grilagem de terra (no sentido amplo do termo) em uma escala planetária: uma grilagem do planeta Terra. Como antecipado na seção 1.5.2, o diagnóstico de Schmitt pode contar com o apoio significativo de Sassen, longe de ser uma socióloga endurecida e reacionária da globalização. A tese central de *Expulsions*, seu livro mais recente, é que processos de globalização correspondem à tomada na forma de uma "expropriação" do estado.[347] Também Bauman, em um livro mais veemente, mas menos empiricamente embasado, argumenta que a globalização capitalista corresponde a uma tomada na forma de uma "expropriação" do estado.[348] Harvey, da sua parte, descreve a globalização do capitalismo como uma "acumulação por desapropriação".[349]

Eu não estou interessado se a etimologia de Schmitt de *nomos* é espúria, nem estou sugerindo que Schmitt tem uma posição política similar a de Sassen, Bauman ou Harvey. Ademais, eu

347 SASSEN, Saskia. *Expulsions*: brutality and complexity in the global economy. Cambridge: Belknap Press, 2014, p. 4.

348 BAUMAN, Zygmunt. *Globalization*: the human consequences. Cambridge: Polity Press, 1998, pp. 65-69.

349 HARVEY, David. *The New Imperialism*. Oxford: Oxford University Press, 2005, pp. 137-182.

desenvolvo uma crítica cortante da perspectiva de Schmitt acerca do *nomos* no capítulo VI, mostrando porque ela é intensamente reducionista em sua versão da emergência das ordens jurídicas globais. Mas eu estou interessado, por ora, em explorar sua tese conceitual acerca do *nomos* tal como ela se apresenta. De fato, ela captura uma característica-chave da emergência das ordens jurídicas globais que não pode ser simplesmente descartada como ilusória ou cínica. Schmitt argumenta que o *nomos* é, em seus sentidos tripartites e sequenciais de tomar, distribuir e produzir, a chave para a gênese e a estrutura das ordens sociais. O uso que Schmitt faz desse termo está polemicamente orientado ao esquecimento das origens das ordens sociais. Ele aponta para o fato de que a teorização social geralmente começa com uma ordem que já se encontra constituída. Como resultado, "[a] época do constituir [de uma ordem] é rapidamente esquecida ou mesmo empurrada para o domínio do subconsciente. A *situation établie* do constituído domina todos os hábitos, também os hábitos linguísticos e de pensamento".[350] Hobbes é prova desse estado de coisas, ou assim Schmitt declara, quando assume que a ordem social começa com uma *divisio primaeva*, uma divisão primária separando o meu do seu, assim dando azo ao Direito e à Justiça:

> E isso eles conheciam bem dos antigos que chamavam isso de Nóμος (quer dizer, *Distribuição*), o que nós chamamos de Direito; e definiam Justiça *pela distribuição* a cada um aquilo que é *próprio* a si.[351]

Isso é *nomos* como distribuição, "a ação e o processo de divisão e distribuição – um *Ur-teil* [literalmente: uma divisão primordial] e

---

350 SCHMITT, Carl. "Nomos – Nahme – Name (1959)". *In*: ______. *Staat, Großraum, Nomos*: Arbeiten aus den Jahren 1916–1969. Berlim: Duncker & Humblot, 1995, p. 577.

351 HOBBES, Thomas. *Leviathan*. Londres: Penguin, 1985, p. 297.

seu resultado".[352] Nesse segundo sentido, *nomos* é o direito no sentido geral da pretensão que se tem a uma certa parte dos bens e, em geral, a qualquer coisa que um coletivo esteja apto a compartilhar com seus membros: *suum cuique tribuere*. Por sua vez, a distribuição de bens chamada direito é a precondição para o terceiro sentido de *nomos*: *weiden*, que significa literalmente pastoreio.

> Esse é o trabalho produtivo que normalmente advém da propriedade. O Direito Comutativo de compra e venda no mercado pressupõe propriedade bem como produção, ambas derivadas da divisão primária.[353]

Então também, eu adicionaria, para comprar e vender em um mercado global.

Mas esses dois sentidos de *nomos* pressupõem um sentido anterior do termo, o primeiro e inaugural ato da ordem social: uma tomada ou apropriação, na base da qual a distribuição e a produção podem surgir. "Em todos os estágios da vida social, em todas as ordens econômicas, em todos os períodos da história do Direito até agora, as coisas têm sido de alguma maneira tomadas, distribuídas e produzidas".[354] A precedência do primeiro sentido de *nomos* é tanto cronológica quanto conceitual. Mas disciplinas que se engajam com as ordens sociais, como a doutrina jurídica ou a economia, lustram a precedência da tomada, na ausência da qual nenhuma ordem social pode emergir. Por exemplo, Schmitt

---

352 SCHMITT, Carl. "Appropriation/Distribution/Production: Toward a Proper Formulation of Basic Questions of Any Social and Economic Order (1953)". *Telos*, nº 95, 1993, p. 52.

353 SCHMITT, Carl. "Appropriation/Distribution/Production: Toward a Proper Formulation of Basic Questions of Any Social and Economic Order (1953)". *Telos*, nº 95, 1993, p. 55.

354 SCHMITT, Carl. "Appropriation/Distribution/Production: Toward a Proper Formulation of Basic Questions of Any Social and Economic Order (1953)". *Telos*, nº 95, 1993, p. 57.

argumenta, quando o marxismo revolucionário apresenta a questão social como um problema de (re)distribuição e produção, que este permanece em silêncio quanto ao fato de que a expropriação revolucionária – "a apropriação de todos os meios de produção" – precede as fases segunda e terceira do *nomos*: "a grande apropriação moderna da indústria (*Industrie-Nahme*)".[355] No começo da ordem social, e *como* seu começo, existe uma tomada. Na última nota de rodapé desse ensaio, Schmitt conclui sua argumentação quanto à necessidade e à prioridade da tomada diante da distribuição e da produção. Seu argumento é uma réplica a Alexander Kojève, que contestou que o diagnóstico de Marx de um "capitalismo tomador" predatório tenha sido superado por um "capitalismo doador". Schmitt critica severamente a objeção: "Nenhum homem pode dar sem ter tomado. Apenas um Deus, que cria o mundo do nada, pode dar sem tomar, e mesmo Ele apenas dentro do enquadramento desse mundo criado do nada".[356]

Vale ressaltar que Schmitt explicitamente liga a tomada ao imperialismo. Joseph Chamberlain, ele nota, apresentava o imperialismo como a solução para a questão social da Europa. "Naquele tempo isso significava um programa de expansão colonial e a precedência da tomada frente à distribuição e à produção".[357] Ele contesta de maneira mordaz aquilo que assume ser a autocomplacência moral das críticas marxistas do capitalismo imperialista, que "[s]e a essência do imperialismo reside na precedência da tomada

---

355 SCHMITT, Carl. "Appropriation/Distribution/Production: Toward a Proper Formulation of Basic Questions of Any Social and Economic Order (1953)". *Telos*, nº 95, 1993, p. 62.

356 SCHMITT, Carl. "Nehmen/Teilen/Weiden". *In*: SCHMITT, Carl. *Verfassungsrechtliche Aufsätze aus den Jahren 1924–1954*. Berlim: Duncker & Humblot, 1958, p. 504 (essa última nota de rodapé foi, infelizmente, omtitida na tradução para o inglês).

357 SCHMITT, Carl. "Appropriation/Distribution/Production: Toward a Proper Formulation of Basic Questions of Any Social and Economic Order (1953)". *Telos*, nº 95, 1993, p. 58 (tradução modificada).

diante da distribuição, então uma doutrina como a expropriação dos expropriadores é obviamente o mais forte imperialismo, porque o mais moderno".[358] Se eu puder aperfeiçoar a tese dele ainda mais, mesmo se, em uma leitura neomarxista, o Direito possa operar como uma poderosa força emancipatória na sociedade, Schmitt expõe que a práxis emancipatória começa com uma tomada, derradeiramente com uma tomada de lugar. Levada às suas últimas consequências, sua tese é que a práxis emancipatória trata do *nomos*, no sentido tripartite de tomar, distribuir e produzir. Talvez a confirmação mais explícita desse *insight* venha de dois ativistas destacados nos movimentos alterglobalização: "recuperação é a manifestação desse novo modo pelo qual os movimentos [globais] visam ao poder e à autonomia: tomando de volta aquilo que é nosso".[359] *Nomos*: um tomar que retoma.

Essa tese incisiva levanta duas questões urgentes, cada qual sugerindo como nossas análises anteriores sobre as ordens jurídicas globais emergentes podem ser integradas a contribuir para com o debate contemporâneo mais amplo acerca dos processos de globalização. A primeira concerne à relação entre tomada e imperialismo, um conceito e problema que se encontram no pano de fundo de muito do pensamento crítico acerca da globalização. Pode ser útil, neste momento, lidar de certa maneira em maior profundidade com esse tema inquietante, para apreender a importância do elo que Schmitt propõe entre tomada e imperialismo.

Em palavras sinistramente reminiscentes da tese de Schmitt quanto ao *nomos* da terra, Edward Said relembra seus leitores de que "[t]udo sobre a história humana está enraizado na terra", o que implica que "do mesmo modo que nenhum de nós está fora

---

358 SCHMITT, Carl. "Appropriation/Distribution/Production: Toward a Proper Formulation of Basic Questions of Any Social and Economic Order (1953)". *Telos*, nº 95, 1993, p. 63.

359 SITRIN, Marina; AZZELLINI, Dario. *They can't represent us! Reinventing democracy from Greece to Occupy*. Londres: Verso, 2014, p. 11.

ou além da geografia, nenhum de nós está completamente livre da luta sobre a geografia".[360] É como se se precisasse de práticas de resistência e rebelião, como aquelas aduzidas no começo desta seção, para tornar manifesto o enraizamento terrestre, o qual acaba suprimido ou esquecido quando a tomada primordial de um lugar já passou, e não menos quando uma lugarização marca a origem de uma ordem jurídica global que se supõe ter ido além do fechamento espacial. Inspirando-se nesse *insight*, Said define o imperialismo como

> a prática, a teoria e as atitudes de um centro metropolitano dominante que governa um território distante; por sua vez, "colonialismo", o qual é quase sempre uma consequência do imperialismo, é a implantação de assentamentos no território distante.[361]

Como ele o descreve, o imperialismo é um projeto expansivo de dominação – política, econômica e cultural.

A distinção entre imperialismo e colonialismo torna claro porque a reversão do colonialismo, após a Segunda Guerra Mundial, de maneira alguma prenunciou o fim do imperialismo. Bhupinder Chimni oferece um diagnóstico particularmente preciso da situação corrente:

> Uma rede de (instituições internacionais) econômicas, sociais e políticas foram estabelecidas ou reposicionadas, por iniciativa do primeiro mundo, e juntas elas constituem um *estado global nascente* cuja função é realizar os interesses do capital transnacional e dos Estados poderosos no sistema internacional para a desvantagem dos Estados e povos do

360 SAID, Edward. *Culture and Imperialism*. Nova York: Vintage Books, 1994, p. 7.

361 SAID, Edward. *Culture and Imperialism*. Nova York: Vintage Books, 1994, p. 9.

> terceiro mundo. A evolutiva formação do Estado global pode então ser descrita como tendo um caráter *imperial*.[362]

Essas instituições – as quais incluiriam muitas das ordens jurídicas emergentes discutidas no capítulo III, como a OMC, o CSBB, a IASB, o Codex Alimentarius, a *lex mercatoria* e a ISO – têm como atribuição o estabelecimento de "padrões globais uniformes" para facilitar a acumulação de capital em uma escala global. Nos termos do Schmitt, o estabelecimento desses padrões é a manifestação do *nomos* como distribuição, impondo uma malha operacional jurídica para o *nomos* como produção, ou seja, o comércio e a acumulação globais. Não menos importante: o *nomos* como uma tomada imperial reverbera, discreta, mas inconfundivelmente, na referência de Chimni à "iniciativa" do primeiro mundo em estabelecer ou reposicionar um espectro de instituições internacionais, uma referência que posteriormente ele revisita ao notar que "[u]ma característica principal do processo de globalização em andamento é que o espaço soberano econômico do terceiro mundo está sendo *cedido* para as [instituições internacionais]".[363]

Chimni não está sozinho em seu diagnóstico: diversos acadêmicos que participam da *Third World Approach to International Law* (TWAIL) têm insistentemente denunciado aquilo que eles consideram o imperialismo intrínseco aos processos contemporâneos de globalização, conforme estruturado através do Direito Internacional. Esses acadêmicos compartilham a convicção de que, nas palavras da objurgação de Makau wa Mutua, o Direito Internacional, conforme se encontra hoje, é "um sistema predatório que legitima, reproduz e sustenta a pilhagem e subordinação do

---

362 CHIMNI, Bhupinder S. "International Institutions today: an Imperial Global State in the Making". *European Journal of International Law*, vol. 15, nº 1, 2004, pp. 1/2.

363 CHIMNI, Bhupinder S. "International Institutions today: an Imperial Global State in the Making". *European Journal of International Law*, vol. 15, nº 1, 2004, p. 6 (grifo nosso).

Terceiro Mundo ao Ocidente... A construção e a universalização do Direito Internacional foram essenciais para a expansão imperial que subordinou povos e sociedades não europeus à conquista e à dominação europeias".[364] Vale ressaltar que os acadêmicos do TWAIL argumentam que a subordinação imperial dos povos colonizados envolveu uma "missão civilizatória... animada pela questão da 'diferença cultural'".[365]

Se acadêmicos do TWAIL frequentemente trazem ao primeiro plano a experiência da diferença cultural em seus relatos de tomada imperial, outros autores enfatizam o papel do capitalismo. Arendt nota, por exemplo, que

> o imperialismo nasceu quando as classes dominantes na produção capitalista se depararam contra as limitações nacionais à sua expansão econômica. A burguesia se voltou para a política por causa da necessidade econômica; porque se a burguesia não queria abandonar o sistema capitalista, cuja lei inerente é o crescimento econômico constante, ela precisava impor essa lei sobre seus governos domésticos e proclamar a expansão como sendo o derradeiro objetivo político da política externa.[366]

O relato de Arendt acerca das origens do imperialismo é compartilhado por um espectro de teóricos marxistas e neomarxistas. David Harvey, por exemplo, sustenta que a onda de privatização desencadeada pela globalização capitalista é a forma contemporânea de "acumulação por desapropriação" que abastece

---

364 MUTUA, Makua wa. "What Is TWAIL?" *Proceedings of the American Society of International Law*, vol. 94, 2000, p. 31.

365 ANGHIE, Anthony. *Imperialism, sovereignty and the making of international law*. Cambridge: Cambridge University Press, 2007, p. 3.

366 ARENDT, Hannah. *The Origins of Totalitarianism*. Nova York: Harcourt, Brace & Company, 1973, p. 126.

o imperialismo.[367] De todo modo, ao distinguir política e economia, o relato de Arendt sugere um corretivo importante à tese de Schmitt de que a tomada é a essência do imperialismo. Para admitir que nenhum imperialismo pode ocorrer sem uma tomada de lugar, nem toda tomada de lugar precisa ser expansiva, logo imperialista, em sua natureza.

Ambas essas leituras das forças que propulsionam o imperialismo – colonialismo e capitalismo – assumem que o imperialismo se origina no Ocidente – na Europa. Em *Império*, Hardt e Negri argumentam que as formas contemporâneas de dominação global não podem mais ser compreendidas dessa maneira.

> As demarcações definidas pelo sistema moderno dos Estados-nação eram fundamentais ao colonialismo e expansão econômica europeias.... O imperialismo foi de fato uma extensão da soberania dos Estados-nação europeus para além de suas demarcações.

Império, eles explicam, diz respeito a uma forma inteiramente nova de dominação.

> Em contraste com o imperialismo, o império não estabelece um centro territorial de poder e não depende de fronteiras ou barreiras fixas. Trata-se de um aparato decentralizado e desterritorializado que progressivamente incorpora todo o domínio global dentro de suas abertas e expansivas fronteiras.[368]

---

367 HARVEY, David. *The new imperialism*. Oxford: Oxford University Press, 2005, pp. 157-169; HARVEY, David. *Spaces of global capitalism*: towards a theory of uneven geographical development. Londres: Verso, 2006, pp. 69-116.

368 HARDT, Michael; NEGRI, Antonio. *Empire*. Cambridge: Harvard University Press, 2000, p. xii.

Aqui de novo, como nas duas leituras anteriores do imperialismo, *nomos* como tomada vem em primeiro lugar: "O império... *incorpora* todo o domínio global". Mas enquanto o imperialismo estava orientado rumo à expansão da produção e das trocas capitalistas, o Império está orientado para aquilo que, seguindo Foucault, eles chamam de "biopolítica". *Nomos* como tomada e distribuição alcança sua completude pós-moderna na produção compreendida como "a produção da própria vida social" em todas as suas facetas e dimensões.[369]

Em resumo, engajando-se com Schmitt ou não, cada uma dessas três interpretações – imperialismo e o encontro colonial; imperialismo como globalização do capitalismo europeu; a passagem do imperialismo ao Império – podem ser lidas como se reconhecessem que os processos de globalização correntes implementam um *nomos* da terra, em cada um dos três sentidos indicados por Schmitt: tomada, distribuição, produção. Igualmente, pode-se entender que cada uma dessas posições endossa o *insight* de que a resistência contemporânea aos processos de globalização tem a forma de uma retomada, anulando o *nomos* da terra que continua mantendo uma influência ininterrupta, ainda que em novos disfarces e através de novas ordens jurídicas, algumas das quais nós já discutimos neste livro, tais quais a OMC e a *lex mercatoria*.

4.1.3 Duas questões

Mas a tese de Schmitt acerca da relação entre o imperialismo e a tomada é mais profunda, dando ensejo a uma primeira questão, à qual eu atribuo maior relevância: se o imperialismo é um projeto expansivo de dominação, seria a emergência de uma ordem jurídica

---

369 HARDT, Michael; NEGRI, Antonio. *Empire*. Cambridge: Harvard University Press, 2000, p. xiii. Para um estudo recente da recepção da noção foucaultiana de biopolítica por, dentre outros, Negri, Agamben e Esposito, ver VATTER, Miguel. *The republic of the living*: biopolitics and the critique of civil society. Nova York: Fordham University Press, 2014.

global *forçosamente* imperialista, independentemente do seu ponto? Essa questão parece ser a mais premente no que diz respeito aos direitos humanos, os quais para muitos oferecem a melhor esperança jurídica por uma alterglobalização que possa fazer frente aos efeitos exclusionários da globalização do capitalismo. Aqui está a questão dilaceradora de Schmitt: a emergência de uma ordem global dos direitos humanos pode começar senão com uma apropriação que faz dela um projeto imperial? O imperialismo seria de pronto efetivo na promessa de "universalização" através do Direito, em particular por meio de um regime global de direitos humanos que necessariamente precisa *tomar* um lugar se se quiser um dia ter validade em todos os lugares e para todo mundo?

Uma segunda questão concerne à natureza da resistência aos processos de globalização, sendo que boa parte não se opõe à globalização enquanto tal, e sim à sua forma capitalista, uma nuance que é habilmente capturada pelo termo francês *altermondialisation*, e pelo lema do Fórum Social Mundial: "Um outro mundo é possível". De fato, embora direcionada contra o marxismo, a tese incisiva de Schmitt acerca da expropriação dos expropriadores parece ir ao cerne daquilo que trata a revolta global contra o capitalismo, ou seja, reivindicar o que foi tomado dos marginalizados. Concretamente: a retomada de San Cristobal de las Casas envolve uma *tomada*. Para colocar nas palavras do *Notes from Nowhere*, "[a] política da autonomia nos encoraja a insistir e tomar, a recusar, a estar preparado para lutar, a escapar, sair". E eles complementam:

> sair é também tomar, tomar a rédea de nós mesmos e ir para fora do contexto no qual fomos ludibriados, escolher diferentemente, reinventar nossas circunstâncias, e decidir o que é que nós deveríamos, ou precisamos, fazer.[370]

370 NOTES FROM NOWHERE (Coord.). *We Are Everywhere*: The Irresistible Rise of Global Anticapitalism. Londres: Verso, 2003, p. 119.

O labuto para derrubar o capitalismo global em nome e em virtude da humanidade pode ser realizado senão por apropriação de um lugar, assim então abrindo espaço para um imperialismo latente "que em uma mudança surpreendente pode novamente se tornar virulento?"[371] Ou a resistência obstinada, por vezes desesperada, à globalização impulsionada pelo capitalismo seria o presságio para uma forma de emergência que pode liberar o Direito de ter que excluir se quiser incluir? Em particular, o "nós" de "nós estamos em todo lugar" intimaria formas de ordem jurídica que permitiriam uma abertura sem fechamento, por um nós* que estaria verdadeiramente *em todo lugar*, em vez de em algum lugar?

Em uma consideração mais cuidadosa, essas questões são simplesmente diferentes modulações da única questão que impulsiona todo este livro: as (alter)globalizações jurídicas significam alguma coisa que não a globalização da inclusão e exclusão? Essa questão é mais urgente porque mesmo se Schmitt está correto em sua tese conceitual acerca do *nomos* (que ainda precisa ser estabelecida no restante desse capítulo), eu não vejo razão para segui-lo na conclusão normativa que ele deriva dessa tese: "A apropriação de terra é sempre o *conclusivo título jurídico* para toda divisão e distribuição posteriores, e assim para toda a produção posterior".[372] Esse problema retorna no capítulo VI, no contexto de evidenciar porque a tomada de lugar que enceta um coletivo envolve uma reivindicação à retomada de uma unidade espacial original à qual não se tem nenhum acesso direto e que torna todas as reivindicações a um título jurídico conclusivo irredutivelmente problemáticas.

---

371 SCHMITT, Carl. "Appropriation/Distribution/Production: Toward a Proper Formulation of Basic Questions of Any Social and Economic Order (1953)". *Telos*, nº 95, 1993, p. 63 (tradução modificada).

372 SCHMITT, Carl. "Appropriation/Distribution/Production: Toward a Proper Formulation of Basic Questions of Any Social and Economic Order (1953)". *Telos*, nº 95, 1993, p. 53 (grifo nosso).

4.2 Mudando o mundo sem (a) tomada (de poder)?

Change the World without Taking Power de John Holloway, publicado pela primeira vez em 2002, estabeleceu-se como uma das principais fontes de inspiração para um espectro de movimentos alterglobalização. O título evoca o chamado do Subcomandante Marcos pela democratização do México sem a tomada de poder. Nem o título nem seu conteúdo tem Schmitt em mente, mas o livro pode ser compreendido como uma crítica extensa da tese schmittiana acerca de um *nomos* da terra. Embora Holloway certamente reconheceria que o *nomos* capitalista começa com uma tomada, o livro inteiro é uma defesa inflamada da perspectiva de que a resistência pode e deve recusar responder ao capitalismo global com uma nova tomada. Apelos de movimentos alterglobalização para "retomar" aquilo que foi tomado ou se equivocam quanto à natureza da resistência radical ou usam o termo de uma maneira que mostra apenas uma semelhança nominal com o sentido de tomada invocado pelo *nomos* da terra schmittiano. O *incipit* de um outro mundo não é uma tomada, mas um grito; um grito, como Holloway coloca, de tristeza, de horror, de raiva, de recusa: "Nós apenas podemos começar de onde estamos, de onde estamos, mas onde não queremos estar, de onde nós gritamos".[373] Não há escassez de gritos: o "*Ya Basta*!" ("Já basta!") dos zapatistas e outros movimentos latino-americanos alterglobalização; "*Kefaya*!" ("Basta!"), a alcunha não oficial do Movimento Egípcio por Mudança; "*Democracia real ya*!" ("Democracia real já!"), o slogan do Movimiento de los Indignados espanhol (Movimento

373 HOLLOWAY, John. *Change the world without taking power*: the meaning of revolution today. 2ª ed. Londres: Pluto Press, 2010, p. 4. Eu lembro aqui do *insight* de Ricoeur de que "sem dúvida deve-se reconhecer que nós primeiramente somos sensíveis à injustiça [ao invés da justiça]: "Injusto!"; "Que injustiça!", nós gritamos para nós mesmos". Ver RICOEUR, Paul. *Autour du politique*. Paris: Seuil, 1999, p. 177. Ver também BENASAYAG, Miguel; SZTULWARK, Diego. *Du contre-pouvoir*. Paris: La Decouverte, 2003, pp. 57-72.

dos Indignados) que emergiu em 2011; "We are the 99%!" ("Nós somos os 99%!"), cunhado pelo *Occupy Movement*; "*Que se vayan todos*!" ("Fora todos!"), o grito de guerra dos piquetes durante a revolta popular argentina em dezembro de 2001. Holloway faz um adendo: "Nosso grito é... uma recusa a aceitar o fechamento".[374] Essa recusa pode apenas começar com um fazer – uma práxis – orientada a "mudar o mundo sem a tomada de poder (ou, de fato, qualquer outra coisa)".[375]

4.2.1 Democracia *versus* representação

Holloway certamente não é o único teórico dos movimentos alterglobalização. Mas sua formulação incisiva sugere que os movimentos alterglobalização tentam invocar coletivos que pudessem romper com a lógica da emergência como uma tomada e sua lógica de inclusão e exclusão. Contra o fechamento do *nomos* da terra do capitalismo, o "alter" da alterglobalização aspira por uma práxis emancipatória, implementando "um movimento contra os limites, contra o confinamento, contra o fechamento".[376] Porque, na medida em que se pode superar o fechamento, uma práxis emancipatória pode fazer justiça à "globalização" da alterglobalização. O grito de recusa inaugura uma saída das globalizações capitalistas, uma deserção de seu enclausuramento rumo à abertura de um mundo que tem um dentro e nenhum fora. Virno o coloca de maneira bastante adequada:

> Nada é menos passivo do que o ato de fugir, de sair. A deserção modifica as condições nas quais a luta tem lugar, em vez de pressupor essas condições como um horizonte

---

374 HOLLOWAY, John. *Change the world without taking power*: the meaning of revolution today. 2ª ed. Londres: Pluto Press, 2010, p. 6.

375 HOLLOWAY, John. *Change the world without taking power*: the meaning of revolution today. 2ª ed. Londres: Pluto Press, 2010, p. 27.

376 HOLLOWAY, John. *Change the world without taking power*: the meaning of revolution today. 2ª ed. Londres: Pluto Press, 2010, p. 26.

> inalterável... ela altera as regras do jogo e deixa o adversário completamente sem equilíbrio.[377]

Desertar do jogo do poder, do poder como *potestas*, como "poder sobre" outrem, significa, nas palavras de Hardt e Negri, suscitar "um mundo novo, um mundo que não conhece nenhum fora. Ele conhece apenas um dentro, uma participação vital e inelutável no conjunto de estruturas sociais, sem qualquer possibilidade de transcendê-las".[378]

É a essa tese a que nós precisamos nos voltar agora: o grito que gira em torno de uma recusa a mudar prefiguraria um mundo radicalmente aberto, um mundo que refutaria a proposição do modelo ACAI do Direito, de que não pode haver inclusão sem exclusão?

A citação de Hardt e Negri aponta obliquamente para aquilo que eles e Holloway, entre outros, enxergam como a chave para ir além do capitalismo global: superar a representação em benefício da participação. Para uma ampla gama de movimentos e teóricos da alterglobalização, a contradição entre representação e democracia, que poderia permanecer mais ou menos latente durante o TAD nacional, irrompe em sua plenitude com os processos de globalização. Nossa situação política corrente

> é marcada por uma rejeição global sempre crescente da democracia representativa e, simultaneamente, um juntar-se massivo de povos não organizados anteriormente, usando formas democráticas diretas para começar a reinventar maneiras de ser em conjunto.[379]

---

377 VIRNO, Paolo. *A grammar of the multitude*: for an analysis of contemporary forms of life. Los Angeles: Semiotext(e), 2004, p. 70.

378 HARDT, Michael; NEGRI, Antonio. *Empire*. Cambridge: Harvard University Press, 2000, p. 413.

379 SITRIN, Marina; AZZELLINI, Dario. *They can't represent us! Reinventing democracy from Greece to Occupy*. Londres: Verso, 2014, p. 6. Eles acrescentam

A democracia representativa é a forma política na qual a globalização do capitalismo pode florescer, ressalta a acusação. De fato, o movimento de separar o domínio público da democracia representativa do domínio privado das relações econômicas é o cerne da "democracia de mercado" própria ao capitalismo. Teóricos da alterglobalização geralmente enxergam a representação como o primeiro e decisivo elo de uma cadeia de conceitos que subtendem as globalizações capitalistas: tomada, exclusão, heteronomia, "poder sobre", monismo, transcendência. Participação, em contraste, é o primeiro e decisivo elo em uma cadeia de conceitos que teóricos e ativistas supõem ser o alicerce de um modelo de democracia apropriado à alterglobalização: doação, inclusão, autonomia, "poder para", pluralismo, imanência. A tese de abertura que conta, para muitos, como um dos manifestos fundantes dos movimentos alterglobalização, captura concisamente o núcleo da crítica: "Tudo que era vivido diretamente se refugiou em representação".[380]

Aqui então está o dossiê contra a representação, reunido na forma de um sorites: a representação começa com o ato de tomada de poder no qual alguém diz estar apto a governar em nome dos outros. Pela tomada de poder, a representação cria uma clivagem entre aqueles que governam e aqueles que são governados, assim quebrando a identidade democrática entre governantes e governados. Uma vez que a identidade democrática esteja desfeita, a liberdade como autogoverno coletivo é traída, fazendo-se passar heteronomia por autonomia. Por sua vez, a heteronomia implica que alguém exerce poder *sobre* os cidadãos. A representação é o domínio do "poder sobre" outros – autoridade.

---

que horizontalidade é uma palavra "que abarca bem as ideias em torno das quais muitas das relações sociais dos novos movimentos globais estão fundadas... Trata-se de uma relação social dinâmica que representa uma ruptura com a lógica da representação e dos modos verticais de organização". SITRIN, Marina; AZZELLINI, Dario. *They can't represent us! Reinventing democracy from Greece to Occupy*. Londres: Verso, 2014, p. 17.

380 DEBORD, Guy. *La Société du Spectacle*. Paris: Gallimard, 1967, p. 15.

> Esses outros não têm poder (ou aparentemente não o têm), privados da capacidade de realizar seus próprios projetos, tão somente porque nós passamos nossos dias realizando os projetos daqueles que exercem o poder-sobre.[381]

Em vez de nós* exercemos e compartilharmos poder entre nós mesmos, o "poder sobre" requer uma localização fora – que ele transcenda – nossa vida social, em um domínio político apartado, separado dos processos e relações econômicas. Para justificar para si mesmos um lugar fora das relações sociais que eles regulam, os representantes precisam dizer que exercem o poder em nome de todos, do povo como uma unidade. Mas aqueles que são representados são extraordinariamente heterogêneos, de modo que a unidade só seja possível ao custo da exclusão, assim sacrificando a diversidade em nome da uniformidade. *Ergo*: o monismo reina triunfante na representação.

Eu me concentro, no restante desta seção, no primeiro elo do sorites: a representação é uma tomada que inclui e exclui. O sorites sugere que a viabilidade de um *nomos* capitalista da terra – no sentido tríplice de tomada, distribuição e produção – depende da política através da representação. Não deve ser uma surpresa, por conseguinte, que cada uma das ordens jurídicas globais discutidas no capítulo III possam ser vistas como se emergissem de um ato representacional que toma (o poder). E se cada uma dessas ordens jurídicas exemplificou a estrutura geral do Direito como ação coletiva mediada institucional e autoritativamente (ACAI), então a representação como tomada já está introduzida nesse modelo de Direito. Da perspectiva dos movimentos alterglobalização, o modelo ACAI do Direito simplesmente reconstrói as condições que governam a emergência de ordens jurídicas sob o capitalismo global – e nada mais.

---

381 HOLLOWAY, John. *Change the world without taking power*: the meaning of revolution today. 2ª ed. Londres: Pluto Press, 2010, p. 29.

O diagnóstico não está completamente equivocado. O leitor lembrará que a representação é uma característica-chave do ACAI. A interpretação de representação privilegiada até aqui de fato sugere que uma tomada contribui para a inauguração de ordens jurídicas. Aqui está o porquê. De um lado, foi notado que um coletivo precisa agir através dos seus participantes, de modo que cada ato participativo em questão seja imputado ou atribuído a um coletivo como parte e parcela de "nossa" ação; de fato, um ato passa a ser um ato participativo através de sua imputação ou atribuição a um coletivo. Isso implica que a unidade putativa pressuposta em um nós* juntos é sempre e forçosamente uma unidade *representada*, uma unidade putativa invocada por quem quer que assuma aquilo que Van Roermund chama de um nós* orador. De outro lado, que a ação coletiva tenha uma estrutura representacional significa que alguns precisam apropriar para si mesmos a iniciativa de dizer "nós" em nome de um nós*. A iniciativa de representar um coletivo precisa ser *apreendida*, mesmo naqueles casos nos quais ela foi bem-sucedida, porque apenas *après coup* podem os destinatários de uma iniciativa se identificar, por enquanto, como membros do coletivo. Agora, tomar a iniciativa é articular aquilo que nossa ação coletiva é/deve ser, assim incluindo e excluindo possibilidades práticas daquilo que deve ser considerado como ação que nós* poderíamos chamar de nossa. Note a ambiguidade: já que um nós* não pode dizer "nós", o coletivo em nome do qual alguém fala e age não pode autorizar a iniciativa antecipadamente. Consequentemente, a iniciativa de incluir e excluir *possibilita* a emergência dos coletivos – ela é uma doação. No entanto, apreender a iniciativa é também tomá-la, cujo resultado é a representação *impossibilitando* a coletividade. A representação presentifica e *des*presentifica a coletividade.[382] Chamar a atenção para o momento de apreensão inerente à representação é insistir que a violência, mesmo se produtiva (mas nunca apenas produtiva), está arraigada em todas as ordens jurídicas.

---

382 Eu introduzo esses neologismos como termos técnicos para enfatizar as funções habilitadoras e desabilitadoras da representação.

4.2.2 O FSM: participação é representação

Nessa medida, o modelo ACAI do Direito pode ser compreendido efetivamente como se reconstruísse uma das condições que governam a emergência das ordens jurídicas sob o capitalismo global. Mas – e isso é decisivo – não apenas daquelas ordens. A implicação do modelo é que uma tomada contribui para a emergência de *todos* os coletivos. A oposição entre representação e participação é ilusória. O ponto não é apenas que, sozinha, a democracia representativa é "insuficiente" e precisa ser complementada pela participação, nem mesmo que a participação é uma forma de representação. O ponto é, primeiro e antes de tudo, que todas as formas de participação dependem de um ato de representação que não é participativo e que, no entanto, inaugura a participação.

Considere o Fórum Social Mundial (FSM). De acordo com o sexto princípio de seu estatuto,

> [o]s encontros do Fórum Social Mundial não deliberam em nome do Fórum Social Mundial como um todo. Ninguém, assim sendo, estará autorizado, em nome de qualquer uma das edições do Fórum, a expressar posições reivindicando ser aquelas de todos os participantes.[383]

Ao proscrever a representação, o estatuto visa promover a participação como a condição necessária para um "lugar aberto de encontro" para refletir sobre as alterglobalizações. Mas o que dizer quanto ao FSM e sua Carta de Princípios? Como eles emergem?

Assim se lê no Preâmbulo da Carta de Princípios:

---

383 Ver a página eletrônica do Fórum Social Mundial de Montreal 2016: WORLD SOCIAL FORUM MONTREAL 2018. Disponível em: https://fsm2016.org/en/sinformer/apropos-du-forum-social-mondial/. Acessado em: 13.12.2017.

> O comitê das organizações brasileiras que conceberam e organizaram o primeiro Fórum Social Mundial, realizado em Porto Alegre de 25 a 30 de janeiro de 2001, considera necessário e legítimo, após avaliar os resultados desse Fórum e as expectativas que criou, estabelecer uma Carta de Princípios que oriente a continuidade dessa iniciativa. Os Princípios contidos na Carta, a ser respeitada por tod@s que queiram participar desse processo e organizar novas edições do Fórum Social Mundial, consolidam as decisões que presidiram a realização do Fórum de Porto Alegre e asseguraram seu êxito, e ampliam seu alcance, definindo orientações que decorrem da lógica dessas decisões.

O "comitê" a que se refere reivindica ser o porta-voz – o nós* orador – de um nós* mais abrangente, que o primeiro princípio caracteriza como os

> grupos e movimentos da sociedade civil que se opõem ao neoliberalismo e à dominação do mundo pelo capital e por qualquer forma de imperialismo, e que estão empenhados na construção de uma sociedade planetária orientada a uma relação fecunda entre os seres humanos e destes com a Terra.

Chame isso de o *ponto* do FSM. O FSM inaugura com o ato representacional de um comitê que aproveita a iniciativa para falar e agir em nome de um nós* em jogo. Ele aproveita a iniciativa para organizar um evento em nome de todos aqueles que se consideram em risco ao mover-se para além da globalização capitalista. Ele também aproveita a iniciativa para estabelecer um conjunto de princípios vistos como "necessários e legítimos" para a estruturação de edições futuras do FSM. Chame a Carta de Princípios da *configuração-padrão* do ponto do FMS.

Note, além disso, como o preâmbulo coloca, que os princípios "são a consolidação das decisões que presidiram a realização do Fórum de Porto Alegre e asseguraram seu êxito". Quem tomou as decisões acerca do conteúdo e número dos próprios princípios, e não apenas o "sim" e o "não" no que concerne à sua aceitação? Factualmente, dezenove intelectuais e ativistas de movimentos alterglobalização, muitos dos quais eram europeus, esboçaram a Carta sem qualquer consulta com os outros participantes.[384]

Basicamente, o preâmbulo deixa claro que "a busca continuada dessa iniciativa" seria ameaçada na ausência de uma decisão acerca dos princípios que governam o FSM. O sexto dos princípios liga a proibição da representação à proibição de decisões pelos participantes do FSM:

> @s participantes não devem ser chamd@s a tomar decisões, por voto ou aclamação, enquanto conjunto de participantes do Fórum, sobre declarações ou propostas de ação que @s engajem a tod@s ou à sua maioria e que se proponham a ser tomadas como posição do Fórum enquanto Fórum. Ele não se constitui, portanto, em instância de poder, a ser disputado pelos participantes de seus encontros.

Ao interditar representações e decisões, o sexto princípio da carta oferece o endosso mais forte possível da participação como uma alternativa à representação e à tomada de decisão. Mas a Carta também revela que a participação depende de um ato representacional anterior que decide em nome de todos que não haverá representação nem decisões.

Uma penúltima linha de defesa se encontra disponível: mesmo se o FSM inaugure com um ato representacional, não se trata, todavia, de uma tomada que inclui e exclui. Como formulado no primeiro dos princípios,

---

384 PLEYERS, Geoffrey. *Alter-Globalization*: Becoming Actors in the Global Age. Cambridge: Polity Press, 2010, pp. 149-152.

> o Fórum Social Mundial é um espaço aberto de encontro para o aprofundamento da reflexão, o debate democrático de ideias, a formulação de propostas, a troca livre de experiências e a articulação para ações eficazes.

Mesmo se a representação e a tomada de decisão fossem demandas para inaugurar o FMS e garantir sua continuidade ao longo do tempo, essa representação e decisão também seriam as últimas, assim banindo a inclusão e exclusão do FSM de uma vez por todas.

Mesmo? O primeiro princípio mostra que o FSM é um "espaço aberto de encontro" com um ponto, ou seja, "[a] oposi[ção] ao neoliberalismo e à dominação do mundo pelo capital e por qualquer forma de imperialismo" e "empenh[o] na construção de uma sociedade planetária orientada a uma relação fecunda entre os seres humanos e destes com a Terra". A inclusividade do ato representacional que lança o FSM anda lado a lado com a exclusão daqueles que não estão preparados para se comprometer com seu ponto, como decidido pelo comitê de organização. Esse não é nenhum truque conceitual: o FSM é continuamente confrontado com a questão demarcativa acerca de que grupos e indivíduos podem participar de suas atividades. O FSM pode apenas ser "um espaço aberto de encontro" se o fechamento é uma característica *constitutiva* da abertura, mesmo embora ela não esgote aquilo a que a abertura diz respeito. Questões acerca de como estabelecer as demarcações do fechamento advêm do seu flanco "direito", isto é, o quão longe ir na admissão de grupos orientados ao capitalismo ou mesmo fascistas. E elas também advêm de seu flanco "esquerdo", como evidenciado pelo slogan relacionado à Resistência de Mumbai em 2004, um fórum paralelo ao FSM de Mumbai: "A partir de um outro mundo, é possível que um mundo ganhe".[385]

---

385 WORLD PEOPLE'S Resistance Movement. "A Report from Mumbai Resistance 2004 and the World Social Forum". *Revolutionary Worker.*

O último baluarte se torna visível: mesmo se o FSM inaugure com um ato representacional que toma através da inclusão e da exclusão, sua existência continuada não precisa requerer o exercício da autoridade – "poder-sobre", como Holloway formularia. Mas isso é hipócrita. Não é possível assegurar a existência continuada do FSM como um "espaço aberto de encontro" para a resistência e alternativas ao capitalismo global sem ter traçado a linha em algum lugar em relação àquilo que conta como resistência e como alternativa, logo sobre quem pode – está autorizado – a entrar no "espaço aberto de encontro".[386] Ao assim fazer, os representantes do FSM implementam o conceito funcional de autoridade desvelado na seção 2.1.3: articulação, monitoramento e sustentação da ação em conjunto. A tese profética de Hardt e Negri é profética: "É isso que o slogan 'Um outro mundo é possível' significa para nós: que a soberania e a autoridade precisam ser destruídas".[387] Se o poder é em última instância um "conceito demarcado" porque concerne ao estabelecimento de demarcações que possibilitam e impossibilitam a ação, que presentificam e despresentificam a unidade de um coletivo, então a recusa de que o FSM requer a mediação autoritativa da ação coletiva através dos atos representacionais que subordinam o autogoverno do coletivo àquilo que Schmitt chama de "atos apócrifos de soberania".[388]

Disponível em: http://revcom.us/a/1232/awtwns-mumbai.htm; www.cpaphils.org/IS%20work%20main-articles%20main-mumbai.html. Acessado em: 13.12.2017.

386 Note que o FSM é exatamente isso: um lugar ligado a uma certa interpretação de temporalidade, subjetividade e conteúdo de atos da alterglobalização – uma ordem pragmática, nos termos do modelo ACAI do Direito.

387 HARDT, Michael; NEGRI, Antonio. *Multitude*: war and democracy in the age of empire. Nova York: Penguin, 2004, p. 353.

388 SCHMITT, Carl. *Constitutional theory*. Trad. para o inglês de Jeffrey Seitzer. Durham: Duke University Press, 2008, p. 190. Uma discussão crítica anterior e análoga da crítica da representação de Hardt e Negri se encontra em VAN ROERMUND, Bert. "Constituerende macht, soevereiniteit en representatie". *Tijdschrift voor Filosofie*, vol. 64, nº 3, 2002, pp. 509-532. Ver

Assim, eu estou inclinado a ver no FSM uma prefiguração de um *nomos* alternativo da terra. Porque o FSM emerge de uma tomada de *lugar*. Basicamente, como foi apontado, "os 'novos' movimentos globais são conhecidos por ocuparem o espaço público, mas a ideia não é apenas tomá-lo, mas torná-lo útil". Lugares tão distantes um do outro, quanto a Praça Tahrir (Cairo), a Praça Syntagma (Atenas), o Parque Zuccotti (Nova York) e a Puerta del Sol (Madri) mostram o mesmo padrão: uma tomada que organiza (distribui) um raio de elementos incluindo "bibliotecas, assistência infantil e serviços de saúde, comida, suporte jurídico, mídia e arte livres" (produção).[389] Veja *nomos* como tomada, distribuição e produção do projeto para a gênese das xenotopias das alterglobalizações. Ou, revisitando a formulação cunhada na seção 1.5.2, a ocupação dos espaços públicos pelos novos movimentos globais fala à emergência dos *a-nomoi* da terra.

4.2.3 Três teses acerca da emergência das ordens jurídicas (globais)

Sem dúvida, eu tenho focado em um único exemplo, o FSM, para refutar como os movimentos alterglobalização podem criticar o conceito de emergência ínsito ao modelo ACAI do Direito. Eu continuo a testar o potencial explanatório do modelo na seção seguinte, ao mudar de uma investigação genética para uma estrutural acerca das alterglobalizações. Neste momento, eu busco reter a natureza da emergência subjacente ao modelo ACAI do Direito e que, eu admito, é constitutiva da emergência de *toda* a ação coletiva: (1) alguém precisa dizer "nós" em nome de um nós*; (2) esse dizer e fazer são uma tomada no sentido de uma iniciativa que inclui e exclui. A dinâmica representacional operante na emergência da

---

também MOUFFE, Chantal. *On the Political*. Abingdon: Routledge, 2005, pp. 114/115.

389 SITRIN, Marina; AZZELLINI, Dario. *They can't represent us! Reinventing democracy from Greece to Occupy*. Londres: Verso, 2014, p. 10.

ação coletiva sugere que os movimentos alterglobalização ilustram, além das ordens jurídicas globais emergentes a que eles resistem, as três teses postas na seção 3.1.4:

[T1] *Unidade putativa*: A unidade de um grupo social é apenas uma unidade *pressuposta*.

[T2] *Unificação*: não há nenhuma unidade coletiva, estritamente falando: há apenas um processo de unificação.

[T3] *Pluralização*: o processo representacional da unificação coletiva é também e necessariamente um processo de pluralização.

Afirmar a validade continuada dessas três teses não é diminuir o desafio ao capitalismo global na sociedade contemporânea. O grito não é menos penetrante hoje do que antes. Mas se as considerações anteriores são sustentáveis (e eu quero suspender um juízo a esse respeito até o final do capítulo), então não há base para concluir que uma práxis emancipatória fundada na participação pode evitar uma tomada que inclui e exclui. Não deve surpreender que, apenas cinco anos após a publicação de *Change the World without Taking Power*, outro teórico proeminente da alterglobalização respondeu a Holloway com o livro intitulado *Take the Power to Change the World*.[390]

4.3 A multidão

Meu objetivo neste capítulo é explorar se a teoria e a prática dos movimentos alterglobalização explicam como uma ordem jurídica seria possível tendo um dentro, mas não um fora. A primeira abordagem a essa questão foi genética, girando em torno da questão acerca da *emergência* da ação coletiva. As seções 4.1 e 4.2 argumentaram que a dinâmica representacional operante

---

390 HEARSE, Phil (Coord.). *Take the power to change the world*: globalisation and the debate on power. Londres: Socialist Revolution, 2007.

na emergência dos movimentos antiglobalização implementa uma tomada que inclui e exclui. Nós podemos agora nos voltar à segunda abordagem, que é *estrutural* em sua natureza. Minha questão é a seguinte: ter-se-iam formas de ação coletiva próprias às alterglobalizações que não requerem um fechamento e que podem oferecer uma abordagem alternativa às ordens jurídicas, globais ou de outro tipo?

A chave para essa segunda abordagem é, mais uma vez, o problema da unidade coletiva. O leitor lembrará a decisão conceitual estratégica que domina os capítulos anteriores deste livro: há uma distinção fundamental a ser feita entre os dois usos do pronome "nós": "nós-cada-um" e "nós juntos" (Gilbert). Enquanto o primeiro é agregativo, o segundo é integrativo; o primeiro denota uma multitude de agentes, o segundo, um grupo de agentes que agem como *um*, apesar de ser composto no mínimo por dois participantes. Tendo desenhado essa distinção, eu então sustentei que uma ordem jurídica é uma espécie da atuação grupal que envolve a institucionalização e a mediação autoritativa da ação coletiva (ACAI). Caso se aceite essa linha de raciocínio, então tem que se aceitar que a inclusão e a exclusão são características cruciais das ordens jurídicas, globais ou outras.

Mas isso precisa ser aceito? Não poderia haver formas intermediárias de ação coletiva, não limitadas ao uso agregativo do pronome "nós", como em "nós-cada-um", e que, no entanto, não implementam a forma forte de integração na qual uma pluralidade mediada autoritativamente de participantes age como *um*? Se existem essas formas intermediárias de ação coletiva, com que elas se parecem e elas indicam a possibilidade de ordens jurídicas que não precisam incluir e excluir?

Aqui, mais uma vez, uma investigação acerca das ordens jurídicas globais emergentes encontra um interlocutor tenaz na teoria e prática da alterglobalização. Sua alcunha: multidão. Seu adversário: Hobbes. Alcunha e adversário se juntam na seguinte passagem:

> Trata-se de um grande obstáculo ao governo civil... que os homens não distingam suficientemente entre um *povo* e uma *multidão*. Um *povo* é aquilo que é *um*, tendo *uma* vontade, e a quem *uma ação* pode ser atribuída; nenhuma dessas propriedades podem ser ditas de uma multidão. O *povo* governa em todos os governos.[391]

Virno aponta que a distinção categórica entre povo e multidão está no coração das discussões práticas e teóricas do século XVII, quando o Estado centralizado é bem-sucedido em se consolidar como o paradigma de entidade política.[392] Nos debates político-teóricos daquele tempo, a multidão denotava, grosseiramente falando, a população que não adentrou em um contrato social com o soberano para resistir se tornar seus lacaios. Spinoza, complementando as ideias expostas pela primeira vez por Maquiavel, defendeu a multidão como a pedra angular da cidadania. Para Spinoza, o poder da multidão (*potentia*) funcionava como o limite do poder das autoridades constituídas (*potestas*). A confrontação entre essas duas categorias e modos de pensar acerca da política teve um claro vencedor: o povo ganhou; a multidão perdeu. "Ao descrever as formas de vida associativa e de espírito público dos recém-constituídos grandes Estados, não se falava mais de multidão, mas do povo".[393] Como já se pode ver no uso de Hobbes da distinção, a noção de uma multidão tem um significado puramente negativo: aquilo que não é (ainda) um povo. A pluralidade é banida ao domínio da esfera privada dos indivíduos, em contraste ao domínio público do povo cujos cidadãos são membros. Assim sendo, a comunalidade é o domínio do povo; fragmentação, da multidão. Como resultado, qualquer papel positivo que a multidão

---

391 HOBBES, Thomas. *The Citizen*. Indianápolis: Hackett Publishing Company, 1991, p. 250.

392 VIRNO, Paolo. *A grammar of the multitude*: for an analysis of contemporary forms of life. Los Angeles: Semiotext(e), 2004, p. 21.

393 VIRNO, Paolo. *A grammar of the multitude*: for an analysis of contemporary forms of life. Los Angeles: Semiotext(e), 2004, p. 21.

possa ter desempenhado, qualquer interpretação como um modo de comunalidade que poderia ser recuperado, desapareceram de vista. A multidão apenas permaneceu como uma categoria residual de uma forma de poder que ameaça a unidade do povo. Em contraste, para leituras contemporâneas que buscam reabilitar o conceito, o poder da multidão – *potentia* em oposição a *potestas* – tem duas faces: negativa, enquanto resistência à unidade da sociedade posta pelo soberano; positiva, enquanto uma criatividade inesgotável trazendo adiante novas formas de socialidade.

Como Virno, Hardt e Negri se insurgem contra aquilo que eles consideram ser o movimento de banimento de Hobbes ao igualar a democracia com o governo do povo em vez do governo da multidão.

> Toda a tradição da teoria política parece concordar em um princípio básico: apenas "um" pode governar, independentemente se esse um seja concebido como o monarca, o estado, a nação, o povo, ou o partido... alguém precisa governar, alguém precisa decidir.[394]

Governo pelo povo equivale à democracia representativa; por outro lado, a democracia se torna a política de representar e decidir acerca da unidade. Mas o preço pago por essa assimilação é desastroso: na medida em que a representação quebra a identidade democrática entre governantes e governados, ela faz da democracia um princípio de heteronomia, de transcendência, de monismo. Veja aqui os elos remanescentes do sorites formulado na seção anterior. Contra o capitalismo, contra a unidade e contra a representação, Hardt e Negri rompem o elo com o povo, argumentando que a democracia enquanto governo da multidão é a condição para um mundo no

---

394 HARDT, Michael; NEGRI, Antonio. *Multitude*: war and democracy in the age of empire. Nova York: Penguin, 2004, pp. 328/329. Ver também NEGRI, Antonio. *The savage anomaly*: the power of Spinoza's metaphysics and politics. Trad. para o inglês de Michael Hardt. Mineápolis: University of Minnesota Press, 1991.

qual pluralismo, imanência, *potentia* e autonomia poderiam reinar. "As forças criativas da multidão que sustentam o Império também são capazes de construir autonomamente um contraimpério, uma organização política alternativa de fluxos e trocas globais".[395]

O desafio ao modelo ACAI do Direito é inequívoco e potencialmente devastador. Ele consiste em última instância no seguinte: mesmo se esse modelo reivindicar ser geral porque enxerga o Estado como apenas um em um amplo espectro de variações acerca do tema da ação coletiva autoritativa e institucionalmente mediada, o próprio modelo permanece inteiramente capturado pela pressuposição acerca da ação coletiva que se consolidou com o triunfo do povo sobre a multidão: o princípio da unidade.

In fine, e para propor o desafio ao modelo ACAI do Direito nos termos do idioleto da teoria da ação coletiva: a tarefa é compreender "nós os muitos" como uma forma intermediária de ação coletiva irredutível tanto à forma unitária de atuação coletiva predicativa do ACAI, ou seja, nós[*] juntos, quanto ao uso meramente agregativo do pronome "nós" em "nós-cada-um". *Tertium datur.* É assim que eu recebo o convite e a admoestação de Paolo Virno:

> Mas nós precisamos nos perguntar se, hoje, ao final de um longo ciclo, a velha disputa [entre o povo e a multidão] não se abriu mais uma vez; se, hoje, agora que a teoria política da era moderna sofre uma crise radical, essa noção então derrotada não está exibindo uma vitalidade extraordinária, então tomando sua vingança dramática.[396]

---

395 HARDT, Michael; NEGRI, Antonio. *Empire*. Cambridge: Harvard University Press, 2000, p. xv.

396 VIRNO, Paolo. *A grammar of the multitude*: for an analysis of contemporary forms of life. Los Angeles: Semiotext(e), 2004, p. 21. Ver também MONTAG, Warren. "Who's Afraid of the Multitude? Between the Individual and the State". *The South Atlantic Quarterly*, vol. 104, nº 4, 2005, pp. 655-673.

Ao lidar com esse desafio, eu não depreendo nenhum esforço de me debruçar sobre Hobbes ou Spinoza, nem de aferir em que medida as leituras contemporâneas da multidão, como aquelas de Hardt e Negri, Virno, Montag e seus seguidores, são fiéis a Spinoza (independentemente do que isso possa significar). Nem tento eu sondar as diferentes nuances que esses ou outros autores introduzem em suas leituras respectivas da multidão. Minha única preocupação é estabelecer se o conceito de multidão aponta para uma forma de ação coletiva que permita às globalizações jurídicas escaparem do movimento duplo de inclusão e exclusão. Eu me foco, para esse feito, na obra de Hardt e Negri, que mais vigorosamente ligaram as fortunas da alterglobalização à resistência e à transformação pela multidão. De modo significativo, em vez de conclamar a abolição do Direito, eles pressionam por sua transformação: "[c]omo podem as singularidades que cooperam expressar seu controle sobre o comum, e como essa expressão pode ser representada em termos jurídicos?"[397]

4.3.1 A multidão como uma rede

A tese central que eles propõem através de um amplo leque de textos é que a multidão pode governar a si mesma, que ela pode decidir sobre como deve se ordenar. "Em vez de se ter uma autoridade externa impondo ordem à sociedade de cima, os vários elementos presentes na sociedade são capazes de colaborativamente organizar a sociedade eles próprios".[398] Chame isso de tese da autonomia coletiva. Por sua vez, essa tese pressupõe que a multidão pode ser um *sujeito* ou *agente*, embora não como uma unidade, ou, em todo caso, não como a unidade de um povo. Uma parte significativa desse esforço é, assim, orientada a estabelecer "como

397 HARDT, Michael; NEGRI, Antonio. *Multitude*: war and democracy in the age of empire. Nova York: Penguin, 2004, pp. 204/205.

398 HARDT, Michael; NEGRI, Antonio. *Multitude*: war and democracy in the age of empire. Nova York: Penguin, 2004, p. 337.

a multidão pode se tornar um *sujeito político* no contexto do Império", isto é, a perspectiva na primeira pessoa do plural de "um sujeito com o potencial de controlar seu próprio destino" em um contexto globalizado.[399] Chame isso de tese da subjetividade. Eu começo com a tese da subjetividade e subsequentemente examino a tese da autonomia coletiva.

A dificuldade comprovando a tese da subjetividade é como reconciliar a pluralidade irredutível da multidão com o reconhecimento de que, de um jeito ou de outro, a unidade precisa ser pressuposta se a atuação coletiva deve ser predicada pela multidão. O que seria, então, uma retratação positiva de sua atuação, se a multidão não implica nem uma forma de subjetividade forte, mediada autoritativamente nem simplesmente o uso agregativo do pronome "nós" como em "nós-cada-um"?

A maturação de uma resposta a isso, a *question de confiance* do projeto filosófico de Hardt e Negri como um todo, levou vinte e três anos, o longo período da publicação italiana de *A Anomalia Selvagem* em 1981, ao aparecimento de *Multidão* em 2004. "O ciclo global de lutas se desenvolve na forma de uma rede distribuída... essa forma de organização é o exemplo político mais completamente realizado que nós temos do conceito de multidão".[400] A caracterização da multidão como uma rede distribuída tem a grande vantagem de ser assim como movimentos alterglobalização frequentemente se interpretam. "Nós somos uma rede [de] todos aqueles de nós que resistem", declararam os zapatistas. Em sua discussão da rede como a categoria chave para compreender a forma específica aos movimentos alterglobalização, o *Notes from Nowhere* assevera que

---

399 HARDT, Michael; NEGRI, Antonio. *Empire*. Cambridge: Harvard University Press, 2000, pp. 394/395.

400 HARDT, Michael; NEGRI, Antonio. *Multitude*: war and democracy in the age of empire. Nova York: Penguin, 2004, p. 217.

> ao trabalhar localmente e continuamente compartilhando nossas histórias locais globalmente, ao conectar tudo e criar uma pletora de loops de feedback, nós não precisamos – de fato, não podemos – "organizar" a rede global, ela se regulará a si mesma, como um enxame, como a vida, se nós desenvolvermos as estruturas e condições corretas.[401]

Como o *Notes from Nowhere* ressalta, um estudo anterior pela RAND Corporation identificou os zapatistas e um leque de movimentos alterglobalização como estruturas em rede, frequentemente na forma de uma rede "*all-channel*" em que todos os "entrelaçamentos" estão conectados entre si.[402] Nessa leitura, a multidão é uma "rede de redes".

A alusão à rede como forma organizacional ínsita à multidão é compreensível. Em sua descrição convencional, redes são caracterizadas por sua horizontalidade. Em contraste com a verticalidade de "nós, o povo" da democracia representativa, "nós, a rede" é a forma organizacional própria da democracia direta. Enquanto a verticalidade se relaciona com a *potestas*, a horizontalidade é o domínio da *potentia*. Não menos importante, o caráter difuso e a porosidade das demarcações das redes e de seus entrelaçamentos as tornam receptíveis à pluralidade. Enquanto "nós, o povo" e todas as suas variações falam de uma unidade que exclui, "nós, a rede" expressa pluralidade e inclusividade como um princípio original e distinto de governo. Esses dois elementos levam Hardt e Negri a reivindicar que a rede

> providencia um modelo no qual nossas expressões de singularidade não são reduzidas ou diminuídas em nossas comunicações e colaborações com outros na luta, na nossa formação de cada

401 NOTES FROM NOWHERE (Coord.). *We Are Everywhere*: The Irresistible Rise of Global Anticapitalism. Londres: Verso, 2003, pp. 65; 72.

402 ARQUILLA, John; RONFELDT, David (Coord.). *Networks and netwars*: the future of terror, crime, and militancy. Santa Monica: RAND Corporation, 2001, p. 8.

> vez maiores hábitos, práticas, condutas e desejos comuns – na mobilização e extensão globais do comum, em suma.[403]

Hardt e Negri estão confiantes de que por caracterizar a multidão como uma rede distribuída eles podem resgatar tanto a comunalidade quanto a singularidade, logo, a pluralidade irredutível da multidão, sem reintroduzir a unidade.

> Quando nós adentramos em considerações políticas... nós insistimos em pensar na "multidão" em vez de em "multidões" porque nós sustentamos que de modo a tomar um papel político constituinte e formar a sociedade, a multidão precisa estar apta a tomar decisões e agir em comum.[404]

Mas o que pode isso significar senão que a multidão, *qua* rede distribuída, precisa decidir e agir como um *todo* se é para o sujeito coletivo se organizar como um *todo*? Porque se a pluralidade é a característica distintiva da multidão, então certamente ter-se-iam multidões, e não a multidão. E assim que se aceita isso, a criatividade inesgotável das multidões expressa a pluralidade inesgotável de projetos políticos potencialmente em conflito com aquilo que é comum ou que deveria ser comum a todas as singularidades assumidas em conjunto. Existe, obviamente, uma grande margem para se resolver

---

403 HARDT, Michael; NEGRI, Antonio. *Multitude*: war and democracy in the age of empire. Nova York: Penguin, 2004, pp. 217/218. Embora Hardt e Negri (e muitos ativistas alterglobalização) usem livremente a noção de movimento, eles não a discutem diretamente como uma forma de ação coletiva. Presumivelmente isso se dá porque a noção já está em circulação por bastante tempo e não tem o (relativo) frescor de "rede". Ademais, experiências históricas com movimentos políticos mostram que eles usualmente possuem, em menor ou maior medida, as estruturas da autoridade e institucionalização que Hardt e Negri estão ansiosos por evitar. Finalmente, ao conceitualizar a multidão como uma rede, eles tornam essa categoria contra o Império, o qual, em sua interpretação, tem a forma de uma rede.

404 HARDT, Michael; NEGRI, Antonio. *Multitude*: war and democracy in the age of empire. Nova York: Penguin, 2004, p. 223.

diferenças e se alcançar um acordo dentro e entre os "entrelaçamentos" da rede global de redes. Mas se "a multidão precisa estar apta a tomar decisões e agir em comum", como ela pode fazer isso em face de projetos políticos conflitantes – por vezes incompatíveis –, senão através da inclusão e exclusão no processo de estabelecer o que é comum entre nós? Não teria essa decisão uma estrutura representacional, na qual um projeto político mais ou menos coerente é imputável ou atribuído à multidão como um agente coletivo singular?

"O que precisa ser compreendido, e esse é, de fato, o ponto central, é como a multidão pode chegar a uma decisão".[405] Hardt e Negri enunciam várias analogias que podem lidar com esse dilema: tomadas de decisão neurológicas sem um centro de comando; inovação econômica, expressão linguística; desenvolvimento open-source de softwares de computador. Seria entediante, mesmo pedante, revisar cada uma dessas analogias e mostrar como nenhuma delas chega perto de oferecer um modelo viável de tomada de decisão política pela multidão. Em face de projetos políticos conflitantes concernindo o comum, a decisão acerca daquilo que constitui a multidão como um agente grupal que "controla seu próprio destino" acabará sendo uma rede que coordena (para usar a linguagem do poder de persuasão) os entrelaçamentos da rede global de redes, isto é, que representa o todo.[406] Mas então Hardt e Negri renunciaram àquilo que eles deveriam salvaguardar se é a multidão deve ser um princípio distinto de governo. Essa rede de coordenação das redes de alterglobalização precisaria ter a forma de uma *rede regulatória*, como descrito na seção 2.4.2. Sua tarefa seria articular, monitorar e executar o ponto de ação em conjunto, isto é, exercer a autoridade sobre as demarcações da multidão. Hardt e Negri chegam a

---

405 HARDT, Michael; NEGRI, Antonio. *Multitude*: war and democracy in the age of empire. Nova York: Penguin, 2004, p. 338.

406 Como Van Roermund aponta, o militante é, não obstante os protestos de Negri, um representante autoproclamado. Ver VAN ROERMUND, Bert. "Constituerende macht, soevereiniteit en representatie". *Tijdschrift voor Filosofie*, vol. 64, nº 3, 2002, pp. 509-532.

reconhecê-lo: "ninguém está necessariamente excluído [da rede] mas sua inclusão não está garantida: a expansão do comum é uma questão prática e política".[407] Sim. Mas reconhecer que o comum e sua expansão são uma "questão prática e política" é reconhecer que o posicionamento de demarcações da atuação coletiva vai ao cerne do prático e do político; que aqueles dentro reivindicam para si o direito de decidir se aqueles que estão fora podem entrar; que o problema da autoridade não desaparecerá da atuação em grupo da multidão meramente em razão de sua oposição ao povo; que a atuação coletiva começa com uma tomada na forma de uma tomada de lugar. A tese de Hardt e Negri de que a globalização da multidão, como a globalização do capitalismo, tem a forma de uma desterritorialização está pura e simplesmente errada: se é para a multidão aniquilar o capitalismo global, ela só pode fazê-lo por meio de uma tomada de lugar que inclui e exclui.[408]

---

407 HARDT, Michael; NEGRI, Antonio. *Multitude*: war and democracy in the age of empire. Nova York: Penguin, 2004, p. 226. Eles também se referem às "expansões do comum" em HARDT, Michael; NEGRI, Antonio. *Commonwealth*. Cambridge: Belknap Press, 2009, p. ix.

408 Castells argumenta que a interligação dos movimentos alterglobalização baseada na Internet introduziu um novo modo de ser político o qual "não precisa ser uma estrutura de comando centralizada investida com autoridade e poder de tomada de decisão". Até aí isso é discutivelmente correto. Ele adiciona, em uma passagem que poderia ter saído palavra por palavra de Hardt e Negri, que a construção de redes baseadas na internet "é uma nova cultura política: interligação significa nenhum centro, assim nenhuma autoridade central. Significa uma relação instantânea entre o global e o local... Também significa que todos os entrelaçamentos da rede podem e devem contribuir para os objetivos da rede, assim a fortalecendo em sua expansão incessante". A ação coletiva sem autoridade aparentemente seria um novo modo de ser político, o modo de ser da democracia. Mas Castells interpõe uma ressalva: a interligação baseada na internet "também significa que entrelaçamentos disfuncionais que bloqueiam a dinâmica geral da rede podem ser facilmente desativados ou contornados, assim superando os males tradicionais dos movimentos sociais tão frequentemente engajados em sua autodestruição através do sectarismo". Mas então: quem está intitulado a decidir que entrelaçamentos são "disfuncionais", logo, quais são os "objetivos" da rede? E quem tem direito de incluir e excluir da rede pela "desativação"

4.3.2 Poder transitivo e intransitivo

As dicotomias simples – superficiais – entre verticalidade e horizontalidade, fechamento e abertura, unidade e pluralidade, que subtendem e justificam a distinção alegadamente categórica de Hardt e Negri entre "o povo" e "a multidão" insustentáveis. Isso é suficiente quanto a tese do sujeito coletivo, que fundamenta a tese da autonomia coletiva defendida por Hardt e Negri. Mas e quanto a essa última tese?

Deixe-me citar sua passagem-chave, mais uma vez: "Em vez de se ter uma autoridade externa impondo ordem à sociedade de cima, os vários elementos presentes na sociedade são capazes de colaborativamente organizar a sociedade eles próprios". Essa interpretação da autonomia coletiva é familiar aos dois sorites apresentados na seção anterior: opõe-se transcendência à imanência; verticalidade à horizontalidade; *potestas* à *potentia*; democracia representativa à democracia direta. Assim que essas dicotomias forem colocadas em prática, os dois sorites progridem inexoravelmente até uma oposição final e completamente abrangente: heteronomia *versus* autonomia. O caminho do capitalismo global é o caminho errático da autoalienação coletiva; a rebeldia da multidão, o caminho rumo ao autogoverno coletivo.

O cerne da questão é a relação entre poder e a reflexividade implicada no "auto" de autogoverno coletivo (e autoalienação coletiva). Hardt e Negri, como Holloway e muitos outros, dão

---

ou "contorno" daqueles entrelaçamentos de modo que a rede permaneça uma unidade coletiva com propósito em vez de descender à paralisia da autodestruição coletiva? Estabelecer os objetivos da rede, assegurar que esses objetivos são realizados e excluir nódulos disfuncionais são modulações em rede das três dimensões funcionais da autoridade: a articulação, monitoramento, e execução da ação coletiva. Como Hardt e Negri, Castells não pode senão postular uma autoridade que governa a rede de redes, uma rede que não pode ser global senão incluindo e excluindo, i.e., que não pode ser global senão sendo local. CASTELLS, Manuel. *The power of identity*. 2ª ed. Oxford: Wiley-Blackwell, 2010, pp. 154 e 156.

como certo que a representação ocorre quando alguém apreende o poder de falar em nome de *outros*: "poder sobre". Nessa linha de pensamento, "poder sobre" é uma forma *transitiva* de poder, poder exercido pelos governantes sobre os governados. Da perspectiva dos governados, o poder representativo é a expressão da heteronomia. Falando estritamente, democracia representativa é um oxímoro. Em contraste, o criativo "poder para" da multidão é reflexivo: a democracia direta como *autogoverno* coletivo. A autonomia coletiva é um exercício de poder reflexivo ou intransitivo.[409]

Mas essa figura do poder transitivo e reflexivo distorce fundamentalmente o que é a representação: suscitar a perspectiva na primeira pessoa do plural de um nós* juntos. Representar, em linha com o modelo ACAI do Direito, é falar e agir em nome de um *nós*, um grupo ao qual o representante reivindica pertencer. Isso vale para a representação através da participação; vale para a representação através de autoridades, no sentido funcional notado anteriormente. Em ambos os casos, a representação tem uma estrutura *reflexiva*: trata-se do veículo por meio do qual nós* exercemos poder sobre *nós mesmos*: autogoverno coletivo. A estrutura transitiva do poder que advém quando uma clivagem é desenhada entre aqueles que governam e aqueles que são governados pressupõe a intransitividade do "poder sobre" nós mesmos. Quem governa precisa reivindicar ser um de nós, os governados. Essa estrutura reflexiva é intrínseca ao exercício do poder (em nosso nome) e sua contestação por seus endereçados (não em nosso nome). A intransitividade do poder, logo a reivindicação por obediência implicada, é construída como uma consequência da tese de que a representação é necessária porque alguém precisa dizer "nós" em nome de nós* – e não em nome deles.

---

409 Acerca do poder transitivo e intransitivo no contexto da teoria política de Arendt, ver SPETH, Rudolf; BUCHSTEIN, Hubertus. "Hannah Arendts Theorie intransitiver Macht". *In*: GÖHLER, Gerhard (Coord.). *Institution – Macht – Repräsentation*: wofür politische Institutionen stehen und wie sie wirken. Baden-Baden: Nomos, 1997, pp. 224-261.

Não seria esse o significado do princípio político zapatista mais famoso, *mandar obedeciendo*, comandar/liderar pelo obedecimento?[410] Longe de criticar o conceito de representação, como muitos teóricos da alterglobalização assumiriam, *mandar obedeciendo* é uma formulação magnífica de uma leitura reflexiva da representação. Eu gozo da boa companhia do Subcomandante Marcos ao conjecturar que a representação é a chave para um conceito de autoridade que tanto inclui quanto supera sua interpretação puramente funcional como articulação, monitoramento e sustentação da ação coletiva. *Mandar obedeciendo* captura o entrelaçamento entre as dimensões transitiva e intransitiva do poder e da representação. Mais a esse respeito depois.

4.3.3 Alegalidade e a multidão

A desestabilização das oposições simples que controla os dois sorites construídos por Hardt e Negri confirmaria a vitória de Hobbes sobre Spinoza, da unidade sobre a pluralidade, do povo e seus cognatos sobre a multidão, da *potestas* sobre a *potentia*? De forma alguma. Introduzir os conceitos defendidos por Hardt e Negri agora me permite trazer ao primeiro plano (ao nível da consciência) certos aspectos do modelo ACAI do Direito que permaneceram mais ou menos como pano de fundo de nossas considerações prévias. Eu afirmo decididamente que o conceito de representação que sustenta o modelo ACAI do Direito acomoda aquilo que é de importância crucial e que precisa ser defendido nas noções de pluralidade, multidão e *potentia*, sem ter que incorporar a versão insustentável de poder com que Hardt e Negri, Holloway e outros se comprometeram. Vamos revisar essas categorias.

---

410 SUBCOMANDANTE MARCOS. “Al pueblo de México: hablaron los hombres verdaderos, los sin rostro. Mandar obedeciendo”. Disponível em: https://es.wikisource.org/wiki/Discurso_del_Subcomandante_Marcos_%22Mandar_obedeciendo%22. Acessado em: 13.06.2022.

Pluralidade, para começar. O modelo ACAI do Direito dá conta da unidade e pluralidade putativas, em que a última se refere aos elementos diferenciados que são interconectados na ação coletiva. Mas ele também explica um sentido mais fundamental de pluralidade: aquilo que excede a distinção na primeira pessoa do plural entre ordem e desordem; o inordenado. De fato, o modelo ACAI do Direito argumenta que a representação não apenas inclui, mas também exclui. Como resultado, ela presentifica e despresentifica, capacita e incapacita, atuação grupal *e* individual. Possibilidades práticas que são excluídas do domínio da ação em conjunto de um dado agente coletivo não desaparecem simplesmente: elas permanecem como formas de comportamento que podem desafiar um dado coletivo, colocando em questão sua reivindicação por unidade, mais ou menos radicalmente. Nessa leitura, um sentido forte de pluralidade é o *estranho*, uma forma de comportamento, seja dos agentes participantes ou de outros, que resiste à acomodação em um raio de possibilidades práticas tornado disponível em uma dada ordem jurídica e que se manifesta pela experiência de um *limite* da unidade coletiva.

Então há multidão e *potentia*, os quais eu discuto conjuntamente. Spinoza e seus leitores contemporâneos contrastam a *potentia* da multidão à *potestas* do soberano. O último se refere ao poder como se fosse canalizado pelo contrato social entre o soberano e os cidadãos, de um lado, e os cidadãos entre si mesmos, de outro. Nos termos do modelo ACAI do Direito, uma multiplicidade de indivíduos se juntam/são juntados, assim se tornando participantes em uma unidade putativa, embora o modelo ACAI do Direito descarte que a emergência da ação coletiva tenha a forma de um contrato social. Participantes na ACAI estão autorizados a interagir entre si de certas maneiras; eles têm [1] obrigações direcionadas diante dos demais com vistas à realização do ponto da ação em conjunto. Esse é o formato básico da *potestas* enquanto se provisiona os membros de um coletivo (o "povo", em um sentido amplo), em particular as autoridades na forma da jurisdição.

Nas leituras contemporâneas de Spinoza, a multidão, como os muitos que aspiram ao autogoverno porque não entraram no pacto social, retém um poder – *potentia* – isto é, negativamente, o poder de resistir aos desígnios do soberano e, positivamente, o poder inesgotável de criar novas formas de socialidade, novas manifestações do agir e do ser em conjunto. Negri, em particular, refere-se à *potentia* nos termos do Poder Constituinte, que ele contrasta ao poder constituído da *potestas*.[411]

O modelo ACAI do Direito também abriga a multidão e a *potentia*, assim definidas. Porque, como enfatizado anteriormente neste livro, a inclusão de um espectro de possibilidades práticas para interação no curso da ação em conjunto, e a exclusão de todas as possibilidades práticas que são consideradas sem importância para a ação em conjunto, são os dois lados da mesma moeda. Como resultado, a emergência da (des)ordem jurídica caminha lado a lado com a relativamente forçosa marginalização daquilo que assim se torna o domínio do inordenado para uma perspectiva autoritativamente mediada da primeira pessoa do plural. O inordenado compreende um excesso de possibilidades práticas que as autoridades nivelaram ao *status* de inconsequentes, como o preço a se pagar caso seja para ter ao menos algum empoderamento jurídico, sendo, no entanto, possibilidades que não simplesmente desaparecem, porque elas remanescem acomodadas dentro do coletivo enquanto possibilidades capazes de contestar aquilo que conta como desimportante da perspectiva mediada autoritativamente na primeira pessoa do plural.

Assim, aquilo que conta como inordenado – não informado pelo Direito – para um dado coletivo o acompanha continuamente como sua sombra, sempre pronto para irromper em meio ao reduto daquilo que as autoridades de um coletivo estão preparadas

---

411 NEGRI, Antonio. *Insurgencies*: Constituent Power and the Modern State. Mineápolis: University of Minnesota Press, 1999.

a chamar de (des)ordem jurídica, tanto resistindo à ordem existente quanto se manifestando na forma de novas possibilidades práticas de agir e ser em conjunto – outras ordens possíveis – que demandam atualização, seja transformando o coletivo existente ou derrubando-o. O que eu chamei de xenotopia neste livro é a manifestação fenomenologicamente concreta dos *limites* espaciais dos coletivos, daquilo que Walter Benjamin chamaria de limiar (*Schwelle*), além do qual resta um amplo raio indeterminado de possibilidades práticas para ser e agir em conjunto que têm sido excluídas e podem subitamente irromper no domínio daquilo que as autoridades de um dado coletivo chamam de (des)ordem jurídica, desafiando sua existência continuada.[412] Em resumo, comportamento *alegal* – comportamento que contesta como a distinção entre legalidade e ilegalidade é desenhada para um dado coletivo – é a forma privilegiada de aparência da *potentia* da multidão.[413] Um caldeirão fervilhante de possibilidades práticas inexploradas para o viver em comum, a multidão se manifesta *indiretamente* à ordem constituída, no modo da alegalidade.[414]

---

412 BENJAMIN, Walter. *Passagen-Werk*. vol. 1. Frankfurt: Suhrkamp, 1983, nota de rodapé 617.

413 LINDAHL, Hans. *Fault lines of globalization*: legal order and the politics of a-legality. Oxford: Oxford University Press, 2013, pp. 156-186.

414 Esse *insight* está próximo daquilo que Enrique Dussel chama de "transcendência interna", um conceito que, se baseia na noção de singularidade de Levinas, resta no cerne de seu relato acerca da resistência "periférica" ao "centro" capitalista. "A exterioridade deveria ser compreendida como uma transcendência interna à totalidade. Nenhuma pessoa, enquanto tal, é absolutamente e apenas uma parte do sistema. Todas [as pessoas], mesmo as pessoas que são parte de uma classe opressora, têm uma dimensão transcendente em respeito ao sistema, mesmo enquanto sendo parte dele". Como tem ficado cada vez mais claro com a globalização do capital, a "periferia" também veio a ser acomodada no que tem se chamado de Primeiro Mundo. A periferia, nesse sentido, é uma das manifestações dos limites das ordens jurídicas. Ver DUSSEL, Enrique. *Filosofía de la liberación*. México: Fondo de Cultura Económica, 2014, p. 88.

Tudo isso está condensado nas três teses que escoam do modelo ACAI do Direito: [T1] a unidade dos coletivos é uma unidade putativa; [T2] a ação coletiva é um processo contínuo de unificação em vez de uma unidade dada; [T3] a unificação está atrelada à pluralização.

Para concluir esta seção, eu gostaria de revisitar a questão acerca da relação entre globalização e imperialismo posta na abertura deste capítulo. O imperialismo, como foi notado, é um projeto expansivo de dominação. Se o imperialismo foi impulsionado pelo colonialismo e pela expansão econômicas europeias, nós estamos agora na época do Império, Hardt e Negri argumentam. Operando de maneira decentralizada e desterritorializada, o Império progressivamente traz toda a vida social sob sua alçada. Contra o Império, eles reúnem a *potentia* da multidão. "As forças criativas da multidão que sustentam o Império também são capazes de construir autonomamente um contraImpério, uma organização política alternativa de fluxos e trocas globais".[415] A multidão vira as armas do Império contra ele próprio: a "rede de poder" do Império é confrontada pelo "nós, a multidão em rede". Sem dúvida, a multidão em rede tem seus limites, de modo que "a expansão do comum é uma questão prática e política". Mas Hardt e Negri são confiantes de que a noção de uma rede permite a "nossa formação de hábitos, práticas, condutas e desejos comuns cada vez melhores". A alterglobalização é uma *alter*globalização porque ela tem a multidão como seu agente coletivo, e não os poderes em rede do Império. E ela é uma alter*globalização* porque a multidão se expande ainda mais adiante. O aprimoramento da *potentia* da multidão tem seu correlato na extensão, ainda mais adiante e ainda mais inclusivamente, dos limites – espaciais, temporais, subjetivos e materiais – daquilo que é comum a nós. Ao final desse processo expansivo, e como sua conclusão, acena-se para um mundo sem

---

415 HARDT, Michael; NEGRI, Antonio. *Empire*. Cambridge: Harvard University Press, 2000, p. xv.

um fora, a plenitude de um mundo que é completamente inclusivo e inteiramente imanente; um mundo em que a alienação foi derrotada, cedendo ao autogoverno global da multidão: autonomia.

Em última instância, a globalização através da atuação da multidão é, para Hardt e Negri, um processo de unificação sem pluralização. Eu não vejo como se pode evitar essa conclusão, não obstante todas as vindicações da pluralidade, de que seu projeto é inteiramente monístico, que concebe a multidão como se fosse capaz de prever um mundo jurídico no qual tudo estaria em seu lugar.

Essa imagem da alterglobalização se vê vítima da advertência de Schmitt: visto que não há qualquer retomada do lugar que não seja uma tomada, então também glosar a resistência ao Império como um "contraimpério" (Hardt e Negri, conforme citados anteriormente) em um projeto expansivo que leva a um mundo único, totalmente abrangente, é fazê-la um Império em construção. Sua interpretação do Poder Constituinte da multidão é cega quanto à estrutura representacional da emergência: alguém precisa apreender a iniciativa de dizer "nós" em nome de um nós*, incluindo e excluindo sem ter sido autorizado a fazê-lo por aqueles que são incluídos e excluídos. Esse *insight* não milita contra a leitura emancipatória da práxis. Mas eu proponho, contra Hardt e Negri, que existem emancipações no plural, em vez de um processo emancipatório no singular. O Poder Constituinte, a interpretação favorecida por Hardt e Negri da *potentia* da multidão, não pode empoderar, possibilitando um domínio de liberdade como âmbito de possibilidades práticas para agir e ser em conjunto, sem também desempoderar, assim marginalizando outros modos pelos quais a ação em conjunto possa se tornar a expressão da liberdade. Poder constituinte e impotência constituinte são os dois lados da mesma moeda representacional. Esse ponto crucial se vê perdido ou encoberto quando Hardt e Negri dão como certo que a tarefa do Direito pode ser exercer o controle sobre o comum: "[c]omo podem as singularidades que cooperam expressar seu controle sobre o comum, e como essa expressão pode ser representada em termos jurídicos?" Colocar a questão acerca do

Direito nesses termos é, paradoxalmente, colapsar a multidão no povo, e a *potentia* na *potestas*.

A não ser que a ambiguidade das ordens jurídicas seja reconhecida, o que significa reconhecer que não há qualquer ordem jurídica que possa emergir sem uma tomada de lugar que inclua e exclua, a teoria e a prática da alterglobalização se tornam os dois forcados de um projeto imperial: um processo de dominação expansiva. Muito mais do que eles possam perceber ou queiram admitir, a figura de Hardt e Negri da *potentia* expansiva de uma multidão está próxima de Hobbes, quando, no *Leviatã*, ele reivindica: “eu clamo por uma inclinação geral de toda a humanidade, o desejo perpétuo e incansável por Poder seguido de poder, que cessa apenas com a morte”.[416]

4.4 Bens comuns globais

As alterglobalizações foram agora abordadas de duas perspectivas: quanto a sua gênese e quanto a sua estrutura. Ambas as perspectivas mostram que as alterglobalizações implementam a lógica da inclusão e exclusão encontrada quando da análise de um espectro de ordens jurídicas globais emergentes no capítulo III. No entanto, as abordagens genética e estrutural não precisam ter a última palavra. Talvez haja domínios específicos, *substantivos* de relações sociais que possam escapar a essa lógica, oferecendo um prospecto de uma ordem jurídica, conquanto circunscrita em sua alçada, que pode incluir sem excluir. Esta seção explora o primeiro de dois possíveis candidatos a esse *status* especial: os bens comuns globais ou a herança comum da humanidade. Antártida, o alto-mar e os minerais sedimentados no profundo leito marinho, a atmosfera e o espaço sideral são usualmente incluídos nos bens comuns globais; bem como o ciberespaço, segundo alguns relatos.

---

416 HOBBES, Thomas. *Leviathan*. Londres: Penguin, 1985, p. 161.

Apesar da sua carreira atribulada e controversa desde sua introdução no Direito Internacional nos anos 1960, há uma concordância geral de que os bens comuns globais compreendem um conjunto de princípios centrais. Primeiro, enquanto os bens comuns globais podem ser usados, eles não podem ser propriedade de indivíduos ou grupos específicos ou coletivos; eles pertencem à humanidade como um todo. Segundo, o uso dos bens comuns globais se dão através de uma forma de administração cooperativa direcionada a garantir a distribuição equitativa entre Estados desenvolvidos e desenvolvimento e através das gerações. Terceiro, os bens comuns globais serão usados para propósitos pacíficos. Quarto, os bens comuns globais devem ser transmitidos às gerações futuras em condições substancialmente irrepreensíveis.[417]

Em vez de desenvolver esses quatro princípios separadamente, eu estou interessado em explorar a questão fundamental que eles levantam para nossa própria investigação: os bens comuns globais seriam comuns de tal maneira que sua regulação por uma ordem jurídica precisa valer para todos e em qualquer lugar, sem exceção?

4.4.1 "Um direito da e para a humanidade como um todo"

Essa é, em todo caso, a tese defendida por Boaventura de Sousa Santos. Para Santos, os bens comuns globais são o objeto de um *jus humanitatis*, propriamente dito. Eles expressam

> a aspiração por uma forma de governança dos recursos naturais ou culturais que, dado sua extrema importância para a sustentabilidade e qualidade da vida na terra, precisam ser

417 Para um estudo útil sobre os bens comuns globais, que inclui uma bibliografia extensa e os tratados pertinentes, ver TAYLOR, Prue. *The Common Heritage of Mankind*: A Bold Doctrine Kept within Strict Boundaries. Disponível em: http://wealthofthecommons.org/essay/common-heritage-mankind-bold-doctrine-kept-within-strict-boundaries. Acessado em: 16.03.2022.

> considerados como de propriedade global e administrados nos interesses da humanidade como um todo, tanto presente quanto futura.[418]

Um *jus humanitatis* é "uma forma de globalização jurídica que transcende os limites da globalização capitalista".[419] Logo, os bens comuns globais são o paradigma da alterglobalização. Sua regulação é uma forma de *globalização* jurídica porque ela concerne à governança do global assumida como um todo. E ela é uma alterglobalização porque ela vai além da geografia jurídica do capitalismo, que está estruturada como "localismos globalizados" e "globalismos localizados". De um lado, "o que nós chamamos de globalização é sempre a globalização bem-sucedida de um dado localismo"; de outro, globalismos localizados concernem "ao impacto específico das práticas e imperativos transnacionais em condições locais que são, assim, alterados, reestruturados de modo a responder a imperativos transnacionais".[420] Esse movimento duplo da globalização capitalista do local e a localização concomitante do global é a lógica da inclusão e exclusão, rastreada anteriormente através de um espectro de ordens jurídicas emergentes. Para Santos, não se pode ter qualquer globalização em um sentido cosmopolita enquanto o capitalismo continuar a prevalecer, porque a globalização capitalista é simplesmente uma forma de localização.

Em contraste, os bens comuns globais, como um objeto do *jus humanitatis*, prenunciariam a emergência de um cosmopolitismo em um sentido próprio e forte. Crucialmente para nossos propósitos,

---

418 SANTOS, Boaventura de Sousa. *Toward a new legal common sense*. 2ª ed. Londres: Butterworths, 2002, p. 302.

419 SANTOS, Boaventura de Sousa. *Toward a new legal common sense*. 2ª ed. Londres: Butterworths, 2002, p. 302.

420 SANTOS, Boaventura de Sousa. *Toward a new legal common sense*. 2ª ed. Londres: Butterworths, 2002, p. 179.

o novo *jus humanitatis* marca uma transformação fundamental no conceito de Direito, ou assim Santos argumenta. Primeiro, ele rompe com as fronteiras do Direito Estatal (e do Direito Internacional), dando azo a uma nova forma de espacialidade jurídica: "para além do local, nacional e internacional, cria-se a espacialidade jurídica global", uma percepção da espacialidade jurídica que "pode ser facilitada pelo assim chamado 'efeito panorâmico' produzido pela exploração espacial".[421] O que é específico a essa nova forma de espacialidade jurídica é que ela dialoga com uma ordem jurídica que tem um dentro, mas nenhum fora. No sentido proposto até então, o *jus humanitatis* seria uma ordem jurídica que é ilimitada no espaço, independentemente de como suas fronteiras espaciais possam estar postas, porque seria uma ordem jurídica que pertence a todos nós, conjuntamente: "um Direito da e para a humanidade como um todo".[422] Ele inauguraria uma ordem jurídica completamente desterritorializada, no sentido exposto na seção 1.5.3. Segundo, o novo *jus humanitatis* não teria limites temporais: ele seria, propriamente falando, transtemporal, já que "estaria fundado na ideia de responsabilidade intergeracional".[423] Do mesmo modo que a espacialidade do Direito da humanidade é facilitada por um "efeito panorâmico" produzido pela exploração espacial, sua transtemporalidade é facilitada por um "efeito panorâmico da tradição", no qual a tradição que é propriamente humana em seu escopo possibilita a simultaneidade através de diferentes temporalidades, e que vem a lume quando se adota uma perspectiva transgeracional. Em adição à sua universalidade espaço-temporal, o *jus humanitatis* também seria universal em sua subjetividade e em seus conteúdos de atos, ainda que Santos

---

421 SANTOS, Boaventura de Sousa. *Toward a new legal common sense.* 2ª ed. Londres: Butterworths, 2002, pp. 309/310.

422 SANTOS, Boaventura de Sousa. *Toward a new legal common sense.* 2ª ed. Londres: Butterworths, 2002, p. 309.

423 SANTOS, Boaventura de Sousa. *Toward a new legal common sense.* 2ª ed. Londres: Butterworths, 2002, p. 310.

não se refira a essas dimensões da unidade pragmática das ordens jurídicas. Seus sujeitos seriam seres humanos *qua* seres humanos; os atos por ele regulados, atos que expressassem aquilo que é ser um humano, ao agir em relação a outros e à natureza. Em suma, um *jus humanitatis* seria um *nomos* da terra, mas, contra Schmitt, um que distribui e produz (no sentido amplo de cultivação) *sem* uma tomada anterior que inclui e exclui.

Basta da defesa de Santos da universalidade dos bens comuns globais. Agora fica a questão: seriam bens comuns, e *a fortiori* bens comuns globais, sequer possíveis sem um enclausuramento?

4.4.2 Enclausurando os bens comuns globais

À primeira vista, a questão parece ser oximórica à luz do processo histórico que veio a ser conhecido como o "enclausuramento dos bens comuns". No curso de alguns séculos, a sociedade rural da Europa foi submetida a uma transformação cataclísmica como resultado do cercamento de campos abertos que estavam disponíveis para plantação e pastoreio comunais, e a concessão subsequente desses enclausurados a um ou mais proprietários. Eu não posso me debruçar sobre esse processo histórico, nem sobre seu papel no processo mais amplo que levou à emergência de uma economia de mercado alegadamente autorregulada.[424] Em vez disso, note que o enclausuramento dos bens comuns segue o padrão de um *nomos*: tomada, distribuição e produção. Aqui está a catena: uma tomada inicial de terras comunais que inclui e exclui; distribuição, por meio de direitos de propriedade atribuídos àqueles que assim passam a ser proprietários privados; produção, na forma da exploração orientada pelo mercado de terras enclausuradas. Em resposta à tomada de lugar que inclui e exclui, a retomada dos bens comuns se transforma na convocação da resistência ao capitalismo, tanto

---

424 Ver POLANYI, Karl. *The great transformation*: the political and economic origins of our time. Boston: Beacon Press, 2001.

regional quanto globalmente. Trata-se assim de um pequeno passo para reivindicar que os bens comuns são aquilo que não está enclausurado e, enquanto tal, aberto e verdadeiramente público. Daí o caráter aparentemente oximórico da minha questão: se existe um enclausuramento, não se pode ter bens comuns; se existem bens comuns, nenhum enclausuramento.

Essa oposição absoluta vira o ponto de partida para uma crítica da justificativa da clausura. Em *The Tragedy of Commons*, Hardin famosamente argumenta que, dadas as pastagens abertas e o comportamento racional de pastores, cada um buscará aumentar o número de animais pastando nos bens comuns para além daquilo que os pastos conseguem sustentar. "A ruína é a destinação à qual todos os homens rumam, cada um buscando seu melhor interesse em uma sociedade que acredita na liberdade dos bens comuns. Liberdade nos bens comuns traz a ruína de todos".[425] Hardin então sustentou que o enclausuramento por meio do "socialismo ou do privatismo da livre iniciativa" é necessária para evitar a tragédia dos bens comuns.

A tese de Hardin tem sido escoriada por diversos acadêmicos. Eles apontam que, ao abraçar um modelo antropológico baseado na maximização de bens, sua tese é com efeito uma justificativa da racionalidade própria ao capitalismo – uma racionalidade que é tudo menos uma constante antropológica. Nesse contexto, Monbiout vira o jogo contra Hardin, ilustrando aquilo que ele chama de "a tragédia do enclausuramento". Ele descreve o caso do povo Turkana, cujos rebanhos de cabras se alimentam dos frutos de acácias às margens do rio Turkwel no noroeste do Quênia. Um comitê de anciãos regulava cuidadosamente os padrões de alimentação, "decidindo quem deve ser permitido a usar [os arvoredos de acácias] e por quanto tempo"; caso insistissem em violar a decisão

---

425 HARDIN, Garret. "The Tragedy of the Commons". *Science*, vol. 162, 1968, p. 1244.

dos anciões, ofensores poderiam até mesmo ser mortos em última instância.[426] Em circunstâncias normais, o povo de Turkana permitiam uma economia estável, mas a combinação de estiagem e ataques por tribos rivais deixou os Turkana a ponto de morrer de fome. Em um esforço para salvá-los, as autoridades buscaram estabelecê-los como fazendeiros, com resultados desastrosos: foi o enclausuramento que trouxe a tragédia, não a liberdade do povo. Vale a pena citar a refutação de Monbiout na íntegra:

> O artigo de Hardin tem uma falha crítica. Ele assumiu que indivíduos podem ser egoístas como bem entenderem perante os bens comuns porque ninguém os interromperia. Na realidade, os bens comuns tradicionais são detalhadamente regulados pelo povo que ali vive. A propriedade comum tem dois elementos: propriedade e comum. Um bem comum é a propriedade de uma comunidade particular que, como os Turkana do rio Turkwel, decidem quem pode usá-la e em que medida.[427]

Isso não quer dizer que a tese de Hardin esteja destituída de qualquer capacidade de diagnóstico. Como deixado patente por oceanos poluídos e com sobrepesca, a tragédia ocorre "onde nenhuma propriedade existe", e o custo da exploração é sustentado por todo o mundo.[428]

A análise de Monbiot casa bem com a pesquisa inovadora de Elinor Ostrom acerca dos bens comuns, que lhe rendeu o Prêmio Nobel de economia em 2009. Ostrom foca em patrimônios comuns de recursos (PCRs), que

---

426 MONBIOT, George. "The Tragedy of Enclosure". *Scientific American*, vol. 270, nº 1, 1994, p. 140.

427 MONBIOT, George. "The Tragedy of Enclosure". *Scientific American*, vol. 270, nº 1, 1994, p. 140.

428 MONBIOT, George. "The Tragedy of Enclosure". *Scientific American*, vol. 270, nº 1, 1994, p. 140.

> incluem recursos construídos pela natureza e pelo homem nos quais (i) a exclusão de beneficiários através de meios físicos e institucionais é especialmente custosa, e (ii) a exploração por um usuário reduz sua disponibilidade para outros.[429]

Ela concorda com Hardin e outros que os PCRs criam dilemas em potencial na forma de comportamentos oportunistas, "quando usuários de recursos interagem sem o benefício de regras efetivas limitando o acesso e definindo direitos e deveres".[430] Mas um amplo leque de regimes de governança tem sido desenvolvido para lidar com esse problema, que requer a restrição de acesso aos recursos e a criação de incentivos para que os usuários invistam no recurso em vez de o superexplorar. Em seu inovador livro, *Governing the Commons*, Ostrom focou em regimes de governança locais, incluindo posses comunais em campos no alto de montanhas e florestas na Suíça e Japão, instituições de irrigação em Huerta, na Espanha, e comunidades de irrigação nas Filipinas. Seu trabalho de campo levou à destilação de um conjunto de "princípios de design" necessários para PCRs estáveis. Esses incluem, dentre outros, demarcações claramente definidas, seja quanto ao conteúdo dos PCRs quanto àqueles autorizados a explorá-los; processos de tomada de decisão que incluam a participação efetiva da maioria dos apropriadores dos recursos; uma escala graduada de sanções para aqueles que violam as regras de alocação e uso de recursos; mecanismos baratos e fáceis de resolução de conflitos.[431]

---

429 OSTROM Elinor; BURGER, Joanna; FIELD, Christopher B.; NORGAARD, Richard B.; POLICANSKY, David. "Revisiting the commons: local lessons, global challenges". *Science*, vol. 284, 1999, p. 278.

430 OSTROM Elinor; BURGER, Joanna; FIELD, Christopher B.; NORGAARD, Richard B.; POLICANSKY, David. "Revisiting the commons: local lessons, global challenges". *Science*, vol. 284, 1999, p. 279.

431 OSTROM, Elinor. *Governing the Commons*: Evolution of the Institutions for Collective Action. Cambridge: Cambridge University Press, 1990, pp. 91-102.

As contribuições de Monbiot e Ostrom à teoria dos bens comuns estabelecem para além de qualquer dúvida que os bens comuns são um conceito na primeira pessoa do plural envolvendo uma noção reflexiva de propriedade: os bens comuns são *nossos*; eles *nos* pertencem, como um grupo. Obviamente, essa forma de reflexividade não implica propriedade privada. A reivindicação de que os bens comuns são propriamente nossos envolve a reivindicação de se estar intitulado a articular, monitorar e sustentar quem deve fazer o que, onde e quando, com o intuito de realizar o ponto da ação coletiva. Isso é perfeitamente congruente com a propriedade pública dos domínios. Relembre que uma das implicações do modelo ACAI do Direito é que a distinção público/privado é ela própria pública, logo, que o modelo pode acomodar outras formas de propriedade além da propriedade privada (ver a seção 3.2.2). Assim, ambas as contribuições mostram que, enquanto um conceito na primeira pessoa do plural, os bens comuns requerem demarcações que incluem e excluem. Essas demarcações dão forma àquilo que é considerado comum aos bens comuns. Em resumo, os bens comuns são *enclausurados*. O título do artigo de Monbiot, e não a minha questão no começo desta seção, é oximórico. A tragédia ocorre na ausência do enclausuramento, i.e., quando não há qualquer perspectiva na primeira pessoa do plural pela qual se possa estabelecer quem deve fazer o que, onde e quando. O que Monbiot e Ostrom opugnam é a tragédia do enclausuramento *capitalista*, não o enclausuramento enquanto tal.

Certamente, como nota Ostrom, não há diferenças significantes entre os bens comuns locais e globais. Em comparação aos primeiros, a governança dos bens comuns introduz muitos novos desafios: a escala global da participação; diversidade cultural; complicações emergindo de PCRs interligados; ritmos acelerados de mudança; assentimento voluntário aos tratados negociados; muito menos espaço para experimentação, já que "nós temos apenas um globo".[432] No

432 OSTROM Elinor; BURGER, Joanna; FIELD, Christopher B.; NORGAARD, Richard B.; POLICANSKY, David. "Revisiting the commons: local lessons,

entanto, o que a governança dos bens comuns requer não é diferente daquilo necessário aos bens comuns locais: restringir o acesso aos PCRs, e assegurar que os usuários se abstenham de superexplorar os PCRs. Aqui há uma insistência por enclausurar, por regular os bens comuns globais, onde regulação envolve articulação, monitoramento e sustentação do ponto de ação em conjunto por um coletivo global. Mas do mesmo jeito que as demarcações dos bens comuns de grupos pequenos podem ser desafiadas quanto à sua alegada comunalidade, então também as demarcações dos bens comuns globais estão vulneráveis à contestação por comportamento que questiona o que conta como importante para o coletivo global como um todo. Por exemplo, o ataque DDoS hackerativista ao PayPal, discutido na seção 3.3.2, orientou-se contra o enclausuramento capitalista do ciberespaço. O ataque DDoS pode ser lido como se buscasse sustentar o ciberespaço como um bem comum global no qual a liberdade de expressão está robustamente arraigada e protegida. Mas o que conta como liberdade de expressão no ciberespaço, assumindo que o ciberespaço é ou deveria vir a ser parte dos bens comuns? O famoso caso Yahoo! mostra em que medida interpretações conflitantes e mesmo incompatíveis a esse respeito são possíveis.[433] Igualmente, a controvérsia que circunda o princípio do compartilhamento equitativo dos bens comuns globais, o que inclui compartilhar os benefícios financeiros, econômicos e científicos dos bens comuns globais, tem oposto países em desenvolvimento contra países desenvolvidos e grandes corporações: enquanto os primeiros veem o princípio como central

---

global challenges". *Science*, vol. 284, 1999, pp. 278-282.

433 O caso Yahoo! concerniu uma ação proposta na França contra o Yahoo!, na qual os autores demandavam que o Yahoo! removesse parafernália nazista de seu site de leilões, mantido por um servidor na Califórnia, ou bloqueasse seu acesso. Para além das questões tecnológicas sobre filtrar o site e acerca da jurisdição, o caso envolvia duas visões muito diferentes, e em certos aspectos, incompatíveis da liberdade de expressão e do seu papel na Internet. Para o julgamento, ver: LIGUE CONTRE LE RACISME et l'antisémitisme et Union des étudiants juifs de France c. Yahoo! Inc. Et Société Yahoo! France. Disponível em: www.lapres.net/yahfr.html. Acessado em: 20.06.2022.

para a justiça distributiva global, os últimos argumentam a favor da proteção de interesses comerciais que incitam a inovação requerida para gerar os benefícios previamente mencionados.

À luz dessas considerações, é certamente absurdo imaginar o espaço dos bens comuns globais como aglomerado em um espaço doméstico e um fora estrangeiro. Mas a implicação das análises de Ostrom e Monbiot é que os bens comuns são limitados no espaço, mesmo caso se cobrisse todos os quilômetros quadrados na superfície global. A noção reflexiva de propriedade envolvida em se referir aos bens comuns globais como propriamente *nossos* tem seu contraponto no *estranho*, em formas de comportamento que resistem à inclusão nos bens comuns globais posta por aqueles que apreendem a iniciativa de representar a humanidade como um todo. "Definir as demarcações do PCR e especificar aqueles autorizados a usá-lo pode ser pensado como o primeiro passo na organização da ação coletiva".[434] Sim! Mas note que o uso da palavra "definir" deixa no escuro quem desenha as demarcações que incluem e excluem. Bem como encobre que, na medida em que a emergência da ação coletiva depende de um "primeiro passo" que, por definição, não é ele próprio um ato coletivo, a governança dos bens comuns globais se inaugura por atos representacionais não autorizados que apreendem a iniciativa de dizer "nós" em nome de um nós$_*$, impondo as demarcações que incluem e excluem, estabelecendo quem deve fazer o que, onde e quando. A governança dos bens comuns globais não pode senão implementar um *nomos* da terra: tomando o lugar, distribuindo, produzindo.

Retornando a Santos, meu alvo certamente não é negar que um *jus humanitatis* centrado na regulação dos bens comuns globais seja possível e, para muitos, senão para a maioria, da maior urgência, à luz das consequências catastróficas que podem seguir

---

434 OSTROM, Elinor. *Governing the Commons*: Evolution of the Institutions for Collective Action. Cambridge: Cambridge University Press, 1990, p. 91.

de não se engajar com essa regulação. O ponto é, ao contrário, que o "efeito panorâmico" que Santos evoca para justificar a "percepção" da espacialidade ilimitada de um *jus humanitatis* é um exemplo daquilo que Merleau-Ponty chama de *pensée de survol*, uma perspectiva de sobrevoo que objetifica o espaço ao transformá-lo em algo controlável pelo – e transparente ao – observador. Essa perspectiva de sobrevoo dos bens comuns globais desconsidera a perspectiva na primeira pessoa do plural dos atores para quem o espaço escapa do seu controle e supervisão definitivas (ver seção 1.4.1). Com efeito, as análises de Ostrom e Monbiot vindicam que os bens comuns globais, enquanto um espaço de ação, abrem e fecham – incluem e excluem – possibilidades práticas. Considerações comparáveis se aplicam à pressuposição de que algo como uma perspectiva "transtemporal" é possível, que poderia garantir uma tradição humana como a simultaneidade das tradições, bem como em relação às dimensões subjetiva e material que transformam os bens comuns globais em uma unidade pragmática putativa.

Obviamente, as demarcações dos bens comuns globais são transformáveis, e podem ser desenhadas de maneira mais ou menos inclusiva: a governança dos bens comuns globais não pode escapar do problema básico trazido à tona pela estrutura representacional da ação coletiva: o que é/deve ser nossa ação em conjunto? O que é válido para a ação coletiva como um gênero também é válido para uma de suas espécies: os bens comuns globais são uma ordem na forma de um processo ordenante – uma *ordo ordinans* – em vez de uma ordem realizada – uma *ordo ordinatus*. Mas isso deixa intacto o ponto essencial com que eu tenho me preocupado em elucidar: os bens comuns requerem um emparedamento que coloca um limite àquilo que conta juridicamente como "a humanidade como um todo". A humanidade está dentro e fora dos bens comuns globais, concebidos como *jus humanitatis*.

4.5 Dentro e fora do direito dos direitos humanos

Nós podemos agora nos voltar para o segundo domínio substantivo do Direito que poderia justificar a ideia de formas de globalização jurídica tendo um caráter fortemente global em razão de terem um dentro, mas nenhum fora: direitos humanos. Mesmo caso se aceite que os bens comuns globais são necessariamente limitados, poder-se-ia argumentar (e frequentemente se tem argumentado) que direitos humanos são o alicerce de qualquer reivindicação concebível de uma ordem jurídica à autoridade. Nas palavras do ex-Secretário Geral das Nações Unidas, Boutros Boutros-Ghali, direitos humanos são "a linguagem comum da humanidade".[435] "Direitos humanos são a ideia do nosso tempo, a única ideia política-moral que tem recebido aceitação universal", exulta Louis Henkin, um dos acadêmicos mais influentes do Direito Internacional dos direitos humanos.[436] Para os paladinos da natureza universal dos direitos humanos, a possibilidade de criticar qualquer ordem jurídica global emergente que inclua e exclua pressupõe a possibilidade de uma ordem jurídica global completamente inclusiva dos direitos humanos, que teria um dentro mas nenhum fora. Então uma ordem jurídica global dos direitos humanos produz uma outra variação da ideia da alterglobalização. Ela seria global em virtude de reivindicar validade sobre todos e todo lugar. E contaria como uma *alter*globalização, porque superaria a globalização da inclusão e exclusão que caracterizou todas as ordens jurídicas exploradas anteriormente, até e inclusive os bens comuns globais. Uma carta global de direitos humanos seria o *jus humanitatis* real.

---

435 BOUTROS-GHALI, Boutros. "Human Rights: The Common Language of Humanity". *World conference on human rights*, Viena, 14 jun. 1993. Disponível em: https://documents-dds-ny.un.org/doc/UNDOC/GEN/G93/142/39/pdf/G9314239.pdf?OpenElement. Acessado em: 13.06.2016.

436 HENKIN, Louis. *The age of rights*. Nova York: Columbia University Press, 1990, p. ix.

4.5.1 O correto e o bem

Note que essa interpretação universalista dos direitos humanos representa um desafio direto ao modelo ACAI do Direito, conforme desenvolvido nos capítulos anteriores. O leitor lembrará que a seção 2.1.2 introduziu um espectro de características gerais da ação coletiva, a primeira das quais era:

> [1] *Obrigações direcionadas*: obrigações e sanções jurídicas são uma espécie de obrigação e repreensão que emerge entre agentes participantes no curso de uma ação coletiva.

Baseando-me em Gilbert, eu expliquei na seção 2.1.2 que a ação coletiva gera direitos e obrigações que vêm à tona *entre* os participantes na atuação coletiva e em razão *de* sua participação nela. O mesmo vale para a posição autoritativa de poder repreender participantes por não corresponderem às suas obrigações sob a ação coletiva. A objeção a [1] advinda da leitura universalista dos direitos humanos seria de que esse tipo de obrigações e sanções não exaure os tipos de obrigações que vêm à tona entre participantes na ação em conjunto: adicionalmente às obrigações direcionadas, a ação coletiva envolve ações não direcionadas ou, mais precisamente, direcionadas a *todos*, obrigações que são devidas a todos *qua* seres humanos, em vez de apenas aos participantes dentro do cíngulo da ação coletiva. Ademais, essas obrigações devidas a todos *superam* obrigações direcionadas no evento de um conflito entre elas.

Na base dessa objeção resta a grisalha distinção filosófica entre o "bem" e o "correto", Em sua leitura tradicional, o bem e o correto categorizam fenômenos distintos e fundamentais da vida humana: "o bem, que homens são seres em busca de propósitos e objetivos, que têm desejos e aspirações; e o correto, que os homens levam suas vidas em grupo de modo a requerer alguns modos de organização e regulação envolvendo práticas, regras e instituições".[437] Como Edel aponta, enquanto o bem se refere a uma "malha operacional voltada à busca de objetivos" baseada em "uma estrutura de apetição ou desejo na vida humana", "a malha operacional jurídica" vê a ética "como um sistema de leis ou regras impostas sob os seres humanos".[438] Enquanto o primeiro organiza o comportamento nos termos de uma hierarquia de meios e fins, culminante no mais alto bem em relação ao qual todos os bens estão subordinados, o último ordena o comportamento em termos de regras universais.

Quando aplicados e reformulados nos termos da ação coletiva, a distinção entre o bem e o correto aperfeiçoa a objeção supramencionada ao modelo ACAI do Direito nos seguintes termos: obrigações direcionadas sob a ação coletiva fazem sentido a partir de uma perspectiva teleológica da ordem jurídica, mas uma interpretação teleológica dos direitos e obrigações conforme uma ordem jurídica precisa ser compensada, ou ao menos atenuada, por um relato *deontológico* de tanto. Enquanto o modelo ACAI do Direito explica direitos e obrigações nos termos daquilo que é *bom para nós*, coletivamente e *qua* membros de um coletivo, ele é incapaz de considerar aquilo que é bom para todos, sem exceção, um problema que não é menos objeto de preocupação jurídico do que o primeiro. Direitos humanos, ou no mínimo um certo conjunto de direitos humanos, são o núcleo do que é bom para todos, sem distinção. Ao focar exclusivamente em direitos e obrigações *condicionais* decorrentes do ponto de ação em conjunto, o modelo ACAI do Direito ignora os direitos e obrigações *incondicionais* que cabem aos humanos como humanos, independentemente do ponto de ação em conjunto. No entanto, precisamente porque os primeiros são condicionais, seu

437 EDEL, Abraham. "Right and Good". *In*: WIENER, Philip P. (Coord.). *Dictionary of the History of Ideas*. vol. IV. Nova York: Charles Scribner's Sons, 1973, p. 173.

438 EDEL, Abraham. "Right and Good". *In*: WIENER, Philip P. (Coord.). *Dictionary of the History of Ideas*. vol. IV. Nova York: Charles Scribner's Sons, 1973, p. 173.

caráter vinculante depende em última instância de que esses direitos e obrigações estejam em concordância com os últimos.

Em seu cerne, ou assim corre a objeção, o modelo ACAI do Direito envolve a hipóstase de coletivos demarcados em entidades autônomas, separadas à deriva de seu ancoradouro na associação de todos os seres humanos: "nós, humanos". A implicação dessa objeção é que embora possa de fato ser o caso que os processos de globalização envolvam a globalização da inclusão e exclusão, uma ordem jurídica global completamente inclusiva de direitos humanos não é apenas possível em princípio, mas também uma pressuposição inalienável de um relato normativamente viável da autoridade em um contexto global. Porque esse esquema global de direitos humanos não é nada mais e nada senão a articulação do que é comum a todos nós como seres humanos, a questão que concerne a sua autoridade e caráter vinculante é independente das condições que governam sua gênese. Uma tal ordem seria a manifestação do "correto" purificada de toda contaminação por um "bem" demarcado. Assim descrita, uma ordem jurídica global de direitos humanos seria terrestre, mas não territorial. Com Schmitt, ela seria um *nomos* da terra; contra Schmitt, um *nomos* que distribui e produz sem uma tomada (de lugar) anterior. Ela seria a única e verdadeira ordem jurídica global à qual a humanidade pode aspirar, e em relação à qual todas as outras ordens jurídicas globais emergentes devem se submeter, caso devam reivindicar autoridade para si mesmas.

4.5.2 O movimento dos direitos humanos

A seguir, eu escrutino criticamente o argumento a favor da inclusividade total de uma ordem global de direitos humanos em duas etapas consecutivas: a primeira, nessa seção, examina as condições que regem a *emergência* de uma tal ordem; a segunda, na seção seguinte, a questão concernindo sua *estrutura qua* ordem jurídica. Essa abordagem se choca frontalmente com a pressuposição de que questões sobre autoridade são independentes das questões acerca da emergência e estrutura de ordens jurídicas. "[A]s circunstâncias envolvendo as origens dos princípios dos direitos humanos são irrelevantes para seu valor intrínseco e não podem diminuir de suas características salutares".[439] Mas eu não vejo nenhuma razão para dar essa pressuposição como certa; pelo contrário, ela permanece *sub judice*. No que concerne à questão genética, eu me abstenho daqui em diante de me engajar com a legião de contribuições doutrinais e filosóficas do sistema internacional de direitos humanos. Eu sequer discuto a literatura histórica recente focada nas condições que propulsionaram o movimento internacional dos direitos humanos ao *status* do que Moyn coloca como "a última utopia".[440] Meu alvo é muito mais limitado, ou seja, explorar a emergência desse sistema da perspectiva das críticas subalternas a sua reivindicação por universalidade. Eu leio essas críticas como se mostrassem que o sistema internacional dos direitos humanos *tem lugar* de um modo que inclui e exclui. Existem, evidentemente, outras críticas dos direitos humanos. Mas não seria difícil mostrar que a natureza dos argumentos avançados pelos estudos subalternos, mesmo se não necessariamente na substância, é compartilhada

---

439 TESÓN, Fernando R. "International Human Rights and Cultural Relativism". *Virginia Journal of International Law*, vol. 25, 1985, pp. 869-897.

440 Documentando meticulosamente a irrupção espetacular do movimento dos direitos humanos no domínio público no meio dos anos 1970, Moyn argumenta que "os direitos humanos emergiram historicamente como a última utopia – uma utopia que se tornou poderosa e proeminente porque outras visões implodiram". Em uma atmosfera na qual outros sistemas de crença colapsaram, "um internacionalismo girando em torno de direitos individuais surgiu, e assim o fez porque foi definido como uma alternativa pura em uma era de traição ideológica e colapso político". MOYN, Samuel. *The Last Utopia*: Human Rights in History. Cambridge: Belknap Press, 2010, pp. 4 e 8. Ver também MOYN, Samuel. *Human Rights and the Uses of History*. Londres: Verso, 2014, pp. 69-86, esp. p. 82. Embora eu ache seu argumento persuasivo, meu interesse é diferente, ou seja, a genealogia da perspectiva na primeira pessoa do plural de uma ordem internacional dos direitos humanos, para compreender se e como ela tem um fora que pode desafiar essa perspectiva.

por outras críticas, isto é, que o regime internacional de direitos humanos existente exclui no processo de inclusão.[441]

Considere, primeiro, a questão genética, ou seja, a emergência do Direito Internacional dos direitos humanos. A contribuição de Thomas Buergenthal aos Ensaios Centenários do *American Journal of International Law* é um bom lugar para começar, não porque ela pertença à literatura subalterna, mas, ao contrário, porque ela é parte do movimento dos direitos humanos diante do qual essa literatura se opõe vigorosamente. Eu defino o movimento de direitos humanos como o complexo de atividades institucionais, doutrinais e filosóficas orientada a promover o regime internacional de direitos humanos que emergiu após a Segunda Guerra Mundial.

O artigo de Buergenthal começa com a definição de seu tema:

> O Direito Internacional dos direitos humanos como nós o conhecemos hoje... busca proteger os seres humanos individuais sem considerar sua nacionalidade ou outros *status*. Essa é sua característica mais distintiva e valor abrangente.[442]

Esse ramo do Direito Internacional, ele mantém, apenas veio à tona após a Segunda Guerra Mundial, antes do que o Direito Internacional acerca desse tema compreendia "princípios jurídicos e

---

441 Para uma crítica feminista do Direito Internacional dos direitos humanos, ver e.g., ROMANY, Celina. "Women as aliens: a feminist critique of the public-private distinction in international human rights law". *Harvard Human Rights Journal*, vol. 6, 1993, pp. 87-125 e CHINKIN, Cristine. "A Critique of the Public/Private Distinction". *European Journal of International Law*, vol. 10, nº 2, 1999, pp. 387-395. De uma perspectiva dos estudos críticos do Direito, ver KENNEDY, David. "The International Human Rights Movement: Part of the Problem?" *European Human Rights Law Review*, vol. 3, 2001. Reimpressão em *Harvard Human Rights Journal*, vol. 15, 2002, pp. 101-125.

442 BUERGENTHAL, Thomas. "The Evolving International Human Rights System". *The American Journal of International Law*, vol. 100, nº 4, 2006, p. 784.

arranjos institucionais difusos ou sem relação que foram projetados de um jeito ou de outro para proteger certas categorias ou grupos de seres humanos". Ele rapidamente transita para a evolução das normas jurídicas e arranjos institucionais referentes aos direitos civis e políticos. "[L]imitações de espaço", ele lamenta, precluíram a discussão de direitos econômicos, sociais e culturais, para não mencionar os "assim chamados direitos dos povos" ou outras dimensões substantivas ou institucionais desse domínio jurídico. Em todo caso, após localizar as origens do Direito Internacional dos direitos humanos contemporâneos no Sistema de Mandato da Liga das Nações para a proteção de minorias vivendo em certos países, Buergenthal se debruça sobre a Carta das Nações Unidas, com a qual "o Direito Internacional dos direitos humanos, como nós conhecemos hoje, se inicia".[443] O que se segue em seu artigo é um mapeamento dos instrumentos de direitos humanos – internacionais, regionais e domésticos – e as instituições confiadas com o monitoramento e sustentação dos direitos humanos. Embora otimista, seu artigo conclui com a admoestação de que o sistema "não preveniu as violações massivas que foram, e continuam sendo praticadas em muitas partes do mundo". Não obstante,

> o sistema hoje existente... tem salvado vidas, melhorado as condições de direitos humanos em muitos países, e está sendo bem-sucedido em forçar um número crescente de governos a levar as obrigações de direitos humanos mais a sério do que antes.[444]

---

443 BUERGENTHAL, Thomas. "The Evolving International Human Rights System". *The American Journal of International Law*, vol. 100, nº 4, 2006, pp. 783-785.

444 BUERGENTHAL, Thomas. "The Evolving International Human Rights System". *The American Journal of International Law*, vol. 100, nº 4, 2006, p. 807.

O leitor pode estar desapontado que o Direito e a análise jurídica estejam quase completamente ausente em meu resumo. O artigo de Buergenthal é mais generoso a esse respeito, apesar de, sendo um mapeamento, não oferecer nenhuma análise detalhada do corpus de direitos humanos, nem mesmo dos três textos que compreendem a Carta Internacional de Direitos: A Declaração Universal de Direitos Humanos (DUDH, 1948), o Pacto Internacional sobre Direitos Civis e Políticos (PIDCP, 1966) e o Pacto Internacional sobre Direitos Econômicos, Sociais e Culturais (PIDESC, 1966). Mas meu interesse aqui é diferente, ou seja, atrair a atenção do leitor à *narrativa* na qual a discussão de Buergenthal do Direito e dos agentes dos direitos humanos está incrustada. De fato, essa narrativa é reveladora dos pressupostos que regem o movimento de direitos humanos conforme interpretado e oposto pelos acadêmicos subalternos.

Note, para começar, como a narrativa retrata a emergência e a estrutura do Direito Internacional dos Direitos Humanos. No que concerne à sua emergência, ao rastrear o conteúdo do Direito dos Direitos Humanos até a proteção de grupos minoritários sub o Sistema de Mandato da Liga das Nações, e ao propor que a Carta Internacional de Direitos emerge através de instrumentos subscritos por Estados iguais e soberanos, Buergenthal representa o início do Direito dos Direitos Humanos como um novo começo para o Direito Internacional, um começo que não foi manchado pela tomada que governou o encontro entre colonizador e colonizado. A respeito da sua estrutura, Buergenthal imagina o corpus de direitos humanos como organizado hierarquicamente, de modo que se tenha o sistema da ONU no pico, que tem validade universal. A seguir estão as três ordens regionais que ele examina na seguinte sequência: o Direito Europeu, o Direito Interamericano e o Direito Africano. O nível mais baixo é composto por ordens jurídicas domésticas. Em suma, o sistema está organizado como uma relação hierárquica que vai do universal ao particular.

4.5.3 Críticas subalternas do movimento dos direitos humanos

Críticas subalternas do Direito Internacional dos Direitos Humanos existente contestam essa narrativa em vários aspectos. Para começar, elas apontam que muitas sociedades africanas e asiáticas ainda estavam sob o domínio colonial europeu quando a DUDH foi promulgada e, portanto, não tiveram qualquer participação na sua criação. Além disso, argumentam, é questionável se os estados africanos que ratificaram os tratados que compreendem a Carta Internacional de Direitos são representativos de seus povos e culturas. Mais fundamentalmente, acadêmicos subalternos insistem que essa narrativa é ideológica. Para Makau wa Mutua, um dos acadêmicos mais perspicazes e incisivos do TWAIL,

> direitos humanos e a democracia liberal ocidental são virtualmente tautológicos. Embora os dois conceitos pareçam diferentes a distância, um é de fato a versão universalizada do outro: direitos humanos representam a difusão empreendida e então desenvolvida ao nível internacional da tradição política liberal.[445]

Mutua não censura especificamente o artigo de Buergenthal, mas fosse o caso, sem dúvida ele começaria apontando para a admoestação conclusiva de seu artigo, perguntando se é mero acaso que as antigas regiões colonizadas do mundo coincidem com, como Buergenthal coloca, as "muitas partes do mundo" em que violações massivas de direitos humanos têm sido e continuam sendo perpetradas. É simplesmente uma forma de cinismo e uma desculpa das violações de direitos humanos perguntar se existe uma continuidade sistemática ou no mínimo um paralelo entre o interesse primevo em civilizar os colonizados e o interesse

---

445 MUTUA, Makua wa. "The Ideology of Human Rights". *Virginia Journal of International Law*, vol. 36, 1996, p. 592.

contemporâneo em "forçar um número crescente de governos a levar as obrigações de direitos humanos mais a sério do que antes"? Eu cito as perspectivas de Mutua a esse respeito na íntegra:

> [D]ireitos humanos, e a campanha incansável para universalizá-los, apresentam um continuum histórico em uma cadeia ininterrupta do domínio conceitual e cultural ocidental nos últimos séculos. No cerne desse continuum está um vírus aparentemente incurável: o impulso por universalizar normas e valores eurocêntricas repudiando, demonizando e transformando em "outros" aquilo que é diferente e não europeu. [Esse] argumento... não intenciona sugerir que os direitos humanos são maus per se ou que o corpus dos direitos humanos irremediável. Ao invés disso, sugere-se que a globalização dos direitos humanos se encaixa em um padrão histórico no qual toda a moralidade superior vem do Ocidente como um agente civilizador contra formas menores de civilização no resto do mundo.[446]

A retratação de Mutua é importante: ele não se envolve em uma desqualificação indiscriminada do movimento de direitos humanos sancionado pela ONU como um mero instrumento do imperialismo. "As raízes [do movimento dos direitos humanos corrente] na tradição liberal ocidental necessariamente negam-lhe completude, embora não neguem a universalidade de muitos de seus ideais e normas".[447] Essa visão cheia de nuances permite que ele aborde o corpus de direitos humanos de uma maneira que é tanto crítica quanto construtiva.

---

446 MUTUA, Makua wa. "Savages, victims, and saviors: the metaphor of human rights". *Harvard International Law Journal*, vol. 42, nº 1, 2001, p. 210.

447 MUTUA, Makua wa. "The Banjul Charter and the African Cultural Fingerprint: an Evaluation of the Language of Duties". *Virginia Journal of International Law*, vol. 35, nº 2, 1995, p. 344.

No lado crítico do registro, Mutua argumenta que o movimento dos direitos humanos qualifica como universal aquilo que é de fato uma contribuição particularista aos direitos humanos, uma contribuição que se transforma em uma forma de imperialismo cultural na medida em que o Direito dos Direitos Humanos é transformado em "um projeto liberal cujo objetivo primordial, embora não explicitamente anunciado, é a imposição de uma democracia liberal no estilo ocidental" no Terceiro Mundo.[448] Embora Mutua sem dúvida reconheceria que Buergenthal aceita a importância de outros direitos no corpus dos direitos humanos, a advertência acerca das "limitações de espaço" que justifica o foco exclusivo nos direitos civis e políticos revela uma agenda política específica. A advertência efetivamente distingue entre direitos humanos básicos e não básicos de uma maneira que dá como certa a democracia liberal. No entanto, a interpretação da relação entre indivíduo e Estado efetiva na democracia liberal tem valor explanatório e normativo limitado ao contexto colonial e pós-colonial da África. A disrupção de comunidades etnopolíticas que foram forçadas a viver juntas no Estado colonial, junto à imposição continuada da forma estatal no processo de descolonização, envolvem a "deslegitimação de valores, noções, e filosofias acerca do indivíduo, da sociedade, da política, e da natureza desenvolvidas ao longo de séculos".[449] Em particular, o movimento dos direitos humanos tem deslegitimado a perspectiva acerca do indivíduo centrada no grupo prevalecente em uma ampla gama de sociedades africanas, que John Mbiti destila da seguinte maneira: "Eu sou porque nós somos, e porque nós somos eu também sou".[450] Retornando ao

---

448 MUTUA, Makua wa. "The Ideology of Human Rights". *Virginia Journal of International Law*, vol. 36, 1996, p. 656.

449 MUTUA, Makua wa. "The Banjul Charter and the African Cultural Fingerprint: an Evaluation of the Language of Duties". *Virginia Journal of International Law*, vol. 35, nº 2, 1995, p. 343.

450 MBITI, John. *African Religions and Philosophy*. Londres: Heinemann, 1970, p. 141, citado por MUTUA, Makua wa. "The Banjul Charter and the African

artigo de Buergenthal, a deslegitimação e a marginalização da perspectiva africana, que enfatiza não apenas direitos mas também os deveres dos indivíduos vis-à-vis seus grupos, vem à tona em sua referência concisa aos "assim chamados direitos dos povos". Note que essa referência deprecatória à perspectiva acerca do indivíduo centrada no grupo é apenas uma das implicações da definição de Buergenthal do Direito dos Direitos Humanos como se buscasse "proteger os seres humanos individuais sem considerar sua nacionalidade ou outros *status*", um objetivo que ele qualifica como seu "valor abrangente". Da perspectiva de Mutua, restringir o Direito dos Direitos Humanos à proteção dos indivíduos, mesmo caso se fosse incluir direitos sociais e econômicos, equivale a uma abreviação imprópria de seu conceito.

Essas considerações têm uma implicação significativa para a apresentação de Buergenthal da estrutura do corpus de direitos humanos como um sistema de três níveis composto pelo Direito Universal, Regional e Doméstico. Relembre que, em sua apresentação, os níveis inferiores são espécie de um único gênero. Assim, a autoridade dos níveis inferiores é derivada da sua disposição em reproduzir o universal, apesar de diferenças regionais serem permitidas, desde que elas se moldem ao conteúdo universal dos direitos humanos: *e pluribus unum*. De igual modo, essa interpretação hierárquica permite e autoriza a intervenção nessas ordens jurídicas domésticas em que violações massivas de certos direitos humanos tiveram lugar.

Para Mutua, essa abordagem mascara que a Carta Internacional de Direitos é acima de tudo proveniente do Direito e da jurisprudência constitucionais das democracias liberais ocidentais, de modo que o conteúdo do Direito Internacional dos Direitos Humanos é derivado de certas ordens jurídicas doméstica, e não

---

Cultural Fingerprint: an Evaluation of the Language of Duties". *Virginia Journal of International Law*, vol. 35, nº 2, 1995, p. 360.

vice-versa. Em operação, aqui, está um "localismo globalizado", nas palavras de Santos, que então passa a ser um "globalismo localizado". Como resultado, o movimento dos direitos humanos encobre que uma interpretação historicamente enraizada da relação entre seres humanos e as sociedades em que eles vivem subentende a alegada universalidade da Carta Internacional de Direitos. Como Mutua aponta, de maneira alguma isso implica tolerar as violações massivas de direitos humanos, seja na África ou em outros lugares. Mas, como ele deixa abundantemente claro, a Carta Africana não é simplesmente uma particularização da Carta Internacional de Direitos; ela propõe uma reivindicação de universalidade própria que é parcialmente diferente da – e em alguns aspectos discutivelmente *incompatível* com – universalidade postulada para a segunda. Os paladinos da Carta Internacional de Direitos tomam por universal aquilo que é de fato particular, e então demandam obediência à Carta porque, segundo eles, sua universalidade comanda fidelidade de toda a humanidade – ou ao menos daquelas comunidades que merecem um lugar na comunidade humana.

A obra de Mutua e outros acadêmicos do TWAIL não permanecem sozinhas na exposição do conjunto particular e contingente de pressupostos que tornam possível a emergência do regime internacional de direitos humanos. Por exemplo, Raimon Panikkar realça os pressupostos culturalmente específicos que animam a DUDH.

> [A] Declaração foi articulada segundo as linhas das correntes históricas do mundo ocidental durante os três últimos séculos, e sintonizada com uma certa antropologia filosófica ou humanismo individualista que ajudou a justificá-las.[451]

Esses pressupostos incluem, em sua leitura, uma natureza humana universal que é comum a todos os povos e que é essencialmente

451 PANIKKAR, Raimon. "Is the Notion of Human Rights a Western Concept". *Diogenes*, vol. 30, nº 120, 1982, pp. 75-102.

diferente do resto da realidade; a dignidade inalienável do indivíduo como um fim em si mesmo/mesma e, enquanto tal, um absoluto; e uma ordem social democrática. Ele aponta que esse conjunto interligado de pressuposições não é algo simplesmente dado para outras culturas. De uma perspectiva intercultural (em vez de transcultural), não apenas a resposta à questão sobre a universalidade dos direitos humanos, mas a própria questão é localizada. "De um ponto de vista não ocidental, o problema mesmo não é visto desse modo, dado que não é meramente uma questão de concordar ou discordar da resposta".[452]

Em essência, não aderir a esses pressupostos não precisa implicar em conclamar o caos ou endossar a violência, como o movimento dos direitos humanos está habituado a proclamar. Na medida em que direitos humanos são fundamentalmente acerca da proteção da dignidade humana, o que se requer é o encontro de um "equivalente homeomórfico" ao "[se] investig[ar] como outra cultura satisfaz a necessidade equivalente".[453] Referindo-se à cultura hindu, Panikkar sustenta que se o *dharma* "é aquilo que mantém, dá coesão e então força a todas as coisas, à realidade, e em última instância aos três mundos", então *svadharma* – o dharma inerente em cada ser – é o equivalente homeomórfico hindu de direitos humanos.[454] Essencialmente, ele adiciona, isso

> não significa a contraparte correspondente, como se tudo que estivesse veiculado pelos direitos humanos também fosse arcado pelo *svadharma* ou vice-versa. Culturas são inteiras, e não se encaixam em correspondências simples e diretas.[455]

---

452 PANIKKAR, Raimon. "Is the Notion of Human Rights a Western Concept". *Diogenes*, vol. 30, nº 120, 1982, p. 185.

453 PANIKKAR, Raimon. "Is the Notion of Human Rights a Western Concept". *Diogenes,* vol. 30, nº 120, 1982, p. 180.

454 PANIKKAR, Raimon. "Is the Notion of Human Rights a Western Concept". *Diogenes,* vol. 30, nº 120, 1982, p. 192.

455 PANIKKAR, Raimon. "Is the Notion of Human Rights a Western Concept". *Diogenes*, vol. 30, nº 120, 1982, p. 192.

Em particular, *svadharma* implica, dentre outras coisas, que os direitos humanos não são apenas direitos *individuais*; que eles não são apenas direitos *humanos*; que eles não são apenas *direitos*; que eles não são *absolutos*. Como resultado, um diálogo intercultural é mais urgente do que nunca, porque "não há no presente nenhuma teoria endógena capaz de unificar as sociedades contemporâneas e nenhuma ideologia imposta ou importada pode simplesmente ser substituída por ela".[456]

4.5.4 *E pluribus unum*

Curiosamente, contudo, nos artigos citados, Mutua e Panikkar se recusam a julgar os direitos humanos irredimíveis. Reconhecendo que a proteção da dignidade humana é uma aspiração central do Direito dos Direitos Humanos, ambos os acadêmicos enfatizam a necessidade de um diálogo intercultural genuíno que possa contrapor seu foco eurocêntrico. Ademais, eu estou bastante ciente de que essas críticas dos movimentos dos direitos humanos suscitam diversas questões cruciais, algumas das quais permanecem ora sem resposta, ora insuficientemente respondidas pela literatura subalterna. Em particular, permanece aberta a questão sobre se sua crítica do regime internacional dos direitos humanos explora completamente seu potencial normativo, o qual, se aproveitado, pode permitir ao regime acomodar essas críticas. A esse respeito, a explicação de Buergenthal sobre o movimento dos direitos humanos não é de nenhuma maneira sua expressão definitiva. O leitor se lembrará de meus próprios comentários, na seção 3.1.4, acerca da aceitação de atos representacionais, envolvendo oposição a e a transformação da unidade coletiva, um processo praticamente em operação naquilo que Hans-Robert Jauss chamaria de "recepção"

---

456 PANIKKAR, Raimon. "Is the Notion of Human Rights a Western Concept". *Diogenes*, vol. 30, nº 120, 1982, p. 195.

do movimento dos direitos humanos por culturas e acadêmicos não ocidentais – incluindo Mutua e Panikkar!

A versão de David Kinley do pluralismo dos direitos humanos é exemplar quanto a como o Direito Internacional dos Direitos Humanos, em sua configuração contemporânea, pode ser defendido como a denúncia subalterna do eurocentrismo e da dominação. O foco de seu argumento concerne às cláusulas de limitação, pelas quais os direitos humanos "podem ser legitimamente limitados e responsabilidades reduzidas ou suspendidas".[457] Essas cláusulas incluem emergências públicas em situações excepcionais e, em circunstâncias normais, a restrição dos direitos humanos em prol dos interesses da ordem pública, saúde, segurança nacional e proteção da moralidade pública. Como Kinley aponta, essas cláusulas de limitação não deveriam ser lidas simplesmente como a manifestação de pragmatismo político. Mais fundamentalmente, ao tornarem os direitos humanos sensíveis ao contexto, elas servem como veículos que protegem sensibilidades pluralistas. As cláusulas de limitação são, dessa perspectiva, também cláusulas de empoderamento, ou seja, "meios de engajamento e inclusão pelos quais estados podem interpretar e aplicar direitos de maneiras que refletem suas histórias, culturas, costumes, circunstâncias políticas e tradições jurídicas inescapavelmente variadas".[458] Kinley então mostra como o princípio da subsidiariedade, a necessidade de exaurir os remédios domésticos antes de reclamações poderem ser protocoladas em tribunais internacionais, o princípio da "margem de apreciação" e a interação político-dialógica e diplomática entre estados e órgãos internacionais de direitos

---

457 KINLEY, David. "Bendable rules: the development implications of human rights pluralism". *In*: TAMANAHA, Brian; SAGE, Caroline; WOOLCOCK, Michael (Coord.). *Legal pluralism and development*: scholars and practitioners in dialogue. Cambridge: Cambridge University Press, 2012, p. 51.

458 WOOLCOCK, Michael (Coord.). *Legal pluralism and development*: scholars and practitioners in dialogue. Cambridge: Cambridge University Press, 2012, p. 52.

humanos são cada qual e conjuntamente uma confirmação do pluralismo inerente ao Direito Internacional dos Direitos Humanos. A "flexibilidade" do Direito dos Direitos Humanos atesta o fato de que "o Direito Internacional dos Direitos Humanos não é absolutista e intransigente – não importa o quão zelosamente alguns busquem argumentar o caso – e nunca poderá ser".[459] Ele adiciona que o caráter inerentemente pluralista do Direito Internacional dos Direitos Humanos demanda, dentre outras coisas, levar a sério e endereçar as críticas ao movimento dos direitos humanos por Mutua e outros.

Mas há uma ressalva. Embora reconheça que o Direito Internacional dos Direitos Humanos oferece um amplo escopo para pluralismo e dependência de contextos, Kinley também nota que

> há limites. Há linhas que precisam ser desenhadas na areia. Nós como indivíduos, comunidades e estados queremos e devemos tomar uma posição quanto a certas interpretações, derradeiramente considerando-as aceitáveis ou não.[460]

Enfaticamente, sim! Mas quem, concretamente, fala em nome desse nós* ao se desenhar a linha? E quem pertence a esse nós* representado por quem desenha a linha em nome de uma comunidade ou estado?[461] O pluralismo dos direitos humanos

---

459 WOOLCOCK, Michael (Coord.). *Legal pluralism and development*: scholars and practitioners in dialogue. Cambridge: Cambridge University Press, 2012, p. 56.

460 WOOLCOCK, Michael (Coord.). *Legal pluralism and development*: scholars and practitioners in dialogue. Cambridge: Cambridge University Press, 2012, p. 58.

461 Na mesma linha, Delmas-Marty aponta que "mais do que a unificação, [a DUDH] sugere a harmonização dos sistemas jurídicos, na medida em que diferenças são admitidas (logo um certo relativismo) mas com a condição de serem compatíveis com os princípios comuns fundantes (assim preservando a harmonia do todo, logo universalismo)". Mas quem efetivamente decide no que conta como os princípios comuns fundantes e seu conteúdo universal?

será de fato um pluralismo limitado, no sentido notado nesse livro: quem viesse a contestar o que são as variações e modulações "aceitáveis" do humano seria considerado colocado no domínio do inumano ou do sub-humano. Há razões doutrinais e filosóficas excelentes para defender o pluralismo dos direitos humanos, como Kinley faz, mas é um pluralismo com uma unidade pressuposta do Direito Internacional dos Direitos Humanos: e *pluribus unum*. Há, contudo, uma pluralidade política para além do pluralismo dos direitos humanos, o que é, em minha opinião, o verdadeiro desafio confrontando a teoria e a prática dos direitos humanos: *a humanidade está dentro e fora do regime internacional dos direitos humanos existente.*

Eu insisto: as considerações anteriores de maneira alguma menosprezam as conquistas do Direito Internacional dos Direitos Humanos, nem rejeitam ou diminuem os recursos que ele consegue ordenar contra o *nomos* da terra capitalista. Mas eu não vejo nenhuma base para assumir que ele ilustra uma alterglobalização no sentido forte de uma ordem jurídica global que inclui sem excluir. Eu compartilho a perspectiva de Baxi de que a globalização do regime de direitos humanos existente não equivale à sua universalização.[462] Como qualquer outro direito, ele tem lugar.

Ver DELMAS-MARTY, Mireille. *Trois défis pour un droit mondial*. Paris: Seuil, 1998, p. 26.

462 Ver BAXI, Upendra. *The future of human Rights*. 3ª ed. Nova Deli: Oxford University Press, 2008, pp. 198-205. Daniel Augenstein aponta que os direitos humanos são predicados da noção de seres humanos portadores de direitos que emergiu em conjunto com o Estado Moderno (e.g. a correspondência da distinção entre a esfera pública e a esfera privada e a distinção entre cidadão público e indivíduo privado). Como um resultado, ele expõe, a "universalização" dos direitos humanos procede através da globalização dos estados, e não o contrário. Augenstein também aponta, contudo, que nesse processo a noção ocidental de direitos humanos tem sido reivindicada e transformada por outras culturas, ver AUGENSTEIN, Daniel. *Global business and the law and politics of human rights* (no prelo, arquivado com o autor).

4.5.5 O bem para todos nós

Mas dado que o Direito Internacional dos Direitos Humanos emerja através de uma tomada de lugar que inclui e exclui, poderia ser de outro modo, ao menos em princípio, mesmo se ainda não de fato? Afinal de contas, o Direito dos Direitos Humanos existente permanece mediado por estados e pela história do colonialismo que onera o contexto pós-Segunda Guerra Mundial da sua emergência. Trata-se, de fato, de um regime *internacional* de direitos humanos, em vez de um regime propriamente global, i.e., um regime que poderia reivindicar validade global independentemente dos estados.[463] Imaginem que uma tal ordem global fosse estabelecida; seria ela capaz, em virtude de sua *estrutura*, de superar a lógica da inclusão e exclusão que continua a operar em cada uma das alterglobalizações discutidas até agora?

Essa questão revisita a objeção de que o modelo ACAI do Direito restringe desmedidamente a natureza dos direitos e obrigações jurídicas. De acordo com essa objeção, os direitos humanos são o paradigma dos direitos e obrigações jurídicas que não são direcionadas ou relacionais, para usar as terminologias de Gilbert e Hart. Enquanto direitos cabíveis a todos os humanos enquanto tais, direitos humanos rompem o escopo limitado das obrigações direcionadas sob a ação coletiva. Nos termos da venerável distinção entre o bem e o correto, enquanto obrigações direcionadas articulam o bem de um dado coletivo, direitos humanos articulam aquilo que é correto e que deve ser feito por qualquer coletivo, independentemente de sua concepção de bem. A natureza exemplar Do Direito

---

463 Durante os estágios iniciais do processo de redação, o título da declaração era Declaração Internacional de Direitos Humanos; apenas no último estágio de redação o título foi mudado para Declaração Universal dos Direitos Humanos. Ver GLENDON, Mary Ann. *The world made new*: Eleanor Roosevelt and the Universal Declaration of Human Rights. Nova York: Random House, 2001, p. 161. Moyn refuta as origens alegadamente globais e multiculturais da DUDH em MOYN, Samuel. *The Last Utopia*: Human Rights in History. Cambridge: Belknap Press, 2010, pp. 63-72.

dos Direitos Humanos para o domínio daquilo que é correto precisa permanecer encoberta enquanto o Direito dos Direitos Humanos for Direito Estatal ou Direito Internacional. Porque esses tipos de ordens jurídicas continuam a depender de concepções demarcadas de bem, ou assim se objeta. Se, dessa perspectiva, se quiser ver os direitos humanos implementando seu potencial completo como a manifestação jurídica daquilo que é incondicionalmente correto, então se precisa dar o salto rumo a uma ordem jurídica verdadeiramente global dos direitos humanos que cria diretamente direitos e obrigações entre os indivíduos como seres humanos, em vez de membros de um estado. Uma ordem jurídica dos direitos humanos verdadeiramente global revelaria a estrutura pelúcida dos direitos humanos, ou seja, como a manifestação do *correto* enquanto tal e em geral, purificado de todas as contaminações por concepções mais ou menos contingentes e demarcadas, do *bem* coletivo.

É dessa maneira que eu proponho reconstruir brevemente a contribuição de Jürgen Habermas a uma Teoria do Direito *Global* dos Direitos Humanos (que é apenas uma parte de sua contribuição para uma teoria normativa dos direitos humanos). Sua teoria discursiva do Direito é discutivelmente a tentativa ocidental mais compreensiva e influente de pensar através das implicações normativas do papel minguante das demarcações estatais na “constelação pós-nacional”.

> Sob a pressão da desnacionalização, as sociedades constituídas como Estados-nação estão se “abrindo” a uma sociedade mundial impulsionada economicamente. O que me interessa é a desejabilidade e, nas presentes circunstâncias, a possibilidade, de um “fechamento” político renovado dessa sociedade global.[464]

---

464 HABERMAS, Jürgen. *The Postnational Constellation*. Trad. para o inglês de Max Pensky. Cambridge: Polity Press, 2001, p. 61. Os próximos parágrafos se emprestam das e expandem as ideias apresentadas pela primeira vez em LINDAHL, Hans. *Fault lines of globalization*: legal order and the politics of a-legality. Oxford: Oxford University Press, 2013, pp. 241/242.

A referência ao fechamento entre aspas aponta para o duplo papel que Habermas espera que o Direito deva cumprir na realização do projeto do cosmopolitismo. De um lado, ele vê o Direito como essencial para o fechamento político sem o qual não se pode reconquistar o controle sobre os processos sociais. De outro, ele argumenta que o fechamento espacial é uma característica contingente da ordem jurídica. De fato, embora ele note que qualquer definição política de fins coletivos requer um fechamento que é tanto normativo quanto espacial, uma entidade política mundial organizada com vista à promulgação e à execução jurídicas de um regime global de direitos humanos – um direito cosmopolita, como ele o nomeia – seria completamente inclusiva, tanto normativa quanto espacialmente.

> O ponto do Direito cosmopolita é... que ele ultrapassa os sujeitos coletivos do Direito Internacional e estabelece diretamente o *status* jurídico dos sujeitos individuais ao lhes conceder filiação não mediada na associação dos cidadãos mundiais livres e iguais.[465]

Isso demanda que os direitos humanos tenham um *status* jurídico, em vez de meramente moral: "[d]ireitos humanos são jurídicos por sua própria natureza. O que lhes empresta a aparência de direitos morais é... seu modo de validade, que aponta para além das ordens jurídicas dos Estados-nação".[466] A fundação de uma entidade política mundial asseguraria seu *status* como executável, direitos subjetivos cabíveis a todos os seres humanos como cidadãos livres e iguais em uma entidade política mundial. Inversamente, apenas na medida em que essa entidade política

---

465 HABERMAS, Jürgen. *The inclusion of the other*: studies in political theory. Trad. para o inglês de Ciaran Cronin e Pablo de Greiff. Cambridge: Polity Press, 2005, p. 181.

466 HABERMAS, Jürgen. *The inclusion of the other*: studies in political theory. Trad. para o inglês de Ciaran Cronin e Pablo de Greiff. Cambridge: Polity Press, 2005, p. 190.

assegura os direitos humanos e a paz humana pode ela ser "distinguida das comunidades organizadas estatalmente em razão do princípio da inclusão completa – ela não pode excluir ninguém, porque ela não pode permitir qualquer tipo de demarcação social entre dentro e fora". Habermas adiciona: "essa autocompreensão ético-política dos cidadãos de uma vida democrática particular falta à comunidade inclusiva dos cidadãos mundiais".[467] Enquanto a primeira permanece ligada a concepções particulares do bem, uma entidade política completamente inclusiva é tornada possível pela capacidade do Direito de mediar entre a universalidade da moralidade, conforme articulada em um regime de direitos humanos, e a particularidade das comunidades ético-políticas.

Em virtude de articular aquilo que é bom para *todos*, uma ordem global de direitos humanos é o padrão de referência universal pelo qual se deve abordar as reivindicações por validade de ordens jurídicas particulares, cada qual estando orientada a realizar aquilo que é bom para *nós*. Embora se tenha certo espaço para diversidade e diferença, o que é bom para nós, como um coletivo, precisa se submeter e expressar aquilo que é bom para todos. Contra o modelo ACAI do Direito, uma alterglobalização jurídica, no sentido forte de uma ordem jurídica com um dentro sem nenhum fora, torna-se possível pelos direitos humanos como a encarnação daquilo que é correto para todo mundo em todo lugar. Em contraste com aquilo que é bom para um coletivo particular, o correto, nesse sentido forte, é um *jus humanitatis* articulado por uma ordem global de direitos humanos.

Mais uma vez, a interpretação de Buergenthal do regime dos direitos humanos existentes, um conjunto nivelado de ordens jurídicas torna a aparecer: direitos universal, regional e doméstico dos direitos humanos, em que direitos humanos regionais e domésticos

---

467 HABERMAS, Jürgen. *The Postnational Constellation*. Trad. para o inglês de Max Pensky. Cambridge: Polity Press, 2001, p. 107.

se baseiam e particularizam o universal. Essa ordem global dos direitos humanos precisa necessariamente ser "tênue" quanto ao conteúdo, permitindo particularizações, tanto regionais quanto domésticas, recepcionando diferenças significativas.

> Se a comunidade internacional se limita a assegurar a paz e a proteger direitos humanos, a solidariedade indispensável entre os cidadãos mundiais não precisa alcançar o nível de um consenso implícito acerca de valorações "éticas" e "práticas" densas que são necessárias para sustentar uma cultura política e forma de vida comuns entre conacionais.[468]

Habermas assevera que "uma coincidência entre os recursos morais concernindo abusos massivos de direitos humanos e violações evidentes da proibição de ataques militares" está disponível e garante a universalidade de uma ordem global de direitos humanos.[469]

Mas há essa "coincidência"? Em particular, pode o confinamento do ponto de uma entidade política mundial para assegurar a paz e proteger indivíduos contra violações massivas de direitos humanos escapar da contestação de que ela pressupõe uma versão daquilo que é bom para *nós*, em vez daquilo que é bom para todos?

Para começar, estabelecer o que conta como abusos *massivos* de direitos humanos já pressupõe um conjunto local de valores compartilhados. Por exemplo, nações industrializadas ocidentais e nações emergentes, como Brasil, China e Índia, podem estar certas de que as consequências ambientais de suas atividades econômicas não contariam, aos olhos daqueles países pobres que são os mais ameaçados por essas consequências, como abusos massivos de direitos humanos, que clamam por uma intervenção imediata e

---

468 HABERMAS, Jürgen. *The Divided West*. Trad. para o inglês de Ciaran Cronin. Cambridge: Polity Press, 2006, p. 143 (tradução modificada).

469 HABERMAS, Jürgen. *The Divided West*. Trad. para o inglês de Ciaran Cronin. Cambridge: Polity Press, 2006, p. 143 (tradução modificada).

severa por parte da entidade política mundial? Além disso, existe um segundo problema. Constituições, quando positivam direitos humanos, também estabelecem a possibilidade de *limitar* o escopo desses direitos, para balancear a liberdade individual e o bem comum. Essa possibilidade de legislar limitações ao escopo dos direitos humanos em uma entidade política mundial não pressuporia uma interpretação mais ou menos determinada do bem comum global? Além disso, é bem sabido que os direitos humanos podem colidir entre si, de modo que abordar um caso específico possa requerer balanceá-los. Como podem eles ser balanceados sem pressupor um padrão mais ou menos determinado, que pode inclusive ser objeto de controvérsia? Ademais, e retornando à crítica subalterna do regime de direitos humanos existente, quais direitos humanos pertenceriam ao catálogo de direitos a serem salvaguardados pela entidade política mundial? Por exemplo, à luz das enormes disparidades em riqueza e renda entre países ricos e pobres, seria possível evitar a inclusão de direitos econômicos e sociais no catálogo, se a entidade política mundial deve assegurar a "paz mundial", conforme Habermas gostaria que fosse? Isso não requereria transferir o estabelecimento e a implementação de políticas econômicas e ambientais, que Habermas atribuiu às entidades políticas regionais como a UE, à entidade política mundial? Mas haveria qualquer esperança de definir políticas econômicas e ambientais ao nível global senão via um conjunto localizado de valores considerados comuns à entidade política mundial? Finalmente, e ainda propulsionando as críticas subalternas um passo adiante: o regime global deveria apenas incluir *direitos* humanos ou mesmo apenas direitos *humanos*?

O cerne do meu argumento está claro, eu espero: uma ordem global de direitos humanos, tal qual qualquer outra ordem jurídica, seria um conceito na primeira pessoa do plural. A decisão inaugural hipotética pela qual "Nós, os membros do coletivo global, conjuntamente atribuímos a nós mesmos um conjunto de direitos o qual cada um de nós compartilha com os outros em virtude de nossa humanidade comum", pressupõe um ato representacional que apreende a iniciativa para estabelecer aquilo que conta, para propósitos jurídicos, como humano. Positivar direitos humanos em uma ordem jurídica global requer uma tomada de lugar que inclui e exclui com vistas a limitar aquilo que deve valer, da perspectiva na primeira pessoa do plural de um coletivo global, como constituindo *nossa* "humanidade comum". O bem de todos inevitavelmente vem a ser o bem de todos... *nós*, em que "nós" determina o escopo de "todos".

É sobre esse pano de fundo que se deveria ler, e não com pouca trepidação, a reivindicação de Habermas de que "[o] Primeiro Mundo constitui o meridiano temporal... pelo qual a simultaneidade política da não simultaneidade econômica e cultural é mensurada".[470] Tendo sido ungida por Habermas como a medida política e representativa para toda a humanidade, o "Primeiro Mundo" está justificado, em sua perspectiva, a exercer "compulsões gentis à ação coordenada global que começa com uma percepção sem distorções dos perigos globais correntes".[471] Habermas assim se faz vulnerável à objeção subalterna do historicismo, conforme formulada por Chakraparty, e que também pode ser levantada contra Buergenthal e seus iguais, ou seja, a pressuposição de que há "uma unidade estrutural subjacente (se não uma totalidade expressiva) ao processo histórico e ao tempo que torna possível

470 HABERMAS, Jürgen. "Kant's Idea of Perpetual Peace, with the Benefit of Two Hundred Years' Hindsight". *In*: BOHMAN, James (Coord.). *Perpetual peace*: essays on Kant's cosmopolitan ideal. Cambridge: MIT Press, 1997, p. 132.

471 HABERMAS, Jürgen. "Kant's Idea of Perpetual Peace, with the Benefit of Two Hundred Years' Hindsight". *In*: BOHMAN, James (Coord.). *Perpetual peace*: essays on Kant's cosmopolitan ideal. Cambridge: MIT Press, 1997, p. 133. Para uma crítica cortante dessas passagens e da abordagem universalista de Habermas do Direito e da política em geral, ver RASCH, William. *Sovereignty and its discontents*: on the primacy of conflict and the structure of the political. Londres: Birkbeck Law Press, 2004, pp. 49-63.

identificar certos elementos no presente como 'anacrônicos'".[472] E essa organização do tempo anda lado a lado com uma tomada de lugar que inclui e exclui.

Para ser justo com Habermas, suas ruminações acerca da ordem global dos direitos humanos não esgotam de nenhuma maneira sua contribuição para uma fundamentação normativa dos direitos humanos. Dever-se-ia olhar em outro ponto da obra de Habermas para uma interpretação filosoficamente rica dos direitos humanos, uma interpretação que também reconhece sua contestabilidade. Eu tenho mais a dizer a esse respeito no capítulo V. Em todo caso, eu tenho focado na sua interpretação dos direitos humanos em uma "constelação pós-nacional", mesmo se em alguns sentidos ela é contraditória com outros aspectos de seu pensamento, porque ilustra as implicações da institucionalização dos direitos humanos como uma ordem jurídica global. Quanto a isso eu não tenho nenhuma dúvida: o projeto de Habermas para uma ordem jurídica global de direitos humanos, se viesse a ser estabelecido, traria à completude aquilo que Schmitt chama de um *nomos* da terra. A questão que eu levantei anteriormente retorna nesse capítulo para assombrar Habermas, certamente um dos adversários filosóficos mais implacáveis de Schmitt: o estabelecimento de uma ordem global de direitos humanos poderia alcançar a fruição senão através de uma tomada de lugar, ocorrendo, como Schmitt coloca, um imperialismo latente "que em uma mudança surpreendente pode novamente vir a ser virulento?"

---

472 Chakrabarty também se refere ao historicismo da "sincronia do não síncrono" de Ernst Bloch. Ver CHAKRABARTY, Dipesh. *Provincializing Europe*: postcolonial thought and historical difference. Princeton: Princeton University Press, 2000, p. 12. Habermas provavelmente tem em mente a caracterização de Reinhart Koselleck da experiência moderna da temporalidade, a qual Habermas parafraseia do seguinte modo: "o *insight* quanto à simultaneidade cronológica de desenvolvimentos historicamente não síncronos". Ver HABERMAS, Jürgen. *The philosophical discourse of modernity*: twelve Lectures. Trad. para o inglês de Frederick Lawrence. Cambridge: MIT Press, 1990, p. 6.

Eu insisto mais uma vez: esse achado não minimiza de nenhuma maneira a importância dos direitos humanos; mas o achado mostra que, como todas as outras formas de ordens jurídicas globais emergentes, a inauguração de uma ordem global de direitos humanos instanciaria as três teses avançadas anteriormente: [T1] unidade putativa; [T2] unificação; [T3] pluralização.

Em retrospectiva, a trajetória deste capítulo se resume a isso: independentemente de como se queira compreender o "alter" das alterglobalizações, não há qualquer alterglobalização cuja inauguração possa evitar uma tomada de lugar que inclui e exclui. Como resultado, há alterglobalizações no plural, e não alterglobalização no singular.

4.6 Lidando com contingência

Eu concluo este capítulo me referindo à contribuição perspicaz de Ferdinando Menga quanto ao debate acerca da globalização das ordens, jurídicas ou não:

> Supõe-se que a característica específica da globalização seja que ela permite uma compreensão do mundo como espaço de vida unitário ou como criação enquanto espaço no qual a universalidade e a unidade podem ser estabelecidas. No entanto, o que muitos discursos acerca da globalização ignoram ou pretendem ignorar é que um paradoxo inescapável cabe à emergência de toda ordem, ou seja, que nenhuma ordem pode realmente escapar de sua genealogia contingente. Isso significa que [nenhuma ordem] pode neutralizar o fato de sua fundação; que em sua fundação e daí em diante, [toda] ordem toma seu ponto de partida "em algum lugar" e não do todo, logo, que [toda ordem] é histórica e ontologicamente

> demarcada, independentemente de quaisquer reivindicações "totalizantes" que ela queira avançar.[473]

Em minha leitura do *insight* de Menga, a globalização do Direito dos Direitos Humanos – mesmo sob as condições daquilo que Kinley chama de "pluralismo dos direitos humanos" – é, discutivelmente, a manifestação mais prenhe da contingência que governa a emergência das ordens jurídicas (globais), embora seja uma contingência que essas mesmas ordens encobrem ao reivindicarem universalidade para si mesmas.

O *insight* de Menga é importante porque ele contribui para articular a questão-chave acerca dos processos de globalização realçados pelas análises anteriores: como lidar com a contingência da emergência das ordens jurídicas (globais)?

Note que a expressão "lidar com" acomoda duas interpretações diferentes. Aqui está uma primeira maneira de interpretá-la: mesmo se, como eu busquei mostrar, uma ordem jurídica não pode emergir na ausência de uma tomada que exclui no processo de incluir, isso impediria que, no mínimo em princípio, mesmo se ainda não como uma questão de fato, uma ordem jurídica pudesse ser *cada vez mais inclusiva*? De novo: pode-se conceder que não há qualquer ordem jurídica global no sentido indicado na seção 1.5.3, i.e., como uma ordem jurídica que *ab inito* poderia cumprir a reivindicação de ser totalmente inclusiva, mas vedaria isso antecipadamente a possibilidade da *globalização* no sentido forte de um processo universalizante? A possibilidade de progressivamente integrar uma pluralidade de globalizações jurídicas em *um mundo*, por um processo de baixo para cima, não seria a pressuposição necessária de um conceito rico de autoridade?

---

473 MENGA, Ferdinando. "Was sich der Globalisierung entzieht. Die unaufhebbare Kontingenz bei der Stiftung von Weltordnungen". *In*: KOCH, Dietmar; RUPPERT, Michael; WEIDTMANN, Niels (Coord.). *Globalisierung – Eine Welt?* Tübingen: Attempto-Verlag, 2015, p. 65.

O que é surpreendente acerca das abordagens diferentes da alterglobalização discutidas neste capítulo é que cada uma delas coloca a globalização como um processo de universalização, embora o término desse processo ainda não tenha sido alcançado, e possa ser preciso postergá-lo indefinidamente. Esse foi o caso da perspectiva de John Holloway sobre mudar o mundo, quando ele argumenta a favor de uma forma de poder que pudesse superar o fechamento e os limites dos coletivos capitalistas. Foi também o caso com a interpretação de Hardt e Negri da práxis emancipatória como criação progressiva de um mundo completamente imanente. Também vale para a defesa de Boaventura de Sousa Santos de um *jus humanitatis* no que concerne aos bens comuns globais. É também explicitamente defendida pelas críticas subalternas dos direitos humanos, em particular aquelas de Mutua e Panikkar, quando elas demandam um diálogo intercultural que possa dar ensejo a uma universalidade genuína dos direitos humanos. E a defesa de Habermas dos direitos humanos, quando tosada dos pressupostos questionáveis que substanciam sua versão de "Direito cosmopolita", reconhece sua contestabilidade enquanto permite sua universalização como o *telos* de um discurso prático. De um jeito ou de outro, cada uma dessas posições insiste em interpretar a globalização, *qua* projeto normativo, como a *possibilidade* de universalização – a universalidade – do Direito.

Essa insistência é, derradeiramente, o impulso por superar a contingência das fundações. Porque a experiência da contingência de uma ordem jurídica é, antes de mais nada, a experiência de um *limite*, de algo que desafia, sobre bases normativas, como uma dada ordem organiza a realidade, mostrando que uma outra ordenação normativa do real é possível e demandando que ela seja realizada. No processo de responder a esse desafio por integrar aquilo que foi injustamente marginalizado, uma ordem jurídica pode se tornar crescentemente inclusiva, ao menos em princípio, mesmo se a realização de uma ordem jurídica global que tenha um dentro, mas nenhum fora precise ser eternamente postergada no tempo histórico. Superar a contingência é a pressuposição inalienável de um conceito normativamente carregado de globalização, ou ao menos essa abordagem assim propõe. O corolário dessa abordagem é que superar a contingência demanda superar a lugarização do Direito – sua desterritorialização no sentido forte perfilhado no capítulo I.

Essas considerações sobre o que significa lidar com a contingência apontam para a primeira leitura normativa do modelo ACAI do Direito. Embora a ação coletiva autoritativa e institucionalmente mediada sempre tenha um ponto, e por essa razão não possa senão incluir e excluir, parece possível reformular o ponto da ação coletiva – o que nossa ação em conjunto é/deve ser – de um modo que a torne cada mais inclusiva, em resposta aos desafios contra como uma ordem jurídica inclui e exclui. O *telos* da globalização como universalização é, portanto, uma situação na qual aquilo que é bom para (todos) nós se torna aquilo que é bom para nós todos, em que "todos" determina o escopo de "nós". Assim, nos termos das três teses encontradas em nossa leitura das globalizações e alterglobalizações, apenas [T1] unidade putativa e [T2] unificação seriam constitutivas da ordem jurídica. Em suma, na ausência de uma autorização *ex ante* para a tomada que inclui e exclui, a autoridade passa a ser definida pela capacidade de uma política das demarcações que progressivamente assegura uma autorização *ex post* para o modo como uma ordem jurídica configura suas demarcações. Como se revelará, esse *insight* está no cerne daquilo que eu chamarei de teorias do *reconhecimento recíproco*. Em sua leitura do "lidar com" a contingência, a ser discutida no Capítulo V, [T3] a pluralização só se sustenta como uma questão de fato, mas não enquanto uma necessidade conceitual; ela deveria ser eliminada de uma teoria robusta da autoridade em um contexto global. Em última instância, teorias do reconhecimento recíproco argumentam que não há conexão necessária entre autoridade e lugar.

No entanto, o modelo ACAI do Direito também intima uma segunda abordagem normativa quanto ao "lidar com" a contingência, uma abordagem que coloca a fundação das ordens jurídicas como *intransponivelmente* contingente, como Menga a coloca. Nessa leitura alternativa, [T1], [T2] e [T3] são características conceitualmente necessárias das ordens jurídicas. Assumidas conjuntamente, elas elucidam o que significa dizer que a contingência das ordens jurídica não pode ser superada. Se esse é o caso, se nenhuma globalização jurídica é pensável que não suscite suas próprias xenotopias, que sentido normativo está disponível à autoridade em um contexto global, um sentido que não é nem uma apologia do imperialismo nem um convite ao relativismo? E que relações entre a autoridade e o lugar ele implica? Depois de ter testado criticamente e afastado teorias do reconhecimento recíproco no capítulo V, eu sugiro, nos capítulos VI e VII, que o reconhecimento assimétrico seja o cerne de uma política autoritativa das demarcações, enquanto também reconhece a irredutibilidade da pluralidade política na unidade de uma ordem jurídica global.

CAPÍTULO V

AUTORIDADE E RECONHECIMENTO RECÍPROCO

O capítulo I deste livro propôs distinguir entre dois sentidos da expressão "Direito Global". Sua fonte comum é uma reivindicação por validade global que é no mínimo parcialmente autônoma no que diz respeito ao Estado e/ou o Direito Internacional. Uma bifurcação vem à tona com a questão se a reivindicação por validade global equivale à superação da distinção entre dentro e fora. Caso se construa essa distinção como o contraste entre o doméstico e o estrangeiro, então, certamente, nós somos testemunhas de um espectro de ordens jurídicas, como os capítulos II e III tentaram mostrar. Esse é o primeiro sentido de Direito Global. Se, contudo, a distinção dentro/fora corresponde ao contraste entre o próprio e o estranho, então o Direito Global, em um segundo – e forte – sentido, seria um Direito que foi liberado de um fora na forma de lugares estranhos: liberado de xenotopias. Assim construída, uma ordem jurídica global providenciaria a arena para uma "política mundial interna" (*Weltinnenpolitik*), para me emprestar de uma formulação de Carl Friedrich von Weizsäcker. De fato, essa ordem seria uma ordem jurídica que funciona como o último árbitro dos conflitos entre e sobre ordens jurídicas particulares, globais ou outras. Essa ordem seria, em suma, a fundação para uma política autoritativa das demarcações em um contexto global.

No entanto, o capítulo III mostrou que uma variedade de ordens jurídicas globais emerge através de uma tomada de lugar que inclui e exclui ao adotar uma perspectiva na primeira pessoa do plural, assim tornando-as vulneráveis à contestação por formas de comportamento que resistem à qualificação como simplesmente legal ou ilegal: alegalidade como a manifestação jurídica da estranheza. O capítulo IV levou essa tese um passo adiante, afirmando que uma tomada de lugar que inclui e exclui opera também nas alterglobalizações. Juntos, capítulos III e IV sugeririam que qualquer ordem jurídica global que nós possamos imaginar – então também uma ordem global de direitos humanos – germina-se através de uma tomada de lugar que abre um espectro de possibilidades práticas e fecha outras.

Seria possível, se as considerações anteriores se sustentam, esboçar e defender uma interpretação normativamente robusta da autoridade em um contexto global? Em particular, que sentido poderíamos conceber para uma política autoritativa das demarcações sob essas condições? O modelo ACAI do Direito ofereceria qualquer orientação normativa positiva sobre como lidar com as globalizações? Essas questões dificilmente poderiam ser mais prementes. O relato que eu tenho oferecido da emergência das ordens jurídicas globais parece vulnerável à acusação de se estar advogando a favor do relativismo nos assuntos globais, um relativismo que entrincheira processos exclusionários, enquanto também condene as ordens jurídicas globais emergentes a serem instrumentos da inclusão imperial.

Esse capítulo esboça os contornos nítidos de uma primeira – e derradeiramente malsucedida – tentativa de lidar com essas questões. Seu cerne é uma reconstrução do modelo ACAI do Direito ao longo das linhas das teorias de reconhecimento recíproco. Essas teorias postulam a possibilidade de realizar uma ordem jurídica completamente inclusiva, mesmo embora essa realização precise ser postergada indefinidamente no tempo histórico. Eu chamo essa reconstrução do modelo ACAI do Direito de *universalismo jurídico*; meu alvo é iluminar e desafiar o conceito de uma política autoritativa das demarcações que aflui do universalismo jurídico assim definido.

A seção 5.1 revisita capítulos anteriores para recolher as junções-chave de nossa construção gradual do modelo ACAI do Direito, na qual ficou claro que um conceito funcional de autoridade pressupõe uma perspectiva normativa desta que não pode ser postergada e cujo ponto crucial é uma política autoritativa das demarcações. Minha hipótese é de que o conceito de reconhecimento oferece a maneira mais promissora de efetuar a passagem de um conceito funcional para um conceito normativo de autoridade. A seção 5.2 prepara o caminho para essa passagem. Nessa seção se testam os relatos de Mireille Delmas-Marty e Paul Schiff Berman acerca da interação conflituosa entre ordens jurídicas, de modo a revelar o conceito de reconhecimento mais ou menos difuso operante nas técnicas implementadas para negociar as diferenças entre ordens jurídicas. Não obstante, o conteúdo normativo desse conceito de reconhecimento e sua relação com a autoridade permanecem largamente inarticulados e ambíguos nesses autores. A seção 5.3, a maior e mais abrangente seção do capítulo, desvela a interpretação de uma política autoritativa das demarcações baseada nas teorias do reconhecimento recíproco. Embora não seja a única versão de reconhecimento – eu desvelo uma segunda versão no capítulo VI – ela permite um modo de reconstruir o modelo ACAI do Direito que é consistente com o sentido de Direito Global defendido pelo universalismo jurídico. A seção 5.4 se dedica a considerar as insuficiências dessa leitura de uma política autoritativa das demarcações. Ela omite, ou assim eu argumento, a dupla assimetria que governa os processos de reconhecimento, uma assimetria que preclui a equivalência entre globalização e uma possível universalização. A seção 5.5 sintetiza o argumento, delineando a lógica complexa das demarcações associada à dupla simetria mencionada anteriormente: as demarcações fazem mais que incluir e excluir; elas incluem aquilo que excluem e excluem aquilo que incluem. À luz dessa lógica das demarcações, a conceitualização de uma política autoritativa das demarcações em um contexto global clama por uma leitura alternativa do reconhecimento, que é o foco do capítulo VI: reconhecimento assimétrico.

5.1 Introduzindo o problema do reconhecimento

Relembre uma decisão importante que guia todo o desenvolvimento desse livro: uma investigação acerca da globalização da inclusão e exclusão jurídicas faz bem em começar oferecendo uma análise estrutural do Direito antes de se voltar a uma investigação normativa. Nesse sentido, minha principal preocupação tem sido desenvolver um modelo que possa explicar por que demarcações são características essenciais da ordem jurídica. A ideia básica é simples: [4] ordens jurídicas, como uma espécie de ação coletiva, implementam uma ordem que diferencia e interconecta um espectro de lugares, tempos, subjetividades e conteúdos de atos condizentes com ponto de ação em conjunto. E isso implica que uma ordem jurídica nunca é apenas um sistema jurídico, i.e., a unidade putativa de uma multitude de normas jurídicas; ela é também uma ordem pragmática, uma unidade putativa quadrimensional que aparece enquanto tal de uma perspectiva na primeira pessoa do plural, tanto plural quanto individual.

Para essa abordagem estrutural foi suficiente um conceito funcional de autoridade, de acordo com o qual a autoridade é o que ela faz: articular, monitorar e sustentar a ação em conjunto. Embora teóricos inclinados a se envolver diretamente com questões normativas possam ter achado essa abordagem decepcionantemente – mesmo inaceitavelmente – "rarefeita", a recompensa dessa abordagem funcional foi revelar a conexão interna entre autoridade e demarcação: articular, monitorar e sustentar a ação em conjunto envolve colocar demarcações jurídicas e vice-versa. Trata-se então de nada senão um pequeno passo para abordar o problema da inclusão e exclusão como central para uma consideração *normativa* da autoridade. Isso parece sensato: na linguagem cotidiana, asseverar que alguém foi incluído ou excluído de um grupo carrega consigo uma carga imediatamente normativa, independentemente se positiva ou negativa. Uma segunda vantagem se acresce a essa abordagem estrutural. Por circunscrever minha investigação ao problema da inclusão e exclusão, eu posso me eximir de desenvolver uma consideração integral da autoridade ou, ainda a esse respeito, de me engajar diretamente com todas ou algumas das teorias acerca das autoridades jurídicas já em circulação.[474]

A questão mais limitada que eu gostaria de endereçar é, portanto, a seguinte: qual o sentido de uma *política autoritativa das demarcações* à luz da globalização da inclusão e exclusão?

De modo a preparar o terreno para abordar essa questão, pode ser útil mostrar por que, nos próprios termos do modelo ACAI do Direito, o conceito de autoridade não pôde ser contido dentro das restrições de uma leitura estritamente funcional. De fato, no curso do desenvolvimento e testagem do modelo ACAI do Direito ficou claro que uma consideração normativa da autoridade estava pressuposta no que ostensivamente não era mais que uma abordagem estrutural à ordem jurídica. O alvo dessa seção é, portanto, duplo. De um lado, ela revisita os capítulos anteriores para recolher as junções nas quais uma consideração funcional da autoridade não pôde se sustentar por si própria. De outro, ela indica o passo conceitual crucial que se requer para assegurar a

---

474 Para uma recente e iluminadora consideração da autoridade em um contexto transnacional, ver ROUGHAN, Nicole. *Authorities*: conflicts, cooperation and transnational legal theory. Oxford: Oxford University Press, 2013. Para um levantamento do debate acerca da autoridade na filosofia analítica jurídica, ver SHAPIRO, Scott J. "Authority". *In*: SHAPIRO, Scott J.; COLEMAN, Jules (Coord.). *The Oxford handbook of jurisprudence and philosophy of law*. Oxford: Oxford University Press, 2002, pp. 382-439.

passagem de uma interpretação estrutural para uma interpretação normativa da globalização da inclusão e exclusão.

A maneira mais direta de começar é chamar a atenção para o "dever" na asserção de que ordens jurídicas estabelecem quem *deve* fazer o que, onde e quando. Eu tenho buscado erguer um modelo do Direito que possa explicar por que ordens jurídicas incluem e excluem, portanto, os capítulos anteriores focaram largamente nas quatro dimensões que configuram uma ordem jurídica como ordem pragmática. Como resultado, o "dever" do espaço, tempo, subjetividade e conteúdo de ato permaneceu mais ou menos assumido como certo ou sem tematização. Mas esse aspecto normativo das demarcações passa a ser temático quando elas são desafiadas, tornando-se uma questão que demanda uma resposta através de um novo ato demarcador: quem e o que deve ser incluído e excluído de uma dada ordem jurídica? Essa questão se verte em uma outra: o que é que nós* devemos compreender que temos em comum entre si, de modo que nós* estejamos preparados a nos ver, em todas as nossas multiplicidades e diferenças, como *um* agente coletivo, i.e., como uma pluralidade de participantes engajados na ação em *conjunto*?

Esse problema geral veio à tona em vários pontos decisivos dos capítulos II, III e IV. Nós o encontramos pela primeira vez quando da consideração daquilo que Shapiro chama de atuação massivamente compartilhada (ver seção 2.1.4). Ele aponta que, sob condições modernas, um espectro variável de participantes está fadado a ser alienado da ação em conjunto porque eles não estão comprometidos em realizar os objetivos do coletivo. Consequentemente, duas condições para a atuação massivamente compartilhada são que a *maioria* dos participantes aja de acordo com o plano que foi estabelecido para que eles realizem os objetivos da ação em conjunto, independentemente de endossarem ativamente esses objetivos, e que eles resolvam seus conflitos acerca da ação em conjunto de uma maneira pacífica e aberta. Embora corretas até certo ponto, essas condições não fazem nada mais que assinalar aquilo que é tradicionalmente chamado de eficácia do Direito. Mas aquilo que Kelsen tem para dizer sobre normas jurídicas individuais também se sustenta *mutatis mutandi* para a ordem da qual elas fazem parte: "Uma norma não é válida porque ela é eficaz, ela é válida *se* a ordem à qual ela pertence é, como um todo, eficaz".[475] A resistência apresentada por movimentos alterglobalização às ordens jurídicas emergentes não é meramente um problema acerca da sua eficácia; ele é também um problema acerca da validade das reivindicações de comunalidade avançadas em seu nome; as quais eles contestam. Esse problema também apareceu uma segunda vez, quando nós consideramos brevemente a privatização do Direito prevalecente no TAD global, ou seja, quando a privatização é compreendida como a captura do bem público por agentes e interesses particulares (ver seção 2.3.2). Ele também emergiu quando explorou a referência controversa ao caráter comum ou à publicidade velada no "auto" da autorregulação privada no que concerne a *lex mercatoria* e ao eBay (ver seções 3.2.2 e 3.3.2). E ele surgiu mais uma vez quando se mostrou como uma abordagem liderada por experts à padronização tende a transformar a questão acerca dos fins da ação em conjunto em uma questão sobre os meios (ver seção 3.2.1). Cada uma dessas situações suscita a questão acerca da ação em conjunto de uma maneira que a pressuposição de que nós* agimos conjuntamente e aquilo que nós* estamos fazendo conjuntamente se torna problemática.

Então aqui nós temos uma ancoragem inicial, mas firme, para nossa investigação sucedente, uma primeira indicação de que qualquer tentativa de defender um conceito estritamente funcional de autoridade só pode ser bem-sucedida caso se ignore as pressuposições que a subtendem e sem as quais ela não consegue alçar voo.

---

475 KELSEN, Hans. *General theory of law and state*. Trad. para o inglês de Anders Wedberg. Nova York: Russel & Russel, 1961, p. 42. Ver também RADBRUCH, Gustav. *Rechtsphilosophie*. Heidelberg: C. F. Müller Verlag, 1999, p. 83.

Uma junção adicional na qual uma consideração funcional se provou insuficiente se materializou quando nós discutimos a estrutura representacional da atuação coletiva (ver a seção 3.1.4). Como o leitor se lembrará, [8] a unidade de um coletivo é uma unidade representada. Isso implica que um coletivo age e fala através de seus participantes, logo, que esses atos precisam ser imputados ou adscritos a um coletivo, seja pelos participantes, em particular autoridades jurídicas, seja por outros. Assim, a reivindicação de que nós* somos uma unidade e aquilo que nos junta como uma unidade é sempre uma reivindicação representacional. Isso pode parecer inócuo; não o é: coletivos emergem por meio de atos de representação que incluem e excluem sem uma autorização anterior de assim fazê-lo por seus destinatários. Atos representacionais incluem pelo estabelecimento de demarcações de (i)legalidade, e excluem pelo banimento de todas as outras possíveis configurações de ordem jurídica ao domínio daquilo que é considerado inconsequente para a ação coletiva. Note, além disso, que não são apenas as possibilidades práticas *excluídas* do domínio do Direito que carecem de uma autorização anterior; as possibilidades práticas concernindo quem deve fazer o que, onde e quando *incluídas* pelos atos representacionais também carecem de autorização *ex ante*. Os movimentos e grupos alterglobalização, como discutido no capítulo IV, buscam abandonar o capitalismo: eles protestam contra sua inclusão nas ordens jurídicas suscitadas pela globalização do capitalismo. Ambos os lados do fechamento forjado por atos representacionais (representação como), tanto quanto a *atribuição* do ato a um coletivo (representação de), cuja existência anterior o ato de *re*-presentação dá como certa, são sempre contestáveis e prematuros.

O *nomos* de Schmitt coloca em evidência a parcela crítica desse *insight* acerca da representação. Dado que alguém precisa apreender a iniciativa de dizer “nós” em nome de um nós*, coletivos jurídicos, globais ou não, emergem através de uma *tomada de lugar* que inclui e exclui. Isso se aplica às ordens jurídicas globais emergentes discutidas no capítulo III, em que cada uma, à sua própria maneira, contribui para um *nomos* capitalista da terra. Isso também se aplica à resistência por parte dos movimentos alter-globalização, como discutido no capítulo IV, que intimam aquilo que eu chamei de *a-nomoi* da terra. O Fórum Social Mundial foi uma ilustração particularmente eloquente da tomada que inclui e exclui, e que é, portanto, sempre e também, de um jeito ou de outro, uma tomada de lugar.

Essas considerações sugerem que uma política autoritativa de demarcações se desenrola em uma dinâmica de pergunta e resposta. De um lado, uma *pergunta*: que a unidade de um coletivo seja uma unidade putativa significa que as demarcações jurídicas são questionáveis em um sentido estrito do termo: os termos da inclusão e exclusão podem ser questionados e desafiados a cada instante. De outro, uma *resposta*: um desafio à unidade putativa de um coletivo é respondido pelo estabelecimento, à luz do desafio e das circunstâncias nas quais ele veio à tona, do que deve ser incluído e excluído da ação em conjunto.

O que está em jogo derradeiramente em uma política de demarcações é a identidade e diferença coletivas. Ao estabelecer se se incluirá ou não aquilo que tem sido excluído da ação em conjunto, ou excluir aquilo que tem sido incluído nela, um coletivo se envolve em um ato de autoidentificação; ele se identifica como coletivo, cujos membros têm isso ou aquilo em comum. Isso é, como o leitor se recordará, o cerne da questão prática confrontando coletivos: o que é/deve ser nossa ação em conjunto? Ademais, um ato de autoidentificação é também, e cooriginalmente, um ato de diferenciação. Ao se identificar como isso ou aquilo, o coletivo se diferencia quanto àquilo que se torna seu outro. A *identificação do eu* e a *diferenciação do outro* coletivos são os dois lados de uma operação singular pela qual um coletivo é incluído e o resto excluído através de atos que demarcam.

Isso é exatamente o que ocorreu nos eventos que opuseram a KRRS contra a OMC e a Índia. Ao entrar e destruir os campos da Monsanto de OGMs, a KRRS se identificou como um coletivo, asseverando um modo de vida que é seu próprio e se diferenciando do modo de vida tornado disponível pela comodificação das sementes da OMC. Sua ação direta tem duas faces: inclusão do eu e exclusão do outro coletivos. A OMC, por sua parte, precisa responder ao desafio da KRRS ao estabelecer as condições e princípios que deveriam governar o comércio global, cujo obverso é determinar o que é desimportante referente à ação em conjunto pelos seus participantes. Note que ignorar a KRRS também é uma resposta. Ao demarcar o que estabelece quem deve fazer o que, quando e onde, a OMC reproduz um ato que é tanto identificação do si e diferenciação do outro, i.e., um ato de inclusão do si coletivo e exclusão do outro. Não seria difícil mostrar que uma dinâmica comparável se desenrola no espectro de alterglobalizações discutido no capítulo IV. O grito, como Holloway coloca, é um chamado por autoasserção por aqueles quem têm sido incluídos no capitalismo, um grito pelo qual eles buscam afirmar sua identidade através de um fechamento coletivo que os diferenciaria – expulsaria – da organização capitalista da sociedade.

Qual é, então, o significado normativo do grito daqueles que se opõem à globalização do capitalismo e à inclusão e exclusão jurídicas que ela gera? Ele é, eu proponho, um grito por *reconhecimento*. É um grito que demanda o reconhecimento por uma identidade/diferença tanto individual quanto coletiva, que tem sido violada pelo processo de inclusão e exclusão jurídicas.[476] Uma política das demarcações não pode senão responder, de uma maneira ou de outra, a uma demanda por reconhecimento, mesmo

476 Ao ligar reconhecimento e irreconhecimento ao processo de inclusão e exclusão coletiva, eu uso esses termos de um modo que abrange (mesmo se não se limitando aos) os domínios cultural e econômico que Fraser buscou, em debate com Honneth, distinguir nos termos de, respectivamente, reconhecimento e redistribuição. Ver FRASER, Nancy; HONNETH, Axel. *Redistribution or Recognition*? A Political-Philosophical Exchange. Tradução para o inglês de Joel Golb, James Ingram e Christiane Wilke. Londres: Verso, 2004.

se sua resposta é ignorá-la. E essa demanda por reconhecimento confronta o coletivo ao qual ela está direcionada com a questão sobre sua própria identidade: o que é/deve ser nossa ação em conjunto? O que significa responder a essa demanda, o que significa reconhecer o outro, será, nesse e no capítulo seguinte, o tema adequado a uma investigação acerca de uma política autoritativa das demarcações. Em suma, o problema do reconhecimento é, ou assim eu conjecturo, a chave para assegurar uma passagem de uma consideração funcional a uma consideração normativa da autoridade e da globalização da inclusão e exclusão.

5.2 A interação conflituosa de ordens jurídicas em um contexto global

A hipótese que se segue das considerações precedentes é dupla: primeiro, que uma política autoritativa das demarcações está ligada a como uma ordem jurídica *responde* aos desafios à sua unidade putativa quando estabelece as demarcações que incluem e excluem; segundo, que o núcleo normativo da *responsividade* é o reconhecimento do outro.

Mas algumas ressalvas preliminares são necessárias antes de se mergulhar em uma exposé filosófica do reconhecimento. A noção tem tido muitos matizes, qualificações e domínios de aplicação através de sua rica carreira filosófica. Ademais, para deixar as coisas mais complicadas, não há qualquer continuidade simples entre como praticantes e acadêmicos do Direito abordam o problema do reconhecimento e as discussões filosóficas de tanto. De fato, e para começar, as teorias filosóficas do reconhecimento comumente focam nas relações intersubjetivas entre indivíduos, construindo uma consideração normativa dos coletivos a partir dessas relações. Esse enfoque tem a grande desvantagem de elidir como o reconhecimento pode operar na interação *entre coletivos*. No entanto, é o último que atrai, em um contexto global marcado pela fragmentação do Direito, a atenção dos praticantes do Direito e da doutrina jurídica. Ademais, o conceito de reconhecimento tem uma sua própria e rica história no Direito Internacional e na doutrina jurídica. Os casos pertinentes são, evidentemente, o reconhecimento de Estados, o princípio do reconhecimento transnacional recíproco e o reconhecimento de decisões e sentenças arbitrais estrangeiras. Embora seja possível reconstruir essas doutrinas nos termos de uma abordagem filosófica do reconhecimento, limitarmo-nos a tanto nos faria perder de vista todo o alcance e significância sistemática do reconhecimento no direito.

Assim, uma estratégia diferente se faz necessária, uma que mostre como o reconhecimento, no sentido introduzido no final da seção precedente, está no coração daquilo que vem primeiro à mente dos advogados ao refletir sobre uma política autoritativa das demarcações: as interações – frequentemente conflituosas – entre ordens jurídicas. Nesse espírito, a obra de Mireille Delmas-Marty e Paul Schiff Berman é atentamente examinada nas próximas subseções. Sua contribuição para uma teoria do pluralismo jurídico global é doutrinariamente bem fundamentada e teoricamente sofisticada.[477] Além disso, eles providenciam *insights* valiosos acerca das técnicas concretas desenvolvidas pela doutrina jurídica para lidar com os conflitos na interação entre ordens jurídicas. Esse último ponto é importante: uma reconstrução filosófica do conceito de reconhecimento operante em uma política autoritativa das demarcações precisa ser capaz de mostrar como o reconhecimento é concretamente incorporado em práticas e técnicas relativas a esses conflitos, mesmo se elas não exaurirem seu escopo ou significância normativa.

---

477 Para um levantamento profundo e perspicaz dos debates e da literatura sobre esse tópico, ver MICHAELS, Ralf. "Global Legal Pluralism". *Annual Review of Law and Social Science*, vol. 5, 2009, pp. 200; 243-262.

5.2.1 Ordenando o pluralismo jurídico

Os quatro volumes agrupados sob o título *Les forces imaginantes du droit* expõem os fundamentos da contribuição de Delmas-Marty para uma Teoria do Direito Global. Desses volumes, o segundo, *Le pluralisme ordoné* (traduzido para o inglês como *Ordering Pluralism*) oferece a consideração mais clara e extensiva das interações (conflituosas) entre ordens jurídicas. Seu alvo é mais bem caracterizado como a tentativa de se conduzir por um caminho entre a Caríbdis de uma unidade jurídica global utópica e a Cila da separação pluralista alimentada pela ilusão da autonomia estatal. Em suas palavras, a tarefa é "ordenar a multiplicidade sem reduzi-la ao idêntico, admitir o pluralismo sem desistir de construir um Direito comum com uma medida comum do justo e do injusto".[478] Em contraste à oposição falsa entre unidade utópica e separação pluralista, a realidade dos processos de globalização oscila, para Delmas-Marty, entre desordem global anárquica e a uniformidade hegemônica do mercado global. De fato, a tentativa de aglutinar conceitos derivados de diferentes tradições com vistas a construir a unidade jurídica do mundo termina sendo um projeto de dominação hegemônica. No entanto, simplesmente retroceder à quimera da autonomia estatal não implica nenhum ganho em comparação a uma desordem global de ordens. Uma hipótese mais frutífera aborda os processos de globalização nos termos da "possibilidade de procriação recíproca entre o uno e o múltiplo. Para comunicar a ideia desse movimento, esse processo poderia ser chamado de 'pluralismo ordenado'".[479] Seu alvo é, então, mediar entre o uno e o múltiplo, entre o universal e o relativo, de modo que se faça justiça à necessidade por uma ordem jurídica global, enquanto também respeita a diferença. De

478 DELMAS-MARTY, Mireille. *Ordering pluralism*: a conceptual framework for understanding the transnational legal world. Trad. para o inglês de Naomi Norberg. Oxford: Hart Publishers, 2009, p.1 (tradução modificada).

479 DELMAS-MARTY, Mireille. *Ordering pluralism*: a conceptual framework for understanding the transnational legal world. Trad. para o inglês de Naomi Norberg. Oxford: Hart Publishers, 2009, p. 2 (tradução modificada).

forma ainda mais concisa: "quais são os modos e maneiras que não demandariam renunciar à busca por uma ordem [jurídica global] nem predeterminar ou congelar a mudança?"[480]

A primeira parte de *Ordering Pluralism* foca na interação entre ordens jurídicas, e por boas razões: a tensão entre unidade e pluralidade se desenrola nessa interação. Delmas-Marty distingue entre três formas de interação construtiva: coordenação, harmonização e unificação. Coordenação concerne ao intercâmbio normativo entre ordens jurídicas como um resultado da impossibilidade de remanescer em isolamento total, um intercâmbio que Jean Carbonnier chama de "internormatividade". Seu veículo privilegiado são as "referências cruzadas interpretativas entre vários órgãos judiciais e quase judiciais encarregados da aplicação de normas a casos concretos".[481] Embora simpática à recepção não hierárquica e recíproca da jurisprudência entre ordens jurídicas, Delmas-Marty argumenta que a coordenação pode apenas ser uma fase de transição no processo de construção de uma ordem jurídica verdadeiramente global, na medida em que ela termina sacrificando coerência à diferença.

A unificação resta no outro ponto do espectro de interações entre ordens jurídicas. Ela se baseia no princípio da identidade: não apenas a mesma regra precisa ser aplicada em ordens diferentes, mas também precisa haver uma autoridade hierarquicamente superior que possa decidir se a regra está sendo aplicada uniformemente por essas ordens.[482] Então enquanto a coordenação implementa

---

480 DELMAS-MARTY, Mireille. *Ordering pluralism*: a conceptual framework for understanding the transnational legal world. Trad. para o inglês de Naomi Norberg. Oxford: Hart Publishers, 2009, p. 1 (tradução modificada).

481 DELMAS-MARTY, Mireille. *Ordering pluralism*: a conceptual framework for understanding the transnational legal world. Trad. para o inglês de Naomi Norberg. Oxford: Hart Publishers, 2009, p. 20.

482 DELMAS-MARTY, Mireille. *Trois défis pour un droit mondial*. Paris: Seuil, 1998, p. 121.

uma forma puramente horizontal de interação, a unificação é estritamente vertical. Ela discerne dois modos diferentes de unificação: transplantação e hibridização. A primeira é unilateral em sua natureza: "[a transplantação] constitui um modo de integração jurídica limitado à transposição de um conceito, uma instituição, mesmo um sistema '*turn key*' de um país para outro".[483] Seu caráter unilateral, não recíproco, tende a facilitar a dominação hegemônica e o torna insustentável para uma integração pluralista sensível à diversidade. Em contraste, a hibridização advém da reciprocidade; ela inova ao combinar elementos de diferentes ordens jurídicas para formular princípios jurídicos híbridos que refletem a pluralidade global. Enquanto a hibridização alcança o desiderata do pluralismo ordenado, ou seja, coerência e respeito pela diferença, as condições requeridas para gerá-lo são difíceis de ser alcançadas.

Não é surpreendente, portanto, que a harmonização seja a abordagem favorecida por Delmas-Marty para o pluralismo ordenado. Porque a harmonização envolve uma convergência de ordens jurídica, uma convergência que vai além da referência cruzada jurisprudencial das ordens jurídicas ao modo da coordenação, enquanto evita a passagem de uma ordem jurídica singular ao modo da unificação. Processos de harmonização "permitem a aproximação de sistemas diferentes que, sem se empenhar por uniformidade, podem ser caracterizadas precisamente por sua hierarquia menos rígida, em razão do reconhecimento de margens nacionais de apreciação".[484] Nós já tivemos a oportunidade de mencionar a referência de Kinley a esse desenvolvimento doutrinal

483 DELMAS-MARTY, Mireille. *Ordering pluralism*: a conceptual framework for understanding the transnational legal world. Trad. para o inglês de Naomi Norberg. Oxford: Hart Publishers, 2009, p. 63. Para um estudo classico sobre o tema, ver WATSON, Alan. *Legal transplants*: an approach to comparative law. 2ª ed. Atenas: University of Georgia Press, 1993.

484 DELMAS-MARTY, Mireille. *Ordering pluralism*: a conceptual framework for understanding the transnational legal world. Trad. para o inglês de Naomi Norberg. Oxford: Hart Publishers, 2009, p. 37 (tradução modificada).

em sua defesa espirituosa do pluralismo dos direitos humanos. Mas a generalização de Delmas-Marty da significância dessa doutrina do pluralismo jurídico é indubitavelmente sua contribuição mais original à Teoria do Direito Global. Em poucas palavras, a doutrina, introduzida pelo Tribunal Europeu de Direitos Humanos para administrar as diferenças entre os estados signatários da Convenção, concede a esses Estados um direito limitado de "derrogar-se das obrigações postas na Convenção".[485] De um lado, a margem nacional de apreciação

> expressa a dinâmica centrífuga da resistência nacional à integração. De outro, dado que a margem não é ilimitada, mas delimitada por princípios compartilhados, ela estabelece um limite, um limiar de compatibilidade que reconduz à dinâmica central (centrípeta). As oscilações, que às vezes corporificam resistência nacional, e, às vezes, progridem no processo de harmonização, permitem [aos juízes] determinar esse limiar, ajustando a amplitude da margem aceitável.[486]

Embora ela discuta esse desenvolvimento doutrinal principalmente a partir da malha operacional da Convenção Europeia de Direitos Humanos, Delmas-Marty aponta corretamente que esse formato pode ser aplicado também para outras ordens jurídicas. A OMC, por exemplo, aplica o "padrão de revisão" quanto a medidas nacionais contestadas, no que os painéis e o Órgão de Apelação precisam decidir o quão rigorosamente eles revisarão essas medidas e, assim, quanta deferência será concedida aos tomadores de decisão nacionais.[487] E, ela explica, o princípio de subsidiariedade

---

485 GREECE V. UNITED KINGDOM. "Cyprus". *Yearbook of the European Convention*. Application 176/56, vol. 2, 1958-1959, pp. 174-199.

486 DELMAS-MARTY, Mireille. *Ordering pluralism*: a conceptual framework for understanding the transnational legal world. Trad. para o inglês de Naomi Norberg. Oxford: Hart Publishers, 2009, p. 44 (tradução modificada).

487 Ver, *inter alia*, EHLERMANN, Claus-Dieter; LOKHART. Nicolas L. "Standards of Review in WTO Law". *Journal of International Economic*

sob a UE e o princípio da complementariedade no Direito Penal Internacional também mostram uma certa analogia com a margem de apreciação. Um mecanismo adicional digno de ser mencionado é a "cooperação aprimorada" que permite diferentes velocidades e intensidades de integração dentro da armação institucional da UE. Apesar de essa lista não ser exaustiva, ela ilustra a emergência de técnicas jurídicas que inovam ao mediar entre a unidade e a pluralidade putativas de uma maneira que supera as disjunções estáticas entre coordenação e subordinação, horizontalidade e verticalidade, das quais a conceitualização do Direito e das ordens jurídicas era cativa durante o TAD nacional.

As perspectivas de Delmas-Marty acerca do significado exemplar da margem nacional de apreciação para a interação entre ordens jurídicas são importantes para nossa investigação acerca do reconhecimento de pelo menos duas maneiras.

Primeiro, eu interpreto sua análise desse desenvolvimento doutrinal como se declarasse que a tensão entre unidade e pluralidade putativas operante nos processos de globalização atuais trouxesse a lume uma mudança paradigmática no conceito de ordem jurídica. Essa mudança paradigmática foi sinalizada anteriormente, quando discutido o fenômeno da fragmentação nos Capítulos II e III. O leitor se lembrará que, no curso de consubstanciar o modelo ACAI do Direito, eu distingo entre a diferenciação e a fragmentação das três funções regulatórias da autoridade: articulação, monitoramento e sustentação do ponto de ação em conjunto. A estrutura ideal-típica do Direito Estatal naquilo que Sassen chama de TAD nacional evidencia a diferenciação funcional da autoridade através de diferentes locais dentro de uma *única* entidade política, enquanto a emergência do TAD global introduz formas de fragmentação funcional através de ordens jurídicas *diferentes*. Então, por exemplo, o Comitê de Supervisão Bancária da Basileia (CSBB)

Law, vol. 7, nº 3, set. 2004, pp. 491-525.

articula padrões transformados por Estados em legislação interna (articulação); a Clean Clothes Campaign (CCC) depende de uma organização independente para monitorar a observância de suas normas (monitoramento); a *lex mercatoria* se baseia na execução de sentenças arbitrais por estados (sustentação). Eu caracterizei essa fragmentação funcional da autoridade como a institucionalização de uma relação regulatória com outra ordem jurídica em uma autorrelação regulatória de um coletivo jurídico. A autorrelação é regulatória no sentido de que um coletivo institucionaliza mecanismos para levar em consideração o ponto de ação em conjunto de outro coletivo ou coletivos quando regulando – articulando, monitorando e sustentando – seu próprio ponto de ação (ver a seção 2.3.1.). Então também a doutrina da margem nacional ilustra engenhosamente essa inovação institucional que acompanha a emergência do TAD global. Em suma, a fragmentação funcional leva ao *entrelaçamento institucional* das ordens jurídicas.

Uma segunda implicação se segue diretamente a essa primeira. Delmas-Marty argumenta que a margem nacional de apreciação é exemplar para o desenvolvimento de uma gama de técnicas jurídicas que, em vez de antecipar um "mundo sem soberania", para me emprestar da formulação de Badie, apontam na direção de uma "soberania compartilhada".[488] Eu concordo que o diagnóstico de Badie – uma perspectiva que ele compartilha com muitos outros – interpreta erroneamente nossa situação presente: a soberania certamente não desapareceu, nem desaparecerá, da face da terra. Mas sua alternativa – a soberania compartilhada – se equivoca quanto à natureza da inovação institucional que ela tão cuidadosamente descreve. Se a soberania é, como Schmitt coloca, um "conceito demarcado" porque ele diz respeito ao posicionamento, em última

488 DELMAS-MARTY, Mireille. *Ordering pluralism*: a conceptual framework for understanding the transnational legal world. Trad. para o inglês de Naomi Norberg. Oxford: Hart Publishers, 2009, pp. 14/15. Delmas-Marty se refere a BADIE, Bernard. *Un monde sans souverainité*: Les États entre ruse et responsabilité. Paris: Fayard, 1999.

instância, de demarcações que configuram a unidade putativa de uma ordem, então nós não deveríamos falar de soberania "compartilhada", como ela faz, e sim, em vez disso, de soberania *diferida*.[489] A margem nacional de apreciação ilustra o deferimento de atos de posicionamento de demarcações da unidade forjados pelo entrelaçamento institucionalizado das ordens jurídicas. De um lado, o Tribunal Europeu de Direitos Humanos reivindica ser soberana, i.e., ser empoderada para determinar, na última instância, quais são os limites para além dos quais a pluralidade é incompatível com a unidade continuada do Conselho da Europa. De outro, ela posterga sua reivindicação por soberania ao examinar, caso a caso, em que medida haveria razões legítimas para um Estado signatário derrogar a Convenção, assim concedendo ao Estado uma margem de manobra para exercer seu juízo soberano acerca do que conta como sua própria unidade. Mais a esse respeito no Capítulo VII.

A questão geral advinda dessas duas implicações é a seguinte: técnicas jurídicas como a margem nacional de apreciação ofereceriam um modelo ou no mínimo uma indicação de como as ordens jurídicas globalizantes poderiam lidar com os desafios que revelam sua unidade contingente? Ter-se-ia algo como uma interpretação mais ou menos incipiente do reconhecimento arraigada ao entrelaçamento institucional das ordens jurídicas em um contexto global?

É ainda muito cedo para responder a essa questão. Mas Delmas-Marty observa, como citado anteriormente, que os processos de harmonização

> permitem a aproximação de sistemas diferentes que, sem se empenhar por uniformidade, podem ser caracterizadas precisamente por sua hierarquia menos rígida, em razão

---

489 Eu pego emprestado essa expressão de VAN ROERMUND, Bert. "Sovereignty: Popular and Unpopular". *In*: WALKER, Neil (Coord.). *Sovereignty in Transition*. Oxford: Hart Publishers, 2003, pp. 33-54.

> do *reconhecimento* de margens nacionais de apreciação" (grifo nosso).

Tanto quanto sei, em nenhum ponto de sua obra Delmas-Marty oferece um desenvolvimento sistemático do conceito de reconhecimento. Ela também não conecta reconhecimento com a doutrina da margem de apreciação para delinear uma teoria da política autoritativa das demarcações em um contexto global. Então há boas razões para tratar essa referência ao reconhecimento com cautela. Mas pelo menos isso se segue de suas análises: uma interpretação normativa da interação (conflituosa) entre ordens jurídicas – logo (e mais generalizadamente) da tensão entre unidade e pluralidade em um contexto global – depende de como se interpreta a natureza da relação com outro que vem a ser na autorrelação regulatória de um coletivo jurídico.

5.2.2 Pluralismo cosmopolita

Berman, como Delmas-Marty, reconhece que o nosso mundo é um mundo de pluralismo jurídico. Igualmente, ele desconfia de qualquer tentativa de superar o pluralismo através do retrocesso ao monismo estatal e sua jurisdição territorialmente limitada ou ao monismo de um conjunto universal de regras jurídicas substanciais que, alegando uma posição de superioridade, conseguiria resolver conflitos entre ordens jurídicas. Essas variações quanto ao tema da unidade são, ocasionalmente, normativamente indesejáveis, ele declara; elas também são impraticáveis em uma ampla variedade de situações. Então não é nenhuma surpresa que, como a teoria de Delmas-Marty de um "pluralismo ordenado", Berman esboce os contornos gerais daquilo que ele chama de "pluralismo cosmopolita", que

> cria ou preserva espaços para a interação produtiva entre múltiplos e sobrepostos sistemas jurídicos pelo desenvolvimento de mecanismos procedimentais, instituições e práticas

> que visam a administrar, sem eliminar, o pluralismo jurídico que nós vemos ao redor de nós.[490]

Em contraste ao monismo favorecido tanto pelo soberanismo quanto pelo universalismo, "a hibridação é uma realidade da qual nós não podemos escapar".[491] Evitando o movimento tanto de identificar resultados substantivos particulares em face do conflito quanto de impor um método para estabelecer que normas deveriam prevalecer nas condições do pluralismo jurídico global, o pluralismo cosmopolita favorece uma abordagem procedimental para lidar com a pluralidade:

> embora as pessoas nunca possam chegar a um acordo quanto às normas, elas podem no mínimo aquiescer em mecanismos procedimentais, instituições ou práticas que levam o pluralismo a sério... assim criando mais oportunidades para forjar um espaço social comum ao invés do territorialismo soberanista ou o universalismo.[492]

Bem mais do que Delmas-Marty, Berman está preparado para abandonar um modelo de pluralismo jurídico global no

---

490 BERMAN, Paul Schiff. "Global Legal Pluralism". *Southern California Law Review*, vol. 80, 2007, p. 10 (itálicos omitidos). Berman argumenta contra a fusão do cosmopolitismo com o universalismo, em que o primeiro corresponde à filiação em múltiplas comunidades, locais e globais, territoriais e epistêmicas. Como se argumentou no Capítulo I, a conceitualização da territorialidade de Berman é reduzida: o global é uma forma do local e não há qualquer comunidade epistêmica que não seja também uma comunidade local, mesmo se não na forma da territorialidade estatal. Mas isso não diminui sua contribuição perspicaz à teorização da "negociação jurídica da diferença". BERMAN, Paul Schiff. "Global Legal Pluralism". *Southern California Law Review*, vol. 80, 2007, p. 19.

491 BERMAN, Paul Schiff. "Global Legal Pluralism". *Southern California Law Review*, vol. 80, 2007, p. 14.

492 BERMAN, Paul Schiff. "Global Legal Pluralism". *Southern California Law Review*, vol. 80, 2007, pp. 10 e 18.

qual o Direito dos Direitos Humanos é o ápice de algo como uma "comunidade de valores" global.[493] Ao mesmo tempo, ele é bastante consciente de que a visão procedimental do pluralismo jurídico que ele advoga implica a defesa de uma certa perspectiva do liberalismo no Direito e na política, logo, que o pluralismo cosmopolita coloca limites quanto a quão longe a autoridade pode ir ao se deferir a uma norma alternativa sem trair a própria base para sua autoridade. No entanto, ele adiciona que

> mesmo quando uma decisão não pode senão deferir uma norma alternativa (porque algumas asserções das normas são repressivas, violentas, e/ou profundamente iliberais), procedimentos para administrar o pluralismo podem no mínimo requerer uma explicação de por que a deferência é impossível.[494]

Tendo colocado esses pressupostos e constrangimentos, que funcionam como parâmetros do pluralismo cosmopolita, Berman se volta a esboçar os mecanismos, práticas e técnicas que governam a negociação jurídica da diferença.

Meu levantamento é extremamente breve, dado que há uma considerável sobreposição com a obra de Delmas-Marty. Como ela, Berman suscita as referências cruzadas em decisões judiciais, a margem de apreciação, o princípio da subsidiariedade e o reconhecimento recíproco como maneiras de mediar entre a unidade e a pluralidade. Por precaução, ele aprimora sua "caixa de ferramentas" com uma tríade adicional de técnicas jurídicas: regimes de autonomia limitada; acordos de porto seguro e a interação entre regimes internacionais. Os regimes de autonomia limitada abrangem

---

493 DELMAS-MARTY, Mireille. *Vers une communauté des valeurs*? Paris: Seuil, 2011; ver também DELMAS-MARTY, Mireille. *Trois défis pour un droit mondial*. Paris: Seuil, 1998, pp. 58-74.

494 BERMAN, Paul Schiff. "Global Legal Pluralism". *Southern California Law Review*, vol. 80, 2007, p. 10.

três modalidades de interação entre Direitos Estatal e Não Estatal: concedendo autonomia limitada dentro de um Estado a grupos minoritários étnicos, religiosos ou linguísticos territorialmente concentrados; arranjos diretos de compartilhamento de poder com grupos minoritários quando esses estão territorialmente dispersos; direitos pessoais atribuídos a certos indivíduos, um *status* que eles carregam consigo, independentemente de sua localização territorial. Acordos de porto seguro, por sua vez, são um mecanismo para reconciliar a regulação social protetiva (e.g., diferentes níveis de proteção de dados na UE e nos Estados Unidos) com políticas de livre-comércio. Em vez de criar um conjunto uniforme e abrangente de regras para esse comércio, companhias localizadas no Estado com regras sociais menos protetivas concordam em cumprir com um conjunto de princípios estabelecidos em um acordo de porto seguro, enquanto a ordem jurídica "receptora" renuncia a sobrecarregá-los com outras condições regulatórias. Os princípios "representam uma forma de compromisso que reconhece diferentes abordagens institucionais e valores sociais, embora, não obstante, estabeleça regras de referência onde os valores domésticos são afetados pelo comércio".[495] Terceiro, e baseando-se na obra de Jeffrey Dunoff, Berman argumenta que há modos de interação regulatória, administrativa, operacional e conceitual entre regimes que geram uma variedade de mecanismos através dos quais regimes negociam diferenças de maneiras que são respeitosas dessas diferenças.[496] Finalmente, Berman complementa essas técnicas com três doutrinas que tradicionalmente se encontram sob a rubrica dos conflitos de Direitos: jurisdição, escolha do Direito e reconhecimento de

495 SCHAFFER, Gregory. "Reconciling Trade and Regulatory Goals: The Prospects and Limits of New Approaches to Transatlantic Governance through Mutual Recognition and Safe Harbor Agreements". *Columbia Journal of European Law*, vol. 9, 2002, p. 68.

496 DUNOFF, Jeffrey L. "A New Approach to Regime Interaction". *In*: YOUNG, Margaret A. (Coord.). *Regime interaction in international law*. Cambridge: Cambridge University Press, 2012, pp. 136-174.

julgamentos. Em suma, "comunidades delineiam o eu e o outro" ao apelar para esse amplo leque de técnicas e práticas, "e consideram as comunidades normativas alternativas que estão ao seu redor".[497]

5.2.3 Três contribuições doutrinais à teoria do reconhecimento jurídico

As teorias do pluralismo jurídico global de Delmas-Marty e Berman contribuem para compreender como o reconhecimento pode ser de importância central para uma política autoritativa das demarcações em um contexto global. Deixe-me iluminar três dessas contribuições para nossa investigação.

Para começar, suas análises das técnicas e práticas jurídicas para lidar com as diferenças auxiliam a desvelar a extensão completa do reconhecimento no Direito. Em sua formulação mais abstrata e geral, o reconhecimento no Direito tem seu *locus* na relação entre o si coletivo e o outro. Eu entendo que Delmas-Marty e Berman asseveram que o reconhecimento do outro no curso da negociação e resolução de diferenças entre coletivos jurídicos traz à tona uma relação dúplice: uma relação com o outro na autorrelação regulatória dos coletivos. Isso acarreta que a negociação da diferença também sempre envolve asserções de identidade coletiva, como implicado na noção de *auto*rregulação. Igualmente, como antecipado na seção 5.1, a identificação do si está coligada com a diferenciação do outro.

Assim demarcado, o reduto do reconhecimento no Direito é vasto. Ele inclui três casos nos quais reconhecimento figura como um termo técnico na doutrina jurídica: o reconhecimento (recíproco) de Estados, reconhecimento recíproco transnacional e o reconhecimento de julgamentos e sentenças arbitrais estrangeiras.

---

497 BERMAN, Paul Schiff. "Global Legal Pluralism". *Southern California Law Review*, vol. 80, 2007, p. 191.

Mas esses casos não esgotam de maneira alguma o seu escopo. Em particular, Berman nota que nós precisamos de uma noção mais ampla de jurisdição, uma noção que inclui as reivindicações inéditas por jurisdição da parte de coletivos não estatais. Em contraste com o Direito Internacional Público, que limita o reconhecimento recíproco a Estados, Berman argumenta por um reconhecimento recíproco – ele usa o termo "aceitação" – entre coletivos estatais e não estatais.[498] De um lado, coletivos não estatais "apreendem" a jurisdição para se impor como uma comunidade jurídica; de outro, o coletivo não estatal é "forçado a *aceitar* que sua invenção [da jurisdição] está limitada pela disposição de outros a aceitarem o julgamento como normativamente legítimo", uma aceitação na qual o coletivo não estatal efetivamente reconhece os Estados aos quais ele endereça sua demanda por reconhecimento.[499] Aqui mais uma vez, o reconhecimento vem à tona quando a relação com o outro é implementada na autorregulação coletiva.

Eu atribuo grande importância a essa leitura mais ampla do reconhecimento porque ela compensa o reducionismo de abordagens que focam exclusivamente em interações conflituosas entre ordens jurídicas, de modo que as expressões culturais sujeitas às regras em conflito sob o regime de comércio da OMC, a Carta internacional de Direitos e a Convenção da Unesco sobre a Proteção e Promoção

---

498 Tourme-Jouannet nota que, durante o período do Direito Internacional Clássico, o reconhecimento estatal era inicialmente uma técnica euro-americana pela qual "as nações civilizadas atestavam que uma entidade política era suficientemente civilizada, e, portanto, suficientemente madura, para se unir à 'comunidade das nações civilizadas'". Enquanto tal, ela não tinha "nada a ver com o reconhecimento da diferença que fazia os outros serem o que eles eram, que constituía suas identidades". O autor argumenta que, com a descolonização, a interpretação do reconhecimento como reconhecimento da diferença fez seu caminho em vários domínios, primariamente culturais, do Direito Internacional. Ver TOURME-JOUANNET, Emmanuelle. "The International Law of Recognition". *European Journal of International Law*, vol. 24, 2013, pp. 667-690.

499 BERMAN, Paul Schiff. "Global Legal Pluralism". *Southern California Law Review*, vol. 80, 2007, pp. 214 e 225 (grifo nosso).

da Diversidade de Expressões Culturais.[500] Embora esses tipos de interações são consequentes para uma política autoritativa de demarcações em um contexto global, um foco exclusivo sobre essas interações elide reivindicações por reconhecimento que têm o *estado* como seu alvo direto, ainda que também, e obliquamente, contestem a globalização do capitalismo na qual os Estados estão profundamente implicados. Nós precisamos lançar uma rede mais ampla, uma que possa abranger o amplo espectro de situações na qual demandas por reconhecimento são criadas em reação à globalização da inclusão e exclusão. Nessa leitura mais espaçosa, os desafios dos movimentos alterglobalização às ordens jurídicas globais emergentes, e.g., a ação direta da KRRS, encontram-se dentro do âmbito do reconhecimento tanto quanto os desafios que advêm entre as próprias ordens jurídicas globais emergentes. Uma leitura mais estreita tende a silenciar demandas por reconhecimento advindas dos movimentos alterglobalização e transforma o reconhecimento em um conjunto de "técnicas", "práticas" e "métodos" disponíveis para "administrar" a pluralidade de ordens jurídicas em um cenário global.[501]

Um segundo *insight* decorrente das contribuições de Delmas-Marty e Berman para uma teoria do pluralismo jurídico global concerne à conexão sistemática entre reconhecimento, autoridade e demarcações. Para repetir a apta formulação de Berman, "comunidades *delineiam* o si e o outro" ao negociarem a diferença (grifo nosso). Se regular é articular, monitorar e sustentar as demarcações da ação coletiva, então estabelecer demarcações jurídicas autoritativamente envolve determinar quem nós* somos/devemos ser como um coletivo jurídico, no curso de "consider[ar] as comunidades

500 Eu pego esse exemplo emprestado de PULKOWSKI, Dirk. *The law and politics of international regime conflict*. Oxford: Oxford University Press, 2014.

501 Ver KOSKENNIEMI, Martti. "Hegemonic Regimes". *In*: YOUNG, Margaret A. (Coord.). *Regime interaction in international law*. Cambridge: Cambridge University Press, 2012.

normativas alternativas que estão ao redor de [nós]" (Berman). O problema do reconhecimento necessariamente entra em jogo em uma política autoritativa das demarcações porque, quando confrontado com um desafio à sua unidade putativa, um coletivo não pode senão responder, de um modo ou de outro, a "questões que concernem ao quanto deferir a outra comunidade normativa e o quanto impor as normas de sua própria comunidade".[502]

Essa última observação esconde um terceiro *insight*, o qual eu gostaria de inferir e radicalizar da seguinte maneira: no curso da negociação da diferença, a relação com o outro implementada na autorregulação de um coletivo envolve – e conecta – dois sentidos: um diferimento que ocorre ao se *postergar* a asserção da unidade putativa e identidade de um coletivo, e que é uma deferência no sentido de respeitar uma reivindicação avançada por outro coletivo jurídico ao se deferir a outra ordem jurídica, i.e., ao se limitar o escopo sobre o qual a ordem jurídica exercerá sua jurisdição. Nós retornaremos a esse *insight* em seu momento devido.

Tudo isso é, como eu compreendo, o que Delmas-Marty e Berman têm a contribuir para uma investigação acerca do reconhecimento e de uma política autoritativa das demarcações em um contexto global. Mas uma ambiguidade fundamental permanece sem resposta, que ressoa no raio de termos que ambos usam para descrever a dinâmica complexa de negociação da diferença. De fato, eles se referem variavelmente à "interação" e à "interdependência" das ordens jurídicas em um contexto global. A questão é, da maneira mais suscinta possível, essa: qual o significado de "inter" em cada um desses termos?

Significa, como eles parecem sugerir em algumas ocasiões, que o reconhecimento corresponde à emergência de uma relação de *reciprocidade* entre si e outro sob uma regra geral, logo, a

502 BERMAN, Paul Schiff. "Global Legal Pluralism". *Southern California Law Review*, vol. 80, 2007, p. 10.

emergência de uma ordem singular que abrange tanto o igual quanto o diferente? Ou significa, como eles parecem advertir em outras ocasiões, uma forma de reconhecimento na qual o encontro assimétrico entre si e outro resiste à sua acomodação plena em relações de reciprocidade sob uma regra geral? Essa é, certamente, uma formulação filosófica; no entanto, ela é uma formulação que deixa evidentes os problemas filosóficos decorrentes quando se debruça acerca das implicações de como os acadêmicos do Direito abordam a relação complexa entre pluralidade e unidade, à qual nós nos voltamos agora.

5.3 Reconhecimento recíproco: globalização como universalização

Uma primeira abordagem do problema do reconhecimento, do qual nos ocupamos pelo restante deste capítulo, faz-se a partir da deixa da noção de reciprocidade. A ideia central é simples, embora o argumento filosófico a ela subjacente seja complexo. Mesmo que fosse o caso que ordens jurídicas emerjam através de uma tomada de lugar que inclui e exclui, elas podem se tornar cada mais inclusivas ao transformar situações de irreconhecimento jurídico, às quais a exclusão deu azo, em situações de reconhecimento recíproco, de modo que o si e o outro venham a se reconhecer cada qual como participantes iguais – mas diferentes – em uma ordem jurídica crescentemente inclusiva. O "inter" de "interação" se refere à emergência de uma relação de reciprocidade sob uma regra compartilhada, no que aqueles quem foram injustamente excluídos vêm a ser incluídos no coletivo. Essa perspectiva interpreta a globalização, normativamente falando, como um processo de universalização movido pela injunção de realizar uma ordem jurídica completamente inclusiva. Essa injunção, para os paladinos daquilo que eu chamei de universalismo jurídico no começo desse capítulo, é o critério que determina a autoritatividade de uma política autoritativa das demarcações em um contexto global.

Eu não faço nenhum esforço de desenvolver o pleno escopo desse argumento filosófico, nem tento oferecer um levantamento do amplo espectro de contribuições a esse tópico. Meu alvo é muito mais limitado, ou seja, desenvolver a argumentação mais convincente que eu posso para uma reconstrução do modelo ACAI do Direito seguindo as linhas do universalismo jurídico, deixando de lado, por enquanto, quaisquer hesitações que essa reconstrução possa levantar ao longo do caminho. Essas objeções são o tema das seções 5.4. e 5.5. Elas abrem o caminho para o delineamento de outra interpretação do reconhecimento no capítulo VI, uma interpretação que pode integrar as contribuições de Delmas-Marty e Berman em uma teoria mais compreensiva de uma política autoritativa das demarcações em um contexto global.

5.3.1 O uniforme, o universal e o comum

Um primeiro passo para reconstruir e avaliar essa primeira abordagem do reconhecimento requer esclarecer como ela interpreta o conceito de universalidade, o qual ela opõe à relatividade. Enquanto os capítulos anteriores evocaram a universalidade de um modo frouxo e imediato, compete-nos analisar esse conceito. Esclarecer o que nós queremos dizer com universal é ainda mais importante porque a literatura jurídica geralmente atribui um significado a esse conceito que é bem menos rigoroso do que seu sentido filosófico, assim comprometendo ou neutralizando sua função crítica e regulativa no que diz respeito às ordens do Direito Positivo.

Considere, em particular, como Delmas-Marty e Berman usam esses conceitos. No gesto conceitual inaugural de *Le relatif et l'universel*, Delmas-Marty nota que o contexto jurídico contemporâneo é regido pelo conflito entre

> o relativo, que está inscrito na própria noção de Direito, identificado com o Estado... e o universal, que tem se tornado jurídico de pouco em pouco... Independentemente de

> como se chamam esses fragmentos, direitos humanos, crimes contra a humanidade, a herança comum da humanidade, *lex mercatoria* ou *lex electronica*, eles têm a vocação de ser aplicados à totalidade do território global.[503]

Note que ela efetivamente alinha o universal com o global, e o relativo com o local. Em outro lugar ela se refere explicitamente a como, na baixa Idade Média, o "relativismo se tornou territorial" com o lento declínio do *jus commune*, composto pelo Direito Romano, Direito Canônico e pelo Direito Mercantil.[504] Também Berman alinha esses dois pares de termos contrastantes, ao defender uma "visão interativa" do Direito por meio da qual nós podemos "evitar reificar seja o universal seja o local", em que o paradigma do local é a territorialidade estatal.[505]

Como este livro tem insistido em várias ocasiões, a simples assimilação do local com a territorialidade estatal não funciona: todas as ordens jurídicas globais emergentes que nós discutimos são formas de Direito Local. Se é para a distinção ter validade entre o Direito Global e o Direito Local, ela o é se e apenas se houvesse uma forma de Direito Global que seja *ilimitada*, logo, que superasse a ligação com o lugar e a uma história específica de um dado coletivo. Apenas esse sentido de globalidade justifica o alinhamento do universal e do relativo com, respectivamente, o global e o local.

Seja como for, o alinhamento do universal com o global não define realmente aquilo que quer dizer com o primeiro termo. Delmas-Marty não aborda essa questão diretamente, para além de algumas observações gerais sobre razão e fé. Berman afirma: "o universalismo

503 DELMAS-MARTY, Mireille. *Le relative et l'universel*. Paris: Seuil, 2004, p. 26.

504 DELMAS-MARTY, Mireille. *Le relative et l'universel*. Paris: Seuil, 2004, p. 30.

505 BERMAN, Paul Schiff. "Global Legal Pluralism". *Southern California Law Review*, vol. 80, 2007, p. 132.

se baseia na premissa de que o povo é fundamentalmente o mesmo a despeito das diferenças de cultura e circunstâncias".[506]

Essa formulação comete um erro: ela confunde a universalidade com a uniformidade. Aqui eu me volto para François Jullien, que explica cuidadosamente uma distinção tricotômica que discussões doutrinais sobre os processos de globalização facilmente ofuscam: uniformidade, universalidade e comunalidade. De acordo com Jullien, o uniforme é apenas "o retorno indefinido do mesmo".[507] E ele adiciona que a uniformidade é um conceito derivado de processos de produção, como padrões e estereótipos. Seu termo contrastante é "diferença", porque "enquanto o uniforme borra e *amortece* por meio de suas regularidades... a diferença cria tensão, destaca, promove e opera".[508] Então, de um lado, Jullien se posiciona lado a lado de Delmas-Marty e Berman em sua crítica da uniformidade e em defesa da diferença, na medida em que a "globalização [leva] a padronização [*uniformização*] ao seu máximo e doravante à sua extensão definitiva, abrangendo, como ela faz, o todo do globo".[509] Por assim o fazer, o uniforme erradica todas as outras possibilidades, empobrecendo a reserva de abordagens alternativas que poderiam ser mobilizadas diante de problemas compartilhados. De outro, *contra* Berman e algumas passagens dos escritos de Delmas-Mary, ele argumenta que uma defesa da diferença é inteiramente compatível com a universalidade.

---

506 BERMAN, Paul Schiff. "Global Legal Pluralism". *Southern California Law Review*, vol. 80, 2007, p. 129.

507 JULLIEN, François. *On the universal, the uniform, the common and dialogue between cultures*. Trad. para o inglês de Michael Richardson e Krzysztof Fijalkowski. Cambridge: Polity Press, 2014, p. 10.

508 JULLIEN, François. *On the universal, the uniform, the common and dialogue between cultures*. Trad. para o inglês de Michael Richardson e Krzysztof Fijalkowski. Cambridge: Polity Press, 2014, p. 12 (tradução modificada).

509 JULLIEN, François. *On the universal, the uniform, the common and dialogue between cultures*. Trad. para o inglês de Michael Richardson e Krzysztof Fijalkowski. Cambridge: Polity Press, 2014, p. 13.

O que é, então, o universal? Nesse sentido forte e filosófico, a universalidade entra em jogo quando

> Nós asseveramos desde o começo, antes de qualquer confirmação ter sido dada pela experiência, que algo *precisa* ocorrer dessa maneira. Não há qualquer exceção possível a tanto: nós afirmamos não apenas que até a presente data esse algo sempre *existiu* dessa maneira, mas que ele também *não pode ser* de outro modo.[510]

Esse conceito de universal é essencialmente diferente de uma versão fraca, baseada na experiência de tanto: até então e até onde podemos antecipar, as coisas vieram a ser desse jeito, e não de outro. A literatura jurídica frequentemente apela para essa versão emoliente em sua defesa do universalismo.[511] Contra esse definhamento, Jullien defende sua forma estrita ou rigorosa como universalidade propriamente falando. Enquanto a versão fraca dialoga com juízos gerais, mas contingentes, a universalidade se refere a juízos necessários *a priori*. A universalidade propriamente falando é prescritiva em um sentido forte: um *dever-ser* que não permite quaisquer exceções e é, enquanto tal, a expressão pura da Razão, com um "R" maiúsculo.

Essa forma estrita do dever-ser universal está na base da ciência, enquanto razão teorética,

> para qual apenas conhecimento regido pelos conceitos do entendimento é... objetivo; é, portanto, sempre necessariamente

---

510 JULLIEN, François. *On the universal, the uniform, the common and dialogue between cultures*. Trad. para o inglês de Michael Richardson e Krzysztof Fijalkowski. Cambridge: Polity Press, 2014, p. 1.

511 Um exemplo particularmente pertinente é DONNELLY, Jack. "The Relative Universality of Human Rights". *Human Rights Quarterly*, vol. 29, nº 2, 2007, pp. 281-316.

> aplicável e para todos, [logo] estando purificado de toda subjetividade, e, enquanto tal, é universalmente válido.[512]

Ela também tem prevalência no domínio prático, e na moralidade em particular. Na formulação precisa de Kant, "eu nunca devo agir senão de uma maneira em que eu possa também querer que minha máxima se torne uma lei universal".[513] Tal qual em sua jurisdição teorética, o domínio prático do universal concerne a um dever-ser que não admite exceções, que é objetivo – ou mais adequadamente: válido – em razão de articular uma lei purificada de toda a subjetividade e contingência. Enquanto tal, uma lei prática universal se aplica necessariamente, independentemente de suas condições, sejam elas espaciais ou temporais: em todo lugar e em todo o tempo. Note como isso se encaixa com o sentido forte de Direito Global testado através deste livro: de caráter necessário, uma ordem jurídica global que é universal prescreveria uma forma de comportamento em todo lugar, em todos os tempos e para todos os sujeitos, ela seria um Direito que não é relativo ao tempo e ao espaço.

Que lei prática corresponde a essa demanda rigorosa? Para a interpretação da razão prática que encontra sua formulação política inicial no contrato social, o postulado do universalismo nos assuntos práticos é de que todos os seres humanos devem ser tratados como *iguais e livres*, e não como a mesma coisa, tal qual formulado por Berman. Isso não significa que todos os seres humanos são de fato tratados como iguais e livres pelas ordens jurídicas existentes; longe disso. Ao contrário, e nos termos de Jullien, essa é uma reivindicação *a priori*: ela prescreve, anteriormente a toda a experiência e sem exceção, o que *deve* ser. Nós precisamos supor,

---

512 JULLIEN, François. *On the universal, the uniform, the common and dialogue between cultures*. Trad. para o inglês de Michael Richardson e Krzysztof Fijalkowski. Cambridge: Polity Press, 2014, p. 2.

513 KANT, Immanuel. *The Moral Law*. Trad. para o inglês de H. J. Paton. Londres: Routledge, 1991, p. 67.

afirma o universalista, que as ordens jurídicas deveriam reger o comportamento de tal maneira que todos os humanos fossem tratados como seres livres e iguais. Enquanto tal, o universal já é "global", em vez de "globalizante": ele antecipa aquilo que deve vir a ser em todos os lugares e em respeito a todos. De fato, ele é mais que global. Para se regalar com um pouco de hipérbole, se e quando a humanidade estabelecer estações e mesmo colônias inteiras no espaço sideral, a injunção de tratar todos os humanos como seres livres e iguais já estaria presente e seria válida, antes mesmo do primeiro pouso que "tomaria" o espaço sideral. Conceitualizada assim, a universalidade providencia o critério pelo qual se deve julgar a validade das ordens jurídicas positivas.[514]

Na medida em que o universal não é um conceito derivado da experiência, Jullien nota corretamente que ele não é o mesmo que o *comum*. "[O] comum é aquilo do qual nós somos parte ou em que nós tomamos parte, que é compartilhado e do qual nós participamos".[515] Trata-se originalmente de uma categoria política na medida em que é ela que nos permite pertencer a uma comunidade. O caráter comum da comunidade tem extensões variáveis, tanto em termos daquilo que é tido em comum quanto em relação a

---

514 No momento em que esse ponto é proposto, passa a ser bem mais difícil para Berman desqualificar o universalismo sem qualquer ressalva ulterior. De fato, o universalismo afirmaria que o pluralismo cosmopolita de Berman é confrontado com um dilema. Ou ele reintroduz o universalismo pela porta dos fundos, porque Berman não quer abdicar do princípio da igualdade e liberdade de todos os seres humanos. Esse princípio, o universalista continuaria, é o que justifica em última instância chamar o projeto de Berman de cosmopolita. Ou se Berman insiste em abandonar o princípio, então o pluralismo cosmopolita se transforma em uma defesa do relativismo normativo. Suas referências homologadoras das posições defendidas por Iris Marion Yong, Seyla Benhabib e Jeremy Waldron *cum suis* sugerem que Berman endossaria o universalismo quando caracterizado como a prescrição *a priori* de que todos os seres humanos devem ser tratados como iguais e livres.

515 JULLIEN, François. *On the universal, the uniform, the common and dialogue between cultures*. Trad. para o inglês de Michael Richardson e Krzysztof Fijalkowski. Cambridge: Polity Press, 2014, p. 16.

quem tem algo em comum. Os bens comuns globais, eu apontaria, são um caso exemplar. Como resultado, a comunalidade é uma conquista ambígua: "se o comum é aquilo que eu compartilho com outrem, ela é também, em razão desse fato e seguindo essa linha divisiva (que permanece como uma linha de demarcação), o que exclui todos os outros".[516] Em suma, o comum "é ao mesmo tempo inclusivo e exclusivo". Mas, em contraste com as comunidades abertas, que são inclusivas, o comunitarismo se volta para a defesa da exclusão, da, literalmente, "excomunhão". Contra aquilo que ele assume como impulso "antipolítico" do comunitarismo, Jullien enfaticamente defende uma leitura política – i.e., inclusiva – da comunalidade: "a vocação da comunidade não é se fechar [*se clore*] mas, ao contrário, se abrir [*se déclore*]".[517]

Se a vocação política da comunidade é se abrir, e assim o fazer progressivamente, então não haveria um ponto no qual comunalidade e universalidade coincidissem? Não. A universalidade assinala o "*a priori*", que é forçosamente abstrato; a comunalidade, ao contrário, é um conceito experiencial e concreto. Enquanto o universal é resultado de um processo abstrativo e externo às coisas e ao comportamento, o comum é realizado ou instanciado concretamente no particular. Assim, falar de leis universais ou de leis comuns é falar de coisas distintas, e não simplesmente porque a segunda é mais "realista" que a primeira. A distinção aqui é categórica.[518]

---

516 JULLIEN, François. *On the universal, the uniform, the common and dialogue between cultures*. Trad. para o inglês de Michael Richardson e Krzysztof Fijalkowski. Cambridge: Polity Press, 2014, p. 21.

517 JULLIEN, François. *On the universal, the uniform, the common and dialogue between cultures*. Trad. para o inglês de Michael Richardson e Krzysztof Fijalkowski. Cambridge: Polity Press, 2014, pp. 21/22 (tradução modificada).

518 Nas palavras de Glenn, "[l]eis comuns existem dentro da história. Independentemente do quão influentes elas possam ser no mundo, elas não são universais e nem intencionam ser. Elas são circunscritas por outras leis comuns do mundo, com as quais elas estão em uma interação constante e inevitavelmente contínua, e estão circunscritas pelos seus próprios *iura propria*, que as relembra constantemente da necessidade de respeitar circunstâncias

Uma implicação ulterior e importante é derivada dessa distinção categórica. Enquanto o universal está por definição removido do espaço e do tempo, o comum, que é da ordem da experiência, está no espaço e no tempo, e por essa razão inclui e exclui. A questão então passa a ser como poderia haver qualquer relação entre o universal e o comum. Habermas arrisca uma resposta influente a essa questão ao elaborar a natureza dual – ideal e real – das reivindicações e contrarreivindicações de validade abordadas por debatedores que discordam entre si acerca daquilo que deve ser feito. Em suas palavras,

> reivindicações de validade têm uma face de Janus: [de um lado,] o momento transcendente da validade universal rasga em pedaços toda a provincialidade; [de outro], o momento obrigatório de reivindicações de validade aceitas torna-as portadoras de uma prática cotidiana *circunscrita ao contexto*.[519]

E ele adiciona em uma passagem notável: "A validade reivindicada para proposições e normas transcende os espaços e tempos, *'desfazendo' o espaço e tempo*; mas a reivindicação é sempre criada *aqui e agora*, em contextos específicos".[520] Dessa perspectiva, interpretar a globalização jurídica como um processo de universalização é afirmar que a autoritatividade de uma política das demarcações depende da sua capacidade de progressivamente liberar as ordens

---

locais e identidades locais". GLENN, H. Patrick. *On common laws*. Oxford: Oxford University Press, 2005, p. 143.

519 HABERMAS, Jürgen. *The philosophical discourse of modernity*: twelve Lectures. Trad. para o inglês de Frederick Lawrence. Cambridge: MIT Press, 1990, p. 322.

520 HABERMAS, Jürgen. *The philosophical discourse of modernity*: twelve Lectures. Trad. para o inglês de Frederick Lawrence. Cambridge: MIT Press, 1990, p. 323. O termo que Habermas usa, traduzido no inglês como "*blot out*" e aqui como "desfazer", é *tilgen*, que *Duden*, o dicionário autoritativo alemão, define como "abolir inteiramente como deficiente, como não tendo mais validade, como indesejável".

jurídicas de seus contextos espaço-temporais. Retornando à questão posta no capítulo I, embora a autoridade nunca inteiramente seja bem-sucedida em se "purificar" de sua "contaminação" pelo lugar e pelo tempo, esse é o seu *telos*, em uma leitura universalista da autoridade.[521] Para o universalismo jurídico, a globalização é, em sua significância e possibilidade normativas primordiais, a aspiração para progressivamente abolir o jugo do tempo e do espaço sob a interação humana, tornando coletivos utópicos e ucrônicos.

Um coda. É tentador ver a distinção entre as comunidades humanas reais e ideais como a secularização da distinção de Agostinho entre a cidade terrena e a cidade de Deus. Há certamente uma continuidade entre essas duas distinções, mas não uma de secularização.[522] A distinção contemporânea "reocupa", como Blumenberg coloca, o problema da contingência radical que a modernidade ocidental herdou da Idade Média. Em face da incerteza radical acerca de um mundo que a teologia cristã entregou para a arbitrariedade de um Deus voluntarista, diante de quem os seres humanos se viam crescentemente impotentes, o conceito de razão inicialmente caracterizado como "autopreservação" desaloja Deus como o ente dos entes que mantém o mundo na existência, para então ver os seres humanos como responsáveis por transformar um mundo contingente em um mundo que está teórica e praticamente sob seu controle: um mundo completamente humanizado.[523] Em

---

521 HABERMAS, Jürgen. *The philosophical discourse of modernity*: twelve Lectures. Trad. para o inglês de Frederick Lawrence. Cambridge: MIT Press, 1990, p. 323 (tradução modificada). Habermas usa os termos *gereinigt* e *veruntreinigt* ao se referir às dimensões ideais e contextuais do discurso. A versão inglesa do livro traduz incorretamente o último termo como "impurificado".

522 LÖWITH, Karl. *Meaning in history*: the theological implications of the philosophy of history. Chicago: University of Chicago Press, 1949; SCHMITT, Carl. *Political theology*: four chapters on the concept of sovereignty. Trad. para o inglês de George Schwab. Chicago: University of Chicago Press, 2006.

523 BLUMENBERG, Hans. *The legitimacy of the modern age*. Trad. para o inglês de Robert Wallace. Cambridge: MIT Press, 1985.

particular, a interpretação da racionalidade prática que encontra sua formulação inicial no contrato social de Hobbes, e sua mais recente versão nas teorias do reconhecimento recíproco, interpreta a passagem da comunidade real àquela ideal como a transformação humana do mundo existente em um mundo plenamente humano. De fato, a passagem do irreconhecimento ao reconhecimento recíproco muda o mundo, tornando-o mais humano. Então, embora não seja a secularização da teologia medieval, a distinção entre comunidades reais e ideais certamente corresponde, para me emprestar do oxímoro formidável de Foucault, a um "*a priori* histórico".[524] Eu adicionaria um segundo oxímoro: ela corresponde a um "*a priori* lugarizado".

5.3.2 Do irreconhecimento ao reconhecimento recíproco

Tendo esclarecido a distinção tricotômica do universal, do comum e do uniforme, nós podemos retornar agora para o modelo ACAI do Direito, de modo a reconstruí-lo de uma maneira que explicaria porque a interpretação universalista da globalização endossa [T1] a unidade putativa e [T2] a unificação, e, no entanto, rejeita a reivindicação de que [T1] e [T2] estão necessariamente ligadas com [T3] pluralização. Inversamente, essa interpretação do modelo ACAI

---

524 Jullien argumenta que "o universal é composto de três níveis no cerne da cultura europeia. São eles o lógico (com o advento do conceito); o jurídico (com a instituição da cidadania romana); e o religioso (com a dissolução paulina de toda separação entre o amor divino e a economia da salvação)". A incorporação de Kant do princípio da não contradição no imperativo categórico explica por que ele é uma manifestação tardia do universal lógico. Mas o relato de Jullien precisa ser complementado pela genealogia da racionalidade moderna delineada por Blumenberg, caso se queira compreender as circunstâncias históricas sob as quais a injunção de que todos os humanos devem ser tratados como seres livres e iguais pôde emergir como uma nova formulação do universal. Ver JULLIEN, François. *On the universal, the uniform, the common and dialogue between cultures*. Trad. para o inglês de Michael Richardson e Krzysztof Fijalkowski. Cambridge: Polity Press, 2014, p. xii.

do Direito – a qual eu questiono em seu devido momento – lança luz sobre como a abordagem universalista da globalização aborda o problema de uma política autoritativa das demarcações.

Talvez a ilustração mais explícita desse movimento conceitual é providenciada por Habermas, que busca explorar uma ambiguidade do termo alemão *Inklusion*, que compreende *Einschließung*, que pode ser traduzida sem problemas por inclusão, e *Einbeziehung*, que, na falta de um equivalente em português, pode ser melhor parafraseada como "trazer-à-relação". Essa ambiguidade acaba escondida na tradução para o português do título do livro, *Die Einbeziehung des Anderen*, traduzido como *A Inclusão do Outro*. Enquanto Habermas opõe a inclusão à exclusão (*Ausschließung*), ele não apresenta nenhum termo oposicional para *Einbeziehung*. A ideia por trás dessa distinção conceitual é postular a possibilidade de uma democracia que inclui sem excluir, como refletido na disjunção anunciada no título do artigo que desenvolve essa distinção: *Inklusion – Einbeziehen oder Einschließen?*.[525] Mais fundamentalmente, essa distinção conceitual rompe a conexão entre autoridade, como um conceito normativo, e lugar.

Vamos considerar, para começar, como o universalismo jurídico aproximaria [T1]. Relembre que a unidade de um coletivo é apenas putativa por causa da [8] representação. Como tem sido argumentado por uma extensão considerável, a representação da unidade envolve uma tomada não autorizada que inclui e exclui, assim se abrindo à contrarreivindicação: "Não em nosso nome!"[526]

525 Habermas, Inclusion of the Other, 139. Eu me baseio aqui em LINDAHL, Hans. "Democracy, political reflexivity and bounded dialogues: Reconsidering the Monism-Pluralism Debate". *In*: CHRISTODOULIDIS, Emilios; TIERNEY, Stephen (Coord.). *Public law and politics*: the scope and limits of constitutionalism. Aldershot: Ashgate, 2008, p. 110.

526 Os próximos parágrafos se baseiam em e expandem LINDAHL, Hans. "Recognition as domination: constitutionalism, reciprocity and the problem of singularity". *In*: WALKER, Neil; TIERNEY, Stephen; SHAW, Jo (Coord.). *Europe's Constitutional Mosaic*. Oxford: Hart Publishers, 2011, pp. 205-230.

A controvérsia de Habermas com Frank Michelman oferece uma ilustração instrutiva acerca de como uma reconstrução universalista do modelo ACAI do Direito lida com esse problema. Em um artigo poderoso dedicado ao problema da autoria nas constituições democráticas, logo à autorização por agir em nome do povo, Michelman aponta, contra Habermas, que o exercício do Poder Constituinte não pode, por definição, ser governado por regras procedimentais sobre como o Poder Constituinte deve ser exercido.[527] Nas próprias palavras de Habermas,

> [a] assembleia constitucional não pode garantir a legitimidade das regras através das quais ela foi constituída. A cadeia nunca termina, e o processo democrático se vê capturado em uma autoconstituição circular que leva a um regresso infinito.[528]

Schmitt concordaria incondicionalmente: *nomos* como uma tomada de lugar é um outro modo de constatar que nenhum discurso prático se inaugura com um ato discursivo.

Então Habermas efetivamente aceita que os coletivos democráticos são crivados na existência por uma tomada de lugar que inclui e exclui sem uma autorização ex ante para esse efeito. Em essência, isso explica por que a possibilidade de irreconhecimento – a violação da identidade que indivíduos ou grupos reivindicam para si mesmos – é ínsita à emergência de um coletivo. De fato, a tomada não autorizada que inaugura um coletivo marginaliza valores que são considerados como desimportantes para a realização da ação em conjunto pelo coletivo, e que, no entanto, certos indivíduos ou grupos que se veem submetidos às

527 MICHELMAN, Frank. "Constitutional Authorship". *In*: ALEXANDER, Larry (Coord.). *Constitutionalism*: Philosophical Foundations. Cambridge: Cambridge University Press, 1998, pp. 64-98.

528 HABERMAS, Jürgen. "Constitutional Democracy: a Paradoxical Union of Contradictory Principles?" *Political Theory*, vol. 29, nº 6, 2001, p. 774.

obrigações geradas pela ação em conjunto podem ver como uma dimensão integral de sua identidade.

Esse *insight* é também de importância crucial para o problema da reciprocidade no modelo ACAI do Direito. Relembre [1]: obrigações e sanções jurídicas são uma espécie de obrigações direcionadas e reprimendas que emergem entre os agentes participantes no curso da ação coletiva. Na medida em que a configuração-padrão da ação em conjunto estabelece o que os participantes devem esperar uns dos outros, a reciprocidade trazida adiante pela ação em conjunto se inaugura com um ato que não é ele próprio recíproco. Em outras palavras, as ordens jurídicas reivindicam ser vinculantes, logo autoritativas, em razão de terem instituído ou serem capazes de instituírem relações de reciprocidade entre os membros do coletivo, mas essa reivindicação leva de volta a um ato que, ao apreender a iniciativa de dizer "nós" em nome de um nós[*], é unilateral em vez de recíproco.

Habermas aceita a seriedade do problema ao se referir à fundação de uma democracia constitucional como uma "autoconstituição discursiva sem fundamento". Mas ele é confiante de que é possível sair dessa circularidade, providenciado que se foque no "caráter orientado para o futuro, ou na abertura, da Constituição democrática".[529] A circularidade viciosa se transforma em uma circularidade hermenêutica na qual a Constituição precisa ser reinterpretada em face das demandas por reconhecimento:

> [Q]uem quer que baseie seu julgamento hoje nas expectativas normativas da inclusão e reconhecimento mútuo completos, bem como na expectativa de oportunidades iguais para se utilizar direitos iguais, precisa assumir que ela pode achar

529 HABERMAS, Jürgen. "Constitutional Democracy: a Paradoxical Union of Contradictory Principles?" *Political Theory*, vol. 29, nº 6, 2001, p. 774.

> esses padrões ao se apropriar razoavelmente da Constituição e da sua história de interpretação.[530]

De um lado, então, a unilateralidade da fundação dá azo a irreconhecimentos, dos quais os participantes "alienados" de Shapiro são um lembrete pálido (ver seção 2.1.4). De fato, a alienação à qual Shapiro se refere em seu relato acerca da atuação massivamente compartilhada tem sua origem na marginalização que acompanha o *nomos* necessário para a emergência de um coletivo. De outro lado, i.e., a relação entre si e outro que transforma a dominação do outro pelo si em uma relação entre participantes iguais e livres na ação em conjunto. O reconhecimento recíproco é possível porque cada um de nós pode se liberar de sua perspectiva circunscrita ao tomar a perspectiva do outro quando se relaciona consigo mesmo: "o ego se encontra em uma relação interpessoal que lhe permite se relacionar consigo como um participante em uma interação da perspectiva de alter".[531] Cada si engajado em uma luta por reconhecimento pode vir a se compreender diferentemente – pode transformar sua auto-compreensão – e abrir espaço para uma nova configuração-padrão coletiva com a qual todos poderiam se comprometer porque ela permite cada um se ver como igual e ainda diferente dos outros participantes da ação em conjunto.

Note como o universal está integrado nessa consideração da passagem do irreconhecimento ao reconhecimento recíproco: "Quem quer que baseie seu julgamento hoje nas expectativas normativas da inclusão e reconhecimento mútuo completos, bem como na expectativa de oportunidades iguais para se utilizar direitos iguais...". A despeito da formulação hipotética favorecida por

---

530 HABERMAS, Jürgen. "Constitutional Democracy: a Paradoxical Union of Contradictory Principles?" *Political Theory*, vol. 29, nº 6, 2001, p. 775.

531 HABERMAS, Jürgen. *The philosophical discourse of modernity*: twelve Lectures. Trad. para o inglês de Frederick Lawrence. Cambridge: MIT Press, 1990, p. 297.

Habermas, ele deixa claro que isso não é um postulado que um debatedor pode escolher deixar de lado e ainda assim ser levado a sério por um interlocutor racional. Porque "a racionalidade é avaliada nos termos da capacidade dos participantes responsáveis na interação de se orientar em relação a reivindicações de validade voltadas ao reconhecimento intersubjetivo".[532] Na ausência de um critério externo e metafísico pelo qual um coletivo pudesse autoritativamente estabelecer quem deve fazer o que, onde e quando, o que resta é um postulado imanente à própria interação conflituosa, ou seja, que todas as partes em uma luta por reconhecimento precisam ter aceitado previamente e sem exceção que apenas aquela configuração-padrão da ação coletiva que permite às partes em conflito se reconhecerem umas às outras como seres iguais e livres é incondicionalmente válida.

Então, retornando a [T1], o universalista concede que uma tomada de lugar que inclui e exclui governa a gênese de uma ordem jurídica. Nessa medida, Schmitt está correto. Mas mesmo se esse ato inaugural não é e não pode ser autorizado *ex ante*, ordens jurídicas podem, ao menos em princípio, assegurar uma autorização *ex post* ao transformar uma situação inicial de irreconhecimento em uma condição, embora provisória, de reconhecimento recíproco, que [T2] inclui quem tem sido injustamente excluído do coletivo. De um lado, uma política autoritativa das demarcações é *necessária* por causa da origem contingente das entidades políticas; de outro, uma política autoritativa das demarcações é *possível* porque a "injunção por inclusão completa"[533] é inerente ao processo de "se apropriar razoavelmente da Constituição e da sua história de interpretação" (Habermas).

---

532 HABERMAS, Jürgen. *The philosophical discourse of modernity*: twelve Lectures. Trad. para o inglês de Frederick Lawrence. Cambridge: MIT Press, 1990, p. 314.

533 HABERMAS, Jürgen. *The Postnational Constellation*. Trad. para o inglês de Max Pensky. Cambridge: Polity Press, 2001, p. 148.

5.3.3 Três variações sobre a dialética do reconhecimento

A passagem do irreconhecimento ao reconhecimento recíproco gera uma reconstrução do modelo ACAI do Direito no qual uma política autoritativa das demarcações é consonante com o universalismo jurídico. Para ver por que, nós precisamos ter em mente as seguintes características da ação coletiva, as quais eu trago mais uma vez à atenção do leitor:

[5] *Inclusão e exclusão*: o ponto de ação em conjunto determina o que é importante para a ação em conjunto e o que não é, logo, que tipos de lugares, tempos, subjetividades e tipos de atos estão incluídos, de modo que outras combinações possíveis dessas quatro dimensões do comportamento são julgadas irrelevantes.

[6] *Transformabilidade*: a ação coletiva é transformável. As regras que estabelecem quem deve fazer o que, onde e quando são uma configuração-padrão do ponto de ação em conjunto.

A reconstrução universalista do modelo ACAI do Direito envolve uma interpretação determinada dessas características da ação coletiva e das suas interconexões sistemáticas. Em particular, todo o peso dessa reconstrução é carregado por três variações da dialética do reconhecimento. De fato, a passagem do irreconhecimento ao reconhecimento recíproco se desdobra, como Habermas admite, na forma de uma dialética.[534] Nisso ele permanece próximo de Axel Honneth, independentemente das outras diferenças que possam separá-los:

> Todas as lutas por reconhecimento.... progridem através do desenrolar da dialética moral do universal e do particular:

---

534 HABERMAS, Jürgen. *The philosophical discourse of modernity*: twelve Lectures. Trad. para o inglês de Frederick Lawrence. Cambridge: MIT Press, 1990, p. 324.

> pode-se sempre apelar para uma diferença relativa particular pela aplicação de um princípio geral de reconhecimento mútuo, o qual compele normativamente a uma expansão das relações existentes de reconhecimento.[535]

Deixe-me ilustrar de uma maneira brusca e imediata como as teorias do reconhecimento recíproco apelariam para essa dialética ao dar sentido a uma política autoritativa das demarcações. Para teorias dialéticas do reconhecimento, quando a KRRS destrói os campos de OGMs da Monsanto, sua demanda por reconhecimento pode apenas ser registrada como um desafio normativo à OMC se sua ação direta a confronta com possibilidades normativas próprias que a OMC tem excluído da configuração-padrão do seu ponto. Suscintamente, não pode haver nenhum reconhecimento do *outro* que não seja também reconhecimento do *si*. Nesse sentido, o Preâmbulo do Acordo da OMC estipula dentre outras coisas que as partes aspiram a promover

> o uso otimizado dos recursos de acordo com o objetivo de um desenvolvimento sustentável, buscando tanto proteger e preservar o meio ambiente quanto aprimorar os meios de fazê-lo de uma maneira consistente com as necessidades e preocupações respectivas dos diferentes níveis de desenvolvimento econômico.[536]

A demanda por reconhecimento pela KRRS, assim o teorista do reconhecimento recíproco sustenta, confronta a OMC com a questão sobre o que deve contar *inter alia* como a proteção e

---

535 HONNETH, Axel. "Redistribution as Recognition: A Response to Nancy Fraser". *In*: FRASER, Nancy; HONNETH, Axel. *Redistribution or Recognition*? A Political-Philosophical Exchange. Trad. para o inglês de Joel Golb, James Ingram e Christiane Wilke. Londres: Verso, 2004, p. 152.

536 WORLD TRADE ORGANIZATION (WTO). "Agreement establishing the World Trade Organization". Disponível em: www.wto.org/english/docs_e/legal_e/04-wto.pdf. Acessado em: 15.03.2022.

preservação diferenciadas do meio ambiente, logo, com a questão prática fundamental: sobre o que *nossa* ação em conjunto deve ser? A tomada que inclui e exclui nunca é só uma inclusão do si e uma exclusão do outro. Ela é também sempre, em menor ou maior medida, uma *exclusão* do si: a configuração-padrão corrente da ação em conjunto sob a OMC exclui possibilidades que são do próprio coletivo, no que concerne à proteção e preservação diferenciadas do meio ambiente, e que ele deve realizar se todos aqueles que estão sob sua égide sejam tratados como seres iguais e livres. Por essa razão, as regras correntes do comércio mundial promulgadas pela OMC não são mais que uma *configuração-padrão* do seu ponto. Nessa leitura, a KRRS demanda sua inclusão na ação em conjunto da OMC por meio de uma configuração-padrão transformada que o reconheça como um participante igual, mas diferente na comunidade de comércio mundial.

Então, transformar a condição inicial de irreconhecimento da KRRS em uma condição de reconhecimento recíproco é transformar a configuração-padrão da ação em conjunto da OMC. Por sua vez, transformar a configuração-padrão da ação em conjunto da OMC, redefinindo o que conta como importante para o coletivo, é implementar uma *dialética do limite*. Essa interpretação da natureza da transformação se encontra na raiz de todas as teorias do reconhecimento que retornam a Hegel. Remetendo-se à polêmica de Hegel com Kant concernindo a "coisa em si", Gadamer nota que "aquilo que faz do limite um limite sempre inclui também conhecimento daquilo está nos seus dois lados. É a dialética do limite existir apenas ao ser superado".[537] Embora Gadamer se baseie na tese de Hegel como uma tese acerca dos limites do pensamento, essa passagem captura habilmente a pressuposição fundamental acerca do conceito de um limite que anima as teorias do reconhecimento recíproco.

537 GADAMER, Hans-Georg. *Philosophical Hermeneutics*. Trad. para o inglês de David E. Linge. Berkeley: University of California Press, 1976, p. 338.

Porque, elas explicam, para estar apta a compreender o desafio da KRRS como um desafio normativo, a OMC precisa já estar do outro lado do limite: ela precisa estar apta a se reconhecer na demanda da KRRS, do mesmo modo que a KRRS precisa estar apta a se reconhecer na OMC ao demandar que ela esteja à altura de seu preâmbulo. "Em última análise, toda compreensão é autocompreensão", nota Gadamer.[538] Então também, para as teorias do reconhecimento recíproco, todo reconhecimento é, em última análise, *auto*rreconhecimento, reconhecimento do si. O reconhecimento recíproco se resume à reciprocidade do autorreconhecimento no outro. Consequentemente, a dialética do limite está internamente conectada à dialética do si e do outro.

O resultado dessa dialética dúplice é que ela complica a lógica das demarcações delineada até aqui. A tese forte que se segue da dialética do limite é que as demarcações não apenas incluem e excluem, mas que elas também *incluem o que elas excluem*. Repetindo nosso exemplo, a OMC inclui a KRRS na medida em que o preâmbulo do Acordo da OMC abre a possibilidade para ação em conjunto que poderia abordar suas preocupações, e que, no entanto, não tem sido incorporada na configuração-padrão de quem deve fazer o que, quando e onde no comércio global. Esse *insight* é correlativo ao *insight* derivado da dialética do si e do outro, ou seja, que a inclusão do si é sempre também uma exclusão do si. Um coletivo é sempre mais que as possibilidades práticas que ele tem realizado em sua configuração-padrão corrente de ação em conjunto, sendo isso o porquê de um coletivo conseguir se reconhecer no outro. Ao expandir seus limites, um espaço estranho cessa de ser enquanto tal para a OMC, tornando-se parte daquilo que já pertencia ao seu próprio espaço, *in posse* mesmo se não *in esse*. Em outras palavras, a dialética do limite transforma uma xenotopia

538 GADAMER, Hans-Georg. *Philosophical Hermeneutics*. Trad. para o inglês de David E. Linge. Berkeley: University of California Press, 1976, p. 55.

em uma "idiotopia", uma locução que é uma variação da noção de um *idiotopos*, que significa "sobre o seu próprio distrito".[539]

Nessa reconstrução dialética do modelo ACAI do Direito, e em particular do significado da [5] inclusão e exclusão e da [6] transformabilidade, o postulado da universalidade implica que as demarcações jurídicas são provisórias e derrotáveis de uma tal maneira que aquilo que uma ordem jurídica excluiu injustificadamente pode progressivamente ser incluída nela, mesmo se uma ordem jurídica completamente inclusiva precise ser indefinidamente postergada no tempo histórico. É nesse sentido que, para citar Habermas, constituições são "orientadas ao futuro" e "abertas". Ele enfaticamente abraça essa tese ao descrever aquilo que ele assume como sendo a estrela polar normativa da constelação pós-nacional: "a solidariedade com o outro como um de nós se refere ao 'nós' flexível de uma comunidade que resiste a todas as determinações substanciais e estende suas demarcações permeáveis sempre adiante".[540] E isso equivale a alargar o escopo daquilo que é *comum* para nós, daquilo que nos junta conjuntamente, de modo que a ação possa ser ação em *conjunto*. Nos termos de Jullien, embora a comunalidade inclua e exclua, a inclusão pertence ao domínio do político, enquanto a exclusão é "antipolítica".

A dialética do limite e a dialética do si e do outro têm ainda um terceiro companheiro, ou seja, a dialética hermenêutica à qual Habermas alude em sua resposta à objeção de Michelman, a qual eu cito novamente:

> [Q]uem quer que baseie seu julgamento hoje nas expectativas normativas da inclusão e reconhecimento mútuo completos,

---

539 Disponível em: http://perseus.uchicago.edu/. Acessado em: 13.06.2022. Eu sou grato a David Janssens por chamar minha atenção para essa expressão.

540 HABERMAS, Jürgen. *The inclusion of the other*: studies in political theory. Trad. para o inglês de Ciaran Cronin e Pablo de Greiff. Cambridge: Polity Press, 2005, pp. xxxv-xxxvi.

> bem como na expectativa de oportunidades iguais para se utilizar direitos iguais, precisa assumir que ela pode achar esses padrões ao se apropriar razoavelmente da Constituição e da sua história de interpretação.

O empenho hermenêutico de se apropriar razoavelmente do Acordo da OMC e de sua história de interpretação de tal maneira que a OMC possa acomodar o desafio normativo da KRRS ressoa com o comentário de Gadamer sobre Schleiermacher, o grande teórico teológico e hermenêutico alemão. Dado que "a experiência do estranho e a possibilidade de incompreensão é universal", a tarefa da hermenêutica é "superar a estranheza", "estabelecer concordância [*Verständigung*] onde não tinha nenhuma ou onde ela [tem] sido perturbada de alguma maneira".[541] A passagem dialética da incompreensão à compreensão recíproca é rigorosamente homóloga à progressão do irreconhecimento ao reconhecimento recíproco. Dado que a experiência do estranho e a possibilidade de irreconhecimento é universal, a tarefa de uma política autoritativa das demarcações é superar a estranheza – a alegalidade, no domínio jurídico – através do reconhecimento recíproco, pelo qual as partes da ação em conjunto alcançam concordância acerca de quem deve fazer o que, onde e quando. O teórico do reconhecimento recíproco argumentaria que essa dialética tricotômica, como ilustrada a respeito da OMC e da KRRS, seria o cerne normativo de uma política autoritativa das demarcações por todas as diversas ordens jurídicas globais emergentes, quando confrontadas com as demandas por reconhecimento dos movimentos alterglobalização.

Nós podemos agora conectar essas três variações da dialética do reconhecimento ao modelo ACAI do Direito como delineado na seção 2.1.5. A unidade putativa da ordem jurídica, notou-se, pode ser distinguida em três dimensões ou facetas, que estão

---

541 GADAMER, Hans-Georg. *Truth and Method*. Trad. para o inglês de Joel Weinsheimer e Donald G. Marshall. 2ª ed. Londres: Continuum, 2004, p. 180.

sistematicamente relacionadas entre si: coletividade, sistema jurídico, e ordem pragmática. A coletividade se refere à unidade putativa de um nós*; o sistema jurídico, à unidade putativa de uma multitude de regras; a ordem pragmática, à unidade putativa de um campo espacial, temporal, subjetivo e material de ação. Essas três dialéticas correspondem uma por uma a esse tríptico. A dinâmica se desenrola da seguinte maneira: de imediato, uma demanda por reconhecimento, como a ação direta da KRRS, desafia a unidade putativa de uma ordem jurídica, e.g., a OMC. Se necessário, a demanda traz adiante uma resposta na forma de (1) uma dialética do limite, que transforma a ordem jurídica em uma ordem pragmática mais abrangente; (2) uma dialética hermenêutica, que transforma a ordem jurídica em um sistema de regras mais coerente; e (3) uma dialética do si e do outro, que faz possível restaurar a autorreferência do coletivo como um nós* singular ao incorporar aqueles que protestaram: "Não em nosso nome!" Tomados juntas, essas três dialéticas delineiam a trajetória de emancipação levando progressivamente da comunidade real à comunidade ideal. Elas trazem adiante um estado de liberdade, conquanto provisório e frágil: *auto*rregulação coletiva. Tudo isso se perde de vista, o universalista jurídico afirma, se uma política autoritativa das demarcações é eviscerada de seu conteúdo normativo e reduzida a um conceito meramente funcional de autoridade: articulação, monitoramento e sustentação da ação em conjunto.

Como resultado, teorias do reconhecimento recíproco se sentirão confortáveis com a noção de limite introduzida na seção 1.3.2. Em contraste com as fronteiras, que distinguem entre o doméstico e o estrangeiro, limites espaciais se referem àquelas demarcações espaciais que, quando contestadas, evidenciam um fora na forma de uma xenotopia – um lugar estranho no sentido de um lugar que resiste à inclusão na distribuição de lugares que são considerados como o espaço próprio de um coletivo. Para as teorias do reconhecimento recíproco, esses lugares são, normativamente falando, apenas provisoriamente fora da unidade espacial de uma ordem jurídica. Pela transformação da configuração-padrão da ação em conjunto, um coletivo pode incluir aquilo que foi injustificadamente excluído, dando-lhe – literalmente – um lugar propriamente seu em uma unidade espacial transformada.

Nesse sentido, Habermas se satisfaz em postular um "legislador histórico", que, tendo posto as demarcações cívicas e espaciais no começo de uma comunidade, cria as condições para uma "sociedade concreta".[542] Como resultado, "de um ponto de vista normativo, as demarcações sociais de uma associação de consorciados livres e iguais sob a lei são perfeitamente contingentes".[543] Tendo relegado as demarcações cívicas e territoriais de uma comunidade política ao domínio residual da "chance histórica e [à] faticidade dos eventos",[544] a teoria do discurso pode então mostrar que o cerne racional da política e do Direito consiste em superar progressivamente a contingência em benefício da validade. De fato, a noção de autogoverno coletivo, no sentido discursivo favorecido por Habermas, oferece um modelo de racionalidade no qual a criação de regras incessantemente transcende as demarcações contingentes de comunidades políticas fechadas, assim abrindo caminho para "a expansão de um mundo intersubjetivamente compartilhado".[545] Isso é, em poucas palavras, porque e como teorias do reconhecimento recíproco postulam a possibilidade de *Inklusion* na forma de uma *Einbeziehung* sem uma *Ausschließung*.

---

542 HABERMAS, Jürgen. *Between facts and norms*: contributions to a discourse theory of law and democracy. Trad. para o inglês de William Rehg. Cambridge: MIT Press, 1996, p. 124.

543 HABERMAS, Jürgen. *Between facts and norms*: contributions to a discourse theory of law and democracy. Trad. para o inglês de William Rehg. Cambridge: MIT Press, 1996, p. 116.

544 HABERMAS, Jürgen. *Between facts and norms*: contributions to a discourse theory of law and democracy. Trad. para o inglês de William Rehg. Cambridge: MIT Press, 1996, p. 116. (trad. alterada).

545 HABERMAS, Jürgen. *Between facts and norms*: contributions to a discourse theory of law and democracy. Trad. para o inglês de William Rehg. Cambridge: MIT Press, 1996, p. 121.

Embora eu tenha me concentrado até aqui na dialética do reconhecimento no que concerne aos limites espaciais, isso também abrangeria os limites temporais, subjetivos e materiais de qualquer ordem jurídica dada. No que concerne aos limites temporais, a dialética do reconhecimento transforma a temporalidade de um coletivo, de modo que o passado, presente e futuro sejam suturados em uma história comum que todos os participantes podem vir a ver como sua *própria*. Nesse sentido, Delmas-Marty nota que ordenar o pluralismo global

> não deveria fazer com que os tempos jurídicos concordem, já que a uniformidade reduziria o pluralismo. Ao contrário, os ritmos deveriam ser 'sincronizados', no sentido de fazê-los compatíveis ou tornando-os harmoniosos.[546]

Uma dialética similar vale para os limites subjetivos e materiais de um coletivo. Para os teóricos do reconhecimento recíproco, a alegalidade, em cada uma dessas quatro dimensões de uma ordem pragmática, é meramente provisória e aguarda ser superada através de uma dialética na qual demandas por reconhecimento são acolhidas como o catalisador para a mudança jurídica. Mesmo se os limites não possam nunca ser dominados, uma política autoritativa das demarcações movida pelo imperativo do reconhecimento recíproco expande sempre adiante os limites dos coletivos.

Os paladinos de uma política autoritativa do reconhecimento recíproco, assim interpretados, vão bem mais longe que o pequeno círculo de filósofos que eu discuti neste capítulo. Essa interpretação é ubíqua na teoria e prática dos movimentos alterglobalização discutidos no capítulo IV. Ela move, para começar, a tese de Holloway de que o grito de rejeição do mundo como ele se encontra é também

546 DELMAS-MARTY, Mireille. *Ordering pluralism*: a conceptual framework for understanding the transnational legal world. Trad. para o inglês de Naomi Norberg. Oxford: Hart Publishers, 2009, p. 117.

um grito ansiando pelo mundo que deve vir a ser, no qual a "recusa por aceitar o fechamento" é o obverso do anseio por "um mundo baseado no reconhecimento mútuo da dignidade humana".[547] E, tendo mostrado na seção 4.4.1 que o conceito de comunalidade que Negri e Hardt reservam para a multidão é derradeiramente o de uma comunidade limitada, eu posso afirmar com alguma confiança que a dialética do reconhecimento está subjacente à sua tese acerca da expansividade da multidão, ou seja, que "a expansão do comum é uma questão prática e política".[548] Voltando-me ainda para um terceiro exemplo, a dialética do reconhecimento sublinha a visão do ATTAC de uma história humana compartilhada, uma visão e demanda que ele formula da seguinte maneira: "reapropriar juntos o futuro do mundo".[549] O slogan do ATTA nos catapulta de volta à distinção-mestre de Gilbert entre "nós juntos" e "nós-cada-um", introduzida na seção 2.1.1. "Juntos", conforme o uso do termo pelo ATTAC, corresponde a um coletivo no qual todos os seres humanos se reconheçam reciprocamente entre si como participantes livres e iguais em uma empreitada coletiva. Essa é a leitura do caráter de se estar junto que o universalismo está preparado a anexar à ideia da ordem jurídica como uma espécie de "nós juntos", e que, em sua perspectiva, determina a autoritatividade de uma política autoritativa das demarcações em um contexto global.

Em resumo, uma reconstrução universalista do modelo ACAI do Direito argumenta que do ponto de vista de uma política autoritativa das demarcações, [T1] a unidade putativa necessita da [T2] unificação. Por contraste, [T3] a pluralização é uma tese residual que articula aquilo que pode estar acontecendo atualmente no local,

---

547 HOLLOWAY, John. *Change the world without taking power*: the meaning of revolution today. 2ª ed. Londres: Pluto Press, 2010, pp. 6 e 18.

548 HARDT, Michael; NEGRI, Antonio. *Multitude*: war and democracy in the age of empire. Nova York: Penguin, 2004, p. 226; HARDT, Michael; NEGRI, Antonio. *Commonwealth*. Cambridge: Belknap Press, 2009, p. ix.

549 PLEYERS, Geoffrey. *Alter-Globalization*: Becoming Actors in the Global Age. Cambridge: Polity Press, 2010, p. 124.

mas que é destituído de uma necessidade conceitual. Outro mundo é possível, um no qual as ordens jurídicas incluem sem excluir.

5.3.4 Escalas do reconhecimento recíproco

As duas subseções anteriores se esforçaram por reconstruir a política autoritativa das demarcações disponível ao modelo ACAI do Direito advogado pelo universalismo jurídico. Mas pouco foi dito até agora acerca de uma política autoritativa das demarcações em um contexto *global*. A dialética do reconhecimento em suas três variações vale, em uma leitura universalista, para todas as ordens jurídica, logo, também para as ordens jurídicas subnacionais, nacionais, transnacionais e globais. De fato, teorias do reconhecimento recíproco têm tomado o Estado como o seu principal domínio de investigação normativa, não apenas porque estados têm sido o exemplo central de política democrática.[550] De todo modo, isso está suficientemente claro: a universalização das globalizações não implica que todas as universalizações são globalizações. Por essa razão, as subseções anteriores terminaram afirmando que, para o universalismo jurídico, as ordens jurídicas – no plural – podem incluir sem excluir. O que eu quero fazer agora é examinar o quão longe as teorias do reconhecimento de inclinação universalista podem nos levar no pensamento sobre uma política autoritativa das demarcações dentro do contexto do pluralismo jurídico global.

Eu foco no estudo de Nancy Fraser, *Scales of Justice*.[551] Claramente, Fraser distingue, em sua afiada polêmica com Honneth,

---

550 Isso se aplica a Honneth, Taylor e Habermas. E também se aplica às teorias do reconhecimento abraçadas por TULLY, James. “Struggles over Recognition and Distribution”. *Constellations*, vol. 7, nº 4, 2000, pp. 469-482 e Paul Ricoeur, em seu último livro: RICOEUR, Paul. *The course of recognition*. Trad. para o inglês de David Pellauer. Cambridge: Harvard University Press, 2005.

551 FRASER, Nancy. *Scales of Justice*: Reimagining Political Space in a Globalizing World. Cambridge: Polity Press, 2008.

entre reconhecimento e redistribuição, entre demandas por justiça nos domínios cultural e econômico. Parece ser, portanto, que seria reducionista me basear em sua obra para refletir sobre problemas de reconhecimento em uma escala global. Mas, como antecipado anteriormente neste capítulo, o conceito de reconhecimento no qual eu me baseio é mais geral do que aquele que ela coloca em sua controvérsia com Honneth. Então eu não louvarei nem lamentarei sua posição nessa controvérsia. Ao invés disso, o que me interessa é como ela reconstrói o princípio da *identidade* na base das interpretações universalistas do autogoverno coletivo. Porque, como discutido anteriormente, o problema da identidade está no cerne das teorias do reconhecimento recíproco. Ao desacoplar o princípio da identidade democrática dos Estados, e extrapolá-lo para o domínio do pluralismo jurídico global, Fraser oferece *insights* valiosos quanto às possibilidades de – e, como nós veremos depois, os problemas enfrentados por – uma defesa universalista do reconhecimento recíproco em um contexto global.

O seguinte diagnóstico desencadeia a reconstrução de Fraser do princípio democrático da identidade em um contexto global:

> disputas que costumavam focar exclusivamente na questão do que se deve como questão de justiça perante membros da comunidade agora se tornam rapidamente disputas sobre quem deve contar como um membro e qual é a comunidade relevante.[552]

Se se podia anteriormente ter como certo que os cidadãos de um Estado circunscrito territorialmente eram propriamente os protagonistas das lutas políticas, de modo que as teorias da justiça pudessem se concentrar em questões substanciais acerca da justiça, os processos de globalização e a concomitante fragmentação

552 FRASER, Nancy. *Scales of Justice*: Reimagining Political Space in a Globalizing World. Cambridge: Polity Press, 2008, p. 15.

das ordens jurídicas agora revelam que "[n]ão apenas o 'o que' mas também o 'quem' está em disputa".[553] Quem pode participar propriamente de uma luta política por justiça quando a interação social não está mais restrita às fronteiras dos Estados?

Fraser se refere a esse problema nos termos de "enquadramento": "O que está em questão aqui é a inclusão em, ou a exclusão da, comunidade daqueles intitulados a fazer reivindicações de justiça uns aos outros".[554] Em um nível isso concerne aos membros de um coletivo que estão ostensivamente incluídos nele, mas que estão efetivamente excluídos da participação política através dos canais de representação disponíveis ao coletivo. A forma mais radical de exclusão concerne àquilo que ela chama de "desenquadramento", no qual um coletivo traça suas demarcações de tal maneira que algumas pessoas são excluídas injustamente da oportunidade de participar de algum modo em sua governança. É típico dos processos de globalização correntes, no qual um espectro de atores e ordens jurídicas globais emergentes – Fraser nomeia Estados predadores, atores transnacionais privados como investidores estrangeiros, credores e especuladores e a estrutura de governança global da economia global – estão protegidos da contestação, participação e tomada de decisão democráticas. Esses são os tipos de questões levantadas no capítulo III quando se discute a unidade putativa dos coletivos globais em nome dos quais as redes regulatórias como o CSBB e o IASB reivindicam regular. Processos de globalização mostram como a noção rasa de autogoverno coletivo implicado pelas posições de um nós* orador e um nós* em jogo ficam aquém da identidade democrática entre governantes e governados postulada por uma posição nós* autor. Em suma, o "quem" ou a questão sobre o "enquadramento" é uma questão acerca da inclusão e da

553 FRASER, Nancy. *Scales of Justice*: Reimagining Political Space in a Globalizing World. Cambridge: Polity Press, 2008, p. 15.

554 FRASER, Nancy. *Scales of Justice*: Reimagining Political Space in a Globalizing World. Cambridge: Polity Press, 2008, p. 17.

exclusão, e a questão sobre a inclusão/exclusão é uma pergunta sobre representação: "nenhuma reivindicação por justiça pode evitar pressupor alguma noção de representação, implícita ou explícita, na medida em que ninguém pode evitar assumir um quadro".[555]

Tudo isso se encaixa bem com o modelo ACAI do Direito. Como nós temos visto, ele incorpora um raio de ordens jurídicas não estatais de um modo que explica por que suas demarcações incluem e excluem, embora de modos diferentes àqueles das fronteiras dos estados nacionais. Adicionalmente, ao colocar [8] a representação como uma característica de toda a ação coletiva, ele explica por que uma tomada que inclui e exclui é uma característica essencial da emergência de todas as ordens jurídicas, globais ou outras. Porém, ele também corrige a análise de Fraser de uma maneira importante. Contra as perspectivas que buscariam soluções estatais ao problema da inclusão/exclusão no contexto global, ela argumenta por uma abordagem "transformadora", porque fenômenos transfronteiriços "não pertencem ao 'espaço de lugares,' mas ao 'espaço de fluxos'".[556] No entanto, essa distinção, introduzida por Castells, é enganosa, como discutido na seção 2.3.4, quando da análise da "compressão" do espaço e do tempo. Visto que todas as ordens jurídicas globais emergentes precisam literalmente ter lugar, o "espaço de fluxos", independentemente do que isso possa significar, é uma espécie de espaço de lugares. Não apenas as fronteiras, mas os limites – espaciais, temporais, subjetivos e materiais – da ação em conjunto são essenciais para o problema da inclusão e exclusão implementados por aquilo que Fraser chama de uma "política do enquadramento". Isso também significa que não é apenas uma questão sobre "quem" está em

555 FRASER, Nancy. *Scales of Justice*: Reimagining Political Space in a Globalizing World. Cambridge: Polity Press, 2008, p. 21. O conceito de representação faz um trabalho robusto para Fraser, mas ele permanece notavelmente pouco desenvolvido em seu relato de uma "política do enquadramento".

556 FRASER, Nancy. *Scales of Justice*: Reimagining Political Space in a Globalizing World. Cambridge: Polity Press, 2008, p. 23.

jogo na representação. Quando movimentos alterglobalização geograficamente distantes da sede do CSBB na Basileia gritam, não obstante, "Não em nosso nome!", seu protesto não é apenas uma demanda para serem incluídos em um processo de tomada de decisão. É também um protesto sobre a reivindicação da validade global levantada em nome de suas regras: "Não em nosso lugar!"

Mas isso não deve nos distrair de examinar o impulso central da proposta de Fraser para lidar com o problema do desenquadramento em um contexto global. Seu cerne é uma reformulação do princípio da identidade democrática. Em sua formulação tradicional, esse é o princípio de "todos aqueles afetados", ou seja, todos aqueles afetados por regras promulgadas coletivamente devem estar aptos a se enxergarem como os autores de tanto: os afetados por e os autores das regras devem ser idênticos entre si.

A noção do princípio de todos aqueles afetados opera em duas direções. Primeiro, ela oferece uma operacionalização do princípio da universalidade que o livra de um problema desconfortável. Se apenas uma ordem abrangendo todos os seres humanos realizaria o postulado da universalidade, então uma ordem jurídica que correspondesse aos requerimentos da universalidade só seria viável enquanto Direito *Global*. O princípio de todos aqueles afetados parece oferecer uma solução para esse dilema: formulado propriamente, o princípio da universalidade se lê da seguinte maneira: todos os humanos afetados deveriam ser tratados como seres iguais e livres. Seu escopo e "escala" se tornam variáveis. Assim, a "competência moral" não implica desde já ser um membro do coletivo que se engaja em atos de governança: o escopo daqueles afetados é potencialmente muito mais amplo do que os membros de um coletivo, assim fazendo espaço para a expansão dos limites da atuação coletiva incluir aqueles que foram injustificadamente excluídos. Segundo, porque "ser afetado" não pressupõe proximidade geográfica, abre-se caminho para sua aplicação a todas as ordens jurídicas, incluindo as ordens jurídicas globais emergentes que operam de maneira mais ou menos independente dos Estados e da territorialidade estatal.

Posteriormente, Fraser retrocede de certo modo do princípio de "todos aqueles afetados", admitindo que ele se baseia em relações causais em vez de morais, e que ele é vulnerável ao "efeito borboleta", em que todos são afetados por tudo. Em resposta a essas dificuldades, ela avança o "princípio de todos aqueles subjugados": "todos aqueles que estão subjugados por uma dada estrutura de governança têm uma competência moral enquanto sujeitos de justiça em relação com ela".[557] Subjugação, em sua leitura, não está restrita ao governo estatal; seu escopo também compreenderia todas as formas de governança não estatal e transnacional.

Seja como for, o princípio de todos aqueles subjugados tem uma importante vantagem ao explicar como uma perspectiva universalista de uma política autoritativa das demarcações é compatível com uma defesa das globalizações no plural, ao invés da globalização no singular. Quando indivíduos estão simultaneamente subjugados a uma variedade de ordens jurídicas (o que Santos chama de "interlegalidade"), o princípio de todos aqueles subjugados está

> apto a demarcar uma pluralidade de 'quems' para diferentes propósitos [e ele] nos diz quando e onde aplicar que moldura

557 FRASER, Nancy. *Scales of Justice*: Reimagining Political Space in a Globalizing World. Cambridge: Polity Press, 2008, p. 65. No meu entender, sua formulação desse princípio simplesmente generaliza a caracterização de Habermas do princípio da autolegislação democrática, substituindo cidadãos por habitantes: "A ideia da autolegislação dos cidadãos... requer que aqueles sujeitos ao Direito enquanto seus mediadores possam ao mesmo tempo se compreender como autores do Direito". HABERMAS, Jürgen. *Between facts and norms*: contributions to a discourse theory of law and democracy. Trad. para o inglês de William Rehg. Cambridge: MIT Press, 1996, p. 120.

> – e, assim, quem está intitulado à paridade de participação com quem em um dado caso.[558]

Independentemente de se estar lidando com o CSBB, a OMC, a CCC, a *lex mercatoria*, o Codex Alimentarius, a ICANN, a ISO, o eBay, o IASB ou outros tantos, uma ordem jurídica global emergente cria as condições para uma política autoritativa das demarcações justa na medida em que ela posiciona procedimentos de modo que aqueles que foram injustamente excluídos da participação autorial de um coletivo podem ser nele incluídos.

Assim, o princípio de todos aqueles subjugados promete operacionalizar, em um cenário marcado pelo pluralismo jurídico global, as três dialéticas discutidas anteriormente: a dialética do limite; a dialética hermenêutica; a dialética do si e do outro. Quando se permite que ele realize seu trabalho normativo, o princípio de todos aqueles subjugados restaura, parece, a identidade coletiva do si interrompida de uma ordem jurídica global emergente, tornando-a mais inclusiva por meio de uma dialética na qual reconhecer o outro é reconhecer a nós mesmos no outro e o outro em nós mesmos. Ao desembaraçar o princípio da identidade democrática do emaranhado do Estado-nação, e ao generalizá-lo para todos os coletivos em um contexto de pluralismo jurídico global, o princípio de todos aqueles subjugados parece confirmar mais uma vez que dado que as ordens jurídicas globais emergem através de uma tomada de lugar que inclui e exclui, [T1] a unidade putativa dos coletivos é *necessariamente* emparelhada, normativamente falando, a um processo sem fim de [T2] unificação, mas apenas *contingentemente* ligado a [T3] um processo de pluralização.

---

558 FRASER, Nancy. *Scales of Justice*: Reimagining Political Space in a Globalizing World. Cambridge: Polity Press, 2008, p. 66.

5.3.5 Direitos humanos e o bem

Nós podemos agora levar esta longa seção a seu fim, revisitando a questão central deste livro como um todo: uma ordem jurídica global é possível, mesmo sem ser atual, que pudesse incluir sem excluir? Sua orientação à realização dessa ordem seria aquilo que empresta seu conteúdo normativo a uma política autoritativa das demarcações em um contexto global?

Na seção 4.5, eu me preocupei em explorar se o Direito Internacional dos Direitos Humanos como ele se encontra hoje seria uma ordem jurídica global nesse sentido. Minha resposta a essa questão foi um enfático "não". Para tal efeito, eu foquei nas críticas subalternas do movimento internacional dos direitos humanos, de um lado, e no projeto de Habermas de um Direito cosmopolita, de outro. Em ambos os casos, ficou patente que o regime internacional de direitos humanos existente efloresce através de uma tomada de lugar que inclui e exclui. As condições que regem sua gênese não são diferentes daquelas de todas as outras ordens jurídicas, ou seja, atos representacionais que apreendem a iniciativa de determinar o que nos junta conjuntamente (enquanto seres humanos). Não menos que qualquer outra ordem jurídica, [T1] vale para a ordem internacional de direitos humanos. Sua unidade é putativa e, enquanto tal, vulnerável à contestação: há uma humanidade excluída da humanidade que o Direito Internacional dos Direitos Humanos reivindica representar. Esse regime é um *nomos* da terra.

Mas esse achado, castigante como possa parecer, implica que o universalista jurídico precisaria se tornar um cético dos direitos humanos? De maneira alguma. As razões para tanto nos levam de volta à distinção entre o universal e a comum introduzida anteriormente neste capítulo. O universal concerne, normativamente falando, a uma reivindicação *a priori* que prescreve, anteriormente a toda a experiência e sem exceção, aquilo que deve ter lugar, ou mais precisamente, como relações intersubjetivas devem ser ordenadas. O postulado universal subtendendo teorias do reconhecimento recíproco é que as relações intersubjetivas, em particular relações jurídicas, devem ser ordenadas de tal maneira que todos os humanos, sem exceção, sejam tratados como seres livres e iguais. O comum, por contraste, concerne àquilo que é compartilhado por um espectro de indivíduos, de modo que eles possam ser vistos como um grupo *demarcado* em ação em conjunto. Assim, a comunalidade pressupõe a inclusão e a exclusão: trata-se de um domínio da ação em conjunto, cujo ponto inclui e exclui ao estabelecer o que é importante para a ação em conjunto e o que não é.

Se é para ser uma ordem jurídica, o regime internacional de direitos humanos não pode senão assumir uma perspectiva na primeira pessoa do plural de um nós*. Essa perspectiva, dir-se-á, é a perspectiva de nós*, a humanidade como um todo. Essa perspectiva é apenas possível, contudo, se o regime elucida o que nos junta conjuntamente como seres humanos (representação *de*), isto é, se ela representa a humanidade como isso ou aquilo (representação *como*), por meio de uma configuração-padrão que impõe os direitos e as obrigações concomitantes cabíveis aos seres humanos enquanto tais. A Declaração Universal dos Direitos Humanos (DUDH) não erra ao afirmar, em seu preâmbulo, que os direitos e as liberdades que ela compila são "o padrão *comum* de realização para todos os povos e todas as nações".[559] Mas, como observado anteriormente, não pode haver qualquer comunalidade sem inclusão e exclusão: os direitos especificados na DUDH determinam o que deve contar como as [1] obrigações direcionadas que nós devemos uns aos outros enquanto seres humanos, logo, o que deve ser incluído na humanidade da perspectiva da DUDH e o que não deve ser incluído. A DUDH não pode incluir a humanidade sem excluí-la, marginalizando dimensões daquilo que um espectro de

---

559 UNITED NATIONS. "Universal Declaration of Human Rights". Disponível em: www.ohchr.org/EN/UDHR/Pages/Language.aspx?LangID=eng. Acessado em: 13.06.2022. (grifo nosso).

indivíduos ou grupos podem considerar dimensões importantes de sua humanidade.

O universalista jurídico relutantemente admitirá isso, quando cutucado, mas adicionará imediatamente que essa é uma história truncada dos direitos humanos. De fato, a Assembleia Geral "proclama" uma Declaração *Universal* dos Direitos Humanos. Onde jaz a base para essa reivindicação? No Artigo 1º: "Todos os seres humanos nascem livres e iguais em dignidade e direitos. São dotados de razão e consciência e devem agir em relação uns aos outros com espírito de fraternidade". A formulação do artigo mostra que não se trata de uma reivindicação a posteriori que pode ser ou provada ou refutada pela experiência. Nem se trata do resultado de um processo inclusivo destilado daquilo que a realidade social nos mostra em toda a sua variegação, e que poderia estar sujeita a uma reformulação se a realidade social mudasse. O artigo 1º da DUDH é *proclamado*. De fato: ele postula o que deve ser o caso antecipadamente a toda a experiência e sem exceção. Parafraseando Jullien, "Nós[*], o coletivo que proclama a DUDH, afirmamos não apenas que até a data presente todos os seres humanos nasceram livres e iguais em dignidade e direitos, mas que *não pode ser* de outro modo". O artigo 1º estipula como as relações sociais *devem* ser ordenadas sem exceção, mesmo se seu nascimento insere os seres humanos no espaço e no tempo, logo, no domínio daquilo que é comum, de modo que a desigualdade e a dominação possam se definir.

Fica mais claro, na base dessa reconstrução, como teorias do reconhecimento recíproco podem aceitar que [T1] a ordem internacional dos direitos humanos não é mais que uma unidade putativa emergente através de uma tomada de lugar que inclui e exclui, enquanto também reconstrói a evolução normativa do Direito Internacional dos Direitos Humanos como [T2] um processo contínuo de unificação. Visto que "todos os direitos e liberdades estabelecidos nesta Declaração" (Artigo 2º, DUDH) não são mais que a *configuração-padrão* do ponto de ação em conjunto sob a DUDH, eles ficam aquém da plena articulação daquilo que conta como a ordenação da ação em conjunto sob esse Direito, de tal modo que todos sejam tratados como seres iguais e livres. O mesmo se aplica, obviamente, aos direitos regionais e nacionais dos direitos humanos. *Qua* "padrão comum de realização", os direitos e liberdades contidos na DUDH são vulneráveis a declarações de que eles dão azo ao irreconhecimento, como aquelas formuladas pela crítica subalterna dos direitos humanos. Contudo, e como apontado anteriormente, é significante que essas críticas não apenas rejeitem de pronto a reivindicação de universalidade dos direitos humanos:

> Existe uma necessidade urgente por um movimento dos direitos humanos que seja multicultural, inclusivo e profundamente político. Portanto, embora seja essencial que um novo movimento dos direitos humanos supere o eurocentrismo, é igualmente importante que ele também aborde as profundamente desiguais relações de poder entre e dentro das culturas, economias nacionais, Estados, gêneros, religiões, raças e grupos étnicos, e outras clivagens sociais. Esse movimento não pode tratar o eurocentrismo como o ponto de partida e as outras culturas como periféricas. O ponto de partida para esse movimento precisa ser um pressuposto fundamental acerca da equivalência moral de todas as culturas.[560]

Mais uma vez a dialética do reconhecimento está em operação, dessa vez com respeito aos direitos humanos. Para o universalista, a reivindicação de que uma leitura liberal dos direitos humanos irreconhece, dentre outras, a identidade de indivíduos e comunidades africanas pressupõe o autorreconhecimento desses indivíduos e comunidades no postulado do artigo 1º da DUDH, de acordo com a qual todos os humanos devem ser tratados como seres livres e iguais. E ao demandar reconhecimento para formas fortes de identidade de grupo, eles confrontam a coletividade de

---

560 MUTUA, Makua wa. "Savages, victims, and saviors: the metaphor of human rights". *Harvard International Law Journal*, vol. 42, nº 1, 2001, p. 207.

Estados que proclamou a DUDH com suas próprias possibilidades que permanecem sem atualização em sua configuração-padrão, possibilidades que podem ser realizadas seja reinterpretando direitos existentes, seja incluindo novos direitos no compêndio do Direito Internacional dos Direitos Humanos. Nessa leitura, a DUDH não é estranha à dialética pela qual, reconhecendo-nos no outro e o outro em nós mesmos, pode-se operar a passagem do irreconhecimento ao reconhecimento recíproco, logo da exclusão à exclusão, em uma unidade mais abrangente. Mas dado que, como Jullien aponta, o universal e o comum pertencem a ordens diferentes, às ordens do *a priori* e do a posteriori, há um abismo que não pode ser transposto entre a *universalidade* do postulado de seres livres e iguais e a *comunalidade limitada* reivindicada pelos direitos e liberdades articulados em um regime internacional de direitos humanos evolutivo. De um lado, a plena humanização do Direito dos Direitos Humanos precisa ser postergada para sempre no tempo histórico, em linha com a noção de uma ideia regulativa. De outro, a progressiva humanização do Direito dos Direitos Humanos é possível porque, como Waldron coloca, "nada humano [é] alienígena".[561] A humanidade que está além do limite do Direito Internacional dos Direitos Humanos em um dado ponto no tempo pode ser em princípio incluída nessa ordem caso se permita à dialética do reconhecimento que faça seu trabalho normativo. Daí a assim chamada cascada de direitos humanos.

Sob essas luzes, não há nada tautológico ou vazio em definir os direitos humanos como direitos que os indivíduos devem conceder uns aos outros se eles querem se reconhecer como seres livres e iguais. Enquanto a lista de direitos humanos que os indivíduos se concedem uns aos outros pertence ao domínio do comum, a injunção de que eles devem conceder esses direitos uns aos outros, que lhes permitem se reconhecer como seres livres e iguais, é do

561 WALDRON, Jeremy. "What Is Cosmopolitan?" *Journal of Political Philosophy*, vol. 8, 2000, p. 243.

domínio universal. A definição fala de uma *tensão* entre o comum e o universal, e não da identidade entre uma ordem positiva de direitos humanos e a liberdade e a igualdade que ela torna disponível.

Essas considerações sugerem duas razões interconectadas porque o regime internacional de direitos humanos é a peça fundamental das leituras universalistas contemporâneas dos processos de globalização. Porque, primeiro, ele estabelece um padrão comum ao qual todas as ordens jurídicas, globais ou outras, devem aderir. Ele oferece um critério normativo para se criticar todas as ordens jurídicas e, através de sua crítica, para a convergência normativa em torno do que conta como uma política autoritativa das demarcações em um contexto global. O regime internacional de direitos humanos sustenta a promessa, dentre outras, de trazer o capitalismo global sob um controle *normativo*, mesmo se isso não é ainda suficiente para seu controle institucional. Por outro, porque não é mais que um padrão *comum*, ele próprio aberto para contestações mais ou menos radicais, o regime internacional de direitos humanos é o terreno privilegiado no qual a *lacuna* e a *conexão* entre o universal e o comum se tornam visíveis aos participantes dos processos de globalização, abrindo a perspectiva da humanização completa dos direitos humanos em uma ordem jurídica global que é incondicionalmente válida porque tem um dentro, mas nenhum fora: o universalismo jurídico, como definido no começo deste capítulo. Assim construída, uma ordem global de direitos humanos deriva em última instância sua autoritatividade da sua orientação interna àquilo que é bom para *todos*, e não apenas àquilo que é bom para *nós*, um coletivo particular.

É contra esse pano de fundo, eu acredito, que o universalismo continua a insistir que a distinção entre o correto e o bem é uma pressuposição indispensável para uma política autoritativa das demarcações em um contexto global, pois ela não é nada senão a distinção entre o universal e o comum. Para teorias de afecções universalistas, os processos de globalização seriam desprovidos de qualquer sentido e direção normativas, e abandonados à contingência de como coletivos incluem e excluem, na ausência do postulado de uma comunidade ideal de seres humanos livres e iguais que todas as partes em lutas por reconhecimento devem aceitar antecipadamente, se é para serem compreendidas como lutas por reconhecimento *recíproco*.

Quando amarrado ao regime internacional de direitos humanos, o princípio normativo de reconhecimento recíproco postula que uma ordem jurídica global no sentido forte notado no início deste livro poderia emergir gradualmente. É nesse sentido que Delmas-Marty, dentre outros, pode argumentar que os processos de globalização trazem a promessa de uma "comunidade humana global".[562] A globalização nesse sentido forte equivale à progressiva humanização do regime internacional de direitos humanos e das ordens jurídicas globais florescentes que se talham ao seu padrão comum. O Direito dos Direitos Humanos que acatasse o chamado normativo por reconhecimento recíproco marcaria a emergência gradual de uma ordem jurídica global com um dentro e nenhum fora – sem considerar, evidentemente, o fora povoado por aqueles que negam ou desafiariam, em palavras e atos, que seres humanos nascem livres e iguais. Mas, para o universalista jurídico, não há nenhum fora, nem há lugar para uma xenotopia, propriamente falando. Eles são foras da lei. Sua forma de humanidade seria privativa e poderia certamente violar, mas não transgredir as demarcações que estabeleceriam, em nome de todos os seres humanos e em virtude de todos, quem deve fazer o que, onde e quando. Quem nega que uma ordem jurídica global plenamente humanizada é possível, e que sua realização é o *telos* providenciando orientação normativa a uma política autoritativa das demarcações em um contexto global, rende-se ao relativismo. Assim diz o universalista.

---

562 DELMAS-MARTY, Mireille. *Vers une communauté des valeurs*? Paris: Seuil, 2011, pp. 10 e ss.

5.4 Indo além do reconhecimento recíproco

A seção 5.3 não pretendeu oferecer nada remotamente semelhante a um exposé completo das teorias do reconhecimento recíproco de proclividade universalista. Seu foco e propósito foram muito mais modestos que isso. Seu *foco* foi o modelo ACAI do Direito. Em particular, eu estava interessado em testar se e como esse modelo poderia incorporar considerações normativas em seu relato das ordens jurídicas globais emergentes. Seu *propósito* foi estabelecer como as teorias do reconhecimento recíproco reconstruiriam uma política autoritativa das demarcações. Em particular, eu busquei mostrar que, para essas teorias, a pressuposição normativa da realização de uma ordem jurídica completamente inclusiva está necessariamente incorporada no conceito de autoridade disponível ao modelo ACAI do Direito. Normativamente falando, a humanização progressiva do regime internacional de direitos humanos é o exemplo privilegiado de uma ordem jurídica global emergente no sentido forte posto neste livro.

Eu agora inverti a ordem de questionamento. Se a seção 5.3 alistou teorias do reconhecimento recíproco para explorar as possibilidades normativas do modelo ACAI do Direito, a questão inversa vem à tona: se o modelo ACAI do Direito conseguiria lançar luz sobre as *dificuldades* normativas encontradas por essas teorias ao considerarem uma política autoritativa das demarcações em um cenário global. Em sua autocompreensão, o universalismo jurídico pode acomodar essa pergunta, ao menos parcialmente, visto que ele ficaria feliz em conceder, como Jullien aponta, que um conceito de universal é extremamente demandante. A resposta favorecida a esse problema é desenhar uma distinção entre a teoria normativa ideal e não ideal: a primeira desenvolve o conceito de justiça (global) que é a estrela polar para a transformação social; a segunda, como instituições podem contribuir para a realização da justiça (global) em condições desfavoráveis.[563] Essa estratégia deixa a teoria ideal e seus pressupostos intocados, mudando a atenção para os modos pelos quais seu rigor pode ser suficientemente mitigado para conceder-lhe força no cotidiano da política e do Direito.

5.4.1 Tribulações do princípio de todos aqueles afetados

Eu não me imbrico por esse caminho. Minha preocupação é com o universalismo jurídico *qua* teoria ideal, não porque ela seja extremamente demandante, mas porque, em uma consideração mais próxima, o modelo ACAI do Direito mostra que ela compreende incorretamente uma política autoritativa das demarcações de maneiras significativas.

Os princípios de todos aqueles afetados e de todos aqueles subjugados, quaisquer sejam suas variações e permutações, revelam uma primeira dificuldade no universalismo jurídico. Enquanto esses princípios pretendem oferecer um critério normativo para endereçar o que Fraser chama de a questão "quem" a respeito de qualquer ordem jurídica dada, global ou outras, eles não oferecem qualquer orientação quanto *aos conflitos entre ordens jurídicas* na malha operacional do pluralismo jurídico global. Isso é ainda mais notável porque, como nós vimos ao discutir as obras de Delmas-Marty e Berman, relações conflituosas entre ordens jurídicas têm atraído uma atenção contínua dos praticantes e acadêmicos do Direito ao refletirem sobre problemas de reconhecimento. O raio de técnicas e práticas jurídicas para lidar com esses conflitos está bem além da competência das teorias do reconhecimento recíproco entre indivíduos. Em particular, o sentido dúplice de deferência em relação ao outro operante na autorregulação coletiva – deferência como postergação e suspensão – parece ser bastante relevante

---

563 Ver, e.g., RAWLS, John. *A theory of justice*. Cambridge: Belknap Press, 1971, p. 245.

para uma reconstrução filosófica do conceito de reconhecimento ínsito ao conflito entre ordens jurídicas, e, no entanto, permanece largamente além do enclausurado das teorias filosóficas do reconhecimento recíproco. As razões para esse desencontro têm a ver com as abordagens surpreendentemente diferentes do problema da autoridade em um cenário pluralista endossado pela doutrina jurídica quando comparada às teorias do reconhecimento recíproco. Enquanto a primeira aborda a autoridade do ponto de vista da interação entre ordens jurídicas, a segunda assim o faz do ponto de vista da interação entre indivíduos.

A razão para essa discrepância está ligada ao endosso, por teorias universalistas do reconhecimento recíproco, do *individualismo normativo*. Peter Singer oferece uma formulação particularmente vigorosa disso ao se referir a "todos os humanos, ou mesmo todos os seres sencientes, como a unidade básica de interesse para nosso pensamento ético".[564] Assim que essa pressuposição está feita, então uma tarefa dúplice surge para o pensamento normativo. De um lado, ele desenvolve um conceito normativo do Estado e da autoridade começando das lutas por reconhecimento entre indivíduos. Um caso em questão é o último livro de Ricoeur, *The Course of Recognition*, mesmo se seu autor explicitamente indica que ele não cruzará o limiar que leva de uma teoria do reconhecimento a uma teoria do estado.[565] De outro lado, e como a imagem invertida da passagem normativa do indivíduo ao coletivo, o individualismo normativo tende a trespassar o véu, por assim dizer, das identidades coletivas em conflito, reconstruindo esses conflitos entre indivíduos. Apelos por uma ordem global de direitos humanos na qual as autoridades estariam empoderadas a articular, monitorar e executar o cerne dos direitos humanos dos indivíduos, e se

564 SINGER, Peter. *One World*: the Ethics of Globalization. New Haven: Yale University Press, 2004, p. xxii.

565 RICOEUR, Paul. *The course of recognition*. Trad. para o inglês de David Pellauer. Cambridge: Harvard University Press, 2005, p. 217.

necessário deixando de lado a soberania estatal, traz essa linha de raciocínio à sua conclusão lógica.

Em resumo, embora o individualismo normativo esteja preparado para aceitar a existência de coletivos, ele tem dificuldades em conceitualizar o reconhecimento como uma categoria normativa a orientar a interação conflituosa entre ordens jurídicas. A questão de fundo que emerge, e da qual nos ocupamos no momento oportuno, é se essa pressuposição acerca da redutibilidade do conflito entre ordens jurídicas ao conflito entre indivíduos faz justiça a uma política autoritativa das demarcações em um contexto do pluralismo jurídico global.[566]

Uma segunda dificuldade concerne ao princípio da identidade democrática. Relembre o problema, como descrito por Fraser: o pressuposto de que a territorialidade estatal é a precondição para a identidade entre governantes e governados não se sustenta mais em um contexto "pós-Westfaliano", marcado por um amontoado de ordens jurídicas transnacionais e mesmo ordens jurídicas globais. Parece que um critério não territorial é necessário para estabelecer quem deve participar na governança. Os princípios de todos aqueles afetados e todos aqueles subjugados são as tentativas mais proeminentes de lidar com esse problema. Mas elas vão funcionar?

Olhe, primeiro, uma caracterização influente do princípio de todos aqueles afetados:

> aqueles significativamente (i.e., não trivialmente) afetados por decisões, problemas ou processos públicos deveriam, *ceteris paribus*, ter uma oportunidade igual, direta ou

---

566 Um bom exemplo é a dificuldade encontrada por Honneth para reconstruir o reconhecimento dos estados de modo a se evitar colapsar as identidades coletivas em identidades individuais. Ver seu ensaio, "Recognition between States: On the Moral Substrate of International Relations", em HONNETH, Axel. *The I in we*: studies on the theory of recognition. Cambridge: Polity Press, 2012, pp. 137-152.

> indireta através de delegados ou representativos eleitos, de influenciá-las e moldá-las.[567]

O que imediatamente salta aos olhos são as duas ressalvas: "significativamente" e "*ceteris paribus*". Quem decide se essas duas ressalvas se aplicam a um dado caso? Não seriam as autoridades *dentro* da ordem jurídica? Isso não quer dizer que as autoridades necessariamente rejeitariam de pronto demandas por reconhecimento levantadas por indivíduos ou grupos que eram previamente considerados como sem importância no que diz respeito à autorregulação coletiva. Mas as ressalvas mostram que o conceito de autoridade é predicado em uma relação *assimétrica* entre dentro e fora. Aqueles dentro reivindicam um direito de estabelecer, por meio de suas autoridades, quem pode ser incluído e quem não. Em geral, o fechamento que dá azo a um coletivo não simplesmente distingue entre dentro e fora como posições que são intercambiáveis, porque elas têm a mesma valência: as ressalvas introduzidas por Held mostram que o ponto central do fechamento coletivo é *preferir* o dentro ao fora.[568] Deixe-me chamar isso de *Assimetria 2*. Então, o problema do princípio de todos aqueles afetados não desaparecerá pela simples remoção dessas duas ressalvas da formulação do princípio. De fato, a tarefa das autoridades jurídicas é articular, monitorar e sustentar a distinção preferencial entre dentro e fora, enquanto durante todo esse tempo modula como essa distinção deve ser desenhada. Isso explica por que o conceito de autoridade não pode ser econômico diante de uma *política* das demarcações.

---

567 HELD, David. "Cosmopolitanism: Taming Globalization". excerpt reprinted. *In*: ______. (Coord.). *The Global Transformations Reader*. 2ª ed. Cambridge: Polity Press, 2002, p. 518.

568 Eu me empresto aqui da noção de Waldenfels de uma "preferência na diferença". Ver WALDENFELS, Bernhard. *Antwortregister*. Frankfurt: Suhrkamp, 1994, pp. 202-210, e WALDENFELS, Bernhard. *Vielstimmigkeit der Rede*: Studien zur Phänomenologie des Fremden. vol. 4. Frankfurt: Suhrkamp, 1999, p. 197.

O problema não é menos virulento quanto ao princípio de todos aqueles subjugados de Fraser. Como a própria Fraser admite, não é óbvio quem conta ou deve contar como subjugado a uma estrutura de governança. Mas então, quem decide essa questão espinhosa? Sua resposta é que "um processo dialógico [precisa ser imaginado] para aplicar o princípio de todos aqueles subjugados a disputas acerca do 'quem'".[569] Para ser legítimo, o diálogo precisa ser sem constrangimentos e inclusivo; seu sítio deve ser, na primeira instância, a sociedade civil. Mas, como ela nota, os desafios quanto ao "quem" da identidade democrática também demandam uma rota institucional para se tornarem garantidos e levarem a decisões vinculantes. Essa rota institucional demanda "procedimentos equânimes e uma estrutura representacional"; adicional e crucialmente, "os representantes... precisam ter a capacidade de fazer decisões vinculantes acerca do 'quem' que reflete seus julgamentos gerados comunicativamente quanto a quem está de fato subjugado a uma dada estrutura de governança".[570]

Não obstante o louvor de Fraser ao princípio de todos aqueles subjugados, ele é afligido pelo mesmo problema que confronta o princípio de todos aqueles afetados. Dado que se considera que os representantes representam um nós* demarcado, embora eles possam certamente mudar a configuração-padrão da ação em conjunto em resposta às demandas por reconhecimento levantadas na esfera da sociedade civil, eles assim o fazem na base de uma relação assimétrica entre o dentro e o fora *que deve ser mantida enquanto tal*. O consenso para com aqueles que contestariam a distinção dentro/fora não é o que uma política autoritativa das demarcações visa alcançar, nem de fato, nem idealmente. Nos termos de uma ontologia social, o ponto é esse: coletivos não existem independentemente

569 FRASER, Nancy. *Scales of Justice*: Reimagining Political Space in a Globalizing World. Cambridge: Polity Press, 2008, p. 68.

570 FRASER, Nancy. *Scales of Justice*: Reimagining Political Space in a Globalizing World. Cambridge: Polity Press, 2008, p. 69.

dos agentes que os compõem, mas sua existência é irredutível a eles, o que invalida simplesmente transformar questões acerca de uma política autoritativa das demarcações no modelo normativo das lutas por reconhecimento entre indivíduos.

Um exemplo particularmente contundente disso é o apelo de Joseph Carens por "fronteiras relativamente abertas" em relação a fluxos migratórios.[571] A despeito do seu caráter aparentemente radical, sua reivindicação não vai além do *status* quo concernindo a imigração. Com efeito, o pleito por bordas *relativamente* abertas revela a assimetria fundamental entre as posições dentro e fora de uma entidade política: pertence-se ao próprio conceito de autoridade estabelecer de dentro se as fronteiras devem ser abertas e para quem.[572] Certamente, o pleito de Carens se refere aos Estados, enquanto Held, Fraser e outros têm em mente entidades políticas não estatais. Mas isso é imaterial para meu argumento acerca da assimetria em relação à questão sobre o "quem". A ressalva "relativamente" desempenha o mesmo papel para a política de imigração estatal em particular que a ressalva "significativamente" e "*ceteris paribus*" desempenham nos princípios de todos aqueles afetados e todos aqueles subjugados em geral.

Isso colide diretamente com as noções de um "diálogo" e "julgamentos gerados comunicativamente" aos quais Fraser recorre. Nós já vimos como um diálogo constitucional se inicia por um ato autoritativo que não é ele próprio dialógico. Mas isso é apenas parte da história. Do mesmo modo que os diálogos constitucionais (no sentido amplo da expressão que abrange todas as variações da ACAI) não se iniciam dialogicamente, então também as autoridades

---

571 CARENS, Joseph. "Aliens and citizens: the case for open borders". *The Review of Politics*, vol. 49, 1987, p. 252.

572 Para uma crítica e uma alternativa à abordagem de Carens, ver LINDAHL, Hans. "To Each Their Own Place? Immigration, Justice, and Political Reflexivity". *In*: MERLE, Jean-Christoph (Coord.). *Spheres of Global Justice*. vol. 1. Dordrecht: Springer Science and Business Media, 2013, pp. 317-328.

podem invocar a Constituição para fechar unilateralmente o que elas consideram como estando constitucionalmente fora do alcance, seja procedimental, seja substancialmente, ou ambos. Em resumo, a (re)negociação da configuração-padrão da ação em conjunto sob o Direito, em resposta às demandas por reconhecimento, pressupõe que as autoridades reivindiquem o Direito de determinar em última instância, em nome do coletivo, os limites dentro dos quais a transformação da ação em conjunto é permissível, porque o que está em jogo é a manutenção da unidade putativa de um coletivo, isto é, a manutenção da relação assimétrica entre dentro e fora que é essencial ao governo do *si* coletivo. Essa característica também é parte da Assimetria 2: a pressuposição de que o diálogo acerca de quem deveria ter uma palavra sobre as estruturas de governança deve ser "sem constrangimentos" não consegue se enquadrar naquilo a que a *governança* diz respeito. A relação com o outro implementada por uma política autoritativa das demarcações, ao lidar com a questão sobre o "quem", é essencialmente assimétrica.

Note que esse não é um argumento contra a introdução de procedimentos que abram um espaço para a contestação institucional do fechamento. Mas nenhum desses procedimentos desfaz a assimetria que é constitutiva de uma política autoritativa das demarcações: as autoridades reivindicam a prerrogativa de decidir, com base no ponto de ação em conjunto, quem levanta uma demanda justificada por reconhecimento e está, enquanto tal, intitulado à igualdade participativa no coletivo. O problema do reconhecimento justificado é discutido longamente ao se explorar o Direito Administrativo Global no capítulo VII.

5.4.2 Uma assimetria dupla

O problema de reivindicações justificadas por reconhecimento aponta para um segundo e mais profundo problema confrontando as teorias universalistas. Mesmo se existe uma relação assimétrica entre dentro e fora, o universalista argumentará que isso não precisa precluir que uma situação inicial de irreconhecimento, sobrecarregada de assimetria, possa ser transformada na simetria do reconhecimento recíproco. Teorias do reconhecimento recíproco supõem, como notado anteriormente, que cada uma das partes em uma luta por reconhecimento pode assumir a perspectiva da outra, compreendendo-se através dos olhos do outro. Essa pressuposição está na raiz da noção de reciprocidade que governa a dialética do reconhecimento pela qual cada uma das partes se reconhece na outra e a outra em si mesma. Relembre a formulação de Habermas dessa dialética: "o ego se encontra em uma relação interpessoal que lhe permite se relacionar consigo como um participante em uma interação da perspectiva de alter".[573] Não é exagerado afirmar que a reciprocidade, assim interpretada, alavanca todo o caso em favor da globalização como universalização.[574]

No entanto, essa pressuposição é controversa. Para ver o porquê, primeiro nós precisamos revisitar o exemplo que eu usei para introduzir a dialética do reconhecimento: a demanda por reconhecimento lançada pela KRRS contra a OMC. Em que condições poderiam as queimadas dos campos de OGMs ser *mesmo* registradas pela OMC como uma demanda por reconhecimento? Em termos mais gerais, o que se requer para que o comportamento possa provocar um desafio normativo a um coletivo, confrontando-o com a

---

573 HABERMAS, Jürgen. *The philosophical discourse of modernity*: twelve Lectures. Trad. para o inglês de Frederick Lawrence. Cambridge: MIT Press, 1990, p. 297.

574 Preocupada com as tendências de assimilação de leituras simétricas do reconhecimento recíproco, Iris Marion Young argumenta em favor da "reciprocidade assimétrica". Embora plausível à primeira vista, uma leitura cuidadosa do seu argumento mostra que ela reintroduz a simetria em sua consideração da reciprocidade. Ver YOUNG, Iris Marion. "Asymmetrical Reciprocity: On Moral Respect, Wonder and Enlarged Thought". *In*: ______. *Intersecting Voices*. Princeton: Princeton University Press, 1997, pp. 38-59. Ver LINDAHL, Hans. *Fault lines of globalization*: legal order and the politics of a-legality. Oxford: Oxford University Press, 2013, pp. 232/233, para uma análise crítica da reciprocidade assimétrica de Young.

questão prática: o que é/deve ser nossa ação em conjunto? A resposta implícita a essa questão, no desenvolvimento subsequente desse exemplo, foi que a demanda por reconhecimento precisa confrontar um coletivo com possibilidades práticas que sejam *suas próprias* e que ele tem injustificadamente excluído da configuração-padrão do ponto de ação em conjunto. Para repetir minha paráfrase anterior da formulação lapidária de Gadamer, as teorias do reconhecimento recíproco assumem que, em última instância, todo reconhecimento é reconhecimento de *si*. O desenvolvimento do exemplo se valeu desse *insight* ao notar que a ação direta da KRRS pode confrontar a OMC com a discrepância – a não identidade) entre sua aspiração de proteger e preservar o meio ambiente, como estabelecida no preâmbulo do Acordo da OMC, e sua configuração-padrão das regras do comércio mundial. Transformar a configuração-padrão da ação em conjunto de uma maneira que envolva a demanda da KRRS por reconhecimento restaura a autoidentidade da OMC, explica o universalista jurídico. E ao restaurar a autoidentidade da OMC, a transformação da configuração-padrão do coletivo implementa a dialética do limite pela qual a OMC vem a reconhecer o outro (a KRRS) como um de nós.

Certamente isso é muito fácil. Seria a demanda por reconhecimento da KRRS apenas ou mesmo primariamente a demanda para que a OMC proteja e preserve o meio ambiente? Que a sua demanda se registre assim com a OMC meramente diz que e como o ponto de ação em conjunto sob a OMC filtra – enquadra – aquilo que conta como um desafio normativo ao coletivo, logo o que pode atingir a OMC (no sentido duplo da expressão) como uma demanda *justificada* por reconhecimento. Que fique claro, a demanda da KRRS por reconhecimento não precisa ser confinada aos termos da proteção e preservação do meio ambiente: outras considerações do preâmbulo do Acordo ou outros aspectos da configuração-padrão da OMC do comércio mundial poderiam possivelmente ser juntadas também. Mas a demanda da KRRS apenas se registrará como justificada se ela puder ser relacionada apresentada como coerente com o ponto de ação coletiva da OMC. Então, surge a questão mais uma vez: a demanda da KRRS por reconhecimento seria apenas ou sobretudo consistente com a regulação do comércio mundial pela OMC? De maneira mais direta: a KRRS estaria simplesmente demandando *inclusão* em uma OMC transformada, uma OMC que reestabeleça as demarcações que estabelecem quem deve fazer o que, onde e quando de uma maneira que reconheça a KRRS "como um de nós"?

Essas considerações revelam um terceiro aspecto da Assimetria 2, em complemento à distinção preferencial entre dentro e fora e a prerrogativa reivindicada pelas autoridades de encerrar unilateralmente um diálogo acerca das demarcações se eles considerarem que as demandas por reconhecimento estão fora de alcance. O terceiro aspecto gira em torno do ponto de agir em conjunto e as respostas coletivas que ele permite. Com isso eu não quero dizer que um coletivo possa decidir *ignorar* uma demanda por reconhecimento, algo que evidentemente acontece com frequência suficiente. Ignorar uma demanda pressupõe que ela seja registrada como um desafio normativo. O que eu quero dizer é que os coletivos enquadrarão suas respostas às demandas por reconhecimento de outros de tal maneira que seus atos de reconhecimento possam ser atos coletivos de *auto*rreconhecimento. Em outras palavras, embora coletivos existam no modo da questionabilidade, ela é uma questionabilidade finita. Embora o domínio daquilo que é importante para a ação em conjunto esteja certamente suscetível à reconsideração e ao ajustamento, nenhuma ação coletiva é possível na ausência de um domínio variável de *indiferença normativa* à qual o coletivo não responde e nem pode responder, mudando a configuração-padrão do ponto de agir em conjunto, porque a configuração-padrão é uma resposta à questão: o que é/deve ser nossa ação em conjunto?[575] Revisitando nosso exemplo, há facetas

---

575 Para uma ilustração marcante dessa tese no que concerne ao Direito Criminal, ver CHRISTODOULIDIS, Emilios. "The Objection That Cannot Be Heard: Communication and Legitimacy in the Court Room". *In*: DUFF, Antony;

da demanda por reconhecimento do modo de vida dos fazendeiros indianos em relação às quais a OMC permanece normativamente indiferente, mesmo caso achassem justos outros aspectos da sua demanda e se estivesse preparada a mudar a configuração-padrão do comércio mundial. Coletivos existem não apenas no modo da sua questionabilidade finita, mas também da sua responsabilidade finita.[576] Anterior à interpretação de Fraser do "enquadramento" como escalonamento global, transnacional, nacional ou subnacional da justiça, vem o enquadramento pelo qual a ação em conjunto separa aquilo que é ou poderia ser importante para a ação em conjunto, logo suscetível de regulação na configuração-padrão da ação em conjunto, a partir de uma zona de indiferença normativa que está para além das possibilidades práticas de um coletivo.

A questionabilidade finita e a responsividade finita dos coletivos anunciam uma segunda forma de assimetria, que eu chamo de *Assimetria 1*. O que está em questão é a assimetria de uma demanda por reconhecimento que é anterior à resposta do coletivo a essa demanda. A prioridade aqui não se refere simplesmente àquilo que é anterior em termos sequenciais – primeiro uma demanda, então uma resposta – e suscetível de ser ordenada no tempo cronológico. A anterioridade da demanda concerne a um

---

FARMER, Lindsey; MARSHALL, Sandra; TADROS, Victor (Coord.). *The trial on trial*: Truth and due process. vol. 1. Oxford: Hart Publishers, 2004, pp. 179-202.

576 Jullien oferece uma confirmação interessante daquilo que eu tenho chamado de indiferença normativa no contexto de sua discussão sobre direitos humanos e cultura. Contra Panikkar, quem nós encontramos brevemente no Capítulo IV, Jullien aponta que identificar o dharma como um equivalente funcional dos direitos humanos encobre que o problema é um problema de *indiferença*, em vez de diferença: "do ponto de vista do dharma, a concepção (europeia) de direitos humanos permanece 'indiferente'. Isso não significa que o pensamento indiano se propõe a criticá-la, ou mesmo tem a mínima ideia de suspeitar dela, mas de que dificilmente existe qualquer interesse nela". JULLIEN, François. *On the universal, the uniform, the common and dialogue between cultures*. Trad. para o inglês de Michael Richardson e Krzysztof Fijalkowski. Cambridge: Polity Press, 2014, p. 86.

desafio normativo que vem *muito cedo* no sentido de uma questão diante da qual o coletivo foi pego despreparado e não poderia ter se preparado para responder. A configuração-padrão da ação em conjunto, conforme o modelo ACAI do Direito, estabelece que expectativas normativas os participantes na ação em conjunto devem observar em relação uns aos outros. Como a palavra indica, uma expectativa concerne a uma crença acerca daquilo que é ou deve ser. Expectativas recíprocas ajudam os participantes de um coletivo a adquirir um certo controle do futuro, restringindo a um espectro administrável a gama potencialmente infinita de possibilidades com as quais eles poderiam ser confrontados ao interagirem. Expectativas normativas conectam o futuro ao presente, de modo que nós* podemos confiar no futuro no presente, assim tornando-o *já* presente. Isso é, exatamente, o que a etimologia de *antecipar* mostra, ou seja, tomar algo em antecedência ao tempo (*ante* + *capere*).[577] Demandas por reconhecimento são anteriores à ação em conjunto porque elas pegam o coletivo de surpresa, evidenciando possibilidades práticas do agir em conjunto que ele não antecipou e nem poderia antecipar, logo, como um futuro que vem *em antecedência* ao futuro para o qual nós* estávamos preparados e já tínhamos tornado presente através de nossa ação em conjunto.

De fato, poder-se-ia dizer que as demandas por reconhecimento nos antecipam, o coletivo, no sentido etimológico do termo: elas *tomam* posse (de nós) em antecedência ao (nosso) tempo. O caráter prematuro de uma tomada inaugural que põe um coletivo em operação ao incluir e excluir tem seu correlato na tomada inesperada de uma demanda por reconhecimento para o qual o coletivo não estava normativamente preparado. Veja aqui a estrutura temporal da tomada de lugar que, como nós vimos no capítulo IV, anima alterglobalizações como a ação direta da KRRS,

577 Ver: ONLINE ETYMOLOGY DICTIONARY. Disponível em: http://etymonline.com/index.php?allowed_in_frame=0&search=anticipate. Acessado em: 13.06.2022.

a apropriação de San Cristobal de las Casas pelos zapatistas ou o confisco do Parque Zuccotti pelo Occupy Wall Street. Xenotopias são xenocrônicas e vice-versa.

Essa assimetria dupla está em operação nas respostas às demandas por reconhecimento lançadas contra todas as ordens jurídicas globais discutidas nos capítulos II e III, como a ISO, o CSBB, a *lex mercatoria*, a *lex digitalis* e semelhantes. Talvez mais significativamente, o Direito Internacional dos Direitos Humanos não é uma exceção a essa assimetria dupla, conforme se torna claro quando se olha mais cuidadosamente para a demanda de Makau wa Mutua a respeito do movimento internacional dos direitos humanos, isto é, que seu ponto de partida "[seja] um pressuposto fundamental acerca da equivalência moral de todas as culturas". Sua demanda de que todas as *culturas* sejam reconhecidas como iguais não é idêntica à insistência de que todos os *indivíduos* sejam tratados como seres iguais e livres. A injunção de Mbiti, "eu sou porque nós somos, e porque nós somos, portanto, eu sou" se encaixa e não se encaixa sem mais delongas na injunção para se assegurar a igualdade e a liberdade de todos os indivíduos. Além disso, não há qualquer ponto de Arquimedes a partir do qual seria possível estabelecer se culturas são tratadas igualmente pelo Direito Internacional dos direitos humanos: a demanda por reconhecimento de uma cultura ocorre enquanto demanda por reconhecimento *entre* culturas. É por isso que as demandas por reconhecimento direcionadas ao Direito Internacional dos direitos humanos estão dentro *e* fora desse regime. Há uma humanidade que resta para além do enclausurado do *a priori* histórico e lugarizado, segundo o qual os direitos humanos são os direitos que os humanos precisam conceder uns aos outros caso seja para eles se reconhecerem uns aos outros como seres livres e iguais. O Direito dos direitos humanos não pode senão incorporar o que é bom para todos *nós*. Embora sistemático em vez de histórico em sua natureza, minha interpretação do Direito dos direitos humanos compartilha da tese severa de Moyn de que "as interpretações e aplicações [da ideia de direitos humanos] são inevitavelmente partidárias".[578]

Em resumo, demandas por reconhecimento para além das possibilidades práticas de um coletivo revelam as demarcações como *linhas falhas*, não apenas como limites. Enquanto limites podem ser expandidos ou contraídos, as linhas falhas assinalam um *non plus ultra* para a ação em conjunto. A questionabilidade e a responsabilidade finitas dos coletivos chamam adiante as *linhas falhas* de uma política de reconhecimento recíproco. Elas afirmam a irredutibilidade da pluralidade política perante a unidade de uma ordem jurídica, global ou outras. O universalismo jurídico não pode entregar aquilo que promete. A contingência das ordens jurídicas – *que* nós* somos um coletivo jurídico e *o que* nós somos como um coletivo jurídico – não pode ser superada: nem de fato, nem em princípio.[579]

5.4.3 A lógica complexa das demarcações

Nós precisamos ponderar as implicações dessa assimetria dupla para o conceito de reconhecimento no capítulo VI. Mas ele desafia a pressuposição de que uma política autoritativa das demarcações pode ser conceitualizada como uma dialética que supera uma situação inicial de irreconhecimento ao dar azo ao reconhecimento recíproco. Em particular, ele desacredita as pressuposições de que reconhecer "o outro como um de nós" assegura o "nós 'flexível'

578 Ver MOYN, Samuel. *Human Rights and the Uses of History*. Londres: Verso, 2014, p. 84.

579 Levando essas ideias um passo adiante, talvez se possa dizer que a injunção de tratar todos os humanos como seres livres e iguais é ela própria uma linha falha, um *non plus ultra* para o conceito de normatividade que tem sua inauguração no princípio de autopreservação e que obteve sua formulação metafísica realizada na tese do conatus adotada na Proposição VI da Parte III da *Ética* de Spinoza: "Cada coisa esforça-se, tanto quanto está em si, por perseverar em seu ser".

de uma comunidade [que] resiste a todas as determinações substanciais e estende suas demarcações permeáveis sempre adiante" (Habermas). Reconhecer o "outro como um de nós" é sempre, em menor ou maior medida, assimilar o outro. *O reconhecimento é sempre também irreconhecimento*. E dado que o reconhecimento do outro é um autorreconhecimento, o reconhecimento é sempre também o irreconhecimento do outro *e de si*.

Isso nos retorna às três teses no cerne do debate acerca do que determina a autoritatividade de uma política autoritativa das demarcações. As teorias do reconhecimento recíproco propõem recepcionar [T1] unidade putativa e [T2] unificação, enquanto rejeitam [T3] pluralização: um trazer-à-relação (*Einbeziehung*) sem exclusão (*Ausschließung*), como Habermas formularia. Mesmo se sua chegada é postergada para sempre no tempo histórico, a progressão rumo a uma ordem jurídica que incluiria sem excluir precisa ser postulada como o *telos* de uma política autoritativa das demarcações, sustenta o universalista jurídico, se é para os processos de globalização serem mais que processos arbitrários e se se quer conter o relativismo. Essa figura da globalização se baseia, derradeiramente, no *insight* de que as demarcações fazem mais do que simplesmente incluir e excluir. O universalista argumenta que as demarcações *incluem aquilo que elas excluem*, possibilitando uma dialética do limite que torna as ordens jurídicas sempre mais inclusivas, desde que as autoridades ajam de boa fé. Dessa maneira, as teorias do reconhecimento recíproco podem vindicar a possibilidade de uma ordem jurídica global emergente no sentido forte notado anteriormente neste livro, mesmo se a realidade dos processos de globalização ao nosso redor não nos leve para além de ordens jurídicas que incluem e excluem.

A assimetria dupla entre questão e resposta interrompe essa reconstrução universalista do modelo ACAI do Direito. Que as ordens jurídicas não possam incluir aquilo que elas excluíram sem também o assimilar, que as ordens jurídicas não podem senão irreconhecer o outro *porque* o outro é reconhecido como um de nós, significa que a lógica das demarcações é mais complexa do que imaginado pelas teorias do reconhecimento recíproco. Sim, demarcações incluem o que elas excluem, de modo que o reconhecimento do outro abra espaço para uma inclusividade maior. Essa é a verdade do universalismo, que precisa ser adotada inequivocamente por uma política autoritativa das demarcações. Mas ao incluir aquilo que excluem, as demarcações também *excluem aquilo que elas incluem*. Não há nenhum trazer-à-relação sem um colocar-para-fora-da-relação. A Assimetria 1 e a Assimetria 2 têm seu correlato na lógica complexa das demarcações, que incluem ao excluir e excluem ao incluir. Essa lógica complexa resta na raiz de nosso achado na seção 1.3.2, que se o estranho não precisa ser estranho, o estranho não precisa ser estrangeiro. Uma "fusão de horizontes", a metáfora lampejante com que Gadamer captura a dialética do si e do outro, desdobra-se em tandem com a fissão de horizontes.[580] A tarefa de uma versão normativamente rica de uma política autoritativa das demarcações é lidar com *ambos* os aspectos da relação assimétrica entre o si coletivo e o outro.

Assim nós chegamos a uma bifurcação da estrada: de um lado, a política das demarcações que se segue do modelo ACAI do Direito compartilha com o universalismo jurídico o *insight* de que [T2] ordens jurídicas podem se tornar mais inclusivas, embora compreendido de uma perspectiva na primeira pessoa do plural autoritativamente mediada (uma ressalva que tempera o alcance do inclusivismo). De outro, e contra o universalismo jurídico, o modelo ACAI do Direito implica que, porque as demarcações excluem o que elas incluem [T2], a unificação está necessariamente emparedada com a [T3] pluralização. A réplica do modelo ACAI do Direito à acusação de *relativismo* levantada contra ele pelos universalistas jurídicos é inverter a denúncia: o universalismo se

580 GADAMER, Hans-Georg. *Truth and Method*. Trad. para o inglês de Joel Weinsheimer e Donald G. Marshall. 2ª ed. Londres: Continuum, 2004, pp. 304/305.

expõe à acusação de *imperialismo* em razão de reivindicar de que se pode ter um processo cada vez mais expansivo de inclusão sem exclusão. Evitando o monismo do universalismo, que é movido pela aspiração de promover uma "política interna mundial" (*Weltinnenpolitik*), o modelo ACAI do Direito cautelosamente endossa uma política autoritativa das demarcações que tem que lidar com o pluralismo irredutível próprio a *uma política que sustenta o meio-termo como uma relação e uma não relação entre si e outro.*

Como está ficando cada vez mais claro, este livro é uma reflexão estendida acerca do meio-termo que emerge em formulações como "intersubjetividade", "interação", interlegalidade" e "interculturalidade". Que sentido normativo se deve compreender de uma política autoritativa das demarcações interpretada como uma política do meio-termo? Essa política se referiria ao estabelecimento de uma relação de reconhecimento recíproco entre si e outro sob uma regra comum? Não, este capítulo assevera. Mas então qual é o sentido normativo desse "meio-termo" para uma teoria do reconhecimento? Uma resposta a essa questão gira em torno, ou assim o capítulo VI argumenta, daquilo que se entende do conceito de reconhecimento assimétrico.

CAPÍTULO VI

RECONHECIMENTO ASSIMÉTRICO

O capítulo V ofereceu uma primeira interpretação de uma política autoritativa das demarcações em um contexto global, uma interpretação que reconstrói o modelo ACAI do Direito ao longo das linhas do reconhecimento recíproco. Contra o universalismo jurídico, que se baseia no reconhecimento recíproco para postular a possibilidade de realizar uma ordem jurídica global totalmente inclusiva, o capítulo concluiu que as demandas por reconhecimento estão sempre, em menor ou maior medida, em excesso diante daquilo com que um coletivo pode lidar para transformar a configuração-padrão da ação em conjunto. Um coletivo enquadra demandas de uma tal maneira que ele possa respondê-las. A pluralidade política é, eu afirmo, irredutível à unidade de uma ordem jurídica – nem mesmo em um indeterminado longo prazo.

A questão levantada no início do capítulo V retorna com toda sua urgência. Essa tese não corresponderia a advogar pelo relativismo nos assuntos globais, um relativismo que reforça processos exclusionários enquanto também condena as ordens jurídicas globais emergentes a serem instrumentos da inclusão imperial? Como evitar esse relativismo a não ser pela postulação de um mundo jurídico no qual todos poderiam se sentir em casa como o telos de uma política autoritativa das demarcações globais? A crítica do universalismo jurídico esboçada ao final do capítulo V não conduziria à resignação e à paralisia política, talvez mesmo ao cinismo?

O leitor decidirá se, ao fim do dia, a alternativa discutida neste capítulo pode se defender dessa objurgação. De todo modo, minha intenção é bem diferente. Minha crítica do universalismo jurídico concerne às suas tendências assimilatórias e às dificuldades que ela encontra em reconhecer e abraçar a ambiguidade inerradicável da lógica das demarcações decorrente das lutas por reconhecimento. Quaisquer que sejam suas dificuldades, não há qualquer razão para descarar sem qualquer consideração adicional o ímpeto normativo do universalismo jurídico; meu alvo é redirecioná-lo. A raiz comum compartilhada pelo universalismo jurídico e pelo modelo ACAI do Direito é o *insight* de que as lutas por reconhecimento são o *locus* de uma consideração normativa do estabelecimento de demarcações. Mas enquanto o universalismo jurídico interpreta as lutas por reconhecimento, *qua* projeto normativo, como se progressivamente superassem a contingência das demarcações, eu sugiro que o reconhecimento assimétrico oferece um modo de lidar com a contingência, mas não de superá-la.

Aqui, em poucas palavras, está aquilo que eu tinha em mente: o reconhecimento assimétrico é o cerne de uma política do estabelecimento de demarcações que é autoritativa em razão de reconhecer o outro (em nós mesmos) como um de nós *e* como outro-que-nós. Eu chamo isso de *autoasserção coletiva contida*. De um lado, a autoasserção coletiva compreende, sem exaurir, uma demanda por reconhecimento. Em vez de compreender as lutas acerca das demarcações como orientadas rumo a uma inclusividade cada vez maior baseada no reconhecimento recíproco entre as partes em conflito, minha leitura da autoasserção coletiva permite generalizações situacionais (no plural) sem universalização ou universalidade (no singular). De outro, a autocontenção coletiva, no sentido abordado daqui em diante, suspende a aplicação (completa) do Direito para proteger o outro (em nós mesmos) como outro-que-nós.

Ao trabalhar através dessa ideia, esse capítulo segue uma estratégia incremental. Eu exploro a mesma dinâmica do começo ao fim, mas assim o faço de diferentes perspectivas a cada vez, de modo que, a cada passo, ideias e formulações prévias se tornam mais complexas e multifacetadas. Aqui estão as questões orientadas a cada passo: (1) Qual é a natureza do *estabelecimento de demarcações*? (2) Com o que uma *política* das demarcações se parece? (3) O que a torna *autoritativa*? Respostas a essas questões abrem o caminho para esboçar uma alternativa ao relativismo e ao universalismo que resiste à tentação de retratar a tensão irredutível entre unidade e pluralidade ou como uma simples oposição ou como uma oposição a ser superada através de uma dialética do particular e do geral. Eu reservo o capítulo VII para a questão final e decisiva: (4) O que pode ser específico para uma política autoritativa das demarcações em um *contexto global*?

Uma advertência antes de começarmos. Enquanto eu faço o meu melhor para apresentar e ilustrar os argumentos filosóficos que abordam essas questões da maneira mais clara e acessível possível, eu preciso interagir de maneira detalhada com uma gama de conceitos ínsitos àquilo que eu tenho chamado de reconhecimento assimétrico. Isso requer a paciência e o pensamento vagaroso que são característicos da investigação filosófica. Leitores que considerem esse modo de pensar confuso ou pedante, ou que prefeririam uma versão resumida desse argumento, podem ir diretamente à seção 6.3.4, a qual resume os principais *insights* deste processo argumentativo antes de introduzir o reconhecimento assimétrico propriamente dito.

6.1 Estabelecendo demarcações

O primeiro passo em nossa estratégia incremental desembrulha o estabelecimento de demarcações: qual é a natureza do processo pelo qual as demarcações jurídicas são postas? A questão acerca do estabelecimento de demarcações é, evidentemente, muito geral, uma questão que concerne a todas as ordens jurídicas em vez de apenas aquelas globais. Mas o modelo ACAI do Direito argumenta que as demarcações são características de todas as ordens jurídicas, independentemente de sua "escala". Faz sentido, portanto, aproximar o estabelecimento das demarcações a partir desse nível elevado de generalidade, antes de nos debruçarmos quanto às suas implicações para as ordens jurídicas globais emergentes. Essa investigação é ainda mais importante porque até então eu ofereci uma consideração bastante incompleta do estabelecimento de demarcações, limitada como ela foi ao ato primeiro do estabelecimento de demarcações, acerca do qual, a princípio, apenas uma análise parcial estava disponível. Então eu começo oferecendo uma consideração mais complexa dessa tomada inicial, para então estendê-la ao escopo de análise de todos os atos de estabelecimento de demarcações.

6.1.1 Retomar

Ao introduzir como as demarcações são postas, os capítulos IV e V concederam importância completa ao *insight* intransigente de Schmitt de que nenhuma ordem jurídica pode emergir, global ou qualquer outra, ausente uma censura primordial que separe o dentro do fora. Esse movimento pareceu ainda mais justificado porque, quando pressionado acerca da gênese de um discurso prático, mesmo Habermas, longe de ser um camarada filosófico de Schmitt, admite que os coletivos democráticos são arrancados à existência por um tomar que inclui e exclui sem uma autorização *ex ante* para tanto.

Mas, *contra* Schmitt e Habermas, haveria algo como um primeiro ato do estabelecimento de demarcações?

Essa questão leva diretamente ao problema da representação. O leitor se lembrará que a unidade de um coletivo é sempre e necessariamente [8] uma unidade representada, mesmo quando o coletivo é composto por dois indivíduos. Longe de consistir em um momento de pura espontaneidade ou atividade, no qual uma multitude de indivíduos se constitui como um grupo, existe uma passividade fundamental no coração da unidade putativa de um coletivo: em vez de se iniciar, o coletivo é iniciado por um ato representacional que diz "nós" em nome de um nós*. A tomada inaugural assinala a autoconstituição da comunidade política na forma objetiva do genitivo: a constituição *de* um si coletivo.

No entanto, quem quer que apreenda a iniciativa de agir em nome de um nós* pressupõe que se tenha um nós* demarcado que precise de representação. Quem ocupa a posição de um nós* orador reivindica agir em nome do grupo mais amplo de participantes – o nós* em jogo – que já se considera existente e em virtude de quem suas autoridades governam ao articular, monitorar e sustentar o ponto de ação em conjunto. Então, mesmo o primeiro fechamento que inclui e exclui reivindica que um fechamento ocorreu (literalmente) no passado, logo, que o primeiro fechamento não é mais que uma restauração de um fechamento anterior, cujas demarcações podem ser nebulosas, mas não apagadas.

Esse achado é de importância capital para tudo que se segue. O *nomos* de Schmitt e Habermas é apenas uma interpretação parcial de como os coletivos emergem: a tomada que funda um coletivo precisa reivindicar a operação de uma *re*tomada, a refundação jurídica de um coletivo.

Por exemplo, como discutido na seção 3.1, o Comitê de Supervisão Bancária da Basileia (CSBB), o Quadro Internacional de Normas Contábeis (IASB) e a Clean Clothes Campaign (CCC) são redes regulatórias que apreendem a posição de um nós* orador de modo a regular comportamentos em virtude de uma comunidade global – a posição de um nós* em jogo. Em cada caso, essas redes regulatórias pressupõem uma comunidade pelo bem da qual reivindicam regular por meio de articulação, monitoramento e sustentação do ponto de ação em conjunto. O mesmo vale para a OMC, que tem interesse de que "o comércio flua da maneira mais suave, previsível e livre possível – conquanto não haja efeitos colaterais indesejáveis – porque isso é importante para o desenvolvimento econômico e do bem-estar".[581] Ou reflita acerca da nova *lex mercatoria*. Aqui também, um apelo é feito a uma comunidade internacional, até mesmo global, de mercadores, que têm um interesse comum em regular suas transações de modo a fazer justiça às suas necessidades específicas, necessidades que não são saciadas pela fragmentação que se seguiu à nacionalização do Direito Comercial pelos Estados, nem pelo Direito Privado Internacional, com suas regras jurisdicionais extremamente complexas e incertas. Que eles já existam como uma comunidade demarcada, e que necessitem de uma regulação própria, é dado como certo. Esse é o desfecho, por exemplo, da Introdução da versão de 1994 dos Princípios da Unidroit, no qual o Conselho Geral reivindica agir em virtude "das comunidades internacionais jurídica e comercial" às quais "oferece" "regras gerais para o contrato comercial internacional".

Em todos esses casos, a representação de uma unidade coletiva, pela qual a configuração-padrão da ação em conjunto é estabelecida em virtude de um nós* em jogo, está incrustada em uma narrativa mais ampla acerca da emergência do coletivo. A representação jurídica e política está enraizada em uma representação narrativa das origens. Como discutido na seção 2.2.2, nenhuma ordem jurídica pode se sustentar apenas como um processo de criação e aplicação de regras: toda ordem jurídica requer uma narrativa acerca da sua emergência e quanto ao seu ponto. Narrativas têm a função dupla de identificar/diferenciar um coletivo e [7] evocar o mundo coconstituído e pré-constituído como o horizonte no qual ele está situado e que derradeiramente dá seu sentido à ação em conjunto pelo coletivo. Reconhecer que a identidade é identidade representada é admitir, com Ricoeur, que a identidade é uma "identidade

581 WORLD TRADE ORGANIZATION. Disponível em: www.wto.org/. Acessado em: 16.03.2022.

narrativa, isto é, o tipo de identidade à qual um ser humano tem acesso graças à mediação da função narrativa".[582]

Olhe para a autorrepresentação narrativa na origem do Comitê de Supervisão Bancária da Basileia:

> O Comitê de Supervisão Bancária da Basileia originou-se na turbulência do mercado financeiro que se seguiu ao colapso do sistema Bretton Woods de taxas de câmbio administradas em 1973... Em resposta a essa e outras disrupções nos mercados financeiros internacionais, os bancos centrais governantes dos países do G10 estabeleceram um Comitê sobre Regulação Bancária e Práticas de Supervisão no fim de 1974. Posteriormente renomeado como Comitê de Supervisão Bancária da Basileia, o Comitê foi desenhado como um fórum para regular a cooperação entre seus países membros quanto a questões de supervisão bancária.[583]

Essa narrativa faz um imenso trabalho: ela reivindica que uma crise financeira no passado desnudou e ameaçou um nós* global em jogo que não era simplesmente o conjunto dos povos de países individuais, e sim sua interconectividade sistemática, em resposta à qual uma atuação regulatória (um nós* orador) precisava ser estabelecida que, ao regular as transações bancárias internacionais, age em nome de um nós* global em jogo.

Não menos importante, narrativas – contranarrativas – são características essenciais da autorrepresentação de movimentos alterglobalização. Então, por exemplo, a KRRS retrata sua emergência enquanto um movimento da seguinte maneira:

---

582 RICOEUR, Paul. "Narrative Identity". *Philosophy Today*, vol. 35, nº 1, 1991, p. 73.

583 COMITÊ DE SUPERVISÃO BANCÁRIA DA BASILEIA. "History of the Basel Commitee". *Banco para Acordos Internacionais*. Disponível em: www.bis.org/bcbs/history.pdf. Acessado em: 15.03.2022.

> A situação da agricultura indiana (e de toda a sociedade) está se deteriorando muito rapidamente em razão do processo de globalização... O Acordo sobre a Agricultura da OMC está na raiz desses problemas... O movimento dos fazendeiros que veio a dar origem à KRRS em 1980 foi iniciado por cinco povos em 1965. Eles veem o movimento como parte de um processo bastante longo de construção de uma nova sociedade, que precisa ser conduzida por povos no nível local mas que precisam alcançar o nível global, e que não pode acontecer sem o envolvimento ativo e direto da sociedade como um todo... O objetivo final de seu trabalho é a realização da "República do Vilarejo".[584]

Aqui mais uma vez está uma narrativa acerca de uma fundação (em 1980) que se refere, por sua vez, a uma fundação anterior (1965). Mas mesmo essa fundação anterior é uma refundação, porque os cinco povos assumiram como certo que já havia um movimento de fazendeiros ameaçados pela globalização quando eles apreenderam a iniciativa de fundá-lo como um movimento em 1965.

Em suma, narrativas são um veículo privilegiado de (re)tomada representacional pelo qual indivíduos se identificam como membros de um coletivo. Narrativas de origens servem para justificar que o primeiro ato de estabelecimento das demarcações jurídicas vem em segundo. O estabelecimento de demarcações tem uma estrutura representacional nesse sentido duplicado.

6.1.2 O paradoxo da representação

Parece, então, que o *nomos* se vê refém de um dilema. De um lado, um fechamento puramente produtivo é, literalmente,

584 KARNATAKA STATE FARMERS' ASSOCIATION (KRRS). Disponível em: http://home.iae.nl/users/lightnet/world/indianfarmer.htm. Acessado em: 15.03.2022.

inacreditável e ininteligível: ele emergiria de um vazio que não tem demarcações. Se, de outro, um ato de representação é visto enquanto tal por seus destinatários, não há qualquer tomada não autorizada, mas em vez disso, uma identidade e uma unidade precedendo a representação, e à qual as autoridades dão forma jurídica através da configuração-padrão de ação em conjunto. O estabelecimento de demarcações seria uma tomada que constitui demarcações *ex nihilo* ou uma retomada que reforça demarcações existentes. A primeira parte do dilema torna o estabelecimento de demarcações ininteligível; a segunda, nugatória.

No entanto, esse alegado dilema omite a ambiguidade irredutível da representação. Tudo gira em torno da partícula "re" da representação, que se refere ao fato de algo ser tornado presente *como* isso ou *como* aquilo. Logo, a unidade coletiva nunca é dada imediata ou diretamente; é preciso haver um ato representacional na ausência do qual não se pode ter qualquer coletivo. Nesse sentido, a representação não pode senão produzir unidade e demarcações.

O leitor cético se irritará com essa reivindicação, rebatendo que representar algo como isso ou aquilo é um ato reprodutivo, porque aquilo que a representação faz é selecionar uma dentre um espectro pré-constituído de possibilidades interpretativas: alguém pode representar *y* como *a* (em vez de como *b*), porque *a* e *b* ficam em suspenso perante todas as partes concernidas como interpretações possíveis do que *y* é. Então, por exemplo, os objetivos contidos no Preâmbulo do Acordo da OMC lançariam, desde o começo, o espectro de configurações-padrão do comércio global que estão disponíveis para o coletivo. A dimensão "produtiva" da representação se resumiria a escolher uma dentre um dado espectro de interpretações possíveis.

Mas essa objeção constrói erroneamente a dimensão produtiva da representação. Não há um espectro de representações possíveis de *y* – *a*, *b*, *c*, *d* – dadas previamente a todas as partes concernidas, de modo que elas já saibam *que* elas são um coletivo e apenas esperaram por uma determinação autoritativa, a partir desse espectro pré-constituído de alternativas, *daquilo* que os une juntos como um coletivo. A produtividade da representação significa que os indivíduos podem vir a se identificar como um coletivo retroativamente – *après coup* – e sempre provisoriamente.[585] Paralelamente, como notado na seção 3.2.1, o ponto da ação coletiva permanece mais ou menos opaco aos participantes e necessita de articulação em modos que podem surpreendê-lo, como envolver modalidades da ação em conjunto acerca das quais eles são ou podem ser ignorantes. Asseverar que algo é representado enquanto isso ou aquilo é dizer que uma unidade putativa é produzida no mesmo movimento pelo qual a representação reivindica reproduzir uma unidade pré-constituída. A representação instaura um paradoxo: um ato fundacional de inclusão e exclusão só pode *originar* uma unidade coletiva putativa na medida em que ela tem sucesso em representar uma unidade *original*.[586]

Esse paradoxo refuta a interpretação da história de um coletivo como um arco temporal linear no qual o presente está precedido pelo passado e leva ao futuro. Certamente, atribuir atos regulatórios a um coletivo envolve seguir uma estratégia regressiva que nos leva do presente ao passado. Mas o "ponto final" de atribuição não é o ato iniciador de um coletivo que existe no presente

---

585 Sobre o *après coup*, ver DERRIDA, Jacques. *L'écriture et la différence*. Paris: Seuil, 1967, p. 314. Para uma discussão sobre precedência (*Vorgänglichkeit*) e retroatividade (*Nachträglichkeit*), ver WALDENFELS, Bernhard. *Antwortregister*. Frankfurt: Suhrkamp, 1994, pp. 262/263. Ver também VAN ROERMUND, Bert. *Law, narrative and reality*: an essay in intercepting politics. Dordrecht: Kluwer Academic Publishers, 1997. Sendo justo com Schmitt, sua teoria da representação tem elementos que permitiriam uma reconstrução do *nomos* como uma tomada de modo a se aproximar do paradoxo da representação. Ver SCHMITT, Carl. *Constitutional theory*. Trad. para o inglês de Jeffrey Seitzer. Durham: Duke University Press, 2008, pp. 239-248.

586 Para uma análise mais detalhada da temporalidade coletiva e da ontologia da mudança, ver LINDAHL, Hans. "Possibility, Actuality, Rupture: Constituent Power and the Ontology of Change". *Constellations*, vol. 22, nº 2, 2015, pp. 163-174.

de um "agora" original e de um lugar original que é "aqui". Ao contrário, a atribuição leva de volta a uma fundação que se revela em "um passado que nunca foi um presente"[587] e, eu adicionaria, em um lugar que nunca foi "aqui". Levando essas ideias ainda mais adiante, não há qualquer atribuição narrativa de um fechamento fundacional de um coletivo dando azo a seu próprio espaço e sua própria história, senão como o retrospecto desse fechamento no passado; mas não há também qualquer atribuição desse fechamento ao coletivo sem a projeção narrativa do coletivo no futuro, de modo que aquilo que é sustentado como se já tivesse ocorrido é aquilo que ainda ocorrerá. Também nesse sentido, a coletividade é *pres*-suposta. E como as representações jurídicas e políticas, também as representações narrativas nas quais as primeiras estão incrustadas têm a estrutura de uma projeção retroativa. Para me emprestar de uma expressão maravilhosa cunhada por meu colega, Bert van Roermund, o paradoxo da representação evoca "um passado pelo qual nós podemos olhar adiante".

Note que o paradoxo da representação desestabiliza a consideração de Schmitt do *nomos* como uma sequência linear de tomar – distribuir – produzir. Schmitt reconhece que "cada um desses três processos... pertence à essência completa daquilo que, na história humana, manifestou-se como ordem jurídica e social".[588] Mas "a sequência desses processos é o principal problema".[589] O liberalismo e o socialismo focam no *nomos* como distribuição e produção. Em um diagnóstico presciente que antecipa muito do debate atual acerca da globalização, Schmitt argumenta que se o liberalismo "resolve a

---

587 MERLEAU-PONTY, Maurice. *Phenomenology of Perception*. Trad. para o inglês de Colin Smith. Nova York: Humanities Press, 1962, p. 242.

588 SCHMITT, Carl. "Appropriation/Distribution/Production: Toward a Proper Formulation of Basic Questions of Any Social and Economic Order (1953)". *Telos*, nº 95, 1993, p. 55 (tradução modificada).

589 SCHMITT, Carl. "Appropriation/Distribution/Production: Toward a Proper Formulation of Basic Questions of Any Social and Economic Order (1953)". *Telos*, nº 95, 1993, p. 56.

questão social com referências ao aumento da produção e do consumo, ambos os quais deveriam em última instância se seguir à liberdade econômica e ao Direito Econômico", o socialismo dá como certo que a questão social "é fundamentalmente uma questão da divisão e distribuição adequadas, e o socialismo é correspondentemente e acima de tudo uma doutrina de redistribuição".[590] Como resultado, tanto o liberalismo quanto o socialismo ignoram a questão acerca das origens de uma ordem social: um tomar. Uma apropriação ou tomada é "a primeira e fundamental pré-condição das ordens econômicas e sociais", à qual a distribuição e a produção se seguem, tanto lógica quanto cronologicamente.[591]

O *nomos* como uma tomada se refere à fundação de uma ordem social por meio de um fechamento não autorizado que inclui e exclui. Enquanto o capítulo IV concedeu mérito a esse *insight* inabalável, o paradoxo da representação o expõe como reducionista do *nomos*: no começo e como começo, há uma retomada. Mas qual unidade coletiva está para ser *re*tomada – representada – se uma ordem jurídica e social está para ser fundada? Essa questão não pode nem ser proposta nem respondida se, com Schmitt, postula-se uma sequência linear indo do tomar ao distribuir, e então, ao produzir. Uma resposta se apresenta se, em contraste, inverte-se a "sequência dos processos" os quais Schmitt chama de *nomos*. Antes de um tomar vem o produzir e o distribuir. Um ato de apropriação, se não é para girar no vazio, precisa ser uma ordenação nova de processos econômicos e distributivos que aparecem retroativamente, através da apropriação, como tendo *já* uma certa ordem ou unidade. Uma tal apropriação parece não fazer mais que *re*apropriar ou *re*tomar a ordem produtiva e distributiva de um modo que torna possível a

590 SCHMITT, Carl. "Appropriation/Distribution/Production: Toward a Proper Formulation of Basic Questions of Any Social and Economic Order (1953)". *Telos*, nº 95, 1993, pp. 59/60.

591 SCHMITT, Carl. "Appropriation/Distribution/Production: Toward a Proper Formulation of Basic Questions of Any Social and Economic Order (1953)". *Telos*, nº 95, 1993, p. 59.

autoasserção de um coletivo. Inadvertidamente, Schmitt revela que a ordem da representação não é simplesmente uma sequência linear (e hierárquica) que termina em processos econômicos. Uma leitura do *nomos* de Schmitt que abraça o paradoxo da representação revela que uma tomada vem em segundo lugar porque processos econômicos – interpretados amplamente como cultivação (*weiden*) – vem primeiro. O poder responde a esses processos por meio de um fechamento que, separando dentro e fora, busca trazê-los sob controle representando-os como já tendo um ponto que pode ser articulado, monitorado e sustentado da perspectiva na primeira pessoa do plural de um nós* juntos, isto é, como uma ação coletiva mediada institucional e autoritativamente. Isso não quer dizer que a sequência tomar-distribuir-produzir deva ser substituída pela sequência produzir-distribuir-tomar; quer dizer que o paradoxo da representação tem o *nomos* indo nas duas direções.

Isso, em minha opinião, é como a globalização do capitalismo envolve *um nomos da terra*: a emergência de ordens jurídicas globais vem à tona através de uma tomada, um fechamento não autorizado que inclui e exclui, em resposta a processos de produção e distribuição que não podem mais ser contidos dentro do enclausuramento providenciado pelo Estado. Não menos importante, a "retomada" que conduz os movimentos de alterglobalização responde à mesma dinâmica de processos de produção e distribuição, como quando,

> [e]m 2001, trabalhadores argentinos se uniram para recuperar seus postos de trabalho, usando o slogan do [Movimento Sem Terra] ("Ocupar, Resistir, Produzir"), e reativando seus postos de trabalho usando formas horizontais de organização.[592]

592 SITRIN, Marina; AZZELLINI, Dario. *They can't represent us! Reinventing democracy from Greece to Occupy*. Londres: Verso, 2014, p. 11.

6.1.3 Questionabilidade e responsividade

Já basta de "primeiro" ato de estabelecimento de demarcações que marca a emergência de um coletivo. Qual é a dinâmica do estabelecimento de demarcações ao longo do percurso "posterior" de um coletivo?[593]

Relembre, para começar, a caracterização mais geral do estabelecimento de demarcações, seja a "primeira" demarcação seja qualquer outra que possa se seguir a ela: estabelecer demarcações é incluir e excluir da perspectiva na primeira pessoa do plural de um nós*. Ao estabelecer as demarcações que determinam quem deve fazer o que, onde e quando, um coletivo impõe a configuração-padrão da ordem e desordem: comportamento é ordenado – legal – quando em conformidade com essas demarcações, desordenado – ilegal – quando as violenta. Desordem e ilegalidade são manifestações privativas da ordem e legalidade, logo, manifestações derivativas que pressupõem e já estão antecipadas pelo Direito. As ordens jurídicas esperam que haverá desordem na forma de comportamento ilegal, e disponibilizam um repertório de mecanismos para lidar com ele, em particular sanções. Então, por exemplo, as autoridades da OMC determinam a configuração-padrão de segurança alimentar; estabelecem as condições sob as quais restrições podem ser postas quanto ao comércio global de OGMs, e.g., restrições derivadas de análises científicas de risco. A configuração-padrão da segurança alimentar, assim construída, expõe o que conta como comportamento ordenado – jurídico – na malha operacional do comércio global. A imposição de restrições adicionais ao comércio de OGMs, tais restrições advindas do princípio da precaução, podem não ser abrangidas pela configuração-padrão do comércio

593 Essas e as subseções seguintes se emprestam livremente de LINDAHL, Hans. *Fault lines of globalization*: legal order and the politics of a-legality. Oxford: Oxford University Press, 2013, pp. 201-203.

global livre, surgindo da perspectiva em primeira pessoa da OMC como comportamento desordenado – ilegal.[594]

Em contraste com a (des)ordem e a (i)legalidade, o que está excluído da ação em conjunto se torna inordenado para um coletivo, ou seja, o que não é importante para a ação em conjunto. Mas o excesso de modos possíveis de agir conjuntamente que foram marginalizados podem irromper na ordem jurídica, desafiando sua unidade putativa ao transgredir as demarcações daquilo que é considerado importante para o coletivo – como aconteceu com as barreiras erguidas pela UE para bloquear importações de OGMs, invocando o princípio da precaução a justificar sua ação, e, mais radicalmente, como quando a KRRS incursionou na propriedade privada da Monsanto para destruir seus campos de OGMs, com o objetivo de preservar o modo tradicional de vida das comunidades agrícolas indianas. O desafio da KRRS é mais radical porque, enquanto a UE quer permanecer em uma OMC transformada, a KRRS busca sair dela. Em ambos os casos, comportamento alegal coloca em questão os termos da inclusão e exclusão: ele questiona *tanto* legalidade *quanto* ilegalidade, *tanto* a ordem *quanto* a desordem jurídica, prenunciando um outro modo de traçar demarcações jurídicas para estabelecer o que conta como ação *em conjunto*.

Em suma, o estabelecimento de demarcações diz respeito em última instância a responder a questão/desafio de alegalidade,

---

594 Tem-se argumentado que a disputa sobre OGMs na OMC gira em torno de duas abordagens conflitantes sobre segurança alimentar: a abordagem permissiva favorecida pelos Estados Unidos, na qual restrições de produtos alimentícios só são justificadas quando eles engendram riscos provados cientificamente, e a abordagem preventiva defendida pela UE, que justifica restrições em situações de incerteza e riscos potencialmente sérios. Ver POLLACK, Mark A.; SHAFFER. Gregory C. *When cooperation fails*: the international law and politics of genetically modified foods. Oxford: Oxford University Press, 2009. Infelizmente, o tipo de resistência articulado pela KRRS, em particular, e pela Vía Campesina, em geral, recebe pouca ou nenhuma atenção na obra citada.

estabelecendo outra vez os limites de uma ordem jurídica, i.e., o que é para ser incluído naquilo e excluído daquilo que é importante para a ação em conjunto. Como, então, questão e resposta estão relacionadas entre si no curso do estabelecimento de demarcações?

A distinção precisa ser traçada para esse efeito entre dois tipos de questões e respostas. Primeiramente, atos de estabelecimento de demarcações são responsivos dado que eles precisam estabelecer se o comportamento é legal ou ilegal – questionabilidade e responsividade *derivativas*, como eu gostaria de chamá-los. A única maneira pela qual uma ordem jurídica pode responder àquilo que questiona sua unidade putativa é estabelecendo novamente o que conta como comportamento (i)legal, i.e., como (dis)ordem jurídica. Mas, em segundo lugar, o estabelecimento de demarcações é responsivo dado que ele precisa estabelecer se e como comportamento é alegal – questionabilidade e responsividade *primárias*. O estabelecimento de demarcações responde a ambas as questões conjuntamente. Não há formas de comportamento que confrontam um coletivo com a questão sobre elas serem legais ou ilegais e outras que questionam acerca da alegalidade.

Visto que o limite entre (des)ordem jurídica e o inordenado corre ao longo de cada uma das demarcações traçadas por um coletivo jurídico, esse limite aparece apenas obliquamente, na forma de situações que questionam como demarcações jurídicas estão postas. Em nosso exemplo paradigmático, a KRRS revela um limite da OMC ao derrubar as cercas que marcam a demarcação entre uma propriedade privada e o espaço público. Por essa razão, a questão posta pela alegalidade é uma questão indireta, uma questão que concerne à unidade putativa do coletivo. Do mesmo modo, o estabelecimento de demarcações só pode responder obliquamente a situações alegais reconfigurando a (i)legalidade, i.e., recalibrando as demarcações quádruplas de uma ordem pragmática. No curso do estabelecimento das demarcações de (i)legalidade, coletivos indiretamente colocam o *limite* entre (des)ordem jurídica e o inordenado. Analogamente ao discurso indireto, que expressa o conteúdo dos enunciados sem citá-los explicitamente, o estabelecimento de demarcações é uma ação indireta no que diz respeito à alegalidade.

Essa interpretação do estabelecimento de demarcações está intimamente conectada com a precedência das questões e a retroatividade das respostas, referidas no final do capítulo V. A alegalidade não precede as ordens jurídicas no sentido trivial de que existe uma sequência cronológica na qual primeiro vem uma questão e então se segue uma resposta. A alegalidade precede uma ordem jurídica por meio de situações que se encontram fora do espectro daquilo que os agentes participantes poderiam antecipar como parte da ação em conjunto; ela é, literalmente, extemporânea. Nesse sentido, a precedência significa que a alegalidade chega muito cedo; ela já alcançou os participantes na ação em conjunto antes deles poderem se ajustar a ela, pegando-os despreparados e de surpresa, e os deixando mais ou menos perdidos quanto a como agir.

Nessa linha, eu já discuti com algum pormenor a ação direta da KRRS contra os OGMs plantados nos campos de propriedade da Monsanto. Outras iniciativas incluíram:

> a ocupação por 1000 ativistas de um escritório da Cargill em Bangalore (eles jogaram todos os equipamentos pela janela e fizeram uma grande fogueira), o desmantelamento físico das barras de ferro de uma unidade de sementes da Cargill que estava sendo construída em Karnataka e a ocupação de uma loja do Kentucky Fried Chicken.[595]

Essas ações diretas pegaram a Cargill, a Monsanto e o Kentucky Fried Chicken de surpresa, no sentido elementar de que elas não estavam preparadas para as ações diretas e, assim sendo, não

595 KARNATAKA STATE FARMERS' ASSOCIATION (KRRS). "General Context". Disponível em: http://home.iae.nl/users/lightnet/world/indianfarmer.htm. Acessado em: 15.03.2022.

tomaram as medidas para repeli-las, e.g., posicionando policiais que protegeriam os campos ou construções contra transgressões. Mas em um nível mais profundo, a surpresa corresponde à precedência de um desafio diante do qual essas multinacionais, a Índia e a OMC não estavam e não poderiam estar preparadas:

> A KRRS é um movimento gandhiano. Isso significa que o objetivo final de seu trabalho é a realização da "República do Vilarejo", uma forma de organização social, política e econômica baseada na democracia direta, na autonomia e na autossuficiência econômica e política, na participação de todos os membros da comunidade na tomada de decisões acerca de seus assuntos comuns e que lhes afetem, e na criação de mecanismos de representação a garantir que assuntos que afetem várias comunidades sejam decididos através de processos de consulta envolvendo todas as comunidades afetadas pelas decisões.[596]

Existe, portanto, a assimetria de um desafio que precede a OMC, no sentido dúplice de (a) chegar cedo demais em função das expectativas normativas acerca de quem deve fazer o que, onde e quando projetadas no futuro pelo Acordo da OMC, e (b) ser superior àquilo que a OMC pode responder nos termos de um espectro de possibilidades disponíveis a um coletivo orientado a criar uma ordem pragmática na qual "o livre comércio global" pode florescer: *Assimetria 1*.

No entanto, a responsividade do estabelecimento de demarcações nunca apenas "segue" a questionabilidade no sentido dúplice de vir "depois" e "obedecer". O estabelecimento de demarcações é retroativo no sentido de que a questão à qual ele responde apenas se torna manifesta na própria resposta. Ao posicionar

---

596 KARNATAKA STATE FARMERS' ASSOCIATION (KRRS). "General Context". Disponível em: http://home.iae.nl/users/lightnet/world/indianfarmer.htm. Acessado em: 15.03.2022.

as demarcações quádruplas de uma ordem pragmática (questionabilidade e responsividade derivativas), a OMC indiretamente toma uma posição sobre a alegalidade do comportamento que ela precisa qualificar como legal ou ilegal, isto é, estabelecer se e em que medida aquilo que está em jogo é um desafio que justifica uma articulação nova da configuração-padrão do livre comércio global (questionabilidade e responsividade primárias). Enquanto tal, o estabelecimento de demarcações é assimétrico com respeito à questão a que se responde: *Assimetria 2*.

6.1.4 O ordenado e o inordenado

Embora as considerações anteriores expliquem por que o estabelecimento de demarcações está relacionado com a questionabilidade e responsividade de coletivos, elas não explicam, por si próprias, porque o estabelecimento de demarcações pode iluminar a questionabilidade *finita* e a responsividade *finita* dos coletivos. Como eu argumentei ao final do Capítulo V, coletivos são finitos pelo fato de suas autoridades enquadrarem as questões às quais elas respondem de tal modo que sua resposta é consistente com a continuação da ação em conjunto. Em menor ou maior medida, as questões às quais os coletivos respondem ultrapassam o espectro de respostas disponíveis às autoridades. Essa característica da ontologia coletiva deve ser agora elucidada em termos da dinâmica do estabelecimento de demarcações.

Para esse efeito, uma distinção precisa ser traçada entre as possibilidades práticas que poderiam ser atualizadas em uma ordem jurídica como se estivessem dentro do espectro das próprias possibilidades de um coletivo, e as possibilidades práticas que o excedem. Essa distinção tem seu correlato na distinção entre, respectivamente, comportamento que está inordenado, mas é *ordenável* pelo coletivo correspondente, e comportamento que está inordenado e é *inordenável* para ele. Eu me refiro às dimensões fraca e forte da alegalidade, porque aquilo que desafia um coletivo manifesta ambas as dimensões, ainda que em uma escala variável pela qual uma ou outra podem aparecer em maior intensidade.

Quanto à primeira, e retornando aos nossos exemplos, o desafio da KRRS poderia ser respondido, talvez, pelo transformar da configuração-padrão da OMC de proteção ambiental e desenvolvimento sustentável. Ao adjudicar o famoso caso *Beef Hormones*, o órgão de apelação da OMC poderia ter buscado um equilíbrio entre abordagens permissivas e preventivas quanto a OGMs (apesar de não o ter feito) ao colocar, por exemplo, a primazia do primeiro enquanto permitia uma certa margem para regras nacionais referentes à saúde pública.[597] Em ambas as situações, as novas configurações-padrão do livre-comércio global evidenciariam comportamento que, embora inicialmente inordenado, é, a uma certa medida, ordenável pela OMC. O desfecho da nova configuração-padrão da ação em conjunto seria que a OMC mudasse, talvez de maneiras que fossem inusitadas para os protagonistas, os limites daquilo que conta como livre-comércio global. Isso é suficiente sobre da dimensão "fraca" da alegalidade: o inordenado, mas ordenável para um coletivo.

Contudo, ambos os exemplos sugerem que há também uma dimensão "forte" da alegalidade, ou seja, desafios na medida em que eles são inordenáveis para os coletivos respectivos. O alvo da KRRS é criar Repúblicas de Vilarejo organizadas com base no princípio da soberania alimentar que é hostil ao princípio do livre-comércio global. E qualquer equilíbrio que pudesse ser alcançado pelo Órgão de Apelação da OMC na controvérsia entre as abordagens permissivas e preventivas que opuseram os Estados Unidos contra a União Europeia envolve uma perda normativa

---

597 Órgão de apelação da OMC, Report of 16 January 1998 WT/DS26/AB/R&WT/DS48/AB/R, Ec Measures Concerning Meat and Meat Products. Em: WORLD TRADE ORGANIZATION. "Measures Concerning Meat and Meat Products". 16 jan. 1998. Disponível em: www.wto.org/english/tratop_e/dispu_e/hormab.pdf. Acessado em: 16.03.2022.

para uma ou outra abordagens, independentemente se essa perda é "aceitável" à parte respectiva ou não. O domínio surdo daquilo que é inordenável, ingovernável, para um coletivo é também o domínio privilegiado do Poder Constituinte, a fonte da qual um novo coletivo pode emergir. Trata-se do domínio da inovação, por vezes da inovação radical: não o ajustamento de um espectro de possibilidades existentes, mas, ao contrário, a emergência de um novo espectro de possibilidades para a ação em conjunto.

Nós estamos de volta àquilo que a seção 5.4.3 chamou de lógica das demarcações. De um lado, demarcações incluem excluindo, porque é possível mais para um coletivo do que as possibilidades para agir conjuntamente atualizadas em sua configuração-padrão existente para a ação em conjunto: o ordenável. De outro lado, demarcações excluem incluindo, porque coletivos enquadram as questões às quais eles precisam responder como se fossem acerca de suas próprias possibilidades, indiretamente revelando aquilo que é inordenado para eles. A primeira face da lógica das demarcações corresponde aos *limites* de um coletivo, a segunda, às suas *linhas falhas*. As demarcações de uma ordem jurídica marcam o limite variável entre (des)ordem jurídica e o inordenado como também uma linha falha na medida em que a alegalidade suscita uma reivindicação normativa que conjura a atualização de possibilidades práticas em excesso das possibilidades disponíveis para um coletivo quando suas autoridades respondem a essa reivindicação.[598]

---

598 O qualificador temporal ao final da oração – "quando suas autoridades respondem a essa reivindicação" – é importante. Em *Fault Lines of Globalization*, eu argumentei que a dimensão forte da alegalidade envolvia possibilidades práticas que estavam *definitivamente* além do espectro das possibilidades próprias de um coletivo. Como Ferdinando Menga me apontou corretamente, essa caracterização da dimensão forte da alegalidade é excessivamente forte; o que pode ser inordenável normativamente para um coletivo, quando responde à alegalidade, pode se tornar ordenável para ele em um outro contexto e em outra articulação da configuração-padrão da ação em conjunto. Minha leitura anterior da dimensão forte da alegalidade corre o risco de hipostasiar a identidade coletiva. Eu sou grato a Menga por

6.1.5 Intersubjetividade

Eu concluo essas reflexões acerca do estabelecimento de demarcações com alguns apontamentos acerca da relação entre o si coletivo e o outro. Esses comentários são evocados em razão de uma objeção desconcertante que poderia ser levantada contra o modelo ACAI do Direito. O preço a ser pago por focar tão insistentemente – mesmo obsessivamente – na perspectiva da primeira pessoa do plural de um nós* é que qualquer coisa que se possa dizer acerca do outro e do estranho precisa ser derivada da ipseidade coletiva. Como resultado, o modelo ACAI do Direito seria completamente cartesiano em ímpeto e estilo. Mais francamente: essa abordagem cartesiana às ordens globais emergentes não subtenderia e instigaria efetivamente o imperialismo jurídico a que o modelo ACAI ostensivamente se opõe? Poderia esse modelo de ordem jurídica ser algo além de uma celebração da autoridade imperial?

Eu deixo para o leitor julgar, ao final deste capítulo, se a autoritatividade do conceito de política autoritativa das demarcações que eu estou trabalhando é imperial. As observações nesta subseção focam na premissa da objeção, isto é, de que o modelo ACAI do Direito deriva o outro da ipseidade coletiva.

Deixe-me começar notando que a decisão de conceder lugar de destaque à perspectiva plural na primeira pessoa visa mostrar que toda ordem jurídica imaginável, global ou não, tem um fora, logo, que existe um "outro" no sentido forte de estranheza – a dimensão forte da alegalidade – que escapa à inclusão. Em vez de nivelar por baixo o outro/estranho a um apêndice de um dado coletivo, eu tenho buscado desenvolver uma ontologia social na

---

essa correção precisa. Deve-se adicionar, contudo, que o inverso também se sustenta: o que pode ser ordenável para um coletivo pode se tornar inordenável para ele em outras circunstâncias. O percurso de um coletivo está sujeito a ambos os tipos de transformações simultaneamente, enquanto se preclui se retroagir à leitura dialética da unidade e pluralidade endossada pelo universalismo jurídico.

qual o fechamento de um grupo em um dentro o confronta com um fora que, enquanto inordenado, desafia seu controle e domínio. Lembre que esse fora está também *dentro* do coletivo, na forma da resistência àquilo que é considerado o ponto e/ou a configuração-padrão da ação em conjunto. A experiência do estranho à qual os participantes das ordens jurídicas estão expostos é a experiência daquilo que não é derivado nem dependente da perspectiva de grupo predicada a um raio de agentes, porque ela interfere e resiste à assimilação nessa perspectiva.

Mas a crítica vai mais fundo. O solipsismo cartesiano continua a reinar triunfantemente, será dito, porque, mesmo se o outro/estranho não é derivado da ipseidade coletiva, o modelo ACAI do Direito conceitualiza a emergência e a existência de um coletivo independentemente do outro/estranho. A subjetividade, e não a intersubjetividade, é o *Leitmotiv* do modelo ACAI do Direito, mesmo quando (e precisamente quando) ele invoca a noção de um sujeito plural (Gilbert). Qualquer que seja o significado que esse modelo pudesse conceder à intersubjetividade seria derivado do princípio da subjetividade que governa sua consideração do estabelecimento de demarcações: a autoasserção coletiva.

No entanto, essa objeção é cega para a responsividade da representação. Ainda mais, o significado da autoasserção coletiva precisa ser lido nos termos da responsividade da representação.

Considere, para começar, a narrativa das origens do CSBB. Ele emerge "[e]m resposta a... disrupção nos mercados financeiros internacionais" e como um modo de lidar com essas disrupções.[599] A fundação desse órgão regulatório é considerada um ato de autoasserção coletiva em resposta a uma situação que desafia a ação em conjunto pelo nós[*] em jogo que se considera que o CSBB represente.

---

599 COMITÊ DE SUPERVISÃO BANCÁRIA DA BASILEIA. "History of the Basel Commitee". *Banco para Acordos Internacionais*. Disponível em: www.bis.org/bcbs/history.pdf. Acessado em: 15.03.2022.

Olhe, agora, para a nova *lex mercatoria*. O padrão narrativo da literatura jurídica sobre esse tópico evoca a necessidade de criar uma ordem jurídica distinta para regular a comunidade daqueles que lidam regularmente com o comércio internacional. A nova *lex mercatoria*, assim continua a história, germina como uma resposta aos obstáculos do comércio internacional levantados pelo Direito Estatal e pelo Direito Internacional Privado. Aqui, mais uma vez, a autoasserção coletiva da *lex mercatoria* é resposta a um desafio a sua existência.[600] Considere o ISO. Representa-se a emergência desse órgão regulatório como se respondesse à necessidade por padrões globais diante do acúmulo de padrões díspares espalhados pela face da terra. Nessa linha, uma história da origem do ISO endossada pela própria organização descreve Charles Le Maistre, que desempenhou um papel crucial na iniciativa de fundar o ISO, como um solucionador de problemas. "O problema que Le Maistre tinha que resolver ao final da guerra era como criar um novo órgão global internacional de padronização".[601] Apesar de retratado como resposta a um problema, o estabelecimento do ISO corresponde a um ato de autoasserção de um nós* em jogo global em face de ineficiências iminentes para o comércio global advindas da fragmentação da padronização.

Não é diferente com os movimentos alterglobalização. Relembre as palavras de abertura do Subcomandante Marcos no Primeiro Encontro Intercontinental para a Humanidade e contra o Neoliberalismo, realizado na selva de Lacandón no final de julho de 1996: "Bem-vindos à realidade zapatista. Bem-vindos a esse território de luta pela humanidade. Bem-vindos a esse território em rebelião contra o neoliberalismo". Ao ocupar San Cristobal de las Casas em

---

600 STONE, Sweet Alec. "The New Lex Mercatoria and Transnational Governance". *Journal of European Public Policy*, vol. 13, nº 5, 2006, p. 632.

601 LATIMER, Jack (Coord.). *Friendship among Equals*: Recollections from ISO's First 50 Years. Geneva: ISO Central Secretariat, 1997. Disponível em: https://www.iso.org/files/live/sites/isoorg/files/about%20ISO/docs/en/Friendship_among_equals.pdf. Acessado em: 15.03.2022.

1994, os zapatistas respondem à ameaça do neoliberalismo através de um ato de autoasserção coletiva que reivindica aquilo que foi tomado deles e de muitos outros pela globalização do capitalismo. Ou pense na ocupação da praça central em Cochabamba e das rodoviárias que levam à cidade, em resposta à privatização do serviço de água municipal em benefício das Aguas del Tunari, uma subsidiária da Bechtel. O grito de guerra da ocupação – "A água é nossa, caralho!" – é um grito de autoasserção que busca retomar ou reapropriar as condições materiais requeridas pela existência coletiva. E, retornando à fundação de narrativa da KRRS, eles compreendem sua resistência à OMC como um ato de autoasserção em face do desafio mortal à sua existência como um coletivo.

Em cada um desses casos, a autoasserção tem a forma de uma resposta àquilo que *retroativamente* aparece como uma existência coletiva ameaçada. Assim – e esse é um outro aspecto do paradoxo da representação – coletivos *emergem responsivamente*. A (re)tomada na inauguração dos coletivos é responsiva em sua natureza. Dessa maneira, respostas não são simplesmente respostas *por* um coletivo existente. A própria ideia de um nós* em jogo fala de um desafio que precede um coletivo, de modo que, paradoxalmente, a resposta constitui o coletivo "em jogo" e pressupõe que ele já existe. A autoasserção coletiva deveria ser lida no sentido dúplice dos modos subjetivo e objetivo do genitivo: asserção *de* e *por* um si coletivo.

Descartes cogita: "Eu estou certo de que eu sou um ser pensante. Portanto, não conheço eu também aquilo que é requerido para que eu esteja certo acerca de qualquer [outra] coisa?"[602] Como é diferente a genealogia da ipseidade coletiva e outras descritas pela representação responsiva dessa questão! A origem daquilo que é considerado um grupo e de seus atos resta em outro lugar que não

---

602 DESCARTES, René. "Mediations on First Philosophy". *In*: ______. *The Philosophical Writings of Descartes*. Trad. para o inglês de John Cottingham, Robert Stoothoff e Dugald Murdoch. vol. II. Cambridge: Cambridge University Press, 1985, p. 24.

em si próprio: para se tornar um sujeito de ação, um coletivo deve primeiro ser o *objeto* de um chamado à ação, na forma de um desafio pelo outro. Agora, “nos” é, falando gramaticalmente, o caso oblíquo átono ou reflexivo de nós. Enquanto o cartesianismo começa com o si e então busca construir uma ponte rumo ao outro, a responsividade da representação assinala que, anteriormente a um nós* há um “nos”. O ardor coletivo vem antes do agir coletivo. Não se trata de um mero jogo de palavras. A prioridade do “nos” sobre o nós* explica porque um sujeito coletivo é sempre orientado ao seu outro como se condicionasse sua existência e ação.[603] Isso preclui que o outro é redutível ao nós* como seu prolongamento maleável. A resposta que origina a atuação em grupo, embora também a pressupondo, mostra, contra a objeção do cartesianismo, que a subjetividade coletiva só é imaginável como *intersubjetividade*.

No entanto, a réplica ainda fica aquém de aparar a repreensão. Porque mesmo caso se admita que a subjetividade só é possível como intersubjetividade, poderia se contestar que os dois polos da relação entre o si e outro coletivos são primitivos, logo, que a relação entre eles é derivativa.

Aqui mais uma vez essa objeção erra quanto à implicação fundamental do paradoxo da representação em operação no estabelecimento de demarcações. De fato, a responsividade paradoxal do estabelecimento de demarcações garante que não se tenha nem uma prioridade do si sobre o outro – de modo que o outro fosse derivado do si, nem do outro do si, pelo que o si simplesmente agradeceria sua existência ao desafio do outro. O que prevalece – o que vem primeiro – é a representação pela qual as demarcações são postas e, ao serem postas, atestam e constituem tanto o si como o outro. Como resultado, as demarcações são intersubjetivas, entre

603 É nesse sentido forte do termo “nos”, um sentido não contemplado pelo autor, que eu gostaria de endossar o título do livro de TUOMELA, Raimo. *The importance of Us*: a philosophical study of basic social Notions. Palo Alto: Stanford University Press, 1995.

um e o outro em um sentido forte: elas resistem a apropriação definitiva seja pelo si, seja pelo outro coletivos.

Um cartesianismo residual continua a corroer o modelo ACAI do Direito, segue a variação final dessa objeção: mesmo se a representação vem primeiro, ela inclui o si e exclui o outro, abrindo espaço para a autoasserção coletiva de tal maneira que o si coletivo viria a ser completamente idêntico consigo próprio: autodomínio. Essa é, evidentemente, a interpretação da autoasserção defendida pelo universalismo jurídico, mesmo se o autodomínio deva ser postergado *sine die* no tempo histórico. Eu reservo a refutação dessa objeção final para a subseção 6.3.2, quando da exploração em maior detalhe de como a representação faz sua operação de inclusão e exclusão. Basta dizer para antecipar que a representação introduz uma não identidade na identidade, invalidando o fato de que um coletivo possa porventura vir a ser idêntico consigo mesmo.

6.2 A política do estabelecimento de demarcações

A seção 6.1. foi dedicada a responder a primeira das questões anunciadas no começo deste capítulo: qual é a natureza do estabelecimento de demarcações? Tendo abordado esse tópico, eu gostaria de agora considerar a segunda questão: o que se intenciona com a política que se lança ao estabelecimento de demarcações jurídicas, ou, caso se prefira, o que é a política em questão em uma política das demarcações jurídicas?

6.2.1 Comunalidade

Deixe-me apontar imediatamente, para esclarecer como eu vou proceder, que ao formular a questão acerca do estabelecimento de demarcações como uma questão sobre *política*, eu rejeito o movimento de colapsar a política em uma moralidade aplicada, ou, em todo caso, em ver a política como uma província da ação moral. O leitor não ficará surpreso, à luz de minhas considerações anteriores sobre o correto e o bem, que as reflexões seguintes se recusam a enquadrar a política nos termos da distinção entre, respectivamente, moralidade e ética. Isso não quer dizer que uma política das demarcações jurídicas seja destituída de uma dimensão ética ou que ela possa ser ignorada. Mas, como eu busco mostrar posteriormente, a ética na política é responsiva, o que não é nem uma ética nem uma moralidade que subordina a ética das comunidades demarcadas à universalidade do domínio moral.

Eu começo retornando às reflexões de Jullien sobre a comunalidade. De acordo com o filósofo e sinólogo francês, o bem comum é um conceito essencialmente político. Invocando o patronato de Aristóteles, Jullien nota que o bem comum é político em sua origem porque "o que é compartilhado é o que nos faz pertencer à mesma cidade, isto é, à *polis*".[604] Que fique claro, o bem comum, como categoria política, não termina com a *polis*, como testemunhado pela extensão romana do bem comum para os arredores do que ela chamava de mundo civilizado. De fato, não há nada no conceito de bem comum, de acordo com Jullien, que preclui sua extensão política a toda a humanidade.

O que faz da comunalidade uma categoria política? A resposta de Jullien é que o bem comum se manifesta como um conceito político quando "eu decido assumir as relações de pertencimento com que eu me identifico ou invisto em novas relações (o político sendo efetivamente esse lugar de decisão conjunta)".[605] Assim, a política tem sua origem na autoidentificação de indivíduos como membros de um grupo que decide e age de uma maneira em conjunto: nós

604 JULLIEN, François. *On the universal, the uniform, the common and dialogue between cultures*. Trad. para o inglês de Michael Richardson e Krzysztof Fijalkowski. Cambridge: Polity Press, 2014, p. 16.

605 JULLIEN, François. *On the universal, the uniform, the common and dialogue between cultures*. Trad. para o inglês de Michael Richardson e Krzysztof Fijalkowski. Cambridge: Polity Press, 2014, p. 17.

juntos. A política é o processo de articulação daquilo que nos é comum, de modo que nós* possamos nos identificar como um grupo e, no mesmo movimento, diferenciar-nos de outrem. Nesse sentido mais básico da expressão, já existe uma política incipiente na decisão de se juntar para participar no time de culinária da república, porque, e não menos importante, "se o comum é aquilo que eu compartilho com outros, é também... aquilo que exclui todos os outros". A comunalidade é originalmente um conceito político, em um sentido sistemático e não meramente histórico, porque a política, amplamente considerada, diz respeito ao estabelecimento de demarcações que incluem e excluem. Nos termos do modelo ACAI do Direito, o que está em questão é aquilo que conta como a junção da ação em conjunto.

Enquanto tal, a comunalidade permite duas maneiras de lidar com as demarcações, Jullien adverte. De um lado, ela pode fomentar a participação e maior inclusividade: "ela assegura a 'comunicação' entre as diferenças e continuamente une em um sistema singular. Assim é o comum *aberto*". De outro, ela pode assumir um caráter defensivo e excludente, "fechando suas fronteiras, afiando suas bordas em arestas de corte e suas imediações em fortificações".[606] Esse enquadramento da inclusão e exclusão permite a Jullien recuar de sua caracterização inicial e ampla do político como "decisões em conjunto" acerca daquilo que nos é comum como um grupo, para então contrastar o político com o antipolítico. Enquanto o político diz respeito à inclusividade maior, o antipolítico concerne ao asseguramento da exclusão. Em uma frase que ressoa com as referências de Hardt e Negri à "extensão do comum", e com a expansão progressiva do universalismo jurídico dos limites do coletivo, Jullien deplora a predileção à exclusão, tão manifesta "em demonstrações políticas – ou, pelo contrário

606 JULLIEN, François. *On the universal, the uniform, the common and dialogue between cultures*. Trad. para o inglês de Michael Richardson e Krzysztof Fijalkowski. Cambridge: Polity Press, 2014, p. 21.

(porque elas são antagônicas ao compartilhamento), antipolíticas – nas sociedades contemporâneas".[607]

Essa é a encruzilhada na qual Jullien, como muitos outros teóricos políticos, transforma a política em uma moralidade aplicada. Eu submeto que tanto abrir *e* fechar, incluir *e* excluir, são políticos de cabo a rabo. Mais diretamente: minha reivindicação é de que os dois não podem ser separados, e de que a política *não* diz respeito a preferir a inclusão sobre a exclusão como uma regra geral do estabelecimento de demarcações. O que eu gostaria de fazer agora é elaborar mais detalhadamente o conceito de política operante em uma política das demarcações que reconhece que as demarcações incluem o que elas excluem e excluem o que elas incluem.

6.2.2 Poder

O ponto de partida tem de ser a noção de *poder*, que está no coração de uma compreensão política da comunalidade. A questão-chave acerca do poder – uma questão que Jullien nem coloca ou responde – é a seguinte: o que torna possível a autoidentificação de indivíduos com outros enquanto membros de um grupo que decide e age de uma maneira em concerto? Uma resposta a essa questão gira em torno da distinção entre a transcendência e a imanência. Contra Hardt e Negri *cum suis*, que estavam satisfeitos em simplesmente opor esses dois termos (ver a seção 4.3), uma consideração fenomenologicamente acurada revela, assim explica Lefort, que se a transcendência aponta para um domínio que está "fora" das relações sociais, o poder abre um domínio imanente para as relações sociais através de sua transcendência. A comunalidade emerge através de um movimento dúplice de transcender e tornar imanente. Em suas palavras,

---

607 JULLIEN, François. *On the universal, the uniform, the common and dialogue between cultures*. Trad. para o inglês de Michael Richardson e Krzysztof Fijalkowski. Cambridge: Polity Press, 2014, p. 21.

> [O] fato de a [sociedade] ser organizada como uma a despeito (ou por causa) de suas múltiplas divisões e que ela é organizada como a mesma em suas múltiplas dimensões implica um lugar a partir do qual ela pode ser vista, lida e nomeada. Esse polo simbólico prova ser o poder, mesmo antes de nós o examinarmos em suas determinações empíricas... o poder faz um gesto rumo a um fora (*un dehors*) pelo qual [a sociedade] se define. Qualquer que seja sua forma, [o poder político] sempre se refere ao mesmo enigma: aquele de uma articulação interna-externa, de uma divisão que institui um espaço comum, de uma ruptura que simultaneamente estabelece relações (*mise en rapport*), de um movimento de externalização do social que vai lado a lado com sua internalização.[608]

Deixe-me explicar o que Lefort quer dizer de uma maneira (assim espero) mais mundana: o modelo ACAI do Direito.

Relembre do ponto, característica [2] da ação coletiva, conforme discutido na seção 2.1.2. O ponto expõe a natureza e o escopo das possibilidades práticas disponíveis para a ação em conjunto. O ponto de ação em conjunto empodera ou capacita, criando ou designando subjetividades, tempos, lugares e conteúdos de atos que podem ser atualizados por agentes participantes. Isso, o leitor se lembrará, é a característica [4] da ação coletiva (seção 2.1.2). Em outras palavras, o ponto da ação coletiva é o centro de atração pela qual as relações sociais aparecem como legíveis para os participantes nos termos de como eles devem se relacionar entre si se é para eles se engajarem de maneira bem-sucedida na ação coletiva. Isso, concretamente, é aquilo que Lefort quer dizer com "um gesto rumo ao fora (*un dehors*) pelo qual [a sociedade] se define": agentes participantes que podem interagir entre si – ou falham em assim fazê-lo – da perspectiva do ponto de ação em conjunto. Nesse sentido específico, o ponto "transcende" a ação

608 LEFORT, Claude. *Democracy and Political Theory*. Trad. para o inglês de David Macey. Oxford: Polity Press, 1988, p. 225.

coletiva; ele é como as relações entre aqueles que participam da ação coletiva podem se tornar inteligíveis para eles. E esse papel orientador do ponto de ação coletiva é o que permite aos participantes se compreenderem como "um", em e através das "divisões" do coletivo, nos termos de Lefort.

Para oferecer uma sinopse, o "enigma" do poder de Lefort é, em linha com o modelo ACAI do Direito, a capacidade de representar um coletivo, ou seja, a capacidade de articular o ponto de ação coletiva (transcendência) de um modo que possa comandar uma ampla fidelidade em meio a estruturar a interação entre aqueles a quem a articulação é endereçada (imanência). Trata-se da raiz comum das duas manifestações do poder que a teoria política tradicionalmente chama de Poder Constituinte e poder constituído.

6.2.3 A política da alegalidade

Um passo adicional na triagem daquilo que é especificamente político em uma política das demarcações jurídicas gira em torno das duas dimensões da comunalidade a que Jullien se refere – inclusão e exclusão. Em poucas palavras, minha tese é de que a política de uma política das demarcações jurídicas concerne ao conflito acerca dos *limites/linhas falhas* da inclusão e exclusão. A ação direta da KRRS é exemplar para o comportamento que é político por se *fazer valer* de um modo que *interfere* com e *resiste* à integração na ordem jurídica que o incluiria: contra "o Acordo sobre a Agricultura da OMC... na raiz do problema [confrontando os fazendeiros indianos]", "o objetivo final do trabalho [da KRRS] é a realização das 'Repúblicas de Vilarejos'". *A alegalidade é a manifestação central do político nas ordens jurídicas.*

Aqui está, então, uma determinação adicional da política de uma política das demarcações jurídicas. A política entra em jogo quando *ambos* os termos do contraste entre ordem e desordem jurídica, entre legalidade e ilegalidade, são desafiados. A alegalidade é política, em um sentido forte, em razão de trazer a contingência a lume em um sentido dúplice: *que* nós* somos um coletivo e *o que* nós* somos como um coletivo. Se a alegalidade confronta um coletivo com sua contingência radical nesse sentido dúplice, as autoridades de um coletivo respondem *indiretamente* a esse desafio, estabelecendo novamente as demarcações daquilo que conta como (des)ordem e (i)legalidade, seja para mudar essas demarcações, por vezes em modos que não poderiam ter sido antecipados, para confirmá-las ou para ignorar o desafio. Veja aqui a dimensão política do estabelecimento de demarcações.

Importantemente, as respostas a esses desafios são, *qua* respostas políticas, fortemente contextuais, e compreendem, além de considerações normativas, uma apreciação da *contundência* do desafio, isto é, sua capacidade de minar a eficácia das ordens jurídicas. Lembre de Kelsen e Radbruch: embora o Direito não seja válido porque ele é eficaz, não obstante, ele é apenas válido *se* amplamente eficaz (ver a seção 5.1). O quão mais a alegalidade estiver em uma posição para minar a eficácia de uma ordem jurídica, o quão menos as autoridades podem se permitir ignorá-la. Porque a autoridade nunca está apenas orientada a articular, monitorar e sustentar uma ordem válida; ela sempre envolve, também, assegurar as condições para a *ordem*. Igualmente, uma apreciação é requerida na medida em que a própria resposta é capaz de ser eficaz, e não apenas válida. Isso envolve o exercício do juízo sobre se os membros do coletivo em virtude do qual as demarcações são postas estão preparados para se identificar com a nova configuração-padrão da ação em conjunto, não apenas em um sentido normativo, mas também em um sentido factual de agir em conformidade com tanto.

Em suma, a política do estabelecimento de demarcações jurídicas demanda juízos que são *híbridos* porque eles envolvem apreciações perspicazes tanto da eficácia quanto da validade. Uma dimensão prudencial é, assim, uma característica substancial da política. Por essa razão eu tenho formulado a questão prática confrontando uma política do estabelecimento das demarcações de um modo que entrelaça o "ser" com o "dever-ser". Uma política do estabelecimento de demarcações precisa responder à questão – o que é/deve ser nossa ação em conjunto? – estabelecendo mais uma vez aquilo que deve ser incluído e excluído em uma ordem jurídica.

Mas, como se segue dessa análise, essa questão opera uma redução do domínio político aberto pela alegalidade. Esse movimento redutivo não é nem arbitrário nem mero acaso: quem autoritativamente media a ação coletiva aborda o comportamento alegal como se colocasse uma questão acerca do espectro de possibilidades práticas disponível à ação coletiva da perspectiva da primeira pessoa do plural, que abriu o ponto e a configuração-padrão da ação em conjunto da qual o nós* orador deriva sua autoridade. Como observado quando da avaliação crítica dos princípios de todos os afetados e de todos os subjugados na seção 5.3.4, o estabelecimento de demarcações pode certamente responder aos desafios com uma nova configuração-padrão da inclusão/exclusão. Mas aquilo que é contemplado em um estabelecimento autoritativo de demarcações é responder *mantendo* – mesmo se de maneira transformada – a diferença preferencial entre o dentro e o fora.

Esse é, em substância, o cerne de minha contenda com o movimento de Jullien de opor a inclusão à exclusão como, respectivamente, formas "políticas" e "antipolíticas" de ação. Excluir da ação em conjunto não é menos político, nem uma dimensão menor do exercício da autoridade, do que incluir porque a questão que concerne àquilo que nossa ação em conjunto é/deve ser demanda uma resposta na forma de um ato que inclui e exclui, logo, que conserva a distinção entre dentro e fora, mesmo quando traçada diferentemente do que antes. Enquanto tal, a política do estabelecimento de demarcações atesta a assimetria da distinção preferencial entre dentro e fora, a partir da qual desafios à unidade putativa são vistos como desafios que clamam pela transformação coletiva na medida em que eles podem ser acomodados e justificados nos termos daquilo que é considerado o ponto da ação em conjunto: *Assimetria 2*.

Mas não é necessariamente o caso que aqueles que se engajam em comportamento alegal também se enxergam como participantes de um coletivo, seja atual ou potencial, de modo que eles próprios tenham articulado essa questão. Seu desafio pode resistir à acomodação na questão acerca daquilo que "nossa" ação em conjunto é/deve ser. O desafio da KRRS à OMC é pertinente quanto a esse respeito, e merece ser reiterado: contra "o Acordo sobre a Agricultura da OMC... na raiz do problema [confrontando os fazendeiros indianos]", "o objetivo final do trabalho [da KRRS] é a realização da 'República de Vilarejos'". O esforço por fundar "Repúblicas de Vilarejos" que possam alcançar "soberania alimentar" irrompe os constrangimentos da questão à qual a OMC incessantemente retorna ao modular a configuração-padrão do livre-comércio global: o que nossa ação em conjunto é/deve ser? Dado que desafios à unidade putativa de um coletivo não podem ser reduzidos ao espectro de possibilidades práticas aberto pela perspectiva em grupo, a pluralidade política é irredutível à unidade jurídica, e o Poder Constituinte ao poder constituído. De fato, a emergência de uma outra ordem jurídica procede da fonte de possibilidades para a ação em conjunto que resiste à domesticação pelo potencial responsivo de qualquer perspectiva de grupo dada.[609] Desafios àquilo que é considerado a unidade de um coletivo revelam suas demarcações como limites transformáveis e linhas falhas que se esboçam como um fora em excesso daquilo que as autoridades podem responder redefinindo os termos da inclusão e exclusão jurídicas: *Assimetria I*.

Essa assimetria dupla tem uma implicação de longo alcance quanto a como se compreende a política. O universalismo jurídico tem como premissa a pressuposição de que se alcançar um

609 Note, contudo, que o paradoxo da representação está em operação no Poder Constituinte, o qual só pode fundar um coletivo ao retroativamente mostrar ter feito não mais que o refundar. Ver LINDAHL, Hans. "Possibility, Actuality, Rupture: Constituent Power and the Ontology of Change". *Constellations*, vol. 22, nº 2, 2015.

acordo – consenso – é o *telos* intrínseco ao raciocínio e às ações políticas. Isso se resume a supor que o fim da política é acabar com a política, mesmo se sua terminação precise ser postergada *sine die*. Em contraste, a assimetria dupla entre questão e resposta assegura que a política não pode terminar, logo, de que ela é radicalmente aberta de um modo que não é capturado pela postulação de uma inclusividade completa como a "ideia regulativa" (Kant) de uma política das demarcações. O hiato entre questão e resposta resiste firmemente ao movimento universalista de conceitualizar as lutas políticas nos termos de sua orientação imanente rumo ao consenso, na ausência do que essas lutas, assim nos é dito, comprometem irrevogavelmente qualquer reivindicação que eles pudessem ter a ser racionais. A aposta política e filosófica de recusar o predicado de qualidade de racionalidade a agentes cujos desafios a um coletivo não pretendem alcançar um consenso (o qual, para as autoridades, invariavelmente significa integração em uma unidade putativa – transformada – de uma ordem jurídica) justifica situações nas quais alguém, reivindicando representar a universalidade e a racionalidade, desqualifica esses desafios como se estivessem de má-fé ou não fossem dignos de serem levados a sério. O imperativo que deve governar a política tem de ser esse: estabeleça demarcações coletivas de tal modo que a política não venha a terminar. O que significa: mantenha aberto o hiato que junta e separa o si coletivo e o outro.

6.3 Reconhecimento coletivo

A seção 6.2 abordou a segunda das questões a serem lidadas neste capítulo: o que é a política de uma política das demarcações? Nós podemos nos voltar agora a um terceiro e decisivo nível da nossa investigação: o que torna uma política das demarcações *autoritativa*? Minha hipótese é que o reconhecimento – o reconhecimento assimétrico – é a majestosa porta de entrada para se compreender a autoritatividade de uma política autoritativa das demarcações. De fato, eu tenho me referido consistentemente neste livro às ordens jurídicas como expostas a "desafios" à sua unidade putativa, desafios que revelam sua contingência. Embora nem todos os desafios a um coletivo sejam demandas por reconhecimento, a constelação de significados que se acumulam na forma transitiva do verbo "*challenge*" [desafiar] são indicativos daquilo que está em jogo em uma demanda por reconhecimento:

> 1. demandar como devido ou merecido; 2. ordenar a parada e a prova de identidade; 3. disputar algo especialmente como injusto, inválido ou obsoleto; 4. questionar formalmente a legalidade ou a qualificação jurídica de algo; 5. a. confrontar ou desafiar ousadamente; b. chamar para um duelo; c. chamar para uma competição; 6. provocar ou estimular especialmente através da apresentação de dificuldades.[610]

Deixe-me costurar essas diferentes conotações: o que eu tenho chamado de comportamento alegal tem a forma de uma demanda por aquilo que é devido ou merecido, que coloca em questão – disputa – a justeza e validade dos limites de uma ordem jurídica, assim desencadeando uma luta acerca das demarcações de (i)legalidade nas quais a identidade do coletivo e a identidade de quem levanta uma demanda são postas à prova.

Essa é a natureza do "grito" que Holloway atribui aos movimentos alterglobalização, como a KRRS. É também o significado das lutas que têm lugar dentro das ordens jurídicas globais emergentes, como quando a UE resiste a exclusão do princípio da precaução daquilo que é considerado importante para a segurança alimentar na configuração-padrão da OMC do livre-comércio

610 Entrada no Merriam Webster On-line Dictionary (acessado em: 30/12/2016). Eu omiti o sétimo significado do verbo transitivo, "administrar um desafio [*challenge*] fisiológico e especialmente imunológico a (um organismo ou célula)". Mas não seria difícil mostrar a medida em que metáforas imunológicas estão em operação no discurso político sobre o estranho e na autoasserção coletiva em "reação" ao estranho.

global. Demandas por reconhecimento advêm quando um indivíduo ou grupo é irreconhecido pelos termos de inclusão e exclusão que governam a ação em conjunto para o coletivo ao qual a demanda se dirige. A demanda por reconhecimento coletivo é uma demanda para que seu mediador determine as demarcações jurídicas da ação em conjunto de modo que respeite a identidade/diferença do irreconhecimento individual ou de grupo. Ao anular o conceito de autoridade a ser trabalhado na seção 6.4, a presente seção expõe aquilo que é essencial ao reconhecimento assimétrico.

6.3.1 Autoconhecimento e autorreconhecimento coletivos

As análises de Paul Ricoeur sobre o reconhecimento oferecem um bom ponto de partida para nossa investigação. Ricoeur discrimina três sentidos de reconhecimento, dos quais os dois primeiros são relevantes nessa etapa da nossa investigação. O primeiro sentido foca naquilo que ele chama de "a quase indistinguibilidade inicial do reconhecer (*reconnaître*) e conhecer (*connaître*)".[611] A única diferença concerne à partícula "re", que indica repetição: conhecer ou cognoscer algo novamente. O problema da (re)identificação está em jogo nesse primeiro e fundamental significado de reconhecimento. E porque identificar algo é identificá-lo como isso ou aquilo, a identificação anda lado a lado da diferenciação.

> Eu proponho tomar como primeiro uso filosófico do reconhecimento o par identificar/distinguir. Reconhecer algo como o mesmo, como idêntico a si mesmo e não outro que si mesmo, implica distingui-lo de todo o resto.[612]

---

611 RICOEUR, Paul. *The course of recognition*. Trad. para o inglês de David Pellauer. Cambridge: Harvard University Press, 2005, p. 21 (tradução modificada).

612 RICOEUR, Paul. *The course of recognition*. Trad. para o inglês de David Pellauer. Cambridge: Harvard University Press, 2005, p. 21 (tradução modificada).

O que é crucial aqui, como Ricoeur aponta, é que esse uso primordial do termo diz respeito ao reconhecimento de algo como idêntico a si mesmo, não importando se esse algo é uma coisa ou uma pessoa. Nesse sentido, não há diferença entre reconhecer uma maçã ou uma pessoa. Reconhecer, nesse primeiro sentido, significa destacar os traços distintivos de algo, de modo que ele possa ser reidentificado como o mesmo ao longo do tempo. "[E]sse sentido principal não será abolido no que se segue... ainda será a *identidade* que estará em jogo [no] autorreconhecimento".[613]

De fato, a passagem do reconhecimento como (re)identificação de algo para o autorreconhecimento envolve a passagem da identidade como mesmidade – identidade-idem, como ele denomina em outro lugar – a uma forma reflexiva de identidade – autoidentidade ou identidade-ipse – pela qual uma pessoa reconhece "que ele ou ela é em verdade uma pessoa 'capaz' de realizações diferentes".[614] Reconhecer-se é afirmar-se como um agente a quem crenças, intenções, ações etc. podem ser atribuídos e imputados, e, consequentemente, quem pode ser considerado responsável por certos atos como se de fato fossem seus.

Embora Ricoeur discuta essas duas formas de reconhecimento em respeito a pessoas individuais, elas também são aplicáveis, com algumas ressalvas, a coletivos. Como apontado anteriormente, as narrativas das origens nas quais a representação jurídica e política estão incrustadas servem para identificar e diferenciar, destacando aquilo que é compartilhado pelos indivíduos que estão para compor um grupo. Aqui o reconhecimento está ligado à questão "*o que* nós

---

613 RICOEUR, Paul. *The course of recognition*. Trad. para o inglês de David Pellauer. Cambridge: Harvard University Press, 2005, p. 21 (tradução modificada).

614 RICOEUR, Paul. *The course of recognition*. Trad. para o inglês de David Pellauer. Cambridge: Harvard University Press, 2005, p. 69. Sobre identidade-idem e identidade-ipse, ver RICOEUR, Paul. *Oneself as another*. Trad. para o inglês de Kathleen Blamely. Chicago: Chicago University Press, 1992, pp. 2-4; 115-125.

somos?" Reconhecimento, nesse sentido primordial, torna possível identificar um grupo como o mesmo, como idêntico consigo mesmo, logo, como diferente de todos os outros, e como idêntico a si mesmo ao longo do tempo, de modo que ele possa ser reconhecido por membros do coletivo e por outros. Reconhecimento, como conhecer novamente, implica que mesmo se um coletivo mude ao longo do tempo, ele permanece o mesmo na medida em que ele conserva os traços que o identificam e o distinguem de todos os demais: identidade-*idem*.

As representações narrativa e jurídica das origens vão mais longe que isso, contudo. Elas dobram o "o que" em um "quem", de modo que a comunalidade se torna a comunalidade da perspectiva na primeira pessoa do plural de um nós* em ação em conjunto. As representações das origens não apenas identificam um coletivo e o diferenciam do resto, mas também convocam seus endereçados a se identificarem como participantes na ação em conjunto, logo, como *empoderados* pela configuração-padrão da ação em conjunto a se engajar em certos tipos de ações interligadas ao longo do tempo. Na medida em que ela é bem-sucedida, a representação narrativa e jurídica das origens permite aos indivíduos se reconhecerem como *capazes* (Ricoeur) de agir juntos com outrem visando realizar o ponto de sua ação em conjunto. Quando os destinatários da representação se reconhecem como membros de um grupo, a configuração-padrão da ação em conjunto pode se revelar para eles como seu *próprio* sistema de regras, e sua configuração como seu *próprio* ato em conjunto, i.e., um ato de criação do Direito *por* um si coletivo: identidade-*ipse*.

Nessa linha, a comprovação elementar de poder individual que se anexa ao autorreconhecimento pessoal – "eu posso" (*je peux*), como Ricoeur coloca, seguindo os passos de Husserl e Merleau-Ponty – tem sua contraparte na comprovação do poder coletivo decorrente do autorreconhecimento coletivo: nós* podemos. O lema "*Yes, we can*" do discurso de vitória de Barack Obama, proferido em Chicago em 4 de novembro de 2008, é um exemplo particularmente fecundo da convocação de um espectro de indivíduos a se reconhecer como um grupo, i.e., a se compreender como capazes, como empoderados a agir como unidade:

> que, entre os muitos, nós somos um; que enquanto nós respiramos, nós temos esperança. E onde nós somos encontrados com cinismo e dúvidas e aqueles que nos dizem que nós não podemos, nós responderemos com um credo atemporal que sumariza o espírito de um povo: sim, nós podemos.[615]

Quaisquer as diferenças que possam separá-los, o *slogan* eleitoral de Donald Trump, "*Make America great again*" é um eco flatulento da convocação da autoasserção coletiva expressada pelo "*Yes, we can*!" de Obama. Ela também está em jogo no autorreconhecimento da OMC e de outras ordens jurídicas globais emergentes. Sitrin e Azzellini indiretamente apontam para o autorreconhecimento dos movimentos alterglobalização, que compartilham a seguinte convicção em sua resistência à globalização do capitalismo: "nós podemos nos governar".[616] De maneira bem mais discreta, esse nós* pode também ressoar no "Sim, vamos cozinhar juntos!", pelo qual alguns estudantes se reconhecem como membros de um time de culinária capaz de preparar uma refeição para a república. Em cada caso, os participantes se afirmam como um grupo, reconhecendo-se como membros de agentes coletivos capazes de realizar seus objetivos. A autoasserção coletiva, na forma de um nós* podemos, é o cerne do autorreconhecimento coletivo. Igualmente, a autoasserção coletiva está na raiz da *jurisdição*, no sentido que Kelsen assinalou em uma passagem citada no começo deste livro: a capacidade jurídica de levar a cabo certos atos. A jurisdição é a manifestação jurídica da

---

615 THE FULL TEXT of Barack Obama's Victory Speech. *Independent*. Disponível em: www.independent.co.uk/news/world/americas/the-full-text-of-barack-obamas-victory-speech-993008.html. Acessado em: 13.12.2017.

616 SITRIN, Marina; AZZELLINI, Dario. *They can't represent us! Reinventing democracy from Greece to Occupy*. Londres: Verso, 2014, p. 10.

autoasserção coletiva: nós* podemos nos regular (no sentido amplo de regulação abraçado na seção 2.1.3).

A análise de Ricoeur desses dois níveis de reconhecimento é de considerável importância para nossa investigação. Sua discussão da dimensão cognitiva do reconhecimento destaca o componente factual da comunalidade, significando por tanto que a representação da unidade coletiva precisa estar apta a selecionar traços que, retroativamente, provem ser efetivamente compartilhados pelos indivíduos e que não são apenas importantes, mas também suficientemente estáveis de modo a providenciar uma base para a reidentificação através do tempo. Nesse sentido, o autorreconhecimento coletivo envolve reconhecimento no modo cognitivo de uma configuração-padrão da ação em conjunto que responde à questão: *o que* nós somos?

A vantagem de se chamar a atenção para essa forma "principal" de reconhecimento (Ricoeur usa a expressão "princeps") é, dentre outras, que considerações especializadas da interação social são parte e parcela dos processos representacionais requeridos pelo autorreconhecimento por indivíduos como membros de um coletivo: o que *é* (deve ser) nossa ação em conjunto? Eu uso a expressão "especializadas" no sentido amplo de quem tem ou ostenta habilidades ou conhecimentos especiais derivados do treinamento ou da experiência.[617] A referência ao treinamento ou à experiência é particularmente adequada. De um lado, a expertise mobilizada na representação de coletivos envolve uma abordagem objetificante de um coletivo, desvelando-o por meio de ferramentas metodológicas e conceituais que são, em princípio, também aplicáveis à cognição da interação entre *coisas*. Expertise disciplinar de campos como a sociologia, a economia, a medicina e a biologia são certamente parte desse processo representacional, como atestado por, dentre

617 Entrada da palavra "expert", no Merriam-Webster On-line Dictionary. Disponível em: www.merriam-webster.com/dictionary/expert. Acessado em: 13.06.2022.

outros, o ISO, o Codex Alimentarius, o CSBB e o pântano de órgãos que povoam o panorama regulatório global. A articulação dos fatos é um processo representacional de cabo a rabo, e, portanto, inerentemente contestável, como a produção e resistência a indicadores, dentre outros, têm deixado abundantemente claro.[618] Mas se vangloriar de uma política de "fatos alternativos" é deixar-se levar por fanfarrice, não exercer autoridade.

De outro lado, e embora essa conotação esteja ausente no português contemporâneo, a noção de um expert como alguém experimentado nos modos e peculiaridades de um coletivo não perdeu nada da sua relevância para os processos representacionais requeridos para responder à questão "o que nós somos?" Essa "experiência" remete, como Gadamer argumentou, à forma de sabedoria prática que os gregos chamam de *phronesis*, uma noção que foi traduzida para o latim como *prudentia*, e que inclui o conhecimento de comunalidades que são importantes, enquanto também suficientemente estáveis para permitir à ação em conjunto sobreviver ao atrito temporal.[619] Em suma, a expertise, em seus sentidos disciplinar e experimental, pertence à dimensão prudencial do juízo político acerca daquilo que torna o direito *eficaz*, e que funciona como uma característica substancial do reconhecimento. Esse é um corretivo importante para abordagens que separam a autoridade teórica da prática, conforme ficará evidente em seu devido momento. E, não menos importante, isso sugere que a autoridade institucionalizada não pode se dar sem o exercício de autoridade pessoal. De toda sorte, é com base nesse amplamente verídico modo de responder à questão acerca daquilo que realmente

---

618 Indicadores são um exemplo excelente de como as autoridades teórica e prática se misturam uma com a outra. Por razões de espaço, fica precluída uma discussão das formas de reconhecimento e irreconhecimento relativas ao processo de conceitualizar, produzir e usar indicadores (globais).

619 GADAMER, Hans-Georg. *Truth and Method*. Trad. para o inglês de Joel Weinsheimer e Donald G. Marshall. 2ª ed. Londres: Continuum, 2004, pp. 310 e ss.

nos junta que eu gostaria de glosar (e parafrasear) a caracterização de Ricoeur do autorreconhecimento coletivo: a confirmação de "que [nós somos] *em verdade* um [grupo] 'capaz' de diferentes realizações" (grifo nosso).

Uma segunda razão pela qual a análise de Ricoeur é iluminadora para nossos propósitos concerne à sua insistência acerca da importância do *auto*rreconhecimento (coletivo), uma dimensão do reconhecimento que tende a ser apagada por discussões focadas no reconhecimento do outro. Ele perspicazmente aponta a escassez de análises no domínio da filosofia prática que abordam diretamente o conceito de ipseidade. Em particular, Ricoeur nota que Kant não elucida realmente o si ou *auto*s- da autonomia moral ao discutir o imperativo categórico.[620] Ele insiste que, anterior ao seu desenvolvimento como um conceito moral ou jurídico, o reconhecimento é central para uma teoria da ação. De fato, ele defende a tese forte de que não se pode ter qualquer teoria da ação na ausência de uma teoria do reconhecimento. Tudo que foi dito até agora sobre a emergência dos coletivos suporta essa tese forte, apesar de fazê-lo dentro da malha operacional de uma teoria da ação *coletiva*. A autoidentificação dos indivíduos como membros de um grupo que é capaz de agir em diversas maneiras é a versão coletiva daquilo que Ricoeur apelida de autorreconhecimento pessoal.[621]

---

620 RICOEUR, Paul. *The course of recognition*. Trad. para o inglês de David Pellauer. Cambridge: Harvard University Press, 2005, p. 90.

621 Um benefício adicional da teoria do reconhecimento de Ricoeur é que ela nos permite reconstruir como o conceito de reconhecimento desempenha um papel na apreensão do sentido da unidade putativa das ordens jurídicas, do que a famosa "regra de reconhecimento" de Hart é apenas uma das possíveis ramificações. Não menos importante, ela nos permite assim o fazer de um modo que supera a distinção entre caracterizações funcionais e normativas da autoridade. Essa reconstrução nos levaria, contudo, para além do escopo deste livro. Para uma reconstrução da regra de reconhecimento de Hart em um contexto transnacional, ver CULVER, Keith; GIUDICE, Michael. *Legality's borders*: an essay in general jurisprudence. Oxford: Oxford University Press, 2010, especialmente os capítulos 1 e 2. Para o papel central do reconhecimento em Kelsen, ver VAN ROERMUND, Bert. "Kelsen and the Low

Mas eu estou indo muito rápido. Porque, como Ricoeur adverte seus leitores, "a reflexão sobre identidades coletivas não pode esquivar de uma ordem mais elevada de sofisticação do que a da identidade-ipseidade dos sujeitos individuais da ação".[622] O que está em discussão é a questão acerca da *junção* da ação em conjunto, um tema encontrado no capítulo V. Como ele a desenvolve, essa ordem mais elevada de sofisticação demanda a introdução de uma terceira forma de reconhecimento. Nenhum autorreconhecimento pessoal é possível, ele afirma, na ausência do reconhecimento *pelo* outro. A atividade implicada no autorreconhecimento anda lado a lado com a passividade fundamental na qual eu sou dependente, desde o primeiro momento, do reconhecimento do outro de minha identidade. "Trata-se de fato de nossa identidade mais autêntica, aquela que nos faz ser quem somos, que demanda ser reconhecida".[623] A possibilidade que o reconhecimento de nossa própria identidade seja contradita, ou que eu possa contradizer a identidade de quem o demanda de mim, concede ao reconhecimento seu caráter propriamente ético. O irreconhecimento pelo ou do outro desencadeia lutas por reconhecimento.

Ricoeur situa a emergência das identidades coletivas nessas lutas interpessoais por reconhecimento, em particular naquilo que Honneth chama de reconhecimento jurídico, i.e., o reconhecimento

---

Skies. Recognition Theory Revisited and Revised". *In*: WALTER, Robert; JABLONER, Clemens; ZELENY, Klaus (Coord.). *Hans Kelsen anderswo - Hans Kelsen abroad*. Vienna: Manz Verlag, 2010, pp. 259-278.

622 RICOEUR, Paul. *The course of recognition*. Trad. para o inglês de David Pellauer. Cambridge: Harvard University Press, 2005, p. 40.

623 RICOEUR, Paul. *The course of recognition*. Trad. para o inglês de David Pellauer. Cambridge: Harvard University Press, 2005, p. 21. Em sua defesa de uma identidade autêntica, Ricoeur se encontra ombro a ombro com Taylor, para quem uma demanda por reconhecimento é uma demanda que me permite "ser verdadeiro a mim mesmo [para realizar] uma potencialidade que é propriamente minha". Ver TAYLOR, Charles. "The Politics of Recognition". *In*: GUTMANN, Amy (Coord.). *Multiculturalism and "The Politics of Recognition"*. Princeton: Princeton University Press, 1992, p. 31.

de *direitos*.[624] De fato, as capacidades que são objeto de autorreconhecimento pessoal incluem capacidades mediadas socialmente, direitos em particular.[625] Não estar apto a se reconhecer como capaz ou empoderado por ver-se privado de certos direitos tem seu correlato no irreconhecimento pelo outro, e dá azo a uma demanda por reconhecimento como um membro em pleno Direito do coletivo. Honrar a demanda, no curso das lutas por reconhecimento, dá azo a relações de reconhecimento recíproco entre as pessoas, isto é, relações nas quais as normas jurídicas válidas estipulam direitos e obrigações que as permitem se reconhecer umas às outras como seres livres e iguais. Nas palavras de Ricoeur,

> o reconhecimento abarca duas coisas: a outra pessoa e a norma. No que diz respeito à norma, o reconhecimento significa, no sentido lexical da palavra, tomar como válido, afirmar a validade; no que diz respeito à pessoa, o reconhecimento significa identificar cada pessoa como livre e igual a todas as outras.[626]

Identidades coletivas, em particular as identidades dos Estados, advém através da dialética do particular e do geral mobilizada por lutas interpessoais por reconhecimento que impulsionam, como Honneth coloca, "uma expansão – forçada 'a partir de baixo' – do

---

624 HONNETH, Axel. *The struggle for recognition*: the moral grammar of social conflicts. Trad. para o inglês de Joel Anderson. Cambridge: Polity Press, 1995, pp. 107-121.

625 Esse seria o momento decisivo para discutir criticamente a relação entre capacidades e direitos, um problema, contudo, que excede o escopo desse livro. Ver, e.g., SEM, Amartya. *Development as Freedom*. Oxford: Oxford University Press, 1999 e NUSSBAUM, Martha. *Women and human development*: the capabilities approach. Cambridge: Cambridge University Press, 2000.

626 RICOEUR, Paul. *The course of recognition*. Trad. para o inglês de David Pellauer. Cambridge: Harvard University Press, 2005, p. 197. Eu leio essa passagem como se refutasse de maneira concludente a tentativa de Fraser de opor reconhecimento e distribuição em seu debate acrimonioso com Honneth.

significado atribuído à ideia [de direitos relativos ao] pertencimento 'de pleno direito' em uma comunidade política".[627]

Em suma, é seguro ler o relato de Ricoeur acerca da passagem do irreconhecimento ao reconhecimento recíproco como a passagem de um desafio à reciprocidade pressuposta na junção da ação em conjunto à sua restauração em um nível mais elevado de generalidade e inclusividade. Em face de uma interrupção da ação em conjunto despertada por uma demanda por reconhecimento, abordar a demanda requer transformar a ordem jurídica através de uma dialética do particular e do geral, do si e do outro, de modo que as partes em conflito possam vir a endossar incondicionalmente a unidade putativa tríplice de uma ordem jurídica: referindo-se a si mesmas como um nós juntos – coletividade; reconhecendo o sistema jurídico de regras como válido; orientando-se de acordo com os lugares, tempos, subjetividades e conteúdos de atos tornados disponíveis por uma ordem pragmática.

---

627 HONNETH, Axel. *The struggle for recognition*: the moral grammar of social conflicts. Trad. para o inglês de Joel Anderson. Cambridge: Polity Press, 1995, p. 116. Ricoeur concorda: "Eu aceito a essência desse projeto. Em meu vocabulário, trata-se de uma questão de buscar no desenvolvimento da interação conflituosa a fonte para uma ampliação paralela das capacidades individuais discutidas... sob o mantra do ser humano capaz se lançando para conquistar sua ipseidade. O curso do autorreconhecimento termina com o reconhecimento mútuo". RICOEUR, Paul. *The course of recognition*. Trad. para o inglês de David Pellauer. Cambridge: Harvard University Press, 2005, p. 187. Note a conotação inconfundível de autodomínio na referência de Ricoeur à "conquista" da ipseidade, uma referência que é extensiva à ipseidade coletiva em teorias do reconhecimento recíproco. Markell se refere a isso como a jornada por soberania pessoal própria às teorias do reconhecimento recíproco. Infelizmente, por razões de espaço, fica precluído traçar as similaridades e diferenças entre o reconhecimento assimétrico e aquilo que ele chama de "uma política da aceitação". Ver MARKELL, Patchen. *Bound by Recognition*. Princeton: Princeton University Press, 2003, pp. 10-15.

6.3.2 Nós* podemos – e não podemos

A contribuição de Ricoeur é uma interpretação lúcida de como o universalismo jurídico compreende a relação entre reconhecimento e autoridade. Em poucas palavras, ele e essa vertente de pensamento normativo que ele defende podem ser compreendidas como se estivessem argumentando que a autoritatividade de uma política das demarcações gira em torno de assegurar a junção da ação em conjunto: ação é ação em conjunto se, e apenas se, todos aqueles sujeitos à sua configuração-padrão podem se ver como pessoas livres e iguais. A tarefa de uma política autoritativa das demarcações é transformar a configuração-padrão da ação em conjunto, pela qual uma ausência injustificada de reciprocidade dá azo a uma situação de reconhecimento recíproco entre indivíduos iguais e livres. Poder, mais uma vez, em seu sentido básico: uma política de demarcações *pode* ser autoritativa porque ela *pode* progressivamente superar [T1] a contingência das demarcações jurídicas na [T2] direção de uma ordem jurídica completamente inclusiva. Aqui está, então, a consideração elemental – no sentido de mais fundamental – da relação entre o reconhecimento do si e o reconhecimento do outro coletivos que impulsiona a visão do universalismo da autoridade: nós* somos capazes de reconhecer o outro como um de nós. Por reconhecer – incluir – o outro como um de nós, uma política das demarcações se revela autoritativa; ela obedece "a injunção de completar a inclusão".[628]

Não é de nenhuma maneira minha intenção rejeitar a reciprocidade de pronto. Afinal de contas, como notado na seção 2.1.2, [1] obrigações direcionadas ou relacionais entre participantes na ação em conjunto articulam aquilo que é *considerado* relações recíprocas entre eles. Em vez disso, meu alvo é expor a ambiguidade nas reivindicações de reciprocidade mobilizadas pela ACAI. Ordens jurídicas

---

628 HABERMAS, Jürgen. *The Postnational Constellation*. Trad. para o inglês de Max Pensky. Cambridge: Polity Press, 2001, p. 148.

reivindicam ser autoritativas em virtude de terem instituído ou serem capazes de instituir relações de reciprocidade entre os membros de um coletivo; mas essa reivindicação tem um *ponto cego* que não pode ser suspendido pela reciprocidade. Pelo contrário: esse ponto cego é a condição de possibilidade da reciprocidade. Como resultado, atos de reconhecimento que instituem relações de reciprocidade estão também sempre expostos a ser uma forma de dominação, porque eles trazem à tona e impõem relações de reciprocidade.[629]

Esse foi o problema que a KRRS encontrou em respeito à OMC. O que ela demanda – reconhecimento de sua identidade/diferença como um coletivo orientado a realizar Repúblicas de Vilarejo que garantam soberania alimentar aos seus membros – é hostil à OMC, um coletivo orientado a promover o "livre-comércio global". A distinção entre o ordenável e o inordenável, o governável e o ingovernável, reaparece, na malha operacional de uma teoria do autorreconhecimento coletivo, como o contraste entre empoderamento e desempoderamento coletivos, capacidade e incapacidade coletivas. O nós* podemos constitutivo no coração da autoasserção coletiva caminha lado a lado com um não menos constitutivo nós* não podemos: nós* não podemos reconhecer o outro como um de nós. Note que o reconhecimento aqui não se refere apenas à inclusão como se se declarasse legal aquilo que costumava ser ilegal (ou simplesmente inordenado). Uma das maneiras de reconhecer o outro como um de nós é declarar ilegal aquilo que costumava ser legal (ou inordenado). Qualificar o comportamento como ilegal é um ato de autoasserção coletiva pelo qual um coletivo declara que esse comportamento é uma manifestação privativa daquilo que ele julga importante para a ação em conjunto. Em suma, declarar um comportamento ilegal, e.g., colocando alguém na cadeia, é uma

---

629 LINDAHL, Hans. "Recognition as domination: constitutionalism, reciprocity and the problem of singularity". *In*: WALKER, Neil; TIERNEY, Stephen; SHAW, Jo (Coord.). *Europe's Constitutional Mosaic*. Oxford: Hart Publishers, 2011.

forma de inclusão e de reconhecimento jurídico do outro como um de nós. Em contraste, "nós* não podemos reconhecer o outro como um de nós" – logo, nós* não podemos nos reconhecer no outro – refere-se a demandas por reconhecimento na medida em que elas estejam em excesso diante daquilo que nós, o coletivo, podemos reconhecer como nosso. Nessa linha, a demanda da KRRS por ser reconhecida como quem ela realmente é, ou seja, um coletivo orientado à realização das Repúblicas de Vilarejo que assegurem a segurança alimentar para seus membros, evidencia um nós* não podemos que acompanha, enquanto seu anverso, a autoasserção coletiva da OMC: nós* podemos promover o livre-comércio global. Há uma tensão irredutível na reciprocidade que é velada ou subestimada pelas teorias do reconhecimento recíproco: o reconhecimento do *outro* como um de nós é o reconhecimento do outro *como um de nós*.

Assim, a exclusão que ocorre através da inclusão do outro como um de nós dialoga, indiretamente, com o domínio daquilo que é inordenável para a perspectiva em grupo aberta pelo ponto de ação em conjunto, o domínio do qual o Poder Constituinte pode brotar para fundar outro coletivo. Nós* podemos e nós* não podemos: Poder Constituinte e impotência constituinte são os dois lados de uma mesma moeda representacional.

Retornando ao universalismo jurídico, se é para preservar seus pontos fortes, enquanto também almeja se defender das suas dificuldades, a conexão entre o reconhecimento e a autoridade precisa ser conceitualizada diferentemente. Essa é a tarefa das próximas páginas. Em vez de acompanhar Ricoeur em um passo adiante em seu *parcours*, eu estabeleço um caminho diferente, um caminho que retorna para reconsiderar criticamente o autorreconhecimento coletivo, levantando a questão que Ricoeur não formula nem responde: o que está em jogo no "re" do reconhecimento, e como isso se choca tanto com o autorreconhecimento quanto o reconhecimento pelo/do outro coletivos?

6.3.3 O auto(ir)reconhecimento coletivo e o paradoxo da representação

A questão é justificada porque Ricoeur tematiza a partícula "re" em reconhecimento como uma identidade ininterrupta, i.e., como permanência no tempo. Em respeito à identidade-idem, o reconhecimento, para Ricoeur, significa que algo é conhecido mais uma vez, isto é, como o mesmo. No que concerne à identidade-ipse, nós* atestamos mais uma vez nossa existência como seres capazes de viver à altura das promessas que nós* fizemos, considerando-nos responsáveis e sendo assim responsabilizados por outrem pelos nossos atos passados. Na visão de Ricoeur, embora possa haver dificuldades em reidentificar alguém ou algo como o mesmo, e embora promessas possam ser quebradas, a identidade temporal como permanência no tempo não é problemática enquanto tal. Considerações análogas se aplicam ao autorreconhecimento coletivo: nós* somos o grupo que se comprometeu à φ no passado, e que agora vive à altura desse compromisso, realizando-o, realizando φ. Nos termos do modelo ACAI do Direito: nós* nos esforçamos para realizar o ponto da ação em conjunto e continuaremos a assim o fazer, a despeito das dificuldades que nós* possamos encontrar ao longo do caminho. Essa é a estrutura básica da permanência no tempo que caracteriza, de acordo com Ricoeur, a autoidentidade coletiva.

Mas o "re" de reconhecimento significa mais que simplesmente "mais uma vez". Para começo de conversa, e como resultado da dinâmica da representação, reconhecer é reconhecer algo como isso ou como aquilo. Nas palavras de Thomas Bedorf, o reconhecimento envolve uma estrutura triádica: "a relação de duas partes, *x reconhece y*, descreve a relação apenas parcialmente. Em vez disso, trata-se de uma relação triádica na qual *x reconhece y como z*".[630]

---

630 BEDORF, Thomas. *Verkennende Anerkennung*. Frankfurt: Suhrkamp, 2010, p. 122. Ele se baseia aqui em Waldenfels: "O outro é reconhecido como alguém: como mortal, como um ser racional, como uma pessoa ou um sujeito, no papel específico de um membro da família, um cidadão, o representante

O “re” do reconhecimento implica que uma identidade coletiva nunca é dada imediata ou diretamente ao reconhecimento; falando em termos estritos, o reconhecimento é um processo de identificação: quem quer que reconheça *postula* uma identidade entre aquilo que é reconhecido e como ele é reconhecido. Como resultado, aquilo que é identificado no reconhecimento é sempre *mais e outro* do que como ele é identificado (e.g., como z em vez de w). O contraste simples de Ricoeur entre autoidentificação e diferenciação do outro é, portanto, reducionista. Parafraseando Bedorf, a autoidentificação coletiva não tem a forma “nós* nos reconhecemos”; ela mobiliza uma relação triádica: “nós* nos reconhecemos como z (em vez de w)”. A autoidentificação – logo a autoinclusão – que ocorre com o autorreconhecimento é também sempre uma autodiferenciação – logo, uma autoexclusão. O reconhecimento diferencia um coletivo em respeito *a si mesmo* no mesmo movimento pelo qual ele postula sua identidade (no tempo). Como resultado, o autorreconhecimento coletivo é sempre também autoirreconhecimento coletivo. Então, por exemplo, a OMC se reconhece como um coletivo capaz de assegurar a segurança alimentar se embasando em análises científicas de risco. Mas esse autorreconhecimento introduz uma diferença na identidade da OMC – uma não identidade na identidade – porque os participantes da OMC, e.g., a UE, reclamarão que a configuração-padrão acerca da segurança alimentar não atribui peso suficiente ao princípio da precaução. “Não em nosso nome! Nós* somos irreconhecidos porque aquilo que nós* enxergamos como importante tem sido excluído da ação em conjunto”.

Não há mais o que dizer quanto ao reducionismo resultante de uma leitura na qual o reconhecimento é interpretado exclusivamente como autoidentificação. Problemas análogos concernem

---

de uma profissão, como uma autoridade ou como um despossuído, uma pessoa apátrida, e tudo isso em matiz cultural variável”. Ver WALDENFELS, Bernhard. *Schattenrisse der Moral*. Frankfurt: Suhrkamp, 2006, p. 75.

ao termo contrastante da autoidentificação coletiva, ou seja, à diferenciação em respeito ao outro. De fato, o "re" do reconhecimento assegura que a diferenciação do outro anda lado a lado com a identificação do outro, no que o outro é reconhecido como um de nós. Por exemplo, a ação direta da KRRS desafia sua identificação como sujeita à – logo, como inclusa na – OMC. "Não em nosso nome! Nós* somos irreconhecidos porque, tendo sido incluídos na ação em conjunto, nós* não podemos mais agir de acordo com aquilo que 'nós' vemos como importante para nós". A dinâmica da representação assegura que o autorreconhecimento coletivo envolve não apenas *auto*irreconhecimento coletivo, mas também o irreconhecimento do *outro*, dando azo a demandas por inclusão e exclusão do coletivo.

Em suma, a alienação dos agentes da ação coletiva desencadeia forças centrípetas e centrífugas, aferentes e eferentes. A alienação como resultado da exclusão de coletivos globais emergentes suscita uma demanda por reconhecimento orientada a alcançar inclusão; a alienação decorrente da inclusão na ação em conjunto suscita uma demanda por reconhecimento que visa assegurar exclusão. A "alterização" desfavorável forjada por processos de representação é apenas parte do problema, mesmo se essa é a parte que tem recebido a maior parte, senão toda a atenção teorética; a outra parte é uma "egoização" desfavorável.

Veja na conquista ambígua da representação a raiz para as lutas por reconhecimento coletivo. Em contraste para com Ricoeur, Honneth, Taylor e outros, que veem o reconhecimento e irreconhecimento jurídicos como operações diferentes, respectivamente, como operações de inclusão e exclusão, eu sustento que o reconhecimento e o irreconhecimento são as duas faces de uma operação singular – a representação – que inclui excluindo e que exclui incluindo. Ambas as faces dessa operação singular já se manifestam na "primeira" representação, o *nomos* que toma retomando. Um coletivo nunca é somente si mesmo e nunca somente diferente do outro: o *entrelaçamento* é a condição primordial que governa o encontro entre o si coletivo e o outro. E enquanto os autores supramencionados conceitualizam as lutas por reconhecimento como a passagem do irreconhecimento ao reconhecimento recíproco, mesmo se o último precise ser postergado indefinidamente, interpretar a representação como sendo uma operação de duas faces implica que as lutas por reconhecimento coletivo *não podem terminar*, e não simplesmente porque o reconhecimento recíproco seja uma ideia regulativa cuja realização precise ser postergada para sempre.[631] O leitor terá notado que essa é uma reformulação da minha tese anterior de que a política não pode terminar. Atos de reconhecimento coletivo são conquistas irredutivelmente ambíguas.

Essas considerações têm duas implicações importantes que merecem atenção adicional. A primeira gira em torno da natureza paradoxal da responsividade no autorreconhecimento coletivo. Como discutido anteriormente neste capítulo, um coletivo se reconhece quando seus membros afirmam que eles são um grupo capaz de agir em uma variedade de maneiras em resposta àquilo que é percebido como um desafio à unidade coletiva: nós* podemos. Aqui de novo o manifesto da KRRS é um bom exemplo da responsividade paradoxal do autorreconhecimento coletivo:

> Para a KRRS... rejeitar a agricultura química e a biotecnologia necessariamente implica promover a agricultura tradicional... O fato das tecnologias e conhecimentos tradicionais desempenharem um papel central nas alternativas propostas pela KRRS não significa que elas rejeitem novas tecnologias. Por exemplo, a cerca elétrica que circundará o centro para desenvolvimento sustentável (necessária diante da presença de elefantes selvagens na área) será abastecida por energia solar. Os critérios para aceitar ou rejeitar tecnologias na

631 Esse é o sentido no qual Honneth admite que as lutas por reconhecimento são "permanentes". Ver HONNETH, Axel. *The struggle for recognition*: the moral grammar of social conflicts. Tradução para o inglês de Joel Anderson. Cambridge: Polity Press, 1995, p. 127.

> KRRS não estão relacionados à sua idade; eles estão relacionados a fatores como se as tecnologias podem ser operadas e administradas pelo povo que as usa, se elas são de trabalho intensivo ou capital intensivo, e outros critérios políticos.[632]

A passagem indica que a KRRS vê a agricultura química e a biotecnologia como uma ameaça à agricultura tradicional, a qual ela busca afirmar como parte de sua identidade coletiva. Sua autoasserção coletiva assume como certo que a agricultura tradicional já é uma dimensão integral da sua identidade coletiva. No entanto, o fato de a agricultura tradicional pertencer à sua identidade se manifesta *ex post*, ao ser confrontada pela prova severa das novas tecnologias alimentares. Um coletivo que não é exposto a novas tecnologias ou à ascensão do capitalismo global não tematizaria suas práticas de agricultura, se é que as tematizaria, nos termos de uma agricultura *tradicional*. Em paralelo, e essencialmente, embora rejeite a agricultura química e a biotecnologia, sua resposta não recua face a outras novas tecnologias, sendo que aquilo que conta para ela como agricultura tradicional é interpretado de uma nova maneira.

Então, o paradoxo da representação está em operação no autorreconhecimento coletivo. De um lado, uma identidade é dada como certa quando os membros de um coletivo se reconhecem como um grupo capaz de agir de certas maneiras em resposta a um desafio à sua existência. De outro, o autorreconhecimento coletivo é a criação de uma identidade grupal, em resposta a um desafio. Nas palavras de García Düttmann, "reconhecer é... uma criação daquilo que é dado".[633]

---

632 KARNATAKA STATE FARMERS' ASSOCIATION (KRRS). Disponível em: http://home.iae.nl/users/lightnet/world/indianfarmer.htm. Acessado em: 15.03.2022.

633 GARCÍA, Düttmann Alexander. *Between Cultures*: Tensions in the Struggle for Recognition. Tradução para o inglês de Kenneth B Woodgate. Londres: Verso, 2000, p. 4 (tradução modificada). E ele adiciona: "aquele que

O corolário desse paradoxo é que a autoasserção coletiva por movimentos alter e antiglobalização, em resposta às ameaças postas por processos de globalização, não podem ser nem o retorno a uma identidade original, nem a continuação ininterrupta de uma autoidentidade sem problemas. O estudo de Eslava acerca das vizinhanças ilegais em Bogotá que resistem a processos de globalização ilustra igualmente que um retorno ao *status* quo *ex ante* é inútil. "Aquí nos quedamos!" ("Aqui nós ficamos!"). O lema é um grito de autoasserção que busca reivindicar o lugar do qual eles teriam sido despejados por estratégias de desenvolvimento descentralizadas. No entanto, como Eslava mostra, ao resistirem ao despejo de sua lugarização como uma vizinhança urbana, as comunidades ilegais participam de uma globalização alternativa, reivindicando para si mesmas um lugar novo em uma configuração transfronteiriça dos lugares. Retornar para onde eles estavam os leva a um outro lugar: "aqui" é em outro lugar (ver seção 4.1.1).

Não é diferente com a Frente Nacional de Marine Le Pen. No primeiro e, sem dúvida, mais abrangente dentre os seus 144 compromissos eleitorais durante a campanha presidencial de 2017, Le Pen prometeu "*remettre la France en ordre*" ("retornar a França à ordem").[634] O "re" de *remettre* implica que, se a Frente Nacional chegasse ao poder, ela originaria uma França ao retornar à França original. Então também o "re" da representação está em operação no "de volta" do slogan do Brexit: "*taking back control*" ("tomando

---

reconhece é tanto uma testemunha *quanto* um produtor. Ele pertence a uma comunidade ou sociedade pressuposta que deve ser primeiro formada pelo reconhecimento... Se ato ou declaração, fundação e confirmação coincidissem sem qualquer adendo, então a fundação seria apenas uma mera confirmação e não realmente uma fundação, ou a confirmação provaria derradeiramente ser nada senão uma fundação". GARCÍA, Düttmann Alexander. *Between Cultures*: Tensions in the Struggle for Recognition. Trad. para o inglês de Kenneth B Woodgate. Londres: Verso, 2000, pp. 4/5 (tradução modificada).

634 Disponível no site da Frente Nacional, em www.scribd.com/document/339287586/Project-Presidentiel-Marine-Le-Pen. Acesso em: 13.12. 2017.

o controle de volta"). A dinâmica da representação preclui estar apto a controlar nossa identidade como um coletivo.

Isso nos leva a uma segunda implicação que se segue ao *status* ambíguo do "re" do reconhecimento. Ela concerne à identidade coletiva como permanência no tempo. Ao asseverar suas formas tradicionais de agricultura contra as ameaças postas pelo tandem entre a globalização do capitalismo e a emergência da agricultura química e da biotecnologia, a KRRS se esforça por continuar se identificando como uma comunidade de agricultura tradicional. Da perspectiva da teoria da identidade de Ricoeur, sua demanda por reconhecimento como um coletivo diferente da OMC afirma seu compromisso continuado por realizar Repúblicas de Vilarejo que asseguram, dentre outras coisas, a soberania alimentar para seus membros.

Eu assumo essa interpretação da identidade como permanência no tempo como estando correta até certo ponto. Mas o problema é que seu ponto não vai muito longe: ela omite a ruptura temporal, conquanto discreta, que tem lugar na resposta da KRRS ao desafio das novas tecnologias. Para repetir o ponto crucial, o que conta como agricultura tradicional é criado retroativamente à resposta da KRRS à chegada das novas tecnologias. Aquilo a que as práticas de agricultura "realmente" dizem respeito é o resultado de um *décalage* pelo qual aquilo que ainda ocorrerá é reprojetado no passado como aquilo que, tendo já ocorrido, apenas precisa ser continuado. O que parece, com o benefício da retrospecção, com a permanência no tempo da autoidentidade coletiva está atado de rupturas temporais que têm a forma de projeções retroativas. Isso "parece" com permanência temporal, e não mais que isso; a KRRS pode ter certeza de que suas práticas serão reconhecidas por todos os seus membros como agricultura tradicional, assim que as novas tecnologias que eles aceitaram forem entrelaçadas em sua vida diária? Assim, contra a leitura do "re" do reconhecimento como sendo meramente comprovativa da permanência no tempo da identidade, nós podemos agora sustentar que não se pode pretender que nenhum "re" seja uma simples repetição da identidade porque a identidade é alterada pela questão à qual seu reestabelecimento responderia.

Retornando ao começo desta subseção, a promessa é, para Ricoeur, o paradigma da autoidentidade no tempo: eu prometo que eu farei φ, independentemente do que possa acontecer: *je maintiendrai.*[635] O si persevera – permanece idêntico a si mesmo – no intervalo temporal que vai do fazer de uma promessa a mantê-la. Não é diferente com a ipseidade coletiva. A permanência no tempo de um si coletivo se manifesta no compromisso continuado por membros de um grupo a realizar o ponto de ação em conjunto, a despeito dos contratempos e tribulações que possam aparecer em seu caminho. Ao perseverar em nosso compromisso de levar o ponto de ação em conjunto a cabo, nós* permanecemos fiéis a nós mesmos, i.e., àquilo que nós* realmente temos em comum e pelo que nós* estamos juntos: *nous mantiendrons.*

O paradoxo da representação não contesta diretamente essa interpretação da autoidentidade coletiva. Pelo contrário, ele mostra que, durante o percurso de uma ordem jurídica, quebrar promessas é necessário para mantê-las, sem que se tenha qualquer critério conclusivo para estabelecer se uma promessa está sendo mantida ao ser quebrada, ou se ela é meramente isso: uma promessa quebrada. O honrar e o trair da autoidentidade coletiva estão atrelados: se, em um contexto novo, quebrar promessas para mantê-las é, para alguns participantes, a condição para eles estarem aptos a reconhecer o coletivo como propriamente seu, para outros, as promessas foram simplesmente quebradas, de modo que, tornando-se alienados do coletivo, eles se sentem compelidos a renegá-lo: eu não mais reconheço esse coletivo como propriamente meu. Assim, nunca está completamente claro se a demanda de que um coletivo seja reconhecido como

---

635 Ricoeur se refere à "*maintien de soi*" em RICOEUR, Paul. *Oneself as another*. Trad. para o inglês de Kathleen Blamely. Chicago: Chicago University Press, 1992, p. 123. Essa é sua interpretação do princípio da autopreservação no coração da racionalidade moderna.

isso ou aquilo expressa o compromisso de um grupo a continuar se engajando na ação em conjunto ou se se trata da inauguração retroativa de um outro coletivo. O "re" do reconhecimento é o "re" de um *de novo*, que hesita entre o "mais uma vez" e o "novo", entre o poder constituído e o Poder Constituinte.

6.3.4 Autoasserção coletiva restrita

Resumidamente, embora junte forças com o universalismo jurídico em admitir que o problema do reconhecimento coletivo está no cerne de uma política autoritativa das demarcações, o modelo ACAI do Direito se posiciona a favor de uma leitura diferente do reconhecimento e seu conceito associado de autoasserção coletiva. Para o universalismo jurídico, e dada uma situação inicial de [T1] irreconhecimento perpetrada por exclusões injustificadas do coletivo, a normatividade de uma política autoritativa das demarcações se volta [T2] à transformação inclusiva da ação em conjunto, cujo resultado é o reconhecimento recíproco entre as partes em luta como participantes iguais e livres na ação em conjunto.

O modelo ACAI do Direito expõe três principais dificuldades com essa abordagem. A primeira é que o universalismo jurídico só foca na exclusão injustificada, assim perdendo de vista casos em que a *inclusão* é o problema, em vez da solução para tanto. A segunda gira em torno da condição de que o reconhecimento requer exclusão (e inclusão) *injustificadas*. Essa condição aponta para aquilo que eu chamei de ponto cego da reciprocidade. Ao colocar todas as suas apostas normativas em instituir relações de reconhecimento recíproco entre as partes em luta por reconhecimento, o universalismo jurídico resta silente acerca da dimensão da dominação sempre presente no reconhecimento coletivo, ou seja, a assimilação do outro a um de nós. Esse ponto cego está relacionado a uma terceira dificuldade, que gira em torno da dinâmica da representação: *a* representa o coletivo *b* como *x*. Ao identificar um coletivo como *x*, o ato de representação de *a* introduz uma não identidade (em vez de *y*) na identidade. Como resultado, a autoinclusão provocada pela representação (congregar diversos indivíduos sob a bandeira de x) está emparelhada com uma *autoexclusão* (alienando aqueles que se ordenariam sob a flâmula de y). "Não em nosso nome, porque aquilo que 'nós' consideramos ser essencial para nossa identidade está ameaçado em virtude de ter sido excluído da ação em conjunto!" A ambiguidade da representação não termina aqui, contudo: um espectro dos indivíduos incluídos em um coletivo pode definitivamente não querer ser parte desse coletivo, em vez de simplesmente desafiar aquilo que constitui a junção da ação em conjunto. A exclusão do outro efetuada pela representação (nós*, como *x*, somos diferentes dos outros) vai lado a lado com a *inclusão do outro* (nós*, como *x*, somos outros-que-nós mesmos). "Não em nosso nome: aquilo que 'nós' consideramos como sendo essencial para nossa identidade vai ameaçado por nossa inclusão na ação em conjunto!"

Assim, e *contra* o universalismo jurídico, o modelo ACAI do Direito sustenta que o reconhecimento é uma conquista irredutivelmente ambígua: o reconhecimento coletivo é sempre, em maior ou menor medida, irreconhecimento coletivo. Esse *insight* destila três teses que têm sido nossas companheiras constantes desde sua introdução na seção 3.1.4: em face de desafios à [T1] unidade putativa de um coletivo, respostas a tanto implementam um processo de [T2] unificação e [T3] pluralização. Isso não significa, contudo, que não se possa mais depender do reconhecimento para se atribuir sentido à autoritatividade de uma política autoritativa das demarcações. Ao contrário, isso sugere que o reconhecimento coletivo, se é para ser autoritativo, precisa ser reconhecimento assimétrico.

Em seus contornos básicos, o conceito de reconhecimento assimétrico segue de maneira bastante direta de tudo que foi escrito até aqui. Ele consiste em uma radicalização da tensão entre autorreconhecimento e reconhecimento coletivos do outro. Como se insistiu até então, a demanda do outro por reconhecimento é assimétrica, porque ela não é meramente uma reivindicação de inclusão em relações de reciprocidade jurídica como um modo de retificar as violações de sua identidade/diferença. Em menor ou maior medida, demandas por reconhecimento estão em excesso das possibilidades disponíveis pela perspectiva grupal aberta pelo ponto de ação em conjunto. Por sua vez, a resposta governada pela perspectiva grupal é assimétrica porque ela enquadra a demanda do outro de modos que a rendem passível de ser respondida nos termos das relações (transformadas) de reciprocidade disponíveis para a ação em conjunto. Sob essas circunstâncias, em geral, uma política autoritativa das demarcações toma forma através de respostas que reconhecem o outro (em nós) como um de nós *e* como outro-que-nós. O primeiro aspecto do reconhecimento assimétrico corresponde à *autoasserção* coletiva; o último, à *autorrestrição* coletiva. Uma teoria do reconhecimento assimétrico interpreta uma política autoritativa do estabelecimento de demarcações como *autoasserção coletiva restrita*. Vamos focar agora em desenvolver mais concretamente essa ideia.

6.4 Autoridade

O capítulo II ofereceu uma interpretação funcional da autoridade: autoridade é aquilo que a autoridade faz. Concretamente, a autoridade diz respeito a articulação, monitoramento e sustentação da ação em conjunto. Essa caracterização preliminar foi suficiente naquele estágio do argumento, que buscou mostrar como um esboço do modelo ACAI do Direito revelava continuidades e descontinuidades significativas através de um amplo espectro de ordens jurídicas, globais ou de outro modo. Mas como se indicou na seção 5.1, uma consideração funcional só pode permanecer sozinha desde que a junção da ação em conjunta seja dada como certa, isto é, enquanto a reivindicação por reciprocidade implícita na articulação, no monitoramento e na sustentação da ação em conjunto não é desafiada por participantes ou por outros. Aqui é onde um conceito mais rico de autoridade precisa tomar seu ponto de partida, focando nas demandas por reconhecimento e nas respostas a tanto por um coletivo. Duas questões agora demandam nossa atenção: que leitura da autoasserção coletiva flui da noção do reconhecimento assimétrico? E como a noção de autorrestrição coletiva coloriria sua abordagem à autoridade?

6.4.1 *Mandar obedeciendo*

Nós fazemos bem em revisitar o conceito de *poder*, o ponto de partida para se pensar acerca da autoridade. Com efeito, a autoridade prática é geralmente caracterizada em termos de poder normativo. Quaisquer que sejam os méritos ou benefícios dessa caracterização, ela tende a negligenciar as estruturas profundas do poder na ausência das quais a capacidade para mudar o *status* normativo dos agentes não seria inteligível.

O leitor se lembrará, como um primeiro passo nessa direção, de que John Holloway, ao criticar a representação, introduziu a distinção entre "poder sobre" e "poder para" (ver seção 4.2.1). O poder representacional é, em sua leitura, o poder dos governantes sobre os governados: heteronomia. "Poder para" concerne ao poder exercido diretamente pela multitude: autonomia ou autogoverno coletivo. Sua crítica da representação pode ser compreendida como se mostrasse que a representação envolve um tomar não autorizado, pelo qual certos indivíduos vêm a governar sobre outros: poder transitivo, como eu o chamei. Embora sua crítica esteja correta até certo ponto, ela ignora aquilo que é essencial: a representação é o veículo pelo qual nós* exercemos poder sobre *nós mesmos*: autogoverno coletivo. A estrutura transitiva do poder que advém quando alguém apreende a iniciativa de representar um coletivo, logo, a clivagem entre aqueles que governam e aqueles que são governados, pressupõe essa estrutura intransitiva ou reflexiva do "poder sobre" nós mesmos. Como eu argumentei, a reflexividade do poder é integrada na tese de que a representação é necessária porque alguém precisa dizer "nós" em nome de nós* – e não deles. A representação, na medida em que ela é bem-sucedida, tem a forma de uma autorrepresentação coletiva.

Nesse processo, o "poder sobre" se torna "poder para" no sentido que Ricoeur indicou em sua consideração do autorreconhecimento pessoal, e que eu estendi ao autorreconhecimento coletivo: indivíduos que passam a se enxergar como *capazes* de agir (conjuntamente) em resposta àquilo que questiona sua existência e seu modo de existência. Aqui, então, está uma primeira tentativa de formular a relação entre autoridade, *qua* autoasserção coletiva, e reconhecimento: *a autoridade é a capacidade de articular uma representação – uma visão – daquilo que nós* efetivamente somos/devemos ser que, em retrospectiva e por enquanto, ganha ampla fidelidade entre seus destinatários e os motiva a agir como um grupo que lida com desafios à sua existência contingente.* Essa concepção da autoridade na primeira pessoa do plural está internamente ligada ao reconhecimento de um sistema jurídico e de uma ordem pragmática como propriamente nossa, empoderando aqueles que assim se tornam agentes específicos para agir de maneiras específicas em tempos e lugares específicos: o chamado por um nós* podemos é também o chamado por um eu posso. Longe de ser simplesmente poder transitivo – o poder sobre outros, como Holloway e Negri e Hardt o formulariam –, a autoridade se manifesta enquanto tal quando aqueles sobre quem o poder é exercido se reconhecem como se exercessem o poder sobre *si mesmos* – através de seus representantes – ao estabelecer os limites da inclusão e exclusão da ação em conjunto. Essa é a estrutura profunda do poder que anima a relação entre autoridade e reconhecimento mobilizada na autoasserção coletiva, e que é pressuposta e anterior à definição ubíqua da autoridade prática como poder para mudar o *status* normativo de agentes. Enquanto tal, ela é a raiz comum dos poderes constituinte e constituído.

Retornando à seção 4.3.2, a passagem do poder transitivo ao poder intransitivo operante na autoasserção coletiva é belamente capturada pelo conceito de autoridade em sua articulação pelo lema dos zapatistas: *mandar obedeciendo* – liderar/comandar (pela) obediência. Há, primeiramente, a ambiguidade do verbo *mandar*.

Ele significa, como observado anteriormente, tanto liderar como comandar, lembrando-nos que a autoridade se manifesta de maneira mais visível em atos que tomam ao aproveitar a iniciativa de incluir e excluir. De fato, *mandar* captura maravilhosamente o que está em jogo no *nomos* como apreensão da iniciativa. De um lado, a autoridade assume a liderança *apreendendo* a iniciativa. Com efeito, *mandar* denota assumir forçadamente a liderança, em que a força nunca é completamente apagada em benefício da liderança.

E há, em segundo, obediência. A autoridade nunca apenas lidera/comanda: o lema indica que a autoridade pode apenas liderar obedecendo, logo, acatando aquilo que a precede na forma de um chamado à ação, de modo que liderar/comandar é responder. A autoridade tem uma estrutura responsiva. A riqueza do lema não termina aqui, contudo. Sua formulação no gerúndio – *obedeciendo* – sugere que a precedência do chamado à resposta não chega a um fim; liderar/comandar permanece incompleto e sempre necessita de renovação e modulação. Forçando um pouco o significado do lema, talvez o chamado ao qual a autoridade responde nunca termine, porque liderar é, também, sempre um comando que se força naquilo que ele deveria obedecer. E esse parece ser o caso, porque não seria necessário liderar se se soubesse antecipadamente que a obediência é requerida e o que se deve obedecer: liderar/comandar sempre envolve uma determinação daquilo que precisa ser obedecido, logo, uma seleção que inclui e exclui. Liderar/comandar nunca é completamente absorvido pela obediência, nem o poder transitivo pelo intransitivo.[636]

---

636 "Wir schaffen das" ("Nós damos conta disso"), Angela Merkel afirmou, em resposta a uma crise de refugiados confrontando a Europa em 2015. Mas o que é o "isso" (*das*) com que se precisa lidar? Como os eventos mostraram, não havia qualquer questão unívoca e pré-embalada que se anunciou, de modo que o único problema era encontrar os meios próprios para lidar com ela. Outro exemplo: "O povo falou", nota-se solenemente. Sim; mas o que eles disseram? A questão não tem uma resposta unívoca porque o que foi dito é, sem dúvida, muitas e diferentes, talvez irreconciliáveis, coisas. O que é, por exemplo, que se deveria obedecer ao responder ao resultado de um referendo,

Veja aqui a assimetria dupla da questão e resposta: mesmo se a obediência autoritativa pressupõe um chamado que precede uma resposta que inclui e exclui (Assimetria 1), o chamado ao qual a autoridade responde se manifesta retroativamente em como a resposta enquadra esse chamado ao estabelecer os limites da (i) legalidade (Assimetria 2). Do mesmo modo que há um paradoxo da representação, então aqui também há um *paradoxo da autoridade*: uma autoridade só pode liderar se ela é bem-sucedida em mostrar aos seus destinatários que obedece àquilo que eles efetivamente são. Esse sucesso é irredutivelmente ambíguo: a autoridade, para sê-lo, precisa obedecer a um chamado; mas uma positividade inerradicável anima sua resposta, na qual assumir o comando e a liderança estão intrinsicamente entrelaçados. A congruência *e* incongruência da questão e resposta, do outro e si, vão ao cerne daquilo que a autoridade é acerca de, e se manifesta, falando textualmente, no espaço vazio que junta e separa as duas palavras da injunção zapatista: *mandar obedeciendo*. Esse "entre" é o "inter" da intersubjetividade.

---

digamos, o referendo do Brexit? Os resultados chocantes das eleições precipitadas pós-Brexit convocadas por Theresa May revelam, retrospectivamente, a ambiguidade daquele resultado – bem como dos próprios resultados eleitorais. "Não, [o povo inglês] não quer ser uma Inglaterra-Brexit nacionalista com um sistema de um único partido. Eles querem ser algo diferente. Mas *o quê*?" PHAM, Khûe. "Ein Schock und eine gute Nachricht". *Zeit Online*, 9 jun. 2017. Disponível em: https://www.zeit.de/politik/ausland/2017-06/parlamentswahlen-grossbritannien-brexit-theresa-may-jeremy-corbyn?page=7. Acessado em: 16.03.2022. Obediência nunca é simplesmente um tomar passivo pelas autoridades daquilo que já é veiculado como uma mensagem unitária por um povo unitário, e que justificaria antecipadamente o exercício da autoridade, mas, ao contrário, um processo seletivo que produz aquilo que retroativamente se mostra como o desafio a ser abordado.

6.4.2 Obedecer

Vamos olhar mais detalhadamente para a obediência à autoridade.[637] Como se observou, a obediência concerne a uma disposição por acatar um chamado à autoasserção coletiva, um chamado que clama por uma resposta na forma de um ato de estabelecimento de demarcações. Esse chamado é situacional e multidimensional.

Ele é situacional não apenas em virtude de emergir em um contexto concreto que clama por uma resposta, mas também porque ele emerge em contraste a uma [7] pano de fundo que é pré-constituída e coconstituída com a ação em conjunto, e que contribui para determinar o que conta como consequente para o coletivo. A esse respeito, a filosofia fenomenológica distingue duas dimensões correlativas da experiência, ou seja, consciência ou tema e o pano de fundo. O tema é aquilo que enxergamos como *isso* ou *aquilo*; e ele pode assim fazê-lo em contraste a um pano de fundo de uma rede de significados, práticas e pressupostos, dentre outras: um mundo. Enquanto a experiência segue seu curso ordinário, o pano de fundo permanece discreta e subestimada. Age-se mais ou menos às cegas. Heidegger se refere a essa orientação prática em um mundo circum-ambiente (*Unwelt*), organizado nos termos da distinção entre primeiro plano e pano de fundo como "circunspecção" (*Umsicht*): um "olhar em volta" ao desvelar algo ou alguém como isso ou como aquilo.[638] No curso ordinário da experiência, circunspecção e ação são contínuas; quando seu curso ordinário é interrompido, a ação cessa, dando lugar para a circunspecção

---

637 Razões de espaço precluem contrastar a noção de obediência que eu adoto em detrimento àquela de "serviço", que Raz tem em mente ao propor "a concepção de serviço da função das autoridades, isto é, a visão de que seu papel e função normal primária é servir os governados". RAZ, Joseph. *The morality of freedom*. Oxford: Clarendon Press, 1986, pp. 55-57. Ver também RAZ, Joseph. *The authority of law*: essays on law and morality. Oxford: Clarendon Press, 1979, pp. 3-27.

638 HEIDEGGER, Martin. *Being and time*. Trad. para o inglês de John Macquarrie and Edward Robinson. Oxford: Blackwell, [1927] 1995, p. 98.

enquanto um "olhar em volta" cuidadoso, orientado a estabelecer o que se deve fazer em seguida diante da situação na qual a transparência da ação se tornou obscura. Essa estrutura básica da circunspecção cuidadosa opera na autoridade, interpretada como um liderar/comandar (pela) obediência. De um lado, obedecer como disposição por acatar envolve um "olhar em volta" que, em face da desorientação acerca daquilo que nossa ação em conjunto é/deve ser, busca avaliar o todo no qual a ação coletiva está situada, antecipadamente a qualquer movimento para distinguir o factual do normativo. De outro, a circunspecção da autoridade é também assumir a liderança/comando na forma de uma reorientação do nexo entre o primeiro plano e o pano de fundo, estabelecendo de novo aquilo que é e que não é importante para a ação em conjunto.[639]

O chamado à ação que uma autoridade é chamada a obedecer é multidimensional em dois sentidos diferentes. O primeiro tem a ver com os múltiplos modos pelos quais a unidade putativa de um coletivo pode ser *desafiada* pelo outro. Como observado, alguns desses desafios são predominantemente vistos como ameaças à identidade/diferença de um *si* coletivo. Quando assim lido, o chamado à ação é um chamado para responder ao outro de modo que possa defender ou lidar com o irreconhecimento do outro da identidade/diferença do coletivo, em última instância, da sua existência. A teoria constitucional estatal tipicamente aborda essas formas de irreconhecimento existencial nos termos do "Estado de exceção". Serei mais enfático: o Estado de exceção é parte e parcela de uma teoria geral da autoridade. Mas o Estado de exceção não exaure, de

---

639 A circunspecção mobilizada pela autoridade ao reorientar com sucesso a ação coletiva fica próxima dos ingredientes que Geuss chama de inovação conceitual na política, ou seja, "um processo complicado no qual elementos descritivos, analíticos, normativos e aspiracionais estão intricadamente entrelaçados". De fato, é a capacidade de entrelaçar esses elementos na forma de um juízo circunspecto que liderar/comandar enquanto obedece que torna possível para o Poder Constituinte se apresentar *com sucesso* como poder constituído. Ver GEUSS, Raymond. *Philosophy and real politics*. Princeton: Princeton University Press, 2008, pp. 46/47.

forma alguma, o escopo ou os temas do irreconhecimento existencial. Essa é também a natureza dos chamados à autoasserção coletiva por um anfitrião de movimentos alterglobalização. Isso nos leva ao outro extremo do espectro, que é de fato o reflexo invertido do primeiro: o chamado à ação concerne a uma reivindicação pelo outro de que a ação em conjunto pelo coletivo irreconhece a identidade/diferença do *outro*, em última instância a sua existência, como é indiscutivelmente o caso da configuração-padrão da OMC quanto ao livre-comércio global em respeito à KRRS. No primeiro caso, o chamado à ação concerne à vulnerabilidade do si coletivo; no último, a vulnerabilidade do outro. Obviamente, situações intermediárias são inúmeras, nas quais o encontro entre o si coletivo e o outro revelam uma vulnerabilidade mútua. Assim, a autoasserção coletiva, interpretada como se lidasse com desafios à unidade putativa de um coletivo, abrange todo o espectro de chamados à ação: trata-se tanto de ser capaz de resistir ao irreconhecimento de nossa identidade/diferença quanto de reconfigurar o que nós* chamamos de ação em conjunto em face das demandas do outro para que sua identidade/diferença seja reconhecida. Em cada caso, a obediência autoritativa é uma disposição em acatar um chamado à ação.

Há um segundo sentido no qual o chamado à autoasserção coletiva é multidimensional, isto é, que "o outro" abrange todos os outros *seres*. Nesse sentido expansivo, o outro inclui não apenas seres humanos individuais e grupos de seres humanos, como as teorias do reconhecimento antropocêntricas dão como certo, mas outros seres também, que podem ou ameaçar a existência de um coletivo ou serem ameaçados pelo coletivo. Quanto aos últimos, eu proponho que as demandas por reconhecimento podem advir de *todos* os seres, não apenas de indivíduos ou coletivos de seres humanos. Então, por exemplo, o estabelecimento de "direitos dos animais" assinala que animais não humanos podem nos convocar para proteger sua existência vulnerável: é também uma demanda por reconhecimento de uma identidade/diferença ameaçada pela ação em conjunto, mesmo se ela se manifesta em uma visão fugaz de dor, medo ou fome, à qual nós devemos responder, de um jeito ou de outro.[640] Note como os próprios termos revelam que nós podemos nos reconhecer em sua vulnerabilidade: nós também sofremos dor, medo e fome. Em geral, a noção de degradação ambiental indica que o meio ambiente pode nos chamar à ação, não simplesmente porque ele é uma "condição" para a continuação da vida humana, mas porque ele nos alcança na forma de um apelo sem palavras, mais ou menos rudimentar, para cuidar de uma identidade/diferença que é ameaçada pela nossa ação em conjunto, como quando é afirmado que nós* colocamos em risco a integridade de um certo habitat. O Direito Ambiental não pode ser explicado apenas nos termos de assegurar as condições para a sobrevivência humana; ele é também, e constitutivamente, uma resposta a demandas por reconhecimento pelo domínio não humano, ou mais precisamente, o domínio não humano que nós somos.

Em resumo, eu resisto fortemente a movimentos que restrinjam a noção de um chamado à autoasserção coletiva dentro da normatividade própria das demandas por reconhecimento criadas por seres humanos individuais e/ou grupos de seres humanos, de um lado, e de outro, o domínio dos seres não humanos como obrigações meramente "factuais" que precisam ser levadas em consideração ao se lidar com demandas por reconhecimento. O chamado que procede da vulnerabilidade do domínio de não humanos não é menos normativo – não é uma demanda por reconhecimento menor – do que o chamado que advém de uma demanda por reconhecimento criada por um indivíduo ou grupo. O comportamento humano não detém um monopólio da alegalidade.

---

640 Como Buber coloca em seu ensaio "Diálogo" (Zwiesprache), "[a] responsabilidade genuína existe apenas onde existe uma resposta real. Responder ao quê? Àquilo que acontece com alguém, àquilo que existe para ver e ouvir e sentir... Um cachorro olhou para você, você responde ao seu olhar". BUBER, Martin. *Between man and man*. Trad. para o inglês de Roger Gregor Smith. Nova York: Collier Books, 1965, pp. 16/17. Eu sou grato a Ferdinando Menga por chamar minha atenção para essa passagem.

A autoritatividade da obediência mobilizada por um liderar/comandar não é apenas uma disposição a acatar o chamado do outro à ação; ela é também uma disposição por *se* acatar. De fato, o chamado à ação nos confronta (note, mais uma vez, o caso oblíquo), um coletivo putativo, com a questão acerca de quem nós* *realmente* somos. Autoridades devem ser obedientes à identidade coletiva, buscando articular, retroativamente, aquilo que é *verdadeiramente* importante para nós, tanto factual quanto normativamente, de modo que nós* possamos reconhecer a nós mesmos como membros de um grupo capaz de lidar com um desafio à nossa existência continuada de modo que seja tanto válido quanto eficaz: o tomar do *mandar* tem sua contrapartida em uma retomada do *obedecer*. Essa caracterização sugere, mais uma vez, que a obediência situacional e multidimensional exposta pela autoridade é híbrida ou prudencial, como eu a chamei anteriormente, porque obediência àquilo que nos chama à autoasserção coletiva corta transversalmente a distinção entre as autoridades teorética e prática, sendo que a primeira concerne a conhecer fiavelmente qual é a situação e a última, determinar validamente como se deve agir. Trata-se talvez de mais do que uma feliz coincidência que a circunspecção cuidadosa ou *Umsicht* também signifique prudência. Dessa maneira, as reflexões da seção 3.2.1 acerca da racionalidade híbrida da ação coletiva, orientada tanto para meios quanto para fins, conquistam seu lugar em uma teoria da autoridade. Como mostrado pelo chamado à ação confrontando o ISO, se, de um lado, uma abordagem puramente normativa da autoridade perde de vista a contribuição da expertise para assegurar a autoritatividade da governança global, uma abordagem estritamente cognitiva não pode lidar com o problema normativo da comunalidade dos fins da ação próprios ao processo de articulação, monitoramento e sustentação da ação em conjunto.

6.4.3 Liderar/comandar

Já dissertei o suficiente quanto à obediência de uma política autoritativa das demarcações; vamos olhar agora para o liderar/

comandar que responde a um chamado à autoasserção coletiva, buscando estabelecer os limites da unidade putativa de um coletivo. A questão-chave que confronta as autoridades é a seguinte: como elas *devem* postular os limites da unidade coletiva, em resposta a uma demanda por reconhecimento? É tentador buscar a autoritatividade de uma resposta em um critério que seja tanto independente como anterior a todos os conflitos referentes à unidade putativa, de modo que ele providencie uma resposta inequívoca a essa questão. Esse critério seria o que, falando estritamente, "assumiria a liderança". E visto que ele seria independente e anterior à resposta, ele "indicaria o caminho" sem "comandar".

Os dois grisalhos candidatos da tradição filosófica para esses critérios são o bem e o correto, discutidos com alguma minúcia nos capítulos IV e V. De fato, e independentemente de suas diferenças, supõe-se que o bem e o correto se portem como critérios normativos independentes e pré-constituídos da junção da ação em conjunto, logo, do conteúdo normativo da autoridade. Se o particularismo apela ao bem, o universalismo apela ao correto ao dar sentido à autoridade. O bem é a chave para o primeiro, porque o critério anterior e independente pelo qual o exercício da autoridade deveria ser avaliado é sua fidelidade a uma identidade coletiva autêntica. O correto é a chave para o último na forma da submissão à "ideia regulativa" de um coletivo que é idêntico a si mesmo, porque todos os indivíduos afetados ou subjugados pelo seu sistema jurídico podem se reconhecer como seu autor, logo, como seres livres e iguais. O primeiro restauraria a identidade coletiva em face do conflito; o último, a construiria. Então, se alguém é comunitário ou cosmopolita; particularista ou universalista, o conteúdo normativo da autoridade permanece o mesmo, ou seja, realizar a identidade coletiva, cujo significado é dado antecipadamente e independentemente da autoridade, a qual a última é convidada a obedecer.

Derradeiramente, então, o bem e o correto, o particularismo e o universalismo, assumem que a autoridade deve incluir e excluir de um modo que seja fiel para com a identidade coletiva. Em ambos os casos, a identidade coletiva é aquilo que "indica o caminho". E em ambos os casos, todas as partes devem obedecer ao chamado inflexível da identidade coletiva caso se espere que a resolução de conflitos seja um processo racional, isto é, um processo que leve à unidade coletiva. "Dado que o todo e o supremo são os pontos de fuga do ordenar, o ordenar significa efetiva e primariamente inserir e subordinar, com a consequência de que a ordem tende rumo a uma *forma fechada*".[641] Cada uma dessas duas interpretações da autoasserção coletiva privilegia uma forma de fechamento: particularismo, a exclusão do outro como outro-que-nós; universalismo, a inclusão do outro como um de nós. Ambas as abordagens da autoritatividade de uma política das demarcações giram em torno de um enclausuramento da pluralidade em uma unidade na qual todos e tudo teriam seu lugar próprio: seja uma pluralidade de monismos, como no particularismo, ou o monismo de uma *Weltinnenpolitik* singular, completamente abrangente, como no universalismo, para repetir a formulação de Von Weizsäcker. Nesse sentido, tanto o particularismo quanto o universalismo são formas de *totalização* política e jurídica. O que resta para além – fora – dessa totalidade é o domínio do estranho como irracional, povoado por aqueles que não são de qualquer preocupação normativa para as autoridades, a não ser na forma da imposição de demarcações: ilegalidade.

A discussão acerca do bem e do correto, inaugurada na seção 4.5.1, e aprofundada na seção 5.3.5, mostra que nenhuma das duas categorias porta um critério independente e prévio para a autoritatividade de uma política autoritativa das demarcações. O que é *bom para nós* não consegue solucionar a questão, porque a estrutura da representação assegura que não há nenhum acesso direto a uma unidade e identidade originais de um coletivo. Existe uma nebulosidade remanescente na ação em conjunto que não pode

---

641 WALDENFELS, Bernhard. *Order in the twilight*. Trad. para o inglês de David J. Parent. Athens: Ohio University Press, 1996, p. 15.

ser removida, cujo resultado é que aquilo que nós* fazemos/devemos fazer juntos, e se nós* sequer somos um coletivo, é irredutivelmente questionável e contingente. O *certo para todos* nem pode portar um critério independente e anterior porque, como mostrado na crítica do princípio de todos os afetados e todos os subjugados delineada na seção 5.3.4, uma resposta autoritativa a um chamado à autoasserção coletiva precisa assumir a perspectiva na primeira pessoa do plural de um nós* de maneira que mantenha a distinção entre dentro e fora, mesmo quando transforma a configuração-padrão daquilo que nossa ação em conjunto é/deve ser.

Se a identidade coletiva não funciona como um critério independente e anterior daquilo que conta como política autoritativa das demarcações, pode-se inclinar a se voltar firmemente para a direção oposta, transformando autoridade em uma decisão política. Caso se assuma que o bem e o correto providenciam padrões objetivos concorrentes da autoridade, mas ainda assim padrões objetivos, sua crise seria a crise da racionalidade e da autoridade enquanto tais. O que resta, parece, é a irracionalidade de uma decisão política na qual o contraste entre o contingente e a arbitrariedade perdeu qualquer tração. *Mandar*, em uma leitura decisionista, perde sua ambiguidade, tornando-se um comando irracional limitado – se tanto – pela obediência às regras democráticas do jogo. Não obstante o quão amargamente eles se oponham um ao outro, um modelo de racionalidade orientado ao consenso e o decisionismo político estão em um acordo fundamental quanto ao essencial. Ambos alinham a distinção entre racionalidade e irracionalidade com a distinção entre consenso e decisão. Seu desacordo gira em torno de qual lado da divisão eles desejam situar sua interpretação de uma política (democrática) das demarcações.[642]

642 Eu considero exemplar a controvérsia entre Habermas e Mouffe acerca desse impasse. Ver MOUFFE, Chantal. *On the Political*. Abingdon: Routledge, 2005, pp. 69-72; 83-89; MOUFFE, Chantal. *Agonistics*: Thinking the World Politically. Londres: Verso, 2013, pp. 137-139. Para uma perspectiva crítica da leitura de Mouffe do agonismo político, ver MENGA, Ferdinando.

Como as posições que eu tenho criticado, eu designo um papel central à autoasserção coletiva, logo, à identidade coletiva, ao pensar a autoritatividade de uma política autoritativa das demarcações. Estabelecer os limites da unidade putativa das ordens jurídicas em resposta aos desafios que lhes dizem respeito está no cerne da autoridade. Isso se aplica a situações nas quais a identidade/diferença do coletivo é vista como irreconhecida pelo outro e a situações nas quais a ação em conjunto irreconhece a identidade/diferença do outro. Apenas descartar os conceitos emparelhados de identidade coletiva e autoasserção coletiva não tem sentido, especialmente porque, como os movimentos alterglobalização nos mostraram, demandas por reconhecimento direcionadas a ordens jurídicas globais emergentes como a OMC são demandas para que identidade/diferença grupal não sejam violadas. Insistir, com o modelo ACAI do Direito, na contingência irredutível da identidade coletiva pressuposta pela perspectiva na primeira pessoa do plural de um nós* não é negar que uma aspiração à identidade coletiva seja uma característica constitutiva das ordens jurídicas, em cuja ausência não se possa nem mesmo dar sentido a sua unidade putativa ou aos desafios e respostas a tal. Nesse sentido, a autoasserção coletiva é a pressuposição inelutável – *unhintergehbare*, como o alemão a formula de maneira tão satisfatória – da autoridade.

No entanto, contra as posições que eu tenho criticado, eu propus compreender a autoasserção coletiva de uma maneira que obstinadamente insiste na contingência irredutível dos coletivos, porque não se pode ter [T2] nenhuma inclusão, nenhuma unificação, nenhuma identificação, sem [T3] exclusão, pluralização e diferenciação. Não há, de um lado, qualquer critério independente ou pré-constituído de identidade coletiva para os quais as autoridades

---

"How Much and What Kind of Radical Democracy Can a Community Withstand?" *In*: MENGA, Ferdinando; GRÄB-SCHMIDT, Elisabeth (Coord.). *Grenzgänge der Gemeinschaft*. Tübingen: Mohr-Siebeck, 2016, pp. 79-94.

podem apelar e que permita estabelecer definitivamente se atos de estabelecimento de demarcações são autoritativos. Defender a contingência irredutível dos coletivos, de outro lado, não equivale a transformar a autoridade em arbitrariedade. Ambos os termos da disjunção ilusória na qual o universalismo e o decisionismo buscam encurralar uma teoria da autoridade que precisa ser resolutamente rejeitada: ou o imperativo categórico (incluindo suas reformulações intersubjetivas) ou a arbitrariedade.[643]

Aqui, então, está o cerne do que eu chamo de reconhecimento assimétrico. Navegando entre a Caríbdis do universalismo e a Cila do relativismo, eu defendo uma interpretação situacional da autoridade, uma que reconheça sua ambiguidade irredutível enquanto também evita a pressuposição de que a autoridade não tem nenhum significado normativo próprio. A ausência de um critério pré-constituído e independente não implica que a demanda por reconhecimento deva ser ignorada, nem que atos de reconhecimento estejam condenados ao fracasso e que possam igualmente ser obliterados. Não é a mesma coisa para a OMC ignorar a KRRS por completo ou recalibrar sua configuração-padrão do livre-comércio global de modo que lide, digamos, com preocupações sobre proteção ambiental e desenvolvimento sustentável. Algo como a radicalização do conceito de desenvolvimento sustentável poderia, por exemplo, prestar-se a uma leitura inesperada do ponto de ação em conjunto da OMC que ofereça uma resposta adequada às preocupações da KRRS? Da mesma forma, não é a mesma coisa para o Órgão de Apelação da OMC ignorar as demandas da UE por reconhecimento da sua identidade e enraizar o princípio permissivo na configuração-padrão da segurança alimentar ou postular uma configuração-padrão que dá um certo peso ao princípio da precaução diante da primeira opção. Eu gostaria de

643 Uma perspectiva que eu compartilho com Geuss, embora de uma perspectiva filosófica diferente. Ver GEUSS, Raymond. *History and Illusion in Politics*. Cambridge: Cambridge University Press, 2001, p. 68.

chamar esse critério situacional da autoridade de *adequabilidade*. O estabelecimento de demarcações é autoritativo quando porta uma resposta adequada – em vez de correspondente – ao chamado à autoasserção coletiva.

Então aqui está uma segunda tentativa de caracterização, no que concerne à autoasserção coletiva, da autoritatividade de uma política autoritativa das demarcações: *ela consiste na capacidade de postular, em uma situação concreta, uma configuração-padrão da ação em conjunto que, em retrospectiva e por ora, permite que um amplo espectro de membros de um coletivo reconheça a si mesmo como quem eles realmente são de um modo que responda – sem esgotar – a um desafio da unidade coletiva.* A autoasserção coletiva – o núcleo do autorreconhecimento coletivo – envolve a inclusão do outro (em nós mesmos) como um de nós: em uma medida variável, um grupo pode ser reidentificado de um jeito que permita a inclusão de demandas por reconhecimento de uma identidade/diferença que é violada por aquela perspectiva grupal. Logo, a autoasserção coletiva implanta uma forma assimétrica de reconhecimento ao postular o que se consideram relações de reciprocidade entre os participantes da ação em conjunto.

Em essência, essa compreensão da autoasserção coletiva permite generalizações situacionais, mas não universalizações. Como notado anteriormente, a representação assegura que a inclusão é sempre, em menor ou maior medida, a exclusão do outro, *porque* o outro (em nós mesmos) é incluído como um de nós.

As reflexões de Waldenfels acerca daquilo que ele chama de uma racionalidade responsiva podem ajudar a esclarecer o que eu tenho em mente ao defender uma leitura da autoasserção coletiva que evite a disjunção entre universalismo e relativismo. Ele distingue entre um modelo *sintético* de racionalidade, orientado a criar uma unidade putativa a partir da pluralidade (*Verknüpfung*), e um modelo no qual a resposta a uma questão tem a estrutura de um vínculo aberto (*Anknüpfung*), que joga com – sem ser capaz de esgotar – as possibilidades situacionais tornadas disponíveis pela questão.[644] O vínculo é aberto em um duplo sentido: a questão permanece aberta porque a resposta não a esgota; a resposta permanece aberta porque outra resposta era possível. Aqui, mais uma vez, nós encontramos o hiato entre questão e resposta, o entre que é a condição da intersubjetividade na forma de um diálogo que não desemboca em um monólogo. Por essa razão, e baseando-se em Merleau-Ponty, Waldenfels fala de uma forma "lateral" em vez de uma forma "vertical" de generalidade, que emerge em resposta a uma questão. "Essa forma de generalidade ocorre porque os vínculos se multiplicam, se ramificam e se entrelaçam".[645]

Assim também o é, eu sugiro, com a autoridade como representação da unidade putativa tricotômica das ordens jurídicas em resposta a uma demanda por reconhecimento. Relembre: há (a) a unidade putativa de uma multitude de participantes em ação coletiva – nós, o grupo; (b) a unidade putativa de uma multitude de regras – a coerência de um sistema jurídico; (c) a unidade putativa de uma ordem pragmática que estabelece quem deve fazer o que, onde e quando. Agora, porque não há nenhum acesso direto à unidade original de um coletivo, o ponto de ação em conjunto permanece mais ou menos nebuloso aos participantes e necessita de articulação por meio de atos representacionais que podem surpreendê-los ao representar o coletivo de uma maneira que abre novas modalidades de ação em conjunto acerca das quais os participantes poderiam ser ignorantes.

Quando isso acontece, a representação tem a estrutura de uma *transgressão inovadora*, pela qual, em vez de simplesmente projetar como a ação em conjunto ocorreu no futuro, as autoridades projetam a ação em conjunto futura no passado. (a) A resposta

---

644 WALDENFELS, Bernhard. *Order in the twilight*. Trad. para o inglês de David J. Parent. Athens: Ohio University Press, 1996, p. 18 (tradução modificada).

645 WALDENFELS, Bernhard. *Order in the twilight*. Trad. para o inglês de David J. Parent. Athens: Ohio University Press, 1996, p. 18 (tradução modificada).

autoritativa a uma demanda por reconhecimento projeta outra configuração da junção da ação em conjunto no futuro, muito embora imputando-a a nós como quem nós* já "realmente" somos/devemos ser e pedindo sua realização. (b) A relação entre o ponto e a configuração-padrão da ação em conjunto é articulada de modo diferente do que foi feito antes, por meio de uma projeção retroativa que reivindica estabelecer aquilo que torna a relação "realmente" coerente. O jurista holandês Paul Scholten oferece a melhor caracterização, dentre as quais eu me deparei, da articulação do significado "real" das regras, que antecede a formulação suscinta de García Düttman do paradoxo do reconhecimento como "uma criação daquilo que é dado" em mais de sessenta anos: "O Direito [já] está lá, mas ele precisa ser achado, e a novidade reside no achado (*vondst*). Apenas aqueles que identificam o Direito com regras estão confrontados com a escolha: criação ou aplicação".[646] (c) Por fim, as autoridades desorganizam e reorganizam a distribuição de lugares, tempos, subjetividades e conteúdos de atos da ação coletiva, reivindicando não estarem fazendo mais que articular aquilo que "realmente" é quem, o que, onde e quando da ação coletiva, se é para os participantes envolvidos realizarem seu ponto. A inclusão do outro (em nós mesmos) como um de nós se dá através dessa transgressão inovadora tricotômica tornada possível pelo paradoxo da representação.

Mas embora a transgressão inovadora permita traçar demarcações de outro modo, os atos da autoasserção coletiva incorporados nessas transgressões inovadoras podem atender, mas nunca esgotar, um desafio à unidade coletiva. A autoasserção coletiva não implementa uma dialética do geral e do particular tal qual intimado pelas teorias do reconhecimento recíproco. A leitura da autoasserção coletiva que eu defendo acolhe emancipações no

---

646 SCHOLTEN, Paul S. *Algemeen Deel*: Mr C. Asser's Handleiding tot de beoefening van het Nederlandsch Burgerlijk Recht. Zwolle: Tjeenk Willink, 1934, p. 12.

plural, não emancipações no singular. A contrassenha do Fórum Social Mundial – "outro mundo é possível" – apenas se sustenta quando pluralizada: outros mundos são possíveis, nenhum dos quais é ou poderia ser completamente abrangente.

6.4.4 Autorrestrição coletiva

As três subseções anteriores tentaram iluminar a autoritatividade de uma política autoritativa das demarcações por meio de uma leitura da autoasserção coletiva que privilegia o reconhecimento assimétrico do outro. Ele é assimétrico em função da questionabilidade finita e da responsividade finita de um coletivo: a resposta autoritativa de um coletivo a uma demanda por reconhecimento é uma resposta à questão "o que nossa ação em conjunto é/deve ser?" O *autorreconhecimento* coletivo é tanto a condição quanto o preço a ser pago pelo reconhecimento jurídico do outro: em menor ou maior medida, o outro (em nós mesmos) é irreconhecido em virtude de ser reconhecido como um de nós. A menos que se insista nesse *insight*, a menos que a autoritatividade de uma política do estabelecimento das demarcações *não* seja interpretada como uma "ipseidade conquistadora" (Ricoeur),[647] a autoasserção coletiva acaba conquistando a alteridade, tornando-se refém do imperialismo jurídico como um projeto de dominação expansiva.

Nessa linha, o reconhecimento coletivo do outro (em nós mesmos) como um de nós não pode ser a última palavra acerca da autoritatividade de uma política autoritativa das demarcações. Porque a questão acerca do reconhecimento tem uma segunda forma que tende a ser apagada por teorias universalistas da autoasserção coletiva: ter-se-ia uma maneira de reconhecer o outro (em nós mesmos) como *outro-que-nós*? Em outras palavras, um coletivo pode abordar uma demanda por reconhecimento de modo que admita que exista algo naquela demanda que permanece juridicamente *inordenável*

647 Ver a citação na nota de rodapé 627.

da perspectiva em grupo autoritativamente mediada que ela desafia, mesmo quando (e porque) a unidade coletiva é transformada para incluir quem faz a demanda? Em resumo, como um coletivo *deve* responder àquilo que eu tenho chamado de dimensão forte da alegalidade, i.e., uma demanda por reconhecimento na medida em que ela excede as possibilidades variáveis, mas finitas, de autoasserção coletiva disponíveis para uma dada perspectiva em grupo?

Minha proposta é compreender a autorrestrição coletiva como o conteúdo desse dever-ser. Com isso, eu quero dizer que há uma certa leniência no processo do estabelecimento de demarcações de (i)legalidade, logo, dos limites daquilo que é considerado unidade coletiva, de modo que a perspectiva na primeira pessoa do plural de um coletivo confrontada com uma demanda por reconhecimento não se torne absoluta. Eu estou próximo aqui da interpretação de Van Roermund do Direito como a institucionalização de uma ordem política e uma sociedade limitada que "permite que, por sua própria iniciativa, algo conte contra a identidade dessa sociedade, mesmo se nenhum outro possa levar esse desafio a cabo".[648] Se a autoasserção coletiva corresponde a um "nós* podemos incluir o outro (em nós mesmos) como um de nós", a autorrestrição coletiva é o modo no qual um coletivo admite indiretamente sua impotência em reconhecer completamente o outro (em nós mesmos) nos próprios termos do último, logo, que ele tem um ponto cego normativo de modo que "nós* não podemos incluir o outro (em nós mesmos) como um de nós" sem violar sua reivindicação à identidade/diferença e, no caso extremo, ameaçar sua existência mesma. A autorrestrição coletiva não precisa ocorrer no mesmo ato ou atos pelos quais se assevera aquilo que é considerado a unidade (transformada) de um coletivo; tipicamente, um coletivo responde a um desafio à sua unidade através de medidas diferentes, porém coordenadas.

---

648 VAN ROERMUND, Bert. *Legal thought and legal philosophy*: what legal scholarship is about. Cheltenham: Edward Elgar, 2013, p. 112.

A autorrestrição coletiva tem a forma daquilo que eu chamo de reconhecimento indireto. O reconhecimento direto, através da autoasserção coletiva, ocorre na medida em que um desafio à unidade coletiva é atendido ao se reconhecer juridicamente o outro (em nós mesmos) como um de nós, isto é, por recalibrar a configuração-padrão da (i)legalidade de modo que inclui aquilo que foi excluído, qualificando o comportamento como legal ou ilegal. Por contraste, apenas indiretamente pode um coletivo reconhecer o outro (em nós mesmos) como outro-que-nós, logo, como aquilo que não pode ser integrado à ordem jurídica como (des)ordem ou (i)legalidade de outra maneira senão pela violação de sua reivindicação à identidade/diferença e, no caso extremo, colocando em risco sua existência continuada.

Concebida dessa maneira, existem pelo menos três maneiras nas quais um coletivo pode exercer autorrestrição, mesmo embora o coletivo não precise esgotar o escopo da autorrestrição. A primeira consiste no *diferir* da autoasserção coletiva. Com isso, eu quero dizer a postergação de atos que postulam os limites daquilo que deve contar como a unidade de um coletivo. Prorrogar a autoasserção coletiva não é apenas permitir intervenções que visem assegurar uma articulação mais inclusiva da ação em conjunto: "Não em nosso nome! O que nós* vemos como importante para a ação em conjunto tem sido excluído dela". É também, e não menos importante, permitir intervenções que visem mostrar que uma demanda por reconhecimento é uma demanda por um indivíduo ou um grupo a ser tratado como outro-que-nós: "Não em nosso nome! O que nós* enxergamos como importante para nossa identidade é ameaçado ou violado por nossa inclusão na ação em conjunto". Em ambos os casos, a luta por reconhecimento é uma *luta por representação* que coloca em jogo o "o que" do nós* e também o nós* que seria representado. Retardar a autoasserção coletiva corresponde a permitir que ambas as dimensões das lutas por reconhecimento e representação venham à tona, antes de estabelecer os limites da unidade coletiva, criando um espaço para a emergência de um outro coletivo. Ao conectar a consideração de Arendt da natalidade com os poderes generativos da representação, Ferdinando Menga argumenta que

> a possível degeneração da representação em uma superconcentração de poder é absolutamente secundária ao seu traço genealógico, conforme o qual [a] constituição de qualquer ordem plural histórica e contingente é sempre o resultado de um estabelecimento ou irrupção representativa singular.[649]

Isso ressoa com minhas considerações anteriores acerca de quebrar e manter promessas, e acerca dos poderes constituinte e constituído. Assim o é, como eu o vejo, o núcleo defensável do princípio de "todos os afetados" e "todos os subjugados", mesmo se ele sequer suspende a distinção preferencial entre o dentro e o fora nem providencia um critério independente e pré-constituído à identidade coletiva que as autoridades precisam obedecer.

Lutas por reconhecimento são, assim, também *lutas por autoridade*: lutas por quem fala em nome de um coletivo e, não menos importante, qual é o coletivo que deve ser representado. Se coletivos emergem através de atos representacionais, então também atos representacionais marcam a emergência da autoridade no sentido indicado anteriormente: a capacidade de articular uma representação – uma visão – de quem nós* realmente somos/devemos ser que, em retrospectiva e por ora, ganha ampla fidelidade entre seus destinatários e os motiva a agir como um grupo que pode lidar com desafios à sua existência contingente. Enquanto a emergência da autoridade, assim descrita, pode ocorrer dentro das estruturas institucionais tornadas disponíveis pela ACAI, ela também pode se dar em formas não institucionalizadas de autoridade,

---

649 MENGA, Ferdinando. "The Seduction of Radical Democracy. Deconstructing Hannah Arendt's Political Discourse". *Constellations*, vol. 21, nº 3, 2014, p. 320.

que podem entrar em conflito mais ou menos radical com formas institucionalizadas de tanto.

A segunda forma de autorrestrição coletiva envolve excluir aquilo que foi incluído no domínio da (des)ordem jurídica, isto é, ao se declarar juridicamente como *fora dos limites* um espectro de comportamento como o domínio que, em retrospectiva, deve permanecer inordenado da perspectiva na primeira pessoa do plural do coletivo jurídico. A autorrestrição coletiva renuncia a comportamentos que estavam ou poderiam estar dentro de seu escopo de ação em conjunto para aquilo que, da sua perspectiva, é um domínio livre de Direito. O que previamente pertenceu ao reduto da (des)ordem jurídica sob a ação em conjunto é entregue ao domínio do *inordenado* por um dado coletivo. Então, por exemplo, a OMC poderia estabelecer que certos tipos de atividade daqui em diante estão além do escopo daquilo que conta como "livre-comércio global", buscando liberar a KRRS e outros coletivos campesinos ao redor do mundo de obrigações diretas relativas ao comércio global de sementes. Em vez de incluir o outro (em nós mesmos) como um de nós, ao qualificar como importante para a ação em conjunto o que foi previamente considerado desimportante, um coletivo exerce sua autorrestrição excluindo o outro (em nós mesmos) como outro-que-nós, declarando irrelevante o que até então tinha sido ínsito à junção da ação em conjunto. Em vez de incorporar uma demanda por reconhecimento em relações de reciprocidade, a autorrestrição coletiva liberta certas formas de ação das limitações da reciprocidade.

A terceira forma de autorrestrição coletiva envolve a suspensão da configuração-padrão de ação em conjunto, isto é, a não aplicação de regras que não são apenas aplicáveis, mas devem em princípio serem aplicadas à situação em questão. A suspensão é, portanto, uma violação de uma regra jurídica e, nesse sentido, um ato de não aplicação que infringe o Direito, à luz da natureza excepcional de uma demanda por reconhecimento. O que eu tenho em mente é uma inversão da significância daquilo que Carl Schmitt chama de exceção (*Ausnahme*) e, em resposta a tanto, uma medida excepcional (*Maßnahme*). Schmitt se refere a uma exceção como "aquilo que não pode ser subordinado; [como aquilo] que resiste à codificação geral".[650] No entanto, a expressão "aquilo que não pode ser subordinado" é uma tradução débil e reducionista da expressão alemã *sich entzieht*, que conota aquilo que resiste a, escapa a e excede uma regra, todos de uma vez. Uma exceção, nesse sentido forte, é precisamente aquilo que não confirma uma regra, independentemente do adágio batido. A exceção radicalmente questiona uma regra ao fazer uma reivindicação normativa que se registra como legal ou ilegal dentro da ordem, e que, no entanto, resiste a sua inclusão, seja legal ou ilegal. Em uma palavra, a exceção é aquilo que se manifesta como *estranho* para uma ordem jurídica: a dimensão forte da alegalidade.[651] Como é bem sabido, o excepcional, para Schmitt, é o inimigo que clama por uma medida excepcional que, suspendendo o Direito, visa a neutralizá-lo como uma ameaça existencial a um coletivo. Em resumo, Schmitt equaciona o estranho ao inimigo, de modo que a suspensão do Direito não seja um ato de autorrestrição coletiva, mas, pelo contrário, a antípoda: um ato de autoasserção coletiva orientado a negar o outro em um sentido existencial.

Embora o estranho possa aparecer sob o manto do inimigo, como aquilo que nos aniquilaria, ele não é redutível ao último, nem é o "estado de exceção" redutível à exceção. O estranho, em sua

---

650 SCHMITT, Carl. *Political theology*: four chapters on the concept of sovereignty. Trad. para o inglês de George Schwab. Chicago: University of Chicago Press, 2006, p. 13 (tradução modificada). Para um tratamento mais extenso dessa interpretação da autorrestrição coletiva, ver LINDAHL, Hans. *Fault lines of globalization*: legal order and the politics of a-legality. Oxford: Oxford University Press, 2013, pp. 251-254.

651 Apesar de eu não poder estender esse ponto aqui, a interpretação de Schmitt da exceção é, de fato, o modo jurídico daquilo que Husserl chama de estranheza: "acessibilidade em sua inacessibilidade genuína, no modo da incompreensibilidade". HUSSERL, Edmund. *Zur Phänomenologie der intersubjektivität*. Edição de Iso Kern. The Hague: Martinus Nijhoff, 1973, p. 631.

dimensão forte, corresponde a uma linha falha da ação coletiva, não a um limite variável dela: a algo que resiste inclusão como um de nós porque ele é o outro (em nós mesmos) de nós. Em uma palavra, a exceção corresponde à singularidade, àquilo que escapa a uma dialética entre o geral e o particular. Quando confrontado com essas situações, um coletivo exerce sua autorrestrição suspendendo a aplicação daquilo que não é apenas Direito aplicável, mas Direito que em princípio deve ser aplicado à situação em questão. Em vez de ser um ato de reconhecimento direto – *nós* podemos incluir o outro (em nós mesmos) como um de nós – trata-se de uma forma indireta de reconhecimento, uma forma que se abstém para se manter, na medida em que nós* não podemos incluir o outro (em nós mesmos) como um de nós sem destruir a identidade/diferença do outro.

Mas essa forma de autorrestrição tem suas próprias limitações: ela não pode ir tão longe a ponto de ameaçar a autoasserção coletiva, i.e., de colocar em risco aquilo que nós* realmente somos como um coletivo, mesmo se não existe nenhum critério anterior absoluto acerca da identidade coletiva. Porque em tal caso, preservar o outro (em nós mesmos) como outro-que-nós corresponde à autotraição coletiva ou mesmo à autodestruição. Nessas situações, a irredutibilidade da tensão entre pluralidade política e unidade jurídica vem completamente à luz: para aqueles que nessas circunstâncias demandam reconhecimento de uma identidade/diferença que é ou ameaça ser violada, e que não podem ser agraciados pelas autoridades do coletivo, atos de autoasserção coletiva em resposta à sua demanda não são nada mais que atos de autoridade transitiva, de alguns governando outros na forma de dominação. A irredutibilidade da tensão entre pluralidade política e unidade jurídica tem seu *locus* no "e" do reconhecimento assimétrico: reconhecendo o outro (em nós mesmos) como um de nós *e* como outro-que-nós.

Eu vejo na autorrestrição coletiva suspensiva um modo de atenuar – mas nunca banir – o perigo do imperialismo latente em leituras universalistas da autoasserção coletiva. Com efeito, a autorrestrição suspensiva é o oposto da universalização. Contra a acusação de relativismo a ele direcionada pelo universalismo jurídico, o modelo ACAI do Direito defende um conceito de autoridade no qual a *autoasserção* coletiva é atenuada pela injunção de preservar o estranho como estranho, logo, preservar o "inter" da intersubjetividade como *além de nosso controle*. É o modo no qual um coletivo admite que tem um fora – um domínio do estranho – que escapa à autoasserção coletiva e que deve ser preservado como seu fora, incluindo o fora dentro de nós mesmos, para que o reconhecimento coletivo do outro (em nós mesmos) não vire um processo de totalização e, assim sendo, de dominação.

Nessa leitura, o reconhecimento assimétrico não apenas estende a mão para se aproximar, mas também se abstém para resistir, uma formulação que eu apresentei em outro lugar. Mais diretamente e talvez paradoxalmente, a falta de Direito, a suspensão da jurisdição, quando ela toma a forma da autorrestrição coletiva em face da alegalidade, é uma parte integral da autoridade do Direito, não sua negação. Os coletivos admitem, nessa maneira indireta, que eles não podem superar sua contingência, nem mesmo em um indefinido longo prazo, porque eles existem ao modo de uma questionabilidade finita e uma responsividade finita. A ética responsiva em operação no reconhecimento assimétrico sugere que a autoritatividade de uma política autoritativa das demarcações gira em torno de nos afirmar como um coletivo pela inclusão do outro (em nós mesmos) como um de nós de maneira que também abra espaço para preservar o outro (em nós mesmos) como outro-que-nós.

Eu proponho, sem estar apto a desenvolver essa ideia aqui de qualquer maneira, que uma ética responsiva deveria ser o ponto de partida para uma compreensão alternativa do significado político e jurídico dos direitos humanos, uma compreensão que os conecta à autoasserção coletiva e à autorrestrição coletiva. No que concerne ao primeiro, direitos humanos não são direitos morais universais comuns a todos os humanos *qua* humanos, de modo que o processo de autoasserção coletiva envolva uma forma cada vez mais inclusiva de comunalidade que gradualmente reduz a distância entre ser um membro de um coletivo e ser um humano. Em outras palavras, direitos humanos não são a expressão do reconhecimento recíproco daquilo que nós* devemos uns aos outros como seres humanos, e ao que eu apelo quando demando reconhecimento coletivo. Em minha leitura, direitos humanos são um conceito *central*, e não um conceito reserva. O que eu quero dizer com isso é que demandas por direitos humanos, quando reconhecidas, não são mais um passo em um extenso processo histórico de universalização, mas, em vez disso, a marca de um ponto de virada, uma mudança de direção coletiva, um empoderamento que permite responder de outro modo à questão prática: o que nossa questão em conjunto é/deve ser?

No que concerne à autorrestrição coletiva, uma demanda pelo reconhecimento de um direito humano nunca é apenas uma demanda para incluí-lo como um de nós; ela é também, em menor ou maior medida, uma demanda por reconhecimento de um modo de ser humano que não é e não pode ser esgotado por aquilo que um coletivo chama de humano. Eu diria que direitos humanos são um antídoto privilegiado à dialética nefasta desencadeada pelo enunciado seguro de si na peça de Terence, *The Self-Tormentor*, e que Jeremy Waldron endossa em sua resposta à questão acerca do que é cosmopolita: "Eu sou um homem, eu não considero nada que é humano estranho a mim".[652] Porque muito do que é humano é estranho a mim, o que é estranho a mim se torna inumano. Uma demanda por direitos humanos é, nesse sentido, uma demanda por reconhecimento do humano como estranho, como aquilo que escapa ao alcance e ao controle normativo de uma ordem jurídica e que deve ser preservado em sua estranheza, em vez de reduzido a uma modulação daquilo que nós* chamamos de humanidade. Eles são, caso se queira, direitos inumanos. Nessa leitura, as lutas por reconhecimento como lutas por direitos humanos não são a manifestação última da pluralidade na unidade, ou a diferença

652 WALDRON, Jeremy. "What Is Cosmopolitan?" *Journal of Political Philosophy*, vol. 8, 2000, p. 243.

dentro da identidade, tal qual proposto pelo universalismo. Direitos humanos são uma das estratégias disponíveis para aquilo que eu chamei de imperativo da política, ou seja, o comprometimento de uma ética responsiva a manter aberto o meio-termo que rege o encontro entre o si coletivo e o outro.[653]

Eu gostaria de pensar que a ética responsiva em operação na autoasserção coletiva restrita é o *ethos democrático* que nutre uma política autoritativa das demarcações, um *ethos* que vivifica, mas nunca é esgotado por instituições democráticas. Contra o universalismo e também o relativismo, a autoasserção coletiva restrita mostra porque a tensão irredutível entre unidade jurídica e pluralidade política não é nem uma simples oposição nem uma oposição para ser superada através de uma dialética do particular e do geral. A autoasserção coletiva restrita é um ethos de responsabilidade pelo qual um coletivo assume responsabilidade por sua contingência irredutível.

---

653 Ver também LINDAHL, Hans. *Fault lines of globalization*: legal order and the politics of a-legality. Oxford: Oxford University Press, 2013, pp. 246/247.

CAPÍTULO VII

LUTAS POR REPRESENTAÇÃO EM UM CONTEXTO GLOBAL

A maior parte de dois longos capítulos foi dedicada a uma consideração filosófica da autoridade e do reconhecimento. Como transparecido, no núcleo de uma teoria da autoridade resta a questão acerca de como lidar com a tensão entre a pluralidade política e a unidade jurídica, uma tensão que se manifesta em demandas por reconhecimento, seja por indivíduos, seja por coletivos. Teorias do reconhecimento recíproco de uma inclinação universalista postulam a possibilidade de reduzir a pluralidade política à unidade jurídica, mesmo se a realização de uma ordem jurídica completamente abrangente precise ser postergada indefinidamente no tempo histórico. Para o universalista jurídico, a autoridade, como um conceito normativo, consiste na obediência à ideia regulativa de realizar uma ordem jurídica completamente inclusiva.

Eu discordei desse modelo de autoridade, defendendo a irredutibilidade da pluralidade política à unidade jurídica. As assimetrias da questão e da resposta que caracterizam as lutas por reconhecimento me levaram a defender a perspectiva de que um conceito normativo de autoridade capaz de resistir tanto ao universalismo quanto ao relativismo gira em torno da autoasserção coletiva restrita. Uma política das demarcações é autoritativa na medida em que um coletivo responde às demandas por reconhecimento de maneiras que reconheçam o outro (em nós mesmos) como um de nós e como outro-que-nós.

A questão adicional e final que precisa ser discutida é a seguinte: de que maneira a autoasserção coletiva restrita pode esclarecer o contexto global de uma política autoritativa das demarcações? Como, concretamente, pode a autoasserção coletiva restrita oferecer orientação conceitual e normativa referente à tensão irredutível entre a pluralidade política e a unidade jurídica em um contexto global?

Nenhuma resposta que pudesse ser dada a essa questão seria plausível a não ser que ela considerasse a dimensão institucional de uma política autoritativa das demarcações em um contexto global. É uma coisa dizer que a política autoritativa das demarcações responde a demandas por reconhecimento de maneiras que reconhecem o outro (em nós mesmos) como um de nós e como outro-que-nós; outra, bem diferente, é mostrar como essa concepção da autoridade pode nos ajudar a compreender as lutas por reconhecimento como lutas dentro e fora das instituições das ordens jurídicas globalizantes. De fato, a consideração filosófica do reconhecimento desenvolvida nos capítulos V e VI largamente negligenciou o "I" do modelo ACAI do Direito: ação coletiva mediada autoritativa e *institucionalmente*. Havia excelentes razões para postergar essa questão: as instituições que tentam estabilizar e canalizar o exercício da autoridade pressupõem e são continuamente erodidas pela tensão entre pluralidade política e unidade jurídica, uma tensão que se desenrola no encontro entre si coletivo e outro. Mas o modelo ACAI do Direito não pode ficar satisfeito em adquirir uma passagem só de ida de uma consideração doutrinal para uma filosófica da autoridade. Ele precisa ser capaz – e essa foi minha promessa ao leitor – de retornar para examinar as formas institucionais do encontro entre si coletivo e outro, mesmo se essas formas não esgotem a essência desse encontro.

Eu proponho, portanto, aborda as possibilidades e limitações dessa dimensão institucional da autoridade em um contexto global em três etapas. A primeira examina um espectro de técnicas e práticas jurídicas específicas através das quais ordens jurídicas negociam e buscam resolver suas diferenças, como a doutrina da margem nacional de apreciação. As seções seguintes deste capítulo exploram iniciativas mais abrangentes de institucionalizar lutas por reconhecimento, ou seja, o que se conhece com o nome de Direito Administrativo Global, de um lado, e o constitucionalismo transnacional ou mesmo global, de outro.

7.1 Negociando conflitos entre ordens jurídicas

O leitor se lembrará que Delmas-Marty e Berman identificaram uma série de técnicas e práticas jurídicas que buscam lidar com o conflito entre ordens jurídicas no contexto do pluralismo jurídico global (ver a seção 5.2). Analogamente, Krisch se refere a "regras de interface", isto é, "regras que guiam a recepção de normas exteriores em uma dada ordem jurídica".[654] Essas técnicas e práticas jurídicas incluem, dentre outras, a margem nacional de apreciação implantada pelo Tribunal Europeu de Direitos Humanos (TEDH) e o padrão de revisão exercido pelos Painéis e Órgãos de Apelação da OMC; o princípio de subsidiariedade e sua aplicação como complementariedade no Direito Criminal Internacional; o reconhecimento recíproco; regimes de autonomia limitada; acordos de porto seguro; o reconhecimento de julgamentos e sentenças arbitrais estrangeiras. Esse conjunto de técnicas não é de maneira alguma exaustivo, mas seus elementos compartilham um denominador comum: elas são arranjos institucionais desenhados para enquadrar encontros entre o si coletivo e o outro de maneiras que buscam preservar tanto a identidade quanto a diferença coletiva.

---

654 KRISCH, Nico. *Beyond constitutionalism*: the pluralist structure of postnational law. Oxford: Oxford University Press, 2010, p. 295.

À primeira vista, elas são veículos para uma política autoritativa das demarcações advinda dos conflitos entre ordens jurídicas. Essa característica as diferencia das tradicionais regras de conflito de Direito, que são em geral orientadas a ajudar as cortes a estabelecer qual das duas ou mais ordens jurídicas concorrentes deveria determinar uma disputa quanto ao Direito e a jurisdição aplicáveis para o caso em questão. Embora não haja nada "mecânico" quanto à aplicação das tradicionais regras de conflito de Direito, e embora essas regras certamente desempenhem um papel importante em um contexto globalizante, elas contribuem pouco para uma investigação quanto ao dar e tomar mobilizado por uma política autoritativa das demarcações em um contexto global.[655]

Então, largamente ignorando o conflito de Direitos (ou Direito Internacional Privado, como esse campo é também chamado), eu foco daqui em diante em quatro dessas técnicas e práticas jurídicas, reconstruindo-as como modulações institucionais da autoasserção coletiva restrita que dão uma importante contribuição ao lidar com conflitos entre ordens jurídicas. Como ficará claro, nenhuma delas é bem-sucedida em domesticar o "inter" da "interação" entre ordens jurídicas: a relação entre si coletivo e outro permanece duplamente assimétrica, o que explica porque a autoritatividade de uma política das demarcações em um contexto global não pode ser esgotada por arranjos institucionais que buscam regular as lutas por representação e reconhecimento desencadeadas pelas relações conflituais entre ordens jurídicas.

7.1.1 A margem nacional de apreciação

A doutrina da margem nacional de apreciação, como desenvolvida pela CEDH, foi brevemente introduzida quando da

---

655 Com a importante exceção do reconhecimento de sentenças estrangeiras. Para um estudo comparativo recente, ver CUNIBERTI, Gilles. *Conflict of Laws*: a Comparative Approach. Text and Cases. Cheltenham: Edward Elgar, 2017.

consideração de Delmas-Marty sobre o pluralismo jurídico global, como discutido na seção 5.2.1. Ela vê a doutrina como exemplo de um modo de ordenar o pluralismo jurídico que reconciliaria o uno e o múltiplo. Aqui me interessa não a sua leitura dessa doutrina, mas sim seu significado geral à luz da noção de autoridade proporcionada pela autoasserção coletiva restrita.

Não é difícil, pelo menos à primeira vista, reconstruir a margem nacional de apreciação nos termos da autoasserção coletiva restrita. Eu começo com a autoasserção coletiva. Como apontado na seção 6.4.2, a autoasserção coletiva cobre um espectro inteiro de resposta ao chamado à ação, indo de um desafio que compromete a identidade/diferença do si coletivo (e.g., o Conselho da Europa) a um que ameaça a identidade/diferença do outro (e.g., um Estado-membro ou indivíduos dentro da jurisdição de um Estado-membro). Ademais, como se observou, um nós* podemos está no coração da autoasserção coletiva. Assim, uma decisão pelo TEDH que conclui que um Estado-membro está violando suas obrigações sob a Convenção Europeia sobre Direitos Humanos (CEDH) é um ato de autoasserção coletiva: nós* *podemos* resistir ao irreconhecimento de nossa identidade/diferença por um Estado-membro, e do indivíduo que veio a juízo contra ele, demandando que o Estado-membro cumpra suas obrigações de direitos humanos. Alternativamente, nós* podemos reconfigurar a configuração-padrão de nossa ação em conjunto, mudando o escopo das provisões de direitos humanos sob a CEDH em resposta às reivindicações por indivíduos de que sua identidade/diferença foi violada pelo modo como o TEDH (e um Estado-membro) tem interpretado as provisões de direitos humanos da CEDH. Finalmente, nós* podemos reconfigurar a configuração-padrão de nossa ação em conjunto em resposta à reivindicação de um Estado-membro de que nossa leitura de uma provisão de direitos humanos na CEDH viola sua identidade/diferença.

Qua atos de autoasserção coletiva, cada uma dessas respostas envolve um autorreconhecimento mediado autoritativamente que reconhece o outro (em nós mesmos) como um de nós. No primeiro desses três cenários, declarando que um Estado-membro tem [1] uma obrigação direcionada sob a CEDH; na segunda e na terceira, reconfigurando as obrigações direcionadas que os Estados-membros têm sob a CEDH em relação a outros Estados-membros e em relação aos indivíduos sob suas jurisdições. Note que o reconhecimento do Estado-membro também se aplica a casos nos quais o TEDH se recusa a conceder a margem nacional de apreciação. Com efeito, quando o TEDH decide que um Estado-membro age em violação de suas obrigações sob a CEDH, seus julgamentos reconhecem o Estado-membro como um de nós. Como a seção 6.3.2 mostrou, declarar o comportamento como se violasse o Direito é uma forma de *inclusão* em uma ordem jurídica. É uma das maneiras pelas quais um coletivo reconhece o outro como pertencente ao nós*, logo, sujeito às obrigações direcionadas sob a ação em conjunto.

A margem nacional de apreciação também se relaciona com a autoasserção coletiva *restrita*. Há, de um lado, o diferir da unidade como o diferimento *de* um ato autoritativo que postula as demarcações, estabelecendo quem deve fazer o que, onde e quando. A restrição é institucionalizada na postergação procedimental de uma decisão, de tal maneira que as partes em um conflito de direitos humanos se envolvem em uma luta por representação. Em outras palavras, o procedimento encena uma luta por reconhecimento como uma luta por representação da unidade coletiva. As interpretações discordantes das normas aplicáveis pelas partes em procedimentos perante o TEDH correspondem a representações discordantes daquilo que conta como o ponto de ação em conjunto sob a égide da CEDH e seus limites. E há, de outro lado, o deferir da unidade como a deferência *ao* Estado-membro em casos nos quais o TEDH invoca a margem nacional de apreciação para permitir às autoridades domésticas que derroguem a aplicação da CEDH. Ambas as formas (diferir/deferir) são formas indiretas de reconhecimento, isto é, o reconhecimento que o outro (em nós mesmos) não é apenas um de nós, mas também o outro (em nós mesmos) que é *outro-que-nós*.[656]

Certamente, essa é uma reconstrução *institucional* da margem nacional de apreciação nos termos da autoasserção coletiva restrita. Uma questão adicional, aberta para respostas conflitantes, é se essa técnica jurídica é também efetivamente mobilizada em uma forma autoritativa dentro de um dado contexto, i.e., se ela é *adequada* à situação em questão. De fato, lutas por representação nem começam nem terminam com decisões de autoridades, as quais frequentemente se tornam o objeto de controvérsia seja doutrinal, seja pública. Mas então, essa controvérsia não deveria nos surpreender, porque ela é decorrente da ambiguidade do reconhecimento, que também envolve sempre o irreconhecimento.

O caso Lautsi decidido pelo TEDH é particularmente ilustrativo a esse respeito.[657] Em sua decisão, o Tribunal Pleno invocou a margem nacional de apreciação para determinar que a exposição mandatória de crucifixos nas escolas públicas italianas não violava os direitos dos requerentes à educação e à liberdade de pensamento, consciência e religião sob a CEDH. Daniel Augenstein opina em um trabalho bem argumentado que, em conexão com as decisões das cortes nacionais, Lautsi perpetua "tradições nacionais majoritárias às custas da proteção de minorias religiosas, assim enfraquecendo

---

656 Essas ideias ressoam com aquilo que Roughan chama de deferência ou tolerância características de "autoridades compatíveis", pelo que "uma autoridade escolhe não exercer sua autoridade para evitar conflito com outra". Em todos esses casos, "a tolerância de outra autoridade... envolve algum reconhecimento ou ao menos a ciência de que há outra autoridade lá fora com um domínio sobreposto ou interseccional, e o tolerar dessa situação". Ver ROUGHAN, Nicole. *Authorities*: conflicts, cooperation and transnational legal theory. Oxford: Oxford University Press, 2013, p. 49.

657 EUROPEAN COURT OF HUMAN RIGHTS (Grand Chamber). Lautsi and Others v. Italy, 18.03.2011.

a função contramajoritária da proteção dos direitos humanos".[658] Sua crítica da invocação de uma margem nacional de apreciação pelo TEDH efetivamente desnuda aquilo que ele considera um tríplice irreconhecimento da decisão: da identidade do Conselho da Europa, dos Estados-membros e dos indivíduos que vieram a juízo contra a Itália. A crítica de Augenstein da decisão corresponde a um "Não em nosso nome!" Ele responde com uma leitura alternativa da liberdade de religião que

> consistiria em desafiar o vínculo reputado entre coesão social e a supressão da diversidade religiosa herdado do período de formação do Estado-nação europeu. Essa abordagem começa da premissa de que os Estados-nações europeus acomodam a diversidade religiosa, em vez da premissa de que minorias religiosas sejam assimiladas a modelos majoritários nacionais de coesão social. Ela se baseia em um imaginário diferente – discutivelmente mais genuíno – da "civilização ocidental" comum às tradições nacionais europeias que retratam a interrelação entre cristandade e secularização que abriu caminho para a evolução do Estado-nação ocidental europeu como um processo inerentemente conflitivo.[659]

A explicação de Augenstein sobre a liberdade de religião é de interesse para nossa investigação porque, *qua* ato de *re*conhecimento, ela ilustra o paradoxo da representação operante no autorreconhecimento coletivo: o que ele sustenta como tendo já ocorrido é aquilo que ainda há de vir. Sua glosa é uma projeção em retrospecto que convida os participantes do Conselho da Europa e seus Estados-membros a reconhecer a si mesmos *como x*

---

658 AUGENSTEIN, Daniel. "Normative Fault-Lines of Transnational Human Rights Jurisprudence: National Pride and Religious Prejudice in the European Legal Space". *Global Constitutionalism*, vol. 2, nº 3, 2013, pp. 470/471.

659 AUGENSTEIN, Daniel. "Normative Fault-Lines of Transnational Human Rights Jurisprudence: National Pride and Religious Prejudice in the European Legal Space". *Global Constitutionalism*, vol. 2, nº 3, 2013, p. 494.

("acomodando a diversidade religiosa") em vez de *y* ("vinculando a coesão social à supressão da diversidade religiosa"), assim projetando uma identidade europeia no próprio ato de afirmar que x é aquilo que nós, europeus, *realmente* ("um imaginário mais genuíno") e *já* ("comuns às tradições nacionais europeias") somos enquanto coletivo. A leitura de Augenstein é, eu afirmo, uma das diversas intervenções nas lutas por reconhecimento e representação que informam a autoasserção coletiva restrita referente a um regime transnacional de direitos humanos.

Embora eu tenha abordado o caso Lautsi nos termos da perspectiva na primeira pessoa do plural do Conselho da Europa, conforme representado pelo TEDH, não é menos interessante abordá-lo da perspectiva na primeira pessoa do plural da Itália, conforme representada por suas autoridades. De fato, o julgamento do Tribunal Pleno reverteu um julgamento anterior de 2009 pela Segunda Seção do Tribunal, severamente criticado por amplos setores do público italiano. Significativamente, como Nico Krisch aponta, duas semanas após o julgamento da Segunda Seção, a Corte Constitucional Italiana observou, que à primeira vista é um *obiter dictum* nebuloso e irrelevante para o caso em questão, que as cortes nacionais não precisariam seguir o TEDH quando assim fazê-lo desse azo a um conflito com normas constitucionais nacionais.[660] Do mesmo modo que o TEDH tem que decidir em que medida atender a uma demanda por reconhecimento da identidade/diferença de um Estado-membro é compatível com salvaguardar a identidade do Conselho da Europa, então também "cortes domésticas reivindicam um poder de decidir sobre os limites da autoridade do TEDH".[661] A autoasserção coletiva restrita corta para os dois lados porque,

660 KRISCH, Nico. *Beyond constitutionalism*: the pluralist structure of postnational law. Oxford: Oxford University Press, 2010, pp. 110/111.

661 KRISCH, Nico. *Beyond constitutionalism*: the pluralist structure of postnational law. Oxford: Oxford University Press, 2010, p. 126.

> da perspectiva das cortes domésticas, normas constitucionais nacionais emergem como superiores em última instância diante das normas europeias de direitos humanos e as cortes nacionais como as autoridades finais a determinar suas relações.[662]

As cortes domésticas exercem a autoasserção coletiva ao determinar se os julgamentos do TEDH são compatíveis com a identidade dos Estados-membros que eles representam. De outro lado, elas exercem autorrestrição coletiva por estarem preparadas em princípio a se submeter à autoridade do TEDH no que concerne à proteção de direitos humanos dentro de suas ordens jurídicas.

Embora ele não extraia mais nada do caso Lautsi, Krisch explora o relacionamento entre o TEDH e as cortes espanhola, francesa, inglesa e da União Europeia, mostrando como, em cada caso, as cortes se engajam em uma política de acomodação mútua. Tanto o TEDH quanto as cortes domésticas fizeram, ocasionalmente, concessões pragmáticas umas às outras sem nunca abandonar suas respectivas reivindicações à autonomia. O TEDH frequentemente usou a margem nacional de apreciação como uma ferramenta estratégica, esperando por circunstâncias mais propícias para postular uma abordagem comum europeia à proteção de direitos humanos; em outras, a técnica levou a um recuo de uma abordagem europeia em resposta a preocupações nacionais persistentes. Mais uma vez, a convergência é atrelada à divergência, a unificação à pluralização.

Esse *insight* é de considerável importância, já que ele lança nova luz sobre a uma característica específica da mediação autoritativa entre a unidade e a pluralidade em um contexto global. Ao delinear o modelo ACAI do Direito do ponto de vista da coerência em um sistema jurídico na seção 3.2.1, eu contrastei a *diferenciação*

---

662 KRISCH, Nico. *Beyond constitutionalism*: the pluralist structure of postnational law. Oxford: Oxford University Press, 2010, p. 127.

funcional das autoridades em uma ordem jurídica com a sua *fragmentação* funcional através de diferentes ordens jurídicas, no que autoridades de diferentes ordens jurídicas contribuem para a articulação, o monitoramento e a sustentação da ação em conjunto por um coletivo. Eu me referi a essa inovação como uma relação institucionalizada com o outro na autorrelação regulatória de um coletivo. Isso se encaixa bem com o *insight* de Krisch de que o regime europeu de direitos humanos é uma

> ordem [pluralista] na qual os relacionamentos de suas partes constituintes são regidos não por uma malha operacional jurídica abrangente, mas primariamente pela política, frequentemente, política judicial; em que nós achamos heterarquia, não hierarquia.[663]

Enquanto a leitura de Delmas-Marty da margem nacional de apreciação aspira a realizar a pluralidade *na* unidade, Krisch interpreta o regime europeu de direitos humanos como exemplo daquilo que ele chama de pluralismo radical, no qual "não há um ponto de referência jurídico comum ao qual apelar para se resolver discordâncias; os conflitos são resolvidos através de convergência, acomodações mútuas – ou sequer o são".[664]

---

663 KRISCH, Nico. *Beyond constitutionalism*: the pluralist structure of postnational law. Oxford: Oxford University Press, 2010, p. 111. Eu me pergunto se o movimento de Krisch de embutir sua defesa de regras de interface na malha operacional de um modelo normativo no qual o reconhecimento da outra ordem jurídica depende "da medida em que uma entidade política é uma expressão válida da autonomia pública dos indivíduos" não acaba englobando o constitucionalismo de que ele busca se distanciar ao domesticar as complexidades normativas do encontro entre o si coletivo e o outro em jogo no "inter" da regra de interface. Mas essa é uma questão que eu não posso explorar aqui. Ver KRISCH, Nico. *Beyond constitutionalism*: the pluralist structure of postnational law. Oxford: Oxford University Press, 2010, p. 295.

664 KRISCH, Nico. *Beyond constitutionalism*: the pluralist structure of postnational law. Oxford: Oxford University Press, 2010, p. 69.

Sua análise ilumina o que eu considero o significado normativo da inovação institucional. Se existe reciprocidade aqui, então ela é a reciprocidade negativa da autoasserção coletiva mutuamente restrita, na qual tanto o TEDH quanto as cortes domésticas admitem que o "inter" da intersubjetividade permanece além do domínio de ambos, porque nenhum dos coletivos pode incluir o outro como parte de sua ordem jurídica sem excluí-lo. Eu entendo a margem nacional de apreciação como um modo de lidar com o fato de que o reconhecimento coletivo é sempre também irreconhecimento.

O significado da exploração de Kirsch do regime europeu de direitos humanos para nossa questão acerca de uma política autoritativa das demarcações em um contexto global pode ser levado mais adiante. Ele mostra que a política da acomodação mútua mobilizada pelo TEDH e pelas cortes domésticas envolve a mensuração do *contexto* no qual eles promulgam suas decisões, levando em consideração um número de fatores sociais, políticos e institucionais que se chocam com a *efetividade* de suas decisões. Os órgãos de Estrasburgo em particular dependem do cumprimento voluntário pelas autoridades domésticas, dado que eles não têm nenhuma ferramenta executória à sua disposição. Como resultado,

> se a Corte e a Comissão desejavam tornar-se influentes, elas precisavam estabelecer, de um lado, sua autoridade como intérpretes imparciais e confiáveis da Convenção, de outro, precisavam tomar cuidado para não consternar as autoridades nacionais a ponto de provocar uma retaliação,

não raramente para a consternação de estudiosos dos direitos humanos.[665] A crítica feita por Augenstein a *Lautsi* é um bom exemplo

---

665 KRISCH, Nico. *Beyond constitutionalism*: the pluralist structure of postnational law. Oxford: Oxford University Press, 2010, p. 139. Ver também DELMAS-MARTY, Mireille. *Trois défis pour un droit mondial*. Paris: Seuil, 1998, pp. 85-92.

dessa decepção. A política da acomodação mútua à qual a margem nacional de apreciação conduz ilustra a dimensão prudencial da autoridade notada na seção 6.2.3. Ao dar forma ao regime europeu de direitos humanos, o TEDH e as cortes domésticas exercem uma circunspecção (*Umsicht*) que avalia o caso em questão em função do mundo circum-ambiente no qual seus julgamentos intervêm; sua circunspecção é um "cuidadoso olhar em volta", que busca assegurar tanto a validade quanto a eficácia de seus julgamentos.

Essas considerações sugerem que meu relato anterior da autoasserção coletiva precisa ser emendado. Com efeito, o nós* podemos do poder coletivo nunca se trata apenas do exercício válido do poder normativo. Para quem exerce a autoridade em nome de um coletivo, questões acerca da validade nunca podem ser completamente separadas de questões acerca da eficácia. O nós* podemos do poder coletivo (ou o nós* não podemos da impotência coletiva) é sempre também um nós* podemos (ou não podemos) exercer poder normativo *efetivo*. A prudência – circunspecção – fala à necessidade das autoridades de avaliar se suas intervenções normativas serão efetivas, o que depende do contexto que está em menor ou maior medida além de seu controle, e o qual eles precisam levar em consideração. Porque, para repetir a tese de Kelsen e Radbruch, uma ordem jurídica é apenas válida *se* ela é amplamente eficaz, não *porque* ela é eficaz. Sob certas circunstâncias, a restrição no exercício da autoasserção coletiva pode ser, para as autoridades jurídicas, um modo de preservar o si coletivo, e não (apenas) de preservar o outro (em nós mesmos) como outro-que-nós. Mas o preço a ser pago pela autorrestrição nessas situações é o irreconhecimento da identidade do coletivo – e dos indivíduos – que as autoridades devem reconhecer e afirmar. Essa é, como eu a entendo, a objeção de Augenstein ao julgamento do Tribunal Pleno em *Lautsi*. Ao exercer a autoasserção coletiva restrita, as autoridades – especialmente as autoridades judiciais que operam em um contexto de fragmentação funcional típico de processos de globalização – precisam navegar por essa estreita passagem em suas tentativas, nunca inteiramente bem-sucedidas, de manter juntas validade e efetividade.[666]

7.1.2 Regimes de autonomia limitada

Vamos examinar agora os regimes de autonomia limitada, que "correspondem a sistemas ou subsistemas governamentais administrados ou compostos por uma minoria ou seus membros".[667] Regimes de autonomia vêm em três modos, observa Steiner. O primeiro consiste em regimes de compartilhamento de poder, no qual um ou mais grupos minoritários têm assegurada a participação na governança ou em oportunidades econômicas. O segundo garante à minoria controle político de um certo território. O terceiro oferece autonomia a uma minoria na forma de um direito pessoal que se aplica a todos os seus membros, independentemente de sua localização.[668] Evidentemente, a primeira e terceira formas não são menos territoriais que a segunda; a diferença está em que enquanto a segunda apenas se aplica em uma parte específica do território, a primeira e a terceira são válidas em todo o território. Como nós sabemos a partir da estrutura do Direito como uma

---

666 Helfer e Slaughter notam que "[f]alta aos tribunais internacionais um mecanismo de coerção direta para obrigar seja o comparecimento, seja o cumprimento. Eles precisam se basear em fatores como os interesses imediatos perceptíveis de Estados envolvidos em disputas particulares ao assegurar resoluções judiciais, sua própria legitimidade e a legitimidade de qualquer julgamento particular alcançado, a força e importância das regras jurídicas internacionais que regem uma disputa específica, e a força geral da obrigação normativa". Ver HELFER, Laurence R.; SLAUGHTER, Anne-Marie. "Toward a Theory of Effective Supranational Adjudication". *Yale Law Journal*, vol. 107, nº 2, 1997, p. 285.

667 STEINER, Henry J. "Ideals and Counter-Ideals in the Struggle over Autonomy Regimes for Minorities". *Notre Dame Law Review*, vol. 66, nº 5, 1991, p. 1539.

668 STEINER, Henry J. "Ideals and Counter-Ideals in the Struggle over Autonomy Regimes for Minorities". *Notre Dame Law Review*, vol. 66, nº 5, 1991, pp. 1541/1542.

ordem pragmática, não há qualquer jurisdição pessoal que não esteja conectada às outras dimensões da jurisdição: espacial, temporal e material.

Agora uma análise mais detalhada das ambiguidades e tensões a que regimes de autonomia limitada dão origem; primeiro, esses regimes precisam ser reconstruídos nos termos da autoasserção coletiva restrita. A ideia básica é clara. Note, para começar, que os grupos por eles contemplados são qualificados como minorias, isto é, como partes de um todo maior, independentemente se essas minorias são étnicas, religiosas ou linguísticas. Como resultado, esses regimes envolvem uma forma de autoasserção coletiva porque, *qua minoria*, um grupo é reconhecido como um de nós. Por essa razão também, eles são regimes de autonomia *limitada*. As restrições sob as quais regimes de autonomia são outorgados delineiam o escopo dentro do qual o coletivo está preparado para reconhecer uma minoria como outro-que-nós, enquanto também a inclui como um de nós: pluralidade na unidade. Declarar formas de comportamento como ilegais porque elas violam os limites dentro dos quais a autonomia foi concedida é uma forma de inclusão: as obrigações direcionadas que nós* mantemos em relação uns aos outros como participantes de um coletivo mais amplo são a configuração-padrão do que nossa ação em conjunto é/deve ser. Certamente, os limites dos regimes de autonomia limitada podem ser mudados: uma minoria pode, por exemplo, demandar maior autonomia, argumentando que as restrições às quais ela está sujeita sob um regime ameaçam ou violam sua identidade/diferença. Sua demanda é parte de uma luta de reconhecimento que se desenrola como luta por representação da unidade coletiva, ou seja, daquilo que deve contar como os limites da ação em conjunto por um coletivo ao qual se considera que a minoria pertence. O coletivo mais amplo pode responder ou não a essa demanda pela modificação da configuração-padrão da ação em conjunto, de modo que lhes conceda maior autonomia. Em todo caso, a resposta é um ato de autoasserção coletiva que reconhece o outro (em nós mesmos) como um de nós.

Os regimes de autonomia limitada são também atos de autorrestrição coletiva. Embora limitados, os regimes criam um espaço de *autonomia* para uma minoria. Um coletivo declara que um domínio de comportamento está fora dos seus limites; ele reconhece que esse domínio deve permanecer inordenado da perspectiva na primeira pessoa do plural do coletivo mais amplo. Se, ao conceder um regime de autonomia *limitada* a uma minoria, um coletivo estende a mão para trazê-la para dentro, então, ao conceder um regime de *autonomia* limitada a ela, o coletivo se retrai para manter-se fora. O coletivo se restringe no sentido de um diferimento *da* autoasserção, de modo que uma luta por reconhecimento e representação possa ser realizada; e uma deferência *a* um grupo que demanda reconhecimento ao ceder a ele a representação daquilo que considera sua unidade, *qua* minoria. Desse modo, um coletivo reconhece indiretamente o outro (em nós mesmos) como outro-que-nós, em que "nós" adverte para a perspectiva na primeira pessoa do plural mediada autoritativamente pelo coletivo mais amplo. Em suma, regimes de autonomia limitada são instâncias institucionais da autoasserção coletiva restrita: nós* *podemos* incluir o outro (em nós mesmos) como um de nós e excluir o outro (em nós mesmos) como outro-que-nós.

Embora seja uma instância da autoasserção coletiva restrita, regimes de autonomia limitada, como margem nacional de apreciação, são instâncias *institucionais* da mesma. Enquanto tais, eles deixam em suspenso a questão acerca do irreconhecimento que se esconde por trás do reconhecimento de um grupo como uma minoria.

Existe, de um lado, o problema do irreconhecimento do grupo ao qual um coletivo concede um regime de autonomia limitada. Precisa ser o caso que parte de ou todos os membros do grupo se identifiquem como *minoria* daquele coletivo mais amplo? Com efeito, nada garante que aqueles a quem esse regime é concedido compreendem sua reivindicação por autonomia como limitada, i.e., que eles se reconhecem como parte daquele todo mais amplo, mesmo quando agem em acordo com o regime: "Não em nosso nome!" Um grupo pode jogar o jogo de um regime de autonomia limitada por razões *estratégicas*, até que chegue o tempo de apreender a iniciativa – *nomos* – e vir à luz com uma reivindicação por autonomia contra a ordem que o limitaria. Ou o grupo pode simplesmente jogar o jogo, porque o *balanço de forças* preclui que sua reivindicação por autoasserção coletiva possa tornar-se efetiva contra a ordem jurídica da qual o grupo é considerado minoria. O fenômeno da alienação – em alguns casos, da ação em conjunto massivamente alienada – aparece mais uma vez. O reconhecimento irênico do outro (em nós mesmos) como um de nós é o ato belicoso de irreconhecimento e dominação da perspectiva daqueles membros da minoria que se recusam a identificar-se como parte daquele coletivo mais amplo.

De outro lado, conceder um regime de autonomia limitada a um grupo sempre implica um preço para a perspectiva do coletivo no qual o regime é concedido. Steiner analisa detidamente algumas das formas de autoirreconhecimento coletivo ocorridas naqueles coletivos que abraçam direitos humanos como centrais para sua identidade. Um exemplo particularmente inquietante é a norma de igualdade e proteção igual de todos os cidadãos. Os regimes de autonomia limitada podem violar o igual respeito devido a todos os membros de uma sociedade democrática. Nas palavras de Steiner:

> Ao brandir poder governamental... minorias podem violar normas de direitos humanos de inúmeras maneiras – por exemplo, discriminando dentre os seus membros por razões proibidas por aquelas normas, exceto na medida em que membros desfavorecidos possam ser compreendidos como se "aceitassem" o tratamento discriminatório como parte de sua tradição cultural.[669]

---

669 STEINER, Henry J. "Ideals and Counter-Ideals in the Struggle over Autonomy Regimes for Minorities". *Notre Dame Law Review*, vol. 66, nº 5, 1991, p. 1553.

O argumento é irretocável no que concerne a seus limites. Mas note sua circularidade: a discriminação entre os membros é proibida, a não ser que aceita pelos membros desfavorecidos, porque o consentimento por aqueles que se supõem em desvantagem é parte e parcela do conceito de subjetividade autônoma à base do conceito de validade jurídica subjacente à proibição de discriminação.

Thomas v. Norris, uma decisão da Suprema Corte da Colúmbia Britânica, dá um exemplo excelente desse impasse. O autor, David Thomas, contestou ter sido forçadamente iniciado em uma tradição do povo Salish da Costa chamada Dança Espiritual. A iniciação nessa tradição pode ter sido voluntária ou involuntariamente. Os réus afirmaram que eles tinham um direito coletivo de forçar o autor, como membro de sua Nação, a participar da Dança Espiritual. A Corte concluiu que a Dança Espiritual, em particular seu aspecto involuntário, não era parte do modo de vida salish.[670]

Da perspectiva na primeira pessoa do plural do coletivo canadense que ela diz representar, a decisão da Corte é um exercício de autoasserção coletiva. Por declarar um espectro de indivíduos como se estivessem em violação de suas obrigações sob a Constituição canadense, a Corte reconhece aqueles membros de Salish da Costa como parte do coletivo canadense; a decisão inclui o outro (em nós mesmos) como um de nós. Pode-se argumentar que a Corte deveria condenar seus atos como violação dos direitos humanos se era para ser fiel à Constituição canadense. No entanto, da perspectiva na primeira pessoa do plural da Primeira Nação que os réus reivindicam representar, a decisão da Corte se vê vítima de um raciocínio circular: ela dá como certo que eles são

---

670 THOMAS V. NORRIS (British Columbia Supreme Court). *Canadian Native Law Reporter*, 1992, pp. 139-163. Eu argumento em outro lugar que o endosso por James Tully e Avigail Eisenberg da decisão da corte neutraliza os desafios alegais que acompanham defesas de teorias do reconhecimento recíproco. Ver LINDAHL, Hans. "The opening: Alegality and political agonism". *In*: SCHAAP, Andrew (Coord.). *Law and Agonistic Politics*. Aldershot: Ashgate, 2008, pp. 66/67.

canadenses sujeitos a direitos humanos concernindo a liberdade de religião e expressão. De sua perspectiva, ao ver o povo Salish da Costa como uma minoria canadense que goza de um regime de autonomia limitada, a decisão da Corte escamoteia e enraíza o *nomos* colonial que viola sua identidade/diferença por incluí-los em primeiro lugar. A decisão da Corte, que dá uma forma concreta à prática dos regimes de autonomia limitada, ilustra o irreconhecimento integrado ao reconhecimento. Sua resistência mostra que o apelo de Arendt ao "direito a ter direitos", que tem atraído tanta atenção e simpatia entre teóricos do Direito e da política, tem sua contrapartida, para me emprestar da formulação incisiva de Nanda Oudejan, no direito a *não* ter direitos.[671]

Em termos gerais, a decisão exemplifica o ponto cego normativo que acompanha a reciprocidade na ação em conjunto. Ou para usar a metáfora visual ubíqua ao Direito Administrativo e Constitucional, não se pode ter qualquer "transparência" que não seja condicionada por um núcleo de nebulosidade irredutível. A natureza limitada dos regimes de autonomia mostra que a origem não recíproca da reciprocidade jurídica retorna do porvir na forma de reivindicações normativas que recusam a integração no círculo de reciprocidade disponível a um coletivo jurídico, e que não podem ser descartadas como irrazoáveis senão se tornando vítima de um *petitio principii*. Essa circularidade foi detectada no argumento de Steiner quanto à discriminação e na decisão da Corte demandando o consenso dos desfavorecidos. Em situações como essas, as demarcações dos regimes de autonomia limitada desafiadas

---

671 OUDEJANS, Nanda. "The Right to Not Have Rights: Illegal Migration and the Potentiality of the Law". Manuscrito não publicado, apresentado na Conferência de Filosofia e Ciências Sociais, em Praga, em 20.05.2015, arquivado com a autora. Eu gostaria de adicionar que o título desse artigo pode e deve ser lido de duas maneiras: o Direito a não ter direitos em um dado coletivo e, mais radicalmente, o Direito a não ter direito como um todo, à luz das pressuposições antropológicas muito específicas das interpretações baseadas em direitos da socialidade.

pela alegalidade também se manifestam como uma linha falha, e não apenas como um limite transformável. As demarcações desses regimes atestam uma linha falha além do qual resta um fora que não é suscetível à autoasserção coletiva.

Carl Schmitt declara que a soberania é um "conceito demarcado" (*Grenzbegriff*).[672] Afiando a formulação de Schmitt, a decisão da Corte mostra que a soberania é um conceito de linhas falhas: ela marca o exercício do poder como a capacidade de determinar aquilo que deve contar como uma diferença – um fora – que um coletivo pode acomodar como parte de quem nós* somos/devemos ser. A despeito da pressuposição amplamente endossada e celebrada de que o liberalismo político oferece a promessa de superar a soberania, a decisão da Corte é um exercício de soberania *porque* promove o liberalismo político. Ao mesmo tempo, a decisão da Corte instancia a perda da soberania, a impotência de uma dada perspectiva na primeira pessoa do plural para regular – logo, para ganhar controle e domínio sobre – aquilo que radicalmente desafia uma reivindicação autoritativamente mediada à unidade. Regimes de autonomia limitada, pelos quais as ordens jurídicas buscam lidar e resolver suas diferenças, ilustram que o "nós* podemos" do poder coletivo e o "nós* não podemos" da impotência coletiva são os dois lados de uma mesma moeda.

Certamente, regimes de autonomia limitada, como descritos por Steiner, tipicamente envolvem Estados de um lado, e grupos intraestatais, de outro. Mas as possibilidades e limitações dessa técnica jurídica, ao lidar com a tensão entre a pluralidade política e a unidade jurídica, têm um valor heurístico para as ordens jurídicas globais emergentes. Assim como Estados ao lidar com "suas" minorias, também as ordens jurídicas globais emergentes são confrontadas com essa tensão ao lidarem e buscarem resolver suas

---

672 SCHMITT, Carl. *Political theology*: four chapters on the concept of sovereignty. Trad. para o inglês de George Schwab. Chicago: University of Chicago Press, 2006, p. 5.

diferenças com coletivos que elas enxergam como uma "minoria" do coletivo global, e.g., um Estado ou mesmo um coletivo dentro de um Estado, como a KRRS ou povos indígenas. A despeito daquilo que a noção de um regime de autonomia limitada sugere, a pluralidade nunca é simplesmente pluralidade *na* unidade de uma ordem jurídica, nem mesmo quando uma ordem jurídica reivindica validade global para si própria.

7.1.3 O princípio do reconhecimento mútuo transnacional

Nicolaidis e Schaffer oferecem uma sinopse de sua defesa daquilo que eles chamam de "reconhecimento mútuo transnacional administrado" da seguinte maneira:

> Goste-se ou não, formas de reconhecimento de facto unilaterais, e frequentemente inconscientes, necessariamente ocorrem continuamente, dado que reconhecimento é um princípio implícito para o funcionamento de qualquer ordem econômica ou política integrada. Arranjos de reconhecimento mútuo constituem assim uma institucionalização e legalização do reconhecimento, oferecendo mecanismos de responsabilização transnacional que de outro modo não existiriam. O reconhecimento mútuo é tanto acerca de expandir o reconhecimento onde não havia nenhum quanto fazer prevalecer o reconhecimento condicionado ao respeito a normas fundamentais, tudo dentro de uma malha operacional transnacional.[673]

Como essa passagem mostra, os autores veem esse arranjo institucional como uma técnica privilegiada para mediar entre a

---

673 NICOLAIDIS, Kalypso; SHAFFER, Gregory. "Transnational Mutual Recognition Regimes: Governance without Global Government". *Law and Contemporary Problems*, vol. 68, nº 3/4, 2005, p. 313.

unidade e a pluralidade, uma questão que vai ao coração da autoasserção coletiva restrita. Não menos importante, eles abordam o reconhecimento como uma categoria para compreender a política da interação *econômica* entre agentes de diferentes ordens jurídicas, assim alargando drasticamente o escopo do reconhecimento para além das suas glosas predominantemente culturais, favorecidas por um espectro de teorias filosóficas do reconhecimento.

Acordos de reconhecimento mútuo (ARMs) têm florescido em um contexto transnacional, em particular dentro da UE, e entre a UE e os Estados Unidos. Mas, como os autores pontuam, ARMs permanecem largamente incipientes em nível global, principalmente como resultado da ausência de alicerces institucionais que pudessem gerar confiança entre as autoridades reguladoras das partes do ARM. Apesar dessa ressalva, o princípio tem um valor heurístico para nossa investigação acerca das técnicas e práticas jurídicas através das quais as ordens jurídicas lidam com suas diferenças em um contexto global.

Assim, eu gostaria de me basear no rico artigo de Nicolaidis e Shaffer para analisar três questões: (a) Em que sentido está o reconhecimento em jogo nas relações do comércio global, seja de bens ou serviços? (b) Qual é o significado normativo dos ARMs nos termos da autoasserção coletiva restrita? (c) De que maneira os ARMs ilustram os dilemas que confrontam uma política autoritativa das demarcações em um contexto global?

(a) Reconhecimento mútuo é, declaram Nicolaidis e Shaffer, uma característica pervasiva das relações econômicas entre estados. Ele é frequentemente implícito, em vez de ser resultado de um ARM. De fato, "[o] comércio sempre foi sinônimo do movimento de bens e serviços produzidos sob regras de produção do Estado de origem que eram implicitamente reconhecidas".[674] Ao se permitir a entrada

---

674 NICOLAIDIS, Kalypso; SHAFFER, Gregory. "Transnational Mutual Recognition Regimes: Governance without Global Government". *Law and*

de bens e serviços de um Estado de origem em seus territórios para os propósitos de transações econômicas, mesmo quando esses bens foram produzidos e esses serviços foram disponibilizados sob condições regulatórias diferentes daquelas do país de acolhimento, os últimos reconhecem os bens e serviços importados no sentido elementar salientado nos capítulos anteriores: um coletivo inclui esses bens e serviços – e suas regras correspondentes – como parte e parcela daquilo que nós, o coletivo, estamos preparados a chamar de elementos de nossa própria ação em conjunto. Em termos gerais, essas relações comerciais envolvem o movimento duplo de reconhecimento discutido anteriormente: um coletivo se reconhece no outro, e o outro em si mesmo. Os autores estão inteiramente corretos ao afirmar que "o reconhecimento unilateral [por um estado de acolhimento] está no coração do comércio".[675] Na medida em que relações comerciais trafegam em ambos os sentidos, de modo que Estados sejam tanto Estados de acolhimento e Estados de origem para os bens e serviços uns dos outros, uma forma implícita de reconhecimento mútuo de ordens jurídicas é a peça fundamental do comércio global.

Mas essa forma implícita de reconhecimento mútuo dá lugar a uma forma explícita, seja quando ela é estendida a setores do comércio global dos quais ela estava ausente, porque a importação de bens e serviços era exclusivamente governada por regras do país de acolhimento, seja quando ela é contestada, geralmente pelo país de acolhimento. Sob essas circunstâncias, as partes entram em um ARM no qual elas se

> comprometem com o princípio de que, se um produto ou serviço pode ser vendido legalmente em uma jurisdição, ele

Contemporary Problems, vol. 68, nº 3/4, 2005, p. 269.

675 NICOLAIDIS, Kalypso; SHAFFER, Gregory. "Transnational Mutual Recognition Regimes: Governance without Global Government". *Law and Contemporary Problems*, vol. 68, nº 3/4, 2005, p. 269.

> pode ser vendido legalmente em qualquer outra jurisdição participante. Para dar efeito a esse princípio geral, governos adotam o reconhecimento mútuo como norma contratual, no que eles acordam transferir efetivamente a autoridade regulatória – ou jurisdição – do país de acolhimento onde a transação ocorre ao país de origem de onde um produto, uma pessoa, um serviço, ou uma firma se originam, sujeito às condições acordadas (e administradas).[676]

O segredo aqui é a condicionalidade do reconhecimento: cada parte autoriza a importação dos bens e serviços da outra se as regras no país de origem que regem a sua produção ou disponibilização são *compatíveis* com aquelas do país de acolhimento. Aqui, exatamente, é onde o autorreconhecimento coletivo, através do reconhecimento do outro, acontece. O estado de acolhimento reconhece as regras aplicáveis aos produtos, pessoas, firmas e serviços do país de origem, renunciando a aplicação de suas próprias regras, porque ele pode se reconhecer nas regras do outro Estado: o Estado de origem, por sua vez, reconhece o Estado de acolhimento, ao assegurar que suas regras atinjam as condições estabelecidas pelo Estado de acolhimento, assim reconhecendo o outro em si mesmo. Esse é um processo eminentemente político: cada uma das partes precisa estabelecer o que conta como uma diferença aceitável no curso de responder autoritativamente à questão: o que é/deve ser nossa ação em conjunto? De todo modo,

> a globalização da administração econômica sempre resulta na confrontação direta de diferenças de todo tipo – jurídicas, sociais, políticas, fiscais – em áreas nas quais tais diferenças foram previamente confrontadas em condições de mercado.[677]

---

676 NICOLAIDIS, Kalypso; SHAFFER, Gregory. "Transnational Mutual Recognition Regimes: Governance without Global Government". *Law and Contemporary Problems*, vol. 68, nº 3/4, 2005, p. 264.

677 NICOLAIDIS, Kalypso; SHAFFER, Gregory. "Transnational Mutual Recognition Regimes: Governance without Global Government". *Law and*

Nós temos aqui, mais uma vez, um exemplo da fragmentação funcional da regulação através de ordens jurídicas típico do TAD global, no qual as autoridades de uma outra ordem jurídica participam na articulação, no monitoramento e na sustentação da ação em conjunto de um dado coletivo. ARMs exemplificam a passagem de uma relação implícita para uma explícita – *institucionalizada* – com o outro na autorrelação de um coletivo. Com efeito, a questão prática – o que nossa ação em conjunto é/deve ser? – se vê institucionalmente estruturada de uma maneira que ela não pode ser nem proposta nem respondida de modo totalmente independente daquilo que a ação em conjunto do outro coletivo é/deve ser. ARMs são institucionalmente "referentes ao outro" como Nicolaidis e Shaffer os colocam, "reconhecedores do outro", como eu os formulo.

Essa característica dos ARMs envolve uma inovação institucional importante concernindo a representação, ou seja, "a extensão horizontal da entidade política através da criação do Direito cooperativa e descentralizada, tornada responsável perante um público além daquele da entidade política".[678] Em vez de buscar estender

---

Contemporary Problems, vol. 68, nº 3/4, 2005, p. 265. Acordos de porto seguro, aos quais eu me referi brevemente na seção 5.2.2, são confrontados com as mesmas questões, como testemunhado pela decisão preliminar do Tribunal de Justiça da União Europeia que declarou a decisão da Comissão sobre a proteção de dados pessoais no bojo do acordo de porto seguro com os EUA inválida. Ver EUROPEAN COURT OF JUSTICE. Case C-362/14, Maximillian Schrems v. Data Protection Commissioner, 6.10.2015. O reconhecimento de julgamentos e sentenças arbitrais estrangeiras também envolve um teste de compatibilidade, logo, uma institucionalização da autoasserção coletiva que estabelece limites à autorrestrição. Por exemplo, o Artigo 5 (1) da Convenção de Haia sobre o Reconhecimento e a Execução de Sentenças Estrangeiras em Matéria Civil e Comercial estipula que o reconhecimento ou execução pode ser recusado quando o julgamento é "manifestamente incompatível com a ordem pública do Estado endereçado ou se a decisão resultou de procedimentos incompatíveis com os requisitos do devido processo legal ou se, dadas as circunstâncias, alguma das partes não teve nenhuma oportunidade adequada de equanimemente apresentar seu caso".

678 NICOLAIDIS, Kalypso; SHAFFER, Gregory. "Transnational Mutual Recognition Regimes: Governance without Global Government". *Law and*

a responsabilização para além da entidade política por meio de órgãos legislativos globalmente eleitos, os autores argumentam a favor de assegurar a responsabilidade de reguladores estrangeiros entre si, de modo que, de uma perspectiva mandante-mandatário,

> os mandatários últimos permanecem sendo o público dentro de uma entidade política nacional, seus respectivos mandantes sendo seus reguladores nacionais que, por sua vez, interagem com suas contrapartes reguladoras estrangeiras.[679]

Mas, conforme a caracterização da representação na seção 3.1.4, reguladores, nacionais ou de outro modo, não estão menos envolvidos na representação da unidade coletiva do que órgãos legislativos eleitos.

(b) Não é surpreendente, portanto, que Nicolaidis e Shaffer estejam preocupados em mostrar que os ARMs constituem uma inovação que é tanto normativa quanto institucional. Muito da literatura sobre governança global foca, como nós vimos, em implementar malhas operacionais institucionais que pudessem garantir relações de autoridade "verticais" entre ordens internacionais ou globais, de um lado, e ordens nacionais, de outro. A OMC ilustra o ponto. Esse movimento de "cima para baixo" postula a unidade jurídica como a pré-condição para uma política autoritativa das demarcações. Por contraste, ARMs instanciam uma interpretação de baixo para cima, "horizontal", da autoridade em que as ordens jurídicas estão entrelaçadas em vez de unificadas como elementos de uma ordem singular, na medida em que cada uma das ordens jurídicas continua reivindicando autonomia regulatória para si mesma, enquanto buscam também preservar a diferença da outra

Contemporary Problems, vol. 68, nº 3/4, 2005, p. 307.

679 NICOLAIDIS, Kalypso; SHAFFER, Gregory. "Transnational Mutual Recognition Regimes: Governance without Global Government". *Law and Contemporary Problems*, vol. 68, nº 3/4, 2005, p. 309.

ordem jurídica. Nos termos do modelo ACAI do Direito: em vez de ocupar lugares com uma única ordem pragmática (global), ARMs permitem "um número de espaços pluralistas internacionais ou transnacionais superpostos e intersectados".[680] Como resultado, "a fronteira para aplicação de um regime de reconhecimento mútuo é... uma fronteira continuamente contestada, sujeita à negociação, deliberação, e controles *ex ante* e *ex post*".[681] De novo nos termos do modelo ACAI do Direito: o processo pelo qual um coletivo se reconhece estabelecendo autoritativamente os limites daquilo que é considerado importante para sua ação em conjunto se torna mediado por um reconhecimento institucionalizado daquilo que é considerado importante para a ação em conjunto pelas outras partes de um ARM. Esse processo é relativamente conflitivo, mas "em vez de requerer dos outros que assimilem as normas nacionais dominantes, acordos de reconhecimento mútuo promovem a aceitação da diferença".[682]

Quando entendidos desse modo, um ARM é uma das modulações institucionais da autoasserção coletiva restrita. De um lado, cada uma das partes do ARM continua a reivindicar autonomia regulatória para si mesma, estabelecendo as condições de compatibilidade que precisam ser alcançadas pelas regras dos Estados de origem que concernem a bens e serviços, os Estados de acolhimento sujeitam o reconhecimento do outro (em nós mesmos) como um de nós ao contínuo autorreconhecimento e asserção coletivos. De outro lado, o Estado de acolhimento se restringe ao suspender a

680 NICOLAIDIS, Kalypso; SHAFFER, Gregory. "Transnational Mutual Recognition Regimes: Governance without Global Government". *Law and Contemporary Problems*, vol. 68, nº 3/4, 2005, p. 315.

681 NICOLAIDIS, Kalypso; SHAFFER, Gregory. "Transnational Mutual Recognition Regimes: Governance without Global Government". *Law and Contemporary Problems*, vol. 68, nº 3/4, 2005, p. 316.

682 NICOLAIDIS, Kalypso; SHAFFER, Gregory. "Transnational Mutual Recognition Regimes: Governance without Global Government". *Law and Contemporary Problems*, vol. 68, nº 3/4, 2005, p. 317.

aplicação de suas próprias regras aos bens e serviços importados, assim reconhecendo o outro (em nós mesmos) como *outro-que-nós*. ARMs estendem a mão para se aproximar e se abstêm para resistir. Em suma, ARMs instanciam aquilo que eu chamei anteriormente de *entrelaçamento institucional* das ordens jurídicas. ARMs são pluralistas, posto que estão em contraste com as duas formas de monismo: tratamento nacional e harmonização.

(c) Mas parar por aqui seria reducionista, encobertando o espaço entre as dimensões abstrata institucional e concreta ético-política da autoasserção coletiva restrita. Previsivelmente, a questão-chave gira em torno da *compatibilidade* das regras dos Estados de acolhimento e origem: uma decisão acerca de que regras são compatíveis envolve atos de inclusão e exclusão pelos quais as autoridades reguladoras dos participantes em um ARM determinam o que conta como relevante e importante para os coletivos que elas representam. O caráter conflituoso intrínseco da negociação de reconhecimento mútuo condicionado corta para os dois lados. De um lado, ARMs dão azo a conflitos *entre* as partes; de outro, a conflitos *dentro* de cada uma das partes. No que concerne aos últimos, alguns atores em um dado coletivo, como grupos de empresários ou de proteção ao consumidor, serão a favor de um ARM, enquanto outros opô-lo-ão.[683] E, referente aos primeiros, autoridades reguladoras buscarão negociar condições para o comércio sob um ARM que sejam o mais vantajosas possível para seu coletivo. Elas podem defender a causa de seus coletivos até o ponto em que a outra parte rompesse as negociações, porque o ARM contemplado seria incompatível com suas próprias regras, isto é, com aquilo que as autoridades regulatórias consideram ser sua identidade coletiva. Desequilíbrios de poder entre os participantes desempenham um papel importante aqui, que evoca a tensão

683 NICOLAIDIS, Kalypso; SHAFFER, Gregory. "Transnational Mutual Recognition Regimes: Governance without Global Government". *Law and Contemporary Problems*, vol. 68, nº 3/4, 2005, p. 283.

entre validade e eficácia discutida em várias ocasiões. Em ambas, no que concerne às discordâncias entre as partes de um ARM e a discordâncias dentro de uma parte sua quanto à compatibilidade de regras, o autorreconhecimento coletivo anda lado a lado com o autoirreconhecimento coletivo, e o reconhecimento coletivo do outro com o irreconhecimento coletivo do outro.

7.1.4 O princípio da complementariedade no Direito Penal Internacional

Eu reservei para o final deste levantamento aquela que é certamente a mais inquietante dentre as técnicas jurídicas para lidar com conflitos entre ordens jurídicas, ou seja, conflitos jurisdicionais concernindo a investigação e a persecução de genocídio, crimes contra a humanidade, crimes de guerra e crimes de agressão. Os tribunais internacionais *ad hoc* para a antiga Iugoslávia e Ruanda, a Corte Especial para Serra Leoa e o Tribunal Especial para o Líbano, todos gozaram de primazia jurisdicional em respeito aos judiciários domésticos. Em contraste, o penúltimo considerando do preâmbulo do Estatuto de Roma estipula que "o Tribunal Penal Internacional [TPI], criado pelo presente Estatuto, será complementar às jurisdições penais nacionais". O TPI pode apenas investigar e julgar se um "Estado não tiver vontade de levar a cabo o inquérito ou o procedimento, ou não tenha capacidade para fazê-lo", ou se a decisão por um Estado que tem jurisdição de não julgar a respectiva pessoa resulte "do fato de esse Estado não ter vontade de proceder criminalmente ou da sua incapacidade real para fazê-lo" (Artigo 17 do Estatuto de Roma).[684]

684 TRIBUNAL PENAL INTERNACIONAL. "Estatuto de Roma do Tribunal Penal Internacional (1998). Preâmbulo e Artigo 17". Disponível em: www.icc-cpi.int/NR/rdonlyres/EA9AEEF7-5752-4F84-BE94-0A655EB30E16/0/Rome_Statute_English.pdf. Acessado em: 13.12.2017.

Vamos abordar o princípio da complementariedade através das lentes da autoasserção coletiva restrita. Note, para começar, que embora muitos Estados, incluindo os Estados Unidos, a República Popular da China e Israel, tenham se oposto à promulgação do Estatuto de Roma, seu preâmbulo reivindica que as partes signatárias agem em nome da "comunidade internacional em seu conjunto" ao estabelecer o ponto de sua ação em conjunto, isto é, castigar os crimes de maior gravidade que afetam aquela comunidade. Nos termos da autoasserção coletiva, o preâmbulo expressa um elevado nós* podemos: nós, a comunidade internacional, somos capazes de punir aquelas pessoas que cometem genocídio, crimes de guerra, crimes contra a humanidade e os crimes de agressão. A comunidade internacional se afirma em resposta ao grave desafio à sua unidade posto pelos crimes enumerados no Artigo 5 do Estatuto. Assim, de um lado, o Estatuto admite a vulnerabilidade da unidade coletiva, a contingência existencial da comunidade internacional. O primeiro considerando do preâmbulo o coloca da seguinte maneira:

> [c]onscientes de que todos os povos estão unidos por laços comuns e de que suas culturas foram construídas sobre uma herança que partilham, e preocupados com o fato de esse delicado mosaico poder quebrar-se a qualquer instante.

De outro lado, o Estatuto enfaticamente afirma a capacidade da comunidade internacional em lidar com aquilo que ameaça esse mosaico delicado: "afirmando que os crimes de maior gravidade, que afetam a comunidade internacional no seu conjunto, não devem ficar impunes".

Como um ato de autoasserção coletiva, a promulgação do Estatuto de Roma também é um ato de autorreconhecimento coletivo. Ao articular, monitorar e sustentar a ação em conjunto sob o Estatuto de Roma, nós*, a comunidade internacional, nos reconhecemos unidos em nosso compromisso de punir aqueles que perpetrarem os crimes que colocam as mais graves ameaças à "paz, segurança e [ao] bem-estar do mundo". Além disso, a persecução e/ou punição pela comissão dos crimes identificados no Artigo 5 é uma forma de reconhecimento outorgada àqueles que são o objeto dos procedimentos do Estatuto de Roma – e às suas vítimas.[685]

O princípio da complementariedade também envolve um ato de reconhecimento no que diz respeito aos Estados que têm sua jurisdição primária para investigar e julgar um caso, independentemente se o TPI considera o caso como admissível ou inadmissível sob o Artigo 17 do Estatuto. Para começar, há o reconhecimento da alteridade, na medida em que o Estatuto permite uma certa margem de manobra para os Estados transporem o Direito Penal Internacional em sua lei doméstica de modo que acomode suas particularidades culturais, e na medida em que a jurisdição do TPI seja subsidiária às cortes nacionais. Mas o reconhecimento da alteridade dos Estados anda lado a lado com seu reconhecimento como parte da comunidade internacional. De um lado, a declaração de inadmissibilidade pelo TPI reconhece o Estado que investiga e/ou julga como um de nós. De fato, os procedimentos do Estado, mesmo se a transposição de crimes internacionais para seu Direito Doméstico envolva uma medida de diferenciação, são *nossos* procedimentos: nós*, a comunidade internacional em seu conjunto, nos reconhecemos no compromisso do Estado em garantir que crimes graves não ficarão impunes. De outro lado, e igualmente, uma declaração de admissibilidade pelo TPI, quando um Estado não tem vontade ou capacidade para investigar ou julgar, reconhece aquele Estado como um de nós porque ele fica aquém daquilo que nós, as partes do Estatuto de Roma, esperamos umas das outras se é para nós* realizarmos o ponto de nossa ação

685 Ricoeur aponta que o reconhecimento é a ideia regulativa governando a punição de comportamento criminosos: "reconhecimento do autor como vítima, reconhecimento do acusado como culpado". RICOEUR, Paul. *Le Juste I*. Paris: Éditions Esprit, 1995, p. 201.

em conjunto. Ainda mais incisivamente: a autoasserção coletiva da comunidade internacional ocorre na ausência da autoasserção coletiva do Estado "sem vontade" ou "incapaz".

Então, à primeira vista, o princípio da complementariedade institucionaliza o que Delmas-Marty chama de um "universal pluralista".[686]

Qua pluralista, a complementariedade concede aos Estados uma margem limitada de diferenciação política, quando da transposição do Direito Penal Internacional para o seu Direito Doméstico. De fato, o princípio da complementariedade não faz senão abranger o equivalente de um regime de autonomia limitada para os Estados ao adotar uma leitura pluralista da complementariedade. Ele incorpora uma defesa da autoridade do TPI que atrela a autoasserção coletiva da comunidade internacional a uma forma empalidecida da autorrestrição como diferimento *da* unidade coletiva. Em particular, ele parece não deixar qualquer espaço para o sentido forte da autorrestrição coletiva introduzido na seção 6.4.4, ou seja, a suspensão de uma norma aplicável a um caso em questão. O leitor se lembrará que eu argumentei a favor de uma ética responsiva na qual, dependendo do contexto, a autorrestrição coletiva suspende uma norma aplicável para preservar e proteger o outro (em nós mesmos) *como outro-que-nós*. No que concerne ao princípio da complementariedade, a autorrestrição coletiva nesse sentido forte significa que o TPI suspenderia a aplicação do Artigo 17 do Estatuto de Roma em um caso que à primeira vista deveria estar sujeito a sua jurisdição. Mas o universalista jurídico não tergiversará com essa inatividade: não investigar ou julgar crimes internacionais quando um Estado não tem vontade ou capacidade para assim fazê-lo exclui o Estado do reduto da comunidade global, tal qual estacado pelo Estatuto de Roma. Se suspender a aplicação

---

686 DELMAS-MARTY, Mireille. *Vers une communauté des valeurs*? Paris: Seuil, 2011, p. 183.

do Artigo 17 indiretamente, reconhece o outro (em nós mesmos) como outro-que-nós, então esse sentido forte da autorrestrição coletiva efetivamente iliba o genocídio, crimes contra a humanidade, crimes de guerra e os crimes de agressão. Assim, certamente, viria a cortante objeção do universalista jurídico a esse exercício de autorrestrição coletiva.

Essa objeção evidencia a segunda parte da interpretação de Delmas-Marty da complementariedade, ou seja, como um *universal*. Parece ser que, no que concerne a genocídio, crimes de guerra, crimes contra a humanidade e crimes de agressão, a questão acerca da autoridade escapa das ambiguidades que eu não tenho poupado esforços para trazer à tona ao discutir a margem nacional de apreciação, os regimes de autonomia limitada, e o princípio da reciprocidade mútua. Trata-se de um domínio no qual a universalidade da autoridade parece indisputável, porque o que está em jogo é, nas palavras do último considerando do Estatuto, garantir "o respeito duradouro pela efetivação da justiça internacional". O crescente movimento do Direito Penal Internacional, por sua parte, apoia fervorosamente o TPI como central para se alcançar "justiça global para crimes de guerra, crimes contra a humanidade e genocídio".[687] Parece, assim, que o princípio da complementariedade institucionaliza uma forma de autoridade na qual o TPI (e as cortes do Estado respectivo) representa a humanidade como uma unidade. De fato, o quarto considerando do Estatuto declara ousadamente que "os crimes de maior gravidade, que afetam *a comunidade internacional no seu conjunto*, não devem ficar impunes" (grifo nosso). Então, embora a complementariedade possa acomodar uma certa diferenciação do Direito Penal Doméstico, é tentador assumir, com o movimento do Direito Penal Internacional, que o Estatuto

687 Como proclamado no sítio eletrônico da Coalizão pelo Tribunal Penal Internacional. COALITION FOR THE INTERNATIONAL CRIMINAL COURT. Disponível em: www.coalitionfortheicc.org/. Acessado em: 15.03.2022.

de Roma é autoritativo em virtude da subordinação da pluralidade política à unidade jurídica da comunidade de seres humanos: pluralidade *na* unidade. Aqui, certamente, o global coincide com o universal; aqui, evidentemente, a autoridade assume a forma do reconhecimento recíproco inobstruído pelo espaço e pelo tempo; aqui, irrefutavelmente, existe uma ordem jurídica global com um dentro, mas nenhum fora.

Ou seria essa conclusão prematura? Será que uma tensão irredutível entre a unidade jurídica e a pluralidade política poderia continuar a assombrar a investigação e a persecução de crimes sob o Estatuto de Roma, de modo que a autoritatividade das intervenções do TPI requeresse reconhecer que a humanidade está dentro e fora de sua jurisdição?

A pesquisa pioneira e corajosa de Sarah Nouwen sobre a complementariedade mostra que esse é o caso. Combinando um trabalho de campo extenso com análises doutrinais cuidadosas, a autora explora se a complementariedade teve um efeito catalizador no Uganda e no Sudão, i.e., se a criação do TPI efetivamente encorajou esses Estados a investigar e julgar ativamente crimes internacionais e, em linha com isso, reformar seu Direito Penal Doméstico, tanto material quanto processual. Embora ela foque em um par de países, seus achados são mais gerais quanto ao escopo, destacando duas ambiguidades confrontando o TPI. A primeira consiste naquilo que ela chama de paradoxo normativo da complementariedade: "O Estatuto de Roma e o TPI fomentaram... uma norma segundo a qual crimes não podem ficar impunes"; mas ao "estabelecer uma corte na mesma pressuposição de que Estados falham em investigar e julgar", o Estatuto e a Corte efetivamente "enfraqueceram a ideia de que Estados possuem responsabilidade doméstica quanto a isso".[688] A segunda ambiguidade se refere ao

688 NOUWEN, Sarah M. H. *Complementarity in the line of fire*: the catalysing effect of the International Criminal Court in Uganda and Sudan. Cambridge: Cambridge University Press, 2013, p. 13.

paradoxo do efeito catalizador: "o TPI é bastante inclinado a exercer sua jurisdição naqueles casos no qual a complementariedade tem as maiores chances de catalisar procedimentos genuinamente domésticos".[689] Eu não posso fazer justiça à riqueza da pesquisa de Nouwen neste livro; eu me limito às suas implicações para minha questão acerca da autorrestrição coletiva.

Nouwen evidencia as duas faces da autorrestrição coletiva. A primeira gira em torno da avaliação da Procuradoria quanto à eficácia das intervenções do TPI. As situações de Uganda e Sudão mostram que a Procuradoria endossa procedimentos domésticos quando a cooperação do Estado com a jurisdição primária provavelmente não é iminente ou quando a intervenção do TPI irritaria um grande poder internacional – o caso do Sudão. De outro, a Procuradoria exercerá sua jurisdição naqueles casos em que o Estado correspondente está preparado para cooperar e o TPI pode contar com as bênçãos das potências mundiais – o caso do Uganda. Esse achado ilustra a dimensão prudencial da autoridade, como discutido anteriormente neste capítulo e no capítulo VI. Como acontece com outras ordens jurídicas emergentes, falta ao TPI poderes de execução; a fragmentação funcional da autoridade através de diferentes ordens jurídicas implica que o TPI depende dos Estados com jurisdição primária e da comunidade internacional para efetivamente investigar, julgar e punir crimes internacionais. Assim como os Estados com jurisdição primária, então também o TPI pode "não ter vontade" ou "capacidade" para se engajar nos procedimentos. Sua reivindicação ao exercício efetivo de poder normativo – autoasserção coletiva – anda lado a lado com a autorrestrição coletiva em face de sua impotência. Mesmo quando genocídio, crimes contra a humanidade, crimes de guerra e o crime de agressão estão em jogo, a autoridade envolve

689 NOUWEN, Sarah M. H. *Complementarity in the line of fire*: the catalysing effect of the International Criminal Court in Uganda and Sudan. Cambridge: Cambridge University Press, 2013, p. 14.

um cuidadoso olhar em volta – um exercício de circunspecção – ao decidir se se deve investigar e julgar.

Mas se esse *Umsicht* é parte da autoridade do TPI, ela também a mina, na medida em que a validade é vista como sendo sacrificada pela efetividade, uma questão que é especialmente delicada no que concerne ao foco do Tribunal em países africanos. O movimento do Direito Penal Internacional ponderará que os constrangimentos institucionais nos quais o TPI opera simplesmente destacam o desequilíbrio de poderes existente: esses constrangimentos refletem aquilo que a comunidade internacional *é*, em vez daquilo que ela *deve ser*. Dada a gravidade dos crimes, adiciona o movimento do Direito Penal Internacional, o TPI deveria ser investido com jurisdição e poderes suficientes de execução referentes a *todos* os Estados, incluindo os Estados Unidos, a República Popular da China, Israel, e outros, não apenas Estados fracos, africanos ou não. Sob circunstâncias ideais, declara o movimento, a jurisdição do TPI verdadeiramente exerceria a autoridade em nome da "comunidade internacional em seu conjunto", superando os desequilíbrios de poder para instanciar relações de reconhecimento recíproco entre todos os estados e todos os seres humanos. Ele insiste que a validade universal do Estatuto de Roma, e não sua efetividade, precisa ter a última palavra ao se definir a natureza da autoridade do TPI.

Sem dúvida a falta de jurisdição e poderes de execução do TPI no que concerne às potências mundiais mina significativamente a eficácia e a reivindicação por validade do Estatuto de Roma. Mas os problemas são mais profundos que isso, como Nouwen e Werner mostraram em um artigo que desafia a reivindicação por autoridade universal levantada em nome do Estatuto e do TPI. Eles apontam que a justiça penal internacional sob o Estatuto de Roma se equipara crescentemente com a busca por justiça global, uma equiparação que é tentadora à luz do último considerando do Estatuto, que vê a punição de graves crimes internacionais como um meio para garantir "o respeito duradouro pela efetivação da justiça internacional". Embora os autores admitam que o Direito

Penal Internacional é uma das maneiras de realização da justiça global, eles também enfatizam que "a institucionalização da justiça global através de tribunais penais internacionais potencialmente marginaliza concepções alternativas de justiça".[690]

Uma dessas concepções alternativas de justiça concerne ao povo Acholi, que resolutamente se opõem à jurisdição do TPI em resposta às atrocidades que o Exército de Resistência do Senhor cometeu no norte de Uganda. Sua oposição é ainda mais notável porque os Acholi foram as vítimas dessas atrocidades. Em seus depoimentos ao TPI, os anciãos dos Acholi argumentaram que "o sistema judicial realiza justiça através da punição. O ofensor e o ofendido são postos de lado. Isso leva à polarização, que leva à morte".[691] Contra essa interpretação da justiça, os anciãos clamaram por uma concepção da mesma orientada à restauração das relações.

> Onde o alvo oficial da justiça penal internacional seja incapacitar e excluir, as cerimônias de justiça Acholi são adequadas para incluir, focadas como elas são em restaurar relacionamentos dentro da comunidade. Essencial para essa restauração são rituais comunitários e compensação.[692]

Curiosamente, os Acholi não simplesmente se opuseram a essas duas formas de justiça; eles também se insurgiram contra

---

690 NOUWEN, Sarah M. H.; WERNER, Wouter G. "Monopolizing Global Justice: International Law as Challenge to Human Diversity". *Journal of International Criminal Justice*, vol. 13, nº 1, 2015, p. 163. Ver também DRUMBL, Mark. *Atrocity, Punishment, and International Law*. Cambridge: Cambridge University Press, 2007, pp. 123-148.

691 Citado em NOUWEN, Sarah M. H.; WERNER, Wouter G. "Monopolizing Global Justice: International Law as Challenge to Human Diversity". *Journal of International Criminal Justice*, vol. 13, nº 1, 2015, p. 166.

692 NOUWEN, Sarah M. H.; WERNER, Wouter G. "Monopolizing Global Justice: International Law as Challenge to Human Diversity". *Journal of International Criminal Justice*, vol. 13, nº 1, 2015, p. 165. Falando em termos estritos, a incapacitação da punição penal é uma forma de inclusão.

o TPI por não investigar e julgar atores estatais de Uganda, para quem a justiça como punição era considerada apropriada pelos anciãos. Consequentemente, o tipo de justiça apropriado depende, da perspectiva dos Acholi, da relação dos perpetradores com a sua comunidade. A sua luta não é apenas por reconhecimento, mas também uma luta por representação que envolve quem consegue representar a humanidade e o que conta como humanidade.

O apelo dos Acholi por uma abordagem alternativa da justiça e da reconciliação foi rejeitado pelo TPI e pelo movimento do Direito Penal Internacional em geral, com a justificativa de que a restauração seria uma forma "tradicional" e "local" de justiça que não atenderia aos padrões internacionais requeridos para desafiar a admissão pelo TPI do caso. Esses padrões internacionais são individuais em vez de comunais; punitivos em vez de compensatórios, voltados para os perpetradores em vez das vítimas; guiados por responsabilização em vez de cerimônias de purificação.

> Contrastadas com a "justiça global" do TPI, outras concepções de justiça subitamente aparecem como particulares, locais e tradicionais. Essas tradições são aceitas como formas de justiça em adição ao Direito Penal Internacional. Mas como alternativas à justiça penal internacional, elas são apenas aceitas se correspondem aos padrões aparentemente "deslocalizados", "modernos" e acima de tudo "mais elevados" da "justiça global" aplicados pelo TPI.[693]

Nouwen e Werner são cuidadosos em acomodar várias ressalvas quanto a sua tese. O seu ponto de discórdia não está no Estatuto de Roma ou no TPI enquanto tais; eles se opõem ao movimento de apresentar o Direito Penal Internacional como o

693 NOUWEN, Sarah M. H.; WERNER, Wouter G. "Monopolizing Global Justice: International Law as Challenge to Human Diversity". *Journal of International Criminal Justice*, vol. 13, nº 1, 2015, p. 167.

principal e indispensável meio para alcançar a justiça global. O Estatuto de Roma, eles adicionam, não extingue nem promove formas alternativas de justiça. Em vez disso, há pontos significativos de intersecção entre ambos, de modo que em muitas circunstâncias justiça através da punição e justiça através de outros mecanismos podem ser buscadas em paralelo. Então seu pleito é tudo menos um debate por relativismo cultural ou uma tentativa de cortar o elo entre autoasserção e autorrestrição coletivas. Mas eles são inflexíveis em reconhecer as limitações do princípio da complementariedade: em um sentido jurídico, ele

> cria espaço para um fórum da justiça penal alternativo àquele do TPI, mas não para uma concepção alternativa de justiça: para os propósitos da complementariedade, a justiça doméstica teria de ser justiça penal.[694]

Qua malha operacional institucional para mediar entre identidade coletiva e diferença, a complementariedade abre e encerra lutas por reconhecimento e representação que advêm dos encontros entre si coletivo e outro.

Eu atribuo a maior das importâncias a esse *insight*, dado que ele evidencia a dinâmica do reconhecimento e irreconhecimento discutida na seção 6.3.3. A justiça global – i.e., o que nós, humanidade, tomamos como sendo a justiça – é representada como punição em vez de como restauração, de modo que o reconhecimento dos Acholi como vítimas com direito à punição dos criminosos é também seu irreconhecimento. Assim, o estabelecimento do Estatuto de Roma e do TPI não pode incluir a humanidade sem também a excluir. Quando se reivindica que o Estatuto de Roma é parte do "Direito da humanidade" e de "um conceito de justiça baseado na humanidade", em virtude do

---

694 NOUWEN, Sarah M. H.; WERNER, Wouter G. "Monopolizing Global Justice: International Law as Challenge to Human Diversity". *Journal of International Criminal Justice*, vol. 13, nº 1, 2015, p. 174.

que o Estatuto tem autoridade universal, o que se faz é envolver-se em um ato de representação no sentido duplo do termo: imputa-se uma ordem jurídica à humanidade (representação de) e se representa a humanidade como isso em vez de aquilo, excluindo a humanidade no mesmo processo de incluí-la.[695] Do mesmo modo, a emergência do Direito Penal Internacional é um *nomos* – um *nomos* da terra – no sentido aborígene indicado por Schmitt: um "tomar lugar", de modo que, retornando à nossa tese inicial, [T2] a unificação (global) anda lado a lado com [T2] a pluralização (global). Essa lugarização também deveria ser compreendida espacialmente: o lugar que os anciões Acholi deixaram, quando eles viajaram à Haia para prestar seus depoimentos ao TPI, não é simplesmente um lugar dentro das proximidades dos lugares nos quais o TPI está lugarizado, de onde o procurador partiu ao viajar para o norte do Uganda, mesmo se a distância geográfica fosse "a mesma" em ambas as direções. Categoricamente, o Direito Penal Internacional não é menos local que as formas "locais" de justiça que ele subordina em sua glosa da justiça como punição; quem reivindica validade global para o estatuto fala a partir de algum lugar, não de qualquer lugar ou todos os lugares. O estatuto é uma ordem jurídica global florescente no primeiro dos sentidos indicados no capítulo 1, mas fica aquém de ser Direito Global no segundo sentido indicado: uma ordem jurídica que, como universal, esteja em todo lugar em vez de em algum lugar. Assim, o princípio da complementariedade, o qual, na leitura de Delmas-Marty, reconciliaria o uno e o múltiplo, mostra, pelo contrário, que há uma tensão irredutível entre pluralidade política e unidade jurídica. A humanidade está dentro e fora da invocação do Estatuto de Roma "da comunidade internacional em seu conjunto".

---

695 TEITEL, Ruti. *Humanity's Law*. Nova York: Oxford University Press, 2011. Se o Estatuto de Roma ilustra as ambiguidades às quais a invocação da humanidade dá azo quanto ao Direito Penal Internacional, também o faz a proposta de subordinar a soberania à humanidade. Ver PETERS, Anne. "Humanity as the A and the Ω of Sovereignty". *European Journal of International Law*, vol. 20, nº 3, 2009, pp. 513-544.

Esse achado não milita contra o Direito Penal Internacional, mas mostra que, como todas as ordens jurídicas, o Estatuto de Roma tem um ponto cego normativo, logo, como ele traça a distinção entre legalidade e ilegalidade, não pode simplesmente ser equiparado com justiça e injustiça. O que se precisa, portanto,

> não é de mais instituições para preencher o 'vácuo' ou uma instituição central da qual se possa administrar o pluralismo, mas precisamente a proteção desse 'vácuo' ou a criação do espaço sem um administrador central da justiça. Um espaço precisa ser protegido, de modo que o significado da justiça possa ser continuamente contestado.[696]

Esse espaço ou vácuo é aquilo que eu tenho chamado de *entre* – o "inter" da intersubjetividade, interação e interdependência – que junta e separa um si coletivo de seus outros, e que escapa ao domínio de ambos. Lidar com o ponto cego normativo derivado do Estatuto de Roma requer admitir indiretamente uma linha falha na jurisdição do TPI, um fora que se encontra além de seu controle normativo. Dependendo do contexto, não afirmar sua jurisdição conforme à complementariedade pode ser um ato de autorrestrição do TPI que evidencia sua autoridade *normativa* em face daquilo que ele qualifica como genocídio, crimes contra a humanidade, crimes de guerra e crime de agressão. Não menos do que com todas as outras ordens jurídicas globais emergentes, a autoritatividade da política de demarcações do TPI, em um contexto global, gira em torno de sua disposição a reconhecer o outro (em nós mesmos) como um de nós e como outro-que-nós, muito embora a autoridade do tribunal nunca possa realizar plenamente a promessa contida no conectivo "e".

---

696 NOUWEN, Sarah M. H.; WERNER, Wouter G. "Monopolizing Global Justice: International Law as Challenge to Human Diversity". *Journal of International Criminal Justice*, vol. 13, nº 1, 2015, p. 175.

7.1.5 Avaliação interina

É hora de encerrar esta longa seção, resumindo seus principais achados. As quatro técnicas e práticas jurídicas examinadas até aqui são algumas das muitas malhas operacionais institucionais desenvolvidas para regular interações conflituosas entre as ordens jurídicas em um contexto global. Cada uma dessas técnicas e práticas pode ser reconstruída, ou assim eu argumentei, como uma certa materialização institucional da autoasserção coletiva restrita. O primeiro ponto a se notar é que, em face de uma demanda por reconhecimento, em cada caso as autoridades representam o coletivo como uma *unidade*. Isso é integral à própria noção de *autoasserção* coletiva. Segundo, dado que a autoasserção coletiva ocorre através de atos representacionais, ela abre espaço para a transformação da configuração-padrão da ação em conjunto, i.e., ela acomoda a transformação da unidade ao trocar o limite entre si coletivo e outro. Terceiro, e em conexão com esse ponto anterior, cada uma das técnicas e práticas discutidas até aqui pode ser reconstruída como institucionalização das representações de uma unidade que é diferida e deferida, em ambos os sentidos. Elas *postergam* a unidade, para conceder à outra ordem jurídica uma voz naquilo que conta como o "o que" e o "quem" da unidade coletiva, reconhecendo o outro como um de nós. E elas *cedem*, em uma certa medida, à representação da unidade do outro (em nós mesmos), que é reconhecido como outro-que-nós. Da mesma maneira que a representação responde à possibilidade de autoasserção coletiva, ela também responde à possibilidade de restrição. Enquanto tais, cada uma dessas técnicas e práticas jurídicas pode contribuir, de maneira mais ou menos significante, à autoritatividade de uma política das demarcações em um contexto global.

No entanto, como também tem ficado claro, nenhuma delas é bem-sucedida em domesticar ou neutralizar a assimetria dupla entre si coletivo e outro. O "inter" de uma "interação" conflitiva entre ordens jurídicas resiste à pacificação e controle por meios jurídicos porque, de diferentes maneiras, cada uma dessas técnicas e práticas jurídicas mostra que a pluralidade política é irredutível à unidade jurídica. E essa é uma outra maneira de afirmar que a autoritatividade de uma política das demarcações em um contexto global não pode ser esgotada por armações institucionais que buscam regular lutas por reconhecimento e representação.

7.2 Globalizando o Direito Administrativo

A seção anterior focou em um amontoado de técnicas e práticas jurídicas desenvolvidas para lidar com as relações conflitivas emergentes entre ordens jurídicas em um contexto global. Mas uma consideração mais completa de como a autoasserção coletiva restrita pode obter suporte institucional em um contexto global é necessária. Dado seu caráter fragmentado e sua especificidade, aquelas técnicas e práticas não consistem na única maneira de lidar com a globalização da inclusão e exclusão. Elas não esgotam os fóruns institucionais para lidar com conflitos entre ordens jurídicas, nem são suficientes para abordar diversas demandas por reconhecimento propostas por indivíduos e grupos contra ordens jurídicas globais emergentes, como evidenciado, dentre outros, por aquilo que Holloway chama de grito dos movimentos alterglobalização: "*Ya basta!*", "*Kefaya*!", "*We are the 99%*!" Da mesma forma, nenhuma daquelas técnicas é capaz de responder ao amplo espectro de desafios à junção – a comunalidade – da ação em conjunto, desafios que advêm e resistem ao *nomos* que inaugura as ordens jurídicas globais emergentes.

O que se encontra sob o nome de Direito Administrativo Global pode ser compreendido como uma iniciativa que abarca, ou busca abarcar, ambas as deficiências das técnicas e práticas mencionadas anteriormente. Quanto à primeira, o Direito Administrativo Global promove uma malha operacional institucional compreensiva para responder autoritativamente aos desafios à unidade das ordens jurídicas globais emergentes. Ele se esforça para estabelecer procedimentos administrativos para a tomada de decisão por órgãos de governança global que podem acomodar demandas por reconhecimento feitas por uma ampla variedade de atores: outros órgãos dessa natureza; Estados e suas agências; indivíduos e grupos, incluindo aqueles que portam o estandarte da alterglobalização para resistir ao capitalismo global. Quanto à segunda, eu entendo o Direito Administrativo Global como uma iniciativa orientada a compensar, ao menos parcialmente, a exclusão massiva decorrente da emergência de ordens jurídicas globais. Mesmo se o Direito Administrativo Global faça efeito após a emergência das ordens jurídicas globais, ele busca compensar pelo fechamento inicial não autorizado ao estruturar a tomada de decisão de órgãos de governança como lutas por reconhecimento que poderiam assegurar a generalidade da regulação. Então, embora simpático à simplicidade e ao pragmatismo recomendado por seus paladinos, eu entendo o Direito Administrativo Global como uma contribuição à questão urgente de compreender como uma política autoritativa das demarcações seria de todo possível em um contexto global. Para me emprestar da esplêndida formulação de Dyzenhaus, "a busca por um princípio, por uma consideração principiológica da autoridade do Direito, não pode ser abandonada, mesmo temporariamente".[697]

Uma ressalva. Cada um dos elementos que integram a locução composta "Direito Administrativo Global" tem sido objeto de vívidos debates: seu caráter como Direito, como Administrativo e como Global. Eu examino apenas aqueles aspectos desse debate que são imediatamente relevantes para meu próprio esforço, ignorando o restante.

7.2.1 Organizando as lutas administrativas por reconhecimento

O Direito Administrativo Global não é de forma alguma *terra incognita* para este livro. O capítulo III se referiu à tomada

697 DYZENHAUS, David. "Accountability and the Concept of (Global) Administrative Law". *Acta Juridica*, 2009, p. 27.

de decisão do Comitê de Supervisão Bancária da Basileia (CSBB), do Quadro Internacional de Normas Contábeis (IASB), da Organização Internacional de Padronização (ISO), da Clean Clothes Campaign (CCC), do Codex Alimentarius (de passagem) e, evidentemente, da OMC. Em maior ou menor medida, cada um desses órgãos instituiu procedimentos que incorporam princípios administrativos voltados a aprimorar a autoritatividade de sua tomada de decisão. Os procedimentos que governam a tomada de decisão pelo conjunto de órgãos que povoam a densa paisagem de órgãos administrativos globais abrangem aquilo que o manifesto fundante do projeto do Direito Administrativo Global chama de "o Direito Administrativo da Governança Global", ou seja,

> as regras e procedimentos que ajudam garantir a responsabilidade da administração global... foca[ndo] em particular nas estruturas administrativas, na transparência, nos elementos participativos no procedimento administrativo, nos princípios da tomada de decisão motivada, e nos mecanismos de revisão.[698]

A tomada de decisão por esses órgãos ilustra os desafios intimidadores que a governança global apresenta a uma política autoritativa de demarcações. Em seu artigo, Kingsbury, Krisch e Stewart argumentam que a governança global, que na maior parte das vezes se dá na forma de ações administrativas, dá azo a questões acerca da regulação que não podem ser abordadas nos termos da simples disjunção entre tratados internacionais e Direito Administrativo Nacional. Como o Direito Doméstico, a ação administrativa no nível global tem tanto elementos legislativos quanto adjudicativos, ou seja, a criação de padrões e regras de aplicabilidade geral e decisões de supervisão acerca da implementação desses padrões e regras.

698 KINGSBURY, Benedict; KRISCH, Nico; STEWART, Richard B. "The emergence of global administrative law". *Law and Contemporary Problems*, vol. 68, 2005, p. 15.

Mas a autonomia com que os órgãos administrativos globais se engajam na regulação preclui vê-los como meros agentes estatais. Como resultado, as duas abordagens tradicionais da legitimação da governança global perdem plausibilidade. De um lado,

> juristas internacionalistas não podem mais plausivelmente argumentar que não há qualquer democracia real ou déficits de legitimidade na governança administrativa global, porque os órgãos regulatórios globais respondem aos Estados, e os governos desses Estados respondem aos eleitores e aos tribunais.

De outro,

> juristas administrativistas nacionais não podem mais insistir que uma responsabilização adequada para a governança global regulatória pode sempre ser alcançada através da aplicação dos requisitos do Direito Administrativo Doméstico para as decisões regulatórias domésticas.[699]

Nos termos do modelo ACAI do Direito, os dois aspectos desse dilema, que Kingsbury, Krisch e Stewart caracterizam como um "*déficit* de responsabilização", levam de volta ao problema da unidade putativa coletiva *qua* unidade *autoral*. Ambos os aspectos precluem que os povos de Estados, diversa ou coletivamente, possam ser vistos como autores das regras estabelecidas pelas autoridades globais. Lembre-se, quanto a isso, da distinção de três vias entre as posições nós* orador, nós* em jogo e nós* autor referentes à unidade coletiva, conforme introduzido na seção 3.1. Relembre também que apenas as primeiras duas posições são constitutivas de um sentido mínimo da autonomia coletiva requerida por ordens jurídicas, dado que os destinatários da configuração-padrão da ação em conjunto

699 KINGSBURY, Benedict; KRISCH, Nico; STEWART, Richard B. "The emergence of global administrative law". *Law and Contemporary Problems*, vol. 68, 2005, p. 26.

ampla e generalizadamente sigam essa regulação, i.e., desde que a ordem jurídica seja mais ou menos eficaz. Mas isso deixa o problema da propriedade sem resolução, ou seja, as condições sob a quais os destinatários do nós* em jogo putativo estejam preparados para se identificar com a ordem jurídica, considerando-a sua e concedendo-lhe fidelidade. Isso é particularmente ausente no caso da governança global, no qual a alienação massiva é predominante.

Em lugar de uma democracia global, que Kingsbury, Krisch e Stewart veem como ilusória, uma alternativa é estabelecer arranjos institucionais de modo que indivíduos que compõem os coletivos globais "em jogo" na regulação possam ver a si mesmos como se contribuíssem para a autoria dessas regulações, mesmo senão através de canais eleitorais tornados possíveis por Estados delimitados e *demoi* estatais. Não a integração de ordens jurídicas globais emergentes no autogoverno coletivo de uma entidade política global singular, mas sim a multiplicação dos sítios de autogoverno coletivo global é o que anima o Direito Administrativo Global como um projeto institucional e normativo. Que fique claro, Kingsbury, Krisch e Stewart destacam as dificuldades diante da tentativa de democratizar a governança global. Na ausência de modelos eleitorais facilitados pela cidadania demarcada dos Estados territoriais, apenas a democracia participativa e deliberativa se recomendam enquanto alternativas, e, no entanto,

> elas dificilmente resolveram os problemas de definir 'o público' que supostamente deveria governar ou ser representado globalmente, ou de desenvolver os mecanismos pelos quais a participação ou deliberação globais podem ocorrer de fato.[700]

---

700 KINGSBURY, Benedict; KRISCH, Nico; STEWART, Richard B. "The emergence of global administrative law". *Law and Contemporary Problems*, vol. 68, 2005, p. 49.

Eu retorno logo mais ao problema de determinar as demarcações de um público global. Por ora, é significativo que Kingsbury ofereça, em um artigo posterior, uma reconstrução normativa do conceito de Direito pressuposto pelo Direito Administrativo Global que liga o sentido público à autoridade democrática. Em suas palavras,

> por sentido público se quer dizer a reivindicação feita pelo Direito de que ele foi forjado por toda a sociedade, pelo público (a posição nós* autor), e a reivindicação conexa de que o Direito envolve questões de interesse da sociedade enquanto tal (a posição nós* em jogo).[701]

Enquanto Kingsbury inicialmente deu corpo à noção de publicidade com referência a princípios tradicionais do Direito Administrativo, uma publicação recente sugere que introduzir fóruns deliberativos nos procedimentos administrativos aumenta o sentido público da governança global.[702] Em última instância, então, o Direito Administrativo Global foca nos procedimentos e princípios administrativos que contribuem, não obstante, e na ausência de um eleitorado global, para fortificar a perspectiva na primeira pessoa do plural de um nós* global em conjunto na ação regulatória, considerando que o sentido de propriedade compartilhada da regulação que esses procedimentos e princípios poderiam implicar reduz o cenário de agência massivamente alienada, assombrando a governança global hoje.

---

701 KINGSBURY, Benedict. "The Concept of 'Law' in Global Administrative Law". *European Journal of International Law*, vol. 20, nº 1, 2009, p. 31; KINGSBURY, Benedict. "International Law as Inter-Public Law". *In*: RICHARDSON, Henry S.; WILLIAMS, Melissa S. (Coord.). *Moral Universalism and Pluralism, Nomos XLIX*. Nova York: New York University Press, 2009, pp. 175/176.

702 KINGSBURY, Benedict; DONALDSON, Megan; VALLEJO, Rodrigo. "Global Administrative Law and Deliberative Democracy". *In*: ORFORD, Anne; HOFFMAN, Florian (Coord.). *The Oxford handbook of the theory of international law*. Oxford: Oxford University Press, 2016, pp. 526-542.

Em um artigo recente, Stewart oferece uma base normativa diferente, embora relacionada, do Direito Administrativo Global. Argumentando que a governança global sistematicamente desconsidera grupos e indivíduos mais fracos em benefício dos interesses e preocupações de Estados poderosos e atores econômicos, ele busca identificar mecanismos que poderiam remediar ou reparar essa desconsideração, com o propósito de promover um sistema mais justo de governança global. O autor argumenta persuasivamente que o Direito Administrativo Global erraria o alvo se apenas jogasse a carta da responsabilidade. Como Grant e Keohane antes dele, Stewart nota que o problema não é tornar os órgãos da governança global responsabilizáveis; eles são certamente responsabilizáveis – mas, frequentemente, apenas por Estados poderosos, atores econômicos e outros agentes que os estabelecem e os sustentam, e que ocupam a posição de nós* autor das ordens jurídicas globais emergentes. "O problema, no fundo, não é a ausência de mecanismos de responsabilização enquanto tais, mas a desconsideração".[703] O que precisa ser feito é aprimorar a responsividade dos órgãos de governança global aos interesses e preocupações desconsiderados. E ele acrescenta:

> [U]sando... outros mecanismos – regras de decisões e outras medidas que promovam a responsividade – pode ser frequentemente mais produtivo. Focar simplesmente na responsabilização leva ao perigo de se diagnosticar equivocadamente o problema fundamental e se prescrever os remédios errados.[704]

---

703 STEWART, Richard B. "Remedying Disregard in Global Regulatory Governance: Accountability, Participation and Responsiveness". *The American Journal of International Law*, vol. 108, nº 2, 2014, p. 235; GRANT, Ruth W.; KEOHANE, Robert O. "Accountability and Abuses of Power in World Politics". *American Political Science Review*, vol. 99, nº 1, 2005, p. 29.

704 GRANT, Ruth W.; KEOHANE, Robert O. "Accountability and Abuses of Power in World Politics". *American Political Science Review*, vol. 99, nº 1, 2005, p. 29.

Ao distinguir os remédios para a desconsideração em termos de medidas de tomada de decisão, responsabilização, e outras maneiras de se promover a responsividade (com ênfase especial para a transparência, participação não decisória e motivação dos atos), e examinar diligentemente suas possibilidades e limitações, Stewart mostra que o Direito Administrativo Global abre espaço para intervenções pelos desconsiderados – os irreconhecidos – tanto *ex post* quanto *ex ante* à promulgação de regulação global, enquanto os mecanismos de responsabilização são sempre e apenas *ex post*.

Importante ressaltar: Stewart nota que de uma perspectiva institucional do Direito Administrativo, a desconsideração é procedimental antes de ser substantiva:

> desconsideração substantiva se relaciona à adoção de decisões que injustificadamente violam ou prejudicam aqueles cujos interesses e preocupações foram procedimentalmente desconsiderados, em que as decisões foram adotadas como consequência dessa desconsideração.[705]

Por sua vez, desconsideração procedimental ocorre quando os reguladores falham ou se recusam a coletar informação sobre os indivíduos e grupos afetados por sua decisão; quando eles falham ou se recusam a providenciar aos indivíduos e grupos afetados acesso à informação ou lhes permitir desempenhar um papel no processo de tomada de decisão, submetendo evidências sobre e argumentos acerca das decisões propostas, por exemplo; quando eles não abordam os interesses e as preocupações dos agentes afetados ao explicar e motivar suas decisões.[706] Dessa perspectiva, procedimentos admi-

705 STEWART, Richard B. "Remedying Disregard in Global Regulatory Governance: Accountability, Participation and Responsiveness". *The American Journal of International Law*, vol. 108, nº 2, 2014, p. 224.

706 STEWART, Richard B. "Remedying Disregard in Global Regulatory Governance: Accountability, Participation and Responsiveness". *The American Journal of International Law*, vol. 108, nº 2, 2014, p. 224.

nistrativos que consideram o Direito Administrativo Global um projeto institucional são movidos pela "igual consideração [como] um ideal regulativo".[707] Apesar da realidade da governança global inevitavelmente ficar aquém do ideal, a justiça corresponde a uma situação na qual os interesses e as preocupações relevantes daqueles afetados pela governança global são tratados igualmente no curso da edição e implementação de regras globais. Aqui, mais uma vez, há uma consideração democraticamente inspirada das fundações normativas do Direito Administrativo Global, pelo qual procedimentos administrativos que estruturam a tomada de decisão abrem um espaço institucional para que as partes afetadas participem como coautores da governança global (a posição nós* autor), na qual seus interesses e preocupações estão em causa (a posição nós* em jogo).

Dentre seus fundadores, Krisch desenvolveu a mais deliberadamente modesta dentre as abordagens normativas do Direito Administrativo Global, evitando a pretensão de uma teoria compreensiva para legitimar e justificar a governança global e endossando uma abordagem fragmentada, parcial e dependente do contexto das alternativas institucionais. Ao se concentrar no problema de aprimorar a responsabilização através de procedimentos administrativos, o Direito Administrativo Global

> busca suspender alguns de seus problemas mais espinhosos, como a questão de como se assegurar a democracia em uma escala global, e trabalha, em vez disso, dentro de um dado ambiente institucional e social, aceitando (por enquanto) os constrangimentos impostos por esse ambiente.[708]

---

707 STEWART, Richard B. "Remedying Disregard in Global Regulatory Governance: Accountability, Participation and Responsiveness". *The American Journal of International Law*, vol. 108, nº 2, 2014, p. 215.

708 KRISCH, Nico. "Global administrative law and the constitutional ambition". *In*: DOBNER, Petra; LOUGHLIN, Martin (Coord.). *The twilight of constitutionalism?* Oxford: Oxford University Press, 2010, p. 257.

Enquanto admita que questões administrativas e constitucionais nunca podem ser completamente desentrelaçadas umas das outras, ele argumenta contra um conceito muito elástico de responsabilidade. De outro modo, o Direito Administrativo Global, como um projeto que busca inspiração do Direito Administrativo, corre o risco de se tornar parte e parcela de um projeto de constitucionalismo global, um movimento que ele fortemente resiste por julgar hostil à natureza "conscientemente modesta" das aspirações normativas do Direito Administrativo Global.[709]

O modelo ACAI do Direito providencia suporte conceitual e normativo ao Direito Administrativo Global, incluindo suas interpretações normativas mais modestas. Independentemente de como se desenhe a distinção entre questões administrativas e constitucionais, o Direito Administrativo Global é um projeto orientado a organizar lutas por reconhecimento mais robustas no curso da tomada de decisão por parte de ordens jurídicas globais emergentes, independentemente se, segundo a análise de Stewart, os procedimentos administrativos sejam acerca da tomada de decisão, responsabilização ou outras ferramentas que possam aprimorar a responsividade aos desconsiderados. Ademais, o modelo ACAI do Direito sugere que a estratégia comum subjacente a esses procedimentos é institucionalizar as lutas por reconhecimento como lutas por representação. Conquanto expansiva ou circunscrita seja a interpretação da responsabilidade, todos os procedimentos administrativos contemplados pelo Direito Administrativo Global buscam aprimorar práticas representacionais no sentido fundamental da representação indicado anteriormente: representação de e representação como. O Direito Administrativo Global abre um espaço institucional para lutas por representar o "quem" e o "o que" da ação em conjunto, aproveitando-se do fato de que

---

709 KRISCH, Nico. "Global administrative law and the constitutional ambition". *In*: DOBNER, Petra; LOUGHLIN, Martin (Coord.). *The twilight of constitutionalism?* Oxford: Oxford University Press, 2010, p. 262.

processos eleitorais e órgãos representacionais aos quais eles dão ensejo são apenas uma dentre as diferentes maneiras de organizar essas lutas. Enquanto tal, o Direito Administrativo Global é parte e parcela do projeto normativo mais amplo de aumentar a reflexividade política no sentido do autogoverno coletivo. Aprimorar a responsabilização através dos procedimentos administrativos abre um fórum institucional para se estabelecer quem e o que estão em jogo (a posição nós* em jogo) ao se organizar uma luta aprimorada por reconhecimento e representação (a posição nós* orador), que poderia levar a um sentido mais amplo de propriedade da regulação da governança global (a posição nós* autor).

Quando lido nesse sentido, o Direito Administrativo Global é uma certa institucionalização da autoasserção coletiva restrita. Os procedimentos em consideração do outro investigado por Kingsbury, Stewart, Krisch e seus colegas aprimoram, ao menos potencialmente, a capacidade das ordens jurídicas globais emergentes de serem responsivas aos desafios à sua unidade, reconhecendo o outro (em nós mesmos) como um de nós. Os procedimentos administrativos contemplados pelos acadêmicos do Direito Administrativo Global abrem espaço para uma luta mais robusta concernindo a questão "o que nossa ação em conjunto é/deve ser?" Isso pode promover maior inclusividade, pela qual o reconhecimento do outro envolve uma transformação daquilo que é considerado comum a nós, i.e., uma transformação da configuração-padrão da ação em conjunto. Essa capacidade aprimorada da autoasserção coletiva está internamente ligada à restrição introduzida por esses procedimentos administrativos. Ao ampliar esses procedimentos administrativos de modo que as lutas por reconhecimento possam ser organizadas anteriormente às decisões, e não apenas *ex post*, como é o caso com a responsabilização, eu entendo que o Direito Administrativo Global pleiteia pelo diferimento da unidade, em que "diferir" significa postergar uma configuração-padrão da ação em conjunto, de modo que os interesses e as preocupações relevantes possam ser ouvidos.

Há também algumas indicações de que o Direito Administrativo Global pode acomodar um sentido mais forte de autorrestrição coletiva, isto é, a deferência da regulação *ao* outro, um "abster-se para resistir" que reconhece o outro (em nós mesmos) como outro-que-nós. Ao buscar pelas maneiras e meios de desenvolver a democracia para além do Estado, de Búrca discute o programa antipobreza – o *Poverty Reduction Strategy Paper* (PRSP) – desenvolvido pelo Fundo Monetário Internacional (FMI) e pelo Banco Mundial (BM) em resposta às críticas massivas quanto às condições por eles anexadas aos auxílios e empréstimos concedidos como parte de "ajustamentos estruturais".[710] Essas condições incluíam a privatização de serviços públicos, redução do gasto público e receptividade ao investimento estrangeiro. A solução para a mudança na política de auxílios e empréstimos introduzida pelo PRSP foi o princípio de "propriedade do país", o que significa que, através de um amplo processo participativo, o país afetado identificaria suas próprias prioridades e meios apropriados para lidar com a pobreza, em vez de tê-los impostos diretamente pelo FMI ou BM. Essa iniciativa ilustra, eu acredito, um dos modos concretos pelos quais o Direito Administrativo Global pode acomodar a autorrestrição coletiva no sentido notado na seção 6.4.4, ou seja, deferência ao outro, e, portanto, reconhecimento do outro (em nós mesmos) como outro-que-nós.

Como de Búrca é rápida para apontar, o PRSP encontrou uma recepção contrastante, parte da qual é (bastante) crítica. A crítica de como o FMI e o BM concebem a propriedade do país é de interesse particular para nossa investigação. Essa crítica sugere que o princípio da propriedade do país, sob o PRSP, continua a mobilizar uma forma de condicionalidade, de modo que a propriedade de programas de redução da pobreza permanece

---

710 DE BÚRCA, Gráinne. "Developing Democracy beyond the State". *Columbia Journal of Transnational Law*, vol. 46, nº 2, 2008, pp. 221-266, esp. pp. 262-266.

em última instância com o FMI e o BM, em vez de com os países destinatários. Resta ver se e como o princípio da propriedade do país – logo, a autorrestrição pelo FMI e pelo BM – pode ficar mais robusto. Mas, como apontado no capítulo VI, da perspectiva das autoridades chamadas a estabelecer o que conta como ação em conjunto para os coletivos que elas representam, a autorrestrição não pode ir tão longe a ponto de ameaçar a autoasserção coletiva, i.e., de ameaçar aquilo que constitui os coletivos – nesse caso, o FMI e o BM. Mesmo se não houver nenhum critério claro e pronto quanto à sua identidade coletiva, haverá limites, embora variáveis, do quão longe o FMI, o BM e outros órgãos globais de governança podem ir ao acomodar as demandas por reconhecimento do outro (em nós mesmos) como *outro-que-nós*. No entanto, para aqueles que levantam as demandas por reconhecimento que restam além desse limite – mais precisamente, além daquela *linha falha* – o diferimento da unidade coletiva tornado disponível pelo Direito Administrativo Global não é mais que a postergação da autoridade transitiva: uns governando outros na forma de dominação.[711]

7.2.2 O retorno (das tribulações) do princípio de todos aqueles afetados

Tudo que foi dito milita em favor de ver e endossar o Direito Administrativo Global como se institucionalizasse a autoasserção coletiva restrita. Mas permanecem problemas a respeito de como o Direito Administrativo Global poderia contribuir para uma política autoritativa de demarcações em um contexto global, problemas

---

711 Minha avaliação do Direito Administrativo Global foca na sua contribuição para a institucionalização da autoasserção coletiva restrita. Seria também possível explorar como ele contribui para reforçar aquilo que o capítulo III chamou de coerência funcional e meios-fim das ordens jurídicas globais emergentes, uma contribuição, contudo, que eu postergo para uma outra ocasião. Eu agradeço a Rodrigo Vallejo por essa sugestão.

que obstinadamente resistem a serem solucionados, mesmo com os mais bem elaborados procedimentos administrativos.

Precisa-se perguntar, para começar, qual é o preço a ser pago pelo caráter *administrativo* dos procedimentos invocados pelo Direito Administrativo Global? Carol Harlow faz a questão decisiva: "O Direito Administrativo Global poderia ajudar a abrir espaço para a política global?"[712] Essa questão não é nova em nossa investigação; ela emergiu anteriormente, embora em um contexto um tanto diferente, quando da discussão sobre o estabelecimento de padrões pelo ISO (seção 3.2.1). Eu notei que o ponto de ação em conjunto bem delineado pelas ordens jurídicas globais emergentes implicava que sua regulação tendia a focar nos meios adequados à realização de um fim que é ele próprio assumido como relativamente fixo e fora de discussão, de modo que a autoridade baseada na expertise tende a levar a melhor no processo de determinar a configuração-padrão da ação em conjunto.

Esse problema se tornou especialmente urgente, dentre outros motivos, à luz do papel cada vez mais importante dos indicadores na governança global. Não é exagerado dizer que a produção de indicadores começa com um *nomos* – um tomar – que reivindica reproduzir (numericamente) uma dada realidade no próprio processo de criá-la:

> A essência dos sistemas de quantificação é a comensuração e a comparação... Em um primeiro passo lógico, um objeto de análise e alguma equivalência precisam ser criados dentre

---

712 HARLOW, Carol. "Global Administrative Law: the Quest for Principles and Values". *European Journal of International Law*, vol. 17, nº 1, 2006, p. 13. Em um espírito similar, ver SOMEK, Alexander. "Administration without Sovereignty". *In*: DOBNER, Petra; LOUGHLIN, Martin (Coord.). *The Twilight of Constitutionalism?* Oxford: Oxford University Press, 2010, pp. 267-287 e MARKS, Susan. "Naming Global Administrative Law". *New York University Journal of International Law and Politics*, vol. 37, nº 4, 2005, pp. 995-1001.

> todas as instâncias individuais que esse objeto pode adotar. Isso requer encontrar uma comunalidade entre as instâncias individuais, um traço compartilhado, e ignorar a diferença.[713]

Como fica claro na citação, esse "primeiro passo" lógico (e epistemológico) é também um primeiro passo *político*, um *nomos* na forma de uma apreensão não autorizada da iniciativa por incluir e excluir. Mas o caráter intensamente político dos indicadores permanece velado quando os mesmos são apregoados como uma representação estritamente numérica, logo "objetiva", de padrões de comportamento. A equivalência que os indicadores criam entre instâncias individuais nunca é apenas de caráter descritivo: ela envolve uma articulação daquilo que é considerado importante para a ação em conjunto e, enquanto tal, digno de ser monitorado e executado. Isso não é, tenha-se em mente, um argumento contra o uso de indicadores na governança global, nem contra sua possível autoritatividade. É afirmar que produzir um indicador de governança global envolve tomar uma perspectiva na primeira pessoa do plural, representando a unidade coletiva no sentido duplo da representação de (um coletivo putativo) e sua representação como (essa ou aquela unidade). E é um argumento a favor de submeter os indicadores da governança global ao escrutínio crítico pelo tipo de procedimentos administrativos propostos pelo Direito Administrativo Global.[714]

---

713 ROTTENBURG, Richard; MERRY, Sally Engle. "A world of indicators: the making of governmental knowledge through quantification". *In*: ROTTENBURG, Richard; MERRY, Sally Engle; PARK, Sung-Joon; MUGLER, Johanna (Coord.). *The world of indicators*: the making of governmental knowledge through quantification. Cambridge: Cambridge University Press, 2015, p. 12.

714 DAVIS, Kevin E.; KINGSBURY, Benedict; MERRY, Sally Engle. "Introduction: Global Governance by Indicators". *In*: DAVIS, Kevin E.; FISHER, Angelina; KINGSBURY, Benedict; MERRY, Sally Engle (Coord.). *Governance by indicators*: global power through quantification and rankings. Oxford: Oxford University Press, 2012, p. 20.

Mas, olhando para além das especificidades dos indicadores globais, o problema geral que as ordens jurídicas globais emergentes colocam para uma *política* autoritativa das demarcações não desaparecerá. O Direito Administrativo Global desencadeia lutas por reconhecimento, e com isso uma forma de política global, mas o caráter especializado das ordens jurídicas globais emergentes também assegura que elas circunscrevam drasticamente o espectro de demandas por reconhecimento que podem ser feitas, tanto procedimental quanto substancialmente, e a paleta de respostas disponíveis a essas ordens. Visto que respostas autoritativas a demandas por reconhecimento precisam permitir a *autoasserção* coletiva, logo, uma forma de *autorreconhecimento* coletivo por parte das ordens jurídicas globais emergentes, seu ponto de ação em conjunto especializado restringe significativamente a medida em relação à qual respostas regulatórias a desafios alegais permitem a transformação daquilo que conta como a junção da ação em conjunto – sua reivindicação por comunalidade.

Esse problema está intimamente ligado à questão premente perante quem os órgãos administrativos globais deveriam ser responsabilizáveis a, ou, na formulação de Stewart, a quem eles deveriam responder. De fato, ao contestar o déficit de responsabilização da governança global, Kingsbury, Krisch e Stewart levantam a questão sobre como demarcar o público que deve ter voz na tomada de decisão por órgãos administrativos. Isso não é nada senão o problema do princípio de todos aqueles afetados, conforme analisado detidamente na seção 5.4.1. A análise sóbria de Stewart do princípio confirma e mesmo exacerba os dilemas que eu expus ao visitar a contribuição de Nancy Fraser para uma teoria da democracia em um contexto global.

Tudo começa, para Stewart, com a questão preliminar,

> quem tem direito à consideração? Que grupos, interesses coletivos, ou indivíduos têm direito à consideração em decisões regulatórias globais e, potencialmente, direito de

> participar ou iniciar processos decisórios que promovem essa consideração?[715]

Como ele rapidamente aponta, a resposta padrão a essa questão – o princípio de Direito Romano, *quod omnes tangit ab omnibus et approbari debet*, todos aqueles afetados devem ser ouvidos e estar de acordo – não é apenas "inviável de forma geral" para órgãos de governança global, mas também frequentemente "indesejável", diante de suas tarefas administrativas especializadas.

Quanto à inviabilidade do princípio *quod omnes*, o problema é estabelecer quais interesses e preocupações *relevantes* deveriam ser considerados em processos decisórios. A aplicação do princípio não resolve esse problema; pelo contrário, sua aplicação pressupõe critérios daquilo que é relevante e importante para a ação em conjunto.

> [N]ós precisamos derradeiramente de fundamentos normativos, bem como factuais, para distinguir aqueles interesses e pessoas aos quais os tomadores de decisão regulatórios deveriam dedicar consideração.[716]

Sim! Mas o problema é mais profundo: aqueles fundamentos não podem ser estabelecidos com base no princípio *quod omnes* sem se verem vítimas de um regresso infinito. Isso é, evidentemente, apenas uma variação da dificuldade fatal que confronta as teorias do contrato social de todas as estirpes, incluindo suas reconstruções discursivas recentes, e que explica por que o princípio de "todos aqueles afetados" ou "todos aqueles subjugados" falha

715 STEWART, Richard B. "Remedying Disregard in Global Regulatory Governance: Accountability, Participation and Responsiveness". *The American Journal of International Law*, vol. 108, nº 2, 2014, p. 225.

716 STEWART, Richard B. "Remedying Disregard in Global Regulatory Governance: Accountability, Participation and Responsiveness". *The American Journal of International Law*, vol. 108, nº 2, 2014, p. 226.

irremediavelmente em providenciar um critério objetivo daquilo que conta como a identidade democrática entre governantes e governados.

Não estando contente em expor essa problemática, Stewart aguça-a ainda mais, argumentando que o princípio de todos aqueles afetados pode ser *indesejável*:

> Muitos regimes administrativos globais são estabelecidos para promover o bem-estar societal em campos e setores políticos específicos onde ações domésticas decentralizadas sozinhas não o podem. Esses órgãos deveriam estar aptos a executar suas missões efetivamente, sem as potencialmente onerosas obrigações de consideração se estendendo a todos os grupos e indivíduos afetados de alguma maneira por suas decisões.[717]

Em um certo sentido, ele está correto: como notado anteriormente, embora haja certamente espaço para redefinir o ponto de ação em conjunto, bem como sua configuração-padrão, o caráter especializado das ordens jurídicas globais emergentes limita fortemente o escopo variável daquilo que conta como a junção – a comunalidade – da ação em conjunto, logo, aquilo que conta como a *autoasserção* autoritativa de um coletivo em resposta aos desafios à sua unidade. O Direito Administrativo Global destaca o que se aprendeu acerca da ontologia dos coletivos no curso de se trabalhar através do modelo ACAI do Direito, que é incisivamente acentuado no caso das ordens jurídicas globais emergentes: sua questionabilidade finita e responsividade finita. Da perspectiva de um procedimento administrativo, a (des)consideração procedimental precede a (des)consideração substantiva. No entanto, a consideração de Stewart do princípio de todos aqueles afetados

717 STEWART, Richard B. "Remedying Disregard in Global Regulatory Governance: Accountability, Participation and Responsiveness". *The American Journal of International Law*, vol. 108, nº 2, 2014, p. 226.

mostra obliquamente que uma decisão substantiva quanto ao ponto de ação em conjunto precede a possibilidade de (des)consideração procedimental e substantiva. Como um proeminente acadêmico do TWAIL assevera:

> [A] separação estrita entre Direito substantivo e Direito Administrativo é difícil de sustentar... [D]e uma perspectiva do terceiro mundo, [o Direito Administrativo Global] limita o escopo de reformas possíveis... Certamente, as normas relacionadas à responsabilização, participação etc. não podem ser vistas em isolamento estrito das regras substantivas. As agências/mecanismos que vêm a ser o tema do Direito Administrativo Global são uma parte interna do Direito substantivo. Se o Direito substantivo tem um caráter imperial, o potencial que o Direito Administrativo Global carrega para a democratização dos direitos internacionais é bem circunscrito.[718]

Para seu crédito, acadêmicos do Direito Administrativo Global estão profundamente cientes desse problema. O foco do Direito Administrativo Global

> em aspectos puramente procedimentais da administração, em vez de questões de uma ordem mais elevada sobre que instituições lidam com quais problemas, pode contribuir para legitimar um aparato altamente desigual enviesado a favor dos interesses dos mais poderosos.[719]

---

718 CHIMNI, Bhupinder S. "Global Administrative Law: Winners and Losers". Disponível em: www.researchgate.net/publication/265196956_GLOBAL_ADMINISTRATIVE_LAW_WINNERS_AND_LOSERS. Acessado em: 15.03.2022. Chimni publicou uma versão revisada – e mais calma – desse texto: CHIMNI, Bhupinder S. "Cooption and Resistance: two Faces of Global Administrative Law". *New York University Journal of International Law and Politics*, vol. 37, 2005, pp. 799-828.

719 KINGSBURY, Benedict; DONALDSON, Megan; VALLEJO, Rodrigo. "Global Administrative Law and Deliberative Democracy". *In*: ORFORD, Anne; HOFFMAN, Florian (Coord.). *The Oxford handbook of the theory of*

Embora procedimentos administrativos suscitem autorrestrição na forma de um diferimento da unidade coletiva, a postergação que eles propiciam tende a consolidar a arquitetura da governança global que as demandas por reconhecimento buscam desafiar.

Como resultado, a ambiguidade está agregada à autoritatividade da governança global. De um lado, a especialização permite às autoridades da governança global serem promotores efetivos do bem-estar societal em uma escala global, de modo que não estão simplesmente disponíveis aos Estados com seus eleitorados nacionais. De outro, a especialização continuamente prejudica o bem-estar societal, gerando "visões institucionalmente truncadas e pontos cegos profissionais em relação aos interesses daqueles que não são membros ou que sejam instrumentais para alcançar a missão como apoiadores ou clientes".[720] Essa ambiguidade é muito mais inquietante em respeito aos movimentos alterglobalização, muitos dos quais elevam seu grito a partir do Sul Global. Como Urueña nota, não apenas se desconsideram aqueles interesses e preocupações do Sul Global que restam além do propósito especializado da governança global, mas "se o Sul Global de alguma maneira consegue propô-los ou incluí-los no debate, eles podem ser etiquetados como muito 'políticos', porque falham em alcançar instrumentalmente o objetivo do órgão regulatório".[721]

---

international law. Oxford: Oxford University Press, 2016, p. 532. O estudo de Vallejo acerca da gênese e dos interesses favorecidos pelos padrões de contabilidade amplamente confirma esse receio. Ver VALLEJO, Rodrigo. *Private Regulators, Public Interests and the Idea of a Global Administrative Law*: The Case of Accounting Standards (manuscrito não publicado, arquivado com o autor).

720 KINGSBURY, Benedict; DONALDSON, Megan; VALLEJO, Rodrigo. "Global Administrative Law and Deliberative Democracy". *In*: ORFORD, Anne; HOFFMAN, Florian (Coord.). *The Oxford handbook of the theory of international law*. Oxford: Oxford University Press, 2016, pp. 228/229.

721 URUEÑA, René. "Global Administrative Law and the Global South". *In*: CASSESE, Sabino (Coord.). *Research handbook on global administrative law*. Cheltenham: Edward Elgar, 2016, p. 397.

7.2.3 Equalizando e inequalizando a consideração

Ambas as problemáticas – o princípio de todos aqueles afetados e a promoção/prejuízo do bem-estar societal – turvam a distinção prístina de Stewart entre desconsideração "justificada" e "injustificada", e sua decisão por focar em remediar a última. Dessa perspectiva, a desconsideração por autoridades do Direito Administrativo Global é justificada se consistente com o princípio normativo da igual consideração. Por sua vez, esse é um princípio de justiça que guia as ordens jurídicas globalizantes: trate os iguais igualmente e os desiguais desigualmente. No entanto, a própria distinção entre o igual e o desigual tem uma origem: ela emerge através de um fechamento que inclui e exclui sem ter sido autorizado para tanto – um *nomos*. Nós trilhamos um terreno familiar aqui: do mesmo modo que não há, falando estritamente, nenhuma unidade e nenhuma pluralidade, pelo contrário, um processo contínuo de unificação e pluralização, então também não há nenhuma igualdade e desigualdade, mas um processo contínuo de equalização e inequalização, o qual não foi e não pode ter sido justificado antecipadamente ao corte que separa o dentro do fora.

Três implicações se seguem a isso. Primeiro, assumir que há formas justificadas e não justificadas de (des)consideração só faz sentido caso se assuma as ordens jurídicas existentes como certas, de modo que a decisão anterior acerca de que ordens jurídicas globalizantes deveriam lidar com quais problemas é colocada como além dos limites de uma política autoritativa das demarcações em um contexto global. Segundo, embora eu entenda que o Direito Administrativo Global busque compensar o *nomos* da terra desencadeado pela globalização do capitalismo, ele permanece amarrado a esse *nomos* e o entrincheira. Terceiro, o princípio da igual consideração, como o princípio da identidade democrática, não providencia um critério independente de justiça, um critério que esteja acima da refrega e que providencie orientação objetiva quanto a como resolver lutas concretas por reconhecimento que se desenrolam no curso da governança global.[722]

Ao se advertir sobre a questionabilidade finita e responsividade finita dos órgãos de governança globais, a análise de Stewart do princípio de todos aqueles afetados atesta, embora indiretamente, a assimetria dupla da questão e resposta que continua a imperar em uma política autoritativa das demarcações em um contexto global, acomodada pelo Direito Administrativo Global. De um lado, há demandas por reconhecimento, propostas no curso de procedimentos administrativos estabelecidos por ordens jurídicas globais emergentes. Indivíduos e coletivos reivindicam (a) que eles têm sido tratados desigualmente porque foram excluídos, demandando que sejam tratados igualmente, o que requer sua inclusão na ação em conjunto; ou eles reivindicam (b) que eles têm sido tratados igualmente porque foram incluídos, demandando ser tratados desigualmente, o que requer sua exclusão da ação em conjunto: *a precedência da Assimetria 1*. De outro lado, respostas regulatórias das autoridades administrativas globais estabelecem se as demandas por reconhecimento são relevantes e importantes para a ação em conjunto, isto é, se os indivíduos e coletivos têm capacidade procedimental e se e como a ação em conjunto pelo coletivo deveria levar em consideração interesses e preocupações para os quais o reconhecimento é demandado: *a retroatividade da Assimetria 2*.

A dupla assimetria da questão e resposta operante no Direito Administrativo Global mostra, mais uma vez, que a dimensão institucional de uma política autoritativa das demarcações está enraizada, e, no entanto, não pode esgotar, encontros entre o si

---

722 Esse problema também confronta a "abordagem democraticamente empenhada" de Búrca, que propõe "traduzir o princípio da igualdade política em um requisito da participação mais completa possível em um processo efetivo de tomada de decisão por aqueles interessados". Ver DE BÚRCA, Gráinne. "Developing Democracy beyond the State". *Columbia Journal of Transnational Law*, vol. 46, nº 2, 2008, p. 253.

coletivo e o outro, como evidenciado pelo "inter" que se coloca sempre e de novo nas referências acadêmicas à "interação", "inter-relação", "interface" e "interdependência" das ordens jurídicas em um contexto global. Nisso, o Direito Administrativo Global não é diferente de outras institucionalizações da autoasserção coletiva restrita. Mas o estreito ponto de ação em conjunto das ordens jurídicas globais emergentes implica que respostas adequadas – i.e., autoritativas – por parte das ordens jurídicas globais emergentes às demandas por reconhecimento estão significantemente constrangidas. As demandas por reconhecimento gritadas como "*Ya basta*!", "*Kefaya*!", "*We are the 99%*!" não podem ser apreendidas e contidas dentro dos canais institucionais para representação tornados disponíveis pelo Direito Administrativo Global. Nem é suficiente o Direito Administrativo Global organizar as lutas por reconhecimento de maneiras que podem significativamente contribuir para superar a alienação massiva através de uma política autoritativa das demarcações, no sentido forte de autoridade expressado na seção 6.4.1: a capacidade de articular uma representação – uma visão – de quem nós* realmente somos/ devemos ser que, em retrospectiva e por ora, ganha ampla fidelidade entre seus destinatários e os motiva a agir como um grupo que pode lidar com desafios à sua existência contingente.

O dilema que confronta o Direito Administrativo Global atrai atenção renovada àquilo que Heidegger chama de *Umsicht*, circunspecção, um elemento essencial da autoridade, interpretada como um liderar/comandar (pela) obediência. Eu argumento que a circunspecção da autoridade como disposição para acatar envolve um cuidadoso olhar em volta que busca mensurar o mundo circum-ambiente no qual a ação coletiva está situada – um *Umwelt* – em face da desorientação daquilo que nossa ação em conjunto é/deve ser: obediência. E ela envolve uma decisão acerca daquilo que é e não é importante para a ação em conjunto, reorientando, de acordo com cada caso, como a ação em conjunto se adequa, e muda, o mundo do qual ela extrai seu sentido: liderar/comandar. A "visão truncada" e os "pontos cegos profissionais" (Stewart) evocados por um ponto estreitamente circunscrito das ordens jurídicas globais emergentes restringe drasticamente o escopo do olhar cuidadoso ao redor disponível às autoridades regulatórias globais quando postulam as demarcações de quem deve fazer o que, onde e quando, em resposta às demandas por reconhecimento. Em última instância, então, o Direito Administrativo Global indica que a questão relacionada a uma resposta autoritativa daquilo que nossa ação em conjunto é/deve ser está ligada à questão acerca [7] do pano de fundo das ordens jurídicas globais emergentes, i.e., a questão acerca da capacidade das autoridades em representar a unidade coletiva de modo que evoque o mundo coapresentado com suas representações como um mundo no qual nós podemos e gostaríamos de viver. Inclusão e exclusão, as duas faces da globalização, são correlativas a um processo de mundanização e desmundanização, como a KRRS e outros movimentos alterglobalização sabem demasiado bem.

7.3 Constituição, Poder Constituinte e constitucionalismo

A discussão sobre Direito Administrativo Global na seção 7.2 focou na tomada de decisão administrativa por ordens jurídicas globais emergentes, sugerindo haver uma conexão interna entre as dimensões institucional e normativa dos procedimentos administrativos. No entanto, a simplicidade de seu projeto revelou que o escopo do Direito Administrativo Global é muito estrito para abranger o conjunto mais amplo de questões trazidas à lume pela globalização da inclusão e exclusão. Essas questões, discutivelmente, guiam o debate acerca de se levar o constitucionalismo para além do Estado. Nós devemos agora nos voltar para esse debate. Um bom ponto de partida para esse efeito é a noção de constitucionalismo abraçada por Neil Walker:

> [S]e o raciocínio prático em geral diz respeito a decidir como agir em um contexto de escolha prática, o tipo especial de

> razão prática associado com o constitucionalismo concerne às questões mais profundas e mais coletivamente implicadas de "como decidir como decidir" como agir [coletivamente].

Sucintamente, o constitucionalismo diz respeito aos "termos apropriados da governança da ação coletiva".[723] Walker busca explorar se e como o constitucionalismo pode ser levado para além do Estado. Esse alvo, que ele compartilha com outros teóricos constitucionais, foi deflagrado pela crescente disparidade entre o político e o Estado forjada por processos de globalização.

Eu não posso considerar esse vasto e efervescente debate aqui, nem uma pesquisa global desse tipo seria útil para minha investigação.[724] Ao invés disso, minhas reflexões vão direto àquilo que eu considero uma das questões centrais do constitucionalismo, como definido por Walker. Se o constitucionalismo é um ramo do raciocínio prático que foca em "como decidir como decidir como agir coletivamente", então, a questão central do constitucionalismo – apesar de não ser a única – é como representar autoritativamente a unidade coletiva, no sentido fundamental do conceito introduzido anteriormente: a representação *de* um coletivo e sua representação *como* essa ou aquela unidade. Eu argumento que a questão acerca do constitucionalismo para além do Estado é, preeminentemente, a questão acerca da representação autoritativa para além do Estado. Trata-se de um debate contínuo acerca de como lidar, normativa e institucionalmente, com a globalização da inclusão e exclusão.

---

723 WALKER, Neil. "Taking constitutionalism beyond the state". *Political Studies*, vol. 56, 2008, p. 524. Ver também WALKER, Neil. "The Antinomies of Constitutional Authority". *In*: COTTERRELL, Roger; DEL MAR, Maksymilian (Coord.). *Authority in transnational legal theory*: theorising across disciplines. Cheltenham: Edward Elgar Publishing, 2016, pp. 125-150.

724 No que concerne ao constitucionalismo global, ver o levantamento e a bibliografia em PETERS, Anne. "Global Constitutionalism". *In*: GIBBONS, Michael T. (Coord.). *The encyclopedia of political thought*. Oxford: John Wiley and Sons, 2015, pp. 1484-1487.

Igualmente, os desafios que confrontam o movimento de se levar o constitucionalismo para além do Estado são, no fundo, desafios referentes a assegurar as condições para a representação autoritativa em um contexto global.

7.3.1 Constituição

Para muitos teóricos constitucionais, não é imediatamente compreensível que a questão acerca da representação seja de capital importância para o conceito de uma Constituição. Isso é talvez mais claramente o caso para teóricos constitucionais que resistem ao movimento de circunscrever o escopo da política democrática à política eleitoral e legislativa. Então nos convém começar abordando esse problema.

Não deve ser surpresa que eu postulo uma correlação forte entre Constituição e representação. Trata-se de uma implicação-chave do modelo ACAI do Direito. Certamente, esse vínculo se choca com o senso constitucional convencional, que começa igualando a representação com a política eleitoral, para então operar uma disjunção entre representação e participação, e entre democracia indireta e direta. De acordo com esse truísmo, representantes representam o eleitorado. A não ser em comunidades muito pequenas, o povo está politicamente presente apenas durante eleições (ou referendos, plebiscitos e outros); por conseguinte, eles são representados. No momento em que a representação e a política eleitoral são assumidas como termos correferenciais, os destinos da representação para além do Estado parecem ser de fato desoladores, ou assim nos é dito. Não admira, portanto, que os paladinos do Direito Administrativo Global tenham buscado injetar procedimentos participativos e deliberativos na tomada de decisão administrativa como uma alternativa à democracia representativa, assim concebida.

Mas não é o eleitorado que é representado, nem mesmo uma democracia estatal; aquilo que é representado é a unidade coletiva. De fato, existem dois sentidos de "povo" que precisam ser distinguidos em uma democracia estatal: o povo como uma unidade e como uma multitude de cidadãos. Enquanto os cidadãos podem estar presentes nos processos eleitorais, bem como em outrem, o povo, *qua* unidade, está necessária e irreversivelmente ausente. Participação e deliberação são parte e parcela do processo de representação da unidade coletiva. Assim, *todas* as formas de tomada de decisão coletiva no qual o ponto de ação em conjunto é articulado, monitorado e sustentado são atos representativos: eles imputam regulação a um coletivo e o representam como essa ou aquela unidade. Igualmente, *todas* as autoridades confiadas com a articulação, monitoramento e sustentação do ponto de ação em conjunto são representantes. Desse modo, as eleições são uma das maneiras pelas quais a participação em processos representacionais é autorizada, mas de forma alguma a única. Votar em uma eleição é também participar em um processo representacional autorizado, bem como existem diferentes maneiras pelas quais indivíduos ou grupos podem participar na distinção de três vias entre tomada de decisão, responsabilização e outros mecanismos referentes à responsividade analisados por Stewart e seus colegas. E embora caiba a um juiz representar autoritativamente a unidade coletiva ao resolver conflitos entre as partes, essas partes também se engajam em uma luta por representação: suas intervenções no processo são parte e parcela de uma luta para obter o reconhecimento de direitos e obrigações que podem ter sido violados, logo, uma luta para representar a unidade coletiva. Em essência, processos representativos não estão limitados à representação institucionalizada. Toda ação política, incluindo a ação (revolucionária) que resiste a formas institucionalizadas de tomada de decisão, é representacional: na teoria e na prática, a ação (revolucionária) representa a unidade coletiva imputando a ação a um coletivo e esboçando o último *como* essa ou aquela unidade. Movimentos de alterglobalização são particularmente ricos em sua experimentação com novas formas de representar a unidade coletiva em paralelo e frequentemente e diretamente contra as práticas representacionais institucionalizadas, apelando a noções de "horizontalidade", "poder popular", "assembleias" e "autogestão democrática".[725]

Essas considerações preliminares nos ajudam a entender por que caracterizar uma Constituição, na feliz formulação de Walker, como se estabelecesse "'como decidir' como agir [coletivamente]" equivale a defini-la como a regra-mestre para a representação autoritativa da unidade coletiva, em um sentido institucional e funcional do termo "autoritativo". Com efeito, decidir como agir coletivamente é, mais abstratamente, responder à questão "O que nossa ação em conjunto é/deve ser?" E isso significa estabelecer o que conta como comportamento legal ou ilegal, i.e., articular, monitorar e sustentar, da perspectiva da primeira pessoa do plural, quem deve fazer o que, onde e quando. Assim caracterizado, decidir acerca da ação em conjunto equivale a representar a unidade coletiva, colocando em jogo as três dimensões da ordem jurídica discutidas no capítulo III: a unidade putativa de uma perspectiva na primeira pessoa do plural; a unidade putativa de um sistema jurídico; a unidade putativa de uma ordem pragmática. Assim, uma Constituição estabelece como decidir como agir coletivamente ao resolver (provisoriamente) as três questões-chaves concernindo (1) quem deveria vir a representar um coletivo; (2) as condições, tanto positivas quanto negativas, sob as quais o processo contínuo de representação da unidade coletiva pode ser imputado a um coletivo; e (3) qual é, minimamente, o *ponto* a ser representado na configuração-padrão da ação coletiva.[726]

---

725 SITRIN, Marina; AZZELLINI, Dario. *They can't represent us! Reinventing democracy from Greece to Occupy*. Londres: Verso, 2014, pp. 14-39.

726 Não seria difícil mostrar como as características que o constitucionalismo liberal associa com as constituições, como a divisão de poderes e uma carta de direitos fundamentais, podem ser acomodadas sob (2) a partir dessa consideração centrada na representação de uma Constituição, mesmo se elas não esgotam de forma alguma o escopo de suas possíveis institucionalizações. Ver LINDAHL, Hans. "Constituent Power and the Constitution". *In*: DYZENHAUS, David; THORBURN, Malcolm (Coord.). *Philosophical*

Levando essas ideias um passo adiante, afirmar que uma Constituição é a regra-mestre para a representação autoritativa da unidade coletiva é também afirmar que uma Constituição é a regra-mestre que rege os processos de inclusão e exclusão de uma ordem jurídica. Isso decorre daquilo que foi dito acerca do que significa decidir como agir coletivamente. Constituições estruturam decisões na primeira pessoa do plural acerca de quem deve fazer o que, onde e quando, de modo que, em última análise, esses atos possam contar como *nossa* ação em conjunto, e a ordem pragmática que eles implantam como *nossa* ordem. Certamente, uma Constituição não fica separada da perspectiva na primeira pessoa do plural que ela contribui para estruturar. Um conjunto de regras de tomada de decisão apenas estabelecerá o que conta como nossa ação em conjunto se, ampla e generalizadamente, essas regras são vistas por seus destinatários como *nossa* Constituição, uma questão à qual eu retorno brevemente. Uma Constituição estrutura o processo contínuo de estabelecimento institucionalizado e autoritativamente mediado de demarcações pelo qual o limite entre um si coletivo e seu(s) outro(s) são postulados em resposta a desafios à unidade coletiva.[727] Nesse sentido, uma Constituição é a regra-mestre que encena lutas por representação como lutas por reconhecimento coletivo.

Deixe-me encerrar essa interpretação bastante reduzida do conceito de Constituição ínsito ao modelo ACAI do Direito com duas observações. A primeira é bem abrangente. Em vez de dar como certo que apenas Estados têm constituições, eu deliberadamente lancei uma ampla rede em linha com a abordagem geral do modelo ACAI do Direito; será necessário considerar no momento oportuno se restrições adicionais deveriam ser introduzidas para estreitar seu

---

foundations of constitutional law. Oxford: Oxford University Press, 2016, pp. 141-160.

727 Ver LINDAHL, Hans. *Fault lines of globalization*: legal order and the politics of a-legality. Oxford: Oxford University Press, 2013, p. 100.

escopo. A segunda observação decorre daquilo que a seção 2.1.2 chamou de [7] pano de fundo da ação coletiva. Do mesmo modo que não há algo como uma ação coletiva isolada, então também não pode haver qualquer Constituição que não esteja incrustrada em um espectro de práticas, capacidades e pressuposições que são relativamente dadas como certas e com referência por meio da qual uma Constituição determina quem vem a representar um coletivo, sob quais condições a configuração-padrão da ação em conjunto pode ser imputada ao coletivo e qual é o ponto de ação coletiva. Em última instância, uma Constituição se refere e extrai seu significado de um *Umwelt*, um mundo circum-ambiente. Nesse sentido específico, eu endosso a ideia vigorosamente defendida por Marco Goldoni e Michael Wilkinson de que uma Constituição é sempre uma "Constituição material", ou seja, que há uma "relação interna entre a ordem constitucional e a sociedade", não obstante o fato de que uma Constituição nunca simplesmente espelha a sociedade.[728]

7.3.2 Constituição e Poder Constituinte no constitucionalismo estatal

Na tradição do constitucionalismo estatal, a questão acerca da Constituição está internamente conectada com a questão acerca do Poder Constituinte: um povo governa sobre si mesmo ao postular uma Constituição que estabelece as regras fundamentais para o exercício dos poderes constitucionais ou constituídos.

Considere o Artigo 20 (2) da Constituição alemã: "Toda a autoridade estatal é derivada do povo. Ela deve ser exercida pelo povo através de eleições e outras votações (*Abstimmungen*) e através de órgãos legislativos, executivos e judiciais específicos".[729]

---

728 Ver GOLDONI, Marco; WILKINSON, Michael A. "The Material Constitution". *Modern Law Review*, Forthcoming, vol. 81, nº 4, 2018.

729 DEUTSCHER BUNDESTAG. *Basic Law For the Federal Republic of Germany*. Trad. para o inglês de Christian Tomuschat *et al*. em cooperação

A primeira sentença se refere ao povo como Poder Constituinte, enquanto a segunda envolve o povo em um espectro de funções exercidas pelo Poder Constituinte. Assume-se frequentemente que o conceito de povo é unívoco em ambas as sentenças, em linha com a pressuposição equivocada de que o eleitorado é o objeto de representação. Uma consideração mais próxima mostra, contudo, que uma distinção categórica está em operação no Artigo 20 (2). Na primeira sentença, o povo figura como uma *unidade*; na segunda, como uma *multiplicidade* de cidadãos. Enquanto o conjunto numérico de cidadãos alemães muda ao longo do tempo, através do acréscimo ou decréscimo, considera-se que o povo alemão como unidade permanece idêntico ao longo do tempo: como um si coletivo (identidade-*ipse*) e como o mesmo coletivo (identidade-*idem*), muito embora aquilo que se considera que o povo alemão tem em comum pode mudar ou não ao longo do tempo.

Em essência, a primeira sentença se refere a "*o* povo", e não simplesmente a "um povo"; fosse o último o caso, o artigo deixaria de fazer sentido como aquele que estrutura as relações de autoridade. Assim, a primeira sentença do artigo 20 (2) dá como certo que as *individualizações* coletivas já ocorreram, sem o que não seria possível distinguir entre cidadãos alemães e estrangeiros, nem se referir a uma multiplicidade de cidadãos como participantes da representação da unidade coletiva. Por sua vez, a individualização do povo (alemão) pressupõe que ele esteja situado em um território comum e que compartilhe uma história comum. A individualização de uma multitude de indivíduos no povo (alemão) pressupõe a unificação do espaço e do tempo em uma unidade espaço-temporal alegadamente de propriedade de seus cidadãos, e que diferencia esse coletivo de outros estados.

Eu volto a considerar o processo de individualização ao discutir o paradoxo do Poder Constituinte. Por ora, note que o artigo

---

com o Serviço Linguístico do Bundestag. Disponível em: www.btg-bestell-service.de/pdf/80201000.pdf. Acessado em: 15.03.2022.

definido em "o povo" é necessário, mas é tudo menos inocente. Necessário, porque na ausência da unificação espaço-temporal requerida para a emergência da perspectiva na primeira pessoa do plural não seria possível individualizar "o povo (alemão)" como Poder Constituinte, nem seria possível identificar esses indivíduos que estão intitulados, *qua* cidadãos, a participar no processo reflexivo de representar a unidade coletiva, seja em eleições, seja de outras maneiras. No entanto, o artigo definido é tudo menos inocente porque a emergência daquilo que é considerado um território comum e uma história comum anda lado a lado com a marginalização mais ou menos forçosa e/ou subordinação de todos os outros coletivos que possam ter povoado aquilo que hoje é chamado de Alemanha. Assim, a representação *desse* povo é sempre também a depresentação *daquele* povo, sendo seu resultado que aqueles incluídos nunca são simplesmente parte "do" povo. Eles podem propor demandas por reconhecimento de uma identidade/diferença que são, em menor ou maior medida, inordenáveis para o coletivo: o outro *em nós mesmos* que é outro-que-nós. Nisso a Alemanha não é diferente de qualquer outro Estado.

Seja como for, a conceitualização dos poderes constituinte e constituído articulada no Artigo 20 (2) da *Grundgesetz* alemã é um bom exemplo do modelo básico de reflexividade política implantado por democracias estatais. A individualização territorial e histórica dos Estados torna possível estabelecer de maneira mais ou menos inequívoca quem, como um cidadão, está em princípio empoderado a participar na representação da unidade coletiva, eleitoralmente ou de outro modo, assim assegurando uma conexão institucional (mas não a identidade) entre o nós* que é considerado em jogo e o nós* que é considerado o autor da configuração-padrão da ação em conjunto.

Adicionalmente, o Artigo 20 (2) claramente evidencia porque constituições não podem empoderar a representação da unidade coletiva sem também desempoderá-la. O artigo empodera ao impor os diferentes fóruns institucionais pelos quais a representação ocorre: os ramos legislativo, executivo e judiciário do poder, juntamente com a participação dos cidadãos em forma de eleições, referendos etc. Embora o artigo se refira a mecanismos tradicionais de participação cidadã, pode-se imaginar muitos outros tipos de fóruns que poderiam ser adicionados às eleições e referendos, e que empoderariam os cidadãos a participar na representação da unidade coletiva.[730] No entanto, o artigo 20 (2) também desempodera porque *apenas* esses fóruns institucionais – i.e., os fóruns aludidos em sua segunda sentença – são vistos como formas autorizadas de representação da unidade coletiva. Embora os poderes constitucionais continuamente discutam entre si a respeito de suas respectivas competências, eles frequentemente juntam forças quando sua autoridade é opugnada, declarando em uníssono que, em razão de o povo ter posto a Constituição, apenas aquelas formas de representação estipuladas na Constituição estão autorizadas, incluindo os processos representacionais requeridos para modificar a Constituição. Todas as outras formas de representação estão desautorizadas e são inconstitucionais, logo, em violação do autogoverno democrático – ou assim os poderes constituídos consistentemente reivindicarão quando confrontados com desafios à unidade coletiva que se recusam a jogar o jogo institucional de representação. A resposta ao governo espanhol ao movimento separatista da Catalunha é um caso exemplar. Uma Constituição é uma metarrepresentação, ou seja, uma representação da unidade coletiva que inclui e exclui, estabelecendo que representações da unidade coletiva estão autorizadas a incluir e excluir da ação em conjunto.

---

730 Ver, e.g., DORF, Michael C.; SABEL, Charles F. "A Constitution of Democratic Experimentalism". *Columbia Law Journal*, vol. 98, nº 2, 1998, pp. 267-473. Em contraste ao experimentalismo exibido por movimentos alterglobalização, o experimentalismo democrático advogado por Dorf e Sabel opera dentro de estruturas institucionais da autoridade em democracias estatais.

7.3.3 Constituição sem Poder Constituinte?

Mas é necessário que a autoridade de uma Constituição esteja ligada ao exercício do Poder Constituinte? Uma estratégia alternativa poderia consistir em constitucionalizar as ordens jurídicas globais emergentes de uma tal maneira que a autoridade de suas constituições esteja baseada em seu *conteúdo normativo*. Essa abordagem rejeita a pressuposição de que as constituições demandam o exercício do Poder Constituinte, abrindo o caminho para constituições transnacionais e globais. Uma Constituição é autoritativa se e apenas se ela incorpora certos *desiderata* ou princípios.

Mattias Kumm, dentre outros, propaga essa estratégia, argumentando que, de uma perspectiva normativa, uma Constituição "puro-sangue" incorpora o princípio formal da legalidade, o princípio jurisdicional da subsidiariedade, o princípio procedimental da participação adequada e da responsabilização e, finalmente, o princípio substantivo de alcançar resultados que não violem direitos fundamentais e que sejam razoáveis.[731] A autoritatividade de uma Constituição deveria ser avaliada por esses princípios, e não por como ela emergiu: "[N]ão há qualquer procedimento que em si e por si mesmo seja necessário ou suficiente para estabelecer a autoridade legítima de uma Constituição".[732] Dado que a questão acerca do Poder Constituinte é "obscura e implausível", como ele descontraidamente informa seus leitores, tudo que se requer para levar o constitucionalismo para além do Estado é aceitar a pressuposição de que as regras que regem a tomada de decisão de um coletivo merecem a qualidade normativa predicada a uma Constituição se

---

731 KUMM, Mattias. "The legitimacy of international law: a constitutionalist framework of analysis". *European Journal of International Law*, vol. 15, nº 5, 2004, pp. 907-931.

732 KUMM, Mattias. "The Best of Times and the Worst of Times: Between Constitutional Triumphalism and Nostalgia". *In*: DOBNER, Petra; LOUGHLIN, Martin (Coord.). *The twilight of constitutionalism*? Oxford: Oxford University Press, 2010, p. 208.

elas forem motivadas pelos princípios supramencionados. Kumm tem uma resposta pronta para a objeção de que derivar a autoridade de uma Constituição desses quatro princípios equivale a endossar uma forma de Direito natural: eles meramente dão forma constitucional a uma injunção universalista de que "indivíduos são livres e iguais como destinatários e autores construtivos do Direito".[733] Assim construída, uma Constituição pode estruturar a reflexividade política no sentido de uma identidade democrática entre governantes e governados. Assim que o constitucionalismo tenha sido liberto de seu fascínio com o Poder Constituinte, fica claro que "uma Constituição fala diretamente em nome daqueles sobre quem ela reivindica autoridade".[734]

Retornando ao artigo 20 (2) da *Grundgesetz* alemã, Kumm certamente introduziria um *distingo*. Apenas o conceito de povo implicado na segunda sentença – uma multitude de indivíduos livres e iguais governando a si mesmos – é requerido para compreender a autoridade de uma Constituição, seja ela nacional, transnacional ou global. O povo da primeira sentença do artigo – o povo como uma unidade – é uma característica estritamente contingente própria ao constitucionalismo estatal, uma panaceia que constituições e constitucionalismos transnacionais e globais podem e devem dispensar. A astúcia da razão constitucional, como se poderia colocar: porque eles tornam manifestos os efeitos exclusionários de uma noção de reflexividade política centrada no povo, processos de globalização demandam um conceito normativo de Constituição que poderia

---

733 KUMM, Mattias. "The Best of Times and the Worst of Times: Between Constitutional Triumphalism and Nostalgia". *In*: DOBNER, Petra; LOUGHLIN, Martin (Coord.). *The twilight of constitutionalism*? Oxford: Oxford University Press, 2010, p. 213.

734 KUMM, Mattias. "The Best of Times and the Worst of Times: Between Constitutional Triumphalism and Nostalgia". *In*: DOBNER, Petra; LOUGHLIN, Martin (Coord.). *The twilight of constitutionalism*? Oxford: Oxford University Press, 2010, p. 215.

limpar o vocabulário do constitucionalismo transnacional e global dos conceitos de povo e Poder Constituinte.

A estratégia de desengatar o conceito normativo de Constituição de sua gênese funcionará? A autoridade de uma Constituição (global) pode ser desconectada, sem qualquer adendo, do Poder Constituinte?

Não. Considera-se uma Constituição enquanto a Constituição *de* um coletivo, grande ou pequeno; mas, como mostrado anteriormente, não pode haver qualquer coletivo na ausência de um ato representacional que apreende a iniciativa de afirmar que aqui está um coletivo e o que é que une seus membros como unidade. Não há qualquer Constituição sem a individualização de uma multitude de indivíduos em um coletivo específico. A questão genética acerca das constituições, no coração de uma teoria do Poder Constituinte, permanece virulenta no próprio enunciado de Kumm de que "uma Constituição fala diretamente *em nome* daqueles sobre quem ela reivindica autoridade" (grifo nosso). A formulação um tanto estranha, segundo a qual constituições "falam", apenas serve para enfatizar que ela é um *agente*, seja um indivíduo ou um grupo, que fala (e age) em nome de um coletivo ao estabelecer uma Constituição. E quem estabelece uma Constituição assim o faz em nome não de um mero conjunto numérico de indivíduos, mas, pelo contrário, desses indivíduos como um *todo*, impondo quem virá a representar um coletivo, as condições, tanto positivas quanto negativas, sob as quais o processo contínuo de representar a unidade coletiva pode ser imputada a um coletivo e o que, no mínimo, é o ponto a ser articulado, monitorado e sustentado através da configuração-padrão da ação coletiva.

Assim, uma multitude de indivíduos se *torna* membros de um coletivo através de um fechamento constitucional que os estabelece como *unidade*, equalizando e inequalizando, incluindo e excluindo, mesmo no caso hipotético de uma entidade política mundial que viria a reivindicar agrupar conjuntamente todos os seres humanos. Mas, *pace* Kumm, porque as constituições emergem através de atos representacionais que não podem ter sido autorizados antecipadamente por aqueles em nome de quem elas são estabelecidas, as constituições *nunca* falam "diretamente" em nome daqueles sobre quem elas reivindicam autoridade. Daí por que a emergência de uma Constituição – incluindo aquela que "consagra", como os juristas gostam de dizer, um conjunto de princípios normativos – introduzir não identidade na identidade coletiva, suscitando resistência mais ou menos radical à reivindicação de que a Constituição é "nossa", e julga injustificada a reivindicação de que a Constituição é um ato de *autogoverno* coletivo por parte de todos os seus destinatários. Esse problema já apareceu na seção 5.3.2, ao se discutir a objeção de Michelman a Habermas acerca de uma inauguração não discursiva de um discurso constitucional, e mais recentemente ao destacar o ponto cego normativo dos regimes de autonomia limitada que, quando avaliados em função dos quatro princípios de Kumm, parecem ostentar credenciais constitucionais impecáveis.

Dado que a emergência de uma Constituição envolve um fechamento que inclui e exclui, o domínio das possibilidades práticas para agir e viver conjuntamente que uma Constituição desempodera é o domínio do Poder Constituinte. O que foi excluído e julgado sem importância ou irrelevante por um coletivo pode irromper em uma ordem constitucional, demandando a realização da ação em conjunto que é mais ou menos *inordenável* para aquela ordem. O Poder Constituinte vem do domínio do oceânico; ele se manifesta como aquilo que é alegal para uma dada ordem: uma demanda por reconhecimento que está acima da capacidade responsiva daquela ordem, na forma de uma representação da unidade coletiva que tem outro coletivo como seu sujeito putativo (representação de) e outra unidade como aquilo que une seus participantes (representação como). Isso ecoa a distinção entre *potestas* e *potentia* discutida na seção 4.3.3. Admitir que ordens constitucionais têm linhas falhas é admitir que nenhuma Constituição, liberal ou de outro modo, pode conter ou neutralizar normativamente a possibilidade do Poder Constituinte. Mais uma vez, ao concluir este livro, nós encontramos a distinção entre dois sentidos de Direito Global introduzidos no seu início: embora seja certamente imaginável que uma Constituição possa ser promulgada para uma entidade política global, a ordem constitucional que viria à tona teria um fora no sentido forte, xenotópico defendido através deste livro; ela não seria nem universal, nem universalizável.

Pode permanecer uma questão aberta se uma entidade política global surgirá, seja através da transformação da ONU ou de outro modo. Igualmente, pode permanecer uma questão aberta se uma Constituição global será promulgada, estruturando a tomada de decisão em uma tal entidade política. Pode-se ter certeza, por exemplo, de que a degradação ambiental massiva não demandará que algum tipo de entidade política global seja constituída para lidar com aquilo que é percebido por muitos, talvez pela maioria, como um desafio potencialmente catastrófico à existência continuada da humanidade?

Quanto a isso não há dúvidas: o modelo ACAI do Direito sustenta, contra Kumm e críticos de mesma opinião quanto ao Poder Constituinte, que, independentemente de qualquer outra coisa, uma teoria do Poder Constituinte admite que a questão acerca da autoridade de uma Constituição (global) nunca poderá ser completamente desassociada da questão acerca de suas condições genéticas e pontos cegos normativos relacionados ao movimento duplo de empoderamento e desempoderamento ao qual sua emergência dá azo. A *Umsicht* requerida para se promulgar uma Constituição global seria copresente a um *Umwelt*, um mundo circum-ambiente, não o próprio mundo.[735]

---

735 Menga mostra como a dimensão política no pensamento do primeiro Heidegger está ligado, dentre outros, à experiência de um *Umwelt*, enquanto suas tendências antipolíticas são acionadas quando Heidegger postula posteriormente a possibilidade de uma experiência direta, não mediada do

7.3.4 O paradoxo do Poder Constituinte

Mas a análise do artigo 20 (2) e a rejeição do movimento de descarte do conceito de Poder Constituinte não diz nada acerca do exercício do Poder Constituinte enquanto tal. Nós já tivemos a oportunidade de discutir a proposta de Hardt e Negri de ver a multitude como o Poder Constituinte na era do Império. Mas a seção 4.3 mostrou que sua tentativa de postular a multitude, no lugar de um povo, como sujeito do Poder Constituinte em um contexto global é internamente inconsistente. Em particular, eles falharam em conceitualizar a multitude de um modo que poderia evitar o problema da representação da unidade coletiva. Esse problema precisa ser agora examinado. De fato, a representação retorna nos termos da relação entre poderes constituinte e constituído. Mais simples e enigmaticamente, os poderes constituídos reivindicam representar o Poder Constituinte – o povo. Isso é, em poucas palavras, o que o artigo 20 (2) da Constituição alemã tem a dizer (no sentido dúplice de "tem a dizer"). Minha tese é que o paradoxo da representação informa essa relação, que eu chamo de paradoxo do Poder Constituinte. Além disso, o paradoxo do Poder Constituinte não pode ser "resolvido" ou "superado", nem pode ser pacificado conceitualizando-o como uma "dialética".[736]

"[O] povo alemão adotou, no exercício de seu Poder Constituinte, essa lei fundamental". Embora formulado na terceira pessoa, trata-se de um ato na perspectiva da primeira pessoa do plural. Nisso ele não é diferente daquela outra formulação canônica, "Nós o povo ordenamos e estabelecemos essa Constituição". Independentemente de qual formulação se use, todas elas ilustram a dinâmica

---

mundo (*Welt*) enquanto tal. Ver MENGA, Ferdinando. *Ausdruck, Mitwelt, Ordnung*: zur Ursprünglichkeit einer Dimension des Politischen im Anschluss an die Philosophie des frühen Heidegger. Munique: Wilhelm Fink Verlag, 2018.

736 LOUGHLIN, Martin. *Foundations of Public Law*. Oxford: Oxford University Press, 2010, pp. 232, 226, 227.

da representação em operação na promulgação de uma Constituição: nós* representamos a nós mesmos como x. De um lado, quem quer que apreenda a iniciativa de promulgar a Constituição reivindica *nos* representar: representação de; de outro lado, a Constituição nos representa *como* x (representação como). A emergência de uma Constituição envolve um momento criativo, porque que nós* sejamos e o que nós* somos como um grupo não é algo dado por si só; fosse esse o caso, nenhuma promulgação de Constituição seria necessária. Possibilitar que nós nos reconheçamos como esse ou aquele grupo é sua virtude semplástica. De outro, a promulgação de uma Constituição também envolve a representação de uma unidade que a precede, e que, no entanto, quando representada, nunca simplesmente coincide com sua representação. Para citar e adaptar a formulação incisiva de Menga:

> [Q]ue "algo" [e.g., um povo] apenas se constitua a si mesmo na repetição de "como algo" [e.g., como nessa Constituição] significa, ao mesmo tempo, que essa iteração, que nunca elimina o original (de outro modo, a repetição não precisaria retratá-lo (*bilden*)), falha em ter um exemplo (*Vorbild*) em relação ao qual a correspondência ou completude pudessem ser mensuradas.[737]

Aqui, então, está o paradoxo do Poder Constituinte: quem quer que apreenda a iniciativa de falar em nome de um nós* putativo, projetando uma representação da unidade coletiva – uma Constituição – que possibilita uma multitude de indivíduos identificarem a si mesmos como um grupo que se engajaria em ação em conjunto, é o Poder Constituinte de uma ordem jurídica. No entanto, esse ato inicial de identificação e empoderamento apenas funciona como um ato constituinte se seus destinatários

737 MENGA, Ferdinando. *Ausdruck, Mitwelt, Ordnung*: zur Ursprünglichkeit einer Dimension des Politischen im Anschluss an die Philosophie des frühen Heidegger. Munique: Wilhelm Fink Verlag, 2018, p. 50.

retroativamente se identificam e se reconhecem como o grupo que autorizou a Constituição ao exercer as possibilidades práticas que ela lhes fez disponíveis, i.e., se o *grupo* é o Poder Constituinte. Logo, um ato apenas é bem-sucedido – nunca completamente, sempre provisoriamente – como exercício do Poder Constituinte se, em retrospectiva, ele parece ter sido o ato de um poder constituído: uma representação de quem nós* já somos. Falando estritamente, nem o povo nem a Constituição são primordiais. O que é primordial é a Constituição de um coletivo no sentido verbal da palavra, que é capturado pelo "como" que separa e une o representado e a representação: a representação contínua de um coletivo *como* essa ou aquela unidade. Inversamente, toda a representação de um coletivo como essa ou aquela unidade é a Constituição do coletivo. Sempre *ordo ordinans*, nunca *ordo ordinatus*.

Múltiplas implicações derivam desse paradoxo para os propósitos da nossa investigação. Primeiro, ele mostra que a emergência de uma Constituição nunca é um evento pontual; todo ato específico que se quisesse precisar e identificar como *o* momento constituinte, para parafrasear a expressão de Ackerman, invoca e é preparado por aquilo que, olhando para trás, parece um momento constituinte ainda mais anterior, conquanto discreto ou mesmo desapercebido.[738] A despeito de todos os protestos dos juristas de Direito Público anglo-saxões, não há nenhuma diferença essencial entre a emergência consuetudinária e revolucionária de uma Constituição. Ambas são manifestações da operação da representação, que assegura que não haja nem a repetição pura nem a inovação pura. Se o polo da repetição nos processos representacionais é mais proeminente no costume, também o é o polo criativo ou inovativo na revolução.

738 ACKERMAN, Bruce. *We the People*: Foundations. Cambridge: Belknap Press, 1991, p. 3. A concepção "dualista" de Ackerman da Constituição, Segundo a qual algumas poucas – e essenciais – decisões são tomadas por um povo e a maioria – as decisões cotidianas – por seu governo, é exemplar para uma forma de originalismo político que oclui o paradoxo da representação operante no exercício do Poder Constituinte.

Em ambos os casos, contudo, a emergência de uma Constituição sempre ocorre como um processo de constitucionalização, em que não se pode nunca completamente desembaraçar em que medida a constitucionalização é movida por aquilo que se poderia chamar de um "modo político de ser" ou, inversamente, se é um "modo político de ser" que emerge através da constitucionalização.

É instrutivo, a esse respeito, ler como Hardt e Negri descrevem a labuta do militante – o representante revolucionário *por excelência* – na época do Império.[739] As páginas concludentes de seu livro epônimo mostram inadvertidamente o quanto de trabalho representacional precisa ser feito pelos militantes para preparar a multidão para a derrubada revolucionária da ordem social existente, em que "preparar" significa tornar *consuetudinário* – normal, como eu formulo no que se segue – para os indivíduos que compõem a multidão se verem compartilhando o modo político de existência próprio ao "novo proletariado" (representação como), um proletariado que, *qua* sujeito coletivo, precisa tomar o poder (representação de) para exercer seu "direito de reapropriação".[740] Ao paciente e insistentemente representar a unidade coletiva de modo diferente de como retratada pela ordem constitucional a ser derrubada, a militância ilustra o paradoxo do Poder Constituinte que retrojeta no passado um modo de viver em comum que ainda está por vir, e que nós* precisamos afirmar em face daquilo que é considerado um desafio a nossa existência coletiva.

Importantemente, o trabalho representacional da militância mostra que o exercício do Poder Constituinte nunca é a articulação *jurídica* daquilo que se considera que um grupo tem em comum e ao que seus membros devem fidelidade. Revisitando ideias

---

739 Quanto aos militantes como representantes autoproclamados, ver VAN ROERMUND, Bert. "Constituerende macht, soevereiniteit en representatie". *Tijdschrift voor Filosofie*, vol. 64, nº 3, 2002, pp. 509-532.

740 Ver HARDT, Michael; NEGRI, Antonio. *Empire*. Cambridge: Harvard University Press, 2000, pp. 402/403; pp. 411-413.

anteriores sobre esse tema, o exercício do Poder Constituinte é também, e essencialmente, uma conquista *narrativa* que imbui a Constituição em uma história mais ampla acerca da emergência do coletivo no mundo, explicando por que a existência desse coletivo é importante e por que ele precisa afirmar aquilo que defende em face da adversidade. A representação narrativa é essencial para a individualização de um coletivo, em que individualização significa tanto identificação/diferenciação quanto afirmação/vindicação. Todo o restante que ela possa ser, a militante é uma narradora – e, quando o momento decisivo chega, uma narradora vigorosa – como todos aqueles que se preparam para o advento de uma nova ordem ao recontar aquilo que conta, de modo que o significado de nossa história seja tornar-se aquilo que nós[*] realmente somos. Não há nenhum Poder Constituinte sem o poder da representação narrativa.

Uma segunda implicação concerne à noção de um povo como um "modo de ser" ou modo de existência. É útil relembrar a crítica de Carl Schmitt do normativismo, segundo a qual, antes de uma lei constitucional (*Verfassungsgesetz*), há uma Constituição política (*Verfassung*) ou Estado. De fato, um Estado não "tem" meramente uma Constituição; ele *é* uma Constituição, "um tipo ou forma particular da existência estatal".[741] O Estado, para Schmitt, existe como uma "ordem concreta" ou *nomos*.[742] Isso permite a Schmitt avançar contra a redução de um modo político de ser à normatividade, argumentando que:

---

741 SCHMITT, Carl. *Constitutional theory*. Trad. para o inglês de Jeffrey Seitzer. Durham: Duke University Press, 2008, pp. 59/60.

742 SCHMITT, Carl. *On the three types of juristic thought*. Trad. para o inglês de Joseph W. Bendersky. Westport, CT: Praeger, 2004, p. 50. Para um estudo recente compreensivo acerca dos diferentes usos do termo *nomos* em Schmitt, ver LOUGHLIN, Martin. "Nomos". *In*: DYZENHAUS, David; POOLE, Thomas (Coord.). *Law, liberty and State*: Oakeshott, Hayek and Schmitt on the rule of law. Cambridge: Cambridge University Press, 2015, no mesmo volume, pp. 38-64.

> [A] norma pressupõe uma situação *normal* e tipos *normais*... A normalidade da situação concreta regulada pela norma e o tipo concreto pressuposto por ela são, portanto, não meramente uma pressuposição externa e jurisprudencialmente desimportante à norma, mas, pelo contrário, uma característica interna e juridicamente essencial da validade das normas e de uma determinação normativa da própria norma. Uma norma pura, sem situação ou tipo, seria uma absurdidade jurídica.[743]

Ao defender a prioridade da normalidade sobre a normatividade, Schmitt esclarece de maneira mais completa a tese forte de que um Estado é uma Constituição, na medida em que a normatividade das leis constitucionais só é compreensível se essas leis são a representação jurídica de uma Constituição *qua* modo normal ou típico de ser. No entanto, o paradoxo do Poder Constituinte questiona a pressuposição de que existe um domínio inalterado de normalidade, um domínio não mediado pelo Direito, ao qual a norma jurídica simplesmente segue. A normalidade é sempre o resultado de um processo de normalização. Em linha com o conceito de reflexividade política, o domínio do comportamento normal associado com um modo político de ser nunca é apenas *pré*-reflexivo. Ele é sempre também *pós*-reflexivo, no sentido de uma normalidade que se consolidou como um resultado da qualificação reiterada e da imposição de comportamento que é considerado jurídico.

Baseando-se na fenomenologia da percepção de Husserl, Maren Wehrle esboça os contornos daquilo que é literalmente a incorporação ou encarnação de normas intersubjetivas na "normatividade

743 LOUGHLIN, Martin. "Nomos". *In*: DYZENHAUS, David; POOLE, Thomas (Coord.). *Law, liberty and State*: Oakeshott, Hayek and Schmitt on the rule of law. Cambridge: Cambridge University Press, 2015, pp. 56/57 (tradução modificada).

sensorial, i.e., um modo típico de experienciar".[744] Ela mostra que a "normalidade não gera normas, e sim normalidade, ou melhor, aquilo que nós experienciamos como normalidade é gerado a partir da influência implícita de normas dominantes em nossa experiência cotidiana".[745] Não menos importante, a normatividade sensorial revela a conquista ambígua da inclusão/exclusão operante na representação da unidade coletiva:

> Normas estão profundamente inscritas como hábitos em nossa experiência corporal, de modo que algo novo, inesperado ou não familiar efetivamente é sentido como estranho e anormal para nós. De um lado, esses antolhos culturais automaticamente operacionais levam à exclusão de tudo que é não familiar; de outro, essa estampagem cultural serve à compreensão imediata de sujeitos que compartilham um mundo da vida comum.[746]

Seria ir muito longe desenvolver sistematicamente a relação entre normalidade e normatividade própria à representação da unidade coletiva. Dois comentários devem ser suficientes aqui. O primeiro é que o liberalismo político subjacente à parcela significativa do constitucionalismo contemporâneo ocidental é ele próprio o resultado de uma dura normalização, que agora resiste movimentos por normalizar doutrinas e comportamentos antiliberais. A segunda é que a normalidade não é apenas de interesse para a questão quanto a um modo político de existência, liberal

---

744 WEHRLE, Maren. "Normality and Normativity in Experience". *In*: DOYON, Maxime; BREYER, Thiemo (Coord.). *Normativity in Experience*. Basingstoke: Palgrave Macmillan, 2015, p. 136.

745 WEHRLE, Maren. "Normality and Normativity in Experience". *In*: DOYON, Maxime; BREYER, Thiemo (Coord.). *Normativity in Experience*. Basingstoke: Palgrave Macmillan, 2015, p. 136.

746 WEHRLE, Maren. "Normality and Normativity in Experience". *In*: DOYON, Maxime; BREYER, Thiemo (Coord.). *Normativity in Experience*. Basingstoke: Palgrave Macmillan, 2015, p. 137.

ou de outro modo. Como uma forma de comportamento padronizada, mais ou menos habitual, a normalidade é crucial para análises *econômicas* e para a regulação de processos econômicos. A normalidade é a articulação entre processos econômicos e sua cognição e regulação de uma perspectiva na primeira pessoa do plural: a economia política. Indicadores, dentre outros, alimentam-se e incentivam essa estrutura de dupla face da normalidade como resultado de uma normalização.

De qualquer modo, a normalidade de um "povo" não é meramente a condição, mas também o resultado da constitucionalização *qua* normalização que inclui e exclui até a nossa percepção como seres corporais. A constituição (no sentido verbal) de um coletivo envolve a constituição de agentes participantes que o compõem, e vice-versa. Esse é um sentido adicional no qual se precisa falar das constituições como sendo "materiais". Veja aqui a contribuição do modelo ACAI do Direito para uma teoria do "corpo político".[747]

Uma terceira implicação é que a individualização constitucional de uma multitude de indivíduos nesse (em vez daquele) coletivo também envolve uma forma de dominação de alguns por outros: poder transitivo. Revisitando nossa análise anterior do artigo determinado "o", como invocado em "nós o povo", a emergência dos estados mostra muito claramente que um povo é *sempre* o resultado de processos mais ou menos fisicamente contundentes de unificação que, derradeiramente, tornam-se corporalmente inscritos em seus cidadãos como a condição para a normalidade que constitui um "modo político de ser". Martin Loughlin pode estar correto em notar que "o constitucionalismo jurídico-liberal" foge "daqueles aspectos [das constituições e do constitucionalismo]

---

747 Ver VAN ROERMUND, Bert. *What Is Bodily about the Body Politic*? II: On How "We" Gather (manuscrito arquivado com o autor). Ver também DU TOIT, Louise. "Living Boundaries: an Ethics of the Interval". Disponível em: http://stias.ac.za/research/themes/crossing-borders/boundaries-and-legal--authority/. Acessado em: 15.03.2022.

que se baseiam nas particularidades da história e da cultura".[748] Mas essas particularidades são o resultado de um processo mais ou menos contundente de *particularização*, de uma normalização na qual a autoinclusão (coletiva) anda lado a lado com a autoexclusão e a inclusão do outro, cujo resultado é as constituições desempoderarem seus destinatários e outros no mesmo processo de empoderar um modo político de existência. Nós* podemos/nós* não podemos caminhar lado a lado com eu posso/eu não posso. Um povo nunca é apenas a condição anterior para o exercício de força legítima; ele é também o resultado precário, sempre incompleto, de tornar forçosamente coerente, poderia se dizer, uma população.[749]

Esse *insight* requer emendar, mais uma vez, o modelo ACAI do Direito. A seção 2.1.3 distinguiu a caracterização funcional da autoridade em três atividades essenciais: articulação, monitoramento e sustentação da ação coletiva. Essa divisão clara do trabalho parecia sugerir uma sequência lógica e cronológica, por que como pode a unidade coletiva se sustentar a não ser que ela já tenha sido articulada? No entanto, essa imagem é enganosa. O Poder Constituinte só pode fundar ao refundar, reivindicando sustentar o modo de existência de um coletivo ao articular uma unidade original que está sendo desafiada. Paradoxalmente, o Poder Constituinte inicia sustentando. Esse paradoxo não é uma artimanha ideacional: o Poder Constituinte sustenta a unidade putativa de um coletivo ao marginalizar outros modos de existência coletiva de maneiras que não são usualmente *léger de main*. Não há quaisquer exceções a essa conquista ambígua do Poder

---

748 LOUGHLIN, Martin. "What Is Constitutionalisation?" *In*: LOUGHLIN, Martin; DOBNER, Petra (Coord.). *The Twilight of Constitutionalism?* Oxford: Oxford University Press, 2010, p. 68.

749 Aqui, uma teoria do Poder Constituinte e da autoridade junta forças com o relato de Foucault quanto aos processos de normalização. Ver FOUCAULT, Michel. *Discipline and Punish*. Trad. para o inglês de Alan Sheridan. Nova York: Vintage Books, 1995.

Constituinte, comum como ela o é à emergência consuetudinária e revolucionária de uma Constituição.

Além disso, e em essência, a unificação requerida para a individualização de um coletivo "no" povo é emparelhada com a fragmentação e a pluralização, pelas quais aqueles que foram incluídos nunca são apenas parte "do" povo. Eles podem fazer demandas por reconhecimento como uma identidade/diferença que é em menor ou maior medida inordenável para o coletivo: o outro *em nós mesmos* quem é outro-que-nós. *Esses* são os tipos de demandas através das quais o Poder Constituinte se faz aparecer, de um modo que não é apenas mais uma modulação dialética das possibilidades existentes enquanto "o povo". Falando estritamente, o Poder Constituinte é exercido pelo outro do povo, não pelo "o povo" individualizado pela Constituição existente. Apenas retroativamente, se a representação de um novo coletivo assegura o reconhecimento de seus destinatários, pode o ato constituinte aparecer como o ato daquilo que se torna, sempre incompletamente, "o" povo. A resistência por movimentos alterglobalização frente a Estados e ordens jurídicas globais emergentes ilustra perfeitamente essa característica do Poder Constituinte. Esses movimentos não reivindicam agir apenas ou mesmo primariamente em nome "do" povo de um dado Estado; suas lutas por reconhecimento são transversais, como se poderia dizer, reivindicando representar um coletivo que não é nem redutível nem a somatória de, digamos, os povos indianos, franceses, bolivianos e nigerianos.

Uma quarta implicação gira em torno da normalização como processo de responsividade constituinte. Alfred Schütz ilumina essa característica do Poder Constituinte em sua discussão dos tipos, o que Schmitt associa com a normalidade. Analogamente à discussão de Wehrle da normatividade sensorial, um tipo, para Schütz, é o resultado de um processo de tipificação que responde ao atípico: "se a experiência atípica é tornada tema de atos de explicação... um tipo pode ser 'constituído' (*gestiftet*) que 'faz justiça' ao tema concreto e que é suficiente para dominar a situação corrente".[750] Embora Schütz não una explicitamente suas análises do típico à política, elas podem ser extrapoladas da seguinte maneira: um modo político de existência emerge retroativamente, como uma resposta ao anormal ou atípico, a um desafio alegal. Um modo político de ser nunca é simplesmente "nosso" modo político de ser, no sentido daquilo que nós* somos em e a partir de nós mesmos. Ele começa *em outro lugar*, no outro (em nós mesmos) quem nos desafia, e assim o fazendo codetermina que e o que nós* somos como um coletivo. Simplesmente investir o Poder Constituinte no povo é ser vítima do cartesianismo político.

7.3.5 Levando o Poder Constituinte e a Constituição para além do Estado

Talvez a tese de uma conexão necessária entre a Constituição e o Poder Constituinte prove demasiado. Talvez ela mostre que o tipo de representação autoritativa que uma Constituição pode possibilitar está indissociavelmente ligada ao exercício do Poder Constituinte por um *povo*. Afinal de contas, a ideia de um Poder Constituinte promulgando uma Constituição é um fenômeno histórico recente. Mesmo caso se conceda, como eu acredito que se deveria, que ordens jurídicas globais não podem emergir na ausência da representação da unidade coletiva, talvez apenas a representação de um povo possa gerar a representação autoritativa no sentido forte da autoridade *política*. Na ausência disso, toda a conversa sobre a constitucionalização das ordens jurídicas globais emergentes, e, portanto, da reflexividade política em um contexto global, é uma ilusão. Independentemente daquilo que possa se dizer acerca da autoridade em geral, a autoridade política em particular permanece vestida em "Nós o povo". Uma investigação acerca do

---

750 SCHÜTZ, Alfred; LUCKMANN, Thomas. *The structures of the life-world*. Trad. para o inglês de Richard M. Zaner e H. Tristram Engelhardt Jr. Evanston: Northwestern University Press, 1973, p. 236 (tradução modificada).

Poder Constituinte que abstraia do povo como a fonte da autoridade de uma Constituição termina despolitizando a autoridade.

Se essa objeção se sustenta, então Constituição e Poder Constituinte permanecem categorias centradas no Estado, que não providenciam uma malha operacional apropriada de inteligibilidade, seja institucional ou normativa, para se avaliar as condições que precisam ser satisfeitas se é para uma política das demarcações em um contexto global ser autoritativa.

Nós fazemos bem em considerar em mais detalhe, a princípio, a notoriamente controversa noção de povo ou nação, da qual David Miller ofereceu uma caracterização tão boa quanto se pode conseguir na literatura. De acordo com Miller, cinco elementos, quando considerados juntos, servem para distinguir um povo de outros coletivos:

> uma comunidade (1) constituída por uma crença comum e compromisso mútuo, (2) estendidos na história, (3) de caráter ativo, (4) conectada a um território particular, e (5) diversa de outras comunidades por sua distinta cultura política [ou caráter nacional].[751]

Miller é cuidadoso em apontar que seu conceito de nação não é etnicamente determinado, logo, que ele acomoda uma nação ou povo multiétnicos. Uma comunidade que tenha essas cinco características se torna uma comunidade política ou Estado quando, exercendo o Poder Constituinte, promulga uma ordem constitucional que a permite governar a si mesma independentemente de outros coletivos, com atributos de soberania interna e externa. Eu adicionaria que a independência política materializa a capacidade e os meios de um coletivo de usar a força física para sustentar suas demarcações.

751 MILLER, David. *On Nationality*. Oxford: Oxford University Press, 1995, p. 27.

Aparentemente, apenas uma comunidade que demonstre esses cinco elementos pode ser propriamente portadora do Poder Constituinte assim concebido; e não outros coletivos, globais ou de outro modo.

Miller oferece, à primeira vista, um relato da autoridade política de caráter linear. Sua primeira preocupação é explicar o que determina um povo enquanto tal, isto é, como um tipo particular de unidade coletiva. Apenas em um estágio posterior de sua investigação ele levanta a questão acerca de sua emergência como um coletivo político, ao discutir a autodeterminação nacional. Então, primeiro deve haver um povo antes de ele poder se constituir como um coletivo político: "uma comunidade nacional precisa ser (como aspiração, se ainda não de fato) uma comunidade política".[752] Ainda mais significativamente:

> [S]e nós vamos dizer que todo o poder deriva em última instância do povo, nós precisamos ter alguma concepção de quem "o povo" é, o que o mantém junto em um único corpo. Com o elemento ativista adicionado [i.e., que nações são atores coletivos], a nação faz isso para nós: "a nação" veicula a ideia de um corpo circunscrito de pessoas unido por costumes comuns e capaz de ser representado por um príncipe ou parlamento.[753]

Veja aqui a caracterização convencional da relação entre Poder Constituinte e poder constituído, à qual uma leitura ingênua do artigo 20 (2) da Constituição alemã se presta: há um Poder Constituinte que é dado antecipadamente à representação, o povo, o qual "é capaz de ser representado" por poderes constitucionais ou constituídos. Nessa leitura, a unidade do povo, com cada uma das

---

752 MILLER, David. *On Nationality*. Oxford: Oxford University Press, 1995, p. 24.

753 MILLER, David. *On Nationality*. Oxford: Oxford University Press, 1995, p. 30.

cinco características identificadas por Miller, é dada antecipada e independentemente da sua representação. No entanto, Miller qualifica posteriormente essa interpretação linear da autoridade política, admitindo, em uma passagem notavelmente cândida, que

> as contingências das políticas do poder sempre desempenharam um largo papel na formação das unidades nacionais. Estados foram criados pela força, e ao longo do tempo seus súditos passaram a se ver como compatriotas.[754]

Nós nos vemos diretamente de volta ao paradoxo do Poder Constituinte: um povo nunca é apenas uma unidade anterior, mas sempre também o precário, nunca completamente bem-sucedido, resultado de um processo de individualização no qual a unificação e a normalização estão ligadas à marginalização de outras configurações da ação em conjunto. É isso que o artigo 20 (2) da Constituição alemã nos mostra, ao ser lido com a profundidade histórica providenciada pelo paradoxo do Poder Constituinte. "Toda a autoridade estatal é derivada do povo", conforme a primeira sentença do artigo, referindo-se a um grupo, "o povo (alemão)", cuja individualidade é uma condição para sua capacidade de exercer o Poder Constituinte; no entanto, sua individualidade é também o resultado de um processo constituinte, mais ou menos contundente, de unificação/pluralização. Os cinco elementos característicos que identificam e unificam um coletivo como um povo apenas aparecem enquanto tais *retroativamente*, quando o exercício do Poder Constituinte já realizou seu trabalho, em que é impossível desatar o que pertence a um obediente assumir da liderança e a um forçoso comandar. Mas então: o Poder Constituinte só se manifesta indiretamente, em seus efeitos, ou seja, no sucesso nunca completo, sempre provisório, de um processo de unificação/marginalização que detém as cinco

754 MILLER, David. *On Nationality*. Oxford: Oxford University Press, 1995, p. 34.

características indicadas por Miller, de modo que se possa dizer, retroativamente: aqui está um povo (com essas cinco características) que promulgou uma Constituição para si mesmo.

Essa genealogia drasticamente breve sobre a essência do povo justificaria o argumento de que o Poder Constituinte e a Constituição são categorias cujo escopo é restrito ao constitucionalismo estatal?

Eu acredito que não. Ao menos dois argumentos estão em favor de se levar o Poder Constituinte e a Constituição para além do Estado. O primeiro concerne às cinco características identificadas por Miller, as quais juristas do Direito Público tipicamente veem como pré-condições para o exercício do Poder Constituinte. Eu quero argumentar que as ordens jurídicas globalizantes ilustram essas mesmas características e sua interconexão sistemática, mesmo se em configurações que diferem consideravelmente de sua realização nas ordens estatais. Considere (2). A seção 2.2.2 declarou que as autoridades que reivindicam representar um nós* global em jogo narram sua história nos termos de uma unidade original que precisava se afirmar no futuro em face de um desafio presente. Adicionalmente, no que concerne a (4), o capítulo III mostrou que a regulação global das relações sociais constrói um espaço de ação global mais ou menos unificado que ela busca controlar, muito embora ele não esteja estruturado como um território com fronteiras. Além disso, o ponto das ordens jurídicas globais especializadas envolve algo parecido com (5), um "caráter", isto é, uma compreensão específica quanto ao que a ação em conjunto diz respeito, que gera direitos e obrigações direcionados, um certo modo de se "fazer as coisas", que distingue um grupo de outros coletivos. Ao apreender a iniciativa de regular as relações sociais globalizadas, as autoridades que assumem a posição de nós* orador em ordens jurídicas globais emergentes também reivindicam articular aquilo que é comum ao nós* em jogo na regulação. Enquanto tal, elas sustentam que suas regras são (1) a expressão de crenças compartilhadas e compromissos mútuos que constituem a ação como nossa ação *em conjunto*. Por fim, ao se mover para agir em nome do nós* em jogo quando responde a desafios à sua unidade, as autoridades das ordens jurídicas globais emergentes afirmam agir em nome de um coletivo global, logo, que é o coletivo global que (3) age regulando relações sociais com o intuito de realizar o ponto de ação em conjunto, muito embora essas autoridades não tenham sido eleitas pelo coletivo global para agirem em seu nome.

Para repetir, existem diferenças muito significativas entre como as autoridades das ordens jurídicas globais emergentes individualizam um coletivo ao longo desses cinco vetores quando comparado com a individualização de povos ou nações.[755] Mas em ambos os casos há o exercício do Poder Constituinte, compreendido como um processo de unificação/pluralização que individualiza um coletivo na base de uma malha compartilhada de características. Não menos importante, em ambos os casos, um processo mais ou menos contundente de individualização coletiva é objeto de resistências morosas e frequentemente desesperadas, na forma de lutas por representação e reconhecimento de identidades/diferenças que são ameaçadas ou foram violadas.

O que me leva ao segundo argumento acerca de porque e como o conceito de Poder Constituinte deveria ser estendido para além do Estado. Na tradição do Direito Público Estatal, o exercício do Poder Constituinte é característico da *independência política*, logo, do autogoverno soberano. Por sua vez, a independência política se manifesta na capacidade de um coletivo de impor os

---

755 Em particular, eu gostaria de olhar mais cuidadosamente se e como haveria sentido em distinguir entre "ordem pragmática", uma característica genérica das ordens jurídicas, e "ordem concreta", enquanto algo específico das ordens jurídicas estatais. Meu interesse aqui seria não tanto confirmar a interpretação schmittiana dos Estados como ordens concretas, mas em vez disso, averiguar se o conceito fenomenológico de experiência justificaria garantir uma certa prioridade aos Estados em termos da concretude da experiência jurídica por eles possibilitada vis-à-vis uma forma derivativa mais abstrata de experiência disponível às ordens jurídicas globais emergentes. Isso, contudo, é um tópico para pesquisas posteriores.

termos da inclusão e exclusão da ação em conjunto, tanto interna quanto externamente. Para o jurista do Direito Público, isso é uma evidência conclusiva da correlação necessária entre Poder Constituinte e o povo, conforme predicado ao constitucionalismo estatal. Mas poderia essa capacidade de impor fisicamente a ação em conjunto se voltar *contra* o movimento de confinar o Poder Constituinte nos estados?

Comparativamente, pouco foi dito até aqui acerca da autoridade no que diz respeito à sustentação da inclusão e exclusão, com algumas observações superficiais sobre a necessidade de ampliar o espectro de medidas que se encontram sob essa rubrica. A força física, eu argumentei na seção 2.1.3, seria uma, mas de forma alguma a única dessas medidas. Um exemplo de outro tipo de sanção é um relatório de uma organização privada de estabelecimento de padrões que torne pública a falta de conformidade de uma companhia multinacional com padrões globais aplicáveis a suas atividades. O "*naming and shaming*" gerado por um relatório devidamente tornado público pode ter consequências potencialmente bem mais adversas para os resultados financeiros da firma do que uma multa executável, e podem levar a firma a fazer o que é esperado em relação à ação coletiva. Mas há autoridade política quando um coletivo dispõe dos meios de força física orientados a sustentar a inclusão na e exclusão da ação em conjunto. Igualmente, uma ordem jurídica é um coletivo político, no sentido forte da expressão, se ela tem os meios e pode se engajar em formas fisicamente contundentes de inclusão e exclusão. A guerra é uma manifestação saliente, mas não a única, de tanto.

Estados são coletivos políticos nesse sentido da expressão, embora não necessariamente os únicos. Sua reivindicação do monopólio do exercício da força física explica por que a fragmentação funcional (em contraste com a diferenciação funcional) da autoridade em ordens jurídicas globais emergentes geralmente tem o Estado como a autoridade de última instância para a imposição da inclusão na e exclusão da ação em conjunto. Nesse sentido, então, ordens jurídicas globais emergentes dependem dos Estados para impor suas demarcações. Porque a inclusão na e exclusão de um espaço de ação (mesmo se não necessariamente o território fronteiriço de um Estado), e isso é alcançado – derradeiramente, mas não apenas – por força física. Na instância final, a autoridade política envolve a autoasserção coletiva fisicamente contundente, mesmo quando o uso da força física ocorre na forma da autoasserção coletiva restrita.

Isso não quer dizer que o uso da força física ou do poder é necessariamente a maneira mais efetiva de sustentar quem deve fazer o que, onde e quando; outras formas de poder podem ser mais efetivas para esse efeito, ou, em muitos casos, mais ainda que o poder físico. Um caso ilustrativo é, evidentemente, o extraordinário poder econômico que corporações multinacionais exercem sobre os Estados. Mas meu argumento é funcional, e não substantivo: a autoridade política é implantada por aqueles coletivos que dispõem de um meio específico para inclusão e exclusão, independentemente se ele é mais ou menos efetivo do que outros meios, e.g., sanções econômicas.

Eu quero argumentar nesses moldes que o escopo do Poder Constituinte opera na emergência de todas as ordens jurídicas cujas autoridades podem depender em última instância do uso de força física para sustentar os termos da inclusão e exclusão da ação coletiva. Essa definição inclui as ordens constitucionais estatais às quais o exercício do Poder Constituinte dá azo. Ela também inclui aquelas ordens jurídicas globais emergentes que, como resultado da fragmentação funcional da autoridade através das ordens jurídicas, podem apelar à imposição estatal de suas demarcações. Certamente, esse é um sentido *dependente* de Poder Constituinte no que concerne às ordens jurídicas globalizantes; não há nenhuma declaração formal de independência comparável àquela da promulgação de uma Constituição que leva à criação de um Estado, nem dispõem essas ordens dos seus próprios meios de força física para sustentar a junção da ação em conjunto. Mas eu proponho vê-lo como uma forma de Poder Constituinte ainda assim, porque ele exibe o efeito-chave associado com o Poder Constituinte referente ao povo: a capacidade de se engajar em um processo de unificação e normalização (contundente) do comportamento, ao longo dos cinco vetores indicados por Miller, em face de conflitos acerca da representação da unidade coletiva.

Os advogados do constitucionalismo estatal sem dúvida contestarão, insistindo que alargar o escopo do Poder Constituinte para incluir um espectro de ordens jurídicas globais emergentes corresponde a despolitizar o conceito de autoridade. Contra essa objeção, o modelo ACAI do Direito sustenta que expandir a província do Poder Constituinte tem o efeito oposto, ou seja, politizar a autoridade que dá azo a ordens jurídicas globais, não obstante todas as reivindicações de ser uma forma meramente "técnica" de autoridade. Essas ordens exibem o leque completo das funções tipicamente associadas à representação da unidade política correspondente aos Estados, isto é, articulação, monitoramento e sustentação – se necessário, por meio da força física – quanto a quem e o que se inclui ou exclui da ação em conjunto.

O argumento a favor dessa leitura expansiva do Poder Constituinte milita em favor de uma não menos expansiva leitura da Constituição. Eu propus a perspectiva, na seção 7.3.1, de que, falando funcionalmente, uma Constituição estabelece, mesmo se apenas provisoriamente, três aspectos-chave da ação coletiva: (1) quem deve vir a representar um coletivo, (2) as condições, tanto positivas quanto negativas, sob as quais o processo contínuo de representar a unidade coletiva pode ser imputado a um coletivo e (3) o que, minimamente, é o ponto a ser representado pela configuração-padrão da ação coletiva. Agora, o processo contínuo de representar a unidade coletiva, conforme (2), envolve articulação, monitoramento e sustentação da configuração-padrão da ação em conjunto. Assim, o escopo desse conceito funcional da Constituição inclui, mas não está limitado aos Estados; ordens jurídicas globais emergentes têm uma Constituição, independentemente se o termo é usado ou não, se elas podem apelar, em última instância, à força física quando estruturam a representação da unidade coletiva de modo que (provisoriamente) estabelece (1) através de (3).

Aqui mais uma vez o advogado do constitucionalismo estatal discordará, contestando que essa leitura muito abrangente da Constituição despolitiza seu conceito. E aqui mais uma vez eu retruco que, pelo contrário, esse é um conceito profundamente político de Constituição, mesmo se, como o Poder Constituinte, as constituições das ordens jurídicas globais permanecem *dependentes* das constituições estatais. Certamente, a emergência de um espectro de ordens jurídicas globais não ocorre através de um ato de independência, atestado pela promulgação daquilo que é advertido como uma Constituição. Mas essas ordens conquistam uma medida significante de autonomia para si mesmas diante dos Estados, promulgando um conjunto integrado de regras que estrutura um processo conflitivo da representação de um coletivo global. Nesse sentido, eu afirmo, ordens jurídicas globais emergentes podem ter constituições, o que não significa, evidentemente, que suas constituições possuem o raio completo de características associadas com, digamos, uma Constituição estatal liberal, nem que elas podem contar com a fidelidade de um amplo espectro dos destinatários dos processos de tomada de decisão que elas disciplinam.

Movimentos alterglobalização ilustram mais claramente o significado constituinte e constitucional da questão acerca da representação autoritativa em um contexto global, e precisamente quando eles buscam erradicar a representação, da raiz aos ramos, do autogoverno coletivo:

> [N]ão é uma mera coincidência que "Eles não nos representam" tenha emergido como um *slogan* poderoso em mobilizações ao redor do mundo. Nós o ouvimos nos EUA, na Itália, na Espanha, na Grécia, no Brasil, na Turquia, na Eslovênia, e mesmo na Rússia, onde significa não apenas "Vocês não nos representam", mas também "Vocês não podem sequer nos imaginar". Os slogans não são formulados como rejeições

> de representantes políticos específicos, mas como expressões de uma rejeição geral da lógica da representação. A representação de interesses não funciona. Ela é percebida como não democrática; as pessoas se mobilizando não se sentem "representadas" e não acreditam mais na "representação" por aqueles no poder como sendo possível.[756]

O deslocamento conceitual nessa passagem é discreto, mas decisivo: a rejeição aparentemente em massa da "lógica da representação" significa efetivamente o repúdio da "representação de interesses". Em uma consideração mais cuidadosa, não é a lógica da representação enquanto tal que é renegada, e sim sua institucionalização por ordens jurídicas globais emergentes de maneiras que sistematicamente empoderam certas representações da unidade coletiva enquanto desempoderam outras.

Essa é, eu acredito, a real ambição dos movimentos alterglobalização, como incorporada no slogan "eles não nos representam". Sua luta é para representar a unidade coletiva de uma outra maneira além da representação que sistematicamente leva a melhor nas ordens jurídicas globais emergentes às quais eles resistem. Sua luta é, ademais, acerca das *constituições* dos coletivos em um contexto global, porque sua questão diz respeito a como as ordens jurídicas globais emergentes (contundentemente) estabelecem cada um desses três aspectos da ação coletiva mencionados anteriormente. Seu esforço é, adicionalmente, o de exercer o Poder Constituinte ao levantar demandas por reconhecimento em excesso ao potencial responsivo das ordens jurídicas globais emergentes a que eles resistem de modo relativamente contundente.

Essa extensão do Poder Constituinte e da Constituição continua, contudo, a pressupor a primazia política dos Estados. Nessa medida ela permanece dentro da órbita das teorias centradas no

---

756 SITRIN, Marina; AZZELLINI, Dario. *They can't represent us! Reinventing democracy from Greece to Occupy*. Londres: Verso, 2014, p. 41.

Estado do constitucionalismo. Mas essa pressuposição precisa ser questionada, ou ao menos qualificada, visto que os movimentos alterglobalização revelam que a primazia política dos Estados foi consideravelmente reduzida. De fato, esses movimentos não se envolvem em lutas por representação e reconhecimento em nome "do povo" de um Estado específico ou, em todo caso, *não apenas* em nome desses povos. Eles também reivindicam representar o nós* em jogo das ordens jurídicas globais emergentes. Sua resistência é direcionada tanto contra os Estados, ao incentivarem e sustentarem as ordens jurídicas globais emergentes, quanto contra as próprias ordens jurídicas globais emergentes. Como notado no final do capítulo III, a fragmentação funcional da autoridade entre ordens jurídicas corta para os dois lados. Se, de um lado, ordens jurídicas globais emergentes continuam a depender de Estados para sustentar suas demarcações, de outro lado, os estados crescentemente dependem de ordens jurídicas globais emergentes para articular as demarcações estatais – de maneiras que para muitos cidadãos não são mais reconhecíveis como as demarcações de *seu* Estado.

Verdade, ordens jurídicas globais emergentes apenas foram bem-sucedidas em ganhar uma certa medida de autonomia para si mesmas diante dos Estados; no entanto, Estados, por sua parte, entregaram autonomia regulatória às ordens jurídicas globais emergentes através de amplas extensões de relações sociais previamente sob sua jurisdição soberana. Essa é uma transformação estrutural diferente do bem conhecido problema de que *de facto*, mesmo senão *de jure*, a maioria dos Estados não são ou não são completamente soberanos – certamente, não os Estados da assim chamada periferia. Na realidade, Estados poderosos e atores econômicos brandem uma influência considerável sobre Estados mais fracos, como o processo de descolonização tem mostrado de modo bastante claro. A pompa e a circunstância de uma declaração de independência política através da promulgação de uma Constituição não é nenhuma garantia de autogoverno coletivo em um sentido significativo da expressão.[757] Embora correta até certo ponto, essa preocupação continua a pressupor a diferenciação funcional da autoridade dentro de um coletivo; ela não mais captura a complexidade das relações fragmentadas de autoridade em um contexto global.

O desafio que confronta o constitucionalismo hoje é conceitualizar a representação autoritativa da unidade coletiva à luz da transformação estrutural da reflexividade política resultante da *fragmentação* funcional da autoridade através de diferentes ordens jurídicas. Em essência, como os acadêmicos do Direito Administrativo Global têm mostrado, a tomada de decisão pela governança regulatória global não pode ser mais compreendida simplesmente nos termos de poderes delegados por autoridades estatais, que, por sua vez, são poderes constituídos que representam "os" povos constituintes da comunidade internacional de nações. Em cada caso, a articulação da configuração-padrão da ação em conjunto por uma ordem jurídica global emergente reivindica representar um coletivo global de maneiras que são frequentemente hostis à imputação de regras globais "aos" povos

757 Um ponto formulado por Niklas Luhmann e Marcelo Neves, que argumentam que a *autopoiesis* funciona para ordens jurídicas metropolitanas, mas não para aquelas da periferia. Essa diferença torna as teorias do Direito focadas nas primeiras teorias provincianas no sentido estrito do termo "provinciana", ou, menos educadamente, eurocêntricas. Embora não se possa ter dúvidas de que as relações entre ordens jurídicas nunca estejam livres de dominação, a questão é se faria sentido de todo se referir a ordens jurídicas como subordinadas a uma outra ordem jurídica ou a atores econômicos poderosos na ausência de uma reivindicação por um coletivo subalterno a uma identidade que é violada e demanda reconhecimento, logo, na ausência de uma reivindicação *de jure* ao autogoverno coletivo pelo coletivo dominado. Um desenvolvimento adicional desse ponto requereria uma investigação quanto às importantes diferenças entre o *autos* da *autopoiesis* e as identidades-*ipse/idem* como desenvolvidas neste livro. Ver LUHMANN, Niklas. *Law as a Social System*. Trad. para o inglês de Klaus A. Ziegert. Oxford: Oxford University Press, 2004, pp. 109/110; NEVES, Marcelo. *Verfassung und Positivität des Rechts in der peripheren Moderne*: eine theoretische Betrachtung und eine Interpretation des Falls Brasilien. Berlim: Duncker & Humblot, 1992.

constituintes dos Estados. Essa é uma transformação estrutural que não mais afeta apenas Estados "periféricos"; ela afeta *todos* os Estados, em menor ou maior medida. Como resultado, não faz mais sentido simplesmente opor coletivos políticos independentes e ordens jurídicas globais emergentes dependentes. O que nós temos agora é a interdependência de ordens jurídicas. É por isso que eu me refiro a lutas por representação e reconhecimento em *um contexto global*, em vez de apenas a lutas referentes às ordens jurídicas globais emergentes.

Eu considero uma das virtudes do modelo ACAI do Direito ser suficientemente flexível para dar conta tanto da diferenciação funcional quanto da fragmentação funcional da autoridade, de maneiras que justificam como e por que as noções de Poder Constituinte e Constituição continuam a ser relevantes em um contexto global marcado pelo entrelaçamento e dependência mútua das ordens jurídicas.

7.3.6 Constitucionalismo

Tendo delineado os conceitos de Constituição e Poder Constituinte ínsitos ao modelo ACAI do Direito, este capítulo e este livro podem ser concluídos examinando como esse modelo pode lançar luzes sobre o constitucionalismo e suas perspectivas em um contexto global. Embora eu tenha me emprestado de sua caracterização por Walker, a expressão "constitucionalismo" é o *locus* de um debate acre quanto à natureza da relação entre a política e o Direito, de modo que possa ser útil situar rapidamente meu uso do termo nesse debate.

A principal frente de batalha opõe o constitucionalismo jurídico ao constitucionalismo político. Sucintamente, enquanto a primeira enfatiza o papel do controle de constitucionalidade na defesa dos direitos individuais, a segunda busca recuperar a dimensão política do constitucionalismo ao reafirmar o significado central da democracia para uma ordem constitucional. O constitucionalismo político gira em torno de quatro *insights*: a primazia relativa da política e do desacordo sobre o Direito; a igualdade política como o Direito igual a ter sua voz ouvida, em particular o Direito ao voto; o legislativo como o espaço institucional próprio para se encenar o desacordo e para se alcançar decisões autoritativas; a rejeição da noção de Constituição como "lei superior", estando além do alcance da política ordinária.[758] A despeito de seu compromisso para com a democracia e a primazia relativa da política sobre o Direito, o constitucionalismo político tem sido criticado por amordaçar o Poder Constituinte ao assumir que uma Constituição pode conter a política democrática. Esse movimento arrisca reduzir o constitucionalismo à

> administração do desacordo político [dentro dos constrangimentos normativos da democracia liberal] em vez de providenciar fóruns através dos quais o desacordo é possibilitado e colocado em prática como ação política.[759]

Contra esse movimento reducionista, Minkkinen defende uma "teoria constitucional política", como ele a chama, "na qual a política é compreendida como uma possibilidade irrestrita normativamente de desacordo e dissenso".[760] Para essa abordagem, "o compromisso com a democracia e a autodeterminação política" demanda libertar o Poder Constituinte dos constrangimentos

---

758 Eu me baseio aqui em GOLDONI, Marco. "Two internal critiques of political constitutionalism". *International Journal of Constitutional Law*, vol. 10, nº 4, 2012, pp. 926-949, especialmente pp. 928-937.

759 MINKKINEN, Panu. "Political Constitutionalism *versus* Political Constitutional Theory: Law, Power, and Politics". *International Journal of Constitutional Law*, vol. 11, nº 3, 2013, p. 586. Ver também COLÓN-RUIZ, Joel. *Weak constitutionalism*: democratic legitimacy and the question of constituent power. Milton Park: Routledge, 2013.

760 MINKKINEN, Panu. "Political Constitutionalism *versus* Political Constitutional Theory: Law, Power, and Politics". *International Journal of Constitutional Law*, vol. 11, nº 3, 2013, p. 586.

políticos sobre a política que a democracia liberal e a teoria constitucional o impõem.[761]

Duas características desse debate são de particular interesse para minha investigação, à luz de minhas considerações anteriores acerca da Constituição e do Poder Constituinte. A primeira consiste no fato de que, quaisquer que sejam suas diferenças, todas as versões da teoria constitucional que concedem um lugar de destaque à primazia da política sobre o Direito defendem o papel central da democracia como *autogoverno* coletivo, isto é, a reflexividade política. A segunda é que o debate constitucionalista acerca da reflexividade política tem focado primariamente em democracias *estatais*, largamente negligenciando se e como a reflexividade política poderia tornar-se possível para além do Estado.

Compensar essa segunda omissão é, como eu compreendo, o principal ímpeto da contribuição de Walker ao debate sobre o constitucionalismo. Relembre sua definição de constitucionalismo como um "tipo especial de razão prática... [que] concerne às questões mais profundas e mais coletivamente implicadas de 'como decidir como decidir' como agir [coletivamente]", uma definição que inclui, mas não está limitada a Estados. Eu gostaria de especificar adicionalmente sua caracterização ao fazer uma leitura política do constitucionalismo como uma reflexão constante acerca das condições nas quais as posições nós* orador, nós* em jogo e nós* autor podem e deveriam ser estruturadas em um coletivo, de modo que uma multitude de indivíduos possa se ver não apenas como aqueles que estão em jogo na regulação, mas também como participantes em um coletivo que governa a si mesmo ao autorizar articulação, monitoramento e sustentação do ponto de ação em conjunto.

761 MINKKINEN, Panu. "Political Constitutionalism *versus* Political Constitutional Theory: Law, Power, and Politics". *International Journal of Constitutional Law*, vol. 11, nº 3, 2013, p. 601.

Quando vista dessa maneira, fica claro porque o Direito Administrativo Global deveria ser compreendido como parte e parcela da iniciativa de levar o constitucionalismo para além do Estado, muito embora ele drasticamente constranja o escopo político da reflexividade. Relembre a questão central de Stewart:

> Quem tem direito à consideração? Que grupos, interesses coletivos, ou indivíduos têm direito à consideração em decisões regulatórias globais e, potencialmente, direito de participar ou iniciar processos decisórios que promovem essa consideração?[762]

Permita-me parafrasear essa questão como se fosse acerca da reflexividade política da perspectiva da primeira pessoa do plural: quem tem direito ao *nosso* reconhecimento? Que grupos, interesses coletivos ou indivíduos têm direito ao reconhecimento em *nossas* decisões globais regulatórias e, potencialmente, direito de participar ou iniciar processos que promovem esse reconhecimento? Essa é uma questão constitucional. Talvez seja *a* questão constitucional em um contexto global, porque mobiliza o constitucionalismo *qua* debate contínuo acerca das condições, institucionais ou outras, de como decidir quem decide como agir coletivamente.

A resistência contínua por movimentos alterglobalização aos processos contemporâneos da globalização torna essa questão constitucional ainda mais conturbadora e urgente. Suas demandas por reconhecimento explodem a distinção de Stewart entre consideração justificada e injustificada, e são uma das intimações do Poder Constituinte com a qual a governança global precisa vir a termo: "[H]á um movimento global crescente de recusa – e

---

762 STEWART, Richard B. "Remedying Disregard in Global Regulatory Governance: Accountability, Participation and Responsiveness". *The American Journal of International Law*, vol. 108, nº 2, 2014, p. 225.

simultaneamente, nessa recusa, um movimento de criação".[763] A virada para a antiglobalização no recente surto de populismo em poderosos "países de primeiro mundo" é uma manifestação adicional e sinalizadora da erosão das estruturas de autogoverno coletivo familiares ao constitucionalismo estatal, sem se estar claro que as estruturas de reflexividade política das quais ele desfruta podem ser reavivadas em suas formas primevas.

À luz desses desenvolvimentos, eu proponho uma leitura política do constitucionalismo, como projeto normativo e institucional, para o qual a democracia é um certo modo de estruturar a representação da unidade coletiva.[764] De fato, a democracia não é meramente a aspiração do autogoverno coletivo. É uma forma de organização política que admite que não se pode ter nenhum *autogoverno* coletivo, logo, nenhum autorreconhecimento coletivo, na ausência de um processo contínuo de representar quem nós* somos: poder intransitivo ou poder sobre nós mesmos, para me emprestar da formulação da seção 6.4.1. Mas a democracia adiciona a isso a admissão de que a representação de quem nós* somos não pode senão introduzir a não identidade na identidade, de modo que articulação, monitoramento e sustentação da unidade coletiva é sempre também, em menor ou maior medida, a regra de alguns sobre outros, i.e., uma forma de poder transitivo que, embora criativo, desencadeia dominação e irreconhecimento, logo, conflitos irredutíveis e mais ou menos radicais. Uma questão pendente (no sentido dúplice da palavra) é se, na ausência da política eleitoral das democracias estatais, podem-se encontrar espaços institucionais para as ordens jurídicas globais emergentes que possam intensificar as lutas por representação e reconhecimento

---

763 SITRIN, Marina; AZZELLINI, Dario. *They can't represent us! Reinventing democracy from Greece to Occupy*. Londres: Verso, 2014, p. 5.

764 Eu fortemente resisto uma leitura do constitucionalismo político que minimizasse a importância do papel representacional de um judiciário independente na democracia, um papel que se baseia precisamente em ele *não* ser (usualmente) um ramo do poder eleito.

para além daquilo que os procedimentos administrativos do Direito Administrativo Global ou a corrente supervisão judicial da governança global consigam acomodar. A política eleitoral é um veículo, mas de maneira alguma o único, para se institucionalizar a reflexividade política. Em qualquer caso, qualquer que seja a vindoura inovação institucional, ela inovará a representação, e não se moverá para além dela. Aqui, como sempre, a prática política será mais radical do que a Teoria do Direito.

Em suma, a leitura política do constitucionalismo que eu endosso envolve tanto a aspiração quanto a admissão da impossibilidade do autogoverno coletivo, pareando a autoasserção coletiva ao seu deferir e diferir em face das demandas por reconhecimento que excedem, em menor ou maior medida, as respostas disponíveis a um coletivo. Se, de acordo com Walker, o constitucionalismo diz respeito aos "termos apropriados de governança da ação coletiva", então o modelo ACAI do Direito declara que a autoasserção coletiva restrita é seu cerne normativo e institucional. A importância desse foco nunca é demasiadamente sublinhada, dadas as formas massivas de alienação

da globalização da inclusão e exclusão. Ao mesmo tempo, esse foco torna claro que assumir uma leitura política do constitucionalismo para além do Estado não supera a irredutibilidade da pluralidade política à unidade de uma ordem jurídica: todas as ordens constitucionais têm linhas falhas além dos seus limites. Constituições não podem empoderar sem também desempoderar a representação da unidade coletiva. É por isso que eu assumo que a autoasserção coletiva restrita está no cerne do constitucionalismo, seja ele nacional, transnacional ou global: um projeto institucional e normativo orientado a reconhecer o outro (em nós mesmos) como um de nós e como outro-que-nós.

Acrescento também que eu não estou defendendo a tese forte de que isso é *tudo* que há no rol institucional e normativo do constitucionalismo; é suficiente para meus propósitos afirmar que articular as condições requeridas para a representação autoritativa da unidade coletiva – interpretada como autoasserção coletiva restrita – é *central*. Se aquelas condições podem ou não podem ser atendidas em um contexto marcado pela fragmentação funcional da autoridade entre ordens jurídicas é, a meu ver, um desafio cardeal que confronta uma política autoritativa das demarcações em um contexto global.

REFERÊNCIAS BIBLIOGRÁFICAS

ACKERMAN, Bruce. *We the People*: Foundations. Cambridge: Belknap Press,1991.

ADDIS, Adeno. "Community and Jurisdictional Authority". *In*: HANDL, Günther; ZEKOLL, Joachim; ZUMBANSEN, Peer (Coord.). *Beyond territoriality*: transnational legal authority in an age of globalization. Leiden: Martinus Nijhoff Publishers, 2012.

ANDERSON, Benedict. *Imagined Communities*. Edição revisada. Londres: Verso, 2006.

ANGHIE, Anthony. *Imperialism, sovereignty and the making of international law*. Cambridge: Cambridge University Press, 2007.

ARENDT, Hannah. *On Revolution*. Londres: Penguin, 1963.

______. *The origins of totalitarianism*. Nova York: Harcourt, Brace & Company, 1973.

______. *Was ist Politik?* Fragmente aus dem Nachlaß. Edição de Ursula Ludz. Munique: Piper, 2003.

ARQUILLA, John; RONFELDT, David (Coord.). *Networks and netwars*: the future of terror, crime, and militancy. Santa Monica: RAND Corporation, 2001.

AUGENSTEIN, Daniel. *Global business and the law and politics of human rights* (no prelo, arquivado com o autor).

______. "Normative Fault-Lines of Transnational Human Rights Jurisprudence: National Pride and Religious Prejudice in the European Legal Space". *Global Constitutionalism*, vol. 2, nº 3, 2013.

BADIE, Bernard. *Un monde sans souverainité*: Les États entre ruse et responsabilité. Paris: Fayard, 1999.

BARBER, Benjamin. *Strong Democracy*: Participatory Politics for a New Age. Berkeley: University of California Press, 1984.

BARLOW, John Perry. *A declaration of the independence of cyberspace*. Disponível em: www.eff.org/cyberspace-independence. Acessado em: 15.03.2022.

BAUMAN, Zygmunt. *Globalization*: the human consequences. Cambridge: Polity Press, 1998.

______. *Liquid Modernity*. Cambridge: Polity Press, 2000.

______. "On glocalization: or globalization for some, localization for some others". *Thesis Eleven*, nº 54, 1998.

BAXI, Upendra. *The future of human Rights*. 3ª ed. Nova Deli: Oxford University Press, 2008.

BEDORF, Thomas. *Verkennende Anerkennung*. Frankfurt: Suhrkamp, 2010.

BENASAYAG, Miguel; SZTULWARK, Diego. *Du contre-pouvoir*. Paris: La Decouverte, 2003.

BENJAMIN, Walter. *Passagen-Werk*. vol. 1. Frankfurt: Suhrkamp, 1983.

BERGER, Klaus Peter. *The creeping codification of the new lex mercatória*. 2ª ed. Alphen aan den Rijn: Kluwer Law International, 2010.

BERMAN, Harold J. "World Law". *Fordham International Law Journal*, vol. 18, 1995.

BERMAN, Paul Schiff. *Global legal pluralism*: a jurisprudence of law beyond borders. Cambridge: Cambridge University Press, 2012.

______. "Global Legal Pluralism". *Southern California Law Review*, vol. 80, 2007.

BETHLEHEM, Daniel. "The End of Geography: The Changing Nature of the International System and the Challenge to International Law". *European Journal of International Law*, vol. 25, 2014.

BHUTA, Nehal. "State Theory, State Order, State System – Jus Gentium and the Constitution of Public Power". *In*: KADELBACH, Stefan;

KLEINLEIN, Thomas; ROTH-ISIGKEIT, David (Coord.). *System, order, and international law*: the early history of international legal thought from Machiavelli to Hegel. Oxford: Oxford University Press, 2017.

BLACK, Julia. "Decentring regulation: understanding the role of regulation and self-regulation in a 'post-regulatory' World". *Current Legal Problems*, vol. 54, 2001.

BLUMENBERG, Hans. *Beschreibung des Menschen*. 2ª ed. Frankfurt am Main: Suhrkamp, 2020.

______. "Das Laboratoriom, oder: Was wäre eine Phänomenologie der Geschichte?" *In*: ______. *Phänomenologische Schriften*. Frankfurt am Main: Suhrkamp, 2018.

______. "Ordnungschwund und Selbsterhaltung: Über Weltverstehen und Weltverhalten im Werden der technische Epoche". *In*: KUHN, Helmut; WIEDMANN, Franz (Coord.). *Das Problem der Ordnung*. Verhandlungen des VI Deutschen Kongresses für Philosophie. Meisenheim: Anton Hain Verlag, 1962.

______. *The legitimacy of the modern age*. Trad. para o inglês de Robert Wallace. Cambridge: MIT Press, 1985.

BORGES, Jorge Luis. *Pierre Menard, Author of the Quixote*. Trad. para o inglês de James E. Irby. Disponível em: www.coldbacon.com/writing/borges-quixote.html. Acessado em: 15.03.2022.

BOUTROS-GHALI, Boutros. "Human Rights: The Common Language of Humanity". *World conference on human rights*, Viena, 14 jun. 1993. Disponível em: https://documents-dds-ny.un.org/doc/UNDOC/GEN/G93/142/39/pdf/G9314239.pdf?OpenElement. Acessado em: 13.06.2022.

BOYKOFF, Jules. "Occupy Wall Street: Reclaiming Public Space, Reclaiming Dignity". *Oregon Live*. Disponível em: https://www.oregonlive.com/opinion/2011/10/occupy_wall_street_reclaiming.html. Acessado em: 13.06.2022.

BRATMAN, Michael. *Intention, plans, and practical reason*. Cambridge: Harvard University Press, 1987.

______. *Shared agency*: a planning theory of acting together. Oxford: Oxford University Press, 2014.

BUBER, Martin. *Between man and man*. Trad. para o inglês de Roger Gregor Smith. Nova York: Collier Books, 1965.

BUERGENTHAL, Thomas. "The Evolving International Human Rights System". *The American Journal of International Law*, vol. 100, nº 4, 2006.

BÜTHE, Tim; MATTLI, Walter. *The new global rulers*: the privatization of regulation in the world economy. Princeton: Princeton University Press, 2011.

CALLIES, Gralf-Peter; ZUMBANSEN, Peer. *Rough consensus and running code*. Oxford: Hart, 2012.

CARENS, Joseph. "Aliens and citizens: the case for open borders". *The Review of Politics*, vol. 49, 1987.

CASEY, Edward. *Getting back into place*: for a renewed understanding of the place world. Indianápolis: Indiana University Press, 1993.

CASTELLS, Manuel. *The power of identity*. 2ª ed. Oxford: Wiley-Blackwell, 2010.

_____. *The rise of the network Society*. 2ª ed. Oxford: Wiley-Blackwell, 2010.

CHAKRABARTY, Dipesh. *Provincializing Europe*: postcolonial thought and historical difference. Princeton: Princeton University Press, 2000.

CHEVALLIER, Jacques. "Mondialisation du droit ou droit de la mondialisation". *In*: MORAND, Charles-Albert (Coord.). *Le droit saisi par la mondialisation*. Bruxelas: Editions Bruylant, 2001.

CHIMNI, Bhupinder S. "Cooption and Resistance: two Faces of Global Administrative Law". *New York University Journal of International Law and Politics*, vol. 37, 2005.

_____. "Global Administrative Law: Winners and Losers". Disponível em: www.researchgate.net/publication/265196956_GLOBAL_ADMINISTRATI VE_LAW_WINNERS_AND_LOSERS. Acessado em: 15.03.2022.

_____. "International Institutions today: an Imperial Global State in the Making". *European Journal of International Law*, vol. 15, nº 1, 2004.

CHINKIN, Cristine. "A Critique of the Public/Private Distinction". *European Journal of International Law*, vol. 10, nº 2, 1999.

CHOUDHRY, Sujit (Coord.). *The migration of constitutional ideas*. Cambridge: Cambridge University Press, 2006.

CHRISTODOULIDIS, Emilios. "The Objection That Cannot Be Heard: Communication and Legitimacy in the Court Room". *In*: DUFF, Antony; FARMER, Lindsey; MARSHALL, Sandra; TADROS, Victor

(Coord.). *The trial on trial*: Truth and due process. vol. 1. Oxford: Hart Publishers, 2004.

CLEAN CLOTHES CAMPAIGN (CCC). Disponível em: www.cleanclothes.org/about. Acessado em: 15.03.2022.

COALITION FOR THE INTERNATIONAL CRIMINAL COURT. Disponível em: www.coalitionfortheicc.org/. Acessado em: 15.03.2022.

CODEX ALIMENTARIUS. Disponível em: www.codexalimentarius.org/codex-home/en/. Acessado em: 15.03.2022.

COLLINS, Hugh. "Flipping Wreck: Lex Mercatoria on the Shoals of Ius Cogens". *In*: GRUNDMANN, Stefan; MÖSLEIN, Florian; RIESENHUBER, Karl (Coord.). *Contract governance*: dimensions in law and interdisciplinary research. Oxford: Oxford University Press, 2015.

COLÓN-RUIZ, Joel. *Weak constitutionalism*: democratic legitimacy and the question of constituent power. Milton Park: Routledge, 2013.

COMITÉ MARITIME INTERNATIONAL. Disponível em: http://comitemaritime.org/. Acessado em: 15.03.2022.

COMITÊ DE SUPERVISÃO BANCÁRIA DA BASILEIA. "History of the Basel Commitee". *Banco para Acordos Internacionais*. Disponível em: www.bis.org/bcbs/history.pdf. Acessado em: 15.03.2022.

COMMAILLE, Jacques; JOBERT, Bruno. *Les métamorphoses de la régulation politique*. Paris: Librairie générale de droit et de jurisprudence, 1998.

COTTERRELL, Roger. "Transnational Communities and the Concept of Law". *Ratio Juris*, vol. 21, nº 1, 2008.

______. "Transnational legal authority: a socio-legal perspective". *In*: COTTERRELL, Roger; DEL MAR, Maksymilian (Coord.). *Authority in transnational legal theory*: theorising across disciplines. Cheltenham: Edward Elgar Publishing, 2016.

COVER, Robert. "Nomos and Narrative". *Harvard Law Review*, vol. 97, 1983.

CRAWFORD, James; NEVILL, Penelope. "Relations between International Courts and Tribunals: the 'Regime Problem'". *In*: YOUNG, Margaret A. (Coord.). *Regime interaction in international law*. Cambridge: Cambridge University Press, 2012.

CULVER, Keith; GIUDICE, Michael. *Legality's borders*: an essay in general jurisprudence. Oxford: Oxford University Press, 2010.

______. "Claims to authority, legal systems, and dynamic social phenomena". *In*: COTTERRELL, Roger; DEL MAR, Maksymilian (Coord.). *Authority in Transnational Legal Theory*: Theorising across Disciplines. Cheltenham: Edward Elgar Publishing, 2016.

CUNIBERTI, Gilles. *Conflict of Laws*: a Comparative Approach. Text and Cases. Cheltenham: Edward Elgar, 2017.

CUTLER, A. Claire. *Private power and global authority*: transnational merchant law in the global political economy. Cambridge: Cambridge University Press, 2003.

DAVIS, Kevin E.; KINGSBURY, Benedict; MERRY, Sally Engle. "Introduction: Global Governance by Indicators". *In*: DAVIS, Kevin E.; FISHER, Angelina; KINGSBURY, Benedict; MERRY, Sally Engle (Coord.). *Governance by indicators*: global power through quantification and rankings. Oxford: Oxford University Press, 2012.

DEBORD, Guy. *La Société du Spectacle*. Paris: Gallimard, 1967.

DE BÚRCA, Gráinne. "Developing Democracy beyond the State". *Columbia Journal of Transnational Law*, vol. 46, nº 2, 2008.

DE CERTEAU, Michel. *The practice of everyday life*. Trad. para o inglês de Steven Rendall. Berkeley: University of California Press, 1984.

DELIMATSIS, Panagiotis. *Global Trade Law and the World Trade Organization*. Disponível em: https://papers.ssrn.com/sol3/papers.cfm?abstract_id=2605734. Acessado em: 15.03.2022.

______. "The Fragmentation of International Trade Law". *Journal of World Trade*, vol. 45, nº 1, 2011.

______. "Global Standard-Setting 2.0: How the WTO Puts a Spotlight on ISO and Impacts the Transnational Standard-Setting Process". *Duke Journal of Comparative and International Law*, vol. 28, 2018.

DELMAS-MARTY, Mireille. *Le relative et l'universel*. Paris: Seuil, 2004.

______. *Ordering pluralism*: a conceptual framework for understanding the transnational legal world. Trad. para o inglês de Naomi Norberg. Oxford: Hart Publishers, 2009.

______. *Trois défis pour un droit mondial*. Paris: Seuil, 1998.

______. *Vers une communauté des valeurs?* Paris: Seuil, 2011.

DERRIDA, Jacques. *L'écriture et la différence*. Paris: Seuil, 1967.

______. "What Is a 'Relevant' Translation?" Trad. para o inglês de Lawrence Venuti. *Critical Inquiry*, vol. 27, nº 2, 2001.

DESCARTES, René. *The Philosophical Writings of Descartes*. Trad. para o inglês de John Cottingham, Robert Stoothoff e Dugald Murdoch, vols. I e II. Cambridge: Cambridge University Press, 1985.

DEUTSCHER BUNDESTAG. *Basic Law For the Federal Republic of Germany*. Trad. para o inglês de Christian Tomuschat *et al.* em cooperação com o Serviço Linguístico do Bundestag. Disponível em: www.btg-bestellservice.de/pdf/80201000.pdf. Acessado em:15.03.2022.

DIFUSAMENTE'S BLOG. "Manifesto de la red de resistencia alternativa". *Difusamente's Blog*. Disponível em: https://difusamente.wordpress.com/2010/11/04/manifiesto-de-la-red-de-resistencia-alternativa/. Acessado em: 08.06.2022.

DINGWERTH, Klaus; PATTBERG, Philipp. "Global Governance as a Perspective on World Politics". *Global Governance*, vol. 12, nº 2, 2006.

DONNELLY, Jack. "The Relative Universality of Human Rights". *Human Rights Quarterly*, vol. 29, nº 2, 2007.

DONOVAN, Donald Francis. "International Commercial Arbitration and Public Policy". *New York University Journal of International Law and Politics*, vol. 27, 1995.

DORF, Michael C.; SABEL, Charles F. "A Constitution of Democratic Experimentalism". *Columbia Law Journal*, vol. 98, nº 2, 1998.

DREYFUS, Hubert L. *Being-in-the-world*: a commentary on Heidegger's Being and time. parte 1. Cambridge: MIT Press, 1991.

DRUMBL, Mark. *Atrocity, Punishment, and International Law*. Cambridge: Cambridge University Press, 2007.

DUNOFF, Jeffrey L. "A New Approach to Regime Interaction". *In*: YOUNG, Margaret A. (Coord.). *Regime interaction in international law*. Cambridge: Cambridge University Press, 2012.

DUSSEL, Enrique. *Filosofía de la liberación*. México: Fondo de Cultura Económica, 2014.

DU TOIT, Louise. "Living Boundaries: an Ethics of the Interval". Disponível em: http://stias.ac.za/research/themes/crossing-borders/boundaries-and-legal-authority/. Acessado em: 15.03.2022.

DWORKIN, Ronald. "The Model of Rules". *University of Chicago Law Review*, vol. 35, nº 1, 1967.

DYZENHAUS, David. "Accountability and the Concept of (Global) Administrative Law". *Acta Juridica*, 2009.

EBAY USER AGREEMENT. Disponível em: http://pages.ebay.com/help/policies/user-agreement.html?rmvSB=true. Acessado em: 15.03.2022.

EDEL, Abraham. "Right and Good". *In*: WIENER, Philip P. (Coord.). *Dictionary of the History of Ideas*. vol. IV. Nova York: Charles Scribner's Sons, 1973.

EHLERMANN, Claus-Dieter; LOKHART. Nicolas L. "Standards of Review in WTO Law". *Journal of International Economic Law*, vol. 7, nº 3, set. 2004.

ELDEN, Stuart. *The Birth of Territory*. Chicago: Chicago University Press, 2013.

ESLAVA, Luis. *Local space, global life*: the everyday operation of international law and development. Cambridge: Cambridge University Press, 2015.

EUROPEAN COURT OF HUMAN RIGHTS (Grand Chamber). Lautsi and Others v. Italy, 18.03.2011.

EUROPEAN COURT OF JUSTICE. Case C-362/14, Maximillian Schrems v. Data Protection Commissioner, 6.10.2015.

EVANS, Peter. "Fighting Marginalization with Transnational Networks: Counter-Hegemonic Globalization". *Contemporary Sociology*, vol. 29, nº 1, 2000.

FÉDÉRATION INTERNATIONLE DES INGÉNIEURS-CONSEILS (FIDIC). *Conditions of Contract for Construction for Building and Engineering Works Designed by the Employer*. 1ª ed. 1999.

FISCHER-LESCANO, Andreas; TEUBNER, Gunther. "Regime Collisions: The Vain Search for Legal Unity in the Fragmentation of Global Law". *Michigan Journal of International Law*, vol. 25, 2004.

FISCHER-LESCANO, Andreas; VIELLECHNER, Lars. "Globaler Rechtspluralismus". *Aus Politik und Zeitgeschichte*, nº 34/35, 2010.

FORD, Richard T. "Law's Territory (a history of Jurisdiction)". *Michigan Law Review*, vol. 97, 1999.

FOREST STEWARDSHIP COUNCIL. Disponível em: https://us.fsc.org/mission-and-vision.187.Htm. Acessado em: 13.12.2017.

FOUCAULT, Michel. *Discipline and Punish*. Trad. para o inglês de Alan Sheridan. Nova York: Vintage Books, 1995.

______. "La pensée du dehors". *Critique*, nº 229, 1996.

______. "Of Other Spaces, Heterotopias". *Architecture, Mouvement, Continuité*, nº 5, 1984.

FRAASSEN, Bas C. van. *Scientific representation*: paradoxes of perspective. Oxford: Clarendon Press, 2008.

FRANKENBERG, Günter. "Constitutional Transfer: the IKEA Theory Revisited". *International Journal of Constitutional Law*, vol. 8, nº 3, 2010.

______. "Constitutions as commodities: notes on a theory o transfer". *In*: ______. (Coord.). *Order from Transfer*: Comparative Constitutional Design and Legal Culture. Cheltenham: Edward Elgar, 2013.

FRASER, Nancy. *Scales of Justice*: Reimagining Political Space in a Globalizing World. Cambridge: Polity Press, 2008.

FRIEDMAN-RUDOVSKY, Jean. "Return to Cochabamba: Eight Years Later, the Bolivian Water War Continues". *Earth Island Journal: News of the World Environment*, 2008. Disponível em: www.earthisland.org/journal/index.php/eij/article/return_to_cochabamba/. Acessado em: 15.03.2022.

GADAMER, Hans-Georg. *Philosophical Hermeneutics*. Trad. para o inglês de David E. Linge. Berkeley: University of California Press, 1976.

______. *Truth and Method*. Trad. para o inglês de Joel Weinsheimer e Donald G. Marshall. 2ª ed. Londres: Continuum, 2004.

GALGANO, Francesco. "The New Lex Mercatoria". *Annual Survey of International & Comparative Law*, vol. 2, 1995.

GARCÍA, Düttmann Alexander. *Between Cultures*: Tensions in the Struggle for Recognition. Trad. para o inglês de Kenneth B Woodgate. Londres: Verso, 2000.

GILBERT, Margaret. *A theory of political obligation*. Oxford: Oxford University Press, 2006.

______. *Joint commitment*: how we make the social world. Oxford: Oxford University Press, 2014.

______. *On Social Facts*. 2ª ed. Princeton: Princeton University Press, 1992.

GLENDON, Mary Ann. *The world made new*: Eleanor Roosevelt and the Universal Declaration of Human Rights. Nova York: Random House, 2001.

GLENN, H. Patrick. *On common laws*. Oxford: Oxford University Press, 2005.

GOLDMAN, Berthold. "Frontières du droit et lex mercatória". *Archives de philosophie du droit*, vol. 9, 1964.

GEUSS, Raymond. *History and Illusion in Politics*. Cambridge: Cambridge University Press, 2001.

______. *Philosophy and real politics*. Princeton: Princeton University Press, 2008.

GOLDONI, Marco. "Two internal critiques of political constitutionalism". *International Journal of Constitutional Law*, vol. 10, nº 4, 2012.

GOLDONI, Marco; WILKINSON, Michael A. "The Material Constitution". *Modern Law Review, Forthcoming*, vol. 81, nº 4, 2018.

GRANT, Ruth W.; KEOHANE, Robert O. "Accountability and Abuses of Power in World Politics". *American Political Science Review*, vol. 99, nº 1, 2005.

GREECE V. UNITED KINGDOM. "Cyprus". *Yearbook of the European Convention*. Application 176/56, vol. 2, 1958-1959.

GUINIER, Lani. "Beyond Electocracy: Rethinking the Political Representative as Powerful Stranger". *Modern Law Review*, vol. 71, nº 1, 2008.

HABERMAS, Jürgen. *Between facts and norms*: contributions to a discourse theory of law and democracy. Trad. para o inglês de William Rehg. Cambridge: MIT Press, 1996.

______. "Constitutional Democracy: a Paradoxical Union of Contradictory Principles?" *Political Theory*, vol. 29, nº 6, 2001.

______. "Kant's Idea of Perpetual Peace, with the Benefit of Two Hundred Years' Hindsight". *In*: BOHMAN, James (Coord.). *Perpetual peace*: essays on Kant's cosmopolitan ideal. Cambridge: MIT Press, 1997.

______. *The Divided West*. Trad. para o inglês de Ciaran Cronin. Cambridge: Polity Press, 2006.

______. *The inclusion of the other*: studies in political theory. Trad. para o inglês de Ciaran Cronin e Pablo de Greiff. Cambridge: Polity Press, 2005.

______. *The philosophical discourse of modernity*: twelve Lectures. Trad. para o inglês de Frederick Lawrence. Cambridge: MIT Press, 1990.

______. *The Postnational Constellation*. Trad. para o inglês de Max Pensky. Cambridge: Polity Press, 2001.

______. *Toward a rational society*: student protest, science, and politics. Trad. para o inglês de Jeremy J. Shapiro. Londres: Heinemann, 1971.

HARDIN, Garret. "The Tragedy of the Commons". *Science*, vol. 162, 1968.

HARDT, Michael; NEGRI, Antonio. *Empire*. Cambridge: Harvard University Press, 2000.

______. *Multitude*: war and democracy in the age of empire. Nova York: Penguin, 2004.

______. *Commonwealth*. Cambridge: Belknap Press, 2009.

HARLOW, Carol. "Global Administrative Law: the Quest for Principles and Values". *European Journal of International Law*, vol. 17, nº 1, 2006.

HART, H. L. A. "Are there any natural rights?" *Philosophical Review*, vol. 64, nº 2, 1955.

HARVEY, David. *Spaces of global capitalism*: towards a theory of uneven geographical development. Londres: Verso, 2006.

______. *The Condition of Postmodernity*. Oxford: Basil Blackwell, 1989.

______. *The new imperialism*. Oxford: Oxford University Press, 2005.

HEARSE, Phil (Coord.). *Take the power to change the world*: globalisation and the debate on power. Londres: Socialist Revolution, 2007.

HEIDEGGER, Martin. *Being and time*. Trad. para o inglês de John Macquarrie and Edward Robinson. Oxford: Blackwell, [1927] 1995.

HELD, David. "Cosmopolitanism: Taming Globalization". excerpt reprinted. *In*: ______. (Coord.). *The Global Transformations Reader*. 2ª ed. Cambridge: Polity Press, 2002.

HELFER, Laurence R.; SLAUGHTER, Anne-Marie. "Toward a Theory of Effective Supranational Adjudication". *Yale Law Journal*, vol. 107, nº 2, 1997.

HELFER, Laurence R.; DONWOODIE, Graeme B. "Designing non-national systems: the case of the uniform domain name dispute resolution policy". *William and Mary Law Review*, vol. 43, nº 1, 2001.

HENKIN, Louis. *The age of rights*. Nova York: Columbia University Press, 1990.

HILDEBRANDT, Mireille. *Smart Technologies and the End(s) of Law*. Cheltenham: Edward Elgar, 2015.

HOBBES, Thomas. *Leviathan*. Londres: Penguin, 1985.

______. *The Citizen*. Indianápolis: Hackett Publishing Company, 1991.

HOLLOWAY, John. *Change the world without taking power*: the meaning of revolution today. 2ª ed. Londres: Pluto Press, 2010.

HONNETH, Axel. "Redistribution as Recognition: A Response to Nancy Fraser". *In*: FRASER, Nancy; HONNETH, Axel. *Redistribution or Recognition*? A Political-Philosophical Exchange. Trad. para o inglês de Joel Golb, James Ingram e Christiane Wilke. Londres: Verso, 2004.

______. *The struggle for recognition*: the moral grammar of social conflicts. Trad. para o inglês de Joel Anderson. Cambridge: Polity Press, 1995.

______. *The I in we*: studies on the theory of recognition. Cambridge: Polity Press, 2012.

HUNTER, Dan. "Cyberspace as place and the tragedy of the digital anticommons". *California Law Review*, vol. 91, nº 2, 2003.

HUSSERL, Edmund. *The crisis of European sciences and transcendental phenomenology*. Trad. para o inglês de David Carr. Evanston: Northwestern University Press, 1970.

______. *Zur Phänomenologie der intersubjektivität*. Edição de Iso Kern. The Hague: Martinus Nijhoff, 1973.

IHDE, Don. *Technology and the lifeworld*: from garden to earth. Bloomington: Indiana University Press, 1990.

INTERNATIONAL CHAMBER OF COMMERCE (ICC). Disponível em: www.iccwbo.org/. Acessado em: 15.03.2022.

INDIAN COORDINATION COMMITTEE OF FARMERS MOVEMENT. "Handbook on Some Political Issues surrounding Food and Agriculture in India". 2013. Disponível em: http://lvcsouthasia.blogspot.nl/p/blog-page.html. Acessado em: 15.03.2022.

INTERNATIONAL FEDERATION OF CONSULTING ENGINEERS. Disponível em: http://fidic.org/. Acessado em: 15.03.2022.

INTERNATIONAL FINANCIAL REPORTING STANDARDS FOUNDATION (IFRSF). Disponível em: www.ifrs.org/. Acessado em: 15.03.2022.

INTERNATIONAL INSTITUTE FOR THE UNIFICATION OF PRIVATE LAW (UNIDROIT). "Principles 2010". Disponível em: www.unidroit.org/english/principles/contracts/principles2010/integralversionprinciples2010-e.pdf. Acessado em: 16.03.2022.

INTERNATIONAL LAW COMMISSION. "Fragmentation of International Law: Difficulties Arising from the Diversification and Expansion of International Law". 18 de jul. 2006. Disponível em: www.un.org/ga/search/view_doc.asp?symbol=A/CN.4/L.702. Acessado em: 15.03.2022.

INTERNATIONAL ORGANIZATION FOR STANDARDIZATION. Disponível em: www.iso.org/home.html. Acessado em: 15.03.2022.

INTERNATIONAL RIVERS MOVEMENT. Disponível em: www.internationalrivers.org/campaigns/pak-mun-dam-0. Acessado em: 15.03.2022.

INTERNET ENGINEERING TASK FORCE FOR THE ADOPTION OF INTERNET STANDARDS. Disponível em: www.ietf.org/. Acessado em: 15.03.2022.

JANCZUK-GORYWODA, Agnieszka. "Online Platforms as Providers of Transnational Payment Law". *European Review of Private Law*, vol. 24, nº 2, 2016.

JAUSS, Hans-Robert. *Toward an aesthetic of reception*. Trad. para o inglês de Timothy Bahti. Minneapolis: University of Minnesota Press, 1982.

JOHNS, Fleur. "Data, detection and the redistribution of the sensible in international law". *American Journal of International Law*, vol. 111, nº 1, 2017.

______. "Data Territories: changing architectures of association in international law". *Netherlands Yearbook of International Law*, vol. 47, 2016.

JOHNSON, David R.; POST, David. "Law and borders, the rise of law in cyberspace". *Stanford Law Review*, vol. 48, nº 5, 1995.

JULLIEN, François. *On the universal, the uniform, the common and dialogue between cultures*. Trad. Michael Richardson e Krzysztof Fijalkowski. Cambridge: Polity Press, 2014.

KANT, Immanuel. *The Moral Law*. Trad. para o inglês de H. J. Paton. Londres: Routledge, 1991.

KARNATAKA STATE FARMERS' ASSOCIATION (KRRS). Disponível em: http://home.iae.nl/users/lightnet/world/indianfarmer.htm. Acessado em: 15.03.2022.

KELSEN, Hans. *Allgemeine Staatslehre*. Reimpressão. Vienna: Österreichische Staatsdruckerei, 1993.

______. *General theory of law and state*. Trad. para o inglês de Anders Wedberg. Nova York: Russel & Russel, 1961.

______. *General theory of law and state*. Trad. para o inglês de Anders Wedberg, com introdução de A. Javier Treviño. Nova Brunswick: Transaction Publishers, 2005.

______. *Introduction to the Problems of Legal Theory*. 1ª ed. de Reine Rechtslehre. Trad. para o inglês de Bonnie Litchewski Paulson e Stanley L. Paulson. Oxford: Clarendon Press, 2002.

KENNEDY, David. "The International Human Rights Movement: Part of the Problem?" *European Human Rights Law Review*, vol. 3, 2001. Reimpresso em *Harvard Human Rights Journal*, vol. 15, 2002.

KENNEDY, Duncan. "The Political Stakes in 'Merely Technical' Issues of Contract Law". *European Review of Private Law*, vol. 19, 2001.

KEOHANE, Robert O.; NYE, Joseph S. "Transgovernmental relations and international organizations". *World Politics*, vol. 27, nº 1, 1974.

KHADSE, Ashlesha; BHATTACHARYA, Niloshree. *India*: a Conversation with Farmers of the KRRS. Disponível em: www.viacampesina.org/downloads/pdf/openbooks/EN-05.pdf. Acessado em: 15.03.2022.

KINGSBURY, Benedict. "International Law as Inter-Public Law". *In*: RICHARDSON, Henry S.; WILLIAMS, Melissa S. (Coord.). *Moral Universalism and Pluralism, Nomos XLIX*. Nova York: New York University Press, 2009.

______. "The Concept of 'Law' in Global Administrative Law". *European Journal of International Law*, vol. 20, nº 1, 2009.

KINGSBURY, Benedict; DONALDSON, Megan; VALLEJO, Rodrigo. "Global Administrative Law and Deliberative Democracy". *In*: ORFORD, Anne; HOFFMAN, Florian (Coord.). *The Oxford handbook of the theory of international law*. Oxford: Oxford University Press, 2016.

KINGSBURY, Benedict; KRISCH, Nico; STEWART, Richard B. "The emergence of global administrative law". *Law and Contemporary Problems*, vol. 68, 2005.

KINLEY, David. "Bendable rules: the development implications of human rights pluralism". *In*: TAMANAHA, Brian; SAGE, Caroline; WOOLCOCK, Michael (Coord.). *Legal pluralism and development*: scholars and practitioners in dialogue. Cambridge: Cambridge University Press, 2012.

KOOPS, Bert-Jaap; GOODWIN, Morag. *Cyberspace, the cloud, and cross-border criminal investigation*: the limits and possibilities of international law. dez. 2014. Disponível em: http://papers.ssrn.com/sol3/papers.cfm?abstract_id=2698263. Acessado em: 15.03.2022.

KOSKENNIEMI, Martti. "Hegemonic Regimes". *In*: YOUNG, Margaret A. (Coord.). *Regime interaction in international law*. Cambridge: Cambridge University Press, 2012.

______. "Miserable comforters: international relations as new natural law". *European Journal of International Relations*, vol. 15, 2009.

KRASNER, Stephen D. "Structural causes and regime consequences: regimes as intervening variables". *International Organization*, vol. 36, nº 2, 1982.

KRATOCHWIL, Friedrich. "Global governance and the emergence of a world society". *In*: KARAGIANNIS, Nathalie; WAGNER, Peter (Coord.). *Varieties of world-making*: beyond globalization. Liverpool: Liverpool University Press, 2007.

KRISCH, Nico. "Authority, solid and liquid, in postnational Governance". *In*: COTTERRELL, Roger; DEL MAR, Maksymilian (Coord.). *Authority in transnational legal theory*: theorising across disciplines. Glos: Edward Elgar, 2016.

______. *Beyond constitutionalism*: the pluralist structure of postnational law. Oxford: Oxford University Press, 2010.

______. "Global administrative law and the constitutional ambition". *In*: DOBNER, Petra; LOUGHLIN, Martin (Coord.). *The twilight of constitutionalism?* Oxford: Oxford University Press, 2010.

KRÜPER, Julian; PAYANDEH, Mehrdad; SAUER, Heiko (Coord.). *Konrad Hesses Normative Kraft der Verfassung*. Tübingen: Mohr Siebekc, 2019.

KUMM, Mattias. "The legitimacy of international law: a constitutionalist framework of analysis". *European Journal of International Law*, vol. 15, nº 5, 2004.

______. "The Best of Times and the Worst of Times: Between Constitutional Triumphalism and Nostalgia". *In*: DOBNER, Petra; LOUGHLIN, Martin (Coord.). *The twilight of constitutionalism?* Oxford: Oxford University Press, 2010.

LATIMER, Jack (Coord.). *Friendship among Equals*: Recollections from ISO's First 50 Years. Geneva: ISO Central Secretariat, 1997. Disponível em: https://www.iso.org/files/live/sites/isoorg/files/about%20ISO/docs/en/Friendship_among_equals.pdf. Acessado em: 15.03.2022.

LEADER, Sheldon. "Trade and Human Rights II". *In*: MACRORY, Patrick; APPLETON, Arthur Edmond; PLUMMER, Michael C. (Coord.). *The World Trade Organization*: legal, economic and political analysis. vol. II. Dordrecht: Springer, 2005.

LEFORT, Claude. *Democracy and Political Theory*. Trad. para o inglês de David Macey. Oxford: Polity Press, 1988.

LEMLEY, Mark A. "Place and Cyberspace". *California Law Review*, vol. 91, nº 2, 2003.

LESSIG, Lawrence. *Code*: Version 2.0. Nova York: Basic Books, 2006.

______. "The Zones of Cyberspace". *Stanford Law Review*, vol. 48, 1996.

LEVI-FAUR, David. "Regulation and Regulatory Governance". *In*: ______. (Coord.). *Handbook on the Politics of Regulation.* Cheltenham: Edward Elgar, 2011.

LIGUE CONTRE LE RACISME et l'antisémitisme et Union des étudiants juifs de France c. Yahoo! Inc. Et Société Yahoo! France. Disponível em: www.lapres.net/yahfr.html. Acessado em: 20.06.2022.

LINDAHL, Hans. "A-Legality: Postnationalism and the Question of Legal Boundaries". *Modern Law Review*, vol. 73, nº 1, 2010.

______. "Constituent Power and the Constitution". *In*: DYZENHAUS, David; THORBURN, Malcolm (Coord.). *Philosophical foundations of constitutional law*. Oxford: Oxford University Press, 2016.

______. "Democracy, political reflexivity and bounded dialogues: Reconsidering the Monism-Pluralism Debate". *In*: CHRISTODOULIDIS, Emilios; TIERNEY, Stephen (Coord.). *Public law and politics*: the scope and limits of constitutionalism. Aldershot: Ashgate, 2008.

______. *Fallas de la globalización*: Orden jurídico y política de la a-juridicidad. Trad. de Jorge Camilo Restrepo Ramos. Bogotá: Siglo del Hombre Editores, 2018.

______. *Fault lines of globalization*: legal order and the politics of a-legality. Oxford: Oxford University Press, 2013.

______. "Give and take: Arendt and the nomos of political community". *Philosophy and Social Criticism*, vol. 32, nº 7, 2006.

______. "Inside and outside the EU's 'Area of Freedom, Security and Justice': Reflexive Identity and the Unity of Legal Space". *Archiv für Rechts- und Sozialphilosophie*, vol. 90, nº 4, 2004.

______. "ISO standards and authoritative collective action: conceptual and normative issues". *In*: DELIMATSIS, Panagiotis (Coord.). *The law, economics and politics of international standardisation*. Cambridge: Cambridge University Press, 2015.

______. "Law as concrete order: Schmitt and the problem of collective freedom". *In*: DYZENHAUS, David; POOLE, Thomas (Coord.). *Law, liberty and state*: Oakeshott, Hayek and Schmitt on the rule of law. Cambridge: Cambridge University Press, 2015.

______. "One Pillar: Legal Authority and a Social License to Operate in a Global Context". *Indiana Journal of Global Legal Studies*, vol. 23, nº 1, 2016. Disponível em: https://www.repository.law.indiana.edu/ijgls/vol23/iss1/9/?utm_source=www.repository.law.indiana.edu%2Fijgls%2Fvol23%2Fiss1%2F9&utm_medium=PDF&utm_campaign=PDFCoverPages. Acessado em: 15.03.2022.

______. "Possibility, Actuality, Rupture: Constituent Power and the Ontology of Change". *Constellations*, vol. 22, nº 2, 2015.

______. "Recognition as domination: constitutionalism, reciprocity and the problem of singularity". *In*: WALKER, Neil; TIERNEY, Stephen; SHAW, Jo (Coord.). *Europe's Constitutional Mosaic*. Oxford: Hart Publishers, 2011.

______. "Reply to Critics". *Ethics & Politics,* vol. XVI, nº 2, 2014 . Disponível em: https://www.openstarts.units.it/bitstream/10077/10787/1/LINDAHL.pdf. Acessado em: 15.03.2022.

______. "Review of Stuart Elden, The Birth of Territory". *Political Theory*, vol. 44, nº 1, 2016.

______. "To Each Their Own Place? Immigration, Justice, and Political Reflexivity". *In*: MERLE, Jean-Christoph (Coord.). *Spheres of Global Justice*. vol. 1. Dordrecht: Springer Science and Business Media, 2013.

______. "The opening: Alegality and political agonism". *In*: SCHAAP, Andrew (Coord.). *Law and Agonistic Politics*. Aldershot: Ashgate, 2009.

LIVERMORE, Michael A. "Authority and Legitimacy in Global Governance: Deliberation, Institutional Differentiation, and the Codex Alimentarius". *New York University Law Review*, vol. 81, nº 2, 2006.

LOKASHAKTI. Disponível em: http://lokashakti.org/encyclopedia/groups/143-narmadabachao-andolan. Acessado em: 13.12.2017.

LOUGHLIN, Martin. *Foundations of Public Law*. Oxford: Oxford University Press, 2010.

______. "Nomos". *In*: DYZENHAUS, David; POOLE, Thomas (Coord.). *Law, liberty and State*: Oakeshott, Hayek and Schmitt on the rule of law. Cambridge: Cambridge University Press, 2015.

______. "What Is Constitutionalisation?" *In*: LOUGHLIN, Martin; DOBNER, Petra (Coord.). *The Twilight of Constitutionalism?* Oxford: Oxford University Press, 2010.

LOVINK, Geert. *Dark Fiber*: Tracking Critical Internet Culture. Cambridge: MIT Press, 2002.

LÖWITH, Karl. *Meaning in history*: the theological implications of the philosophy of history. Chicago: University of Chicago Press, 1949.

LUDLOW, Peter. "What Is a Hacktivist?" *New York Times*, 13 jan. 2013. Disponível em: http://opinionator.blogs.nytimes.com/2013/01/13/what-is-a-hacktivist/. Acessado em: 15.03.2022.

LUHMANN, Niklas. *Law as a Social System*. Trad. para o inglês de Klaus A. Ziegert. Oxford: Oxford University Press, 2004.

MARKELL, Patchen. *Bound by Recognition*. Princeton: Princeton University Press, 2003.

MARKS, Susan. "Naming Global Administrative Law". *New York University Journal of International Law and Politics*, vol. 37, nº 4, 2005.

MBITI, John. *African Religions and Philosophy*. Londres: Heinemann,1970.

MELGRAM, Pel. "Claims to Globalization: Thailand's Assembly of the Poor and Multilevel Resistance to Capitalist Development". *Resistance Studies Magazine*, nº 2, 2008.

MENGA, Ferdinando. *Ausdruck, Mitwelt, Ordnung*: zur Ursprünglichkeit einer Dimension des Politischen im Anschluss an die Philosophie des frühen Heidegger. Munique: Wilhelm Fink Verlag, 2018.

______. "How Much and What Kind of Radical Democracy Can a Community Withstand?" *In*: MENGA, Ferdinando; GRÄB-SCHMIDT, Elisabeth (Coord.). *Grenzgänge der Gemeinschaft*. Tübingen: Mohr-Siebeck, 2016.

______. "The Seduction of Radical Democracy. Deconstructing Hannah Arendt's Political Discourse". *Constellations*, vol. 21, nº 3, 2014.

______. "Was sich der Globalisierung entzieht. Die unaufhebbare Kontingenz bei der Stiftung von Weltordnungen". *In*: KOCH, Dietmar; RUPPERT, Michael; WEIDTMANN, Niels (Coord.). *Globalisierung – Eine Welt?* Tübingen: Attempto-Verlag, 2015.

MERLEAU-PONTY, Maurice. *L'oeil et l'esprit*. Paris: Gallimard, 1985.

______. *Phenomenology of Perception*. Trad. para o inglês de Colin Smith. Nova York: Humanities Press, 1962.

MICHAELS, Ralf. "The True Lex Mercatoria: Law beyond the State". *Indiana Journal of Global Legal Studies*, vol. 14, nº 2, 2007.

______. "Global Legal Pluralism". *Annual Review of Law and Social Science*, vol. 5, 2009.

MICHELMAN, Frank. "Constitutional Authorship". *In*: ALEXANDER, Larry (Coord.). *Constitutionalism*: Philosophical Foundations. Cambridge: Cambridge University Press, 1998.

MILLER, David. *On Nationality*. Oxford: Oxford University Press, 1995.

MINKKINEN, Panu. "Political Constitutionalism *versus* Political Constitutional Theory: Law, Power, and Politics". *International Journal of Constitutional Law*, vol. 11, nº 3, 2013.

MOLINEAUX, Charles. "Moving towards a Construction Lex Mercatoria – A Lex Constructionis". *Journal of International Arbitration*, vol. 14, nº 1, 1997.

MONBIOT, George. "The Tragedy of Enclosure". *Scientific American*, vol. 270, nº 1, 1994.

MONTAG, Warren. "Who's Afraid of the Multitude? Between the Individual and the State". *The South Atlantic Quarterly*, vol. 104, nº 4, 2005.

MOUFFE, Chantal. *Agonistics*: Thinking the World Politically. Londres: Verso, 2013.

______. *On the Political*. Abingdon: Routledge, 2005.

MOYN, Samuel. *Human Rights and the Uses of History*. Londres: Verso, 2014.

______. *The Last Utopia*: Human Rights in History. Cambridge: Belknap Press, 2010.

MURPHY, Craig N. "Global governance: poorly done and poorly understood". *International Affairs*, vol. 76, nº 4, 2000.

MUTUA, Makua wa. "Savages, victims, and saviors: the metaphor of human rights". *Harvard International Law Journal*, vol. 42, nº 1, 2001.

______. "The Banjul Charter and the African Cultural Fingerprint: an Evaluation of the Language of Duties". *Virginia Journal of International Law*, vol. 35, nº 2, 1995.

______. "The Ideology of Human Rights". *Virginia Journal of International Law*, vol. 36, 1996.

______. "What Is TWAIL?" *Proceedings of the American Society of International Law*, vol. 94, 2000.

NEGRI, Antonio. *Insurgencies*: Constituent Power and the Modern State. Mineápolis: University of Minnesota Press, 1999.

______. *The savage anomaly*: the power of Spinoza's metaphysics and politics. Trad. para o inglês de Michael Hardt. Mineápolis: University of Minnesota Press, 1991.

NEVES, Marcelo. *Constituição e direito na modernidade periférica*: uma abordagem teórica e uma interpretação do caso brasileiro. São Paulo: Martins Fontes, 2018.

______. *Verfassung und Positivität des Rechts in der peripheren Moderne*: eine theoretische Betrachtung und eine Interpretation des Falls Brasilien. Berlim: Duncker & Humblot, 1992.

NICOLAIDIS, Kalypso; SHAFFER, Gregory. "Transnational Mutual Recognition Regimes: Governance without Global Government". *Law and Contemporary Problems*, vol. 68, nº 3/4, 2005.

NOTES FROM NOWHERE (Coord.). *We Are Everywhere*: The Irresistible Rise of Global Anticapitalism. Londres: Verso, 2003.

NOUWEN, Sarah M. H. *Complementarity in the line of fire*: the catalysing effect of the International Criminal Court in Uganda and Sudan. Cambridge: Cambridge University Press, 2013.

NOUWEN, Sarah M. H.; WERNER, Wouter G. "Monopolizing Global Justice: International Law as Challenge to Human Diversity". *Journal of International Criminal Justice*, vol. 13, nº 1, 2015.

NUSSBAUM, Martha. *Women and human development*: the capabilities approach. Cambridge: Cambridge University Press, 2000.

OST, François; KERCHOVE, Michel Van de. *De la pyramide au réseau?* Pour une théorie dialectique du droit. Bruxelas: Publications des Facultés de Saint Louis, 2002.

OSTROM, Elinor. *Governing the Commons*: Evolution of the Institutions for Collective Action. Cambridge: Cambridge University Press, 1990.

OSTROM Elinor; BURGER, Joanna; FIELD, Christopher B.; NORGAARD, Richard B.; POLICANSKY, David. "Revisiting the commons: local lessons, global challenges". *Science*, vol. 284, 1999.

ONLINE ETYMOLOGY DICTIONARY. Disponível em: http://etymonline.com/index.php?allowed_in_frame=0&search=anticipate. Acessado em: 13.06.2022.

OUDEJANS, Nanda. "The Right to Not Have Rights: Illegal Migration and the Potentiality of the Law". Manuscrito não publicado, apresentado na Conferência de Filosofia e Ciências Sociais, em Praga, em 20.05.2015, arquivado com a autora.

PAIEMENT, Phillip. *Transnational sustainability laws*. Cambridge: Cambridge University Press, 2017.

PALMER, Richard. "Dad's Army Board Game Banned for 'Being Racist'". *Express*, 29 de janeiro de 2010. Disponível em: https://www.express.co.uk/news/uk/154777/Dad-s-Army-board-game-banned-for-being-racist. Acessado em: 15.03.2022.

PANIKKAR, Raimon. "Is the Notion of Human Rights a Western Concept". *Diogenes*, vol. 30, nº 120, 1982.

PASHUKANIS, Evgeny. *Law and Marxism*: a general theory. Trad. para o inglês de Barbara Einhorn. Londres: Pluto Press, 1989.

PERRY, John. *The problem of the essential indexical and other essays*. Stanford: CSLI Publications, 2000.

PETERS, Anne. "Humanity as the A and the Ω of Sovereignty". *European Journal of International Law*, vol. 20, nº 3, 2009.

______. "Global Constitutionalism". *In*: GIBBONS, Michael T. (Coord.). *The encyclopedia of political thought*. Oxford: John Wiley and Sons, 2015.

PETTIT, Philip. *A theory of freedom*: from the psychology to the politics of agency. Cambridge: Polity Press, 2001.

PHAM, Khûe. "Ein Schock und eine gute Nachricht". *Zeit Online*, 9 jun. 2017. Disponível em: https://www.zeit.de/politik/ausland/2017-06/parlamentswahlen-grossbritannien-brexit-theresa-may-jeremy-corbyn?page=7. Acessado em: 16.03.2022.

PLEYERS, Geoffrey. *Alter-Globalization*: Becoming Actors in the Global Age. Cambridge: Polity Press, 2010.

POLANYI, Karl. *The great transformation*: the political and economic origins of our time. Boston: Beacon Press, 2001.

POLLACK, Mark A.; SHAFFER. Gregory C. *When cooperation fails*: the international law and politics of genetically modified foods. Oxford: Oxford University Press, 2009.

POST, David G. "Governing Cyberspace". *Wayne Law Review*, vol. 43, 1996.

POWELL, Walter W. "Neither market nor hierarchy: network forms of organization". *Research in Organizational Behavior*, vol. 12, 1990.

PULKOWSKI, Dirk. *The law and politics of international regime conflict*. Oxford: Oxford University Press, 2014.

RADBRUCH, Gustav. *Rechtsphilosophie*. Heidelberg: C. F. Müller Verlag, 1999.

RASCH, William. *Sovereignty and its discontents*: on the primacy of conflict and the structure of the political. Londres: Birkbeck Law Press, 2004.

RAWLS, John. *A theory of justice*. Cambridge: Belknap Press, 1971.

RAZ, Joseph. *The authority of law*: essays on law and morality. Oxford: Clarendon Press, 1979.

______. *The morality of freedom*. Oxford: Clarendon Press, 1986.

REIDENBERG, Joel. "Lex Informatica: the formulation of information policy rules through technology". *Texas Law Review*, vol. 76, nº 3, 1998.

REITAN, Ruth. *Global Activism*. Milton Park: Routledge, 2007.

RHODES, R. A. W. *Understanding Governance*: policy networks, governance, reflexivity and accountability. Buckingham: Open University Press, 1997.

RICOEUR, Paul. *Autour du politique*. Paris: Seuil, 1999.

______. *Le Juste I*. Paris: Éditions Esprit, 1995.

______. *Oneself as another*. Trad. para o inglês de Kathleen Blamely. Chicago: Chicago University Press, 1992.

______. *Memory, history, forgetting*. Trad. para o inglês de Kathleen Blamely e David Pellauer. Chicago: Chicago University Press, 2004.

______. "Narrative Identity". *Philosophy Today*, vol. 35, nº 1, 1991.

______. *The course of recognition*. Trad. para o inglês de David Pellauer. Cambridge: Harvard University Press, 2005.

______. *Time and narrative*. Trad. para o inglês de Kathleen Blamey and David Pellauer. vol. 3. Chicago: Chicago University Press, 1990.

RITTICH, Kerry. "Who's Afraid of the Critique of Adjudication? Tracing the Discourse of Law in Development". *Cardozo Law Review*, vol. 22, 2000/2001.

ROMANY, Celina. "Women as aliens: a feminist critique of the public-private distinction in international human rights law". *Harvard Human Rights Journal*, vol. 6, 1993.

ROSENAU, James N. "Governance in a New Global Order". *In*: HEWSON, Martin; SINCLAIR, Timothy (Coord.). *Approaches to global governance theory*. Albany: State University of New York Press, 1999.

ROTTENBURG, Richard; MERRY, Sally Engle. "A world of indicators: the making of governmental knowledge through quantification". *In*: ROTTENBURG, Richard; MERRY, Sally Engle; PARK, Sung-Joon; MUGLER, Johanna (Coord.). *The world of indicators*: the making of governmental knowledge through quantification. Cambridge: Cambridge University Press, 2015.

ROUGHAN, Nicole. *Authorities*: conflicts, cooperation and transnational legal theory. Oxford: Oxford University Press, 2013.

RYNGAERT, Cedric. *Jurisdiction in International Law*. Oxford: Oxford University Press, 2008.

SAID, Edward. *Culture and Imperialism*. Nova York: Vintage Books, 1994.

SANTOS, Boaventura de Sousa. *Toward a new legal common sense*. 2ª ed. Londres: Butterworths, 2002.

SASSEN, Saskia. *A sociology of globalization*. Nova York: W. W. Norton, 2007.

______. "Bordering Capabilities *versus* Borders: Implications for National Borders". *Michigan Journal of International Law*, vol. 30, nº 3, 2009.

______. *Expulsions*: brutality and complexity in the global economy. Cambridge: Belknap Press, 2014.

______. *Losing control*? Sovereignty in an age of globalization. 2ª ed. Nova York: Columbia University Press, 2015.

______. "Places and spaces of the global: an expanded analytic terrain". *In*: HELD, David; McGREW, Anthony (Coord.). *Globalization theory*: approaches and controversies. Cambridge: Polity Press, 2007.

______. "Spatialities and Temporalities of the Global: Elements for a Theorization". *Public Culture*, vol. 12, nº 1, 2000.

______. *Territory, Authority, Rights*: From Medieval to Global Assemblages. Princeton: Princeton University Press, 2006.

______. "The global city: introducing a concept". *Brown Journal of World Affairs*, vol. 11, nº 2, 2005.

______. *The Global City*: New York, London, Tokyo. Princeton: Princeton University Press, 2001.

______. "The Global inside the National: a Research Agenda for Sociology". *Sociopedia.isa*, 2010. Disponível em: http://saskiasassen.com/PDFs/publications/the-global-inside-the-national.pdf. Acessado em: 13.06.2022.

SCHAFFER, Gregory. "Reconciling Trade and Regulatory Goals: The Prospects and Limits of New Approaches to Transatlantic Governance through Mutual Recognition and Safe Harbor Agreements". *Columbia Journal of European Law*, vol. 9, 2002.

SCHILL, Stephan W. "International Arbitrators as System-Builders". *Proceedings of the American Society of International Law*, vol. 106, 2012.

SCHMITT, Carl. "Appropriation/Distribution/Production: Toward a Proper Formulation of Basic Questions of Any Social and Economic Order (1953)". *Telos*, nº 95, 1993.

______. *Constitutional theory*. Trad. para o inglês de Jeffrey Seitzer. Durham: Duke University Press, 2008.

______. *Der Nomos der Erde im Völkerrecht des Jus Publicum Europæum*. 4ª ed. Berlim: Duncker & Humblot, 1997.

______. *On the three types of juristic thought*. Trad. para o inglês de Joseph W. Bendersky. Westport, CT: Praeger, 2004.

______. "Nehmen/Teilen/Weiden". *In*: ______. *Verfassungsrechtliche Aufsätze aus den Jahren 1924–1954*. Berlim: Duncker & Humblot, 1958.

______. "Nomos – Nahme – Name (1959)". *In*: ______. *Staat, Großraum, Nomos*: Arbeiten aus den Jahren 1916–1969. Berlim: Duncker & Humblot, 1995.

______. *Political theology*: four chapters on the concept of sovereignty. Trad. para o inglês de George Schwab. Cambridge: MIT Press, 1985.

______. *Political theology*: four chapters on the concept of sovereignty. Trad. para o inglês de George Schwab. Chicago: University of Chicago Press, 2006.

______. *The concept of the political*. Trad. para o inglês de George Schwab. Chicago: University of Chicago Press, 2007.

SCHMITTHOFF, Clive M. "International Business Law: A New Law Merchant". *In*: MACDONALD, R. ST. J. *Current Law and Social Problems, II*. Toronto: University of Toronto Press, 1961.

SCHOLTEN, Paul S. *Algemeen Deel*: Mr C. Asser's Handleiding tot de beoefening van het Nederlandsch Burgerlijk Recht. Zwolle: Tjeenk Willink, 1934.

SCHULTZ, Thomas. "Carving up the Internet: Jurisdiction, Legal Orders, and the Private/Public International Law Interface". *European Journal of International Law*, vol. 19, nº 4, 2008.

______. "Private Legal Systems: What Cyperspace Might Teach Legal Theorists". *Yale Journal of Law &Technology*, vol. 10, 2007.

SCHÜTZ, Alfred; LUCKMANN, Thomas. *The structures of the life-world*. Trad. para o inglês de Richard M. Zaner e H. Tristram Engelhardt Jr. Evanston: Northwestern University Press, 1973.

SCOTT, Colin. "Analyzing Regulatory Space: Fragmented Resources and Institutional Design". *Public Law*, 2001.

_____. "Regulating in Global Regimes". *In*: LEVI-FAUR, David (Coord.). *Handbook on the politics of regulation*. Cheltenham: Edward Elgar, 2011.

SEARLE, John. *Intentionality*. Cambridge: Cambridge University Press, 1983.

SEMPASA, Samson L. "Obstacles to international commercial arbitration in African Countries". *International and Comparative Law Quarterly*, vol. 41, nº 2, 1992.

SEM, Amartya. *Development as Freedom*. Oxford: Oxford University Press, 1999.

SENDING, Ole Jacob; NEUMAN, Iver. "Governance to Governmentality: NGOs, States and Power". *International Studies Quarterly*, vol. 50, nº 3, 2006.

SHAPIRO, Martin. "The Globalization of Law". *Indiana Journal of Global Legal Studies*, vol. 1, 1993.

SHAPIRO, Scott J. "Authority". *In*: SHAPIRO, Scott J.; COLEMAN, Jules (Coord.). *The Oxford handbook of jurisprudence and philosophy of law*. Oxford: Oxford University Press, 2002.

_____. *Legality*. Cambridge: Harvard University Press, 2010.

_____. "Massively Shared Agency". *In*: VARGAS, Manuel; YAFFE, Gideon (Coord.). *Rational and social agency*: the philosophy of Michael Bratman. Oxford: Oxford University Press, 2014.

SIMMA, Bruno; PULKOWSKI, Dirk. "Of planets and the universe: Self-contained regimes in international law". *European Journal of International Law*, vol. 17, nº 3, 2006.

SIMMEL, Georg. "The Stranger". *In*: _____. *On individuality and social forms*. Chicago: University of Chicago Press, 1971.

SINGER, Peter. *One World*: the Ethics of Globalization. New Haven: Yale University Press, 2004.

SITRIN, Marina; AZZELLINI, Dario. *They can't represent us! Reinventing democracy from Greece to Occupy*. Londres: Verso, 2014.

SKINNER, Quentin. "A genealogy of the modern state". *Proceedings of the British Academy*, vol. 162, 2008.

SLAUGHTER, Anne-Marie. *A new world order*. Princeton: Princeton University Press, 2004.

SOMEK, Alexander. "Administration without Sovereignty". *In*: DOBNER, Petra; LOUGHLIN, Martin (Coord.). *The Twilight of Constitutionalism?* Oxford: Oxford University Press, 2010.

SØRENSEN, Eva; TORFING, Jacob. "The Democratic Anchorage of Governance Networks". *Scandinavian Political Studies*, vol. 28, nº 3, 2005.

SOUS-COMMANDANT MARCOS; LE BOT, Yvon. *Le rêve zapatiste*. Paris: Seuil, 1997.

SPETH, Rudolf; BUCHSTEIN, Hubertus. "Hannah Arendts Theorie intransitiver Macht". *In*: GÖHLER, Gerhard (Coord.). *Institution – Macht – Repräsentation*: wofür politische Institutionen stehen und wie sie wirken. Baden-Baden: Nomos, 1997.

STEIN, Ursula. *Lex Mercatoria*: Realität und Theorie. Frankfurt: Vittorio Klostermann, 1995.

STEINER, Henry J. "Ideals and Counter-Ideals in the Struggle over Autonomy Regimes for Minorities". *Notre Dame Law Review*, vol. 66, nº 5, 1991.

STEWART, Richard B. "Remedying Disregard in Global Regulatory Governance: Accountability, Participation and Responsiveness". *The American Journal of International Law*, vol. 108, nº 2, 2014.

STONE, Sweet Alec. "The New Lex Mercatoria and Transnational Governance". *Journal of European Public Policy*, vol. 13, nº 5, 2006.

SUBCOMANDANTE MARCOS. "Al pueblo de México: hablaron los hombres verdaderos, los sin rostro. Mandar obedeciendo". Disponível em: https://es.wikisource.org/wiki/Discurso_del_Subcomandante_Marcos_%22Mandar_obedeciendo%22. Acessado em: 13.06.2022.

TAMANAHA, Brian. *A general jurisprudence of law and society*. Oxford: Oxford University Press, 2001.

TAYLOR, Charles. "Social theory as practice". *In*: ______. *Philosophical papers*. vol. 2. Cambridge: Cambridge University Press, 1985.

______. "The Politics of Recognition". *In*: GUTMANN, Amy (Coord.). *Multiculturalism and 'The Politics of Recognition'*. Princeton: Princeton University Press, 1992.

TAYLOR, Prue. *The Common Heritage of Mankind*: A Bold Doctrine Kept within Strict Boundaries. Disponível em: http://wealthofthecommons.

org/essay/common-heritage-mankind-bold-doctrine-kept-within-strict-boundaries. Acessado em: 16.03.2022.

TEITEL, Ruti. *Humanity's Law*. Nova York: Oxford University Press, 2011.

TENCER, Daniel. "Hackers take down website of bank that froze Wikileaks Funds". *Raw Story*, 6 dez. 2010. Disponível em: www.rawstory.com/2010/12/hackers-website-bank-froze-wikileaks-funds/. Acessado em: 16.03.2022.

TESÓN, Fernando R. "International Human Rights and Cultural Relativism". *Virginia Journal of International Law*, vol. 25, 1985.

TEUBNER, Gunther. *Constitutional fragments*: societal constitutionalism and globalization. Oxford: Oxford University Press, 2012.

______. "Global Bukowina: legal pluralism in the world society". *In*: ______ (Coord.). *Global law without a state*. Dartmouth: Aldershot, 1997.

______. *Netzwerk als Vertragsverbund*: Virtuelle Unternehmen, Franchising, Just-in-time in sozialwissenschaftlicher und juristischer Sicht. Baden-Baden: Nomos, 2004.

______. "Societal Constitutionalism: Alternatives to State-Centered Constitutional Theory". *In*: TEUBNER, Gunther; JOERGES, Christian; SAND, Inger-Johanne (Coord.). *Transnational governance and constitutionalism*. Portland: Hartford Publishing, 2004.

THOMAS V. NORRIS (British Columbia Supreme Court). *Canadian Native Law Reporter*, 1992.

THÜRER, Daniel; BURRI, Thomas. "Self-Determination". *In*: WOLFRUM, Rüdiger (Coord.). *Max Planck Encyclopedia of International Law*. Disponível em: http://opil.ouplaw.com/view/10.1093/law:epil/9780199231690/law-9780199231690-e873. Acessado em: 16.03.2022.

TOURME-JOUANNET, Emmanuelle. "The International Law of Recognition". *European Journal of International Law*, vol. 24, 2013.

TRIBUNAL PENAL INTERNACIONAL. "Estatuto de Roma do Tribunal Penal Internacional (1998). Preâmbulo e Artigo 17". Disponível em: www.icc-cpi.int/NR/rdonlyres/EA9AEEF7-5752-4F84-BE94-0A655EB30E16/0/Rome_Statute_English.pdf. Acessado em: 13.12.2017.

TULLY, James. *Strange Multiplicities*: Constitutionalism in an Age of Diversity. Cambridge: Cambridge University Press, 1995.

______. "Struggles over Recognition and Distribution". *Constellations*, vol. 7, nº 4, 2000.

TUOMELA, Raimo. *The importance of Us*: a philosophical study of basic social Notions. Palo Alto: Stanford University Press, 1995.

TUORI, Kaarlo. "Crossing the limits but stuck behind the fault lines?" *Transnational Legal Theory*, vol. 7, nº 1, 2016.

______. "Transnational Law: On Legal Hybrids and Legal Perspectivism". *In*: TUORI, Kaarlo; MADURO, Miguel; SANKARI, Suvi (Coord.). *Transnational law*: rethinking European law and legal thinking. Cambridge: Cambridge University Press, 2014.

TWINING, William. *General jurisprudence*: understanding law from a global perspective. Cambridge: Cambridge University Press, 2009.

UNITED NATIONS. "Universal Declaration of Human Rights". *Human Rights*. Disponível em: www.ohchr.org/EN/UDHR/Pages/Language.aspx?LangID=eng. Acessado em: 13.06.2022.

UNITED NATIONS COMMISSION ON INTERNATIONAL TRADE LAW (UNCITRAL). Disponível em: www.uncitral.org/uncitral/en/index.html. Acessado em: 15.03.2022.

URUEÑA, René. "Global Administrative Law and the Global South". *In*: CASSESE, Sabino (Coord.). *Research handbook on global administrative law*. Cheltenham: Edward Elgar, 2016.

VALLEJO, Rodrigo. *Private Regulators, Public Interests and the Idea of a Global Administrative Law*: The Case of Accounting Standards. (manuscrito não publicado, arquivado com o autor).

VALVERDE, Mariana. *Chronotopes of law*: jurisdiction, scale and governance. Milton Park: Routledge, 2015.

VAN ROERMUND, Bert. "Constituerende macht, soevereiniteit en representatie". *Tijdschrift voor Filosofie*, vol. 64, nº 3, 2002.

______. "First-Person Plural Legislature: Political Reflexivity and Representation". *Philosophical Explorations*, vol. 6, nº 3, 2003.

______. "Kelsen and the Low Skies. Recognition Theory Revisited and Revised". *In*: WALTER, Robert; JABLONER, Clemens; ZELENY, Klaus (Coord.). *Hans Kelsen anderswo - Hans Kelsen abroad*. Vienna: Manz Verlag, 2010.

______. *Law, narrative and reality*: an essay in intercepting politics. Dordrecht: Kluwer Academic Publishers, 1997.

______. *Legal thought and legal philosophy*: what legal scholarship is about. Cheltenham: Edward Elgar, 2013.

______. "Sovereignty: Popular and Unpopular". *In*: WALKER, Neil (Coord.). *Sovereignty in Transition*. Oxford: Hart Publishers, 2003.

______. *What Is Bodily about the Body Politic*? II: On How "We" Gather (manuscrito arquivado com o autor).

VATTER, Miguel. *The republic of the living*: biopolitics and the critique of civil society. Nova York: Fordham University Press, 2014.

VESTING, Thomas. *Die Medien des Rechts*: Computernetzwerke. Göttingen: Velbrück, 2015.

______. *Legal theory and the media of law*. Cheltenham: Edward Elgar, 2018.

VÍA CAMPESINA. Disponível em: http://viacampesina.org/. Acessado em: 16.03.2022.

VIRILIO, Paul. *Speed and politics*: an essay on dromology. Trad. para o inglês de Mark Pollizzotti. Nova York: Semiotext(e), 1977.

VIRNO, Paolo. *A grammar of the multitude*: for an analysis of contemporary forms of life. Los Angeles: Semiotext(e), 2004.

WALDENFELS, Bernhard. *Antwortregister*. Frankfurt: Suhrkamp, 1994.

______. *Order in the twilight*. Trad. para o inglês de David J. Parent. Athens: Ohio University Press, 1996.

______. *Schattenrisse der Moral*. Frankfurt: Suhrkamp, 2006.

______. *Vielstimmigkeit der Rede*: Studien zur Phänomenologie des Fremden. vol. 4. Frankfurt: Suhrkamp, 1999.

______. *Verfremdung der Moderne*: Phänomenologische Grenzgänge. Essen: Wallstein Verlag, 2001.

WALDRON, Jeremy. "What Is Cosmopolitan?" *Journal of Political Philosophy*, vol. 8, 2000.

WALKER, Neil. "Beyond Boundary Disputes and Basic Grids: Mapping the Global Disorder of Normative Orders". *International Journal of Constitutional Law*, vol. 6, 2008.

______. *Intimations of global law*. Cambridge: Cambridge University Press, 2014.

______. "Taking constitutionalism beyond the state". *Political Studies*, vol. 56, 2008.

______. "The Antinomies of Constitutional Authority". *In*: COTTERRELL, Roger; DEL MAR, Maksymilian (Coord.). *Authority in transnational legal theory*: theorising across disciplines. Cheltenham: Edward Elgar Publishing, 2016.

WATSON, Alan. *Legal transplants*: an approach to comparative law. 2ª ed. Atenas: University of Georgia Press, 1993.

WEBER, Max. "Politics as a vocation". *In*: GERTH, Hans; MILLS, Charles (Coord.). *From Max Weber*: essays in sociology. Oxon: Routledge, 1958.

WEHRLE, Maren. "Normality and Normativity in Experience". *In*: DOYON, Maxime; BREYER, Thiemo (Coord.). *Normativity in Experience*. Basingstoke: Palgrave Macmillan, 2015.

WERBACH, Kevin D. "The Song Remains the Same: What Cyberlaw Might Teach the Next Internet Economy". *Florida Law Review*, vol. 69, nº 3, 2017.

WIKIPEDIA. "Criticism of eBay". Disponível em: https://en.wikipedia.org/wiki/Criticism_of_eBay#cite_note-58. Acessado em: 16.03.2022.

WORLD PEOPLE'S Resistance Movement. "A Report from Mumbai Resistance 2004 and the World Social Forum". *Revolutionary Worker*. Disponível em: http://revcom.us/a/1232/awtwns-mumbai.htm e www.cpaphils.org/IS%20work%20main-articles%20main-mumbai.html. Acessado em: 17.06.2022.

WORLD SOCIAL FORUM MONTREAL 2018. Disponível em: https://fsm2016.org/en/sinformer/apropos-du-forum-social-mondial/. Acessado em: 13.12.2017.

WORLD TRADE ORGANIZATION. Disponível em: www.wto.org/. Acessado em: 16.03.2022.

______. "Measures Concerning Meat and Meat Products". 16 jan. 1998. Disponível em: www.wto.org/english/tratop_e/dispu_e/hormab.pdf. Acessado em: 16.03.2022.

______. "United States – Measures Concerning the Importation, Marketing and Sale of Tuna and Tuna Products". 20 nov. 2015. Disponível em: www.wto.org/english/tratop_e/dispu_e/381abrw_a_e.pdf. Acessado em: 16.03.2022.

YOUNG, Iris Marion. "Asymmetrical Reciprocity: On Moral Respect, Wonder and Enlarged Thought". *In*: ______. *Intersecting Voices*. Princeton: Princeton University Press, 1997.

YOUNG, Margaret. "Introduction: The Productive Friction between Regimes". *In*: ______. (Coord.). *Regime interaction in international law*. Cambridge: Cambridge University Press, 2012.

ZARING, David. "International law by other means: the twilight existence of international financial regulatory organizations". *Texas International Law Journal*, vol. 33, nº 2, 1998.

ZEKOLL, Joachim. "Jurisdiction in Cyberspace". *In*: ZEKOLL, Joachim; HANDL, Günther; ZUMBANSEN, Peer (Coord.). *Beyond territoriality*: transnational legal authority in an age of globalization. Leiden: Martinus Nijhoff Publishers, 2012.

NOTAS

NOTAS

NOTAS

A Editora Contracorrente se preocupa com todos os detalhes de suas obras! Aos curiosos, informamos que este livro foi impresso no mês de agosto de 2022, em papel Pólen Natural 80g, pela Gráfica Copiart.